Horst Haider Munske

Der germanische Rechtswortschatz im Bereich der Missetaten

Studia Linguistica Germanica

Herausgegeben
von
Ludwig Erich Schmitt und Stefan Sonderegger

8/1

Walter de Gruyter · Berlin · New York
1973

Horst Haider Munske

Der germanische Rechtswortschatz im Bereich der Missetaten

Philologische und sprachgeographische Untersuchungen

I.

Die Terminologie der älteren westgermanischen Rechtsquellen

Walter de Gruyter · Berlin · New York
1973

Gedruckt mit Unterstützung der Deutschen Forschungsgemeinschaft

ISBN 3 11 003578 2

Library of Congress Catalog Card Number: 72—76055

Satz und Druck: Franz Spiller, 1 Berlin 36

Vorwort

In dieser Abhandlung verbinden sich germanisch-komparatistische Interessen mit Anregungen, die ich aus der wortgeographischen Forschung am Forschungsinstitut für deutsche Sprache ‚Deutscher Sprachatlas' erhielt. Die Schrift entstand in den Jahren 1966—69 und wurde 1970 von der Philosophischen Fakultät der Philipps-Universität Marburg als Habilitationsschrift angenommen. Günstige Voraussetzungen für die Einarbeitung in das Gebiet der Rechtsphilologie und für die Durchführung der Untersuchung bot mir ein Stipendium der Deutschen Forschungsgemeinschaft.

Es ist mir eine angenehme Pflicht, alle diejenigen zu nennen, welche meine Arbeit durch Rat und Beistand unterstützt haben: Besonderen Anteil hat mein Lehrer Ludwig Erich Schmitt, der mir nach zweijähriger Lektorentätigkeit in Uppsala die Rückkehr nach Marburg ermöglichte und die Untersuchung durch vielseitige Ratschläge förderte. Wertvolle Anregungen erhielt ich von meinen Lehrern Josef Weisweiler und Walther Mitzka sowie meinem Kollegen Hans Rössing. Der intensive Gedankenaustausch mit Nils Århammar, seine reichen Kenntnisse auf dem Gebiet des Friesischen und Niederdeutschen sind der Abhandlung in vieler Hinsicht zugute gekommen. Bereitwillige Unterstützung fand ich während meiner Aufenthalte an der Arbeitsstelle des Deutschen Rechtswörterbuchs in Heidelberg durch Hans Blesken und seine Mitarbeiter, am Fries Instituut in Groningen durch dessen Direktor Wybren Jan Buma sowie Bo Sjölin. Wesentliche Verbesserungsvorschläge und Ergänzungen danke ich Dietrich Hofmann, Bo Sjölin und — in rechtshistorischen Fragen — Ekkehard Kaufmann, die mein Manuskript kritisch gelesen haben. Gewissenhafte Hilfe bei der Erstellung der Register und dem Lesen der Korrekturen leistete Robert Fallenstein.

Ihnen allen, denen ich mich tief verpflichtet fühle, statte ich hier meinen persönlichen und mit dem Buche meinen wissenschaftlichen Dank ab.

Marburg an der Lahn, September 1972 — Horst Haider Munske

Inhalt

Einleitung

Diese Abhandlung ging hervor aus Überlegungen, wie der Wortschatz der altgermanischen Dialekte unter wortgeographischen Aspekten untersucht werden könne, d. h. wie in diesem Bereich historische Wortgeographie möglich sei. Dabei stand zunächst die Frage nach einer lexikalischen Gliederung der Germania im Vordergrund, die in der älteren Forschung — gegenüber der formalgrammatischen — noch weitgehend außer Acht blieb, doch in jüngsten Untersuchungen von verschiedenen Seiten angegangen wurde. E. Kolb und G. Lerchner setzten sich ausführlich mit der Annahme auseinander, daß die Zeugnisse des Wortschatzes für weiterreichende Gliederungsfragen irrelevant seien.[1] Diese basierte im wesentlichen auf dem berechtigten Einwand, daß die Wörter — weniger systemgebunden — schnellem Wandel und starken außersprachlichen Einflüssen unterliegen. Dem war nur durch die Verarbeitung großer Materialmengen zu begegnen und sowohl Kolbs und Lerchners Ergebnisse wie auch die ersten Versuche einer Glottochronologie[2] haben hier unstreitbar Erfolge gebracht. Andererseits — und dies haben die genannten Autoren selbst am besten gesehen — hat die statistische, nur auf Wörterbücher gegründete Behandlung des Wortschatzes ihre eigenen Nachteile. Das Einzelwort verliert seine historische Dimension, wird in seinem Aussagewert auf Wurzel oder Stamm reduziert, von den Bedeutungen muß weitgehend abgesehen werden, d. h. wir stehen vor einer Projektion der vielfältigen Wortgeschichten in eine absolute, statistische Ebene.[3]

Hier schien mir ein Mittelweg notwendig und möglich, der die Vorteile der Einzelwortforschung mit denen einer Massenwortforschung verbindet, und zwar durch die Auswahl eines repräsentativen Wortschatzbereichs. Nähert man sich den Zeugnissen der altgermanischen Dialekte unter solchem Gesichtspunkt, so erweist sich die Ungleichheit der Überlieferung als größtes Hindernis. Nach verschiedenen Versuchen, im Grundwortschatz ein geeignetes Wortfeld zu

[1] E. Kolb, Alemannisch-Nordgermanisches Wortgut, Frauenfeld 1956. — G. Lerchner, Studien zum nordwestgermanischen Wortschatz. Halle 1965. Prononciert vorgetragen wurde dieser Standpunkt von M. Adamus, Mutual relations between Nordic and other Germanic dialects, in: Germanica Wratislaviensia VI (1962), 115—158.

[2] W. W. Arndt, Germanic dialect evolution in lexicostatistic time perspective, Zusf. in: Language 35 (1959), 180—192. Dazu Lerchner a.a.O., S. 13. — Einen nützlichen Überblick mit weiterführender Literatur bietet W. P. Lehmann, Einführung in die historische Linguistik. Heidelberg 1969, 97—103.

[3] Bei Lerchner kommt dies Moment in der *Auswahl* von 400 nordwestgerm. Wörtern zum Ausdruck. Der Wortteil kehrt wieder zur Einzelwortgeschichte zurück.

finden, habe ich den Bereich der Missetaten in den germanischen Rechtsquellen ausgewählt, also sowohl in bezug auf die Quellen wie auf den Sachbereich Einschränkungen vorgenommen, die im folgenden zu begründen sind. Damit soll zugleich eine Einführung in die Thematik und eine Darlegung der Methode verbunden werden.

1. Die Rechtsquellen stellen unter den älteren Sprachzeugnissen der Germania die geschlossenste und am besten bezeugte Quellenschicht dar. In einigen Gebieten, Friesland, Schweden, Norwegen und Dänemark sind sie fast die einzigen älteren Sprachdenkmäler. Für Island haben neben der Grágás die Sagas Rechtsquellenwert. Ein geschlossenes, im 7. Jh. einsetzendes und seit dem 9. Jh. kontinuierlich überliefertes Corpus von Rechtsquellen ist aus England überliefert. Im deutschen Bereich ergänzen die spätmittelalterlichen Rechtsquellen die in den lateinischen Leges enthaltenen wenigen Belege deutscher Rechtssprache.

2. Inhaltlich sind diese Zeugnisse aufs engste verwandt, sie stellen vor allem (in Bußregistern) das überkommene Strafrecht dar, das sowohl Privat- wie Öffentliches Recht umfaßte, mithin dem modernen Strafrechtsbegriff nicht entspricht. Aus diesem weiten Bereich wurde das Gebiet der *Tatbestandsbeschreibung* (Missetaten[3a]) ausgewählt, weil es terminologisch am besten bezeugt ist und am wenigsten den verändernden geschichtlichen Kräften ausgesetzt war.[4] Der Kreis möglicher Straftaten blieb unter den germanischen Völkern so lange gleich und konstant, wie die bäuerliche Gesellschaftsstruktur vorherrschend und intakt war. Erst mit dem Aufkommen der Stadtkultur sowie zentraler staatlicher Verwaltung erweitert sich die Zahl möglicher Delikte. Gleichzeitig beginnt sich das altgermanische Strafrecht in Privat- und Öffentliches Recht zu spalten. Daneben hatte kanonisches Recht schon früh einige neue Tatbestände (insbesondere Sittlichkeitsdelikte) geschaffen.

Bei der Bestimmung der zu behandelnden Straftaten wurde von den älteren ags. und afries. Rechtsquellen ausgegangen. Die Gliederung folgt weitgehend der Darstellung von Wilda (Strafrecht der Germanen, 1842), die auch allen rechtshistorischen Abhandlungen dieses Bereichs zugrunde liegt.

3. Der besondere Vorzug der Rechtsterminologie für eine vergleichende, insbesondere wortgeographische Untersuchung besteht darin, daß diese einer z. T. schon frühgermanisch ausgebildeten Fachsprache angehört. Wir verstehen Fachsprache hier nicht im Sinne einer Sondersprache eines Berufszweiges, wie dies für die heutige Rechtssprache gilt. Die Fachsprache des Rechts war gewiß (wie die des Kults und der Poesie) bei den Germanen noch insoweit Teil der Gemeinsprache, als sie von den meisten passiv und aktiv beherrscht wurde.

[3a] Der Terminus *Missetaten* wird im folgenden nicht nur wegen seiner Einfachheit benutzt, sondern weil er in der rechtsgeschichtlichen Forschung eingebürgert ist.

[4] Diesen Gesichtspunkt hob schon W. Merk in ‚Wege und Ziele der geschichtlichen Rechtsgeographie' (Festschr. L. Traeger 1926, 104) hervor: „Den Vorzug verdienen dabei Rechtsgebilde der Gebiete, die der bewußten willkürlichen Umgestaltung durch Staat und Kirche weniger ausgesetzt waren."

Ein entscheidender Wandel tritt (in Deutschland) erst mit der Rezeption des Römischen Rechts und dem Aufkommen eines eigenen Juristenstandes ein.[5] Zwar hat es in der Institution des nordischen Gesetzsprechers[6] schon eine Spezialisierung gegeben, doch bezog sich diese wohl im wesentlichen auf die Rechtskenntnis. Fachsprachlich ist die Rechtsterminologie insofern, als sie für bestimmte rechtliche Erscheinungen zumeist bestimmte, sogenannte ‚technische' Ausdrücke verwendete. Dies kommt in den Rechtsquellen durch das Fehlen lexikalischer Variation zum Ausdruck. Gemeinsprachige Wörter erhalten in der Rechtssprache eine spezifische, auf rechtliche Tatbestände eingeschränkte Bedeutung. So wird ags. aus dem allgemeinen Begriff für Lohngelder der der Bestechung des Richters (*mēdsceatt*) und ‚Ungehorsam' (ags. *oferhīerness,* afr. *ûrhêrnesse*) zur Bezeichnung für die Nichterfüllung rechtlicher Verpflichtungen, besonders das Nichtbefolgen einer Ladung und die Unterlassung einer Bußgeldzahlung.

Das Verhältnis von Gemein- und rechtlicher Fachsprache wird — um ein Beispiel aus der Gegenwart zu bringen — in jeder Gerichtsverhandlung sichtbar, wenn der Laie einen Sachverhalt schildert und der Berufsjurist zunächst diesen zu klären sucht und unter Bezug auf seine rechtliche Relevanz in gemeinverständlicher Form umschreibt. Erst in Plädoyer und Urteilsspruch wird der ‚Tatbestand' rechtssprachlich dargestellt, unter Bezug auf die Rechtsquelle erscheint die Übergabe eines Geldscheines als ‚Bestechung', der Steinwurf als ‚gefährliche Körperverletzung', falsches Parken als ‚Ordnungswidrigkeit', das Verlassen des Unfallorts nach der Karambolage als ‚Fahrerflucht'.

In dem Maße wie die germanischen Rechtsquellen Definitionen rechtlicher Tatbestände enthalten, erkennt man die Ausgliederung der Rechtssprache aus der Gemeinsprache.[7] Dies ist jedoch der seltenere Fall. Der technische Terminus ist zumeist nur ersichtlich aus der Häufigkeit seines Vorkommens unter Bezug auf den gleichen Tatbestand. Technische Termini dürfen wir stets dort vermuten, wo im gleichen Satz oder engeren Zusammenhang mit der Nennung eines Deliktes eine Strafandrohung erfolgt. Unsere Darstellung zieht hier weite Grenzen und sucht möglichst alles im nominalen und verbalen Wortschatz zu erfassen, was möglicherweise rechtssprachig ist. Dabei werden auch einige charakteristische syntaktische Fügungen einbezogen.

Der Umstand, daß Form und Bedeutung des Rechtswortes durch die Relevanz des Rechts gleichsam gestützt werden und der Formalismus des Rechtswesens dem schnellen Wandel und Verschleiß der Rechtsterminologie entgegensteht, bedingt die Konservativität dieses Wortschatzbereichs. Noch die gegen-

[5] W. Merk, Werdegang und Wandlungen der deutschen Rechtssprache, 1926, 20 ff.

[6] Aisl. *lǫgmaðr, lǫgsǫgumaðr.* Dazu v. See, Altnordische Rechtswörter, 44 u. ö. Auf ähnliche Einrichtungen bei den Westgermanen deuten die Termini ahd. *ēsago, ēsagāri* (Glossen für curialis, iuridicus, legislator, legis peritus), as. *ēosago* (Glosse für lelex, iuridicus) und afries. *âsega.*

[7] Eins der ältesten Beispiele hierfür in den volkssprachigen Quellen ist die Definition der *hlōð* (Bande) bei Ine (s. u. § 48).

wärtige Rechtssprache enthält zahlreiche Termini, die z. T. in germanische Zeit zurückreichen. So hat *Sache (in der Sache Müller gegen Schmitz)* die ursprüngliche Bedeutung von germ. **saka* ‚gerichtliche Verfolgung, Anklage' annähernd bewahrt, während in der Gemeinsprache (wie schon bei ahd. *sahha*) die ursprünglich rechtliche Bedeutung untergegangen ist.[8]

Die enge Bindung der Rechtsterminologie an gesetzliche Normen hat jedoch zwei Seiten. Während einerseits an Altem besonders lange festgehalten wird, kann andererseits Neues durch gesetzgeberische Akte eingeführt werden und mit der betreffenden Rechtsquelle schnelle Verbreitung finden.[9] Dies illustriert v. Künßberg an einem Beispiel: „Zum Beispiel wurde das alte *Brüche* 1877 in Schleswig-Holstein durch Regierungsverfügung verboten und durch *Geldstrafe* ersetzt."[10] Der Gebrauch der Wörter *leibeigen, Untertan, Landeskind* wurde durch Verordnung untersagt, als die gesellschaftlichen Verhältnisse diese überholt hatten.[11] Das Vordringen ‚arnulfingisch-karolingischer' Rechtswörter (*urkund-, urteili/urteilen*) im Zuge der Ausweitung und verwaltungsmäßigen Festigung der fränkischen Herrschaft hat K. F. Freudenthal gezeigt.[12]

Die Konservativität der Rechtsterminologie wie auch ihre Abhängigkeit von gesetzgeberischen Vorgängen, macht sie zu einem besonders geeigneten Gegenstand historisch-wortgeographischer Betrachtung.

4. Es ist darum gewiß kein Zufall, daß die historische Wortgeographie gerade im Bereich des Rechtswortschatzes und durch einen Rechtshistoriker, Eberhard Frh. v. Künßberg, begründet wurde.[13] Doch unterliegt eine auf den germ. Rechtsquellen basierende Darstellung anderen Bedingungen als eine Untersuchung der deutschen Rechtssprache, wie sie v. Künßberg unternahm. Wir haben es hier mit volkssprachigen Quellen zu tun, deren älteste, die angelsächsischen, aus dem 7. Jh., deren jüngste (nordische und friesische) z. T. aus dem 13., 14. Jh. stammen. Als ‚germanisch' im eigentlichen Sinne sind keine von

[8] Zu sprichwörtlich erhaltenem älterem Rechtswortschatz s. L. Günther, Deutsche Rechtsaltertümer, in unserer heutigen deutschen Sprache. Leipzig 1903.

[9] In dieser Hinsicht ist die Wirkung des Sachsenspiegels, der Carolina, des Code Napoleon, der preußischen Gesetzgebung bedeutsam und noch kaum untersucht.

[10] E. v. Künßberg, Rechtssprachgeographie (= Sitzungsber. d. Heidelberger Akad. d. Wiss., Phil.-Hist. Kl. Jg. 1926/27 1. Abh.). Heidelberg 1926, 14.

[11] Mit der Übernahme neuer Rechtsinstitutionen aus Nachbarländern werden heutzutage ständig neue Rechtswörter eingeführt, wie z. B. *Wehrbeauftragter* (schwed. *militieombudsman*), *Tagesstrafen* bzw. *Tagesbußen* (schwed. *dagsböter*: nach Einkommen gestaffelte Bußsätze).

[12] K. F. Freudenthal, Arnulfingisch-Karolingische Rechtswörter. Göteborg 1949. Diese Beobachtungen sind jedoch deshalb nicht repräsentativ für die ältere deutsche Rechtssprache, weil gerade Prozeß- und Urkundenwesen neugestaltet bzw. erst eingeführt wurden. Das Strafrecht — und damit die betr. Terminologie — ist konservativer, hält länger am überkommenen Gewohnheitsrecht fest.

[13] E. Frh. v. Künßberg, Rechtssprachgeographie. Heidelberg 1926. Im gleichen Jahr erschien der wegweisende, oben Anm. 5 genannte Aufsatz von W. Merk. Begründung und Entwicklung der Rechtswortgeographie hat Verf. ausführlich in ‚Wortgeographie und Gesellschaft', hg. W. Mitzka, Berlin 1968, 354 ff. dargestellt.

ihnen zu bezeichnen. Diese Signifizierung dient nur als Oberbegriff für solche Quellen, die im wesentlichen ältere, den germanischen Stämmen gemeinsame Züge tragen. Der Übergang zum regionalen, mittelalterlichen Recht ist überall fließend.[14] Aus diesem Grunde ist eine gesonderte Behandlung der Quellen einzelner Stämme und Landschaften jeder Überschau vorzuziehen.

Doch rücken die in absoluter Datierung sich außerordentlich fernstehenden Rechtsquellen durch ihr ‚relatives Alter' wieder näher zusammen. Mit diesem Begriff bezeichnet v. Schwerin den aus dem Rechtsvergleich erschließbaren Stand der ‚inneren Entwicklung' des Rechts und bemerkt in einem Beispiel: „Die skandinavischen Rechte sind wenigstens in manchen Teilen relativ nicht jünger als die fränkischen, während sie ihnen absolut um Jahrhunderte nachstehen."[15] Gleiches gilt für das afries. Recht, worauf § 134 f. ausführlich eingegangen wird.

Über das relative Alter kann neben dem Vergleich der Rechtssätze — bei methodischer Vorsicht — auch der Vergleich der Rechtsterminologie Aufschluß geben. Dabei nehmen die Rechtswörter für die vergleichende Betrachtung von Rechtsverwandschaft und Sprachverwandschaft eine wichtige Zwischenstellung ein. In seinen ‚Untersuchungen zur Erbenfolge der ostgermanischen Rechte' hatte J. Ficker einen Stammbaum für die Verwandtschaft der germ. Rechte aufgestellt, der von Müllenhoffs Stammbaum der Sprachverwandtschaft entscheidend abwich und der auch gegenüber neueren Gliederungsmodellen frappante Unterschiede aufweist.[16] Bereits im I. Bd. (S. 214 ff.) setzt er sich eingehend mit dem Verhältnis von Recht und Sprache auseinander und widerspricht der bis dahin unangefochtenen Meinung, Rechts- und Sprachverwandtschaft müßten durchweg parallel gehen. Fickers Thesen fanden von seiten der Rechtshistoriker heftigen Widerspruch, vor allem wurde eingewandt, daß die z. T. jungen Erscheinungen des Erbrechts für solche weitgehenden Schlüsse eine unzulängliche Basis darstellten.[17] Trotzdem verdient sein methodischer Ansatz mehr Aufmerksamkeit, als ihm bisher zuteil wurde. Wie Prähistorie und Archäologie vermag auch die germ. Rechtsgeschichte über die frühen Kulturbeziehungen der germ. Völker Wichtiges auszusagen.[18]

[14] Nur bei den Angelsachsen ist durch die normannische Eroberung ein deutlicher Einschnitt der Rechtsentwicklung erkennbar.

[15] Cl. Frh. v. Schwerin, Einführung in das Studium der germanischen Rechtsgeschichte und ihrer Teilgebiete. Freiburg i. B. 1922, 140 Anm. 1.

[16] J. Ficker, Untersuchungen zur Erbenfolge der ostgermanischen Rechte (= Untersuchungen zur Rechtsgeschichte). Bd. I—VI. Innsbruck 1891—1904.

[17] Vgl. die Rezensionen von v. Amira in GGA 1892, 269—280, H. Brunner in ZRG GA 21 (1900), 2 ff. und M. Pappenheim in ZRG GA 22 (1901), 378 f.; ausführlich zu Fickers Stammbaum: v. Schwerin a.a.O., 125—149, Amira—Eckardt, Germ. Recht, 200—213.

[18] Auf den strittigsten Punkt, die Zuordnung friesischen Rechts zu den nordischen und gotischen Rechten wird im 2. Band dieser Untersuchungen einzugehen sein. — Zum ‚Stamm als Rechtsgemeinschaft' s. R. Wenskus, Stammesbildung und Verfassung. Köln, Graz 1961.

5. Die Eigenart der Rechtsterminologie macht es notwendig, in erster Linie die Rechtsquellen auszuwerten, da nur hier das technische Wort faßbar, nur hier die technische Bedeutung erkennbar ist. Der Zeugniswert der Nicht-Rechtsquellen zur Rechtsterminologie ist erheblich geringer, da sich aus der Vielfalt von Bezeichnungen und Umschreibungen eines Tatbestandes das gebräuchliche Rechtswort schwer aussondern läßt. Erst aus dem Vergleich mit Rechtsquellen derselben oder einer verwandten Sprache lassen sich Rechtswörter z. B. in poetischen Denkmälern bestimmen. Dieser Weg wurde im Bereich des Ahd. und As. beschritten, wo es an volkssprachigen Rechtsdenkmälern fehlt. Dagegen sind für die ags. und spätmittelalterliche deutsche Rechtsterminologie die nichtjuristischen Quellen nicht systematisch herangezogen. Erst die Einschränkung auf die Rechtsdenkmäler machte es möglich, die Rechtstermini aus den Quellen selbst zu gewinnen und ihre Verbreitung, ihr Alter, ihre Gebräuchlichkeit zu bestimmen.

Für die Form der Darstellung kommen im Prinzip zwei Möglichkeiten in Betracht. Die eine sucht unter sachlichem Gesichtspunkt alle Termini aus der Germania zu vereinen. Diesen Weg beschritt Jakob Grimm in seinen bahnbrechenden Rechtsaltertümern, und nach ihm die rechtsgeschichtliche Forschung, soweit sie Terminologisches berücksichtigt. Für den Rechtshistoriker ist dies das Nächstliegende, da der sachliche Gesichtspunkt im Vordergrund steht, das Rechtswort mehr zur Illustration dient und selten als eigener Gegenstand behandelt wird. Die Nachteile dieser Darstellungsform für eine vergleichende Wortschatzuntersuchung liegen jedoch auf der Hand. Eine differenzierte, die historische Schichtung und engere landschaftliche Verbreitung berücksichtigende Betrachtungsweise ist so kaum möglich. Es wurde deshalb hier ein anderer, mehr quellenbezogener Weg gewählt. Die Rechtsterminologie wird jeweils gesondert — soweit die Quellenlage dies erlaubt — für die einzelnen Rechtsgebiete dargestellt. So wird es möglich, v o r einem überregionalen Vergleich die spezifischen quellenkundlichen, chronologischen, geographischen und semantischen Fragen der Rechtsterminologie einzelner Rechtsgebiete zu behandeln. Dieser Weg impliziert, daß der Wortschatz in Wortfeld-Zusammenhängen erscheint.[19]

Das Ziel der einzelsprachigen Kapitel mußte zunächst sein, die Rechtsterminologie überhaupt zu erschließen und für möglichst viele Fragestellungen zugänglich zu machen.[20] Wer die vorgelegten Materialien vergleicht mit den diesbezüglichen Kapiteln in Grimms Rechtsaltertümern (S. 622—645), wird

[19] Daß dieser Aspekt im einzelnen nicht durchgängig vertieft wurde, erklärt sich aus der ungeheuer großen Materialmenge und dem primär wortgeographischen Ansatz der Untersuchung. Eigentliche Wortfelduntersuchungen haben bislang stets wesentlich enger begrenzte Bereiche zum Gegenstand gehabt.

[20] Es ist immer mißlich, wenn ein geschlossenes Sachgebiet so problembezogen dargestellt wird, daß der Wert der Arbeit mit der Richtigkeit ihrer Thesen steht und fällt. Dies gilt m. E. für die an sich so interessante Abhandlung von L. Rösel, Die Gliederung der germanischen Sprachen nach dem Zeugnis ihrer Flexionsformen, 1962. (Rez. ZMF XXXIII [1966], 292 ff.).

unschwer erkennen, daß dies eine notwendige und lohnende Arbeit gewesen ist. Ohne das große Verdienst Jakob Grimms zu schmälern, muß gesagt werden, daß seine Darstellung heute nicht nur methodisch, sondern auch materialmäßig gänzlich überholt ist. Ich hebe dies hervor, weil noch unlängst Wilhelm Ebel in seiner schönen Würdigung ‚Jacob Grimm und die deutsche Rechtswissenschaft'[21] ein gänzlich anderes Bild zeichnete: „Und so steht das Buch — vor allen anderen rechtshistorischen Leistungen Jacob Grimms — auch heute noch, leider mehr erhoben als gelesen, mit all der Kraft und Farbigkeit Grimmscher Sprache nach fast 150 Jahren *in kaum einem Punkt veraltet* da, mit der leichten Patina, die aus der Verwendung zahlreicher Quellenbelege folgt, die seither in neuen, besseren Editionen vorliegen."[22] Es sind jedoch nicht nur die schwer kontrollierbaren Belege, es ist — bei der Quellenlage seiner Zeit natürlicherweise! — deren Zufälligkeit und Unvollständigkeit, auf die der heutige Benutzer hingewiesen werden muß.

Was über die ‚Rechtsaltertümer' gesagt werden muß, gilt zum guten Teil auch für zwei in ihrer Tradition stehende Werke, die die rechtshistorische Forschung wesentlich bestimmt haben: Wildas ‚Strafrecht der Germanen' (1842) und Amiras ‚Grundriß des germanischen Rechts' (^{3}1913). Obwohl Wilda der Rechtsterminologie große Aufmerksamkeit widmete, kommt er in der Methode — der unkritischen Vermengung nordischer und kontinentaler Zeugnisse — nicht weit über Grimm hinaus. Ein Mangel seiner Darstellung ist im übrigen die unzureichende Berücksichtigung der altfriesischen Rechtsdenkmäler. Obwohl Wilda bereits 1837 von Richthofens ‚Rechtsquellen' im Manuskript erhalten hatte, konnte er diese, wie er S. XX schreibt, nicht mehr als ‚eigentliche Hülfsmittel' benutzen. Sein Werk, das für die germanische Strafrechtsforschung grundlegend wurde, ist dadurch mitverantwortlich für die bis in die Gegenwart reichende Ignorierung oder Verkennung der altfriesischen Quellen. Diese wird vor allem in Amiras Handbuch manifest (s. u. § 134).

In bezug auf die Rechtsterminologie bietet Amira, trotz großen Interesses für diesen Bereich, gegenüber Grimm und Wilda wenig Neues — wofür natürlich auch die mangelnde Zuarbeit der Philologen verantwortlich ist. Die Angaben seines Werkes, dessen II. Teil K. A. Eckhardt 1967 neu ediert hat, bedürfen dringend der Korrektur.[23]

6. Eine Untersuchung der Rechtsterminologie steht notwendigerweise zwischen Philologie und Rechtsgeschichte und hat hier einen Standort zu beziehen. Ideal einer solchen Darstellung ist es, den Terminus sowohl aus seinen sprachlichen Bezügen wie dem rechtsgeschichtlichen Zusammenhang zu deuten. Dies ist in dem wünschenswerten Maße nur für enger begrenzte Bereiche

[21] Göttinger Universitätsreden 41. Göttingen 1963.

[22] a.a.O. 28 f., Hervorhebung (kursiv) durch mich.

[23] Germanisches Recht von Karl von Amira, 4. Aufl., ergänzt von K. A. Eckhardt. Bd. II Rechtsaltertümer. Berlin 1967. Die Ergänzungen beziehen sich auf die einleitende umfangreiche Bibliographie.

möglich.[24] Um das Ziel einer Erfassung der Rechtswörter in ihrer aktuellen Bedeutung, ihrer Verbreitung und ihrer zeitlichen Gültigkeit aufrechterhalten zu können, wurde hier auf eingehende rechtshistorische Erörterungen verzichtet. Die Darstellung will in einem wichtigen Teilbereich die Voraussetzungen für eine rechtliche Interpretation schaffen, nicht diese selbst liefern. Nur insofern kann sie ein Beitrag zur Geschichte des germanischen Strafrechts sein. Andererseits konnten angesichts der Materialmenge die philologischen und linguistischen Aspekte nirgends erschöpfend behandelt werden. U. a. schienen mir etymologische Deutungen — außer in Einzelfällen — zunächst entbehrlich. Diese sind erst nach Erfassung der nordischen und gotischen Rechtswörter sinnvoll.

Die Erforschung der Rechtsterminologie blieb — trotz Grimms großem Beispiel und trotz der großen kulturgeschichtlichen Bedeutung dieses Wortschatzbereichs — in der Philologie lange Zeit ein Stiefkind. Die Anregungen Grimms verliefen in rechts- und sprachgeschichtlicher Forschung zunächst in ganz verschiedene Richtungen. Beispielgebend für die Rechtsgeschichte war das Werk des Grimm-Schülers Wilhelm Eduard Wilda,[25] in dem unter Beiziehung ausführlicher Quellenzitate und unter eingehender Berücksichtigung der Rechtswörter das Strafrecht der Germanen in synoptischer Überschau dargestellt ist. Hieran konnten methodisch E. Osenbrüggen, K. v. Amira, K. Maurer, F. Liebermann, H. Brunner, R. Schröder und zuletzt R. His, und Cl. v. Schwerin anknüpfen. Doch mußten sie der Hilfe der Philologen zumeist entraten.[26] Denn die Anregungen der Rechtsaltertümer auf die Sprachforschung gingen in ganz andere Richtung. Dem Programm Grimms von der ‚Poesie im Recht' folgend wurden die alliterierenden Formeln aus den Rechtsquellen gesammelt und unter Verkennung ihrer memnotechnischen Funktion als Reste gedichteten Rechts gedeutet.[27] Obwohl diese Auffassung nach den Einwänden von Siebs und

[24] Ein Beispiel hierfür hat der letzte der universellen deutschen Rechtshistoriker, Cl. Frh. v. Schwerin in seiner Festgabe für F. Liebermann gegeben (‚Zur Entwicklung der Teilnahme im ags. Recht', s. u. § 43 ff.).

[25] W. E. Wilda, Geschichte des Deutschen Strafrechts, Bd. I: Das Strafrecht der Germanen. Halle 1842.

[26] So hat Brunner (Dt. Rechtsgesch. ²I, 156) den Wert der Rechtsterminologie für die Rechtsvergleichung noch recht vorsichtig skizziert: „Wesentliche Dienste leistet bei methodischer Verwertung die Geschichte unserer Sprache in ihrer Anwendung auf die Rechtsterminologie. Die Wörter sind die Geburtsscheine der Begriffe, die sie bezeichnen. Läßt sich feststellen, daß ein gewisser Rechtsausdruck verschiedenen germanischen oder indogermanischen Sprachen gemeinsam war, so liefert diese Tatsache einen beachtenswerten Fingerzeig für das Alter der dadurch bezeichneten Rechtseinrichtung."

[27] M. Heyne, Formulae allitterantes ex antiquis legibus lingua frisica conscriptis extractae et cum aliis dialectis comparatae (Halle 1864). — Ders., Allitterierende Verse und Reime in den friesischen Rechtsquellen, in: Germania 9 (1864), 437 ff. — R. Kögel, Geschichte der Deutschen Literatur bis zum Ausgang des Mittelalters I. (1894), 242—259. — G. Baesecke, Vor- und Frühgeschichte des Deutschen Schrifttums II. (1950), 77 ff.

Borchling als überholt gelten konnte,[28] blieb das Interesse der Philologen noch lange Zeit auf diese Erscheinungen der Rechtssprache gerichtet.[29]

Einen Wandel brachte erst die Begründung des Deutschen Rechtswörterbuches, in der die Bemühungen der Rechtshistoriker um die Rechtsterminologie gipfelten. Der von v. Amira und Brunner gefaßte Plan nahm zuerst in Brunners Antrag vor der Preußischen Akademie der Wissenschaften i. J. 1894 Gestalt an;[30] zu den ersten Mitarbeitern zählten R. His, Cl. v. Schwerin und bald E. v. Künßberg, der durch die Anwendung dialektgeographischer Methoden auf den historischen deutschen Rechtswortschatz die Rechtswortgeographie als Forschungsrichtung begründete. Auf die Sammlungen des Rechtswörterbucharchivs gründeten sowohl K. F. Freudenthal wie K. Hyldgaard-Jensen ihre diesbezüglichen Untersuchungen.[31]

Die vorliegende Arbeit bemüht sich, die Rechtswortgeographie auf breiterer Materialbasis weiter auszubauen. Die Darstellung der afries. Rechtsterminologie hat sich dabei als besonders lohnend erwiesen. Sie nimmt innerhalb des Westgermanischen eine Schlüsselstellung ein. Die Abhandlung wurde deshalb zunächst auf diesen Bereich beschränkt, ein 2. Band soll die nordischen und gotischen Quellen behandeln.

[28] Th. Siebs, Friesische Literatur, in: Pauls Grundr. ²II. 1, Sp. 526 ff.; C. Borchling, Poesie und Humor im friesischen Recht. Aurich 1908.

[29] So hat W. J. Buma in seiner Ausgabe des ersten Rüstringer Codex (1961), 52 ff. erneut vollständig die stilistischen Eigenheiten dieser Hs. verzeichnet. Dagegen wird der Rechtsgehalt dieser Rechtsquelle — wie in sämtlichen Ausgaben der Oudfriese Taal- en Rechtsbronnen — nicht behandelt. Dazu u. Teil II Anm. 33.

[30] S. die Einführung v. Künßbergs in RWb Bd. I, VII ff.; dazu auch H. Blesken, Das Deutsche Rechtswörterbuch. Historischer Standort, Aufgabe und Probleme, in: Forschungen u. Fortschritte 41 (1967), 181—186. Jährliche Berichte über das Fortschreiten der Arbeiten am RWb sind in ZRG GA abgedruckt, s. besonders die Darlegungen von E. Heymann ZRG GA 46 (1925), 574—583.

[31] Ansätze zu rechtswortgeographischer Betrachtung boten schon früher J. M. Lappenberg, Die ältesten Stadt-, Schiff- und Landrechte Hamburgs, Hamburg 1845 (Nachdruck 1966); F. Frensdorff, Einleitung in: O. Francke, Das Stralsunder Verfestigungsbuch, 1875; (dazu Hyldgaard-Jensen a.a.O., 12 f., 30 f.); F. Thudichum, Die Stadtrechte von Tübingen 1488 u. 1493, Anh. 1: Die Rechtssprache als Hilfe zur Ausmittelung der alten Grenzen der deutschen Stämme (= Tübinger Studien f. Schwäb. u. Dt. Rechtsgesch. I) Tübingen 1907.

ERSTER TEIL

Angelsächsische Rechtsterminologie

Vorbemerkung

§ 1 ‚Gesetze der Angelsachsen': unter dieser Sammelbezeichnung werden die Satzungen der englischen Könige, Verträge, Erlasse u. ä., Rechtsformeln und juristische Privatarbeiten aus der Zeit von 600 bis zur Überfremdung des ags. Rechts durch die normannischen Eroberer im 12. Jh. zusammengefaßt. Das Einzigartige dieser Aufzeichnungen liegt in der Tatsache, daß sie von Beginn an ausschließlich in der Volkssprache abgefaßt wurden. Erst in der Normannenzeit gewinnt gleichzeitig mit der Beeinflussung durch franko-normannisches Recht die zusammenfassende Kompilation der einheimischen Rechtsdenkmäler in lateinischer Sprache die Oberhand. Ob wir nach Osten oder Südosten auf den Kontinent oder nach Nordosten zur skandinavischen Welt blicken, nirgends in der Germania begegnen so früh bereits volkssprachige Rechtsaufzeichnungen. Die am weitesten nach Süden vorgedrungenen Stämme, Goten, Burgunder und Langobarden, bedienen sich ebenso wie später die Franken der Bildungssprache des Mittelalters, des Lateins. Mit der Ausbreitung der Frankenherrschaft wird diese Kodifizierungsart auch von den übrigen mitteleuropäischen germ. Stämmen übernommen. Nur am Rande des Frankenreichs, in Friesland, kommt es seit dem 10. Jh. zu volkssprachigen Rechtsaufzeichnungen.

„In der Geschichte des englischen Rechts nehmen die angelsächsischen Rechtsquellen etwa dieselbe Stellung ein wie in der Geschichte der übrigen westgermanischen Stämme die sog. Volksrechte und die sonstigen Rechtsdenkmäler der Fränkischen Zeit."[1] Die Bedeutung des ags. Rechts reicht aber weit darüber hinaus, einmal weil es in einer Kontinuität bezeugt ist, wie das sonst nirgends in der Germania vom 7. bis 13. Jh. der Fall ist, überdies, „weil es vom römischen Recht fast gar nicht, vom kanonischen nur in geringem Maße beeinflußt wurde."[2] Unter diesen Umständen kommt der volkssprachigen Rechtsterminologie ein ganz besonderer Rang und Zeugniswert für Recht und Rechtssprache der Westgermanen im besonderen und aller germanischen Stämme im allgemeinen zu.

Ausgaben

§ 2 (1) Felix Liebermann, Die Gesetze der Angelsachsen. Bd. I—III, Halle 1903—1916. (I: Text und Übersetzung [1903], II, 1: Wörterbuch [1906],

[1] Brunner, Geschichte der englischen Rechtsquellen im Grundriß, 1909, 4.
[2] Brunner, Geschichte der englischen Rechtsquellen im Grundriß, 4.

II, 2: Rechts- und Sachglossar [1912], III: Einleitung zu jedem Stück, Erklärungen zu einzelnen Stellen [1916]).[3]

Die Ausgabe Liebermanns nennt E. Heymann in seinem Nachruf[4] „eine der großartigsten Editionen, welche die Welt besitzt", ein wahrhaft anspruchsvolles Wort, doch kein übertriebenes. Nicht nur im Bereich der germanischen Rechtsquellen steht sie einzigartig da, sondern auch im Felde jeglicher älterer Literatur. Trotzdem habe ich den Eindruck, daß diese Musterausgabe, besonders unter Philologen, nicht in dem verdienten Maße bekannt ist. Darum mag eine kurze Charakterisierung erlaubt sein.

Bd. I: Der Text ist nach insgesamt über 200 Hss. gearbeitet (in der Einleitung beschrieben und datiert) und bietet die wichtigsten in Paralleldruck. Spätere Editoren (Attenborough, Robertson, Eckhardt) haben bei einer Neukollationierung fast nichts zu ändern brauchen. Auch in der Frage der Datierung von Hss. und Texten konnten sie über Liebermann kaum hinauskommen. Sämtliche früheren Ausgaben sind durch diese überholt.[5] Liebermanns Textband enthält sämtliche ags. Rechtsquellen, welche nicht kanonistischen Inhalts sind; ausgeschlossen blieben also Bußbücher und Homilien, ferner die aus späterer Zeit stammenden lokalen Weistümer, z. B. das Domesday Book, sowie sämtliche Urkunden. Mit Ausnahme der Urkunden (Charters) werden die von Liebermann ausgeschlossenen Quellenbereiche auch im folgenden nicht speziell herangezogen.

Bd. II, 1: Das Wörterbuch enthält alle vorkommenden ags. Wörter sowie die wichtigsten (technischen) afrz. und lat., es verzeichnet sämtliche Stellen, die Belege sind in flektierter Form angeführt und sorglich nach Bedeutungen gruppiert. Darüber hinaus enthält es zahlreiche Artikel zur ae. Phonologie, Grammatik, Wortbildung, über Alliteration und Reim.[6]

Bd. II, 2: Eine einzigartige Leistung stellt das Rechts- und Sachglossar dar. Es behandelt unter den wichtigsten Oberbegriffen sämtliche Materialien aus der Sicht des Rechtshistorikers. Dabei werden erneut alle Textstellen, die nur irgend an den betr. Gegenstand anklingen, aufgeführt. Sehr ausführliche Verweise innerhalb des Glossars sowie auf parallele Erscheinungen in Rechten anderer germanischer Stämme und auf die wichtigste vorausliegende Hand-

[3] Abgekürzt: Liebermann, Text (I), Liebermann, Wb. (II, 1), Liebermann, Gl. (II, 2), Liebermann, Komm. (III).

[4] ZRG GA 46 (1926), XXXV.

[5] B. Thorpe, Ancient Laws and Institutes of England. 1840. R. Schmid, Gesetze der Angelsachsen, in der Ursprache mit Übersetzung, Erläuterungen und einem antiquarischen Glossar. 2. Aufl. Leipzig 1858. Schmids Ausgabe in 2. Aufl. beruht auf Thorpe's aus heutiger Sicht mangelhaftem Text, im Gegensatz zu Thorpe bietet er die ags. Gesetze jedoch erstmalig in chronologischer Reihenfolge. Einleitung, Übersetzung und Glossar sind noch heute mit Gewinn zu benutzen. Gelegentlich greift Eckhardt in seiner Ausgabe auf diese Übersetzung zurück. (Die 1. Aufl. v. J. 1832 ist textlich gänzlich überholt).

[6] Dies, auf Grund von Belegstellen und Bedeutungsangaben beste ags. Wörterbuch wird erstaunlicherweise in der Select Bibliography von Campbell, Old English Grammar, Oxford [2]1962, nicht zitiert.

buch- und Spezialliteratur geben diesem Band den Rang eines Reallexikons zur germanischen Rechtsgeschichte.

Bd. III: Der Kommentarband charakterisiert die einzelnen Stücke sachlich, sprachlich, stilistisch, nach Herkunft, Alter, Quellen, Nachwirkung u. a. Die sehr ausführlichen Erklärungen diskutieren die sprachliche und sachliche Bedeutung einzelner Stellen und geben Verweise auf das Rechtsglossar.

Die Vorarbeit für jegliche terminologische Untersuchung ags. Rechtstexte in Liebermanns Ausgabe ist also sehr groß. Trotzdem erübrigt sich das Aufsuchen aller Stellen keineswegs, da erst der Kontext über den technischen Gebrauch eines Wortes Aufschluß geben kann. Auch typische syntaktische Fügungen, denen Liebermann weniger Aufmerksamkeit geschenkt hat, wird man nur in einer genauen Textlektüre erkennen. In der Beurteilung des Stils legt Liebermann eher die Maßstäbe des Juristen als die des Sprachforschers an — für seine Zeit, die für Stil und Syntax noch wenig Interesse erübrigte, kaum verwunderlich; seine Urteile beziehen sich durchweg auf den Grad juristischer Präzision. Eine Vorliebe für Heidnisch-Germanisches, das vom Einfluß kirchlicher Literatur bewahrt blieb, ist unverkennbar.

Wertvoll, doch im ganzen nicht sehr reich, sind Liebermanns Verweise auf nicht-ags. Rechtsterminologie. Er beschränkt sich hier durchweg auf Beispiele aus rechtsgeschichtlichen Handbüchern. So genau und vollständig er den ags. Wortschatz erfaßte, so wenig hielt er doch einen weiterreichenden Vergleich für seine Aufgabe.

(2) F. L. Attenborough, The Laws of the Earliest English Kings. Cambridge 1922.

A. J. Robertson, The Laws of the Kings of England from Edmund to Henry I. Cambridge 1925.

Die beiden sich ergänzenden Ausgaben bieten neben Einleitungen zu den einzelnen Stücken den Text der Gesetze nach Liebermann — die Hss. wurden neu durchgesehen, machten jedoch nur geringste Änderungen notwendig — und eine neuengl. Übersetzung. Ein knapper, doch wertvoller Kommentarteil (ca. ein Drittel des Textteiles) und ein ebenso kurzgefaßtes Sachglossar beschließen diese handlichen, für den Universitätsgebrauch hergestellten Editionen. Der Kommentar ist wegen neuerer Literatur heranzuziehen, nur gelegentlich wird eine von Liebermann abweichende Meinung vertreten. Ein Ersatz seiner großen Ausgabe war nicht beabsichtigt.

(3) K. A. Eckhardt, Leges Anglo-Saxonum 601—925. (= Germanenrechte N.F. Westgermanisches Recht). Göttingen 1958.[7] Die Ausgabe enthält Abt, Hl, Wi, Af-Ine, Agu, EGu, I, II Ew, also etwa ein Drittel der ags. Gesetze im Sinne Liebermanns. Einer zehnseitigen Einleitung folgen Text und Übersetzung, die wichtigsten Varianten sind unterm Strich angeführt.

[7] Dem gleichen Drucksatz entstammt die ‚Schulausgabe': K. A. Eckhardt, Gesetze der Angelsachsen 601—925. (= Germanenrechte XIII) Göttingen 1958. Sie entspricht der obigen, nur fehlen die Textvarianten und der Wortindex.

Der Text weicht praktisch nicht von Liebermanns ab, hingegen die Übersetzung erheblich. Eckhardts Verdeutschung ist im ganzen textnäher. Häufig gibt Liebermann eine Übersetzung, die zwar den juristischen Sinn enthält, sich aber durch eine zu technische Wiedergabe allzusehr vom ags. Wortlaut entfernt, z. B.: *geniman* ‚verführen' — Eckhardt ‚nehmen'. Liebermann muß an anderen Stellen das Wort mit ‚rauben', ‚(weg)nehmen' wiedergeben, wohingegen Eckhardt bei seiner Wiedergabe bleiben kann. Es wird also manchmal von Liebermann in ein Wort eine technische Bedeutung hineingelegt, die zwar vom Kontext her richtig, aber im Wort selbst nicht ausgedrückt ist. Eckhardt dagegen übersetzt mit Vorliebe etymologisierend: *slaga* ‚Erschlager' (Liebermann: ‚Totschläger'), *undierne* ‚unverhohlen' (Liebermann: ‚heimlich'), *edorbryce* ‚Etterbruch' (nur Glossar, Liebermann: ‚Gehegebruch'), *gewealdes* ‚selbmächtig' (Liebermann: ‚absichtlich'). Solche Übersetzung hat insoweit einen Sinn, als eine einheitliche Wiedergabe ags. Rechtswörter erzielt und der anschauliche Charakter frühgermanischer Rechtssprache bewahrt wird. Dies letztere Ziel wird von Eckhardt in gelegentlichen Neuprägungen überbetont. Der Jurist wird die leicht interpretierende Übersetzung Liebermanns vorziehen. Auch der Philologe kann sie nicht entbehren, da er anders hinter vielen Formulierungen den technischen Sinn nicht erkennt. Doch wird jeder aus Eckhardts Übertragung Gewinn ziehen. Man kann sagen, daß sich beide Übersetzungen gut ergänzen.

Die Gelegenheit, 40 Jahre nach den Ausgaben von Attenborough und Robertson einen Kommentar mit jüngster Literatur anzufügen, wurde — entsprechend den Prinzipien der Reihe, die auf solche Durcharbeitung des Stoffes verzichtet[8] — nicht wahrgenommen. Eckhardt hat jedoch, laut Einleitung, die ältere und neuere Literatur herangezogen, seine Entscheidungen nach dieser allerdings nicht (so bei *dynt* ‚Flachschlag', *cearwund* ‚bettwund' nach J. Grimm) oder nur mit dem Verfassernamen kenntlich gemacht.

Die vorliegende Arbeit gründet sich auf Liebermanns Ausgabe, und hält sich aus praktischen Gründen — auch mit Rücksicht auf den Leser — an dessen Übersetzung.[9] Eckhardts abweichende Auffassung wurde in gravierenden Fällen notiert. Außerdem wurden die Ausgaben von Attenborough und Robertson herangezogen, gelegentlich auch die Schmids in 2. Aufl.

Überlieferung

§ 3 Die Überlieferung der ags. Gesetze stellt Liebermann in der Einleitung zum Textband (I) sowie im Kommentarband (III) ausführlich dar. Für uns ist von Wichtigkeit, daß kein Original oder auch nur eines der wahrscheinlich zahlreichen Authentica (für die verschiedenen Gerichtsprengel) bewahrt blieb.

[8] Was hätten wir von v. Schwerin und Meissner für die nordgerm. Rechte in der Hinsicht erhalten können!

[9] Durch einen Nachdruck ist die Ausgabe jetzt wieder zugänglich geworden.

Die überlieferten Hss. stammen mit Ausnahme einer einzigen (E: Cambridge, Corpus Christi College 173, enthält Af-Ine in einer Hand von ungef. 925) aus privaten Sammlungen des 11. Jh.s oder gehen auf solche zurück (besonders B: Cambridge, Corpus Christi College 383 ca. 1125/30 und H, der berühmte Codex Roffensis ca. 1120/40). In ihnen sind außerdem nicht-juristische Texte und Aufzeichnungen enthalten. Eine Archivtradition von seiten der Gesetzgeber existierte offenbar nicht, die Bewahrung der Texte ist nur der Kirche zu danken. Erst in der Normannenzeit werden in der Absicht, eigenes Recht gegenüber dem eindringenden normannischen zu bewahren, reine Gesetzessammlungen veranstaltet, welche die Hauptmenge des Stoffes in lat. Übersetzung enthalten.

In der langen Überlieferung erfuhren die ags. Texte eine durchgehende Umgestaltung ihrer Sprachform. Sämtliche Texte sind in westsächsischer bzw. spätwestsächsischer oder me. Sprache überliefert. Eigenheiten altenglischer Mundarten sind nur in Spuren bewahrt. Die Überlieferung in relativ späten Hss. und die modernisierte Sprache dieser Quellen sind vielleicht ein Grund dafür, daß die Englische Philologie ihnen relativ geringe Aufmerksamkeit geschenkt hat. Zumal Lautung und Flexion ae. Denkmäler, die in unseren Quellen weniger interessant sind, stets viel größeres Interesse gefunden haben als der ae. Wortschatz.

Zur Originalität der Texte

§ 4 Unter dem eben gebrauchten Ausdruck ‚Umgestaltung der Sprachform' ist nun Verschiedenes zu verstehen. Das Auffälligste ist die Anpassung des Textes an den jüngsten ae. Lautstand durch den jeweiligen Abschreiber, worunter auch die Anpassung an eine gewandelte Schriftform zu verstehen ist, d. h. insgesamt die graphematische und phonologische Umgestaltung (1). Weniger ins Auge fallend, aber doch auch häufig durchgeführt ist die Modernisierung des Formenstandes (2). Fraglich scheint mir eine wesentliche Veränderung der Syntax (3), des Wortschatzes (4) und des Inhalts überhaupt (5).

Während die Art der sprachlichen Umgestaltung (1) und (2) für uns unwichtig ist, bedarf die Annahme zu (3) bis (5) einer Begründung.

Zu (3): Ein vergleichender Blick in einige Gesetze aus verschiedenen Jahrhunderten vermittelt ein eindrucksvolles Bild von der syntaktisch-stilistischen Verschiedenheit dieser Denkmäler. Daß es sich dabei keineswegs um Charakteristika verschiedener Abschreiber handeln kann, beweist die Entwicklung von den unbeholfenen einfachen Satzfügungen in Abt über juristisch prägnante Gesetzessprache (z. B. in Ew) bis hin zu den rhetorisch aufgeschwollenen Deklamationen der späteren Gesetze Aethelreds und Cnuts. Daß gerade typische stilistische Eigenheiten der einzelnen Denkmäler bis in die uns überkommenen Hss. bewahrt blieben, zeigen die knappen und treffenden Charakterisierungen, welche Liebermann in seinem Kommentarband (III) zu jedem Stück gegeben hat. Für die Geschichte der ae. Syntax wäre gerade aus diesen Quellen einiges zu gewinnen.[10] Aber auch der Vergleich mit anderen germanischen (und auch lateinischen) Rechtsquellen dürfte für eine Darstellung der germ. Rechtssprache wertvoll sein. Obwohl die Rechtssprache ihre spezifischen und z. T. erstarrten Eigenheiten besitzt, wird man doch in ihr eher Züge gesprochener Sprache wiederfinden als in der poetischen Literatur des Mittelalters. Die syntaktische Unterschiedlichkeit der verschiedenen Denkmäler läßt auf einen engen Kontakt mit der gesprochenen Rechtssprache schließen.

Zu (4): Einer ausführlicheren Begründung bedarf die Annahme, daß auch der Wortschatz der einzelnen ags. Rechtsquellen keine wesentlichen Veränderungen durch Abschreiber erfahren hat. Denn auf dieser Annahme beruht schließlich der Wert der chronologischen Angaben in den folgenden Wortbeschreibungen, auf ihr wird z. T. auch der Vergleich mit den entsprechenden Rechtstermini der anderen germanischen Sprachen aufbauen.

1. Zunächst läßt sich sagen, daß die Erhaltung der syntaktischen Struktur der Quellen in vielen Fällen zugleich die Erhaltung des originalen Wortschatzes bedeutet. Dies gilt besonders für solche Wörter, die in Phraseologismen vorkommen. Die typischen Ausdrucksformen, in denen z. B. die Gliederbußen in Abt aufgezählt werden, sind nicht nur in dieser syntaktischen Struktur, sondern auch nur mit diesem Wortschatz möglich. Später begegnen andere Darstellungsweisen. Die verbalen und adjektivischen Ausdrucksmittel werden zunehmend durch Substantive abgelöst.

2. Sehr häufig läßt sich in einem Sinnbezirk eine chronologische Reihenfolge im Gebrauch technischer Ausdrücke feststellen. Wäre durchweg von den Abschreibern verbessert worden, gäbe es solche Chronologie nicht.

3. Manche Schwierigkeit bieten die Hapaxlegomena. Daß sie überhaupt begegnen — und vor allem auch in den früheren Denkmälern — läßt auf Erhaltung ursprünglichen Wortschatzes schließen. In einigen Fällen erlauben gerade diese Wörter, Parallelen zu anderen germ. Dialekten zu ziehen. Trotzdem bleibt der Wert solch einmaliger Nennungen beschränkt. (Im I. Band des Deutschen Rechtswörterbuchs sind 50 % aller Lemmata einmalige Belege.) Es steht bei diesen Wörtern oft dahin, ob sie überhaupt technisch gebraucht wurden. Die im ganzen nicht sehr reiche Überlieferung läßt hier manches im Dunkeln. Die Zahl der Texte darf hier nicht täuschen. Sie enthalten viele Wiederholungen. Und nur ein Teil bezieht sich auf die hier behandelten strafrechtlichen Tatbestände. Einen vollständigen Einblick in die Rechtssprache können sie bei weitem nicht geben.

4. Daß die Gesetze überhaupt tradiert wurden, läßt auf ihre Bedeutung auch in weit späterer Zeit schließen, gerade ihre Anpassung an die jeweils neueste Lautform und Schreibnorm bezeugt dies. Alfreds Codex (Af-Ine) z. B. hatte als Dōmbōc weit über seine Regierungszeit hinaus Gültigkeit. Die folgenden Gesetze bieten Besserungen, Erweiterungen und Hinzufügungen, oft auch nur

[10] Darauf weist auch R. Münch, Die sprachliche Bedeutung der Handschrift H der Gesetzsammlung König Alfreds des Großen (1908) S. 4 hin.

Abschriften oder allgemeine Ermahnungen. Sie lieferten für das Dōmbōc keinen vollständigen Ersatz. Die Gliederbußen z. B. enthält nach Abt nur Af. Erst unter dem dänischen König Cnut erfolgt eine gewisse Zusammenfassung früherer Gesetze, wobei sehr viel aus Af übernommen wird.

Schon Alfred selbst wagt nicht ein völlig neues Gesetzbuch. Wie er einleitend (Af El 49.9) schreibt, benutzte er kentische und anglische Quellen, denen er eigenes hinzufügte. Er zog, wie man leicht feststellen kann, Abt aus, das von ihm benutzte anglische Gesetz Offas ist uns nicht überliefert. Offenbar verloren die regionalen Gesetze damit jedoch noch nicht ihre Gültigkeit. Denn schon in der ältesten uns überlieferten Hs. (E, 925) folgt Ines Gesetzbuch Alfreds als Anhang. Die später vorgenommene Rubrizierung zählt von Af bis Ine durch. Die Diskrepanzen zwischen Af und Ine sind jedoch nicht getilgt worden. Auch das wirft Licht auf die getreue Überlieferungspraxis.

Neben diesen allgemeinen Beobachtungen läßt sich aber zur Frage, ob oder in welchem Maße nachträgliche Wortschatzkorrekturen durchgeführt wurden, auch eine spezielle Feststellung machen, und zwar an Hand von Af-Ine im Codex Roffensis (H). Der Abschreiber dieses Stückes „benutzte eine (nicht erhaltene) Vorlage, die den sprachlichen Charakter des Originals noch so treu bewahrt hatte, daß sie fast das Original selbst sein könnte, wenn diese Annahme nicht durchaus unwahrscheinlich wäre."[11] Auf jeden Fall schrieb er sie offenbar außerordentlich laut- und wortgetreu ab, dies läßt sich aus dem Vergleich mit anderen Hss. (besonders E) feststellen. Das Interessante und Wertvollste der Hs. besteht für uns nun darin, daß der Copist (H cop.) nachträglich seine schöne Arbeit gründlich verbessert hat, indem er ca. 25 % aller Wörter (nach Münch) durch Rasur oder Überschreiben korrigierte (H corr.). Diese Verbesserungen „zeigen uns durch den Kontrast mit den unter der Korrektur noch erhaltenen älteren Formen mit aller wünschenswerten Deutlichkeit, in welchen Punkten die im 12. Jh. herrschende Schul- und Schriftsprache, das sog. Spätwestsächsische, von der Sprache Alfreds, dem Altwestsächsischen, abwich."[12] Münch hat diese Unterschiede, wie auch das Verhältnis von H zu E, in zwei kleinen Abhandlungen zusammengestellt.[13] Leider ist er jedoch darüber wenig hinausgegangen, so daß sein eben zitierter Schluß etwas zu einfach ist. Zunächst muß eingewandt werden, daß die im Codex Af-Ine bewahrte Sprache nicht nur Alfreds sondern auch Ines ist. Die Tatsache, daß Ine schon früh an Af angehängt und stets mit diesem überliefert und sprachlich modernisiert wurde, darf über die bestehenden Unterschiede nicht hinwegtäuschen. Wir finden hier,

[11] R. Münch, Die sprachliche Bedeutung der Hs. H der Gesetzsammlung König Alfreds des Großen, Halle 1908, 5.

[12] a.a.O., 5 f.

[13] Der schon genannten ging voraus: Münch, Die Hs. H der Gesetzsammlung König Alfreds des Großen. Diss. Halle 1902. Sie behandelt nur die Lautlehre, die andere (neben einer Zusammenfassung der ersten) Flexion, Wortbildung, Wortschatz und Syntax, sie ist eine der wenigen wortkundlichen Untersuchungen zu den ags. Gesetzen. Die meisten diesbezüglichen Arbeiten beschränken sich auf die Lautlehre.

wie die weitere Darstellung zeigen wird, nicht nur einen ganz spezifischen Wortschatz, der später nicht mehr belegt ist, sondern auch deutliche Unterschiede gegenüber Af.

Münchs Auffassung wiederspricht ferner ein Wortpaar wie *swingum* (E, H cop) — *swinglum* (H corr) Ine 48, da *swingel* in übrigen Belegen auch nur bei Ine vorkommt, also sicherlich kein typisches Rechtswort des 12. Jh.s ist. Bei *synnig* (E, H corr) — *scyldig* (H corr) Ine 57 bestätigen auch die weiteren Belegstellen, daß *synnig* später durch *scyldig* ersetzt wurde, doch auch dies ist kein Wort des 12. Jh.s, sondern begegnet bereits gleichzeitig bei Wi, Ine, Af. *unsyngian* (E, H cop) wird von H corr Ine 21,1 durch *unscyldigne gedon* ersetzt, das Adj. *unsynnig* dagegen bleibt unkorrigiert, wird aber in anderen Hss. (B, Ld) durch *unscyldig* (Af 29.35) ersetzt.

Die Beispiele zeigen, daß die Verhältnisse keineswegs so einfach sind, wie die reine Gegenüberstellung von E, H cop und H corr zunächst annehmen läßt. Ein Wortschatzvergleich ist eben nicht so leicht durchzuführen wie ein graphematischer. Eine Chronologie kann hier nur unter Berücksichtigung sämtlicher Belegstellen sowie inhaltlich verwandter Begriffe erfolgen.

Trotzdem vermag uns Münchs Zusammenstellung einen gewissen Überblick über die Art der Wortschatzveränderungen zu geben, mit denen in der Überlieferung der ags. Gesetze gerechnet werden muß. (Dabei werden beide Listen, E — H cop wie H cop — H corr berücksichtigt.)
Von den 23 Termini, die in unseren Bereich fallen, sind 13 wortbildungsmäßig verändert worden (*aslea* zu *ofslea, searwa* zu *syrwunge* etc.), in 10 Fällen steht ein neues Wort, wobei offenbar viermal der Sinn der Vorlage mißverstanden wurde (*orwige* zu *on wige, eofotes* zu *þeofes, hrægle* zu *reaf, geresp* zu *geræf*).

Geht man davon aus, daß die Korrektur bei H corr. systematisch erfolgte, und setzt man dem die nahezu vollständige Umgestaltung des Lautstandes (Aws. zu Spätws.) gegenüber, so ist dieser Befund erstaunlich mager. Er zeigt mehr als jede allgemeine Vermutung, wie gering im Grunde die Rechtsterminologie in der langen Überlieferung verändert wurde, bzw. eine wie geringe Änderung genügte, um den Text für die Rechtspraxis des 12. Jh.s verständlich und brauchbar zu machen. Wie langsam die Entwicklung sich in diesem Wortschatzbereich vollzog, zeigt der Umstand, daß die Mehrzahl der Änderungen lediglich in Wortbildungsvarianten bestand.

Ähnlich ist das Ergebnis für die Syntax. Hier konnte Münch (S. 31—38) nur relativ geringe Veränderungen feststellen.

Die große Diskrepanz in der Veränderung von Laut- und Formenbestand einerseits und Wortschatz und Syntax andererseits mögen einige theoretische Überlegungen zum Vorgang der Textkopie verständlich machen. Es bestehen zwei Möglichkeiten: der Kopist schreibt eine Vorlage ab oder ein Vorleser diktiert sie einem oder mehreren Schreibern. Es wurden ja oft viele Kopien zugleich benötigt, da ein Gesetz bekannt werden und bei der lokalen Rechtsprechung erreichbar sein mußte. Liebermann rechnet für die Mehrzahl der Texte mit zahlreichen Authentica, schon in der Erstfassung. Im ersten Fall können wir einmal mit einer laut- und wortgetreuen Abschrift rechnen (wie H cop), aber es ist auch möglich, daß der Kopist den Text seiner Schreibtradition und seinem Formen- und Wortverständnis anpaßt (H corr.). Im zweiten Fall wird man von Anfang an bestimmt mit einer gewissen Unterschiedlichkeit der verschiedenen Kopien zu rechnen haben. (Natürlich kann es sein, daß diese nachträglich beseitigt wurden.) Hinzu kommt die Möglichkeit, daß die Schreiber verschiedenen Dialektgebieten entstammten und daraus manches in den Text eingeflossen ist. Liebermann und Münch schließen aus solchen Eigenheiten, daß der Kopist von H ein Kenter gewesen sei. Liebermann führt ferner in seiner Handschriftenkritik aus, daß solche Differenzen in vier bis fünf Fällen schon in verschiedenen Ausfertigungen des Originals bestanden haben müssen.

Um wieviel gravierender muß jedoch die Umgestaltung sein, wenn ein alter Text in späterer Zeit auf diese Weise vervielfältigt wurde, wobei Vorleser und Schreiber natürlich ihrer neuen Aussprache bzw. Schreibnorm folgten. Dabei möchte ich annehmen, daß eine solche Umgestaltung gar nicht als ein wesentliches Antasten des Textes angesehen wurde, ebensowenig wie z. B. neuere Herausgeber klassischer Literatur etwas daran finden, die sog. Orthographie dieser Werke zu ‚modernisieren'. Einer philologisch weniger reflektierenden Zeit als der unseren wird man in der Behandlung der ‚Schreibung' noch größere Unbefangenheit unterstellen dürfen. Die Diskrepanz zwischen Inhalt und Lautform ist etwas ganz Natürliches. Ein Rechtstext des 7. Jh.s, der uns in Hss. des 11. Jh.s überliefert ist, kann nicht nur —: er muß angesichts der Überlieferungsverhältnisse die äußere Sprachform des 12. Jh.s aufweisen, zumal wenn nicht allein antiquarisches Interesse an dem betr. Text bestand, sondern die Absicht, ihn sachlich, d. h. in der Rechtssprechung zu benutzen.

Der Wortschatz wurde von dieser Einstellung zunächst gar nicht berührt. Ihn zu ändern konnte zwei Gründe haben. a) Man wollte den Text inhaltlich umgestalten. b) Man wollte ihn inhaltlich nicht ändern, aber Mißverständnisse beseitigen, um ihn für den Gebrauch verständlich zu machen. Ob der erste Fall je systematisch durchgeführt wurde, entzieht sich unserer Kenntnis. Anzeichen dafür liegen nicht vor. Die inhaltlichen Unterschiede von Ine und Af, auch die inhaltliche Identität von Hss., die um zwei Jahrhunderte auseinanderliegen (E bis H) sprechen dagegen. Die Tatsache, daß überhaupt so viele alte Gesetze bewahrt blieben und nicht durch neue ersetzt, sondern nur ergänzt wurden, ist ein weiteres Indiz. Bei Rechtstexten müssen wir in diesem Punkt mit einer ganz anderen Konservativität und Beharrsamkeit rechnen als bei literarischen Texten, die dem Geschmack der Zeiten in hohem Maße unterlagen. Änderungen geschahen offenbar durchweg aus dem 2. Grunde. Dabei kann ein Wort ersetzt werden, weil es 1. unverständlich geworden war, oder 2. weil es veraltet war, oder 3. weil es als untechnisch angesehen wurde (als Rechtsterminus veraltet). Wir fragen, wie sich in diesen Fällen ein Kopist verhalten kann. Schreibt er ganz mechanisch und wortgetreu ab, so wird er alle Fälle 1—3 übernehmen. Sucht der Kopist den Text zu bewahren, aber gleichzeitig verständlich zu machen, wird er Fall (1) korrigieren, vielleicht nimmt er (in Unkenntnis einer Sprachentwicklung) einfach Verschreibung an und bessert, ‚konjiziert' vorsichtig, wie z. B. bei *orwige* zu *on wige*, *eofotes* zu *þeofes* usw. oder er wählt ein ihm passend erscheinendes neues Wort. Dabei sind natürlich Mißverständnisse möglich. In den Fällen 2—3 ändert er vielleicht, aber sicher nicht durchgehend, denn der Text ist ihm an sich unantastbar. Ein dritter Kopist schließlich ändert systematisch alle Fälle 1—3, wie es offenbar H corr. tat. Münch nimmt an, daß der Auftraggeber dieses Schreibers die erste Kopie beanstandet und die umfangreiche Korrektur veranlaßt habe.

Die oben wiedergegebene Gegenüberstellung H corr — H cop, E zeigt uns also den extremen Fall einer auch den Wortschatz betreffenden Modernisierung eines Textes. Er dürfte kaum der Normalfall sein. Wir werden im Durchschnitt nur geringere Änderungen zu veranschlagen haben, zumal der Großteil der Texte ja nicht ins 9. Jh. zurückreicht, dem Schreiber also zeitlich näher steht. Wir kehren nach dieser Erläuterung bestärkt zu unserer anfangs geäußerten Meinung zurück, daß unsere Rechtstexte trotz ihrer späten Überlieferung im Wesentlichen ihren originalen Wortschatz erhalten haben dürften. Die z. T. theoretische Begründung erfährt, so denke ich, durch die Darstellung des Wortschatzes und die abschließende Zusammenfassung eine augenfällige Ergänzung.

Die Quellen

§ 5 Im folgenden werden *Inhalt, Entstehungszeit* und *Eigenart der wichtigsten Gesetze* kurz charakterisiert. Ich verweise dazu auf Liebermanns ausführliche Bemerkungen im Kommentarband (III), denen ich im wesentlichen folge. Außerdem ist hier die kurzgefaßte vorzügliche ‚Geschichte der englischen Rechtsquellen im Grundriß' von H. Brunner zu nennen.

Im ganzen, das sei vorausgeschickt, sind die Beziehungen zwischen den ags. Gesetzen untereinander außerordentlich eng. Es gibt, von den ältesten Denkmälern abgesehen, kaum ein Stück, das nicht von früheren abgeschrieben oder solche zumindest frei benutzt hätte. Der kompilatorische Charakter nimmt im 10. und besonders 11. Jh. derart zu, daß der Wert von Wortzeugnissen aus dieser Zeit zumindest beschränkt ist. Man weiß nicht: ist es abgeschrieben oder galt dies Wort noch zu jener Zeit.

Um für die Beurteilung der Wortschatzparallelen innerhalb des Ags. einen Leitfaden zu bekommen, habe ich versucht, die Abhängigkeitsverhältnisse der ags. Gesetze untereinander in einer graphischen Skizze darzustellen. Aus wörtlichen Anklängen, aus Berufungen auf Vorgänger und nicht zuletzt auf Grund von Liebermanns ausführlicher Handschriftenkritik läßt sich durchweg angeben, welche Quellen einem Denkmal vorlagen. Diese Skizze erwies sich jedoch als derart kompliziert, daß der Leser damit schließlich doch wenig hätte anfangen können. Ich beschränke mich deshalb darauf, am Ende dieser Übersicht Abkürzungen und Zeitangaben nur tabellarisch zu verzeichnen, um das Verständnis meiner Angaben in den Wortkapiteln zu erleichtern.

Gesetze der kentischen Könige

§ 6 In den 90 kurzen dōmas *Aethelberhts* (Abt) liegt uns wahrscheinlich die erste Niederschrift ags. Rechts vor. Sie erfolgte nach Liebermann in den Jahren 602/3, also ein halbes Jahrzehnt nach der Christianisierung der Kenter, die damals unter den ags. Reichen die Vormachtstellung innehatten. Überliefert sind uns diese Satzungen erst ein halbes Jahrtausend später, im Codex Roffensis. Doch wird ihre Existenz von Beda und Alfred, der sie benutzte, bezeugt. Überkommen sind sie uns in westsächs. Sprachform, in die der altkent. Text wohl im 9., 10. Jh. umgeformt wurde. Doch sind Spuren „archaischer Sprache“[14] erhalten. „Auch mehrere Wörter, die Abt allein bewahrt, mögen als Reste eines frühen Sprachzeitalters gelten.“[15] Der stereotype, archaisch wirkende Text und der zweifellos frühe Rechtszustände widerspiegelnde Inhalt — Überwiegen des Strafrechts, keine Spuren kirchlichen oder römischen Einflusses — lassen die Annahme zu, daß am Wortlaut und Inhalt dieser Satzungen wenig geändert worden ist, wenn auch die äußere Sprachform mehrfache Umgestaltungen erfahren hat. Noch in dieser Form stellen Aethelberhts dōmas ein einzigartiges Dokument frühgermanischer Rechtsprosa dar, das nirgends in der Germania seinesgleichen hat.

Ergänzungen straf- und prozeßrechtlichen Inhalts zu Abt bieten die 16 dōmas von *Hlothære* (Hl ca. 676/85), die in ihrer Bestätigung durch seinen Nachfolger *Eadric* vorliegen. Weitere Hinzufügungen (28 dōmas, bes. kirchenrechtlich) machte *Wihtræd* (Wi, 695), der bereits Ines Gesetze benutzte. Diese Ergänzungen zeigen gegenüber Abt bereits einen etwas gewandteren Stil Überliefert sind sie wie Abt nur in H.

Ine's Gesetze [16]

§ 7 Ines Gesetze sind (wie Abt für Kent) die erste umfangreiche Rechtsaufzeichnung für Wessex. Sie lassen sich auf die Zeit 688—694 datieren, also rd. 50 Jahre nach der Annahme des Christentums in Wessex (635). Anregend wirkten wahrscheinlich die Gesetze Kents, dessen „Kultur (...), wie überhaupt, so auch wohl in der Gesetzgebung dem übrigen England als Beispiel voraus[ging].“ (Gesetze Ines c. 2.) Darauf lassen im übrigen einige Übereinstimmungen schließen. Gemeinsamkeiten mit Wi gehen auf Benutzung vorliegender Synodaldekrete zurück.

„Neben dem König erscheint als gesetzgebender Faktor der *Landtag*, in dessen Namen Ine als ‚Wir‘ spricht“ (Komm. 65). Darüber gibt der Prolog Auskunft; ausdrücklich wird hier als Ziel der Gesetzgebung angeführt, „auf daß

[14] E. Sievers, PBB 12 (1887), 174.

[15] Liebermann Bd. III, S. 1. Genannt werden 17 Termini, dazu unten § 121.

[16] Eine meisterhafte Charakterisierung und rechtsgeschichtliche Beurteilung bietet Liebermann, Über die Gesetze Ine's von Wessex, in: Mélange Bémont, Paris 1913, 21—42. (Zitiert als: *Gesetze Ines* mit Kapitelangabe). Hinzu kommt Liebermanns Einleitung Bd. III, 63—67 (1916). (Zitiert als: *Komm.* mit Seitenangabe).

richtiges [Gewohnheits]recht [*ryht æw*] und rechte Königsverordnungen [*ryht cynedōmas*] über unser Volk hin befestigt und gesichert würden".

Den Inhalt der 76 Stücke Ines nennt Liebermann (Gesetze Ines c. 28) „einen Haufen zufälliger Rechtsbruchstücke, die meist logischer Anordnung entbehren". Von Vollständigkeit in bezug auf das geltende Recht kann also keine Rede sein. Die Satzungen bieten im Kern straf- und prozeß-, aber auch verwandtschafts- und güterrechtliche Bestimmungen, die am Anfang und Ende von kirchenrechtlichen Satzungen umrahmt sind. „Jener Kern des Gesetzes hält sich, recht wenige fremde Einsprengungen ausgenommen, rein germanisch, er könnte heidnisch sein." (Gesetze Ines c. 28.)

Überliefert sind Ines Gesetze nur in der Gestalt jenes Anhanges, in welcher Alfred sie seinem eigenen Gesetzbuch (Af) anfügte und in der sie fortan tradiert wurden. Zwar schreibt Alfred EL 49,9, daß er von ihnen einiges weggelassen habe, doch macht Liebermann es wahrscheinlich (Ines Gesetze c. 7 f.), daß dies nicht der Fall war, d. h. daß Ines Gesetze durch Alfred durchaus (inhaltlich) original wiedergegeben wurden. Dafür spricht die Übernahme von Ines Prolog wie auch Alfreds wörtliche Anführung der mosaischen Gesetze in seiner Einleitung. Beides kennzeichnet Alfreds große Achtung vor dem überkommenen Recht, der er am Ende seiner Einleitung (49,9) beredten Ausdruck gibt. Diese Stelle ist überhaupt ein denkwürdiges Zeugnis germanischer Rechtstradition.

Wie Ine also wahrscheinlich vollständig durch Alfred überliefert wurde, so hat Alfred vermutlich auch am Inhalt dieses für ihn ehrwürdigen Codex nichts geändert. Dafür sprechen sowohl Widersprüche gegenüber seiner eigenen Gesetzgebung (Gesetze Ines c. 12), als auch der gänzlich andere Stil dieser Aufzeichnung (Gesetze Ines c. 9, Komm. 65). Dagegen wurde die Schreibung dieser Stücke sicher der Alfreds angeglichen. „In Wortschatz, Grammatik und Syntax dürfen wir natürlich nichts erwarten, was im einzelnen für Alfred gänzlich veraltet gewesen wäre, denn derlei hätte er als unverständlich ausgemerzt" (Gesetze Ines c. 9). Alfred (bzw. der für ihn Schreibende) repräsentiert in der Hinsicht wohl den oben § 4 beschriebenen vorsichtig revidierenden Kopisten. Daß eine systematische Modernisierung nicht stattgefunden hat, zeigen die zahlreichen von Af abweichenden Archaismen in Wortschatz und Syntax. (Komm. 65 nennt zehn nur bei Ine vorkommende Termini. Dazu auch unten § 122).

„Öfters bieten Ine und Alfred denselben Inhalt in verschiedenem Ausdruck ..." (Gesetze Ines c. 11). Hätte Alfred umarbeiten wollen, so wären solche Wiederholungen vermutlich vermieden worden.

Aus Liebermanns Charakterisierung der Sprache (Komm. 65) sei hier nur Wichtigstes herausgegriffen: „Termini technici, vollends Abstrakta, sind höchst selten ..." Gemeint ist das Fehlen von Begriffen für Eigentümer, Erbe, Verkäufer, Kläger u. a. m., wofür schwerfällige Umschreibungen gegeben werden. (Hier urteilt der Jurist von modernem Standpunkt aus. Uns erscheint als technische Terminologie jeder Ausdruck, auch jede schwerfällige Wendung, die regelmäßig in spezifischem Sinne gebraucht wird.) „Im ganzen klingt Ine archaischer als der fast gleichzeitige Wihtræd." Als Verfasser denkt sich Liebermann eher einen „im Ausdruck ungeschickten Gutsherrn" als einen gebildeten Kleriker.

Gesetze aus der Zeit der Vereinigung der ags. Reiche

§ 8 Zwischen dem wahrscheinlich im letzten Jahrzehnt des 9. Jh.s abgefaßten Gesetzbuch Alfreds (Af) und den uns überlieferten vorhergehenden Gesetzen Ines und der Kenter klafft eine zeitliche Lücke von 200 und mehr Jahren, über deren Gesetzgebung wir nichts wissen. Erst mit Af, das erstmalig Gültigkeit für mehrere Stammesgebiete beansprucht (Wessex, Kent und Teile Merciens), beginnt eine kontinuierliche Überlieferung der ags. Gesetze, die keine wesentlichen Lücken enthalten dürfte.

1. *Alfreds* Gesetzbuch zerfällt in drei Teile: eine Einleitung, die in 49 Kapiteln aus der Bibel (u. a. den Dekalog) übersetzt und am Ende über die benutzten Quellen Auskunft gibt, den Hauptteil von 77 dōmas und einen Anhang mit Ines Gesetzen für Wessex (vgl. oben § 7). Die bereits dem Archetyp aller Hss. angehörende, z. T. recht ungeschickte Rubrizierung (Af Rb, Ine Rb) wurde ca. 910 nachträglich hinzugefügt.

An Quellen benutzte Alfred nach eigener Angabe (El 49,9) Abt und ein uns verlorenes Gesetzbuch König Offas von Mercien. Den Inhalt dieser dōmas vermochte bisher niemand aus Alfreds Gesetzen auszusondern. Da Alfred selbst angibt, sein Gesetzbuch unter möglichstem Anschluß an Bestehendes geschaffen zu haben, schon aus Furcht, Nachfolger könnten es sonst wieder verwerfen, muß die Benutzung bzw. Übernahme einzelner Strafgesetze aus Synodalbüchern des 7. bis 9. Jh.s angenommen werden (Komm. 34). Wir finden also in Af auch durchaus älteren Rechtsstoff und dessen Terminologie, diese wohl soweit sie zu Alfreds Zeit Gültigkeit besaß.

Anordnung und juristische Durchdringung des Stoffes findet Liebermann gegenüber Ine nicht gebessert (Komm. 33). „Alfred bot das verhängnisvolle Beispiel für die Hineinmengung predigerhafter Mahnung in die Gesetzgebung, wie sie unter Aethelred und Cnut den juristischen Gehalt überwuchert." (Komm. 37).

Vom Ansehen des Codex Af—Ine in späteren Jhh. zeugt die Benennung dōmbōc (zuerst bei Edward) sowie die Tatsache, daß er in Gesetzen des 10.—11. Jh.s und in Rechtsbüchern bis zum 15. Jh. ausgeschrieben und kopiert wurde. Für eine Untersuchung der strafrechtlichen Terminologie bietet Af außerordentlich reichhaltigen Stoff, ganz summarisch kann man sagen: ebensoviel wie alle späteren Gesetze zusammen. Allein mit Af und den kentischen Quellen Abt, Hl, Wi gewinnt man einen recht genauen Einblick in die frühe, vom nordischen wie vom kanonischen Recht bzw. homiletischer Literatur unbeeinflußte Rechtsterminologie.

2. AGu, ein kurzer Vertrag *Alfreds* mit den Dänen in Ostanglien, um 883, also vor Af, enthält u. a. Vorschriften über Wergeld und Eid.

3. Ein weiterer Vertrag, EGu, der später ebenso Alfred zugeschrieben wurde, — nach Liebermann jedoch frühestens aus d. J. 921 stammt — regelt die rechtlichen Beziehungen zwischen Engländern und Dänen in Ostanglien nach Erwerbung dieses Gebietes durch *Edward*. Der Vertrag ist für uns sowohl wegen vieler strafrechtlicher Bestimmungen als auch wegen des erstmaligen Auftretens zahlreicher nord. Lehnwörter interessant (*grið*, *lagu*, *lahslit*, *ūtlah*, *oran*, *eorl* ‚Graf‘). Doch können wir kaum annehmen, daß diese Wörter damals bereits über Ostanglien hinausgedrungen waren. Sie waren aber dort offenbar derart geläufig, daß sie in die uns allein überlieferte westsächsische Fassung des Vertrages Aufnahme fanden.

4. Mit zwei unter *Edward* entstandenen Gesetzen (I, II Ew um 925), deren zweites erstmalig für ganz England Gültigkeit beanspruchte, „beginnt der Höhepunkt angelsächsischer Gesetzgebungskunst. Die Stücke sind zwar kurz. Aber sie reden klar, kräftig und genau mit bestimmten Strafen gegen Ungehorsam [zuerst hier: *oferhīerness*], von Hauptsachen des Staats- und Rechtslebens.“ (Komm. 93). Sie setzen unter Bezug auf das dōmbōc (Af—Ine) Alfreds Gesetzgebung fort.

5. Aus *Aethelstans* Regierungszeit (925—40) sind sieben Gesetze bzw. Verordnungen überliefert: eine königl. Verordnung an die Vögte über Kircheneinnahmen (As I 925/936); eine knappe Almosenverordnung (As Alm 925/40), ein umfangreiches Stück — das bedeutendste von Aethelstan —, welches in juristisch klarer Diktion Justiz- und Polizeiwesen behandelt (II As 925/35, benutzt Af—Ine, I, II Ew.); ferner die Beschlüsse von Exeter (V As 927/37), welche II As ergänzen; zwei nur im lat. Quadripartitus überlieferte Stücke (III As 928/938: Brief des kentischen Landtags, As I, II, V wiederholend; IV As 929/39: Beschluß zu Thunresfelda, Ergänzung zu II As) und schließlich die Judicia civitatis Lundoniae (VI As 930/40), die aus drei Teilen besteht: 1. dem Landfriedensbund der Londoner Bürger mit Bischöfen und Gerefen Londons, 2. dem Statut der Londoner Friedensgilde (das älteste germ. Gildenstatut) und 3. einer Zusammenstellung früherer Satzungen Aethelstans.

6. Von den drei *Gesetzen Edmunds* handelt I Em (Synode zu London 940/46) vom Klerus, II Em (943/46) von Totschlag und Fehde, III Em (zu London 940/46, nur lat.) vom Diebstahl.

7. *Edgards Gesetze* umfassen die Beschlüsse zu Andover (II, III Eg 946/61, gehören zusammen), deren erster Teil vor allem die Rechte der Kirche sichert, die Beschlüsse zu Wihtbordestan (IV Eg um 962), und ein Gesetz über das Hundredgemot (Hu = Eg I 946/61). Sämtliche Vorgänger seit Ine werden zitiert.

8. Unterschiedlicher Natur sind die aus *Aethelreds* langer Regierungszeit stammenden Stücke I—X Atr. „Die Denkmäler I—IV sind wesentlich weltlich, V—X wesentlich kirchlich. Jene reihen sich würdig der Gesetzgebung im 10. Jh. an; diese lauten predigerhaft und fördern neues Recht nur wenig. Jene reden kurz, einfach, bestimmt, in juristischen Termini und mit Strafsätzen, diese verschwommen, homiletisch, ermahnend, breit, sich endlos wiederholend,

floskelhaft. Vielleicht gab den für V—X leitenden Geist Erzbischof Wulfstan von York, mit dessen Predigten viele Wendungen und ganze Sätze übereinstimmen." (Komm. 166).

Die Reichstagsbeschlüsse zu Woodstock (I Atr 980/1003), die auf Rechtsgedanken von As und Eg weiterbauen, galten nur für die Englalagu, die zu Wantage (III Atr 997?) nur für die Denalagu, in letzterem sind nordische Lehnwörter sehr zahlreich, in jenem selten. II Atr (991) ist ein Friedensvertrag mit dem nordischen Heer, zugleich das älteste Zeugnis englischen Seerechts. IV Atr (991/1002), nur lat. überliefert, enthält handelsgeschichtlich wichtige Bestimmungen für London.

V und VI Atr, z. T. seitenlang übereinstimmend, gehen auf die Reichstagsbeschlüsse zu Eanhan (1008) zurück;[17] die Beschlüsse zu Bath und ein ergänzendes Bußedikt enthält VII Atr, dessen 1. Teil nur lat. vorliegt, weitere kirchliche Denkmäler sind eine Konstitution v. J. 1014 (VIII Atr), ein 2. Woodstocker Gesetz (IX Atr, Anfang 11. Jh.) und der Anfang eines weiteren Gesetzes (X Atr).

Nord. Lehnwörter sind in allen Stücken häufig.

Erlasse und Gesetzbuch Cnuts

§ 9 Vom Dänen Cnut stammen zwei in Briefform abgefaßte Erlasse (Cn 1020, Cn 1027) und ein umfangreiches Gesetzbuch (I Cn, II Cn 1027/34), das nach dem Vorbild Edgars in einen kirchlichen (I Cn) und einen weltlichen Teil (II Cn) gegliedert ist.

Cnut strebte offenbar eine Zusammenfassung ags. Rechts an, denn sein Codex ist zum größten Teil eine Kompilation früheren Rechts, wobei Wiederholungen und Widersprüche nicht selten sind. Benutzt wurden vor allem Wi und EGu (ausgiebig), von Alfreds, Edwards, Aethelstans, Edmunds, Edgars und Aethelreds Gesetzen besonders II, III Eg und V, VI, VIII Atr, ferner Homilien (z. B. Wulfstans) und Bußbücher.

„Zur logischen Anordnung, geschweige denn Systematik, hin zeigt Cnut, der Endpunkt ags. Gesetzgebung, keinen Fortschritt über ihre Erstlinge des 7. Jh.s hinaus." (Komm. 195). So spricht der Jurist. Sprachlich ist die Darstellung immerhin breit und flüssig, allerdings nur z. T. präzis, im ganzen eher homiletisch wie Aethelreds kirchliche Stücke, aus denen so viel übernommen ist. Wir sehen in I, II Cn einen Verfall der ags. Rechtssprache des 10. Jh.s.

Einfluß dänischen Rechts ist nicht erkennbar, „Cnut gebärdete sich nach 1018 in England nicht mehr dänisch" (Komm. 196). Es versteht sich, daß sein ags. Rechtscodex nicht zugleich in Dänemark galt.

Auch an nordischen Lehnwörtern finden wir nicht mehr als schon bei Aethelred, also das was im 11. Jh. fest eingedrungen war.

[17] Einfluß auf norwegisches Kirchenrecht erkennt A. Taranger, Den angelsaksiske kirkes indflydelse paa den norske, Christiania 1890, 210.

Partikulargesetze und juristische Privatarbeiten

§ 10 Von diesen Stücken, besonders den zahlreichen Privatarbeiten nenne ich nur die wichtigsten.

1. Das *Dunsæte* (Duns, 935?) genannte Stück behandelt die Rechtsbeziehungen zwischen Engländern und wallisischen Kelten im Dunsæte-Land, ungefähr dem heutigen Herfordshire; es ist in seiner Art AGu verwandt, an das es gelegentlich anklingt. Die juristisch präzise Darstellung zeigt noch keinen kirchlichen Einfluß. An neuen nordischen Lehnwörtern begegnet *nam, lahman, land(es)man.*

2. Teils autonom-kirchliches, teils weltliches Recht enthält das *Northumbrische Priestergesetz* (Northu). Es besteht aus zwei Teilen, die erst zwischen 1028 und 1060 (wegen ihrer Verwandtschaft in Zeit, Region und Sprache) zusammengefügt wurden. Teil I ist ein nur Priester betreffendes kirchliches Gesetz, in Teil II geben die northumbrischen Witen Bestimmungen über das Verhältnis zwischen Kirche und Laien. Beide Teile stammen aus York. Inhaltlich ist die Benutzung von EGu erkennbar, sowie einzelner Passagen von Atr und Cn. Die Sprache ist spätwestsächsisch mit lexikalisch stark nordischem Einfluß (u. a. *lagu, lahslit* sowie nordische Münzrechnung in *or* und *healfmearc*).

3. *Swerian* (Swer) wird eine private Sammlung ags. Schwurformeln genannt, die zwischen 960 und 1040 zusammengestellt sein mag. Daß die Formeln selbst z. T. bedeutend älter sind, zeigen u. a. mehrere Parallelen bei Ine (!), Ew, As u. a. Nach Liebermann „mag der Kern von Swer 6.7.9. als pangermanisch ins Heidentum hinaufreichen“ (Komm. 234).

4. *Be griðe 7 be munde* (Grið): Ein zu Canterbury zwischen 1028 und 1070 aus Abt, Wi, Af—Ine u. a. kompiliertes Stück ‚über Sonderfrieden und Schutzgewalt‘ (besonders der Kirche).

5. *Hadbot* (Had) ‚Buße für Körperverletzung an Klerikern‘, wahrscheinlich aus Südengland (1030/50). Der theologische Verfasser „beharrt ganz im vorkanonistischen weltlichen Strafrechtssystem des 10. Jh.s mit Sühne der Gewalt auch am Priester durch Wergeld und Klerusbuße ohne staatliche Strafe, die schon Cnut einschärfte.“ (Komm. 236).

Rechtsbücher aus der ersten Zeit nach der normannischen Eroberung

§ 11 Mit der Eroberung Englands durch die Normannen endet die Aufzeichnung ags. Rechts in ags. Sprache, nicht jedoch ags. Rechts. Ebensowenig wie der Däne Cnut strebten die normannischen Könige eine Beseitigung des in England heimischen Rechts an — wenn auch praktisch ihr Recht mit der Zeit die Oberhand gewann. So entstehen in den ersten sechs, sieben Jahrzehnten ihrer Herrschaft mehrere Rechtscodices in lat. und frz. Sprache, die teils wertvolle Aufschlüsse über das geltende Recht jener Zeit geben, teils verlorene ags. Gesetze in Übersetzung bewahren. Die Übersetzungen zu erhaltenen ags. Denkmälern sind für die Textkritik von Bedeutung; Mißverständnisse ags. Termini geben Aufschluß darüber, welche Rechtswörter ungebräuchlich geworden waren. Schließlich sind in ihnen nicht wenige ags. Wörter als Termini technici enthalten.

1. In die genannte Zeit fällt zunächst eine kurze ags. Satzung Wilhelms über das Beweisverfahren in Prozessen zwischen Angelsachsen und Normannen (Wl lad, 1067/77). Das Recht der letzteren wird als *nordmandisc lagu* bezeichnet.

2. Die sog. *Leis Willelme* (Leis Wl 1090/1135) sind eine Privatarbeit in frz. Sprache, die das von Wilhelm I den Engländern zugesicherte Recht darzustellen sucht; sie enthält normannisches, römisches und ags. Recht (aus Cn). Eine gewisse Vorliebe scheint der Verfasser für die Denalagu gehabt zu haben. Nur hier belegt ist z. B. das nordische Lehnwort *sārbōt*.

3. Der sog. *Quadripartitus* (nach der ursprünglich geplanten Gliederung in 4 Teile) enthält nahezu sämtliche ags. Rechtsdenkmäler (von Liebermann parallel abgedruckt, abgek. Q, 1114), sowie eine Sammlung von Staatsschriften Heinrich des I. Der Verf. war kontinentaler Herkunft, gelegentlich begegnen franko-lat. Rechtstermini.

4. Die *Leges Henrici* (Hn, 1114—1118) vom gleichen Verfasser wie Q enthalten teils ags. (aus Cn), teils normannisches Recht. „Die Arbeit [bildet] eine unschätzbare Quelle für die Erkenntnis der Gärungszustände, die in der Rechtsentwicklung Englands der Ausbildung des anglonormannischen Rechtes vorangingen." (Brunner a.a.O., 15). Fränkische Rechtsquellen sind ausgiebig benutzt.

5. Weitere lat. Übersetzungen ags. Rechts geben die *Instituta Cnuti* (In Cn, Anfg. 12. Jh., besonders aus Cn, Af—Ine) und die *Consiliatio Cnuti* (Cons Cn 1010/1030 aus Cn); die *Leges Edwardi Confessoris* (EDf. 1130/35, Privatarbeit) enthalten geltendes ags. Recht ihrer Zeit.

Zur Darstellung

§ 12 Wie einleitend begründet, ist das Ziel dieser Arbeit die Darstellung der Rechtsterminologie anhand der Rechtsquellen. Gerade im Fall des Ags. mit seiner reichen literarischen, historischen und homiletischen Literatur ist diese Konzentrierung unumgänglich, um einer eingehenderen Betrachtung der Rechtsterminologie Raum zu schaffen. Wieweit die rechtliche Seite der Materie berücksichtigt wurde, ist gleichfalls schon erörtert worden. Von der Weite und Vielschichtigkeit dieses Gegenstandes gibt ein Blick in Liebermanns Sachglossar einen hinreichenden Eindruck. Trotzdem wurde dort auf rechtliche Fragen eingegangen, wo das Verständnis der Terminologie es erforderte und wo diesbezügliche Untersuchungen sich mit den philologischen Voraussetzungen näher beschäftigten.

Im übrigen hat sich immer wieder gezeigt, daß rechtshistorische und philologische Betrachtungsweise nicht nur in der Methode, sondern auch in der Wahl des Gegenstandes divergieren, vgl. hierzu § 58.

Im einzelnen ist zur Darstellung folgendes zu bemerken:

1. In der Bestimmung der Bedeutung der Termini wird besonders beachtet, in welchem Maße eine technische Verwendung vorliegt. Bedeutungsangaben — auch bei Zitaten — entstammen, sofern nichts anderes gesagt wird, Liebermanns Übersetzung.

2. Stellenangaben erfolgen nach Liebermanns Ausgabe; ebenso die Abkürzungen, welche unten in Übersichtsform zusammengestellt sind. Eine Zahl ohne vorgestelltes Sigel bezieht sich auf das zuletzt genannte Stück. Auch in der Schreibung der ae. Wörter[17a] folge ich Liebermann, obwohl damit Abweichungen von der Norm bei Bosworth—Toller, Clark Hall und neueren Grammatiken entstehen. Ausschlaggebend war die Überlegung, daß der Bezug auf die von jedem zu benutzende Ausgabe mit zugehörigem Wörterbuch erhalten bleiben sollte. Im übrigen entbehrt auch die Normalisierung der genannten Wörterbücher häufig der Konsequenz.[18] Dagegen schien es mir angebracht, die Vokallänge (nach Clark Hall) — außer bei Handschriftenzitaten — kenntlich zu machen.

3. Statt genauer Stellennachweise erfolgt gelegentlich eine pauschale Zeitangabe: 7. Jh.: kent. Gesetze, Ine; 9. Jh.: Af; 10. Jh.: EGu, Af Rb, Ine Rb, Gesetze von Ew bis Atr; 11. Jh.: besonders Gesetze Cnuts; 12. Jh.: Lat. und frz. Kompilationen.

4. An weiteren Rechtsquellen wurden die Anglo-Saxon Charters nach der Ausgabe von Robertson[19] stets herangezogen, doch findet sich relativ wenig Strafrechtliches in ihnen.

5. Nicht-juristische Quellen wurden nicht systematisch benutzt, doch ist jedes Wort mit Bosworth—Tollers Anglo-Saxon Dictionary (BT) und Tollers Supplement (T) sowie Clark Hall's Anglo-Saxon Dictionary verglichen worden. Aus diesen Wörterbüchern führe ich darüber hinaus solche Bezeichnungen an, die mit den behandelten in engerem Zusammenhang stehen und einen Eindruck von der Verwendung der betr. Termini in anderen ae. Quellen sowie der Verbreitung der Wortsippe zu geben vermögen. Ein systematischer Vergleich war nicht beabsichtigt.

6. Die folgende Tabelle enthält die wichtigsten, in der Darstellung zitierten Gesetze mit den Abkürzungen nach Liebermann, Gesetze I, IX—X. Die Zeit-

[17a] Von den beiden Bezeichnungen *altenglisch* (ae.), *angelsächsisch* (ags.), benutze ich in Hinblick auf die Rechtsterminologie den letzteren, um den Zusammenhang mit den Angelsächsischen Rechtsquellen zu betonen.

[18] Bei Clark Hall (und Meritt's Nachtrag) fand ich zahlreiche Wörter aus Liebermanns Wb. nicht verzeichnet. Für eine Neuauflage wäre ein gründlicher Vergleich wünschenswert. Auch die Angaben LL (nur in den Gesetzen belegt) sind nicht vollständig, umgekehrt ist manches dieser Wörter auch sonst bezeugt (z. B. *wælrēaf*).

[19] A. J. Robertson, Anglo-Saxon Charters, ed. with Translation and Notes (= Cambridge Studies in Engl. Legal History) Cambridge 1939.

angaben berücksichtigen die Untersuchungen in den späteren Bänden von Liebermanns Ausgabe.

Gesetze der kent. Könige	
Abt Aethelberht	601/4
Hl Hlothære	685/6
Wi Wihtræd	695/6
Gesetzbuch von Aelfred u. Ine	
Ine Ine	688/95
Af Aelfred	890/99
Af Rb, Ine Rb Rubriken zum Codex Af-Ine ca.	910
Verträge mit den Dänen	
AGu Aelfred u. Guthrum	880/90
EGu Eadweard u. Guthrum	921/38
Gesetze des 10. Jh.s	
I EW I Eadweard	901/24
II EW II Eadweard	924/25
I As I Aethelstan	925/36
II As	925/35
As Alm Almosenverordnung	925/40
V As	927/37
III As	928/38
IV As	929/39
VI As	930/40
I Em I Eadmund	942/46
II Em	943/46
III Em	940/46
Hu Hundredgemot = I Eg (?)	946/961
II Eg II Eadgar	959/62
III Eg	959/62
IV Eg	962/3
I Atr I Aethelred	980/1013
II Atr	991
III Atr	997(?)
IV Atr	991/1002
V Atr	1008
VI Atr	1008/11
VII Atr	992/1011
VIII Atr	1014
IX Atr	980/1016
X Atr	1009/1016
Cnuts Erlasse u. Gesetze	
Cn 1020 Cnut's Erlaß v. J.	1020
Cn 1027 Cnut's Erlaß v. J.	1027
I Cn I Cnut	1027/34
II Cn II Cnut	1027/34
Partikulargesetze u. Privatarbeiten	
Duns. Dunsæte	935(?)
Northu Northumbrisches Priestergesetz	1028/60
Swer Swerian (Eidesformeln)	920/1060
Grið Grið (Sonderschutz)	1028/70
Rechtsbücher aus der Normannenzeit	
Q Quadripartitus	1114
Leis WL Leis Willelme	1090/1135
Hn Leges Henrici	1114/18
In Cn Institua Cnuti	1103/20(?)
ECf Leges Edwardi Confessoris	1130/35
Had Hadbot	1030/50
Wl lad Wilhelm I Lad (Beweisrecht)	1067/77

1. Allgemeine Bezeichnungen für Missetaten und ihre Verübung

§ 13 Vor den Bezeichnungen der spezifischen Delikte in den ags. Gesetzen gilt es, jene Termini, Wendungen und Ausdrücke zu untersuchen, die ohne einen bestimmten oder ausschließlichen Bezug auf ein Delikt die Missetat bezeichnen. Nach den allgemeinen (§ 14—22) werden verwandte Begriffe (§ 21 bis 27) und zuletzt die verbalen Ausdrücke des Verübens (§ 28—30) aufgeführt.

1.1 Missetat

§ 14 *yfel* ‚Übles' ist die Bezeichnung für ‚Missetat, Vergehen' in den ältesten Quellen des 7. Jh.s (Abt 2.18. Hl 13.15. Ine 50. Af 37,2), wobei im Kentischen die Wendung *yfel gedōn* ‚Missetat begehen', eig. ‚Übles (an)tun' typisch ist. Später begegnet das Wort vereinzelt im 10. Jh. im Ausdruck *yfles geswīcan* ‚von einer Missetat abstehen'. Der inhaltliche Zusammenhang weist teils auf eine blutige Verletzung (s. § 58 ff.), teils bleibt er unbestimmt. Untechnisch ist das Adj. *yfel* ‚übel, böse' (2mal 10. Jh.), *(ge)yflian* (3mal) bedeutet allgemein ‚schädigen, verletzen'.

Eine andere Bedeutung wird in *yfelweorc* (Hs. *yvelvoerc*) ‚Zauberei' und *yfelwyrcende* ‚Magie bewirkend' (Jud. Dei IV, 9. Jh.) sichtbar.

In den Gesetzen nicht belegt sind folgende bei BT angeführte Zusammensetzungen: *yfel-dǣd* ‚misdeed', *yfel-dǣde* ‚a Person of evil deeds', Adj. ‚of evil deeds', *yfel-dōnd* ‚an evil-doer'.

lyso, eig. ‚Schlechtigkeit', begegnet nur im Kent. (Abt. 3.73: *lyswæs hwæt gedo/gedeþ* ‚etwas Schlechtes tut') und ist synonym mit *yfel*.

§ 15 Der zentrale Terminus für die Missetat ist *dǣd* eig. ‚Tat'. Er begegnet zuerst in Af, dann häufig in allen strafrechtlichen Bestimmungen des 10.—11. Jh.s (insges. 43 mal). Bemerkenswert ist eine charakteristische Wendung im Zusammenhang mit der Strafbestimmung: *be þam þe syo dæde sy* ‚(je) nach dem wie die Tat sei'; d. h. „je nach Schwere des Falles" (Liebermann, Komm. zu EGu 2) soll die vorgenannte Tat bestraft werden. Die Wendung „will der rein formalen Beurteilung entgegenwirken zugunsten moralisch-psychologischer" (Liebermann, Gl. 208 zu II Cn 43). Der Satz ist zuerst dreimal in EGu, dem englisch-dänischen Vertrag und später häufig (14mal) in den Gesetzen Aethelreds (V, VI Atr 6mal) und Cnuts belegt. Es ist naheliegend, hierin eine Wendung aus der nordischen Rechtssprache des Danelags zu sehen. Sie wirft vielleicht, wenn auch nur andeutungsweise, ein Licht auf unterschiedliche Tatbeurteilung und Strafbemessung im ags. und nord. Recht des 10. Jh.s. Neben *dǣd* steht in gleicher Bedeutung *misdǣd* in Af (7mal) und vor allem V, VI Atr.

An Zusammensetzungen sind *morðdǣd* ‚Mordtat' (s. § 56), *nīeddǣda*, ‚Nottäter' (s. § 39), *(riht)handdǣda* ‚wirklicher Täter', *dǣdbana* ‚wirklicher Verüber des Totschlags' (im Gegensatz zu *rǣdbana* ‚Rattöter') (s. § 41) vereinzelt seit Ende des 9. Jh.s belegt. Überdies kennt der übrige ags. Wortschatz eine Fülle weiterer mit *dǣd* zusammengesetzter Bezeichnungen für Missetat und Missetäter: *fācen-, firen-, wēa-, oncȳþ-, syn-, wōh-, yfel-, un-, unriht-dǣd, yfel-, unrihtdǣda.*

§ 16 *weorc* ‚Werk' begegnet nur 3mal (11. Jh.) im Sinne von Missetat, und zwar stets in der figura etymologica *weorc geworht* (bzw. *gewyrce*) ‚Missetat verübt': II Cn 30,5 75,2. Vgl. auch *mānweorc gewyrcan*: VIII Atr 26 = II Cn 41. Zu dem Ausdruck *ūtlages weorc gewyrcan* ‚Friedlosenwerk verüben' (II Cn 13) ist aisl. *göra útlaga verk* zu vergleichen, das vermutlich (BT 1146) das unmittelbare Vorbild war.

Daneben sind die Zusammensetzungen *banweorc* ‚Totschlag' (V Atr, s. § 53), *mānweorc* ‚Meintat' (VIII Atr, s. § 18), *morðweorc* ‚Mordstiftung' (V Atr,

s. § 56) und *yfelweorc* ‚Zauberei' belegt. BT nennt ferner für die Missetat: *firenweorc, misweorc.*

§ 17 *fācn* ‚Betrug' (s. § 101) wird von Liebermann gelegentlich mit ‚Missetat' wiedergegeben, doch scheint mir diese Übersetzung zu undifferenziert, allenfalls in Af 17.19,2 ist der Sinn allgemeiner (‚böse Absicht').

§ 18 Von den zahlreichen bei BT genannten Ableitungen und Zusammensetzungen zum Stamm *mān-* begegnen in den Gesetzen nur wenige und diese (mit Ausnahme von *mānswara, mǣne āð*, s. § 107) erst im 10.—11. Jh. Unter den allgemeinen Bezeichnungen für die Missetat fehlen sowohl das Simplex *mān* ‚a bad, shameful action, crime, guilt, wickedniss' (BT 666, häufig in Zwillingsformeln: *mān and unwit, mān and unriht, mān and morðor, mān and yfel ende lēas*) wie die Zusammensetzungen *mān-dǣd* ‚an evil deed, crime, sin' (BT 667) und die Ableitungen *māndǣde, māndǣda.* Diese wie die meisten anderen Ableitungen zu *mān-* scheinen vor allem in kirchlich-religiösen Texten vorzukommen. Bezeichnenderweise ist *mānweorc* (VIII Atr. 26) die ‚Missetat' eines Priesters.

§ 19 Weder das Simplex *firen* ‚a wicked deed, sin, crime' (BT 288) noch Zusammensetzungen wie z. B. *firendǣd, firenwyrcende* ‚evil-doing', *firenwyrhta* ‚evil-doer' kommen in den Gesetzen vor. Auch der Wortschatz der Urkunden belegt sie nicht. Die Mehrzahl der insgesamt 27 Ableitungen und Zusammensetzungen von bzw. mit *firen* gehören der kirchlichen Sünden-Terminologie an.

§ 20 Liebermann verzeichnet für das seit dem 10. Jh. belegte Substantiv *fūl* die Bedeutungen ‚Schlechtigkeit, Schuld, Verbrechen, Münzfälschung'. Die Belegstellen geben etwas näheren Aufschluß, sie beziehen sich auf Münzfälschung (II As 14,1) und Diebstahl (II Ew 4. VI As 1,2. Swer 9), beides heimliche Taten, zweimal in der Formel *ful ne facn/facnes 7 fules* (s. § 101).

Technisch eindeutig ist hingegen die Verwendung des Adjektivs *fūl,* und zwar im Zusammenhang des Ordals: *on ordale ful wære* ‚beim Ordal [als schuldig] überführt wird' und ähnlich (nur As, Atr, 6mal).

1.2 Der „Missetat" verwandte Begriffe

§ 21 *gylt* eig. ‚Schuld, Verschuldung' bezeichnet zugleich die Missetat, das Verbrechen, zuerst bei Af in einer Stelle religiösen Inhalts, später vom 9.—11. Jh. synonym mit anderen Missetatsbezeichnungen (zweimal mit dem typischen Verb des Verübens *gewyrcan*). Diese Bedeutung belegt auch *hēafodgilt* ‚Hauptverbrechen', während *āgyltan* nur die Verschuldung ausdrückt.

Der zentrale Ausdruck für Schuld ist im übrigen *scyld* (seit 7. Jh.) mit zahlreichen Ableitungen (bes. *scyldig*). Daneben begegnet auch *synnig* ‚schuldig' *unsynnig* ‚unschuldig' bereits im 7. Jh. (Abt, Ine), jedoch nicht mehr nach dem 9. Jh. (dazu oben § 4). Nur an einer Stelle (Af Rb 22, Af 22) ist *eofot*

‚Verschuldung' belegt, das in Hs. H — weil offenbar nicht verstanden — zu *þeofes* bzw. *þeofðe* verbessert wurde. Die letztgenannten Wörter kommen nicht im Sinne von Missetat vor.

§ 22 Den allgemeinen Begriff des Schädigens bezeichnen, ohne daß ein spezifischer Sinn erkennbar ist, *derian* und *gederian* vereinzelt vom 9.—11. Jh., ferner *hearm* ‚Schaden' und *hearmian* ‚Schaden bringen' (10.—11. Jh.), auch *sceððan* ‚schädigen', (*ge*)*sceaðian* ‚Schaden stiften' begegnen vereinzelt vom 9.—11. Jh., daraus abgeleitet *þēodsceaða* ‚öffentlicher Räuber', ‚Erzfeind, Teufel' bei Cnut. Alle Bildungen vom Stamm *wierd-*[20] drücken den Begriff des Schadens, Schädigens aus. Auf körperliche Verletzung beziehen sich *āwierdan* (Abt 52.64), *unāwierded* (Hs: *unawoerdedo* Ac. Pl. 9. Jh.), *gewierdan*, *wierding*, *æwerdla* (9. Jh.), auf Flur- und Sachschaden *āwierdan* (Af, Atr), *æfwerdla* (Ine, Af), *æfwerdelsa*, *gewierdan* (Af). *wierdan*, erst im 10. Jh. belegt (EGu, VI Atr), begegnet in der übertragenen Bedeutung ‚(Gesetze, Christentum) verletzen' (vgl. unten §§ 61, 100). Auf körperliche Verletzung bezieht sich (*ge*)*yflian* ‚schädigen' (Af 2,1. II Em 2. Grið 14). Nordischer Einfluß mag in der original nur EGu 12 (daraus VIII Atr 33. II Cn 40) belegten Wendung: *Gif ... forræde æt feo oððe æt feore* ‚Wenn ... an Habe oder Leben zu vernichten trachtet' vorliegen. (Vgl. an. *ráða af lifi*, Hofmann, Lehnbez. § 282).

§ 23 *bryce* ist technischer Ausdruck im eigentlichen und übertragenen Sinne für die Verletzung, den ‚Bruch' fremden Eigentums und fremden Lebens, von Vorschriften, Verträgen, Versprechen und Gesetzen. Das Simplex ist nur zweimal belegt und wahrscheinlich mißverstanden (Af 3: *borges bryce* für *borgbryce*, Had 9: für *sāmbryce*), die Zusammensetzungen dagegen sind zahlreich: *borgbryce* ‚Bürgschaftsbruch' (s. § 115), *ǣwbryce* ‚Ehebruch' (s. § 86), *burgbryce* ‚Verletzung des Sonderfriedens', *ciricbryce* ‚Einbruch in Kirche' (s. § 80), *edorbryce* ‚Zaunbruch' (s. § 79), *fæstenbryce* ‚Fastenbruch', *frēolsbryce* ‚Feiertagsbruch', *fulbryce* ‚Vollverletzung', *griðbryce* ‚Bruch des Sonderfriedens' (s. § 115), *hādbryce* ‚Klerusverletzung', *hūsbryce* ‚Hauseinbruch' (s. § 80), *lagbryce* ‚Rechtsbruch', *lengtenbryce* ‚Verletzung des Frühlingsfastengebots', *mundbryce* ‚Schutzbruch' (s. § 115), *pundbryce* ‚Gehegebruch' (s. § 80), *sāmbryce* ‚Halbverletzung', *strǣtbryce* ‚Zerstörung der Heeresstraße', *weddbryce* ‚Vertragsbruch'. (Weitere Zusammensetzungen mit *-bryce* bei BT, u. a. *āðbryce* ‚Eidbruch').

Die einzige allgemeine Bezeichnung für die Rechtsverletzung, *lagbryce*, begegnet in einer Aufzählung von zu vermeidenden Missetaten[21] (V Atr 25 = VI 28,3) und dürfte eine Lehnbildung zu an. *lǫgbrot* sein (s. § 25).
Zum zeitlichen Vorkommen: die ersten Bildungen dieser Art (*borg-*, *burg-*, *wedd-bryce*) begegnen schon bei Ine und Af, die meisten jedoch erst im 11. Jh.

[20] Zur *e*-Schreibung in *æwerdla* s. Campbell, OE Grammar § 357.

[21] Ähnliche Aufzählungen bei Wulfstan, s. Liebermann, Gl., 173.

Die Bezeichnungen *fullbryce* und *sāmbryce* (gemeint sind Totschlag bzw. Körperverletzung) kommen nur in Had, der Bußtafel für an Priestern begangene Körperverletzungen (11. Jh.) vor. Die Unterscheidung kehrt in dem Wortpaar *sām-, fulwyrcan* (II Cn 61) wieder: *griðbryce fulwyrce* ‚Bruch des Sonderfriedens voll [schwer durch Totschlag] verübt', wiederaufgenommen durch *sāmwyrce* (II Cn 61,1). Dies wurde später (11./13. Jh.) zu *ran* [‚Raub'] *wyrce* verbessert, also offenbar nicht mehr verstanden. Eine parallele Bildung zu *fulwyrcan* ist *fulbrecan* (I Cn 2,2).

Wie *bryce* kommt *brecan* ‚brechen' in den Gesetzen in eigentlicher Bedeutung (Haus, Gehege, Haut, Hirn ‚verletzen' s. auch §§ 73, 79) und übertragen vor (Gesetze u. ä. 9.—11. Jh.); in letzterem Sinne ist neben *tōbrecan* (2mal) vor allem *ābrecan* (17mal) der vom 9.—11. Jh. häufigst vorkommende Terminus. Dabei korreliert *ābrecan* + Objekt häufig mit oben genannten Zusammensetzungen mit *-bryce* als zweitem Glied: *borg ābrecan* (Af 3, dazu Rb *borgbryce*, II Cn 58 ff., dazu 58 B *borgbryce*), *riht fæsten ābrecan* (EGu 8 f. II Cn 46. vgl. *fæstenbryce*), *ciricgrið ābrecan* (VIII Atr. 1,1.4. vgl. *griðbryce*), *wedd ābrecan* (IV Eg 1,5. V As Pro 3, vgl. *wedbryce*). Das gleiche gilt für das Verhältnis von *brecan* und *-bryce* (*edor brecan: edorbryce, hūs brecan: hūsbryce, fæsten brecan* Northu 52: *fæstenbryce, wedd brecan* II Ew 5: *wedbryce, grið brecan* III Atr 1,2: *griðbryce*).

§ 24 Das Substantiv *unriht* ist häufig belegt, zuerst Ende des 9. Jh.s (Af El 9.47), dann vor allem in den Gesetzen Aethelreds (12mal) und Cnuts (11mal) sowie einige Male im Northumbrischen Priestergesetz und der sog. Bischofspflicht (Episc. 11. Jh.). Die Durchsicht der Stellen zeigt, daß *unriht* durchweg in einer ganz bestimmten Wendung vorkommt: ‚Unrecht beseitigen, meiden, von Unrecht ablassen' (insgs. 19mal, wobei *unriht ālecgan* ‚Unrecht beseitigen', 7mal, eine feste Wendung ist). Mit einem Verb des Verübens — wie es bei den Missetatsbezeichnungen häufig ist — begegnet es nur zweimal (*unriht worhte:* I Atr 1,8. II Cn 30,7). Das häufige Vorkommen der genannten Wendung in den Stücken V, VI Atr und bei Cnut, sein Fehlen in allen frühen Gesetzen kann Auskunft über den Rang von *unriht* als Rechtswort geben. Gerade V, VI Atr (woraus auch Cnut häufig abschreibt) sind ausgesprochen homiletische Stücke, in denen früherer Rechtsstoff neu geformt wurde. Man hat vielfach den Yorker Bischof Wulfstan für ihren Verfasser gehalten, auf jeden Fall liegt die Benutzung seiner Homilien auf der Hand.[22] Das Vorkommen von *unriht* in den Gesetzen entspringt also der ursprünglich priesterlichen Ermahnung, von Unrecht abzulassen. Die Bedeutung *unriht* wird überdies durch das Vorkommen von *riht* ‚Recht' in den Gesetzen beleuchtet. *riht* begegnet im Gegensatz zu *unriht* seit den frühesten Quellen (Hl, Wi, Ine, Af); *riht* und *unriht* erscheinen also in den Gesetzen vor 1000 nicht als Antonyma. (Zwei frühere Belege stehen bezeichnenderweise in der religiösen Einleitung zu Alfreds Gesetzbuch); die Antonyma zu *riht* in den frühen Rechtsquellen sind die Misse-

[22] Liebermann, Gl., 166; Hofmann, Lehnbez., 188 f.

tatsbezeichnungen. Die abstraktere Gegenüberstellung von *riht* und *unriht* fällt zeitlich mit dem starken kirchlichen Einschlag in den Gesetzen zusammen.

Anders liegen die Verhältnisse im Bereich des Adjektivs *unriht*, das bereits Ende des 7. Jh.s (Wi 5.6), jedoch nur in der Zusammensetzung *unrihthǣmed* ‚außereheliches Beilager' (weitere Zusammensetzungen bietet BT, s. auch § 84) belegt ist und seit Af vereinzelt in der Bedeutung ‚ungerecht, unrechtmäßig' vorkommt (daneben auch vom 9.—11. Jh. in den gleichbedeutenden adverbiellen Wendungen *on unrihte, mid unrihte*).

§ 25 Aus dem im Danelag gesprochenen Nordisch drang mit den Wörtern *lagu* ‚Recht, Gesetz' (vgl. an. *lǫg* aus **lagu*), *unlagu* ‚Gesetzwidrigkeit, Rechtsmißbrauch' (vgl. an. *ólǫg* aus **unlagu*), *lahslit* ‚Rechtsbruchbuße' (aschw. *laghslit*), *ūtlah* ‚geächtet' (vgl. aisl. *útlagr*), *ūtlaga* ‚Geächteter' (vgl. aisl. *útlagi*), *lagbryce* ‚Rechtsbruch' (vgl. aisl. *lǫgbrot*, Lehnübersetzung, s. o. § 23) eine Gruppe zentraler Rechtstermini ins Angelsächsische ein. Während *lahslit* bereits häufig in EGu (921/38) auftritt, hier jedoch offenbar unter Bezug auf die Dänen (s. die Wendung EGu 6.7: *gylde* lahslit *mid Denum,* wite *mid Englum* ‚zahle er Rechtsbruchbuße bei den Dänen, Strafgeld bei den Engländern', die in verschiedener Form 13mal in EGu vorkommt) und ähnlich vielleicht *ūtlah* (EGu 6,6), begegnen die übrigen Termini erst bei Aethelred, bes. V, VI Atr (ca. 1000) und sind zu diesem Zeitpunkt sicherlich keine fremden Vokabeln mehr. Dies zeigt nicht nur der Genuswechsel des nord. Neutrums **lagu* zum Fem. (s. Hofmann, Lehnbez., § 209), sondern auch die Produktivität des Wortes in neuen ags. Ableitungen (*gelagian, lagian, ūtlagian, inlagian*) und zahlreichen Zusammensetzungen mit *-lah* im zweiten Glied.

unlagu, das in diesem Zusammenhang interessiert, begegnet häufig in Ermahnungen, Unrecht zu beseitigen, abzuschaffen (*āfiellan, ālecgan*), erscheint also synonym neben *unriht*. Der einmal belegte Ausdruck *æt unlagum* ‚zu Unrecht' (II Cn 60) scheint an. *at ulǫgum* zu entsprechen.

§ 26 Das Substantiv *wōh* hat durchweg die allgemeine Bedeutung ‚Unrecht', zuerst adverbiell in den Wendungen *on wōh* (9. Jh.) und *mid wōh* (10. Jh.) ‚ungerecht, unrechtmäßig' (vgl. *on, mid unrihte*!), dann seit dem 10. Jh. u. a. in *wōh wyrcan, bēodan, dōn* ‚Unrecht, Missetat begehen, antun'. BT verzeichnet ferner *wōh-dǣd* ‚crime', *wōh-dōm* ‚an unjust judgement', *wōh-fremmende* ‚wrong-doing, wrong-doer', *wōh-hǣmed* ‚adultery' u. a. Zusammensetzungen (vgl. ähnliche Zusammensetzungen mit *unriht*). *wōh* konkurriert also mit *unriht*, das z. B. I As 5 in zwei Hss. für dieses steht. An anderer Stelle (II Eg 4) wurde *wōh* im 14. Jh. durch *unriht* am Rande glossiert, also vielleicht als veraltet empfunden.

Auf eine ältere Bedeutung läßt die Verwendung des Adjektivs *wōh* schließen. Es begegnet zuerst in der eigentlichen Bedeutung ‚schief, verkrümmt' (Mund, Auge: Abt 44) und später im Sinne von ‚falsch' (vom Maß, Zeugnis, 3mal 10., 11. Jh.), wobei eine betrügerische Absicht im Spiel ist. Im Sinne von ‚fälschlich, rechtswidrig' kommt *āwōh* (3mal 11. Jh.) vor.

§ 27 Am Rande unseres Wortschatzbereiches stehen die Bezeichnungen für Fehde, Rache, Friedlosigkeit, die nicht eigentlich Missetaten, sondern Handlungen und Folgen eines, wenn auch z. T. ungerichtlichen Strafverfahrens bezeichnen.[23]

fæhðe ‚Blutrache, Fehde' begegnet erstmalig bei Ine und vereinzelt vom 9.—11. Jh., auch in der Bedeutung ‚Totschlag' (*werfæhðe* ‚Menschentötung' bei Ine, s. § 51); *gefā* ist sowohl der ‚Bluträcher' (Ine, Af) wie der in Rache Verfolgte (Af), letzteres auch *(ge)fāhmon*; *fāh* und *unfāh* (je einmal 10. Jh.) bedeuten ‚friedlos' bzw. ‚unverfolgt'.

Daneben stehen als technische Bezeichnungen *wracu* ‚Rache', *wrecan* ‚rächen' (häufig seit 7. Jh.) und *wreccena* ‚Geächteter' (Af).

Eine Fehde ohne Folge einer Körperverletzung meint *ǣhlīep* ‚Überfall' (II As 6,3 = VI 1,5. ähnlich V Atr 31,1). Zur Herleitung des Wortes s. Liebermann, Komm. 103. Im Sinne von ‚Fehde' begegnet auch *wīg* (eig. ‚Kampf' s. § 113) in dem spezifischen Ausdruck *orwīge* ‚ohne Fehde' (Af 42,5.7), der sonst ‚kampfunfähig' heißt. ‚Ohne Fehde' auf sich zu laden, kämpft ein Mann im Dienst seines Herren oder gegen handhaften Verbrecher. Das Wort wurde im 11. Jh. nicht mehr verstanden. (Zur Bildung vgl. mhd. *urvêch!*)

Die technische Bezeichnung für den ‚Geächteten', eigentl. ‚(friedlosen) Flüchtling' ist *flīema* (seit dem 10. Jh.), doch ist der Terminus — wie *flīemanfeorminge* ‚Beherbergung eines Geächteten' zeigt — schon seit Ine gängig (dazu *āflīemed* ‚geächtet' Af).

1.3 Verüben einer Missetat

§ 28 Besonderes Interesse verdienen die verbalen Ausdrucksformen, da sie nicht minder technischen Charakter haben als Nomina, jedoch in rechtshistorischen Arbeiten kaum Erwähnung finden. Dort werden durchweg — dem begrifflich-nominalen Denken unserer Zeit folgend — nur Nomina angeführt.

Das in zahlreichen Bedeutungen und Wendungen vorkommende Verb *(ge)dōn* begegnet in den ältesten kent. und wests. Quellen (Abt, Hl, Ine) in der spezifisch technischen Bedeutung von ‚(Missetat) verüben', wobei folgende Objekte vorkommen:
yfel (*gedōn*): Abt 2.18 Hl 13 (*dōn.*) 15; *hwæt lyswæs* (*gedōn*): Abt 3.73; *edorbrecþ* (*gedōn*): Abt 27; *wegrēaf* (*gedōn*): Abt 19; *æwerdla* (*gedōn*): Ine 42; *wracu* (*dōn*): Ine 9; *nīednǣm* (*dōn*): Ine 10 (Hs. *H*: *gedōn*).

In den kent. Quellen und der kent. beeinflußten Hs. H von Ine begegnet nur *gedōn*, im wests. Ine: *dōn*. Spätere Denkmäler kennen diese Wendung nur selten, mit der Missetat als Objekt nur: Af 37,2: *yfla gedōn*; Judex 19: (Übersetzung von Röm. 1,32) *yfel doþ*; Northu 2,2: *wōh dide*.

An weiteren zehn Stellen (9.—11. Jh.) begegnet nur das Verb, und zwar in der Wiederaufnahme vorher genannter Missetaten: ‚wenn NN es tut', ‚wenn

[23] F. Liebermann, Die Friedlosigkeit bei den Angelsachsen. In: Festschrift f. H. Brunner, 1910, 17 ff.

er es NN antut': *dōn:* Af El 49,5 (Matth. 7,12), *gedōn:* Af 6. 31,1. Egu 8 (= II Cn 46,2?). Northu 2,1. 61,2. II Cn 68,3. Nur im Pt. Pf. begegnet (ohne Objekt d. Missetat) *gedōn:* II Atr 6. 6,1. Cn 1020, 17.

Aus den Stellenangaben geht hervor, daß der spezifische Gebrauch der Wendung seit Ende des 9. Jh.s verblaßt. Vielleicht geht das spätere Vorkommen z. T. auf eine Abschreibetradition Abt, Ine > Af, EGu; EGu > Northu; EGU, Af > Cn zurück.

Toller 155 verzeichnet an Zusammensetzungen: *wel-, yfel-dōn, riht-, unriht-, wel-, yfel-dōnde,* wodurch die hier besprochene Wendung um die antonymen Bildungen ergänzt wird.

Verbale Ableitungen zu *dōn* bezeichnen häufig Verletzungen (*ofdōn, ofādōn, oðdōn, ūtdōn* s. § 71). Nur an einer Stelle begegnet *misdōn* ‚verüben': *ænig þing misdeð* (VI Atr 52. 52,1. Zu anderen Texten s. BT 690). In dieser Textgruppe (V, VI Atr) erscheint auch *misdǣd* besonders häufig.

§ 29 Im technischen Sinn von ‚(Verbrechen) verüben' werden *wyrcan* und *gewyrcan* (beide ab Ende 9. Jh.) gebraucht. Die Hauptbedeutung beider Verben, aus der sich diese aussonderte, liegt im ‚Wirken, Verrichten, Herstellen einer Sache'. Zur Illustration seien die vorkommenden Objekte notiert: *gewyrcan: misdǣde* Af 23,2. *folclēasunge* 32. *ǣhlīp* VI As 1,5. *mānweorc* VIII Atr 26. II Cn 41. *gylt* II As 8. Northu 3. *(ūtlages)weorc* II Cn (13). 30,5. 75,2. *hearm* 75. *lengten-, hād-, ǣwbryce* 47. 49 f. *sibleger* 51. *hāmsōcn* 62. *rēaflāc* 63. *mundbryce* Grið 11. ohne Obj.: Af 42,4. 23,2. *wyrcan: fūl* II As 14,1. *fācn* 14,1. *wōh* III Eg 6,1. *libblāc* I Em 6. *unriht* I Atr 1,8 = II Cn 30,7; ohne Obj. (*worhte*) Af 23,2. VI Atr 52,1.

Auf diese Bedeutung weisen auch weitere Zusammensetzungen bei BT: *firen-wyrcende* ‚evil-doing', *scyld*~‚committing sin or guilt', *syn*~‚working sin', *unriht*~‚evil-doing', *wam*~‚working iniquity', *yfel*~‚evil-doing', *wyrcend* (*dēaðes, fācnes* BT 1287) ‚a doer'.

Zu *sāmwyrcan, fulwyrcan* s. § 23.

Eine spezifische Bedeutung hat *forwyrcan.* Es bezeichnet (seit Af) das ‚Verwirken' mit dem Objekt des Verwirkten: Freiheit, Leben, Besitz, Wergeld, Haut (Prügelstrafe).

Damit hängen weitere Bedeutungen zusammen: ‚sich schuldig machen' (11. Jh.), ‚(als schuldig) überführt, verurteilt werden' (meist Pt. *forworht:* 10., 11. Jh.).

Aus *gewyrcan* sind die Bezeichnungen *gewyrht* für die Missetat und *gewyrhta* für den Täter abgeleitet, die seit Ende des 9. Jh.s gelegentlich vorkommen. *wyrhta* begegnet ferner in Zusammensetzungen: *morðwyrhta* (s. § 56) und *nīedwyrhta* (s. § 39) sowie (vgl. diese Bedeutung von *gewyrcan*) als Bezeichnung für den Hersteller einer Sache (BT verzeichnet zahlreiche Zusammensetzungen, doch im Sinne von Täter nur *mān-wyrhta* ‚sinner', *unrihtwyrhta* ‚an evil-doer').

gewyrhta hat nach Liebermann, Wb. mit Ausnahme einer Stelle (nachträglich aufgestellte Rubrik *Be folcleasunge gewyrhtum* zu Af 32: *gif mon folcleasunge gewyrce*) die spezifische Bedeutung ‚Mittäter' (s. § 43), und zwar in den Formeln *gewita oððe gewyrhta* (Duns 6.2. Swer 3) bzw. *þeofa gewita 7 gewyrhta* (VIII Atr 27 = I Cn 5,3), also im 10., 11. Jh. Vom Sprachlichen her gesehen ist *gewyrhta* jedoch nicht ohne weiteres als ‚Mitwirker, Beihelfer' (wie entsprechend *gewita* ‚Mitwisser', *gewitness* ‚Mitwissenschaft', *gestala* ‚Mitstehler') zu deuten. An sich wäre die in Af belegte Bedeutung ‚Täter' entsprechend dem Verb *gewyrcan* zu erwarten (vgl. hierzu § 43).

§ 30 Neben *(ge)dōn* und *(ge)wyrcan* ist *(ge)fremman* technischer Ausdruck für ‚(Missetat) begehen', jedoch seltener als diese belegt (Af 28 El: *fācn (ge)fremmede*, zweimal, im 11. Jh. mit *morðweorc* und *stalu* als Objekt). Häufiger wird diese Bedeutung in zahlreichen Zusammensetzungen durch BT belegt: *firen-fremmende* ‚committing crimes', *mān*~‚doing evil', *nāht-fremmend* ‚one who does evil', *wōh*~ ‚a wrong-doer', dazu entsprechende positive Antonyme.

An seltenen Bezeichnungen des ‚Verübens' seien genannt: *gelimpan*, eig. ‚geschehen' (Af 11,5.15. 38,2. 39,2) stets in der Wendung: ‚wenn dies NN geschieht (= angetan wird)'; ferner die Hapaxlegomena in den Gesetzen: *begangan* (*forligru* ‚Hurereien', 11. Jh.), *misbēodan* ‚Unrecht antun' (11. Jh.), *berīdan, besittan* in der Formel: *his gefan beride 7 sine besitte* ‚seinen Feind (mit Fehde) überziehen und in (dessen) Hof belagern' (Af 42,1). Genannt sei schließlich das Antonym zum Verüben von Missetaten: *geswīcan* ‚abstehen von, (mit Schlimmem) aufhören' (Objekte: *yfel, misdǣd*. 10. Jh.).

1.4 Zusammenfassung

§ 31 Bei einer zusammenfassenden Betrachtung der in den §§ 13—30 behandelten Bezeichnungen aus dem Sinnbereich der Missetaten ergeben sich folgende Gesichtspunkte:

1. Die Vielzahl der Bezeichnungen spiegelt eine Vielfalt von Aspekten, unter denen die rechtswidrige Handlung gesehen wird: in den kent. Rechtsquellen ist schlechthin vom ‚Üblen, Schlechten' (*yfel, lyso*) die Rede; seit Alfred steht für Missetat einfach *dǣd*, daneben *misdǣd, gewyrht*, im 11. Jh. vereinzelt *weorc*; wenige Male begegnen (und z. T. formelhaft verbunden) *fūl* und *fācn*, die ursprünglich vielleicht ein spezielleres Delikt ausdrückten. Seit dem 9. Jh. hat *gylt* ‚Schuld' auch den Sinn von ‚Missetat'. Einen Oberbegriff für verschiedene rechtswidrige Handlungen enthalten die Bezeichnungen des Schädigens *hearm, hearmian, (ge)derian, sceððan, (ge)sceaðian, (ā-, ge-)-wierdan, wierdung, æfwerdla, æfwerdelsa, (ge)yfelian*.

Ein alter, nicht häufig vorkommender Terminus für ‚Unrecht, Missetat' ist *wōh*, jünger scheint *unriht*, das vor allem in formelhaften Ermahnungen ab 1000 begegnet. Ähnlich wird *unlagu*, ein Lehnwort aus dem Danelag, benutzt.

In einer großen Zahl spezifischer Deliktbezeichnungen erscheint *-bryce* im zweiten Glied. Die meisten dieser technischen Termini begegnen erst im 11. Jh. und sind die nominalen Äquivalente zu verbalen Wendungen mit *(ā)brecan*. Aus der Vielzahl der Bezeichnungen und ihrer unterschiedlichen Bedeutungsnuancierung wird deutlich, daß *ein* Oberbegriff, wie es nhd. *Missetat, Delikt* ausdrückt, nicht existierte. Das etymologisch gleiche Wort *misdǣd* kommt insgesamt noch recht selten vor. Der Hauptterminus ist vielmehr *dǣd* ‚Tat', der erst im Zusammenhang strafrechtlicher Bestimmungen den Sinn ‚Missetat' erhält.

Auch eine nach der Schwere der Tat gestufte Terminologie (wie nhd. *Verbrechen, Vergehen, Übertretung* oder Ähnliches) ist aus diesen Bezeichnungen nicht herauszulesen.

2. Da wir es hier mit Bezeichnungen aus vier Jahrhunderten zu tun haben, wäre an sich mit einer stärkeren zeitlichen Differenzierung zu rechnen. Aber auch diese ist, sehen wir von der Sonderstellung der frühen kentischen Quellen ab, nicht zu erkennen. Die behandelten Termini begegnen durchweg schon bei Alfred und kehren dann verschieden häufig in späteren Quellen wieder. Was dabei reine Abschrift bzw. Übernahme aus früheren Texten, was tatsächlich üblicher Terminus war, wird sich schwerlich feststellen lassen.

3. Im Gegensatz zur Vielzahl der allgemeinen Missetatsbezeichnungen werden für das Verüben einer Tat nur drei Verba häufig gebraucht: *(ge)dōn, (ge)wyrcan, (ge)fremman*. Sie alle haben an sich die weitere Bedeutung des ‚Tuns, Verrichtens, Bewirkens'; die deutsche Übersetzung ‚verüben' ist insofern etwa zu genau — eigentlich müßte man übersetzen: ‚tun', ‚bewirken', ‚ausführen' —, da dieses Wort ein ausschließlich technischer Begriff für das Ausführen eines Deliktes ist. Der spezifische Sinn des Verübens ergibt sich bei diesen Verben erst aus dem Kontext, einer Deliktbezeichnung als Objekt oder dem Bezug auf eine solche vorher genannte Tat.

Während *(ge)fremman* nur fünfmal belegt ist, begegnen die beiden anderen Verben sehr häufig, und zwar *(ge)dōn* vor allem in den ältesten Quellen (Abt, Ine), später seltener und *(ge)wyrcan* seit Af.

Bedeutungsunterschiede zwischen dem Simplex und der um *ge-* erweiterten Form sind nicht erkennbar. Auffällig ist nur, daß Abt *gedōn*, Ine *dōn* schreibt.

4. Allgemeine Bezeichnungen für den Täter sind in den Gesetzen selten: *gewyrhta, morðwyrhta, nīedwyrhta, nīeddǣda, (riht)handdǣda, hādbreca*, wobei die meisten von diesen bereits eine spezielle Bedeutung haben. Weitere Bildungen aus übrigen ae. Texten (nach BT) sind aus Missetatsbezeichnungen abgeleitet (wie *yfel-dǣda, unriht-dǣda* zu *yfel-, unriht-dǣd*) oder Zusammensetzungen aus bekannten Gliedern (*firen-wyrhta, wōh-fremmende*).

2. Vom verbrecherischen Willen

2.1 Absicht und ungewollte Tat

§ 32 Zum Ausdruck der Absicht und Unabsichtlichkeit bei einer Tat werden die Nomina *gewill* und *geweald* ‚Wille' und ‚Absicht', meist jedoch die Adverbien *gewealdes, willes* ‚absichtlich', *ungewealdes, ungewilles, unwilles, unwillum* ‚unabsichtlich', ‚unfreiwillig' benutzt. Dabei begegnen folgende Fügungen:

unwillum oððe ungewealdes (Af El 13 E, G), *ungewilles oððe ungewealdes* (Af El 13 H), *willes ne gewealdes* (II Ew 4, Swer 1), *willes 7 gewealdes* (VI Atr 52,1), *unwilles oððe ungewealdes* (VI Atr 52,1), *ne his gewill ne his geweald* (II Cn 75,1); ferner *of giernesse 7 gewealdes* (Af El 13), *tio gewealdes* ‚der Absicht zeiht' (Af 36,1), *gewealdes* (II Cn 68,3. Hn 90,11a), *ungewealdes* (Af 13. II Cn 68,3. Hn 90,11a). Feststehend ist also der zweite Teil der Formel, *(un)geweald(es)*, während das erste Glied teils fehlt teils wechselt (*-willes, -gewilles, unwillum, of giernesse*).

Die Formel begegnet mehrfach zuerst bei Alfred, jedoch nicht früher, und bleibt seitdem geläufig. Auch aus Übersetzungen in Hn (*voluntia, sponte, industria, intentio* Liebermann, Gl. ‚Absicht', 265 f.) ist ihr Gebrauch zu erschließen. Ihr Vorkommen deutet zumeist nicht auf einen bestimmten Zusammenhang, nur bei Af (13: Tötung, 36: Körperverletzung) ist ein solcher erkennbar.

selfwilles erscheint nur einmal verstärkend (*willes 7 gewealdes selfwilles misdeð* VI Atr 52,1.) und in der Bedeutung ‚willkürlich' (Northu 28), ist also kaum technisch zu nennen. Daß die Wendung eine Formel ist, geht sowohl aus den Stellenangaben wie aus ihrer Erwähnung in der Formelsammlung Swer hervor. Sie wurde offenbar beim Gefährdeeid (s. Liebermann, Gl.: Absicht, Fahrlässigkeit, Eid) gebraucht, um Absicht bei einer Tat zu leugnen und so Bestrafung zu verhindern oder die Strafe zu mindern. Daß im übrigen der Grundsatz der Fahrlässigkeit nur unvollständig durchgeführt war — an sich gilt Erfolgshaftung —, bedarf hier keiner Diskussion.

§ 33 Bedeutungsmäßig stehen dieser Formel die Adverbien *þances* und *unþances* nahe, die am besten mit ‚willentlich', ‚gegen jemandes Willen' zu übersetzen sind:

unþances: II Eg 3,1 = VIII Atr 8 = I Cn 8,2; *þances: þances aweg læte* ‚(Dieb) absichtlich hinwegläßt' II Cn 29; *agenes þances* ‚aus eigenem Antrieb' II Cn 74; *þances oððe unþances* ‚mit oder gegen ihren Willen' VIII Atr 40; *godes þances* ‚um Gottes Willen' VI As 8,1.

Die Termini begegnen zuerst im 10. Jh. und scheinen weniger technisch gebraucht worden zu sein, auf jeden Fall deutet keine Stelle auf einen Zusammenhang mit schwerer Missetat (wie die Formeln in § 32).

§ 34 Als absichtslose Tat gilt ‚Unvorsichtigkeit mit dem Speer' (Af Rb 36: *speres giemeleasness*, B: *giemeleast*), doch begegnet der Terminus in diesem Zusammenhang nur hier, die Stelle, auf welche sich diese später aufgestellte Rubrik bezieht, nennt es *gewealdes*. Das dem Nomen zugrunde liegende Adj. *gīemelēas* (zu *gīeman* ‚beobachten') bezieht sich in den Gesetzen auf ‚unbehütetes' Vieh (Af El 42, II As 8,8) und auf Vieh ‚vernachlässigende' Männer (II As 8,7). (Dies ist sicher ein sehr häufiger Fall von Fahrlässigkeit, der Flurschaden und Besitzstreitigkeiten zur Folge hatte.)

Weitere Belege des 10., 11. Jh.s für *gīemelēast* ‚Nachlässigkeit', *forgīeman, forgīemelēasian* ‚vernachlässigen' begegnen im Zusammenhang mit der Vernachlässigung verschiedener Pflichten durch einen Gutsverwalter. Diese Termini beziehen sich also mit Ausnahme der zuerst genannten Stelle auf einen fahrlässigen Sachschaden, während die Formel *(un-ge)willes oððe/7 (un)gewealdes* vielleicht durchweg in Zusammenhang mit Körperverletzungen und Totschlag gebraucht wurden.

§ 35 Ob in Abt 58,1 (*gif he heahre handa dyntes onfehð* ‚wenn jener einen Streich von hoher [?] Hand empfängt') ein ‚absichtlicher, zorniger Streich' gemeint ist oder nur ein ‚Schlag von oben' diskutiert Liebermann, Gl. S. 12 ausführlich an Hand paralleler Stellen aus anderen germ. Dialekten, auf die später zurückzukommen sein wird. Dagegen scheint die einmal belegte Wendung *butan pleo(h)* ‚ohne Gefahr (bringende Absicht)' (Af 36,2, also im Zusammenhang mit 36,1. s. § 32) technisch zu sein.

2.2 Heimlichkeit

§ 36 „Ein an sich makelloses Tun wird zu einem durch die Begleitumstände verbotenen gestempelt dadurch, daß man es qualifiziert als ‚verstohlen' ..." (Liebermann, Gl. ‚heimlich' S. 504). Zum Ausdruck der Heimlichkeit dienen die Verba *diernan, gediernan* ‚verheimlichen', und die Adverbia *dierne, dearnenga* ‚heimlich' (Gegensatz: *undeornunga* ‚unverhohlen').

Alle Termini kommen in technischer Verwendung zuerst bei Hl und Ine, dann Af, VI As, III, IV Eg vor, also vom Ende des 7. bis ungefähr zur Mitte des 10. Jh.s. Sie beziehen sich inhaltlich auf (heimliche) Erschlagung eines Diebes (*diernan*: Ine 21,1. 35), (heimliche) Beherbergung eines Diebes (*dearnenga*: VI As 1,2), auf Diebstahl (*diernan*: Ine 17. 36.), außereheliches (= heimliches) Beilager (*dearnunga*: Ine Rb 27. Ine 27. Af El 6. *dierne*: Af El 49,5.) sowie auf Verkauf und heimliche Abfindung (*undeornunga*: Hl 16,2. *dearnenga*: III Eg 8,3. *dierne*: Ine 52. IV Eg 14. VI As 11).

§ 37 Heimliche Tat ist eine solche, die nicht (vor Zeugen) kundgemacht wurde. Das nachträgliche Kundwerden solcher Tat hat seine eigenen technischen Ausdrücke. Nur bei Ine (21,1. 35. 43.) und stets im Zusammenhang mit vorhergehender Verheimlichung begegnet *yppe* ‚offenbar, entdeckt, kund'.

Daneben kommt *open* ‚offenkundig, erwiesen, unleugbar', und *openlice* ‚offenbar, überführt' vor, zuerst bei Ine (37: *open scyld*), später unter Bezug auf Diebstahl (*open*: II As 3,1. II Cn 26. 64. *openlice*: VI As 1,4), Meineid (*open*: II As 26, *openlice*: II Cn 37.), Fastenbruch (*openlice*: II Cn 47), uneheliches Beilager (*open*: II Cn 53) und Mord (*open*: II Cn 56.).

§ 38 Ein weiterer technischer Terminus für das Offenbarwerden, das Bekanntsein einer Tat ist *ǣbǣre* ‚offenbar, notorisch'; er taucht zuerst EGu 11 (~ *horcwenan* ‚offenbare Hurenweiber') auf, dann bei Eadgar, Aethelred und Cnut (Bezug: *þeof*: III Eg 7,3 = II Cn 26 = II Cn 82. *manslaga* ‚Totschläger' VI Atr 36. *morð* II Cn 64 = Hn 12,1a). Daß Totschlag erst seit nordischem Einfluß durch Heimlichkeit qualifiziert werde, nimmt Steenstrup, Danelag 278 an. Deshalb drängt sich die Vermutung auf, daß die Verwendung von *ǣbǣre* nordischem Einfluß unterliegen könnte. In EGu (vgl. oben Einleitung § 8) begegnet es als Attribut des Lehnwortes *hōrcwene*, alle übrigen Belege entstammen späteren Texten, die ebenfalls nordischen Einschlag zeigen.[24]

In einem Privileg v. J. 1065 erscheint *ǣbǣre* statt sonstigem *infangen* ,handhaft gefangen' (Liebermann, Gl. 459: handhaft). Nach Liebermann, Gl. 587 (Mord) haben die Termini *open*, *ǣbǣre* neben *morð* stets die Bedeutung ,handhaft' (gleiches mag bei *þiefð* gelten), *yppe* hingegen beziehe sich auf das Offenbarwerden „erst im prozessualen Wege" (Gl. 495, vgl. *geyppan* ,anzeigen'). Solch differenzierte Unterscheidung scheint mir aus den Belegstellen nicht ersichtlich.

2.3 Notwehr

§ 39 Der Fall der Notwehr wird nur an vier Stellen durch eine technische Bezeichnung wiedergegeben: *nīedes* ,wider Willen, unter Zwang, ohne Absicht' Af El 13 (Liebermann, Gl. ,Notwehr' 4b), *nīeddǣda* ,Missetäter unter Zwang' Af El 25, *nīedwyrhta* ,Verüber (einer Missetat) unter Zwang' VI Atr 52,1 = II Cn 68,2.

In allen Fällen handelt es sich um Totschlag, und zwar Af El 25 um Erschlagung handhaft gefaßten Diebes, der sich wehrt, im übrigen ist der Zusammenhang nicht ersichtlich, doch wird die Notwehrhandlung in Aufzählung neben absichtloser Missetat genannt. Daß Erschlagung eines sich wehrenden, handhaften Diebes zulässig ist (unstrafbar), zeigt auch II As 1,2, straflose Erschlagung in Gegenwehr nennt Ine 76,2. Solch ,unschuldiges Erschlagen' wird Abt 67 *ofslean unsynnigne* genannnt.

Das Adverb *nēde* (auch *for nēode*), von Liebermann in dem Zusammenhang aufgeführt, kommt nur unspezifisch in der Bedeutung ,gezwungen, gewaltsam' vor. BT verzeichnet ferner die Adverbien *nēadunga, (-inga), nīd(l)inga, nīde.*

3. Versuch

§ 40 Spezifische Bezeichnungen für den Versuch (eines Delikts) gibt es in den ags. Gesetzen nicht. Doch werden einzelne Versuchshandlungen beschrieben: Waffenzücken § 76, Antasten (Notzuchtversuch) § 88.

4. Teilnahme

4.1 Anstiftung

§ 41 Für das Reinschwören von Viehdiebstahl kennt Swer 3 die Formel: *næs ic æt ræde ne æt dæde ne gewita ne gewyrhta* ,nicht war ich bei Rat oder

[24] Doch widerspricht solcher Annahme afr. *âubêr* (§ 169).

Tat, weder Mitwisser noch Bewirker da'. Ähnliches (*næs na his ræd na his dæd*) kennt eine Urkunde v. J. 1038 (Kemble Nr. 758). Die gleiche Gegenüberstellung von *rǣd* und *dǣd* begegnet VIII Atr 23 (= I Cn 5, 2b = Hn 85,3): *dǣdbana oððe rǣdbana* ,tatsächlicher Totschläger oder durch Rat Mordstifter'. Den ,wirklichen Täter' heben die Bezeichnungen *handdǣda* (II Em 1,1. II Atr 5) und *rihthanddǣda* (II Em 1,3) hervor. (Vgl. das häufige *handbana* im Beowulf!). Anstiftung meint auch *be his rǣde* ,auf seinen Rat' I Atr 1,8. (= II Cn 30,7) 1,1 (= II Cn 31,1a) und bezieht sich auf Fluchthilfe.

An früherer Stelle (Wi 10. 15.) heißt *his (sylfes) rǣde* ,aus seinem (eigenen) Entschluß', ähnlich Episc. 6.

§ 42 Nicht eigentlich Anstiftung (einer Missetat) meint die Wendung *be dihte* (aus lat. *dictum* Holthausen, Ae. etym. Wb. 73, Liebermann vergleicht *dictio*) ,nach Vorschrift, Anordnung', die sich stets auf die Anordnung eines Bischofs oder Pfarrers bezieht (EGu Pro 2, VI Atr 51. II Cn 70,1. Episc. 6.11 f.). Doch weist auf inhaltliche Nähe zu *rǣd* die Formel *ge dæde ge dihtes* ,in That wie im Planen' (Swer 5).

4.2 Beihilfe

§ 43 Wie häufig geben uns auch hier Formeln die beste Auskunft über den technischen Wortschatz:

1) *ne gewita ne gewyrhta* ,weder Mitwisser noch Mitwirker': Swer 3 (Schwurformel in Anefangprozeß), *gewita oððe gewyrhta*: Duns 6,2 (bei Viehdiebstahl), *þeofa gewita 7 gewyrhta*: VIII Atr 27 = I Cn 5,3. (vgl. hierzu ferner *gewitan ne gewyrcean stala* in ae. Homilien, Liebermann Gl., 235);
2) *ne gewita ne gestala* ,weder Mitwisser noch Mitstehler': Ine 25,1 (Hs. B: *wita*), ähnlich Jud. Dei VIII, 2: *ðisse stale wite oððe gewita wære*;
3) darüber hinaus kommt *gewita* ,Mitwisser' mit folgenden abhängigen Objekten vor: *þlefðes* Ine 7,2. *þēofes* II As 3,1. II Cn 21. *fācnes* VI As 1,1. Duns 6,1. *fācnes 7 fūles* VI 1,2. (vgl. auch IV As 6,3: *nec furtum cum eo sciret nec facnum*). *fācn* bezieht sich hier, nach dem Zusammenhang zu urteilen, auf eine Diebstahlshandlung (vgl. auch § 101). Ob *morðwita* II Cn 4a A statt *morðwyrhta* in anderen Hss. richtig ist, steht dahin.

An Abstraktbezeichnungen schließlich begegnet *midwist* ,Mitwissenschaft' (Duns 6,2), das sowohl den *gewita* wie den *gewyrhta* einschließt (Liebermann Gl. Beihilfe 1) sowie *gewitnes* (Ine 7,1: *on gewitnesse* ,unter Mitwissenschaft', Jud. Dei VI 1: *on gewyrhtum oððe gewitnese* ,in Werken oder in Mitwissenschaft').

Überblickt man diese Belege, so ergibt sich ein außerordentlich geschlossenes Bild. Sämtliche Stellen handeln vom Diebstahl und nennen in dem Zusammenhang den *gewita, gewyrhta* und *gestala*. Diese Bezeichnungen sind, obwohl bildungsmäßig durchsichtig, nicht eindeutig: *gewyrhta* (zu *(ge)wyrcan*) meint eigentlich den ,Bewirker', wie auch Schmid übersetzt, also den Ausführer der Tat, den Dieb (vgl. oben § 29), ebenso *gestala* (zu *gestalian, (ge)stalu*) einfach den Stehler. Im Falle von *gewyrhta* widerspricht solche Übersetzung jedoch dem Zusammenhang: *þēofa gewyrhta* kann nur ‚Mitwirker von Dieben' heißen. Wir müssen also mit einer doppelten Bedeutung rechnen (seit der zweiten Hälfte des 10. Jh.s); *gestala* übersetzt Liebermann im Text zunächst mit ‚Stehler', verbessert dies jedoch im Wb. zu ‚Mitstehler'. Hier bleibt die Deutung unsicher.

Was aber heißt *gewita*? v. Schwerin hat darauf hingewiesen,[25] daß reine Mitwissenschaft in ags. Recht nicht strafbar sei (S. 280). Sein umsichtig begründeter Vorschlag, in *gewita* den Hehler zu sehen, scheint mir sehr überzeugend. Trotzdem sollte Liebermanns Übersetzung (‚Mitwisser') beibehalten werden, nicht nur weil z. B. *þēofa gewita* nicht anders wiederzugeben ist, sondern vor allem weil uns der Tatbestand der Hehlerei nirgends deutlich beschrieben wird und wohl auch nicht so fest umrissen gesehen wurde, wie das heutige Rechtswort *Hehlerei* ihn bezeichnet. Die eingangs § 41 wiedergegebene Schwurformel beim Anefangprozeß erhält durch v. Schwerins Interpretation einen passenden Sinn: „Der Beklagte schwört sich rein von jeder Art der Beteiligung an einem Diebstahl, daher leugnet er Rat, Tat, Hehlerei und Beihilfe" (S. 283).

§ 44 Als Beihilfe gilt und wird bestraft das Darleihen von Waffen: *(on)lǣnan* (*wæpn*: Af Rb 19. Af 19. 19,1. *sweord*: Ine Rb 29. Ine 29. *lǣne* ‚Darleihung': Af 19,2.). Der Besitzer einer Waffe, mit der Missetat verübt wurde, reinigt sich vom Mitwissen II Cn 75,1. Einen anderen Terminus, nach BT Hapaxlegomenon, gebraucht Abt 18: *wepnum bebyreþ* (zu *beberan*) ‚mit Waffen versieht'.

§ 45 Untechnisch gebraucht wird *fultum* ‚Hilfe, Beistand',[26] zuerst bei Af und bis ins 11. Jh. (Waffenhilfe gegen Feinde, Gottes Hilfe, Eidhilfe). Gleiches gilt für das synonyme *fylst,* wie auch das häufige Verb *fylstan* ‚helfen'. Nur an einer Stelle (Af 1,1) wird von *unrihtum fultume* ‚widerrechtlicher Beihilfe' gesprochen, wobei ‚Beihilfe' schon eine zu technische Übersetzung ist. Die Bedeutung einer sträflichen Handlung erhält die Wendung erst durch das Attribut *unriht.*

4.3 Begünstigung

§ 46 *feormian* und *feorm* haben in der Mehrzahl der vorkommenden Stellen die Bedeutung ‚beköstigen, beherbergen', ‚Beköstigung etc.' und Ableitungen daraus wie ‚Gastung leisten', ‚Naturalienabgabe' (erste Belege: Hl 15. Wi 7: *feormian*).

Die technische Bedeutung von ‚sträflicher Beherbergung', d. h. von ‚Begünstigung', wird zumeist durch spezifische Zusätze bzw. abhängige Objekte erzielt: So bei Ine: *forstolenne gefeormige* ‚Gestohlenes aufnimmt' (40),

[25] Cl. Frh. v. Schwerin, Zur Entwicklung der Teilnahme im ags. Recht. In: Festgabe F. Liebermann, Halle 1921, 271—300.

[26] So auch v. Schwerin a.a.O., 278.

flīemanfeorm ‚Beherbergung eines Geächteten' (30. Hs. H und Rb 30 verbal: *flieman feormige*. Hs. B mit flect. Inf. Dat.: *fliemanfeormienne*); aus Ine entlehnt II Ew 5 *flyman feormige* sowie II Cn 13,2 (und später ergänzt in Hs. G: 12. 15); ferner: *wreccena feormunge* (Af 4), *dearnunga feormige* ‚heimlich beherbergt' (VI As 1,2), *friðleasan ... feormige* II Cn 15. Auf Beherbergung eines Entflohenen bezieht sich auch II As 20,8.

Daneben begegnet jedoch bereits bei Ine 46,2 als technischer Begriff *frymð* (und mit Metathese *fyrmð*) (‚Diebstahls) Beherbergung'.[27] Vielleicht ist hier aber eher an ‚(Diebes)Beherbergung' zu denken, denn dafür gibt es weitere Beispiele: V As Pro 3. VI 1,2 (*þeof*) sowie II Ew 4 (*ne ful nawar friðian ne feormian*). Auch die oben angegebenen Stellen beziehen sich bis auf eine auf Beherbergung einer Person. Der Zusammenhang mit Diebesgut schließt ja auch die Nennung des Diebes keineswegs aus.

Es läßt sich zusammenfassen: Die betr. Termini beziehen sich mit einer Ausnahme sämtlich auf die Beherbergung eines Geächteten oder eines Diebes. Durch Zusammenrückung entsteht aus der Wendung *flȳman feormian* der spezifische Ausdruck: *flīemanfeorm*. Einmal begegnet in dem Sinne einfach *frymð* (aus *feormian*). Die Terminologie ist bereits bei Ine (!) ausgebildet, später war offenbar nur noch das Verb gebräuchlich, denn die Stellen bei Cnut sind wahrscheinlich aus dem *dōmbōc* abgeschrieben oder (wie in Hs. G) später ergänzt worden.

§ 47 Begünstigung eines Verbrechers drücken überdies die Verba *fēdan, friðian, healdan, midstandan* aus.

Wie Beherbergung ist auch Beköstigung (*fēdan*) eines Verbrechers strafbar (III Atr 13). *fēdan* wird bereits Hl 15 im selben Satz neben *feormian* genannt: *hine his mete fede* ‚ihn mit seiner Speise beköstige' und erscheint formelhaft neben diesen II Cn 13,2: *flyman fede oððe feormie*. Eine Formel, in der *mete* in diesem Zusammenhang wiederkehrt, belegt II Em 1,1: *gif hy him ne doð mete ne munde* ‚(nur der wirkliche Täter wird verfolgt) vorausgesetzt, sie [die Familienangehörigen] gewähren ihm fernerhin weder Speise noch Schutz'. *friðian* ‚schützen, privilegieren etc.' wird an zwei Stellen auf den Verbrecher bezogen: *ne ful nawar friðian ne feormian* (II Ew 4) und: *gif hwa þeof friðige oððe forena forlicge* ‚wenn jemand einen Dieb schirmt oder vertretend [für ihn] sich einlegt' (Cn 1020,12). *midstanden* ‚miteinstehend helfen' begegnet II As 1,5. VI 1,3. 8,3; ähnlich *forstandan* ‚für jemanden schützend eintreten': I Atr 4,2 = II Cn 33,1a.

Im Sinne von *feormian* schließlich kommt *healdan vor: friðleasan man healde oððe flyman feormie* ‚Friedlosen schützend erhält...' (II Cn 15a) und *utlahne hæbbe 7 healde* ‚Friedlosen bei sich hat und unterhält' (II Cn 66,1).

Die häufige Alliteration (*fede oððe feormie, friðian ne feormian, friðige*

[27] Dazu Liebermann, Gl. 76: „Daß das Wort (*feormian, -mung*) allein, ohne ein Vorderglied, das ‚Friedlose' bedeutet, je ‚Begünstigung' bedeute, find ich nicht bewiesen. Und in den Sätzen vor- und nachher spricht Ine von Gestohlenem."

oððe ... forlicge, hæbbe 7 healde) legt die Vermutung nahe, daß wir es auch hier mit technischen Eidesformeln zu tun haben. Doch ist ihr Vorkommen recht okkasionell, so daß wir auch mit ad hoc gebildeten Wendungen rechnen müssen.

4.4 Bandenverbrechen

§ 48 Was eine Bande ist, definiert Ine 13,1 (= Ap AGu 2,2 = In Cn III 2): *þeofas we hatað oð VII men; from VII hloð oð XXXV; siððan bið here.* „‚Diebe' nennen wir [Personen] bis 7 Mann; von 7 bis 35: ‚Bande'; darüber hinaus ist [es] ein ‚Heer'."

Der Terminus *hlōð* wird nur bei Ine (13,1. 14. Rb 14) und Af (29. Rb 29.31,1) gebraucht, daraus schrieb Ap AGu 2,2. 2,3 ab, ebenso Hn 87,4. Zusammensetzungen sind *hlōðbōt* ‚Bandenbuße' (Af 29. 30) und *hlōðslieht,* Erschlagung durch *hlōð*' (Af Rb 29).

here ‚Heer' dient an der zitierten Stelle zur terminologischen Abgrenzung gegen *hlōð,* erscheint jedoch in dem hier definierten, technischen Sinne nur in *heretēam* ‚Verheerungszug mit Heerschar gegen Privatfeind' (Ine 15 = Ap AGu 2,4). Gemeint sind also wikingerähnliche Räubereien.

Der Begriff *hlōð* wird von v. Schwerin a.a.O., 283 ff. ausführlich erörtert. Aus dem Zusammenhang mit Ine 10, wo von *rēaflāc* ‚Raub' gehandelt wird, erschließt von Schwerin die genauere Bedeutung ‚Räuberbande', worauf ja schon die Nennung von *þēofas* hindeutet.

Dagegen scheint mir der Versuch, diese Stelle als einen späteren Einschub zu erklären, weder notwendig noch geglückt. v. Schwerin findet offenbar einen Widerspruch zwischen dieser bündigen Definition und dem im übrigen unbeholfenen Stil Ines. Seine Argumentation beruht jedoch auf einem Mißverständnis Liebermanns bezüglich der Originalität Ines. Ferner übersieht er, daß die Rubriken zu Ine erst nachträglich dem Af—Ine-Codex hinzugefügt wurden, so daß ihre Beziehung zum Text für Ines Originalität gänzlich irrelevant ist. Sicherlich hat Alfred in seinem Ine-Exemplar jene Sätze über *hlōð* schon vorgefunden.

5. Tötung

5.1 Totschlag

§ 49 Daß Totschlag an sich, bei Heimsuchung, handfestem Diebstahl, in Notwehr, gegenüber Friedlosen usw. kein Delikt sei, erläutert Liebermann, Gl. S. 385 ff. Terminologisch wird erlaubter nicht von unerlaubtem Totschlag, zunächst auch nicht Mord von Totschlag unterschieden. In keinem anderen Bereich der Missetaten finden wir eine so stark von einem Wortstamm ausgehende Terminologie wie hier. Diese vom Verb *slēan* abgeleiteten Bildungen begegnen z. T. ausschließlich, zumindest am häufigsten in den frühen ags. Rechtsquellen, bei Abt, Hl, Ine und Af, d. h. vom 7. bis zum Ende des 9. Jh.s. *slēan* selbst hat eine breite Bedeutungsskala, die sowohl ‚verletzen', ‚abhauen von Gliedern' wie ,erschlagen' und ,hinrichten' umfaßt (letzteres erst seit 10., 11. Jh.). Erlaubtes ,totschlagen' (eines Verbrechers) ist zuerst Wi 28, friedbrecherisches ,töten' Ine 78 gemeint. Mehrfach steht *slēan* für *ofslēan* einer anderen Hs., in jüngeren Texten erscheint *slēan* ,erschlagen' nicht mehr. An Präfixableitungen zu *slēan* begegnen ausschließlich in den Bußtafeln von Abt, Ine, Af: *āslēan, of-āslēan, forslēan, ofslēan, inbeslēan* (s. § 70). Der technische Terminus für ,erschlagen, töten' ist *ofslēan,* er ist dominierend in allen frühen Quellen (Abt 11mal, Hl 2mal, Wi einmal, Ine 17mal, Af 12mal), begegnet später weniger häufig, aber durchgängig in fast allen Denkmälern.

§ 50 Neben *slēan* und *ofslēan* begegnen folgende weitere Verben in der Bedeutung von ,töten, erschlagen': 1) *cwellan, ācwellan,* (Wi, Af, As); 2) *afiellan* (10mal seit 10. Jh.), vereinzelt auch *fiellan, gefiellan, offiellan*; 3) *lecgan* (6mal As) und *ālecgan*; 4) *dīedan* (EGu 9,1 = II Cn 45).

§ 51 Von *slēan* abgeleitet sind die Bezeichnungen für den ,Totschlag' *slege, slieht,* und den ,Totschläger' *slaga.* Nach den Belegen in den Gesetzen zu urteilen, ist *slege,* das nur je viermal bei Ine und Af begegnet sowie in *þēofslege* ,Tötung eines Diebes' (Ine Rb 16, Rb 35), *mannslege* ,Totschlag' (Af El 25 und II Atr 5 Ld: ergänzte Rubrik) in späterer Zeit dem konkurrierenden synonymen *slieht* gewichen. Dieses taucht gleichfalls zuerst bei Ine auf (76 B), daneben in *morðslieht* (Rb 6 H), *þēofslieht* (Rb 35), *mannslieht* (34 B, Rb 34). Vor allem *mannslieht* ,Totschlag' ist auch in späteren Rechtsquellen des 10. bis 12 Jh.s mehrfach belegt. Liebermann, Komm. 173 (zu V Atr 25) verweist ferner auf sein Vorkommen bei Wulfstan in Aufzählungen verschiedener Missetaten, die denen in V VI Atr verwandt sind (s. dazu § 8). Ob *slege* und *slieht* aus verschiedenen ags. Mundarten stammen, läßt sich an Hand dieser Zeugnisse nicht beurteilen. Zweifellos sind beide in übrigen ags. Texten häufig, vgl. die bei BT genannten Zusammensetzungen: *brōðorslege, morþorslege* (in zahlreichen Zusammensetzungen hat *slege* nur die Bedeutung ,Schlag' wie in *hlēorslege* ,Ohrfeige'); *mǣgsliht, morþorsliht, þēofsliht.* Ine 46,2. Rb 54 begegnet *werfǣhð* ,Menschentötung', entwickelt aus dem Begriff der Fehde, die auf Tötung ausgeht (s. § 27).

§ 52 *slaga* ,Totschläger' begegnet bei Alfred und Edmund, später, besonders im 11. Jh., ist das synonyme *mannslaga* häufig. Daneben erscheinen in Aufzählungen einmal *morðslaga* ,Mörder' und *mǣgslaga* ,Verwandtenmörder' (Cn 1020, 15), weitere solcher Zusammensetzungen in der Bedeutung Mörder[28] nennt BT: *brōðor-, fæder-, mōðor- morþorslaga.*

§ 53 Eine alte Bezeichnung für den ,Totschläger' ist *bana,* das in den kentischen Texten (Abt 23, Hl 1.2.3.4) zuerst begegnet, dann aber erst Ende des 10. Jh.s (II Atr 6) und im 11. Jh. (II Cn 56 B) wieder auftaucht. Auch

[28] Doch ist bei dieser Übersetzung Vorsicht geboten, denn Mord im technischen Sinne (Heimlichkeit) ist wohl nicht gemeint, eigentlich nur der besondere Fall des Totschlags eines Verwandten; s. dazu Liebermann, Gl. 717 (Verwandtenmord).

die bereits § 41 erwähnten Termini *dǣdbana* und *rǣdbana*, sowie das singuläre *banweorc* ‚Totschlag' (I Atr 32,4) gehören dieser Zeit an.

BT belegt *bana* häufig im Beowulf, dort wie auch in anderen frühen Denkmälern (Cædmon, Genesis) kommen die folgenden Zusammensetzungen fast ausschließlich vor: *aldorbana, feorhbana, ferhðbana, brōðorbana, ecgbana, gāstbana, mūþbana, ordbana, sūslbana, handbana.*

bana ‚Totschläger' scheint nach dem 8. Jh. weniger gebräuchlich geworden zu sein. Daß es in den Rechtsquellen des 10., 11. Jh.s wiederbegegnet, deutet auf nordischen Einfluß hin. Wir haben es jedoch nicht mit einer Entlehnung, sondern eher mit einem Fall sogenannter lexikalischer Stützung zu tun.[29] D. h. das bereits veraltete und im Aussterben begriffene ags. Wort erhielt durch eine nordische Parallele eine Wiederbelebung, eine Stützung.

§ 54 Erwähnt seien zwei Ausdrücke, die im Zusammenhang mit dem Totschlag stehen und nur in Hadbot begegnen: *liflyre* (Had 2), *feorhlyre* (Had 3) ‚Lebensverlust'. Auch BT kennt sie nur an diesen Stellen.

§ 55 Verschiedentlich begegnet *licgan* in der spezifischen Bedeutung ‚erschlagen daliegen' unter dem Zusatz ‚ohne durch Wergeld vergolten zu werden'. Der erste Beleg steht Wi 25: *gif man leud ofslea on þeofðe, licge buton wergelde* ‚wenn man einen Menschen bei [dessen] Diebstahl erschlägt, so liege dieser [todt], ohne Wergeld'. Ohne diesen Zusatz, doch in gleicher Bedeutung, begegnet *licgan* II As 20,6. An den übrigen Stellen lautet die Wendung: *licge orgilde* (Af 1,5. EGu 6,7. II Atr 3,4 Ld, Q), *licge ǣgilde* (EGu 6,7 = VII Cn 48,3. V Atr 31,1 = VI 38. II Cn 62,1), *licge ungilde* (II Atr 3,4), *iaceat in ungildan ækere* (IV Atr 4). Die letztgenannte Wendung ist zweifellos nordische Entlehnung, vgl. aschw. *liggi i vgildum akri* SgL III, 275. V, 54; adän. *liggi ... ofna ugildum akre* DgL I 1, 773.[30] Aus diesen Parallelen schloß schon Steenstrup, Danelag 356 auf Entlehnung auch der Adverbien *or-, ǣ-, ungilde.* Zweifellos legt gerade die starke Variation der negierenden Präfixe — die jedoch ags. sind — eine solche Annahme nahe. Doch steht dem das frühe Vorkommen schon bei Alfred entgegen, dessen Rechtsbuch sonst kein einziges nord. Lehnwort enthält. Dän. Einfluß in Af lehnt Liebermann, Komm. 34 entschieden ab. Schließlich machen kontinentale Belege (*incompositus iaceat latro* Brunner RG ²I, 185²⁷, vgl. ferner afr. *lidza* § 182) eine weitere Verbreitung oder — was auch naheliegt — einzelsprachige Entwicklungen wahrscheinlich.

5.2 Mord

§ 56 Wiewohl *morð* sicher ein altes Wort ist, begegnet es in unseren Quellen erst Anfang des 10. Jh.s, und zwar zunächst in Zusammensetzungen:

[29] Vgl. zu dieser Erscheinung N. Århammar, Nordische Lehnwörter und lexikalische Stützung im Nordfriesischen. In: Verh. d. II. Internat. Dialektologenkongresses, Bd. I, Wiesbaden 1967, 31—45.

[30] Hofmann, Lehnbeziehungen, 185.

morðdǣd ‚verstohlene Lebensgefährdung' (II As 6), *morðwyrhta* ‚heimlicher Mordstifter' (EGu 11 = VI Atr 7 = II Cn 4 a. VI Atr 36), *morðweorc* ‚heimliche Mordstiftung' (V Atr 25 = VI 28,3. II Cn 5,1), *morðslieht* ‚heimliche Tötung' (Ine Rb 6 H, Blas Ins 1, Blas 1), *morðslaga* ‚Mörder' (Cn 1020, 15). Das Simplex *morð* ist erst bei Cnut (II Cn 56. 64) und in den Leges Henrici (zumeist aber dort lat. *murdrum*) belegt.

Liebermanns eben zitierte Übersetzungen sind bereits interpretierend. Im Wort selbst wird Heimlichkeit, die den Mord vom Totschlag unterscheidet, nicht ausgedrückt. Doch ist diese Deutung aus dem Zusammenhang sicher richtig. Denn „stets erscheint Mord heimlicher Lebensgefährdung und versteckten Verbrechen wie Meineid und Unzucht angereiht" (Liebermann, Gl. 685). Immerhin bleibt zu bemerken, daß *morð*(-) fast nur in solchen Aufzählungen, solchen pauschalen Verboten und Ermahnungen begegnet, lediglich II Cn 56 wird *open morð* ‚unleugbarer Mord' in technischem Zusammenhang gebraucht. Den Wert eines technischen Begriffs besitzt *morð* vielleicht erst seit dem 11. Jh. Steenstrup (Danelag 279) nahm deshalb an, daß die spezifische Unterscheidung des Mordes als absichtsvolle oder heimliche Tat vom Totschlag auf nordischen Einfluß zurückgehe. Liebermann weist diesen Schluß unter Hinweis auf übrige germ. Parallelen zurück. Daß wir jedoch keineswegs *morð, morðor* schlechthin als ‚Mord' wiedergeben können, zeigen die unterschiedlichen ags. Vulgata-Übersetzungen von *homicidium* (northumbr. *morðorslæga,* westsächs. *mannslieht* Liebermann, Gl. 587). Kirchliche Literatur kennt ferner Bedeutungen wie ‚Tod, Todsünde, Untergang' u. ä. Welchen Aufschluß von BT genannte Zusammensetzungen wie *morðorslagu, -slege, -sliht* ‚Mord', *morðor, -slega* ‚Mörder' zur Frage einer frühen technischen Bedeutung zu geben vermögen, kann hier nicht weiter verfolgt werden, mag jedoch eine lohnende Aufgabe sein, da sich in diesem Wort germanisch-heidnisches und christliches Gedankengut besonders stark vermischt.

§ 57 Überschauen wir noch einmal die Hauptbezeichnungen der §§ 49—56, so wird zunächst deutlich, daß ein gesonderter technischer Begriff für Mord erst spät auftaucht. Der Hauptterminus für jede Art des Totschlagens ist das Verb *ofslēan,* daneben stehen Ableitungen für die Tat, besonders *slege* (Ine, Af) und *mannslieht* (bis zum 11. Jh.) sowie den Täter *(mann)slaga.* Den Totschläger bezeichnet *bana* in den frühen kentischen und gelegentlich in späten Quellen des 10., 11 Jh.s. Einfluß von seiten der nordischen Bewohner des Danelags ist bei der Stützung von *bana* als Rechtswort denkbar, entlehnt ist sicher die § 55 genannte Wendung; daß Einfluß bei der begrifflichen Differenzierung von Mord und Totschlag vorliegt, ist möglich, doch nicht sicher nachweisbar.

6. Körperverletzungen

§ 58 „Über keinen Gegenstand des Strafrechts enthalten unsere Rechtsquellen so genaue Bestimmungen, als über die Körperverletzungen. Wir finden in denselben Bußtaxen für die Verletzung jedes Theiles und Gliedes des menschlichen Körpers, mit Berücksichtigung des Umfanges und anderer Eigenschaften der zugefügten Beschädigungen. Wahrhafte, strafrechtliche Preiscourante." (Wilda, Strafrecht, S. 729). Dies Kompositions- d. h. Ersatzsystem gibt uns durch die Nennung der verschiedenen Verletzungen und die dafür aufgestellten Bußsätze einen detaillierten Einblick in die Aufgliederung der Körperverletzungen; in unseren ags. Quellen stehen solche Bußtafeln bei Abt und Af.

Zweifellos wäre es eine interessante und lohnende Aufgabe zu untersuchen, inwieweit sich diese Gliederung auch sprachlich fixiert hat. Daraus ließe sich ein Eindruck davon gewinnen, in welchem Maße die Gliederbußentafeln vielleicht mehr Theorie als wirkliches Recht spiegeln, wie es Heusler (Strafrecht S. 224) vom isländischen Recht vermutete. Eine solche Untersuchung hätte von den juristischen Unterscheidungen auszugehen und dann zu fragen: was ist hiervon terminologisch geprägt? Diesen ausführlichen Weg können wir hier nicht beschreiten. Mehr als auf irgendeinem Gebiet der Missetaten wird hier die Einschränkung sichtbar, die unser Ziel erfordert. Nicht die an Hand der Bußtafeln und Bußsätze gewonnene Einteilung ist für uns relevant, sondern einzig und allein die Terminologie. Ohne uns mit dem Problem der rechtlichen Gliederung auseinanderzusetzen, das u. a. die schwierigen Fragen des Geldwertes einschließt, werden wir recht pragmatisch vorgehend, die vorkommenden Termini nach einer groben, auch später verwendbaren Einteilung anführen und besprechen. Dabei schreiten wir vom Allgemeinen, den übergeordneten Begriffen für die Verletzung (6.1) herab zu den Bezeichnungen für die Verwundung und einzelne Wunden (6.2), den Schlägen (6.3), der Verstümmelung (6.4), der Lähmung (6.5). Damit entgehen wir zugleich der Gefahr, in die gefundenen Bezeichnungen etwas hineinzulegen, was vielleicht nur aus vergleichendem Gesichtspunkt erschließbar ist, aus den Quellen allein aber nicht erkennbar wird.[31] Inwieweit damit unsere Darstellung von einer systematisch-juristischen abweicht, mag folgendes Beispiel zeigen: In seinem ausführlichen Sachglossar nennt Liebermann unter Körperverletzung (1) die ‚Funktionsstörung': die genannten Fällen beziehen sich auf Gehör (Abt 39), Sprache (Abt 52) und Zeugungsfähigkeit (Af 65). Terminologisch tritt diese Gruppierung keineswegs hervor. Abt 39 heißt es simpel: ‚wenn einer nichts hört', Abt 52: ‚wenn die Sprache geschädigt wird (*wyrd*)', Af 65: ‚wenn jemand an den Hoden verwundet ist ... (*wund*)'. Auch die Bußsätze sind unterschiedlich. Man darf füglich annehmen, daß die genannten Verwundungen kaum als miteinander verwandt angesehen wurden. Die von Liebermann eingeführte Gliederung ist juristisch-modern oder vielleicht aus nicht-ags. Quellen auf diese übertragen.

Trotz der eben gemachten grundsätzlichen Einschränkung wird die rechtliche Gliederung nicht gänzlich außer Acht gelassen. Sie dient als Hinweis, die inhalt-

[31] Einem solchen Fehler verfiel m. E. Wilda. Aus seiner Aufstellung gewinnt man keinen spezifischen Eindruck von der Gliederung des betr. Bereichs im Ags. Tatsächlich passen die ags. Termini keineswegs so glatt in das von ihm entworfene, von kontinentalen und nordischen Quellen ausgehende System.

lichen Bezüge der Termini untereinander zu prüfen. Letztlich wird, so denke ich, der methodisch vom Sprachlichen ausgehende Beitrag auch für die rechtlichen Zusammenhänge nicht irrelevant sein.

6.1 Körperverletzung (allgemein)

§ 59 Einen technischen Ausdruck für jegliche blutige Verletzung besitzt das ags. Recht in *(ge)feohtan, gefeoht,* das Liebermann mit ‚blutig fechten', ‚blutiges Fechten' übersetzt. (Unblutige Delikte wie Raufen, Waffenzücken u. ä. sind nicht eingeschlossen: Gl. S. 318 ff.).

Die blutige Verletzung kann in Verwundung oder Totschlag bestehen. So begegnet *feohtan* bei Af häufig in Verbindung mit Blutrache.

Der Terminus fehlt den kentischen Quellen, zuerst begegnet er mehrfach bei Ine, am häufigsten bei Af, dann durchgehend bis ins 11. Jh. An Ableitungen erscheinen gelegentlich: *ūt-, on-, midfeohtan, flettgefeoht* ‚blutiges Fechten im Hause' (Af, Hn), *feohtlāc* ‚Fechten mit Blutvergießen' (VIII Atr 4 = I Cn 3. II 47). *fihtwīte* ‚Strafe für blutiges Fechten' erscheint zuerst II Em 3, also Anfang des 10. Jh.s, häufig erst bei Hn, früher stand dafür einfach *wīte* ‚Strafe'. Weitere Ableitungen nennt BT: *ā-, æt-, be/bi-, ofer-, wiðfeohtan, feohte* ‚a fight', *feohtere* ‚a fighter'.

§ 60 Ähnlich allgemeine Bedeutung wie *gefeoht* hat *blōdgēote* ‚Blutvergießen' (nur II Em 4 Ld, nicht archetypische Ergänzung), an gleicher Stelle *gēotan* ‚Blut vergießen' sowie das synonyme *āgēotan* (I Em 3. I Cn 18,3 B: *blod ... ageotan*), das auch von BT häufig belegt wird. Auf ‚blutiges Fechten' bezieht sich nach Liebermann, Komm. 22 auch *geblōdgad (flet ~ wyrþe* ‚Haus blutbefleckt wird' Hl 14). Aus solchen Bezeichnungen mag der erst bei Hn (und dort häufig) begegnende Terminus *blōdwīte* ‚Blut[verguß]strafe' entstanden sein, der Hn 70,4 (*blodwite vel fihtwite*) der Fechtstrafe gleichgestellt wird. Steenstrup, Danelag 324, nimmt hierfür dänische Herkunft an.

§ 61 Mit Ausnahme des Verbs *wierdan* beziehen sich sämtliche in den Gesetzen vorkommende Termini vom Stamm *wierd-* auf die körperliche Verletzung (*āwierdan, gewierdan, unāwierded, wierding, æfwerdla,* vgl. § 22), sind jedoch in dieser Bedeutung nur je einmal belegt; häufiger ist Sachbeschädigung (§ 100) gemeint.

§ 62 Nur einmal belegt ist *scierdan* ‚verwunden' (Grið 27: *scyrde oððe scynde* ‚verletzt oder bedrängt'), eine weitere Stelle bei Wulfstan nennt BT: *wyrdan and scyrdan,* also wieder alliterierend bzw. reimend neben einem synonymen Verb. Dazu stellt BT 825 *sceard* ‚schartig, zerschlitzt, verstümmelt', das nur bei Abt (42: auf Ohr, 48: auf Nase bezogen) vorkommt. In Abt 42 (*gif eare sceard weorðeþ*) kann aber auch ein Nomen *ēaresceard* ‚Ohrenscharte' vorliegen, das sich ahd. *ōrscardi* vergleichen läßt. (Das Wort erscheint daneben nur in *dīcsceard* ‚Grabenbruch' Ger 13.).

Selten ist auch *scendan* ‚verletzen'. Liebermann übersetzt Grið 27 (s. o.) ‚bedrängt', wozu kein Anlaß besteht. In den Iudicia Dei gibt *unscended* (IV 4,3) und *unāscended* (IV 3,3. V 2,4) stets lat. *inlaesus* ‚unverletzt' wieder.

6.2 Wunden

§ 63 Die weitaus häufigsten Bezeichnungen für Wunde, verwunden etc. sind die vom Stamm *wund-*.

Das Nomen *wund* begegnet ausschließlich bei Alfred in den Bedeutungen ‚Wunde' und ‚Verwundung' (insg. 8mal), daneben in Zusammensetzungen *hēafodwund* ‚Kopfwunde', *feaxwund* ‚Verwundung unterm Kopfhaar', *ēagwund* ‚Verwundung des Auges'. Ebenso nur in Af erscheint *wundwīte* ‚Bußgeld für Verwundung'. (BT nennt ferner die Zusammensetzungen: *cancor-*, *feorh-*, *in-*, *innan-*, *innoþ-*, *līc-* und *sweord-wund.*). *wyndla* ‚Wunde' begegnet nur Northu 23.

Das Adjektiv *wund* ‚verwundet' erscheint erstmalig in kentischen Quellen (Abt 68), auch in der Zusammensetzung *cearwund* ‚schwer verwundet' (63), ferner viermal bei Af. *hrifwund* (Af 61 B) kann Substantiv ‚Bauchwunde' (vgl. ahd. *hrewawunti*) oder Adj. ‚bauchverwundet' sein. BT nennt ferner je einmal: *unwundod, unwunden.* Der häufigste Terminus für ‚verwunden' ist *gewundian,* zunächst in Af und weiter in späteren Texten des 10., 11. Jh.s. Daneben begegnen *forwundian* (Af 77) und *wundian* (II Cn 48, 1 B).

§ 64 Technisch ungebräuchlich scheint *dolg* ‚Wunde', das nur BT belegt, auch häufig in Zusammensetzungen: *dolgben, -drenc, -rūne, -sealf, -slege, -smeltas, -swæþ, -wund* und *dolgian.* In den Gesetzen kommt nur einmal *dolgbōt* ‚Wundenbuße' vor (Af 23,2).

§ 65 Ähnlich steht es mit *sār,* das ags. ‚Schmerz, Leiden' bedeutet (so auch Excom VII 5: ‚Höllenpein'). In der Bedeutung ‚Wunde' begegnet es nur EGu 10: *sē þe wille beorgan sare 7 saule* ‚wer der Wunde und der Seele Rettung bringen will', ferner in *sārbōt* ‚Bußgeld für Verwundung' (Leis Wl 10,1). *sārbōt* steht als technischer Ausdruck innerhalb des frz. Textes, kann also nicht Gelegenheitsbildung sein. Steenstrup, Danelag 315, nimmt deshalb Entlehnung aus dem Nord. an (vgl. aisl. *sárbœtr,* adän. *sāræbōt*). Liebermann scheint dem skeptisch gegenüberzustehen, da *sār* auch im Me. ‚Wunde' bedeutet. Dies kann jedoch kaum ein Gegenargument sein, da die Mehrzahl der in ags. Zeit eingedrungenen Lehnwörter bekanntlich erst im Me. oder später (ne. Maa.) belegt ist. Im Fall von *sār* ‚Wunde' könnten wir es mit einer ‚Lehnbedeutung' zu tun haben. *sārbōt* kann daraus gebildet oder auch selbständig entlehnt sein. Andererseits ist ein Bedeutungswandel ‚Schmerz' — ‚Verwundung' nicht auszuschließen (vgl. die deutschen Parallelen).

§ 66 Das Simplex *wamm* ‚Fehl, Schaden' begegnet nur in der Schwurformel (gegen Klage beim Viehverkauf) *nyste ic on ðam ðingum ful ne facn ne wac ne wom* ‚kannt ich an den Sachen nicht Schlechtigkeit oder Trug, nicht Schwäche noch Fehl' (Swer 9). Unter ,Schwäche' dürfte angesichts der folgenden Belege eine Verletzung oder Folge davon zu verstehen sein. Eine solche Bedeutung belegt auch *wlitewamm* ,Verunstaltung des persönlichen Aussehens, des von Haar und Kleid unbedeckten Körpers, bes. des Gesichts' (Abt 56). Das Verb *gewemman* belegt nur VI Atr 39: *nunnan gewemme* ,Nonne schändet'. Häufiger begegnet das Adj. *unwemme* ,unverletzt', und zwar stets (unter geringer Abweichung) in der Wendung: *þæt ciricgrið innan wagum 7 cyninges handgrið stande efne unwemme* ,daß Kirchenfriede innerhalb der Mauern und des Königs Handfriede gleich unverletzlich bestehe' (EGu 1, ähnlich VI Atr 14. Grið 2, I Cn 2. 2 A, Ld: *unwemmed*). Der Satz drückt ein wichtiges Rechtsprinzip aus, das vielleicht aus gemeinsamer Quelle stammt, eher jedoch wegen seiner Bedeutung bewußt von Vorgängern übernommen wurde. Daß *wamm* und *wemmed* im Ags. häufig sind, belegt BT. (Zusammensetzungen sind u. a.: *wamm-dǣd, -sceaþa, -scyldig, -wyrcende, mān-wamm*). In der Rechtssprache spielten sie offenbar (mit Ausnahme von *wlitewamm*) keine Rolle als technische Termini.

§ 67 Eine gewisse Differenzierung der Wunden ist schon aus den Bezeichnungen *ēag-, hēafod-, feax, hrif-* und *cearwund* ersichtlich. Durch eine eigene Bezeichnung ist die Verunstaltung des persönlichen Aussehens *(wlitewamm)* herausgehoben. Im Gegensatz zu diesen, durchweg nur einmal ausgedrückten Differenzierungen wird eine Art der Verwundung besonders häufig erwähnt: die Durchbohrung eines Körperteils.

Abt gebraucht die folgenden Termini: *þyrel* ,durchbohrt' (41. 45. 47. 49. Durchbohrung von Ohr, Wange, Nase), *þurhþyrel* ,durchbohrt' (61,1 vom Bauch), *þurhstingan* ,durchstechen' (53. 64,1. 67 von Körpergliedern). Jeder Stich (*stice*) wird gebüßt (67).

Af erweitert Aethelberhts Liste und übernimmt den Terminus *þyrel* auch für Gliedverletzung (Knochen: 44. 44,1. Kehle: 51, Dickbein, Schenkel: 62 f. Lende: 67,2), neugebildet ist *þurhwund* ,durchbohrt' (61,1 vom Bauch). Einstechen (in die Lende: *onbestingan*) ist 67,1 genannt. In späteren Gesetzen werden diese Durchbohrungswunden nicht mehr erwähnt.

Ohne daß ein spezifischer Ausdruck verwendet würde, erscheint Messung der Wunde nach ihrer Länge: Abt 67,1. Af 45 f. = Hn 89,3 f. 94,2 f. Leis Wl. 10,1. Wundenbuße erfolgt nach der Zahl herausgezogener Splitter (wie in Dänemark: Steenstrup, Danelag 315): Leis Wl. 10,1. Zweimündige Wunde, unter Berechnung jeder Öffnung nennt Abt 64,1. 67. Af 61,1.

Abschließend sei vermerkt, daß unterschiedliche Buße verlangt wird, je nachdem ob eine Wunde (an Hand, Sehne) zu heilen sei (*gelācnian* Af 69, 75 f.) oder nicht.

6.3 Schläge

§ 68 Unter ,Schlägen' werden hier geringe Körperverletzungen, die ohne Waffen erfolgen und keinerlei eigentlichen Körperschaden hinterlassen, verstanden (nach Wilda, Strafr. S. 772). Einen ‚Schlag, Hieb' bezeichnet *dynt* (Abt 58. 58,1); *sweart dynt* (Abt 59) mag als ‚schwarzer Schlag' oder mit Liebermann als ‚schwarze Strieme, Beule' übersetzt werden. Was *heahre handa dynt* (58,1) meint, diskutiert Liebermann, Komm. 12 ausführlich, er übersetzt ‚Schlag von hoher Hand' (vgl. auch § 35). Ferner begegnet *lǣl* ‚Beule' (Af El 19).

Im übrigen erscheinen Schläge oder Prügel selbst nur zweimal als (ehrenkränkendes) Delikt, und zwar unter den Bezeichnungen *beswingan* ‚prügeln' (Af 35,1) und *bēatan* ‚schlagen' (VIII Atr 33 = II Cn 42).

Sonst wird unter Prügel stets die Prügelstrafe verstanden, die ‚Geisselung': *swinge* (*to swingum bedrife* ‚zur [Erleidung der] Prügelstrafe treiben' Ine 48. 54,2) und *swingel* (Ine 5,1. 48). Das Verb *swingan* ‚prügeln' begegnet bereits Wi 22. 23, später II As 19. Technischer Ausdruck für die Prügelstrafe ist ferner *hȳd* (eigentl. ‚Haut', Ine 23,3. Northu 56). In spezifischen Wendungen heißt es: *VI se wið dryhten gebete oþþe sine hyd* ‚so buße jener 6 [Schilling] gegenüber seinem Herrn oder seine Haut' (ebenso Wi 13. 15, ähnlich Af 25,1); *þolie his hyd* ‚erleide Prügel' (Ine 3,1. *hydgyld* ergänzen Hs. H, B.); *his hyd forwyrce* ‚seine Haut verwirkt' (Ine 5,1); *þolie his hyde oððe hydgyldes* ‚verliere seine Haut oder Hautgeld' (EGu 7,1. 8. = II Cn 45,2. 46,2); *þolie þære hyde* ‚leide Prügelstrafe' (IV Eg 9).

§ 69 *cēas* ‚Rauferei' (Abt 18. Af El 18) scheint an sich kein Delikt, sofern nicht eine Verletzung erfolgt. Doch sei der Terminus hier wegen später zu besprechender Parallelen vermerkt.

Damit hängen zusammen: *uncēas āð* ‚Urfehde-Eid' (Ine 35) und *gedo þone ceap unbeceasne* ‚den Kaufgegenstand unbestritten mache' (Ine 53,1). Beide Stellen wurden in Q mißverstanden. Ine 35 setzen Hs. A, B: *unbesacene* ‚unbestritten', das auch in späteren Urkunden häufig ist (Robertson, Anglosaxon Charters: ab Anfg. des 9. Jh.s). Spätere Hss. haben außerdem statt *cēas: cēast.*

6.4 Verstümmelung

§ 70 Die Gliederbußentafeln von Abt und Af zählen vor allem die verschiedenen Arten der Verstümmelung auf, Abschlagen von Gliedern, Ohr, Nase, Ausschlagen des Auges, Zerbrechen von Knochen u. ä.

Dabei begegnen kaum spezifische Nominalbegriffe, die Ausdrucksweise ist verbal, etwa nach dem Schema: *Gif þuman ofaslæhð, XX scill* ‚Wenn [jemand] einen Daumen abhaut, [büße] er 20 Schilling' (Abt 54). Dabei herrschen Ableitungen der Verben *slēan, ceorfan, dōn* vor.

Am häufigsten begegnet (Abt 7mal, Af 12mal) *ofāslēan* ‚ab-, ausschlagen' (Ohr, Nase, Auge, Finger, Glieder), daneben *slēan* (2mal, Hand, Fuß), *ofslēan* (viermal, Hand), *forslēan* ‚zerschlagen' (Backe, Sehne, Lende, Rippe, Hand, Kinn, sechsmal) und *inbeslēan* ‚hineinhauen'. Nur vereinzelt kommen vor: *ceorfan, ā-, ofā-, ofceorfan* ‚abhauen, -schneiden', sowie *ūtdōn, ofdōn oðdōn* ‚(Auge) ausstoßen', *ofādōn* ‚(Knochen) heraushauen', *hēawan* ‚abhauen'.

§ 71 Es überwiegen, wie man sieht, Präfigierungen mit *of*, wobei, besonders in Abt, *of* nicht selten freistehend ist, z. B.: *Gif foot of weorð aslagen* (Abt 87). Damit mag zusammenhängen die Wendung: *Gif eage of weorð* ‚wenn ein Auge aus[geschlagen] wird' (Abt 43), in der *of* adverbiell gebraucht wird (Ellipse?). Die gleiche Wendung begegnet Abt 43. 54,1. 69. 70. 72. für Abschlagen von Nagel, Fuß, Zehe. (Liebermann diskutiert die Wendung, Komm. 11, zu Abt 54).

§ 72 Zur weiteren terminologischen Charakteristik der Gliederbußentafel mag hier eine typische Darstellungsweise behandelt werden, die im wesentlichen in Abt vorkommt. Außer durch die oben genannten Verben, die im übrigen häufiger in Af als Abt vorkommen, geschieht die Anführung der Gliederbußen in Abt nach einem stereotypen Schema: z. B. *Gif eare þirel weorðeþ, III scill gebete* ‚wenn ein Ohr schartig wird, büße er III Schill.' Dabei tritt *weorðan* als Vollverb in Verbindung mit Adjektiven, Adverbien, Partizipien und Substantiven auf. Bei der Verbform *weorð(eþ)* stehen die Adjektiva *þyrel* (41. 45. 49), *þurhþyrel* ‚durch[bohrt]' (61,1), *sceard* ‚schartig' (42. 48), *wōh* ‚schief' (44), *wund* (68), *hrifwund* (61), *healt* ‚lahm' (65,1), das Adverb *of* ‚ab, aus' (43. 54,1. 69. 70. 72); die Partizipien *gebrocen* (36. 65), *gelǣmed* (38), *āwyrd* ‚verletzt' (52), *gebroced* ‚verletzt' (52,1), *forbrocen* ‚zerbrochen' (53,1. 66); die Substantive *bānes blice* (34: *gif — — weorðeþ* ‚wenn eines Knochens Bloßlegung entsteht'), *cēas* ‚Rauferei' (18), *bānes bite* ‚Knochenversehrung' (35), *feaxfang* ‚Haarzerren' (33), *gængang* ‚Rückkehr (des Geraubten)' (84).

Vergleichbar sind Wendungen bei Ine: *gif ... weorðeþ yppe* ‚wenn es offenbar wird' (21,1 ähnlich 43. *orige* 28,1), *undierne* ‚bekannt' (43,1. 44).

Später begegnet dieses Darstellungsschema erneut in Had: *gif ... liflyre wurðe* ‚wenn ... Lebensverlust eintrat' (2), und ähnlich bei *feorhlyra* ‚Lebensverlust' (3), *fulbryce* ‚Vollverletzung' (4. 5. 6. 7. 8), *sāmbryce* ‚Halbverletzung' (9). Typisch ist schließlich die Wendung bei Ausdrücken der Beschuldigung, besonders dem Adj. *fūl* ‚schuldig': *gif ... ful weorðe* ‚wenn ... schuldig befunden wird' (II As 6,1. ähnlich 7. 14,1. 19. I Atr 1,5 = II Cn 30,3 b. II Cn 32).

Neben der Knappheit aller Sätze in Abt erweckt gerade diese, für uns unbeholfen wirkende Wendung den Eindruck des Archaischen, der dem ältesten ags. Rechtsdenkmal stets zugesprochen wird. Da Af in seiner Gliederbußentafel dieses Darstellungsschema nicht aufnimmt, dürfen wir es als ein Charakteristikum jener frühen kentischen Rechtssprache ansehen.

Das Vorkommen von *weorðan* + Subst. in Had läßt verschiedene Schlüsse zu: Had ist, wie Liebermann, Komm. 263 ausführt, ein selbständiges, aus Südengland stammendes, in wests. Sprache abgefaßtes Denkmal. „Der Stil ist an kanonistischer Literatur, vielleicht der Bußbücher geschult." Da Einfluß von Abt offenbar nicht in Frage kommt, liegt es am nächsten, eine durch die Benutzung der Bußbücher bestimmte Kontinuität der genannten Wendung anzunehmen (dazu dann auch die Stellen zu *fūl weorðan*), andererseits ist dialektale Eigenheit denkbar.

§ 73 Neben den schon genannten Verben drückt *brecan* (*hion* ‚Hirnschale' Abt 65) und *forbrecan* (Abt 53,1. 66) das ‚Brechen, Zerbrechen (von Knochen)' aus. *hyd tobrocen* (Af 70,1) ‚Haut zerrissen' zeigt eine Sonderbedeutung, die zu *brecan* ‚verletzen' zu stellen ist. Nur in Af begegnet *forod* ‚zerbrochen (von Knochen)' (fünfmal). An nominalen Ausdrücken sind *bānes blice* ‚Bloßlegung eines Knochens' und *bānes bite* ‚Versehrung eines Knochens' nur je einmal (Abt 34. 35) genannt.

6.5 Lähmung

§ 74 Lähmung wird durch folgende Adjektive ausgedrückt: *healt* ‚lahm' (Abt 65,1. Af 77,1. vgl. bei T 532 *lemphealt* ‚lurdus'), *gelǣmed* (von der Achsel: Abt 38), *limlǣweo* ‚an Gliedern verstümmelt' (EGu 10, lat. unverstanden, dazu Liebermann, Komm. 91); *lama* ‚verstümmelter Krüppel', sonst im Ags. häufig, erscheint gleichfalls nur EGu 10.

6.6 Zusammenfassung

§ 75 Die Terminologie aus dem Bereich der Körperverletzungen ist, von den allgemeineren Bezeichnungen abgesehen, im wesentlichen in den Bußtafeln von Abt und Af belegt.

Die Haupttermini für die zu Totschlag oder Körperverletzung führende Missetat sind *(ge)feohtan* ‚blutig fechten' und *gefeoht* ‚blutiges Fechten' (von Ine bis ins 11. Jh.). Daneben begegnet in gleichem Sinne, aber recht selten: *blōdgēote* ‚Blutvergießen' (auch verbal, sicher belegt erst seit Mitte des 10. Jh.s).

Auf eine Körperverletzung beziehen sich Termini vom Stamm *wierd-* sowie *scierdan* und *scendan*.

Der weitaus häufigste Terminus für ‚Wunde' und ‚verwundet' ist *wund*, für ‚verwunden' *gewundian*. Untechnisch ist *dolg* ‚Wunde', vermutlich nur eine seltene Lehnbedeutung *sār* ‚Wunde'. Auch *wamm* ‚Schade', *unwemme* ‚unverletzt', *gewemman* ‚schänden' begegnen nur gelegentlich, technisch nur in *wlitewamm* ‚Verunstaltung des Gesichts'. Unter verschiedenen Arten von Verwundungen ist allein die Durchbohrung eines Körperteils (besonders *þyrel* ‚durchbohrt') häufig genannt.

Bezeichnungen für den Schlag sind *dynt* und *lǣl*, für ‚verprügeln' *swingan*; *swinge, swingel* meint die Prügelstrafe, ebenso der spezifische Terminus *hȳd* (eig. ‚Haut').

Verstümmelung wird verbal, besonders durch *ofslēan* ‚ab-, ausschlagen' (neben weiteren Ableitungen von *slēan, ceorfan, dōn*), ferner adverbiell durch *of* ‚ab, aus' ausgedrückt. ‚Zerbrochen (von Knochen)' heißt in Af technisch *forod*.

Eine charakteristische Wendung in den Bußtafeln von Abt ist *weorðan* ‚werden, entstehen' + Adj., Adv., Part., Subst. Lähmung wird vereinzelt durch die Adjektive *healt, gelǣmed, limlǣweo* ausgedrückt.

7./8. Ehrenkränkungen[31a]

7. Realinjurien

7.1 Waffenzücken

§ 76 Waffenzücken gilt als Versuchshandlung zu blutigem Fechten. Es wird zuerst Hl 13 genannt: *Gif man wæpn abregde* ‚Wenn jemand eine Waffe zückt (bei friedlichem Trinkgelage)',[32] ferner viermal bei Af: 15: (vor Erzbischof) *gefeohte oððe wæpne gebregde* (ähnlich 7); 39,1: (in Königshalle) *gefeohte oððe his wæpne gebrede;* 38,1: *mid wæpnes bryde* (< *brydge*, Subst.), ‚mit Waffenzücken'.

7.2 Haarzerren

§ 77 Der Terminus begegnet nur Abt 33: *gif feaxfang geweorð* ... (*feax* für Haupthaar ferner: Af 45. 45,1. 66,1. ‚Verwundung unter Kopfhaar': *feaxwund* Af Rb 45). *hǣrgripa* ‚Haargriff, Fassen ins Kopfhaar' (nur Hn 94,4) ist nordisches Lehnwort.

7.3 Wegwehrung

§ 78 Der technische Terminus *forsteall* begegnet erstmalig III Em 6 in latinisierter Form: *foristeallum* ... *uel aliqua prohibitio itineris uel questionis*, gemeint ist nach Liebermann, Wb. 79 ‚Hinderung der Spursuche'. Mit BT und Thorpe erklärt Liebermann, Komm. 130 das Wort als ‚Angriff, um einem anderen den Weg zu sperren' (vgl. *ofersteall* ‚Widerstand', zu *stellan*). V Atr 31 = VI 38 wird *forsteall* dem ‚offenen Widerstand gegen das ... Recht' gleichgesetzt, II Cn 12 erscheint es in einer Aufzählung von Delikten, die dem Kronprozeß vorbehalten sind, in gleicher Bedeutung (wohl daher) mehrfach in Hn; dort erscheint es ferner im Sinne von *assultus in via regia* ‚Angriff auf Königsweg'. Es kommt überdies einige Male (neben *hāmsōcn, griþbryce, mundbryce*) in den Charters vor, zuerst Nr. XIII (Robertson) aus der Zeit 871/877, doch hält Robertson dies frühe Vorkommen für ‚highly suspicious' (S. 284).

BT belegt überdies *forsteall* im Sinne von Strafe für dieses Delikt, was ein häufiger Bedeutungswandel ist.

Einen ausführlichen Überblick gibt Liebermann, Gl. 627 f. Es scheint eine offene Frage, ob *forsteall* ursprünglich ‚Rechtsperrung' oder ‚Wegwehrung' meinte (Liebermann: Vermengung beider vielleicht erst im 11. Jh.), die Belege deuten auf Rechtsperrung. Doch mag solche Scheidung nicht erforderlich sein, da die Rechtsperrung wohl zumeist in der Hinderung des Zugangs zum Ge-

[31a] Der Terminus *Ehrenkränkung* wird hier, Liebermann und der rechtsgeschichtlichen Forschung folgend, als Oberbegriff für die modernen Bezeichnungen *Real-* und *Verbalinjurie* verwandt, die im germ. Recht keine Entsprechungen haben.

[32] Eckhardt übersetzt m. E. unrichtig ‚Waffe schwingt', vgl. Attenborough: draw (his) weapon, auch BT 376, T 298.

richtsort bzw. der rechtlichen Verfolgung eines Täters bestand. Ähnlich bedeutet *forsteall* im Marktrecht des 12. Jh.s ‚Hinderung der zur Stadt kommenden Verkäufer' (Liebermann, Gl. 627).

7.4 Einbruch

§ 79 Ein technischer Terminus für ‚Verletzung des Hausfriedens durch Einbruch', wörtlich ‚Gehegebruch' ist *edorbrecþ, edorbryce: Gif friman edorbrecþe gedeþ* ‚Wenn ein Freier Gehegebruch verübt' (Abt 27), ähnlich ist Af 40 von *ceorles edorbryce* ‚Eindringen in den Zaun eines Gemeinfreien' die Rede. Untechnisch heißt es Abt 17: *Gif man in mannes tun ... geierneþ* ‚wenn einer in jemandes Hofbezirk ... eindringt' (neben *ge-iernan* auch *iernan*); ferner Abt 29: *Gif friman edor gegangeð* ‚Wenn ein Freier ins Gehege kommt' (besser Eckhardt: ‚das Gehege übersteigt'). Liebermann, Komm. 9 hält dies für die Tat eines einzelnen, wogegen unter *edorbryce* Diebstahlsversuch oder „der erste Schritt zur unerlaubten Heimsuchung" gemeint sein könne. Letzteres sieht er auch in Abt 17, wo mehrere Täter erwähnt sind. Neben dem nominalen Terminus steht *edor brecan* ‚Gehege brechen' (Ine 42,1). Singulär ist *pundbreche* (Hn 40,1 f.) ‚Bruch ... des Geheges (für ... unter Pfandhaft eingesperrtes Vieh)', das Delikt ist hier die Pfandkehrung (Liebermann, Gl. 611 f.). Zum Wort ist ags. *pyndan* ‚ausschließen, dämmen' zu vergleichen, *pountbruche* nennt Liebermann, Komm. 322 aus 14. Jh.

§ 80 *hūsbryce* ‚Hauseinbruch, Erbrechen eines Hauses' erscheint II Cn 64 (daraus auch mehrfach in Hn), das Delikt wird bereits Af El 25 (*hūs brecan*) erwähnt. Was beim ceorl *edorbryce* ‚Gehegebruch' genannt wurde, heißt beim König oder Adligen *burgbryce* ‚Verletzung des Sonderfriedens, den ein Schloß oder befestigtes Haus ... gewährt' (Af 40, Ine 45 Rb). Weitere Stellen (VI Atr 4,1. Hn 12,2. 35,2) meinen entweder den ‚Bruch des Friedens einer königlichen Stadt' oder sind zu *borgbryce* ‚Bruch königlicher Schutzgewähr' zu emendieren (Liebermann, Gl. 384).

Auch in *ciricbryce* (II As 5) ist mit *bryce* ‚gewaltsames Eindringen' wie oben gemeint. Das gleiche Delikt wird VI Atr 28,3 *ciricrēn* ‚Kirchenraub' genannt (s. auch § 99).

7.5 Fesselung

§ 81 Als Ehrenkränkung gilt Freiheitsberaubung (durch Binden). Häufigster Terminus ist *gebindan* ‚binden, fesseln' (Abt 24. 88. Af 1,4. 35. 35,6. II Cn 60), daneben *unbunden* ‚ungefesselt' (Af 35,4). In Rubrik und Überschrift steht *byndelle* ‚Binden, Fesseln' (Af Rb 35, Af 35 B), in gleicher Bedeutung *bend* (Af 2,1), das Ine 15,2 ‚öffentliche Haft' meint. Das dazugehörige Verb *bendan* ‚binden, fesseln' ist VIII Atr 33 = II Cn 42 belegt.

7.6 Scheren

§ 82 „Wie das Haar als Freiheitszeichen galt, so sein Verlust als Symbol der Freiheitsminderung" (Liebermann, Gl. 636). Solche Ehrenkränkung wird Af 35,3 ff. genannt: *Gif he hine on bismor to homolan bescire* ‚wenn er ihn zum Schimpf zum Verstümmelten schert' (Eckhardt wörtlich: zum Hämling). Das Hapaxlegomenon *homola* ist zu ags. *hamelian* ‚kastrieren', dt. *Hammel* zu stellen (vgl. afr. *homelinge* § 222).

Daneben heißt es 35,4: *to prioste bescire* ‚zum Priester schert', womit (als Delikt) das geschändete Aussehen gemeint ist (Liebermann, Gl. 636). Gesondert wird ‚Abscheren des Bartes' (*beard ofascieran* 35,6) genannt. ‚Skalpieren' (*hættian* II Cn 30,5) ist nur als Strafe erwähnt.

8. Verbalinjurie

§ 83 Beschimpfen als Delikt erscheint zuerst Hl 11: *hine mid bismorwordum scandlice grete* ‚ihn mit Schimpfworten schändlich anfährt' (Eckhardt genauer: ‚grüßt', dazu paßt *misgrētan* ‚to greet amiss, to insult'). *bismor* ‚Schimpf' begegnete bereits Af 35,3 im Zusammenhang mit dem Scheren (§ 82). Aus dem Nomen abgeleitet ist *(ge)bismerian* ‚beschimpfen' (VIII Atr 33 = II Cn 42 B. Northu 29). Zahlreiche Zusammensetzungen mit *bismer* belegt BT.

9. Sittlichkeitsdelikte

9.1 Außereheliches Beilager

§ 84 Die Termini *(ge)hǣman* und *hǣmed(þing)* heißen zunächst einfach ‚beischlafen' und ‚Beischlaf' (bei BT auch heiraten, Heirat), wenn auch der Zusammenhang unserer Texte durchweg eine spezifischere Übersetzung nahelegt (‚Buhlerei', ‚Unzüchtigkeit', ‚außerehelich beiwohnen').

hǣmed begegnet zuerst in den stark kirchlich beeinflußten Bestimmungen von Wi: ... *hæmed rihtan nyllað* ‚Geschlechtsverkehr nicht bessern wollen' (Eckhardt: ‚Gattung vergesetzlichen'; Wi 4), *unriht hæmed* ‚gesetzwidrige [Ehe-]Verbindung' (5.6), in der Wiederaufnahme einfach *hæmed* ‚Verhältnis' (5,1), ähnlich *Be nunna(n) hæmede* ‚von geschlechtlicher Verbindung mit einer Nonne' (Af Rb 8, I Em 4 Rb Ld). *unriht hæmed* begegnet als technischer Begriff ferner V Atr 10 (= VI 11 = I Cn 6,3 hier in einem Wort), VIII Atr 4. I Cn 24., auch adjektivisch *unrihthæmede mæn* ‚ungesetzlich beweibte Männer' (Wi 3, nämlich gegen kanonisches Eheverbot, Gegensatz: *rihtgesamhiwan* ‚rechtmäßige Eheleute' Ine 10).

hǣmedþing ist einerseits *hǣmed* synonym (V Atr 9 = VI 5,1 = I Cn 6,2); in der Überschrift *Be hæmedþingum* (Af 10 B) scheint jedoch das Delikt gemeint (also: ‚Von Hurereien'), ähnlich Af 18: *mid hæmedþinge oððe on hire hrægl oððe on hire briost utan hire leafe gefo* ‚in buhlerischer Weise[33] entweder an ihr [der Nonne] Kleid oder an ihre Brust ohne ihre Erlaubnis faßt'.

Auch bei den Verben *hǣman* ‚sich gatten, beiwohnen' (Af 10. El 12. El 31. I Em 4) und *gehǣman* ‚beschlafen' (Af 11,1 f. II Em 51,1) geht erst aus dem Zusammenhang hervor, daß unerlaubter Beischlaf, Ehebruch (Af 10), Bestialität (El 31) oder Blutschande (*wið swustor* II Cn 51,1) gemeint ist.

Zahlreiche Zusammensetzungen mit *hǣmed* nennt BT, u. a.: *~ ceorl, ~ wīf* ‚married man, woman', *~ gemāna, ~ scipe* ‚marriage', *~ lāc* ‚sexual intercourse'.

§ 85 Neben *(ge)hǣman, hǣmed* begegnen in ungefähr gleicher Bedeutung *(ge)licgan* ‚beischlafen', *forlicgan* ‚beschlafen, beiliegen, huren', *forliger* ‚Hurerei'.

licgan hat diese Nebenbedeutung nur an zwei Stellen (Af El 6: *ne lige ðu dearnenga* ‚liege Du nicht heimlich bei' [Eckhardt] und Af 11,1); *gelicgan*, das nach BT eine ähnlich weite Bedeutungsbreite besitzt, kommt in den Gesetzen nur bei Abt (5mal) in dem genannten Sinne vor; ein spezifischer Terminus für das Delikt ist hingegen *forlicgan* (Af 18,1. Rb 10 EGu 3. 4,1 Northu 63. II Cn 50,1. 53. 53). Das Nomen *forliger* ist erstmals I Em 4 Ld Rb (gemeint: Ehebruch), ferner I Cn 7,1 (*forligru begange*) und VI Atr 28,2 genannt.

legerwīta ‚Strafgeld für unehelichen Beischlaf' erscheint neben *blōdwīte, fihtwīte* nur Hn 23,1. 81,1.

Nur einmal belegt sind *wīflāc* ‚Beischlaf' (II Cn 47) und *midslēapan* ‚beischlafen' (Af El 29); nordisches Lehnwort ist *hōrcwene* (EGu 11. VI Atr 7. II Cn 4. EGu von Q nicht verstanden), vgl. dazu aisl. *hórkona*, adän. *horkunæ* ‚Ehebrecherin'. Das ags. Wort kann ‚Ehebrecherin', aber auch ‚Hure' bedeuten (Liebermann, Komm. 92).

Wir sehen: außerehelicher Beischlaf wird vor allem verbal durch *(ge)hǣman, (ge)licgan, forlicgan,* daneben nominal durch *hæmed(þing)* und *forliger* ausgedrückt. Spezifische Deliktbezeichnungen, in denen das Unerlaubte im Wortsinn ausgedrückt ist, sind: *forlicgan, forliger,* z. T. *hǣmedþing*; im übrigen wird dies durch attributive Ergänzung (*unriht* zu *hǣmed*) oder den eindeutigen Kontext mit dem Verbot der betr. Handlung zum Ausdruck gebracht.

9.2 Ehebruch

§ 86 Zunächst wurde Ehebruch terminologisch nicht aus dem weiteren Bereich des außerehelichen Beischlafs herausgehoben. Die oben genannten Termini schließen vielfach, wie der Kontext erkennen läßt, Ehebruch ein. Erst Mitte des 10. Jh.s wird ein spezifischer Ausdruck für Ehebruch erwähnt: *ǣwbryce* (I Em 4, später V Atr 25 = VI 28,3. I Cn 24. II Cn 24. 50 f.). Eine Neubildung dazu dürfte *ǣwbreca* ‚Ehebrecher' sein (Cn 1020,15. II Cn 6).

[33] Eckhardt übersetzt ‚mit Begattungsabsicht', um den Charakter der Versuchshandlung (s. § 88) zu betonen, jedoch liegt diese Bedeutung nicht im Wort.

Ursprünglich bedeutete *ǣw* ‚Recht, Gesetz', so in unseren Texten bei Hl, Ine, Af. Der Bedeutungswandel zu ‚Ehe' ist auch aus dem Deutschen bekannt.[34]

9.3 Blutschande

§ 87 Der spezifische Ausdruck *sibleger* ‚Blutschande', eigentlich ‚Verwandtenlager', vgl. *forliger* § 86, begegnet in EGu 4 und bei Cnut (Cn 1020,15. II Cn 51).

9.4 Notzucht

§ 88 Technischer Terminus ist *niedhǣmed* (Eckhardt übersetzt ‚Notgattung', gemeint ist ‚erzwungener Beischlaf'): *to niedhæmde geðreatað* (Af 25), *to niedhæmde genede* (Af 25,1) ‚zur Notzucht zwingt', *to niedhæmde geþreatige* ‚zur Notzucht drängt' (Af 26).

Von Alfred werden ferner „zur Notzucht vorbereitende Missetaten" (Liebermann, Gl. 595) genannt: *on cirliscere fæmnan breost gefo* ‚an die Brust einer gemeinfreien Jungfrau faßt' (Af 11, ähnlich 18). Die später zum Text hinzugefügten Rubriken (Rb 11, Rb 18) nennen es *onfenge* ‚Antasten', vielleicht eine Gelegenheitsbildung des betr. Schreibers. Als Versuchshandlung ist auch *oferweorpan* ‚niederwerfen' (*gif he hie oferweorpe 7 ne gehæme* Af 11,1) anzusehen.

9.5 Frauenraub

§ 89 Von Notzucht ist terminologisch Frauenraub geschieden, als technischer Ausdruck dient *niedniman* ‚gewaltsam [zur Frau] nehmen' (VI Atr 39. II Cn 52 f. 73,2). Ähnlich heißt es schon Abt 82: *gif man mægþmon nede genimeþ* ‚wenn jemand eine Jungfrau gewaltsam entführt' (ähnlich Abt 76). *(ge)niman* heißt sonst ‚(weg)nehmen, rauben', so in dem Nomen *niednæm* (Ine 10, s. unten § 98).

10. Eigentumsdelikte

10.1 Diebstahl

§ 90 Diebstahl ist — im Gegensatz zum Raub — durch Heimlichkeit qualifiziert. *æbere þeof* III Eg 7,3 heißt also ‚handhaft gefaßter, nicht offen handelnder Dieb', ebenso *æbere þiefð* II Cn 64 ‚handhafter, unleugbarer Diebstahl', *æt openre þyfðe* ‚bei offenkundigem Diebstahl' II Cn 27. *open þyfð* II Cn 64, (Liebermann, Wb. 220). Objekt des Diebstahls in den Gesetzen sind Fahrhabe (*ceap*), Vieh (*orf, feoh*) und Mensch (Freier oder Sklave).

[34] Dazu J. Weisweiler, Bedeutungsgeschichte, Linguistik und Philologie. Geschichte des ahd. Wortes *euua,* in: Streitberg-Festschrift, Heidelberg 1924, 419—462. Zusammenfassend Verf., Ewa., in: Handwörterbuch zur Deutschen Rechtsgeschichte, hg. v. A. Erler und E. Kaufmann, I. 1027—1030.

Die Bezeichnungen für den Dieb, den Diebstahl, das (Be)stehlen werden im Ags. (wie im übrigen Germ.) von den zwei Stämmen *stel-* und *þēof-* gebildet, wobei zu dem ersten die Verba des Stehlens gehören, zu dem zweiten die Bezeichnung ‚Dieb'. Die Bezeichnungen für den Diebstahl werden sowohl von *stelan* (*stalu*) wie von *þēof* (*þiefð*) abgeleitet.

§ 91 In den Gesetzen begegnen folgende Verba des Stehlens: *stelan, forstelan, bestelan, stalian, gestalian, forstalian, geþēofian; forstelan, stalian, stelan* sind (in dieser Reihenfolge) die gebräuchlichsten.

Das Primärverb *stelan* kommt absolut vor (‚stehlen': Abt 90. Wi 27. Grið 15.17), mit dem Objekt des Bestohlenen (‚jmd. bestehlen, Abt 4.9) und dem Objekt des Gestohlenen (‚etw. stehlen' Af El 25.28): im wesentlichen also in den frühen Quellen bis Ende des 9. Jh.s.

forstelan ist trans. Verb ‚etwas stehlen', es begegnet zuerst Hl 5.7, dann in Af (3mal), häufig bei Ine (11mal) und später vereinzelt bis ins 11. Jh. In der Hälfte der Belege (12mal) erscheint es als Partizipialadjektiv (*forstolen* ‚gestohlen').

stalian, Ableitung zu *stelan* (oder denominal zu *stalu* ‚Diebstahl'?) begegnet stets ohne Objekt (‚stehlen') vom 9. bis 11. Jh. (11mal), zweimal auch erweitert zu *gestalian.*

Reflexiv sind *bestelan* (Ine 39) und *forstalian* (Ine 24. VI As 6,3) ‚sich fortstehlen' (= sich aus Sklavenpflicht wegstehlen), Q versteht diesen Sinn im 11. Jh. nicht mehr (Liebermann, Gl. 350).

Nomen actionis zu *stelan* ist *stalu* (einmal *gestalu*) ‚Diebstahl', das im 10. und 11. Jh. (8mal) belegt ist (zuerst Af Rb 6, Ine Rb 7). Zu *stalu* ist *stæltihtle* (3mal 10. Jh.) zu stellen, zu *stelan* auch *gestala* ‚(Mit)-Stehler', das bereits Ine 25 vorkommt (s. § 43).

geþēofian (zu *þēof*) ‚stehlen' ist nur Af 6, Ine 48 belegt.

§ 92 *þēof* ‚Dieb' gehört zu den häufigst genannten Rechtswörtern in den ags. Gesetzen (rd. 50mal). Mit Ausnahme der kent. Gesetze[35] erwähnen ihn fast alle Stücke, sobald nur von Diebstahl die Rede ist (anders bei Totschlag, s. *bana* ‚Töter' § 53). Am häufigsten wird der Dieb bei Ine genannt, Alfred (9,2) spezifiziert den *bēoþēof* ‚Bienendieb', *goldþēof* ‚Golddieb', *stōdþēof* ‚Gestütsdieb' und *manþēof* ‚Menschendieb'. Liebermann, Wb. 220 glaubt die weitere Bedeutung ‚Verbrecher' für *þēof* bestimmen zu können, doch ich kann keine der genannten Stellen für stichhaltig ansehen. Am ehesten ist solch erweiterter Sinn in *wergeldþēof* (Ine 72. Rb 72) zu sehen. Liebermann übersetzt demgemäß ‚Verbrecher einer in die Strafe der Zahlung eigenen Wergeldes verfällenden Tat'. Doch mag auch allein der Dieb gemeint sein, der sein Wergeld verwirkt hat, so übersetzt Eckhardt ‚Manngeld [schuldiger] Dieb'.

§ 93 *þiefð* (*þēofð, þȳfð,* gelegentlich *þiefðe*) ‚Diebstahl' (demoninale Abstraktbildung mit germ. *-iþō* zu *þēof*) kommt zuerst Wi 25, dann häufig bei

[35] In Abt 4. 9. 90. Hl 5.7, Wi 27 ist die Ausdrucksweise verbal.

Ine (9mal) und durchgehend vom 9. bis 11. Jh. vor (insges. 27mal). Die Bedeutung ‚Diebesgut' erscheint nur IV Eg 2,2 (BT nennt nur diese Stelle).

Auch im Fall von *þīefð* nimmt Liebermann die weitere Bedeutung ‚Verbrechen' an, da Hs. B (Af 22) *eofot* ‚Missetat, Verschuldung' durch *þēofðe* ersetzt. Doch die Folgerung ist nicht zwingend. Der Schreiber verstand das Wort offenbar überhaupt nicht und konjizierte vorsichtig ein lautlich nahestehendes und in den Kontext passendes Wort.

§ 94 Neben *þīefð* ist eine fem. *j*-Ableitung *þīef(e)* zu *þēof* (wie ahd. *diub(i)a*, mnd. *düve*, aisl. *þýfi*, got. *þiubi*) erschließbar. In einer Interlinearversion erscheint *þiof* für furtum (Jud. Dei IV 4,5), das auch BT 1051 einmal bezeugt. Zu *þīefe* ist wohl *þīefefioh* ‚Diebesgut' (Ine 25, 1 Ld) gebildet, das Wort wurde im 11. Jh. (Hs. H, B) durch *forstolen fioh* ersetzt.

Ferner gehören hierher: *þēofstolen* ‚diebisch gestohlen' (3mal 10. Jh.), *þēofscyldig* ‚Diebstahls schuldig' (II Atr 9,3), *þēofwracu* ‚Diebstahlsstrafe' (VI As 1,4) und vielleicht *þēofgield* ‚Strafgeld für Dieb[stahl?]' (I Atr 1,2 = III 4 = II Cn 30,1). Liebermann versieht die Herleitung in Wb. und Übersetzung mit Fragezeichen, tritt aber später (1916) Komm. 72 für sie ein.

Okkasionell begegnen *ofādrīfan* ‚[Vieh] forttreiben' (Af 16), *ætbregdan* ‚[Vieh] wegnehmen' (I As 3 Ld. Swer 3 Rb B), *ætferian* (Swer 3), *ætberan* ‚[Vieh] entwenden' (Grið 17).

10.2 Handhafter Dieb(stahl)

§ 95 Aus diesem Bereich sollen hier nur die unmittelbar mit dem Dieb und seiner Ergreifung auf frischer Tat zusammenhängenden Termini genannt werden, unberücksichtigt bleibt der im engeren Sinne prozessuale Vorgang (vgl. dazu Liebermann, Gl. Anefang S. 279—82).

Vom Ergreifen, Fassen des handhaften Diebes handeln Wi, Af und Ine. Wi 26: *Gif man frigne man æt hæbbendre handa gefo* . . . ‚wenn man einen freien Mann bei handhaftem [Diebstahl] fängt . . .' Ähnlich erscheint *gefōn* in Af, häufig bei Ine (8mal), auch im weiteren Sinne von ‚Einfangen eines flüchtigen Verbrechers' (Af 1,6. 7,1. Ine 72). In den entsprechenden Rubriken begegnet dazu das Nomen *onfeng* (auch *andfenge*) ‚Ergreifung' (s. dazu das Vorkommen des gleichen Verbs und Nomens § 88). In den Charters (Robertson XI, XII, CXX) heißt der entsprechende Terminus *þēoffeng* ‚arrest of thieves' (zuerst um 870).

§ 96 ‚Fassen [gestohlener Fahrhabe, bes. Vieh] im Anefang' heißt *befōn*, zuerst bei Ine und häufig bis ins 11. Jh. Das entsprechende Nomen in einigen Rubriken ist *forefang*, auch *ætfeng* (2mal). Nur in Hs. B Swer 2.4 begegnet *brygdan* (BT 372: *gebryidan*) in gleicher Bedeutung.

§ 97 Wi 26 erscheint zuerst die technische Wendung *æt hæbbendre handa*, frei übersetzt ‚bei handhafter Tat', wörtlich vielleicht ‚bei [das Diebesgut] haltender Hand'. Sie begegnet wieder im 10. Jh. (II As 1. V As Pro 2) und in latinisierter Form: *handhabbenda* für ‚handhafter Dieb' (IV As 6 Q, Hn 3mal). Im 11., 12. Jh. heißt der handhaft gefaßte Dieb *infangenetheof* (Leis Wl, Hn, EC f.), Cn III 48 erwähnt den *utfangen þeof* ‚draußen handhaft gefaßten Dieb'; in einer Urkunde des 12. Jh.s (Robertson, S. 236 ff.) wird der *handfangen þeof* genannt. (Vgl. zu diesen Termini auch OED *infangthief, handfangen, handhabend.*)

10.3 Raub

§ 98 Im Gegensatz zum Diebstahl ist Raub offene, unverheimlichte Wegnahme von Fahrhabe (in Urkunden auch von Landbesitz). Die Mehrzahl der Termini ist vom Stamm *rēaf-* abgeleitet: *rēaf* ‚Raub', dazu *rēafian* ‚rauben', *rēafere* ‚Räuber', *rēaflāc* ‚Raub'.

In den Gesetzen ist das Simplex nicht belegt, nur in *wegrēaf* ‚Straßenraub' (Abt 19. 89) und *wælrēaf* ‚Leichenraub'. Der technische, häufigst gebrauchte Terminus ist *rēaflāc* (zuerst Ine 10, verschiedentlich bis zum 11. Jh., auch in den Charters häufig). Nur okkasionell begegnen *rēafian* ‚berauben', *berēafod* ‚beraubt', *rēafere* ‚Räuber' (alle seit 10. Jh.).

Die Verben *(ge)niman, strūdian* und Ableitungen beziehen sich gleichermaßen auf Raub und Pfändung, dabei überwiegt die letztere Bedeutung in den Gesetzen; *(ge)niman* begegnet nur Abt 28, Af El 28, die Bedeutung von *nīednǣm* (Ine 10) ist nicht eindeutig: Liebermann übersetzt ‚gewaltsame Wegnahme', Eckhardt ‚Notnahme', vielleicht ist es *rēaflāc,* neben dem es aufgeführt ist (*reaflac 7 niednǣme*) synonym (BT 719 verzeichnet ferner: *nīdnimu(ng)* und die Täterbezeichnung *nidnima*).

Nur in einer Aufzählung verschiedener Delikte erscheint *strūdung* ‚Räuberei' (V Atr 25 = VI 28,3), ferner *ungestroden* ‚ungepfändet' (Wi 4,1).

Neben Räubern werden II Cn 7 *riepere* ‚Plünderer' erwähnt, dazu *berīpan* ‚plündern' (Grið 26). Nur in den Northumbrian Gospels erscheint *scēacere* ‚robber' (Clark Hall 291).

Das nord. Lehnwort *rān* ‚Raub' ist zweimal belegt, Leis Wl. 6: *ran, quod Angli dicunt apertam rapinam* und II Cn 61,1 *ran wyrcan* (für nicht verstandenes *samwyrce*), außerdem in der Zusammensetzung *ciricren,* VI Atr 28,3 (s. o. § 80).

§ 99 *wælrēaf* ‚Leichenraub, Totenberaubung' ist in den Gesetzen zuerst in einem nicht näher bestimmbaren Bruchstück (Walreaf) erhalten (*walreaf is niðinges dæde*), später erst in Hn 83.4. 4 a (*weilreif, weilref*) mit aus fränkischem Recht entlehnter Definition. Doch begegnet das Wort in untechnischer Verwendung (‚dem Toten abgenommene Beute') auch in anderen ae. Quellen (BT 1154). ‚Als Sonderbegriff ist *wælreaf* aus Nordischem Recht eingeführt' (Liebermann, Gl. 569, vgl. auch Steenstrup, Danelag 253. 346), darauf deutet die zitierte Stelle mit dem nordischen Lehnwort *nīðing.*

10.4 Sachbeschädigung

§ 100 Erwährt wird Schaden an Land und Acker durch Vieh und Feuer, wozu die allgemeinen, auch für Körperverletzungen gebrauchten Bezeichnungen *æfwerdla* (Ine 40. 42. Af El 27) und *āwierdan, gewierdan* (Af El 26) angewandt werden (vgl. § 22. 61).

Als besonderes Delikt gilt im 12. Jh. *strǣtbryce* ‚Verletzung (bauliche Zerstörung) königlicher Heerstraße' (Hn 10,1. 12,2. 35,2. 80,5).

10.5 Betrug

§ 101 Liebermann, Wb. 66 übersetzt *fācn* mit ‚Böses' und differenziert in ‚schlechte Absicht', ‚Betrügerei', ‚Missetat', ‚Bescholtenheit', ‚Fehl am Vieh'.

Aus den 15 Stellen geht jedoch hervor, daß mit *fācn* durchweg ‚Betrug', ‚betrügerische Absicht' gemeint ist (vgl. schon Wilda, Strafr. 546, Anm. 2: verbergender Wille, Arglist). Diese Bedeutung wird zuerst Abt 77. 77,1 deutlich, wo *(un)fācne* ‚(un)trügerisch' im Zusammenhang mit dem Brautkauf vorkommt. Von der Anklage wegen Betrugs (beim Verkauf) schwört man sich frei mit einer Formel, die Ine 56 angedeutet und Swer 9 überliefert ist: *nyste ic ... ne ful ne facn* ‚nicht kannt ich ... Schlechtigkeit noch Trug [am Verkauften]'. In Zusammenhang mit der Diebstahlsklage begegnet diese Formel erneut: *(fules) ne facnes gewita* (s. auch § 43): IV As 6,3. VI As 1,1. 1,2. II Cn 29. Duns 6,1 (ähnlich Af El 28. I Ew 1,5 Swer 2).

Liebermann übersetzt hier z. T. mit ‚Missetat', was sicher zu allgemein ist, da gerade beim Diebstahl das Leugnen einer (betrügerischen) Verheimlichung gemeint sein dürfte. Solch allgemeinere Bedeutung ist am ehesten beim Gefährdeeid (Af 17. 19,2) zu erkennen, wo sich der Beklagte von jeglicher ‚böser Absicht' freischwört.

Unsicher bleibt die Deutung von *unfacne ceorlas* (Hl 16): sind ‚unbescholtene Männer' (Liebermann) gemeint, also solche, die bisher betrügerischer Handlungen nicht geziehen wurden?

Konkretisiert erscheint der Sinn von *fācn* in *unfācne feo* ‚makellose Fahrhabe' (Abt 30), eigentlich ‚untrügerische Fahrhabe'.

Aus dieser Stelle (und Ine 56) gewinnt Eckhardt die Übersetzung ‚Fehl(er), Verfehlung' für *fācn*, die er an allen Stellen gebraucht und dadurch den Sinn des Wortes eher verdunkelt als klärt.

Die von BT angeführten Stellen und weiteren Ableitungen unterstützen die hier skizzierte Bedeutung von *fācn*.

§ 102 Die gebräuchlichsten ae. Ausdrücke dieses Bereichs sind vom Stamm *swic-* gebildet. [BT: *(be)swic, swicdōm, swicung* ‚Betrug', *(be)swica, manswica* ‚Betrüger', *(be)swīcan* ‚betrügen', *swice, swicful, swicol(lic)* ‚betrügerisch', u. a. m.]. Aus den Gesetzen ist besonders die Formel *butan bræde 7 (bi)swice* ‚ohne List und Tücke' (I Ew 1,5. Swer 2) interessant, in der der Kläger beim Anefang seinerseits betrügerische Absicht leugnet. Außerdem belegt die Formel eine kentische Schenkungsurkunde v. J. 858 (Robertson, Charters Nr. IX). *brægd* (auch II Cn 24,3) scheint hier *biswic* synonym zu sein, es ist in übrigen ae. Quellen selten (dazu BT 119, T 103; vgl. an. *bragð*? s. OED braid). Zu *searo* s. u. § 112.

10.6 Münzfälschung

§ 103 Fälschung von Gewichten und Münzen wird durch das lat. Lehnwort *fals* (aus *falsus*) ausgedrückt: *fals feoh* ‚Falschgeld' (III Atr 8), *fals gewihte* ‚unrichtiges Gewicht' (V Atr 24 = VI 28,2. Episc. 6). Nominal heißt *fals* ‚Fälschung' (VI Atr 32,1. II Cn 8 ff. *fals gewyrcan*). Episc. 7 f. (Bischofspflicht, 1. Hälfte 11 Jh.) kennt auch die allgemeinere Bedeutung ‚Trug', für die BT zwei weitere Stellen aus kirchlicher Literatur anführt. Vor 1000 scheint *fals* nicht bekannt, da an früherer Stelle (II As 14,1) für Münzfälschung die Bezeichnungen *fūl* und *fācn* gebraucht werden.

10.7 Brandstiftung

§ 104 Der Terminus *bærnet* ‚Brandstiftung' (zu *bærnan* ‚verbrennen, anzünden') begegnet im 11. Jh. in Aufzählung verschiedener unbüßbarer Missetaten (II Cn 64, Hn 12.1 a. 47). Die Tat steht, da Feuer als unehrliches Mittel gilt, neben Hausbruch, Diebstahl, Mord und Herrenverrat. Ein geringeres Delikt, Feuerverwahrlosung, nennen Af 12, El 27 und Ine 43 [Wald, Holz *(for)bærnan* ‚verbrennen'], die Rubriken schreiben dafür *wudubærnet* (Ine Rb 43) und *wuda bærnet* (Af Rb 12).

Neben Mördern und Bluträchern werden die Brandstifter aufgeführt, und zwar an zwei Stellen des 10. Jh.s: II As 6,2 und in einem (vielleicht auch Aethelstan zugehörigen) Gesetzesbruchstück. Der Terminus ist *blæsere* (vgl. ae. *blæse* ‚Feuerbrand, Fackel', *blæs* ‚Blasen'), daneben steht in anderen Hss. *blysiere* (H), *blisgere* (Ld. So) [vgl. *blysa*, *blysige* ‚Feuerbrand, Fackel', *blysian* ‚(an)brennen']. Spätere Bearbeiter mißverstanden den Terminus (Con Cn, Ld. am Rande).

11. Heimsuchung

§ 105 Liebermann, Gl. 504 definiert: „Der Rächer, der Genugtuung vergeblich gefordert hat, übt in gerechter Selbsthilfe, wozu er Beistand vom Staat (ealdorman oder König) erbitten kann, mit bewaffnetem Gefolge Fehde (*fǣhðu*) gegen den Verletzer, indem er ihn in dessen Haus belagert. Erst nach 7 Tagen darf er ihn drinnen blutig angreifen und bei Widerstand sofort, bei dessen Ergebung aber, nachdem er ihn 30 Tage der Sippe vergeblich zur Auslösung anbot, erschlagen." Heimsuchung ist also zunächst keine Missetat, doch erscheint sie also solche (unerlaubte oder mittlerweile verbotene) ausschließlich in den Gesetzen. Als technischer Terminus gilt *hāmsōcn*, ein nordisches Lehnwort[36] (vgl. adän. *hemæsokn*, aschw. *hemsokn*, anorw. *heimsókn*), das zuerst II Em 6 (943/46), dann IV Atr 4 (*h. sine licentia!*) belegt ist. Cnut erwähnt *hāmsōcn* dreimal (II Cn 12. 15. 62), häufig taucht der Terminus in den Leges Henrici (besonders 80, 9 b—11) auch in ags. Charters (Robertson XIII neben *forsteall*, 871/77?, s. oben § 78 und im 12. Jh.) auf.

Verdeutlichend wird In Cn III 49 (Anfg. 12. Jh.) *rihthamsocn* ‚völlig wirkliche invasio domus vel curiae' gegen infecta invasio (*unworhte hamsocne* In Cn III 58,1) hervorgehoben (vgl. auch *rihthanddǣda* § 41).

Hn 80, 11 a wird *hamfare* der *hāmsōcn* gleichgesetzt, dieser Terminus (auch Leis Wl 2) stammt aus normannischem Recht. (Vgl. aus dem Weisthum des Herzogsrechts zu Caen, 1091: *nulli licuit in Normannia hanfara facere; heimfare* — neben *forsteal* — auch im Domesday Book, s. Liebermann, I 597.)

12. Zauberei und Giftmischerei

§ 106 Zauberei ist in den Gesetzen nicht als näher erkennbares Delikt dargestellt. Alle diesbezüglichen Stellen enthalten Aufzählungen verschiedener Missetaten oder Übeltäter und nennen zumeist Mord, Meineid, Ehebruch und ähnliche todeswürdige Verbrechen in einem Zuge.

Bereits Alfred verbietet in seiner homiletischen Einleitung (Af EL 30): *gealdorcræftigan 7 scinlæcan 7 wiccan* ‚Beschwörer, Magier und Zauberer' ins Haus aufzunehmen. EGu 11 wird geboten, *wiccan oððe wigleras* ‚Zauberer oder Wahrsager' (neben Mördern, Meineidigen, Huren) aus dem Lande zu vertreiben; ähnlich VI Atr 7, II Cn 5,1. Cn 1020,15 Jud. Dei IV 2. VIII 2,2, wobei ferner *scinlāc* ‚Zauberei', *scincræft* ‚Zauberkunst', *uncræft* ‚böse Künste', *wiccecræft* ‚Hexenkunst', *wælcyrian* ‚Zauberinnen', *wiccean* ‚Hexen(meister)' erwähnt werden.

Verschiedentlich wird in späterer lat. Übersetzung *venefici* für *morðwyrhta, wiccan* gesetzt. Auch *lybblāc* (I Em 6, II As 6) hat die Doppelbedeutung ‚Zauberei' und ‚Giftmischerei' (zu *lybb* ‚medicine, drug, poison'). Beides wurde offenbar als e i n Verbrechen angesehen (Liebermann, Gl. 474, 742). Näheres zu dieser Terminologie, die nur am Rande unseres Themas liegt, bei M. Brie, Ags. Bezeichnungen für Zauberei (= Engl. Studien 41), 1909.

13. Meineid

§ 107 Als technische Bezeichnung begegnet zuerst *mǣne āð* ‚falscher Eid' (Ine 35,1, später: VIII Atr 27 = I Cn 5,3. II Cn 36). Zu *mǣne* vermerkt BT 659: ‚the word however occurs most often in reference to oaths'. Hier liegt also eine stehende Verbindung vor. Ähnlich ist *unmǣne* bezeugt: *að clæne 7 unmæne* ‚reiner und nicht falscher Eid' (Swer 6, vgl. Brunner, RG. [2]II 434: ‚rein und unmein' ist gemeingermanisch).

[36] Steenstrup, Danelag, 348 ff.

Die Zusammensetzung *mānāð* ‚Meineid' ist nur einmal (II As 26) bezeugt, auch BT nennt sie nur an einer weiteren Stelle.

Daneben dienten als termini technici *mānswerian* ‚falsch schwören' (I Em 6, I Ew 3 Ld) und daraus abgeleitet *mānswaru* ‚Meineid' (V Atr 25 = VI 28,2) und *mānswara* ‚Meineidiger'. Die letztgenannte Bezeichnung erscheint bereits im 7. Jh. (Hl 11: *gif man ... manswara hateþ* ‚wenn einer Meineidiger heißt'), und häufig im 10., 11 Jh. von Edward bis Cnut.

Nur in EGu 3 ist die Bedeutung ‚falsch schwören' von *forswerian* belegt, das auch sonst selten ist im Ae. Übersieht man alle Ableitungen und Zusammensetzungen von *mān* in den Gesetzen (vgl. oben § 18), so ergibt sich, daß eine technische Bedeutung nur im Bereich des Meineids, des falschen Schwörens besteht.

14. Verleumdung

§ 108 Verleumdung erscheint in den Gesetzen als wissentlich falsche Beschuldigung vor Gericht. *lēas gewitness* ‚falsches Zeugnis' ist zunächst in der Übersetzung aus dem Dekalog (Af El 8) belegt, begegnet jedoch später bei Aethelred und Cnut auch im Zusammenhang des Prozeßgangs. Die Öffentlichkeit (vor Gericht) wird in *folclēasung* ‚öffentliche Verleumdung' betont.

Im übrigen heißt ‚falsche Aussage machen' (neben Meineid s. 13.) *gelēogan*, *ālēogan* (Ine 13), letzteres auch ‚Zeugnis verweigern'. Verleumdung wird geleugnet im sog. Klageeid (Eid vor der Anklage, Voreid) mit der Swer 4 überlieferten Formel: *ne te ic N ne for hete ne for hole, ne for unrichtre feohgyrnesse* ‚nicht bezichtige ich N aus Haß oder Verleumdung oder aus ungerechter Geldgier'. Das Paar *hete 7 hōle* kennt auch Wulfstan (BT 557, T 549). Im übrigen ist *hōl* nur wenige Male belegt und im Ags. isoliert (T vergleicht aisl. *hól* ‚flattery, boasting'?).

15. Bestechung

§ 109 In den Gesetzen ist stets Bestechung des Richters gemeint, wodurch eine Partei unzulässig benachteiligt wird. Technischer Ausdruck ist *mēdsceat* ‚Bestechung', meist im Pl. ‚Lohngelder', zuerst bei Alfred (Af El 46), dann im 10. Jh. (II As 17. V 1,3. II Em 4) und häufig in Judex (Richterpflicht 980/1050). In übrigen Quellen heißt *mēdsceat* ‚payment in reward of service done' (BT 675 f.).

Nur einmal ist in den Gesetzen das synonyme *feohfang* belegt (II Em 15,1), auch in einer Urkunde v. J. 1068 (Liebermann, Gl. 307). Vielleicht ist das Wort anorweg. *féfang* ‚erhverv, vinding' (NGL) zu vergleichen.

Auf Bestechung nimmt die Formel in Swer 8 Bezug, wo der als Zeuge (beim Viehverkauf) Hinzugezogene schwört: *swa ec her N on soðre gewitnesse stande unabeden 7 ungeboht to* ‚so stehe ich hier [bei] dem N, in wahrer Zeugenschaft, unaufgefordert und nicht dazu gekauft' (*ungeboht* zu *gebycgan* ‚kaufen'). Vgl. dazu die Wendung *abiddan oððe gebidgan* in den Ags. Annalen (Liebermann, Komm. 235).

16. Ungehorsam

§ 110 Zuerst in den Gesetzen Edwards und häufig im 10., 11. Jh. begegnet *overhierness* ‚Geldstrafe für Übertretung obrigkeitlichen Befehls' (daher stets *cyninges overhierness*, zu *oferhieran* ‚disobey', *oferhiere* adj. ‚disobedient'). Die so bezeichnete Geldstrafe gilt für zahlreiche Delikte, die Lb. Gl. 697 f. anführt.

In den lat. Übersetzungen von Q und Hn (12. Jh.) steht dafür gleichbedeutend *overseunessa* (zu *oferseon* ‚verachten'), auch im weiteren Sinne von ‚Bruch jeglichen persönlichen Sonderfriedens (der einst *borg, frið, mund, grið* geheißen hatte)' (Liebermann, Wb. 169).

17. Versäumnis

§ 111 Bestraft wird Gerichtsversäumnis (Liebermann, Gl. 464) und Heeresversäumnis (Gl. 499 f.). Der allgemeine Terminus für ‚versäumen' ist *forsittan* (Taufe: Wi 6; Wehrpflicht, Heer: Ine 51. II Cn 65; verschiedene Rechtspflichten: II As 20, VI 8,5. I Atr 4,3. II Cn 29,1. 33,2); daneben begegnet *oferhebban* ‚(Rechtspflicht) vernachlässigen' (II Ew 5.8. V As Pro 3, VI 8,5) und *oferhealdan* im gleichen Sinn (As Alm 2 Ld).

forbūgan allg. ‚unterlassen, vernachlässigen' hat in den Gesetzen den spezifischen Sinn von ‚widerrechtlich zu befolgen unterlassen' (*geban* ‚Vorladung': Northu 4. 6; *sinoð* ‚Synode': 44; *gemot* ‚Gerichtsversammlung': III Eg 7; = II Cn 25; *riht* ‚Rechtserfüllung': Hu 6; *ordal*: I Atr 1,7. III 4,1. II Cn 30,6. ähnlich *forfleon* ‚fliehend vermeiden': III Atr 6,2).

Die Strafe für Heeresversäumnis heißt *fierdwīte* (Ine 51, zu *fierd* ‚Heerfahrt, Heeresdienst'), damit wird zugleich in Aufzählung verschiedener Delikte das ‚Heeresversäumnis' bezeichnet (II Cn 12. 15. In Cn III 46), an einer Stelle (II Cn 12 A G) steht dafür *fyrdung*, sonst ‚Landwehrstellung, -rüstung'.

18. Herrenverrat

§ 112 Die im Ae. durch Ableitung und Zusammensetzung reich entwickelte Wortsippe von *searu* ‚Betrug, Verrat' ist in den Gesetzen nur in ganz spezifischer Weise bezeugt. *searo, (ymbe)sierwan* und *sierwung* beziehen sich in den strafrechtlichen Bestimmungen ausschließlich auf Herrenverrat (Liebermann, Gl. 517 f.) d. h. die verräterische Nachstellung gegenüber dem Herren *(cyning, hlāford)* mit der Absicht diesen zu töten. Das Delikt gilt als schwerstes, unbüßbares Verbrechen.

Der technische Terminus ist *hlāfordsearo* (Af El 49,7. Af 1,1. Af Rb 4. II As 4. III EG 7,3 = II Cn 26), an anderen Stellen heißt es verbal *sierwan ymbe feorh cyninges, hlafordes* ‚dem Leben des Königs, Herrn nachstellen' (Af 4. 4,2. V Atr 30 = VI 37 = II Cn 57) auch *ymbsierwan* (Af El 13). Alfred verbietet daneben *searo* auch gegen den Nächsten (El! 13).

Den allgemeinen Sinn von ‚Trug' hat *searo* nur Northu 40: *gif preost searwað*[37] *bewinde* ‚wenn ein Priester mit Trug dies [das Ordal] umgibt'. (Zur Verbindung von ‚List' mit Ausdrücken des Bindens, Flechtens s. Liebermann, Komm. 224).

Im 11. Jh. modernisiert ist *sierwung* für *searo* (Af El 13 H, II Cn 57 B) und *hlāfordswice* für *hlāfordsearo* (Af Rb 4 H), letzteres begegnet auch II Cn 64 und Hn 12,1 a. Ähnlich setzt die Überschrift in Hs. B zu Af 4: *Be cyninges swicdome* (vgl. § 102).

19. Widerstand

§ 113 Bei Widerstand gegen die Staatsgewalt (*gean Godes ryht oððe cyninges*) darf der Täter bußlos erschlagen werden. Der Terminus für ‚Widerstand leisten' ist *geandbyrdan* (EGu 6,7. daraus V Atr 31,1 = VI 38. II Cn 48,3); an früherer Stelle (Ine 76,2) hat es den allgemeineren Sinn von ‚losschlagen, angreifen'. Vermutlich ist hier der Widerstand gegen eine kirchliche Vorschrift gemeint, wie ähnlich EGu 6,5: *gif he wigie* ... ‚wenn er kämpft [gegen den Kirchensteuer-Eintreiber]', ähnlich II Cn 48: *mid wige* ... *forwyrne* ‚unter Kampf ... [gegen kirchliche Gerechtsame] verweigert'. Zu *geandbyrdan* ist *andbyrdness* ‚Widerstand' (IV Eg 14) gebildet, synonym ist *wiðercwide* (zu *wiðercweþan*, vgl. ahd. *widarqueta*).

20. Rechtsweigerung

§ 114 Liebermann, Gl. 628 definiert den Begriff: ‚Nicht-Erfüllung klägerischer Aufforderung zur Einlassung in den Prozeß oder Unterlassung der Urteilserfüllung'. Als technischer Ausdruck dient *(for)wiernan* ‚(ver)weigern', das im Ae. auch die weitere Bedeutung von ‚hindern, verleugnen u. ä.' hat. Am häufigsten begegnet die Wendung: *oðrum rihtes (for)wiernan* ‚dem anderen [Kläger] Recht(sgang) (ver)weigern': I Ew 2.2,1. II 1. 1,2. II As 3. VI 8,2; daneben Taufe, Beichte: EGu 2,2. 5 = II Cn 44 f. Northu 8; kirchliche Gerechtsame: EGu 6,4. = II Cn 48, Bürgen: Hl 9; Beistand zum Recht: Northu 32. Nur einmal wird in einer Überschrift (II As 3: *Be ryhtes wærnunge*) das Nomen gebraucht.

21. Schutzbruch

§ 115 Die Termini dieses Bereichs können hier nicht in ihrem Rechtsgehalt dargestellt werden. Die zugrunde liegenden Begriffe *borg, mund, frið, grið* sind im Ags. vielschichtig und überschneiden sich häufig. Sie sind aufs engste mit der Ausbildung der königlichen, regionalen und kirchlichen Gewalt ver-

[37] Liebermann, Text 382 und Wb. 193 erklärt *searwaþ* als *searw[a?] þ[æt]* oder *searw[e] að*.

bunden und darum zeitlich wie regional differenziert. (Einen Eindruck davon geben die Artikel in Liebermanns Glossar, s. besonders unter Schutz S. 641 ff.).[38]

Für den ‚Bruch des vom König ausgehenden allgemeinen oder von ihm, von einem Bischof einem Herrn erteilten besonderes Schutzes' stehen die Termini *borgbryce, mundbryce, griðbryce;* daneben aber auch die Bezeichnungen für den Schutz selbst: *mund, borg, grið, frið.* Die Bezeichnungen für Verletzung eines Schutzes sind zugleich Termini für Strafe, Strafgeldfixum für diese Verletzung.

borgbryce heißt teils ‚Bürgschaftsbruch' (Ine 31. Af 1,8) teils ‚Verletzung zugesicherten Schutzes' (Af Rb 3. II Cn 58 B, Hn 10,1. 12,2. Af 3: *borges bryce*). Der Terminus war im 11. Jh. gänzlich veraltet, so daß dafür mehrfach *burgbryce* gesetzt wurde. Grið 11 ersetzt es durch *mundbryce.* Über gewisse inhaltliche Verschiedenheit von *borg-* und *mundbryce* s. Liebermann, Gl. ‚Schutz', S. 642. *mundbryce* erscheint in dreifacher Bedeutung: 1. ‚Verletzung des Königsfriedens, der öffentlichen Sicherheit' (II Em 6 neben *hamsocn*), 2. als *cyninges mundbryce* ‚Strafgeldfixum' für (1) (VI Atr 34 = *mund.* VIII 3. II Cn 12. 42. Grið 6. 11.), 3. in weiterem Sinne von ‚Verletzung der vom (Erz)bischof, Prinz, Graf, Thegn, Herrn, ausgehenden Schutzgewalt' (I Cn 3,2. Grið 6.11 in Hs. Ld So zu Af 3. 5. für *mundbyrd*).

griðbryce (zu nord. Lehnwort *grið*) steht seit dem 11. Jh. für ‚Bruch des Sonderfriedens des Königs oder einer Kirche' (VIII Atr 4,1. 5,1. II Cn 15. 61. häufig in Hn). *mund* und *grið* unterscheiden sich inhaltlich nur gering (‚Schutz' — ‚Sonderschutz', vgl. Liebermann, Gl. 642), im allgemeinen galt *grið* für die Denalagu, *mund* für Südengland.

Zur Charakteristik und Entwicklung der ags. Rechtsterminologie

§ 116 Die Darstellung eines Teilbereichs der ags. Rechtsterminologie auf der Grundlage der Gesetze des 7. bis 11. Jh.s dient zunächst der Feststellung der technischen Terminologie, um für einen Vergleich mit der Rechtssprache anderer germ. Dialekte eine sichere Grundlage zu gewinnen. Darüber hinaus wurden verschiedene Beobachtungen gemacht bezüglich der Eigenart der ags. Rechtsterminologie und ihrer Entwicklung. Diese sollen im folgenden kurz zusammengefaßt werden.

§ 117 Wie einleitend § 12 vermerkt, wurde bei der Darstellung der Terminologie darauf geachtet, in welchem Maß die einzelnen Wörter technischen

[38] Die mit Schutz und Frieden und deren Verletzung zusammenhängenden Fragen haben die historische und rechtsgeschichtliche Forschung seit ihren Anfängen außerordentlich beschäftigt. Lange baute sie, besonders in Deutschland, auf den Ergebnissen Wildas (Strafrecht der Germanen, 1842), neuere Ergebnisse aus den skandinavischen Ländern wurden bis heute nur ungenügend berücksichtigt. (Dazu L. L. Hammerich, Was ist Germanische Rechtsgeschichte?). Erst K. von See (Altnordische Rechtswörter, 1964) verwertet sie gebührend und gibt eine neue, von den nordischen Quellen ausgehende Darstellung dieses Bereichs (Kap. 4, 139—173: ‚Recht und Friede').

Charakter besitzen. Aufgenommen in die Untersuchung wurden zunächst alle Wörter und Wendungen, die auf rechtliche Verhältnisse, hier die strafbaren Handlungen, Bezug nehmen. Ob ein Wort oder Ausdruck im engeren Sinne technischen Charakter hat, kann auf verschiedene Weise erschlossen werden.

1. Ein eindeutiges Indiz ist das häufige Vorkommen eines Wortes in gleicher Bedeutung, d. h. unter Bezug auf stets denselben Tatbestand.

2. Wichtig ist in jedem Fall der Kontext: bietet er rechtliche Bestimmungen, Verbote, Strafgeldsätze u. ä., so dürften die vorkommenden Bezeichnungen technisch sein. Dies gilt auch für Aufzählungen von Delikten, die summarisch verboten und unter Strafe gestellt werden. Hingegen findet man in mehr religiösen und allgemeinen Ermahnungen (z. B. Alfreds Einleitung) vielfach untechnische Begriffe.

3. Darüber hinaus kann über den technischen Charakter eines Wortes der Vergleich mit seiner Verwendung in der Gemeinsprache, hier den übrigen ae. poetischen, annalistischen und religiösen Texten Aufschluß geben. Dabei ist zu beobachten, daß in den Gesetzen durchweg nur eine oder wenige von verschiedenen sonst bezeugten Bedeutungen eines Wortes vorkommt; nicht selten ist die rechtliche Bedeutung sonst gar nicht belegt wie bei *wælrēaf, hāmsōcn, hǣmed, dǣd.* Nicht wenige Wörter begegnen überdies ausschließlich in den Gesetzen, teils weil die bezeichnete Sache sonst nicht vorkommt, teils weil sich hier wie in jeder Fachsprache älterer Wortschatz konservativ erhalten hat.

Der Vergleich mit den Belegen bei Bosworth—Toller zeigte ferner, daß die Rechtssprache die Variante, das Synonym meidet. Von den häufigen ae. Bezeichnungen z. B. für die Missetat oder den Totschlag kommt in den Gesetzen nur ein Bruchteil vor. Vielfach ist eine Wortfamilie in der übrigen Literatur weiter ausgebaut als in der Rechtssprache. Dem Reichtum der Gemeinsprache an Ableitungen und vor allem Zusammensetzungen steht eine Beschränkung der Rechtssprache auf wenige Termini gegenüber.

Im einzelnen konnte hier ein tiefergehender Vergleich nicht durchgeführt werden. Doch mag ein solcher lohnend sein, besonders was das Verhältnis von Rechts- und religiöser Sprache anlangt. An einigen Stellen (*misdǣd* § 15, *mān* § 18, *riht—unriht* § 24, *firen* § 19, *yfel* (*gedōn*) § 28) wurde dieser Punkt berührt.

Im 11. Jh. ist der enge Zusammenhang mit der kirchlich-homiletischen Literatur offenbar. Die Rechtstexte scheinen durch diese Verbindung an juristischer Präzision verloren zu haben. Doch mit solchem Verdikt, wie es Liebermann immer wieder ausspricht, kann sich der Sprachforscher nicht begnügen. Für ihn ist die wechselseitige Befruchtung von Rechtssprache und christlich-religiöser Sprache das Zeugnis einer Kulturbewegung, die den Wortschatz aller germanischen Sprachen entscheidend geprägt hat.

4. Unter den technischen Bezeichnungen sind zwei Kategorien zu unterscheiden: solche, die nur innerhalb des rechtlichen Kontextes technischen Charakter haben — und etwa in anderen Zusammenhängen anders zu übersetzen wären — und solche, die stets spezifische Rechtswörter sind. Zur letztgenannten

Gruppe zählen z. B. *þēof, þiefð, wlitewamm, feaxfang, lahslit,* zur ersteren die Mehrzahl der behandelten Wörter wie etwa *hǣman, feormian, gewyrcan, slege, hȳd.*

§ 118 Überblickt man die reiche im 7. Jh. einsetzende und seit dem Ende des 9. Jh.s kontinuierlich bis ins 12. Jh. reichende ags. Rechtsliteratur und vergleicht sie mit der anderer germanischer Stämme und Völker, so mag man erwarten, daß, wenn irgendwo, dann hier die Entwicklung des Rechts und der Rechtssprache dargestellt werden kann. Dies ist jedoch nur in begrenztem Maße der Fall, vor allem deshalb, weil die einzelnen Gesetze z. T. sehr verschiedenen Rechtsstoff bieten; keins von ihnen behandelt etwa alle in den Gesetzen insgesamt erwähnten strafbaren Handlungen. Dies hat zunächst wohl seinen Grund darin, daß bestimmte Delikte erst in späterer Zeit möglich oder relevant wurden (Heimsuchung, Münzfälschung, Ungehorsam). Außerdem muß man für jene Zeit annehmen, daß neben dem kodifizierten auch in großem Maße Gewohnheitsrecht fortlebte, das der Aufzeichnung nicht für bedürftig erachtet wurde. Ferner wurden wohl manche Delikte deshalb in Gesetzen z. B. des 10. Jh.s nicht genannt, weil sie in Alfreds *dōmbōc* bereits behandelt waren und man dieses in der Rechtssprechung benutzte. Darüber hinaus muß — und dies ist entwicklungsgeschichtlich interessant — angenommen werden, daß durch eine unterschiedliche Gliederung strafrechtlicher Tatbestände (besonders im Bereich der Körperverletzungen) teils in frühen Gesetzen gemachte Unterscheidungen später hinfällig und teils neue Differenzierungen (Mord—Totschlag, Fahrlässigkeit, Beihilfe) eingeführt wurden.

Sowohl die Entwicklung der ags. Rechtsterminologie, soweit sie überhaupt faßbar ist, wie auch die eben angeführten rechtlichen Tendenzen, lassen sich übersichtsweise aus der folgenden chronologisch und sachlich gegliederten Übersicht der wichtigsten Termini ablesen. Verzeichnet ist stets das erste Auftreten eines Rechtswortes unter Verweis auf den § der Darstellung. Gesperrt sind die geläufigsten, fett gesetzt die nur einmal belegten Termini.

Zur Auswertung muß darauf hingewiesen werden, daß die Aufstellung nur das erste Auftreten des betr. Wortes verzeichnet, damit ist nicht immer — wenn auch zumeist — gesagt, daß hier auch der rechtliche Tatbestand zum ersten Mal genannt ist. Gelegentlich wird dieser bereits früher in untechnischer Weise erwähnt oder kann aus gewissen Zusammenhängen erschlossen werden. Vergleiche hierzu die Einleitungen Liebermanns zu den einzelnen Stücken sowie das Sachglossar. Die Chronologie der Rechtswörter sagt nur etwas über die uns überlieferte terminologische Fixierung der betreffenden Delikte. Daß bei der unvollständigen Repräsentanz der einzelnen Quellen für die Rechtsterminologie insgesamt dabei auch manches Wort nur zufällig spät erscheint, versteht sich.

§ 119 Abt: 1. *lyso, yfel* § 14, *scyldig, synnig* § 21, *gedōn* § 28; 4: **beberan** § 44; 5. *ofslēan* § 49, *bana* § 53; 6. *āwierdan* § 22, **sceard** § 62, **wlitewamm** § 66, **cearwund,** *(þurh)þyrel* § 67,

(sweart) dynt § 68, *(—)dōn, (—) ceorfan, -slēan* § 70, *of* § 71, *weorðan* § 72, **bānes blice, bānes bite** § 73, *healt, gelæmed* § 74; 7. **feaxfang** § 77, **edorbrecþ** § 79, *gebindan* § 81; 9. *gelicgan* § 85; 10. *stelan* § 91, **wegrēaf,** *geniman* § 99, *fācn* § 101.

Hl: 2. *undearnunga* § 36; 4. *feormian, fēdan* § 46, *mete* § 47; 7. **bregdan** § 76; 8. **bismorword** § 83; 10. *forstelan* § 91; 13. *mānswara* § 107; 20. *forwiernan* § 114.

Wi: 5. *(ā)cwellan* § 50; *licgan* § 55; 6. *swingan* § 68; 9. *(unriht)-hǣmed* § 84; 10. *þiefð* § 93, *gefōn* § 96, *hæbbendre handa* § 98; 17. *forsittan* § 111.

Ine: 1. *-bryce* § 23, *(wer)fæhðe, gefāh, wracu* § 27, *dōn* § 28; 2. *diernan, dierne* § 36, **yppe,** *open* § 37; 4. *gewita,* **gestala** § 43, *(on)lǣnan* § 44, *flīemanfeorm, frymð* § 46, *hlōð* § 48; 5. *(—)slege, (—)sliehT* § 51; 6. *(ge)feoht-(an)* § 59, **swinge(l),** *hȳd* § 68; 7. *bend* § 81; 10. *bestelan, geþēofian* § 91, *þēof* § 92, *þīef(e)* § 94, *befōn* § 96, *rēaflāc, nīenǣm* § 99, *bærnet* § 104; 13. *mǣne āð* § 107, *ā-, gelēogan* § 108; 17. *fierdwite* § 111; 19. *geand-byrdan* § 113; 21. *borgbryce* § 115.

Af: 1. *dǣd, misdǣd,* § 15, *gylt, eofot* § 21; *gewyrht, -wyrhta, gederian, sceððan, (ge)sceaðian, (ā)brecan, (ge)fremman,* **gelimpan** § 22, **unriht** (sb.) § 24, *wōh* § 26; *orwīge* § 27, *(ge)-wyrcan, forwyrcan* § 29; 2. *(un)gewilles, (un)ge-weald(es)* § 32, *gīemelēas* § 33, *pleoh* § 35, *nīedes, nīeddǣda* § 39; 4. *fultum* § 45; 5. *slaga* § 52, *licgan orgilde* § 55, *morð* § 56; 6. *æfwerdla,* **æfwerdelsa,** *gewierdan, wierdung, (ge)yflian* § 22, **feaxwund, hrif-, þurhwund,** *gewundian* § 63, **dolgbōte** § 64, *lǣl,* **beswingan** § 68, **forod** § 73; 7. **gebregdan** § 76, *edorbryce* § 79, *burgbryce* § 80, **byndelle** § 81, *besciran,* **homola** § 82; 9. *hǣmedþing* § 84, *(ge)hǣman, forlicgan* § 85, *nīedhǣmed* § 88; 10. *(ge)stalian, stalu* (Rb) § 91, *onfeng* § 96; 13. *lēas* § 108; 15. *mēdsceat* § 109; 16. *hlāfordsearo, (ymb)sier-wan* § 112.

EGu: 1. *wierdan* § 22, *lahslit, ūtlah* § 25; 2. **ǣbǣre** § 38; 4. *be dihte* § 42; 5. **forrǣdan** § 22, **dīedan,** *āfiellan* § 50; 6. *sār* § 65, *unwemme* § 66, **limlǣweo,** *lama* § 74; 9. *hōrcwene* § 85, *sibleger* § 87; 13. **forswerian** § 107; 19. **wīgian** § 113.

Duns: 4. *midwist, gewyrhta* § 43.

Northu: 1. *hearmian* § 22; 6. **wyndla** § 22; 8. *(ge)bismerian* § 83; 17. *forbūgan* § 111.

Ew: 1. *fūl* (sb.) § 20; 5. **(ā)lecgan** § 50; 10. *biswic* § 102; 17. *oferhebban* § 111.

As: 1. *ǣhliep* § 27; 7. *ciricbryce* § 80; 10. *handhabbenda* § 98; *blæsere* § 104; 13. *mānāð* § 107; 16 *overhīerness* § 110.

Em: 4. **(riht)handdǣda** § 41, *fylst(an)* § 45; 6. *fihtwīte* § 59, *blōdgēote, (ā)gēotan* § 60; 7. *forsteall* § 78; 9. *ǣwbryce* § 86, *forliger* § 89; 11. *hāmsōcn* § 105; 12. *lybblāc* § 106; 13. *mānswerian* § 107; 15. **feohfang** § 109; 21. *mundbryce* § 119.

Eg: 1. *hearm* § 22; 2. *unþances* § 32; 19. *andbyrdness* § 113.

Atr: 1. **-weorc** § 16, **lagbryce** § 23, *-lag-* § 25; 4. **dǣdbana, rǣdbana,** *rǣd* § 41; 5. **i ungildan ækere** § 55; 6. **gewemman** § 66; 9. *nīedniman* § 89; 10. **ciricrēn** § 80, **strūdung** § 99, *fals* § 103; 13. *mānswaru* § 107; 21. *griðbryce* § 115.

Cn: 1. *weorc* § 16, **ful- sāmwyrcan, fulbrecan** § 23; 4. *healdan, hebban* § 47; 7. *hūsbryce* § 80; *9. wīflāc § 85, ǣwbreca* § 86; 10. *rīepere* § 99, *rān* § 99; 18. *hlāfordswice* § 112; 19. *wīg* § 113.

Hn: 6. *blōdwīte* § 60; 7. **hǣrgripa** § 77, **pundbreche** § 79; 9. **legerwita** § 85; 10. *infangenþēof* § 98, *wælrēaf* § 99, *strǣtbryce* § 100; 11. **hāmfare** § 105; 16. *overseunessa* § 110.

Leis Wl: 6. *sārbōt* § 65.

Had: 1. **ful- sāmbryce** § 23; 5. **lif-, feorhlyre** § 54.

§ 120 Beim ersten Blick auf die Zusammenstellung erkennt man, daß fast alle zentralen Termini in den frühen Rechtsquellen bis zum Ende des 9. Jh.s belegt sind (Abt, Hl, Wi, Ine, Af). Eine Ausnahme machen nur Bezeichnungen jener Handlungen, die offenbar erst im 10. Jh. oder später als Delikte erfaßt wurden wie Anstiftung, Heimsuchung, Bestechung, Rechtssperrung, Münzfälschung, Leichenberaubung, Ungehorsam, Schutzbruch. Hinzu kommen die aus dem Danelag entlehnten Rechtswörter. Der Befund beleuchtet die Kontinuität und Beharrsamkeit der ags. Rechtssprache.

§ 121 Betrachtet man die frühen Quellen des 7. bis 9. Jh.s näher, so sind deutliche Unterschiede zwischen den kentischen (besonders Abt) und westsächsischen (Ine, Af) festzustellen. Zunächst fällt auf, daß gewisse Bereiche in den kentischen Gesetzen überhaupt nicht terminologisch vertreten sind: Absicht und Fahrlässigkeit (2.1), Notwehr (2.3), Beihilfe (4.2), Bandenverbrechen (4.4), Hausbruch (7.4), Scheren (7.6), Herrenverrat (18), Widerstand (19); erst bei

Hl und Wi werden Meineid (13), Versäumnis (17), Heimlichkeit (2.2), Begünstigung (4.3) und handhafter Diebstahl (10.2) erwähnt.

Daneben ist zu erkennen, daß gewisse Differenzierungen späterer Quellen hier noch nicht vorkommen: Im Bereich der Körperverletzungen ist der technische Begriff des ‚Fechtens' unbekannt, offenbar eine Eigenheit westsächsischen Rechts. Auch die typischen Wendungen für Prügelstrafe (*hȳd* § 68) fehlen. Im ganzen werden die Körperverletzungen sehr detailliert mit z. T. nur hier belegten technischen Ausdrücken behandelt (*wlitewamm, cearwund, sceard, (sweart) dynt, bānes blice, bite*), auch die Darstellungsform (*of, weorðan* § 71 f.) verrät einen eigenen Charakter. Die später unterschiedenen Sittlichkeitsdelikte sind in Abt noch nicht differenziert dargestellt.

Als typisches Merkmal der kentischen Gesetze (besonders von Abt) ist das Überwiegen verbaler Ausdrucksformen anzusehen. Ich verweise hier auf die allgemeinen Ausdrücke für strafbares Handeln (1), die im wesentlichen verbale Beschreibung der Körperverletzungen, das Fehlen jeglicher Nomina (*þēof, þiefð*) bei der Behandlung des Diebstahls (10); man vergleiche ferner *gedōn — dǣd, misdǣd (1), feormian — flīemanfeorm, fyrmð* (4), *ofslēan — slege, slieht, slaga* (5), *āwierdan — æfwerdla* (6), *gebindan — byndelle* (7.5), *gelicgan — hǣmed(þing)* (9), *geniman — nīednǣm, rēaflāc* (10.3).

Außer den im Bereich der Körperverletzungen vorkommenden typischen kentischen Termini sind zu nennen: *lyso, yfel, gedōn* (1), *bana* (5), *edorbrecþ, feaxfang* (7), *gelicgan* (9), *wegrēaf* (10). Sie verleihen den kentischen Gesetzen zusammen mit den oben genannten Eigentümlichkeiten einen besonderen Charakter, wie ihn keines der späteren Rechtsdenkmäler aufweist.

Manche dieser terminologischen Charakteristiken mögen sich daraus erklären, daß Abt, wo die meisten von ihnen begegnen, um beinahe hundert Jahre älter ist als Ine und nahezu drei Jahrhunderte älter als Af. Gegen eine zu hohe Bewertung des Zeitfaktors spricht jedoch auf der anderen Seite die (im Verhältnis zu den kentischen Quellen) enge Verwandtschaft von Ine und Af, die ihrerseits um 200 Jahre auseinanderliegen.

Es wird bei der Behandlung der kontinentalen und nordischen Rechtsquellen darauf zu achten sein, ob sich die hier festgestellten Unterschiede zwischen kentischer und westsächsischer Rechtsterminologie dort in irgendeiner Weise widerspiegeln. Bekanntlich ist die Frage, durch welche kontinentalen Stämme Kent besiedelt wurde, nach wie vor umstritten. Zwar nennt man hier durchweg die ‚Jüten', doch ist noch gänzlich offen, ob sie kulturell (d. h. hier sprachlich und rechtlich) ein Volk von der jütischen Halbinsel, vom Niederrhein oder aus friesischer Nachbarschaft repräsentieren.

§ 122 Auch Ines Gesetze enthalten einige typische Termini, die von der Eigenständigkeit dieses Denkmals Zeugnis ablegen. Im Bereich der allgemeinen Missetatsbezeichnungen steht Ine Abt näher als Af (Abt: *gedōn,* Ine: *dōn —* Af: *(ge)wyrcan, (ge)fremman; yfel — dǣd* u. a.). Nur bei Ine belegt sind: *yppe* (2), *gestala, flīemanfeorm, fyrmð swinge(l)* (6.3), *nīednǣm* (10.3). Terminologisch fixiert werden hier zuerst: Heimlichkeit und Begünstigung (ausführlich), Beihilfe, Bandenverbrechen, Fechten, Prügelstrafe, Heeresversäumnis, Widerstand, *borgbryce*.

§ 123 Af bietet im Vergleich mit allen früheren und späteren ags. Gesetzen den weitaus meisten Rechtsstoff und belegt die ags. Rechtsterminologie in reicher Fülle. Dabei ist unverkennbar, daß neben eigentlich technischen auch zahlreiche unspezifische, der Rechtssprache in engerem Sinne nicht zugehörige Wörter eingeflossen sind. Dies gilt in besonderem Maße für die allgemeinen Missetatsbezeichnungen, welche deutlich den Einfluß der Kirche verraten. Alfred dürfte den Codex mit Ausnahme eines Teils der Einleitung nicht selbst verfaßt, sondern von einem Geistlichen haben schreiben lassen. Auch zahlreiche einzelne Bestimmungen verraten kirchlichen Einfluß. (Vgl. Liebermann, Komm. 35 ff.). An nur bei Af belegten Termini sind zu nennen: *eofot, orwīge, gelimpan* (1), *pleoh* (2), *hrif-, þurh-, feaxwund, dolgbōt, lǣl, forod* (6), *edorbryce, byndelle, homola* (7,8). Zuerst terminologisch faßbar werden bei Af: Absicht, Fahrlässigkeit, Notwehr, Hausbruch (*burgbryce*), Notzucht, Bestechung, Herrenverrat.

§ 124 Einige Termini und zumeist auch die bezeichneten Delikte erscheinen nur in den frühen Rechtsquellen von Abt bis Af und finden später keine Erwähnung mehr. Dem soll hier keine übermäßige Bedeutung beigelegt werden, da wie gesagt, spätere Gesetze Af—Ine mehr ergänzen als erneuern. In einigen Fällen ist jedoch die Annahme wahrscheinlich, daß das betr. Delikt später mit anderen zusammengefallen bzw. zusammen gesehen wurde. Das mag besonders für die vielfachen Differenzierungen bei den Körperverletzungen gelten — Gliederbußentafeln haben nur Abt und Af — wie Durchbohrung, Antlitzverletzung, Wunde am Bauch und unterm Haar, vielleicht auch für Waffendarleihen und Waffenzücken, Zaunbruch und Binden. Auch Notzuchtversuch und Bandenverbrechen werden später nicht mehr erwähnt.

§ 125 Eine besondere Stellung unter den ags. Gesetzen nimmt der Vertrag Alfreds mit Guthrum (EGu) ein. Hier begegnen nicht nur erstmalig einige nordische Termini, die später z. T. im gesamten Ags. heimisch wurden (wie *lahslit, ūtlah, sār, hōrcwene*), sondern auch einige andere Wörter und Wendungen, die vielleicht für die ostanglische Rechtssprache spezifisch sind (*dīedan, forrǣdan, limlǣweo, forswerian, wīgian, be þam þe syo dǣde sy*).

§ 126 Das Auftreten einzelner Termini in späteren Gesetzen oder Privatarbeiten soll hier nicht näher erläutert werden. Erwähnt seien nur die nordischen Lehnwörter oder nordischen Einflusses verdächtige Termini. Außer den eben genannten begegnen bei Aethelred, Cnut, in Hn und Leis Wl: (—)*weorc, lagbryce, sārbōt, hǣrgripa, rān, hāmsōkn, griðbryce, in ungildan ækere*; (? *ful-, sāmwyrcan, ful-, sāmbryce, dǣd-, rǣdbana, lif-, feorhlyre, limlǣweo, wīgian*). Hierauf wird im Anschluß an die Darstellung der an. Rechtsterminologie näher eingegangen.

§ 127 Bei einigen Missetaten, die in früheren und späteren Gesetzen genannt werden, war eine Entwicklung der Terminologie, die Ablösung eines Terminus durch einen anderen zu beobachten. Aufschluß darüber, ob ein Wort z. B. im 11. Jh. unverstanden oder veraltet war, gaben mehrfach Verbesserungen in einigen Hss. (vgl. oben § 4). Unter Verweis auf die Darstellung nenne ich hier nur folgende eindeutige Fälle: (1.) *synnig* — *scyldig; lyso, yfel* — *(mis)dǣd* — *weorc; wōh* — *unriht* — *unlagu; gedōn* — *dōn* — *(ge)-wyrcan, (ge)fremman*; (2.) *yppe* — *open(lice)* — *ǣbǣre*; (4.) *beberan* — *(on)lænan*; (5.) *bana* — *slaga* — *mannslaga; slege* — *mannslieht*; (6.) *āwierdan* — *gewundian*; (9.) *gelicgan* — *(ge)hæman, forlicgan*; (10.) *stelan* — *forstelan* — *(ge)stalian*; *þiefð, þiefe* — *stalu*; (17.) *forsittan* — *forbūgan*; (16.) *overhierness* — *overseunessa*; (18.) *hlafordsearo* — *hlafordswice*; (21.) *borgbryce* — *mundbryce* — *griðbryce*.

§ 128 Eine bemerkenswerte Erscheinung ist es, daß einige aus späterer Sicht verschiedene Delikte in frühen Gesetzen mit *einem* Terminus oder *einer* Wortfamilie erfaßt werden. Dies gilt für Körperverletzung und Sachbeschädigung (§ 22), Totschlag und Mord (§ 49), Raub und Pfändung (§ 99). Im Bereich der Sittlichkeitsdelikte (§ 84 ff.) wurde Notzucht erst bei Af terminologisch von außerehelichem Beischlaf geschieden. Für Blutschande finden wir erst in EGu (*sibleger*), für Ehebruch bei Eadmund (*ǣwbryce*) eine besondere Bezeichnung.

§ 129 Nach dieser Übersicht zur Entwicklung der ags. Rechtsterminologie sei abschließend ein systematisch-semantischer Gesichtspunkt berücksichtigt. Betrachtet wird der unterschiedliche Ausbau von Wortfamilien bei den dargestellten Rechtswörtern. Gemeint ist die Erscheinung, daß von einem Stamm Bezeichnungen verschiedener Wortart gebildet sind, Bezeichnungen für das strafbare Handeln (Verb), die Tat (Substantiv), den Täter (Substantiv), die Art der Schädigung (Adjektiv). Die häufig belegten Termini sind gesperrt, nicht in den Gesetzen belegte Wörter stehen in Klammern.

Verb	*Tat* (Sb.)	*Täter* (Sb.)	*Adj.*
(—)dōn	*(—)dǣd*	*-dǣda*	
(ge)yfelian	*yfel*	*(yfeldōnd)*	*yfel*
wrecan	*wracu*	*wreccena*	
sceaðian	*(sceaðe)*	*(—)sceaða*	
(—)brecan	*-bryce*	*-breca*	
(ge)wyrcan	*gewyrht, weorc*	*-wyrhta*	
ūtlagian	*(ūtlagu)*	*ūtlaga*	*ūtlah*
hearmian	*hearm*		
feormian	*-feorm, fyrmð*		
(—)slēan	*(—)slege, (—)slieht*	*-slaga*	

Verb	*Tat* (Sb.)	*Täter* (Sb.)	*Adj.*
(—)wierdan	*æfwerdla, wierding*		
(—)feohtan	*(ge)feoht*	*(feohtere)*	
(—)gēotan	*blōdgēote*	*(blōdgēotend)*	
gewundian	*wund, wyndla*		*(—)wund*
gewemman	*-wamm*		*ungewemmed*
(be)swingan	*swinge(l)*		
(ge)bindan	*byndelle, bend*		
(ge)bismerian	*bismor(word)*		
(ge)hǣman	*hǣmed(þing)*	*(hǣmere)*	
forlicgan	*forliger*		
geniman	*-nǣm*		
bærnan	*bærnet*		
(—)stelan -stalian	*stalu*	*gestala*	
þēofian	*þiefð(e), þiefe*	*þēof*	
rēafian	*rēaf(lāc)*	*rēafere*	
-swican	*-swic-*	*-swica*	
mānswerian	*mānswaru*	*mānswara*	
(—)sierwan	*-searo*		
geandbyrdan	*andbyrdnes*		

Vom Verb bis zur Täterbezeichnung sind nur wenige Wortfamilien ausgebaut, Täterbezeichnungen sind insgesamt selten und nur in zwei Fällen nicht aus Verb oder Deliktterminus abgeleitet: *bana, þēof*. Deutlich ist aus der Tabelle die Konkurrenz zweier Wortfamilien abzulesen; die von *stelan* (dazu *stalu, gestala*) und *þēof* (dazu *þiefð, þēofian*). Sie überschneiden sich von beiden Seiten, was jedoch die Gebräuchlichkeit der Wörter anlangt, so ergänzen sie sich suppletiv: *stelan/stalian — þiefð, þeof*.

Als Gegenstück zu den Termini, welche einen ganzen Verband von Ableitungen und Zusammensetzungen um sich haben, sind jene zu nennen, die isoliert stehen wie besonders *ǣbǣre, bana, dynt, fācn, fūl, healt, lyso, strūdung, wōh, yppe* (s. auch die Hapaxlegomena § 119). Sie finden sich nur mehr vereinzelt, vor allem in den älteren Quellen oder vorwiegend in Formeln belegt.

Isoliert stehen auch einzelne technische Termini, die erst seit dem 10., 11. Jh. belegt sind: *forsteal, mēdsceat, hāmsōcn, overhierness,* ferner zahlreiche Zusammensetzungen mit *-bryce*. Sie repräsentieren eine neue Art technischer Rechtswörter, die ihren Halt nicht so sehr im Ausbau einer ganzen Wortfamilie, dem Bezug zu stammgleichen und in der Gemeinsprache fest verwurzelten Wörtern finden, sondern durch ihre Verankerung im Rechtssystem, durch die Autorität des Gesetzgebers. Es handelt sich hier um Delikte, die die obrigkeitliche Ordnung verletzen.

§ 130 Charakteristik und Entwicklung der ae. Rechtsterminologie sind ein Gegenstand, der trotz Liebermanns vorzüglicher Erschließung der Quellen in der anglistischen Forschung wenig Interesse gefunden haben.[39] Auch von rechtsgeschichtlicher Seite wird dieser Bereich fast gar nicht berührt. Im Gegensatz zur deutschen, von Grimm angeregten Forschung — Wilda, Osenbrüggen, v. Amira, Brunner, Ficker, His, Heck u. a. — berücksichtigen z. B. die großen englischen Rechtsgeschichten von Holdsworth und Pollock—Maitland[40] die Terminologie nahezu gar nicht. Eine tiefergehende Darstellung war hier nicht beabsichtigt, eine solche hätte auch die übrigen ae. Quellen unter Berücksichtigung geographischer, chronologischer und stilistischer Gesichtspunkte (Sprache der Annalen, der Kirche, der Poesie) vergleichend heranzuziehen. Das Bild von der frühen englischen Kulturentwicklung könnte dadurch wesentlich bereichert werden.

[39] Nur die Lautlehre behandeln u. a. folgende Untersuchungen zur Sprache einzelner Rechtsquellen: W. Görnemann, Zur Sprache des Textus Roffensis. Diss. Berlin 1900. A. Karaus, Die Sprache der Gesetze des Königs Aethelred. Diss. Berlin 1901. P. Priese, Die Sprache der Gesetze Aelfreds des Großen und König Ines. Straßburg 1883. W. Schlehmilch, Beiträge zur Sprache spätaltenglischer Sprachdenkmäler der Übergangszeit (1000—1150) (= Studien zur engl. Philologie H. 34) Halle 1914. M. H. Turk, Legal code of Aelfred the Great. Diss. Leipzig 1890. L. Wroblewski, Über die altenglischen Gesetze des Königs Knut. Diss. Berlin 1901. Auf spezifisch rechtssprachliches geht auch R. Jordan, Eigentümlichkeiten des angl. Wortschatzes (= Anglist. Forschungen H. 17), Heidelberg 1906, nicht ein (außer *bebycgan — sellan* S. 51).

[40] W. S. Holdsworth, A History of English law, 12 vols, London 1—3: ³1922—1923, 4—12: 1924—1938. — F. Pollock, F. M. Maitland, The history of English law before the time of Edward I., 2 vols, Cambridge ²1923 (Nachdruck 1952).

ZWEITER TEIL

Altfriesische Rechtsterminologie

Friesisch und die Nachbardialekte

§ 131 Die Einbeziehung des Afries. in eine wortgeographische Untersuchung der älteren germanischen Dialekte stellt den Bearbeiter vor einige besondere Schwierigkeiten, die vor allem in dem z. T. noch unbefriedigenden Stand der Editionen und den damit zusammenhängenden offenen Fragen der geographischen und zeitlichen Zuordnung der afries. Texte ihren Grund haben.

Bevor hierauf eingegangen wird, ist jedoch die Frage zu klären, welche der afries. Rechtsquellen überhaupt für diese Untersuchung herangezogen werden sollen. Als ‚altfriesisch' gelten bis heute, vor allem auf Grund der ‚Rechtsquellen' von Richthofens v. J. 1840, die fast ausschließlich Rechtsdenkmäler umfassenden Quellen von ca. 800 (Lex Fris. mit eingestreuten afries. Wörtern) bis 1550, die geographisch von der Zuidersee bis Nordfriesland reichen. Der Name *altfriesisch* entspricht also etwa der Bezeichnung *altdeutsch* in Schades Wörterbuch v. J. 1866 oder *altnordisch*, *altisländisch*, *altdänisch*, *altschwedisch*. Gegen diese von der heutigen Gliederung der übrigen altwestgerm. Dialekte abweichende Einteilung ist schon mehrfach Kritik erhoben worden.[1] Der Einführung des Terminus *Mittelfriesisch* (im Sinne von Mhd., Me., Mnd., Mnl.) steht jedoch entgegen, daß sich diese Bezeichnung bereits für die friesischen Literaturdenkmäler des 17. und 18. Jh.s (besonders Gisbert Japiks) eingebürgert hat. Im übrigen gibt es im Afr. keine so gravierenden Einschnitte wie in den übrigen awgerm. Dialekten, so daß vom laut- und formengeschichtlichen Standpunkt gegen die weite Spanne der afr. Epoche keine schwerwiegenden Einwände zu erheben sind.

Hinsichtlich des Wortschatzes stellt dies jedoch eine zu weit gehende Generalisierung dar, die bei der vergleichenden Heranziehung des ‚Altfriesischen' zu verhängnisvollen Irrtümern führen kann. Denn spätestens seit dem 14. Jh. unterliegt die fries. Sprache stärksten lexikalischen Einflüssen von seiten des Mnd. und des Mnl. Die Verdrängung des Fries. durch das Nd. beginnt seit Ende des 13. Jh.s.[2] Hand in Hand hiermit dürfte die Übersetzung der fries.

[1] W. Krogmann, Die friesische Sprache, Aufriß ²1957, I, Sp. 1909. Zusammenfassend B. Sjölin, Us Wurk XV (1966), 33.

[2] L. E. Schmitt, Die Stadt Groningen und die Mundarten zwischen Laubach und Weser, in: ZMF 18 (1942), 134—170. — K. Heeroma, J. Naarding, De ontfriesing van Groningen, Zuidlaren 1961. — L.-E. Ahlsson, Studien zum ostfriesischen Mittelniederdeutsch (= Acta Universitatis Upsaliensis. Studia Germanistica Upsaliensis 2), Uppsala 1964.

Rechtsquellen ins Mnd. vor sich gegangen sein. Doch sind uns mnd. Rechtshandschriften (aus fries. Landschaften) sicher erst seit der Mitte des 15. Jh.s bezeugt.[3] Die Zahl der überlieferten mnd. Rechtshandschriften übersteigt die der altfries. um ein Vielfaches. Einen vorläufigen Eindruck hiervon gibt uns Borchlings Ausgabe der Rechtsquellen Ostfrieslands.[4] Darüber hinaus sind allein aus den Ommelanden über 100 ‚niedersächsische' Rechtshss. überliefert, die bisher nicht einmal gesichtet werden konnten.[5] Für die Erforschung des Fries. und des Mnd. bzw. Mnl. sowie der wechselseitigen Beziehungen dieser Sprachen stellen diese Hss. eine noch ganz unausgeschöpfte Quelle dar. Dies gilt z. T. auch für die edierten Texte, da es Borchling versagt blieb, das zu seinen Rechtsquellen geplante Wörterbuch auszuarbeiten.[6] Die Stärke des mnl. Einflusses tritt sichtbar im graphematischen System der westerlauwersschen Hss. hervor, deren älteste, der Codex Unia (1475/77) z. T. auf Vorlagen aus der Mitte des 14. Jh.s zurückgeführt werden kann.[7]

§ 132 Erwähnt sei schließlich der Einfluß des Lateinischen, der in den jüngeren Hss. sowie den Urkunden[8] deutlich hervortritt und natürlich aufs engste mit der Rezeption des römischen bzw. des kanonischen Rechts zusammenhängt.[9] Die lat. Lehnwörter in jüngeren afries. Texten behandelt P. Gerbenzon in seiner Utrechter Antrittsvorlesung v. J. 1958.[10] Eine nicht minder lohnende Aufgabe wäre die Bestimmung der Lehnübersetzungen und Lehnbedeutungen aus dem Lat., welche nach bisheriger Kenntnis von Lehnbeziehungen zwischen zwei Sprachen die Zahl der eigentlichen Lehnwörter weit übersteigen dürfte.

Ein Beispiel hierzu bringt Algra, Tekstfiliatie 22 aus der 1. Küre, wo *bisitta* in HER auf lat. *possidere* zurückgeführt wird. Algra hält *bisitta* (FUJD haben *walda*) für die jüngere Form, „daar de kern van de keuren reeds bestond, voordat het romeinse recht werd gerecipieerd". Wenn jedoch *bisitta*

[3] C. Borchling, Die alten Rechtsquellen Ostfrieslands (= Abhandlungen und Vorträge zur Geschichte Ostfrieslands H. V). Aurich 1906, 32.

[4] C. Borchling, Die niederdeutschen Rechtsquellen Ostfrieslands. I. Die Rechte der Einzellandschaften (= Quellen zur Geschichte Ostfrieslands I). Aurich 1908.

[5] Gerbenzon, Zeer voorlopige lijst van de belangrijkste middeleeuwse Rechtsbronnen uit het Groot-Friese gebied tussen Vlie en Wezer, S. III. Die Sprache dieser Quellen wird — besonders von ndl. Forschern — als ostmnl. bezeichnet.

[6] Bedauerlicherweise vermerkt das neue mnd. Wörterbuch nur gelegentlich, welche Wörter aus dieser Ausgabe stammen.

[7] Th. Siebs, Westfriesische Studien 1895, 33.

[8] Ausgabe: P. Sipma, Oudfriese Oorkonden I—III (ORT I—III), 's-Gravenhage 1927—1941. Die Ausgabe ermangelt eines Wortregisters. Ein vollständiges Wörterverzeichnis zu diesen Urkunden befindet sich (als Wörterbuchapparat) im Fries Instituut Groningen. — Die erste bei Sipma verzeichnete Urkunde datiert v. J. 1329, bis 1400 nennt er insgesamt zehn.

[9] P. Gerbenzon, Excerpta legum, Groningen, Djakarta 1956. Ders., Kanonisches Recht in den friesischen Rechtsquellen, in: Philologia Frisica 1956, 35—44. — R. Feenstra, Römisches Recht und Kaiserrecht, ebda., 26—35.

[10] P. Gerbenzon, Friese rechtstaal en vreemde recht. Groningen 1958.

eine Lehnübersetzung ist, so bedarf es nicht der Annahme solchen Einflusses, sondern es ist wahrscheinlicher, daß dem Text eine lat. Vorlage zugrunde lag, was Algra für andere Stellen auf Grund überlieferter Kapitularien nachgewiesen hat. Deshalb möchte ich gerade *bisitta* hier für die ursprüngliche Lesung halten und annehmen, daß die jüngeren westerl. Hss. und F einen neueren, verständlicheren Terminus eingeführt haben.

Zur Quellenauswahl

§ 133 Der lexikalischen Verflechtung von Friesisch, Sächsisch und Niederfränkisch sowie dem Einfluß des Lateinischen soll hier nicht weiter nachgegangen werden. Es genügt den Schluß zu ziehen, daß für eine germanische wortgeographische Untersuchung die jüngeren altfries. Texte nicht oder nur mit größter Vorsicht herangezogen werden können. Eine echte Vergleichsgrundlage zu den ags., nord. und den älteren deutschen Rechtsquellen können nur die vor dem Ende des 13. Jh.s abgefaßten afr. Rechtstexte liefern.

Eine solche Grenzziehung ist natürlich nicht ohne Willkür und läßt sich auch nicht exakt einhalten, weil die Datierung vieler Texte ganz unsicher ist. In praxi werden hierdurch jedoch keine bedeutsamen strafrechtlichen Quellen ausgeschlossen. Aufgenommen sind die Texte sämtlicher osterlauwersschen Hss. H_1 H_2 E_1 E_2 E_3 F B_1 B_2 R_1 R_2 und die wichtigsten der westerl. Hss. U J D A Fs. Überschritten wird die gewählte Grenze vor allem bei E_2 und E_3, da sich hier wertvolle Vergleichsmöglichkeiten mit E_1 ergeben und im übrigen einige dieser Texte einen älteren Kern enthalten. Darüber hinaus werden von Fall zu Fall auch andere jüngere Texte zu einzelnen Wörtern herangezogen, z. T. unter Verweis auf die Belegstellen bei v. Richthofen, Wb.; His, Strafrecht; Ahlsson, Abstraktbildungen.

Daß eine Einteilung der afr. Texte in jüngere und ältere notwendig ist, hat jüngst B. Sjölin in seinem Aufsatz ‚Zur Gliederung des Altfriesischen'[11] ausführlich dargelegt. Ausgehend von graphematischen Untersuchungen zu den afr. Hss.[12] widerlegt Sjölin die bisherige Forschungsmeinung, daß es lautliche Kriterien für die Unterscheidung altost- und altwestfriesischer Texte gäbe. Was mit diesen Termini gemeint ist, beruhe eher auf einem sprachlichen Nacheinander als einem Nebeneinander. Gegenüber dieser alten Einteilung schlägt er vor, die afr. Texte auf Grund ihrer Sprachstruktur (einschließlich ihres graphematischen Systems) in *klassische* und *nachklassische* zu unterteilen. Für die Urkunden möchte er wegen ihres Eigenlebens die gesonderte Bezeichnung *Urkundensprache* einführen (S. 34).[13]

[11] Us Wurk XV (1966), 25—38.

[12] Dargelegt in B. Sjölin, Die „Fivelgoer" Handschrift. I. Einleitung und Text (= OTR XII). Den Haag 1970. Ferner zusammenfassend B. Sjölin, Einführung in das Friesische. Stuttgart 1969.

[13] Den letztgenannten Vorschlag halte ich für weniger glücklich, da die Sprache der Urkunden in allen germ. Dialekten des Mittelalters eine besondere Stellung einnimmt, ohne in der Gliederung dieser Sprachen eigens Berücksichtigung zu finden. Ich würde die Urkunden zu den nachklassischen Texten zählen. Vgl. oben § 132.

Diese Einteilung ist zweifellos geeignet, die Erforschung des Afr. aus dem überkommenen geographischen Schema (Altostfr. — Altwestfr.) zu lösen und auf eine breitere Grundlage zu stellen. Doch bleibt zu beachten, daß die Differenzierung klassisch/nachklassisch sich ausschließlich auf die überlieferte Textgestalt gründet. Unberücksichtigt bleibt das Alter (Entstehungszeit) der Texte, das für ihre inhaltliche Beurteilung von großer Bedeutung ist. Zahlreiche Texte der Handschriften J D U Fs, die Sjölin offenbar zu den nichtklassischen zählt,[14] wären altersmäßig zur Gruppe der klassischen zu rechnen. Die vorgeschlagene Unterteilung wird folgerichtig z. B. den Küren-Text der osterl. Hss. zu den klassischen, den der westerl. Hss. zu den nachklassischen zählen müssen.

Für unsere Wortschatz-Untersuchung, die gerade mit dem Alter der Texte zu rechnen hat, kann solche Differenzierung nicht zugrunde gelegt werden. Über den Rahmen der ‚klassischen' Texte hinaus nehmen wir alle jene auf, die diesen altersmäßig nahestehen.

Bedeutung der altfriesischen Rechtsquellen

§ 134 Von rechtshistorischer Seite mag in Zweifel gezogen werden, ob diese Quellen überhaupt in eine vergleichende Untersuchung über die germanische Rechtssprache einbezogen werden dürfen. Stellt doch Eckhardt, Germ. Recht I, 140 ff. die zu behandelnden Quellen neben den meist spätmittelalterlichen deutschen unter dem Kapitel ‚Bauernrecht' nur mit äußerster Knappheit dar, während z. B. die nordischen aus dem gleichen Zeitraum mit aller wünschenswerten Ausführlichkeit besprochen werden. Als friesisches Recht wird lediglich in Zusammenhang mit den Leges die Lex Frisionum erwähnt. Auch von Schwerin widmet dem fries. Recht in seiner sonst so bewundernswerten Einführung[15] nirgends ein eigenes Kapitel noch einen Absatz, es wird dort entweder unter deutschem Recht subsummiert oder im Zusammenhang mit dem niederländischen erwähnt.

Gegen Eckhardts Darstellung, die ja in *dem* Handbuch für germanische Rechtsgeschichte gleichsam an exponierter Stelle steht, muß zunächst eingewandt werden, daß hier noch immer die schon von Heck[16] abgewiesene Meinung von Richthofens[17] wiedergegeben wird, daß die ältesten fries. Rechtsaufzeichnungen auf die sog. Upstalsbomer Versammlungen zurückgingen.

[14] Vgl. Sjölin, Einführung, 17.

[15] C. v. Schwerin, Einführung in das Studium der germanischen Rechtsgeschichte und ihrer Teilgebiete. Freiburg i. B. 1922.

[16] Ph. Heck, Der Ursprung der gemeinfriesischen Rechtsquellen (Küren, Landrechte, Überküren) und der friesischen Gottesfrieden, in: Neues Archiv der Gesellschaft für ältere deutsche Geschichtskunde 17 (1892), 567—596. Ausführlich und abschließend wird die alte Theorie von Algra, Tekstfiliatie 57 ff. (im Anschluß an Jaekels nachgelassene Schrift ‚Die Freiheit der Friesen', Preuß. Staatsbibliothek Ms. Germ. qrt. 1732) widerlegt.

[17] K. von Richthofen, Untersuchungen über friesische Rechtsgeschichte I—III Berlin 1880—1886. Zu obigem Gegenstand besonders Bd. I.

Damit hängt zusammen, daß die Entstehung der altfries. Rechtsaufzeichnungen durchweg ins 13. Jh. und in spätere Zeit datiert wird, was für die interessantesten und umfangreichsten falsch ist.[18] Hier liegt eine verhängnisvolle Fehleinschätzung der afries. Rechtsquellen vor, die offenbar ihrer Erforschung und vergleichenden Heranziehung noch heute im Wege steht. Nicht nur wegen ihres Alters, sondern vor allem wegen ihrer durch die geographische Randlage bedingten Selbständigkeit und wegen ihrer Unbeeinflußtheit durch das mittelalterliche Feudalsystem und das römisch-kanonische Recht stellen sie eine unschätzbare Quelle für die vergleichende Erforschung des Germanischen Rechts dar.[19] In der bisher einzigen Übersichtsdarstellung fries. Rechts schrieb R. His:[20] „Das friesische Recht ist auf dem Standpunkt der fränkischen Volksrechte stehen geblieben. Während sonst seit dem 12. Jh. durch Landfriedens- und Stadtfriedebriefe peinliche Strafen eingeführt werden, ist das friesische Strafrecht noch im späten Mittelalter im wesentlichen Bußstrafrecht." In ähnlichem Sinne äußert sich der niederländische Rechtshistoriker P. Gerbenzon: „Neben unsere älteren Rechtsquellen kann man fast nur das altenglische und das skandinavische Recht stellen;"[21] und weiter: „Das friesische Recht war hinsichtlich seines Gedankeninhalts ein nur mehr oder weniger oberflächlich christianisiertes germanisches Recht, in dem die heidnische Vorzeit deutliche Spuren hinterlassen hatte."[22] Erwähnt sei in diesem Zusammenhang, daß v. Schwerin in seiner weitgespannten Untersuchung über ‚Die Formen der Haussuchung in indogermanischen Rechten'[23] aus altfries. Quellen (Älteres Schulzenrecht) neben den nordischen die wertvollsten Aufschlüsse gewann.

Die Fehleinschätzung der afries. Rechtsquellen durch Eckhardt geht bereits auf v. Amiras Grundriß zurück, dessen Darstellung schon damals als überholt gelten mußte.[24] Kennzeichnend für diesen großen Kenner germanischer Rechtsgeschichte ist die relative Überbewertung der nordgermanischen Rechtsquellen

[18] S. die Datierungen unten in der Quellenübersicht.

[19] Im Strafrecht haben sich die germanischen Züge bis in das ostfries. Landrecht Edzard I. erhalten. (Borchling, Die älteren Rechtsquellen Ostfrieslands, 8).

[20] R. His, Das Friesische Recht, in: C. Borchling—R. Muuss, Die Friesen, Breslau 1931, 114.

[21] P. Gerbenzon, Kanonisches Recht in den friesischen Rechtsquellen, in: Philologia Frisica 1956, 35.

[22] a. a. O., 37.

[23] v. Schwerin, Die Formen der Haussuchung in idg. Rechten (= Rechtsgeschichtliche Studien 1), Mannheim, Berlin, Leipzig 1924.

[24] K. v. Amira, Grundriß des Germanischen Rechts, ³1913. In anderen Kapiteln geht die Bearbeitung dieses Werks durch Eckhardt trotz Übernahme der Gliederung weit über v. Amira hinaus. v. Amiras diesbezügl. Darstellung basiert im wesentlichen auf den ‚Untersuchungen' v. Richthofens, unerwähnt bleiben u. a. die Arbeiten von Heck (Altfries. Gerichtsverfassung, 1894; Ursprung der gemeinfries. Rechtsquellen, 1892) und His (Strafrecht der Friesen, 1901; Die Überlieferung der fries. Küren und Landrechte, 1899). Im Gegensatz zu Amira hatten jedoch z. B. Wilda (Die Geschichte des deutschen Strafrechts, 1842) und Ficker (Untersuchungen zur Erbenfolge der ostgermanischen Rechte I—VI, 1891—1904) den Wert der afries. Rechtsquellen erkannt.

als Zeugnis germanischen Rechts schlechthin. Man wird dies in erster Linie als ein geistesgeschichtliches Phänomen beurteilen müssen, das im übrigen im Bereich der literaturwissenschaftlichen Forschung sein Äquivalent hat.

§ 135 Eine der Ursachen für die Unterbewertung der afries. Rechtsquellen liegt offenbar darin, daß durch ihre zu späte Datierung eine Parallelisierung der altfriesischen mit der deutschen Rechtsquellenüberlieferung entstand: einer lateinischen Lex folgten dann in erheblichem zeitlichen Abstand volkssprachige Quellen, die als spätmittelalterlich qualifiziert und für das ‚germanische' Recht nicht berücksichtigt wurden. Daß das Land der Friesen teilweise dem späteren deutschen Staatsverband angehörte, machte solche Identifizierung noch leichter.

Hinzu kommen jedoch noch ganz andere Gründe, die ebenso für die stiefmütterliche Behandlung des Altfriesischen in der Sprachwissenschaft verantwortlich sind. Die fries. Landschaften haben zu keiner Zeit einen geschlossenen Staatsverband gebildet und sind in der Neuzeit durch die niederländ.-deutsche und (zeitweise) die deutsch-dänische Staatsgrenze zerschnitten worden. Ihr Volksbewußtsein blieb stets regional gebunden, ihre Sprache wurde auf das ursprüngliche Stammland zwischen Zuidersee und Lauwers sowie Nordfriesland (Westküste Schleswig-Holsteins) zurückgedrängt.[25]

Der Erforschung ihrer Sprach- und Rechtsquellen fehlte die Basis eines neuzeitlichen Staates, der sich in einer wie auch immer verstandenen Kontinuität als Fortsetzung jenes Friesenstammes begriff. Erst die friesische Bewegung in Westfriesland hat solche Voraussetzungen in gewisser Hinsicht geschaffen[26] und der sprach- und rechtsgeschichtlichen Forschung neuen Auftrieb verliehen. Ihr verdanken wir die Schaffung der nun schon weit fortgeschrittenen Editionsreihe Oudfriese Taal- en Rechtsbronnen und die Gründung des Fries Instituut in Groningen als einer Zentralstelle für die Erforschung des Altfriesischen.[27] Bezeichnenderweise gibt es hierzu in Deutschland kein Gegenstück.

Editionen

§ 136 Die Schwierigkeit bei der Auswertung der afries. Rechtsquellen besteht darin, daß es noch immer keine vollständige kritische Textausgabe gibt. Dies hat zum Teil seinen Grund in den besonderen Problemen, die die afries. Überlieferung stellt. Zwar ist die Zahl der Hss. und frühen Drucke durchaus übersehbar, doch weichen die Texte derart voneinander ab, daß eine kritische Edition den in den verschiedenen Hss. überlieferten Versionen nicht gerecht

[25] Dazu die Darstellung von N. Århammar, Friesische Dialektologie, in: Festschrift f. W. Mitzka (= ZMF Beihefte N. F. Nr. 5), Wiesbaden 1968, 264—317.

[26] Hierzu u. a. D. Kalma, Westfriesland, in: Borchling—Muuss, Die Friesen, 1931, 169—180. — Eine jüngste Darstellung der ‚friesischen Bewegung' bietet J. H. Brouwer in: Geschiedenis van Friesland, 1968 (‚Het culturele leven', 601—635).

[27] Est ist darum eigentlich ein Kuriosum, daß bisher alle sog. osterlauwersschen Handschriften ediert sind, aber noch keine der großen westerlauwersschen Hss. (J U D) neu herausgekommen ist.

werden kann. In der diplomatischen Ausgabe der ersten Emsiger Hs. (E_1), die die Reihe der Hss.-Abdrucke in den Oudfriese Taal- en Rechtsbronnen einleitet, bemerkt Sipma: „Een critische uitgave acht ik, althans voorloopig, niet mogelijk, en misschien niet eens gewenscht. De filiatie zal wellicht nimmer vastgesteld kunnen worden, tenzij met veel hypothese. En mocht dit te eeniger tijd toch mogelijk blijken, dan moet juist een voorafgaande diplomatische uitgave daarvan de grondslag zijn.“[28] Eine kritische Ausgabe würde also nur den jeweiligen Stand der Erforschung der Filiation der Hss. widerspiegeln. Selbst ein paralleler Abdruck der verschiedenen Versionen stößt auf Schwierigkeiten, da der Stoff häufig in sehr abweichender Weise auf die einzelnen Kapitel eines Textes, ja sogar ungleich auf verschiedene Texte verteilt ist. Jeder Versuch, eine ursprüngliche Reihenfolge oder einen ursprünglichen Kern zu bestimmen, bleibt — so notwendig er ist — in hohem Grade hypothetisch.[29]

Einer kritischen Ausgabe bleibt so nur der Weg, sämtliche Versionen abzudrucken und möglichenfalls daneben den Versuch eines Kern- oder Urtextes zu stellen. Dies Verfahren haben denn auch von Richthofen, Steller (Älteres Schulzenr.), van Klaarbergen (Jüngeres Schulzenr.), Hoekstra (17 Küren), und Nauta (Allg. Bußtaxen) — um nur die Herausgeber der größeren Texte zu nennen — gewählt.[30]

Dem mußte zunächst, wie Sipma betonte, die Herausgabe diplomatischer Ausgaben vorausgehen, zumal in den fries. Quellen das unterschiedliche graphematische System der Hss. eine nicht geringe Bedeutung für die Beurteilung der fries. Lautgeschichte spielt.[31] Mittlerweile sind in der Reihe Oudfriese Taal- en Rechtsbronnen (OTR) sämtliche sog. osterlauwersschen Hss. ediert (B_{1-2}, E_{1-3}, H_{1-2}, R_{1-2}, F) und die Herausgabe der westerlauwersschen (J U D) ist in Vorbereitung. Sämtliche Ausgaben enthalten neben Darlegungen zu Art und Geschichte der Hs. mehr oder weniger ausführliche Bemerkungen zu den einzelnen Texten, sowie vollständige Wortregister bzw. Glossare.[32] Rechtshistorische Register finden sich in einigen, Kommentare in keiner der Ausgaben, da die Herausgeber alle Philologen sind.[33]

[28] P. Sipma, De eerste Emsinger Codex (OTR IV), 1943, 3.

[29] So hat Algra, Tekstfiliatie, nachgewiesen, daß ein Urtext für die Landrechte nicht angenommen werden kann und daß die 24 Landr. aus einer größeren Zahl solcher ‚landrecht-verzamelingen‘ durch ‚tekstvergelijking en kompilatie‘ (S. 64) hervorgegangen sind. Vgl. dazu auch unten § 294.

[30] Zu den genaueren Literaturangaben vgl. die Quellenübersicht.

[31] Gegen Krogmanns Einwände (ZdPh 75, 320 ff.) hat Buma in ‚De eerste Riustringer codex‘, 1961, 7, Stellung genommen.

[32] Wegen ausführlicher Erörterungen zur Sprachgestalt und vollständigen Literaturhinweisen zu einzelnen Wörtern sind die Ausgaben Bumas (R_1, R_2, B) und Sjölins (F) von besonderem Wert.

[33] Algra, Tekstfiliatie 2 Anm. 1 bemerkt mit Recht: „De opzet van de serie was, *taalbronnen* het licht te doen zien; dat deze kenbronnen van de Oudfriese taal grootendeels tevens *rechtsbronnen* zijn, was voor deze uitgave irrelevant.“ Insofern ist der Titel der Reihe in der Tat „einigszins misleidend“. — Wissenschaftsgeschichtlich ist es auffällig, daß die großen vorausgehenden Ausgaben afries.

Auf der Grundlage dieser diplomatischen Editionen hat jüngst W. J. Buma gemeinsam mit dem Göttinger Rechtshistoriker W. Ebel begonnen, die afr. Hss. in einem kritisch normalisierten Text und mit paralleler deutscher Übersetzung herauszugeben. Damit dürften nun diese Quellen auch weiteren Kreisen zugänglich geworden sein.[34]

Obwohl beide Reihen als vorbildliche Editionen gelten können, bleibt für den Benutzer, der diese Quellen nicht vom graphematischen oder laut- und formengeschichtlichen Standpunkt, sondern aus vergleichender friesischer oder gesamtgermanischer Sicht betrachtet, eine empfindliche Lücke. Die abweichenden Fassungen afr. Denkmäler dürfen ihn nicht hindern, z. B. die Allgemeinen Bußtaxen, die Küren, Landrechte, Schulzenrechte, das Sendrecht usw. prinzipiell und im wesentlichen als je *einen* Text anzusehen und diese einzelnen Texte (unter Berücksichtigung der Abweichungen einzelner Hss.) einander gegenüberzustellen. Nur so ist es möglich, zeitliche Schichten und geographische Unterschiede festzustellen. Nicht die Hss. sind der Corpus altfriesischer Denkmäler, sondern die Texte.

Diese Sicht wird nun durch die genannten Ausgaben ungewollt verstellt, und es bleibt ein Desideratum, sämtliche afr. Texte, die in mehr als einer Fassung überliefert sind, im Paralleldruck zu edieren. Dies gilt in erster Linie für die Landrechte, wo man sich noch mit von Richthofens unvollständiger Synopse behelfen muß, aber nicht minder dringend für die westerlauwersschen Bußtaxen, die Magnusküren, 8 Domen, und viele kleinere Stücke.

Zur Herkunft der altfriesischen Handschriften

§ 137 Während sich solche aus dem Stand der Edition resultierende Schwierigkeiten natürlich bewältigen lassen — die kritischen Bemerkungen geschahen mehr aus prinzipiellen Erwägungen —, ist ein anderer Punkt, die Frage der Herkunft unserer Texte und Hss., von viel größerer Bedeutung und zugleich ungleich schwerer zu lösen, soweit eine Lösung hier überhaupt möglich ist. Bei einer germanische Vergleiche anstrebenden Untersuchung mag man zunächst der Ansicht sein, daß es genüge, die afr. Texte en bloc zu behandeln, so wie das bisher auch generell geschehen ist, u. a. in der einzigen wortgeographischen Arbeit auf diesem Feld von G. Walter.[35]

Rechtsquellen von Rechtshistorikern (de Haan Hettema, v. Richthofen) stammen, desgleichen die großen textkritischen Untersuchungen (His, Heck, Jaeckel), während sich die Philologen auf die Erforschung der Grammatik und des Wortschatzes beschränkten (besonders: van Helten, Siebs, Holthausen). Auch in der besprochenen Reihe werden alle Fragen der Filiation „nadrukkelijk ter zijde geschoven" (Algra S. 7).

[34] W. J. Buma, W. Ebel, Altfriesische Rechtsquellen. Texte und Übersetzungen. Göttingen 1963 ff. (Bisher Bd. I—IV).

[35] G. Walter, Der Wortschatz des Altfriesischen. Diss. München 1910 (Naumburg a. S. o. J.).

Beginnt man jedoch damit, über einen selektiven Wortvergleich hinauszugehen und einen Wortschatzbereich als Ganzes aus den Quellen her darzustellen, so drängen sich sofort auffällige Unterschiede auf, die einmal (bei Berücksichtigung des Alters der Texte) eine zeitliche Schichtung und daneben eine geographische Gliederung des Wortschatzes vermuten lassen. Solche Befunde zu übergehen verbot sich schon deshalb, weil mit der Möglichkeit gerechnet werden mußte, daß solche zeitliche Wortschatzschichtung auch für die Beurteilung der betr. Terminologie in anderen germanischen Dialekten von Belang sein könnte und darüber hinaus die Möglichkeit ins Auge gefaßt werden mußte, daß eine wortgeographische Gliederung nicht nur eine innerfriesische Angelegenheit zu sein braucht, sondern daß hier frühe Einfluß- und Verwandtschaftsverhältnisse zwischen altenglischen, altsächsischen, altniederfränkischen Dialekten und den einzelnen fries. Sprachlandschaften zutage treten können. Auf eine solche Möglichkeit hatte bereits v. Richthofen in seinem Wörterbuch hingewiesen. „Besonderer aufmerksamkeit werth erachte ich die einzelnen aus den verschiedenen friesischen handschriften hervortauchenden friesischen dialecte: die östlichen gegenden zeigen mehr anklänge zum angelsächsischen und isländischen, die westlichen treten der sprache des altsächsischen heliand in manchen punkten näher. Dies im einzelnen zu begründen und weiter auszuführen, behalte ich meiner friesischen rechtsgeschichte [!] vor, in welcher ich das verhältnis der friesischen sprache zu den ihr verwandten deutschen mundarten erörtern werde." Leider hat v. Richthofen gerade diese Fragen überhaupt nicht mehr in Angriff genommen — und auch niemand nach ihm.[36] Doch scheint es allen Forschern, die sich mit dem afries. Wortschatz befaßt haben, klar gewesen zu sein, daß es wesentliche west-östliche Wortschatzunterschiede gibt. Am deutlichsten tritt dies in den Titeln der beiden Arbeiten van Heltens ‚Zur lexicologie des altostfriesischen'[37] und ‚Zur lexicologie des altwestfriesischen'[38] zutage, die sich auf den Wortschatz der Hss. F H E B R bzw. J R o D beziehen.

Entsprechende lautliche Differenzen vermutete van Helten, wenn er eine Grammatik der Texte östlicher Hss. ‚Altostfriesische Grammatik' nannte.[39] Die von Siebs, Krogmann (und zuletzt zusammenfassend von Buma[40]) hervorgehobenen lautlichen Unterschiede hält Sjölin bedingt „teils durch Neuerungen im Laut- und Formensystem [der jüngeren westerl. Hss.], teils auch durch das Eindringen einer jüngeren, vom Mnd. und Mnl. beeinflußten Ortho-

[36] Die Diskussion um die Gliederung des Afries. und seine Stellung unter den germ. Dialekten beschränkte sich (von Walters Untersuchung abgesehen) auf die Laut- und Formenlehre.

[37] W. L. van Helten, Zur lexicologie des altostfriesischen, in: Verh. d. Kgl. Akad. v. Wetensch. te Amsterdam, Afdeel. Letterkunde, N. R. Deel IX. 1907 (Nachdruck 1966).

[38] W. L. van Helten, Zur lexicologie des altwestfriesischen, a.a.O., Del I No. 5. 1896.

[39] W. L. van Helten, Altostfriesische Grammatik, Leeuwarden 1890.

[40] W. J. Buma, Aldfryske Houlikstaspraken, Assen 1957, 34—37.

graphie."[41] Auf jeden Fall ist die Frage, ob es unterschiedliche Lautentwicklungen in östlichen bzw. westlichen fries. Landschaften gegeben hat, weitaus schwieriger zu beantworten als die junggrammatische Forschergeneration glaubte. Eine Antwort wird kaum vor Abschluß sämtlicher diplomatischen Hss.-Editionen möglich sein.

§ 138 In dieser Situation kommt dem Nachweis einer tiefgreifenden wortgeographischen Gliederung des altfr. Sprachgebietes besondere Bedeutung zu. Ein solcher wäre leicht zu erbringen, wenn wir mit Sicherheit wüßten, welchen Landschaften die einzelnen Texte zuzuweisen sind. Erwähnungen von Landschaftsnamen oder gar Ortsnamen, die auf die Herkunft oder den Gültigkeitsbereich der einzelnen Texte hinweisen, finden sich jedoch insgesamt nur sehr selten und zumeist nur bei den jüngeren Texten, die im letzten Teil der Hss. stehen.[42]

Auf ihnen allein kann eine Wortgeographie nicht basieren. Der Ausgangspunkt einer landschaftlichen Zuweisung der afr. Texte können nur die einzelnen Hss. sein. Diese tragen (mit Ausnahme der westerl.) Landschaftsnamen (Rüstringer, Emsinger, Hunsinger, Fivelgoer Hs(s).), die ihnen jedoch nicht ursprünglich zukamen, sondern erst im Laufe ihrer Erforschung gegeben wurden. Ausschlaggebend war dabei die Annahme, daß es sich hier um eigentliche landschaftliche Gesetzbücher handle, die je auf ihre Weise das Recht der betr. Landschaft enthielten. Im Gefolge dieser Identifizierung wurde auch die Sprache der Hss. als eine den entsprechenden Landschaften eigentümliche angesehen.[43]

B. Sjölin gebührt das Verdienst, in seinem Gliederungs-Aufsatz die Geschichte dieser Zuweisung von Hss. zu bestimmten Landschaften klargelegt und auf das Mißliche einer solchen unkritischen Annahme nachdrücklich hingewie-

[41] B. Sjölin, Zur Gliederung des Altfriesischen, 30. Widerlegt wird an Beispielen die angeblich alte, unterschiedliche Entwicklung von germ. *a* vor Nasal in geschlossener Silbe (*Hand, Land* usw.). — So sind auch die meisten der im folgenden auftretenden ‚Lautunterschiede' afr. Wörter zumeist graphematischer Natur oder lassen sich aus einem verschiedenen Stand der Lautentwicklung erklären. Zumindest in diesem Punkt repräsentieren die afr. Hss. den Stand der letzten Niederschrift. Vgl. dazu die Ausführungen zu ags. Rechtshss. oben § 4.

[42] *Riostri(n)g(alond)* in R_1 VIII (Alte Rüstringer Küren), R_1 XX (Rüstr. Sendrecht), *Hunesgenalond* u. ä. in H XXIII, F XXII (Huns. Küren), *Em(e)sga* in E_2 VI E_3 IV (Emsiger Domen), E_2 IX E_3 V (Emsiger Pfennigschuldbuch); *Fyulghelond* und *Aldeompt* in F XXI (Oldamter Recht). Keine diesbezüglichen Angaben in E_1, R_2. — Häufigere Landschaftsangaben finden sich in den großen westerl. Sammlungen J U D, besonders zu den regionalen Bußtaxen. So erfolgt die Zuweisung von U in den Ostergo und von J D in den Westergo auf Grund der nur dort aufgenommenen regionalen Texte (besonders Bußtaxen). — Nur der Brokmerbrief ist eine eindeutig und ausschließlich regionale Rechtsquelle.

[43] Diese Auffassung spiegelt sich noch in den Titeln der Reihen ‚Oudfriese Taal — en Rechtsbronnen' und ‚Altfriesische Rechtsquellen', obwohl die Einleitungen (besonders der letztgenannten Reihe) bereits einschränkende Bemerkungen hierzu enthalten.

sen zu haben.[44] Zusammenfassend schreibt er: „Die Rechtshistoriker dürften sich nunmehr darüber einig sein, daß die altfriesischen Hss., mit der eben erwähnten Ausnahme [Brokmerbrief], nicht als Gesetze, als Kodifikationen anzusehen sind, sondern als Rechtshandbücher, die als private Kompilationen aus verschiedenen Texten verschiedener Herkunft und verschiedenen Alters zusammengetragen worden sind" (S. 29). Nach diesem Befund sollte man erwarten, daß bei der Darstellung eines speziellen Wortschatzbereiches überhaupt keine, für bestimmte Hss. charakteristische Unterschiede aufzufinden sein würden, daß vielmehr vorkommende Wortschatzdivergenzen nur ein Abbild jener verwirrenden, kaum mehr erschließbaren Kompilationsvorgänge widerspiegeln. Dies ist jedoch nicht der Fall. Es ergibt sich vielmehr, wie hier schon im Vorgriff auf die folgenden Darlegungen erwähnt sei, ein erstaunlich eindeutiges wortgeographisches Bild, das u. a. eine Zuweisung der meisten Hss. zu bestimmten Landschaften nahelegt. Es gibt einen spezifischen Wortschatz bestimmter Hss. und Hss.-Gruppen sowie bestimmter Texte in ihnen, der im wesentlichen nur aus geographischer Gebundenheit verständlich ist. Hieraus ergibt sich, daß die an sich so einleuchtenden Darlegungen Sjölins offenbar übers Ziel hinausschießen. Für richtig halte ich, daß die Zuweisung der Landschaftsnamen zu den Hss. auf Grund einer falschen Auffassung von der Art und Entstehung der afr. Rechtshss. erfolgte, ferner, daß diese Namengebung die komplizierten und unterschiedlichen Abhängigkeitsverhältnisse einzelner Texte in ihnen verdeckt. Sicherlich muß bei der Suche nach wortgeographischen Zusammenhängen stets die Möglichkeit mitbedacht werden, daß im Einzelfall nicht landschaftlicher Wortgebrauch vorzuliegen braucht, sondern die Herkunft des Textes entscheidend ist. So sind z. B. die Küren und Landrechte in H denen in E_1 so nah verwandt, daß hier sicherlich Textverwandtschaft bzw. Herkunft von H aus dem Emsigo vorliegt.[45] Andererseits enthalten das 23. und 24. Landrecht in E_1 Passagen, die offensichtlich einem westerlauwersschen Landrechtstext entstammen.[46]

Leider gibt es zu den einzelnen afr. Texten mit Ausnahme der Küren und Landrechte keine erschöpfenden textkritischen Untersuchungen, die es ermöglichten, bei den wortgeographischen Betrachtungen die textgeschichtlich bedingten Erscheinungen auszusondern. (Dies hat sicherlich auch seinen Grund in der unkritischen Zuweisung der Hss. zu bestimmten Landschaften.) Offensichtlich dürfen solche Querverbindungen und Textverschwägerungen im Bereich der sog. gemeinfries. Texte jedoch nicht überbewertet werden, zumal die Mehrzahl der afr. Texte nur in bestimmten Hss.-Gruppen oder nur einer Hs. erscheint. Die Übertragung der textkritischen Ergebnisse bei den Küren und Landrechten, d. h. deren besonders komplizierter Entwicklungsgeschichte, auf andere Texte

[44] Beiläufig hatte schon E. M. Meyers, Het Friese en het Drentse erfrecht en huwelijksgoederenrecht (Akademiedagen II) Amsterdam 1945, (Zitat bei Sjölin a.a.O., 29) ähnliche Kritik geübt.

[45] Algra, Tekstfiliatie 10 u. ö.

[46] Algra, Tekstfiliatie 70 ff.

würde einen falschen Eindruck von den interregionalen Textverschwägerungen geben.

So möchte ich in dieser Frage grundsätzlich zu der Ansicht zurückkehren, die auch Algra in seinen textkritischen Untersuchungen zu Küren und Landrechten erneut geäußert hat: „De benaming der Friese codices is namelijk niet willkeurig gekozen, maar geeft aan in welk gebied de afzonderlijke codices (vermoedelijk) geconcipieerd zijn en van kracht zijn geweest." Die Unterschiede in den einzelnen Codices „kunnen op locale rechtsverscheidenheid teruggaan" (S. 9). In der oben zitierten Bemerkung v. Richthofens sehe ich denn nicht nur den „entscheidende[n] Schritt in der Entwicklung, die zu unserer gegenwärtigen Terminologie führen sollte",[47] sondern die Einsicht des Lexikographen in die fundamentalen lexikalischen Unterschiede zwischen den ihm bekannten Hss. D und (in Abschrift) J einerseits und E B H R andererseits und in Eigentümlichkeiten bestimmter Hss., besonders R_{1-2}.

§ 139 Weshalb, müssen wir fragen, war die Benennung der osterl. Hss. keine willkürliche? Sie ging wie gesagt aus von der Erwähnung der betr. Landschaftsnamen in jüngeren Texten dieser Handschriften. Von diesen wenigen Texten zumindest kann man annehmen, daß sie das Recht der betreffenden Landschaften wiedergeben und weiter, daß sie auch in diesen abgefaßt wurden. Ihre Verbindung mit anderen, nicht lokalisierbaren Texten, unter ihnen die in allen Hss. enthaltenen Küren und Landrechte, kann nur dann einen Sinn gehabt haben, wenn auch diese — also die gesamte Sammlung — in der Rechtsprechung benutzt wurden. So schreiben Buma/Ebel im ersten Band der Altfriesischen Rechtsquellen: „Das Asegabuch (R 1) ist sicher eine der Rechtssammlungen, deren man sich in den Gerichten bediente, seit der mündliche Rechtsvortrag des Asega abgekommen war und dieser nur mehr als Urteilsfinder fungierte."[48] Dies mag im großen und ganzen auch für die übrigen, besonders die älteren Rechtshandschriften, richtig sein.[49] Dabei wurden die ältesten Rechtsdenkmäler, wie die Küren und Landrechte, wohl vor allem aus Traditionsbewußtsein aufgenommen bzw., wie Borchling bemerkt „nur noch pro forma, aus Ehrfurcht vor ihrem Alter, mitgeführt."[50]

In welchem Maße die afr. Hss. mehr einem privaten oder mehr einem offiziellen Gebrauch dienten, wird sich schwerlich je feststellen lassen. Doch daß ihr Zustandekommen nicht primär auf ein antiquarisches Interesse zurückgeht, scheint mir eindeutig. Die Absicht einer Rechtskodifikation ist unverkennbar. Obwohl sich diese gewiß über eine längere Zeit erstreckte, indem ältere Sammlungen in die überlieferten Hss. aufgenommen wurden, ist der Charakter der Hss. stofflich gesehen durchaus einheitlich. (Die chronikalen, biblischen und

[47] Sjölin, a.a.O., 28, gemeint ist die Scheidung in Altost- und Altwestfriesisch.

[48] Das Rüstringer Recht, 1963, 19.

[49] In Bd. 4, Das Hunsingoer Recht, 1969, 12 heißt es: „So stellt die Handschrift gewissermaßen ein ebenso dem privaten Rechtsstudium dienendes wie für die praktische Rechtsanwendung brauchbares Buch dar."

[50] C. Borchling, Die älteren Rechtsquellen Ostfrieslands, 1906, 5.

z. T. sagenhaften Stücke enthalten ja gleichfalls rechtlich Relevantes.) Doch nicht nur in der stofflichen Abgrenzung machen die Hss. einen recht geschlossenen Eindruck, sondern auch in der Zusammenstellung der Texte. Läge hier willkürliche Kompilation vor, wie dies Sjölin durch seine Formulierung „Texte[n] verschiedenen Alters und verschiedener Herkunft"[51] nahelegt, so sollte man in den einzelnen Hss. auch offensichtliche Divergenzen finden, z. B. in *einer* Hs. einen Text für Dongeradeel neben einer Küre für Rüstringen. Tatsächlich zeichnen sich die afr. Hss. jedoch durch Gruppenbildung aus. Nur J U D, die älteren westerl. Textsammlungen, enthalten die Schulzenrechte, Magnusküren, 8 Domen, das sog. westerl. Sendrecht; nur F H E R die Allgemeinen Bußtaxen und untereinander verwandte Bußregister und Küren.[52] Dies läßt auf eine bewußte Tradierung schließen, die — und damit komme ich auf die Ausgangsfrage zurück — zweifellos eine landschaftliche war. Denn J U D enthält im übrigen zahlreiche, erwiesenermaßen für westerl. Landschaften gültige Texte und desgleichen F H E R solche für die Bereiche östlich der Lauwers. Das heißt aber, daß die Ansicht, die einzelnen Hss. hätten spezifisch landschaftliche Bezüge, durchaus nicht auf tönernen Füßen steht. Allerdings ist die Ost-West-Gliederung aus den Texten selbst deutlicher erkennbar als die weitere Spezifizierung von F H E und R.

Der Grundstock der Texte in den älteren afr. Hss. enthält teils gemeinfriesisches teils regionales Recht. Zahlreiche spezifische Ergänzungen und Änderungen in den einzelnen Hss. geben offenbar lokale Rechtsbesonderheiten wieder. Darüberhinaus ist jedoch nicht zu verkennen, daß einige Texte in ihren letzten Redaktionen Auffüllungen erfahren haben, die nicht unbedingt als landschaftliche Rechtsneuerungen zu verstehen sind (z. B. die Einfügungen aus den Allg. Bußtaxen in einigen westerl. Bußtaxen, s. u. § 288). Neben einer bewußten Tradierung dürfte in späterer Zeit, seit dem 13 Jh., auch das Bestreben eine Rolle gespielt haben, die Rechtscodices mit möglichst vielem Rechtsstoff zu füllen, wobei dessen Brauchbarkeit im Rechtsleben keine ausschlaggebende Rolle mehr spielte. Hier mag ein gewisses enzyklopädisches Interesse hineingespielt haben. Vielleicht wird man gerade die Zusammenstellung von F unter diesem Gesichtspunkt besser erklären können, wo sich einerseits die Gruppe der J U D gemeinsamen Texte findet und andererseits eine systematisierte Fassung der Allg. Bußt. sowie andere Texte, die denen in osterl. Hss. verwandt sind.[53]

§ 140 Abschließend möchte ich noch einen weiteren Gesichtspunkt für die Erklärung der wortgeographischen Befunde anführen. Es muß offenbar mit der Möglichkeit gerechnet werden, daß Texte unterschiedlicher Herkunft bis zu ihrer Kodifizierung in den überlieferten Hss. in bezug auf ihren Wortschatz

[51] Einführung ins Friesische, 15.
[52] Zu F s. Ende dieses Paragraphen.
[53] Es ist kein Zufall, daß der Herausgeber gerade dieser Hs., B. Sjölin, sich zur Frage der landschaftlichen Gültigkeit der afr. Hss. so kritisch geäußert hat.

einer lokalen Anpassung unterlagen. Nur so ist mir erklärlich, daß gemeinsame Texte wie z. B. die Allg. Bußt. in den verschiedenen Hss. lexikalische Unterschiede aufweisen, die auch für andere Texte dieser Hss. charakteristisch sind. Das heißt, Herkunft und Filiation eines Textes können überdeckt sein durch eine spezifische landschaftliche Tradition, von der uns nur die letzte Etappe bezeugt ist. Nur in den Emsiger Bußtaxen haben wir Vergleichsmöglichkeiten für einen Text aus verschiedenen Traditionsstufen.

Auf solche landschaftliche Tradition weist ja bereits der Umstand hin, daß die einzelnen Hss. graphematische Eigentümlichkeiten aufweisen.[54] Ins Auge fallend sind besonders die Unterschiede zwischen den westerl. und den osterl. Hss., die auf mnl. bzw. mnd. Schreibtraditionen zurückgehen. Mit Recht weist Sjölin darauf hin, daß diese Unterschiede allein nicht zu einer Einteilung des Afr. (in Aofr. und Awfr.) berechtigen, da sie vor allem chronologisch bedingt sind.[55] Trotzdem muß dies Zeugnis unterschiedlicher Schreibsysteme als ein wichtiges Kriterium regionaler Rechtsquellentradition bewertet werden.

Zur Darstellung

§ 141 Aus den einleitenden Überlegungen über die Möglichkeiten afr. Wortgeographie ist zu folgern, daß bei der Wortschatzdarstellung möglichst die Hss. *und* die betr. Texte zitiert werden müssen. Eine Zitierung nach Hss. allein böte nur eine Häufung von Belegen, deren Deutung dem Leser schlechthin unmöglich ist. Das Bild vereinfacht sich oft wesentlich, wenn man gleich erfährt, daß z. B. alle Belege den Küren entstammen. Andererseits konnte (um die Lesbarkeit der betr. Passagen nicht unnötig zu erschweren), die Angabe des Texttitels nur bei den größeren Stücken erfolgen, die schließlich für die Auswertung den weitaus größten Quellenwert besitzen.

In keiner der germanischen Rechtsquellen ist der hier zu untersuchende Wortschatzbereich mit solcher Breite und Vielfältigkeit belegt wie in den altfriesischen. In der Differenzierung der Körperverletzungen und Realinjurien haben die Friesen zweifellos ein Höchstmaß erreicht. Das germanische Bußtaxensystem erscheint in einem späten, von fremden Einflüssen ganz unberührten Entwicklungsstadium.[56] Daß bei diesem ungeheuren Reichtum nicht sämtliche mit den Deliktsbezeichnungen zusammenhängende Termini genannt werden konnten und eine Beschränkung auf die Terminologie der klassischen Texte unumgänglich war, wird der Kenner der Materie verstehen. Auch auf etymologische Angaben wurde zumeist verzichtet, zumal diese leicht bei van Helten Laofr., Holthausen Afr. Wb. und einigen Glossaren der Reihe OTR zu

[54] Untersuchungen hierzu liegen m. W. noch nicht vor, doch finden sich diesbez. Ausführungen und Bemerkungen in einigen der OTR-Textausgaben sowie bei van Helten, Laofr.; vgl. aber jetzt B. Sjölin, Die ‚Fivelgoer' Handschrift.

[55] Zur Gliederung des Altfriesischen, 35.

[56] Vgl. das Zitat von R. His oben § 134.

finden sind.[57] Nur in strittigen, in unserem Zusammenhang wichtigen Fällen, wurden etymologische Fragen erörtert.

§ 142 Grundlage der Untersuchung sind die in den Oudfriese Taal- en Rechtsbronnen edierten Hss.; von F stellte mir freundlicherweise B. Sjölin sein Ms. (inzwischen gedruckt) zur Verfügung, von D J U konnte ich auf Grund des Entgegenkommens von W. J. Buma die in Vorbereitung befindlichen Ausgaben (D: Text im Druck, Wb. im Konzept, J: Text-Ausschrift mit Emendationen) bzw. eine Ausschrift des Codex U benutzen. So wird D bereits mit Text- und Zeilenzahl der zukünftigen Ausgabe zitiert, von J und U werden nur die jeweiligen Textnummern der geplanten Edition genannt.[58]

Um die Darstellung verständlich und die Konklusionen nachvollziehbar zu machen, gebe ich im folgenden eine kurze Übersicht über die hier ausgewerteten Hss. und Texte sowie die dabei benutzten Sigel. Ich folge darin im wesentlichen der „Zeer voorlopige lijst van de belangrijksten Middeleeuwse Rechtsbronnen uit het Groot-Friese gebied tussen Vlie en Wezer" von P. Gerbenzon, die im 1. Teil (49 S.) die afr. Rechtsquellen nach Texten, im zweiten Teil (17 S.) nach Hss. und Drucken geordnet darstellt.[59]

Gerbenzon führt zunächst die „Rechtsbronnen van het gehele Groot-Friese gebied of van meer dan één van de hoofddelen daarvan" auf und verzeichnet die übrigen Texte nach ihrer vermutlichen geographischen Herkunft. Dabei werden drei Hauptgruppen unterschieden: Texte aus dem Gebiet I. zwischen Weser und Ems, II. zwischen Ems und Lauwers, III. zwischen Lauwers und Vlie. Die weitere Unterteilung führe ich hier nicht an, da aus vielen der erwähnten Landschaften nur mnd. und lat. Texte überliefert sind.

[57] Ein neues Wörterbuch des Afries., das neben der Etymologie auch die zeitliche Schichtung und geographische Verteilung des Wortschatzes berücksichtigt und somit das Wörterbuch von Holthausen ersetzen und von Richthofens Werk wesentlich ergänzen wird, bereitet Dietrich Hofmann vor. Vgl. dazu D. Hofmann, Die Erschließung des altfries. Wortschatzes, in: Philologia Frisica 1969, Groningen 1970, 100—114.

[58] Die zuversichtliche Annahme, daß bis zum Druck meines Ms. auch diese Ausgaben so weit fortgeschritten sein würden, daß genaue Stellenangaben gemacht werden könnten, hatte mich bei der Abfassung (1968/69) veranlaßt, auf die Zitierung der älteren Ausgabe von J (de Haan Hettema, Oude Friese Wetten, 1851) zu verzichten und auch bei U keine genaue Zeilen- und Seitenzählung nach dem Original vorzunehmen, da dies ohnehin kaum einem Leser zur Verfügung steht. Leider kommt meine Untersuchung den genannten Ausgaben nun doch zuvor. Eine Umstellung der Zitate auf die in Bälde überholte und schwer zugängliche Ausgabe Hettemas scheint mir trotzdem nicht tunlich.

[59] Nur hektographiert im Fries Instituut, Groningen, Westersingel 28—30 vorhanden. (Eine Neubearbeitung ist in Aussicht gestellt). Dies ist die bisher ausführlichste Quellenkunde. Daneben ist besonders die Darstellung von Th. Siebs in: Geschichte der friesischen Literatur, Grundriß ²1909 II, 1 534—546 als meisterhafte Zusammenfassung des damaligen Forschungsstandes sowie die rezente Übersicht von B. Sjölin in: Einführung in das Friesische, 1969, 9—16 zu nennen. Vgl. ferner R. His, Strafrecht der Friesen, 1901, 1—14 und W. Krogmann, Die friesische Sprache, Aufriß ²1957, I Sp. 1899 (sehr knapp).

Im folgenden nenne ich die in den meisten ost- *und* westerlauwersschen Hss. bezeugten Texte *gemeinfriesisch*, ohne damit behaupten zu wollen, daß diese tatsächlich in allen fries. Landschaften Gültigkeit besessen hätten. Die Frage ihrer ursprünglichen Herkunft (Partikularrecht oder im eigentlichen Sinne gemeinfriesische Satzung) soll damit keineswegs entschieden werden.

Aus Gründen der Praktikabilität nenne ich die Texte, welche nur in westerlauwersschen (westerl.) Codices (D U J Fs A Ro) begegnen *westerlauwerssche*,[60] die nur in osterlauwersschen (osterl.) Hss. begegnen (F H E B R) *osterlauwerssche* Texte. Texte der Hss. F und H werden nach dem späteren Verband der Groninger Ommelande (der sich über den Hunsigo und Fivelgo erstreckte) *Ommelander* Texte genannt, die der Hss. $E_{1\text{-}3}$ und $B_{1\text{-}2}$ *ostfriesische* Texte, der Hss. $R_{1\text{-}2}$ *Rüstringer* Texte. Damit soll die Entscheidung über die tatsächliche Herkunft und Gültigkeit eines Textes im Einzelfall nicht präjudiziert werden.

Die Bezeichnungen osterl. und westerl. werden im allg. den Ausdrücken altostfriesisch (aofr.) und altwestfriesisch (awfr.) vorgezogen, um der in afr. Zeit relevanten Sprachgrenze, der Lauwers, auch terminologisch Rechnung zu tragen. Im übrigen sind die Termini Aofr. und Awfr. auf dem Hintergrund der heutigen Begriffe Ost- und Westfriesland mißverständlich. So bleibt im folgenden die Bezeichnung ostfr. für die Landschaft reserviert, die heute diesen Namen trägt.

Die beigegebene Karte verzeichnet (nach v. Richthofen, Untersuchungen II, 2 1882 und Geschiedenis van Friesland, 1968) die Landschaftsnamen, welche für unsere Untersuchung relevant sind. Die im einzelnen notwendige Revidierung der Karte v. Richthofens, welche Heck, Altfriesische Gerichtsverfassung 1894, vereinfacht wiederabdruckte, muß der historisch-geographischen Spezialforschung vorbehalten bleiben.

Die Quellen I (Codices)

§ 143

R_1 Erste Rüstringer Hs., um 1300, zurückgehend auf eine Vorlage, die frühestens i. J. 1212 entstand; enthält neben gemeinfr. und die Kirche betreffenden Texten spezifisch Rüstringer Rechtsaufzeichnungen.
Ausgaben: W. J. Buma, Die eerste Riustringer codex. (OTR XI) 1961. (Mit rechtshistor. Register von P. Gerbenzon u. vollst. Glossar.) W. J. Buma—W. Ebel, Das Rüstringer Recht. 1963, 25—119. Veraltet: Hettema, OFW I; v. Richthofen, Rqu.; T. D. Wiarda, Asega-Buch. Ein Alt-Friesisches Gesetzbuch der Rüstringer. Berlin—Stettin 1805.

R_2 Zweite Rüstringer Hs., v. J. 1327 (nur in Abschriften von G. Oelrichs erhalten), inhaltl. z. T. = R_1, nach Buma—Ebel S. 21: „Materialsammlung zu einem Entwurf einer . . . Revision [des Rüstringer Landrechts]."

[60] Dabei bleibt, wie auch in Gerbenzon's lijst, unberücksichtigt, daß die Magnusküren, 8 Domen und das westerl. Sendrecht auch in F überliefert sind.

Ausgaben: W. J. Buma, Het tweede Rüstringer handschrift. (OTR VIII) 1954. (Mit rechthistor. Register von P. Gerbenzon u. vollst. Glossar.) W. J. Buma—W. Ebel, Das Rüstringer Recht. 1963, 121—159. — Veraltet: Hettema, Landregt; v. Richthofen, Rqu.

B_1 Die erste Brokmer Handschrift, Ende 13. Jh.

B_2 Die zweite Brokmer Handschrift, 1345.

Beide Hss. enthalten — bei geringfügigen Abweichungen und Ergänzung von Überschriften in B_2 — den gleichen Text, der aus gleicher Vorlage stammt: den Brokmerbrief (s. u. S. 100).

Ausgaben: W. J. Buma, Die Brokmer Rechtshandschriften. (OTR V) 1949. (Text von B_1 und B_2 mit dt. Übersetzung, ausführl. Literaturverz., vollst. Glossar m. dt. Interpretamenten und zahlr. etymolog. u. gramm. Erläuterungen). — W. J. Buma—W. Ebel, Das Brokmer Recht, 1965. Veraltet: v. Richthofen, Rqu. (B_2); Hettema, OFW I (B_2); T. D. Wiarda, Die Willküren der Brokmänner, eines freyen friesischen Volkes, Berlin 1820 (B_1). — Zitiert wird B_1 als B, wenn nichts anderes vermerkt ist. Die §§-Zählung folgt der Ausgabe Bumas in OTR V (= v. Richthofen, Rqu.). Eine neue Zählung bringen Buma—Ebel (alte Zählung in Klammern).

E_1 Die erste Emsiger Handschrift, 14. Jh.

E_2 Die zweite Emsiger Handschrift, um 1450.

E_3 Die dritte Emsiger Handschrift, um 1450.

E_1 ist nur durch die Emsiger Bußtaxen als Emsiger Hs. ausgewiesen und enthält im übrigen im wesentlichen gemeinfr. Texte, E_2 und E_3 enthalten hauptsächlich spätere, vielleicht als nach-klassisch zu bezeichnende Texte, die in der Mehrzahl eindeutig Emsiger Recht darstellen.

Ausgaben: P. Sipma, De eerste Emsinger codex. (OTR IV) 1943. (Mit vollst. Wortregister.) — K. Fokkema, De tweede Emsinger codex. (OTR VII) 1953. (Mit vollst. Wortregister.) — K. Fokkema, De derde Emsinger codex (OTR X) 1959. (Mit rechtshistor. Register von P. Gerbenzon u. Wortregister.)

Sämtliche drei Hss. enthält: W. J. Buma—W. Ebel, Das Emsiger Recht, Altfr. Rqu. 3, 1967. — Veraltet: v. Richthofen, Rqu. (E_1, E_2, E_3); Hettema, OFW I (E_1, E_2); Hettema, Het Emsinger landregt van 1312, Leeuwarden 1830 (E_3).

F Die Fivelgoer Handschrift, erstes Drittel des 15. Jh.s.

Enthält im ersten Teil (I—VIII) gemeinfries. u. ‚westerl.' Texte (entsprechend den Hss. J U D), im zweiten Teil Rechtsdenkmäler, deren Geltung regional beschränkt war und z. T. mit solchen aus H übereinstimmt. Eine Zuweisung zum Fivelgo ist (nach Sjölin) nur für wenige berechtigt.

Ausgaben: B. Sjölin, Die ‚Fivelgoer' Handschrift. (OTR XII) 1970. (Mit dt. Übersetzung u. eingehenden graphematischen u. wortkundlichen Untersuchungen, vollst. Wb. in Vorbereitung.) — Veraltet: Hettema, Het Fivelingoer en Oldampster Landregt, Dockum 1841.

H_1 Erste Hunsingoer Handschrift, um 1300.

H_2 Zweite Hunsingoer Hs., um 1300.
Beide Hss. sind inhaltlich nahezu identisch, wahrscheinlich von gleicher Vorlage abgeschrieben. Zwei Teile, fries. und lat. Text, unterschiedlicher Herkunft. (Der lat. Text ist Übersetzung eines fries.)[61] Die Hss. enthalten in der Mehrzahl gemeinfr. Texte, auf den Hunsigo weisen die Hunsigoer Küren v. J. 1252.
Ausgaben: J. Hoekstra, De eerste en de tweede Hunsinger codex. (OTR VI) 1950. (Mit vollst. Wortreg.) — W. J. Buma/W. Ebel, Das Hunsingoer Recht, Altfr. Rqu. 4, 1969. Veraltet: Hettema, OFW I; v. Richthofen, Rqu. — Zitiert werden H_2 als H, Abweichungen in H_1 als H_1, der lateinische Text wird zuzüglich durch lat. gekennzeichnet.

D *Alter Druck*, Inkunabel: Jt Freeska Landriucht. Um 1485.
In 9 Ex. überliefert, von Siebs als W 1 (westerl. Hs. 1) bezeichnet. Enthält gemeinfr. und regionale, den Landschaften zwischen Vlie und Lauwers (bes. Westergo) zugehörige Rechtstexte, die der Zeit von ca. 1000 bis 1450 entstammen. Orthographisch und grammatikalisch sind sämtliche Texte modernisiert.

Ausgaben: (Chr. Schotanus), Beschryvinge van de heerlyckheydt van Frieslandt tusschen 't Flie en de Lauwers met nieuwe caerten van 't Landschap... (1664). P. Wierdsma/P. Brantsma, Oude Friesche Wetten... Campen en Leeuwarden 1782—1788 (unvollständig gebliebener Abdruck von D, mit wertvollen Anmerkungen). v. Richthofen, Rqu. (beruht auf Schotanus, Inkunabel kaum verglichen). K. Fokkema, E. Galama, De Oude Druk (OTR XIII) (in Vorbereitung, Text im Druck).

J *Jus municipale Frisonum*, Mitte 16. Jh.
Abschrift eines Codex aus Sneek oder Umgebung v. J. 1464, von Siebs W 2 (westerl. Hs. 2) genannt. Enthält neben gemeinfr. Texten zahlreiche Rechtsdenkmäler aus Landschaften zwischen Vlie u. Lauwers (bes. Westergo).
Ausgaben: Hettema, OFW II. — W. J. Buma, Jus Municipale Frisonum (OTR XIV, in Vorbereitung).

U *Codex Unia*, Original v. J. 1475 ist verloren, überliefert sind die Abschriften und Kollationen des Franciscus Junius von ca. 1650. Ms. Junius 109 (Bodleian Library, Oxford) ist ein Exemplar von D, worin Varianten aus U eingeschrieben sind; Ms. Junius 49 bietet Abschriften aus F, Ro und U. Inhaltlich bietet U gemeinfries. und aus Landschaften zwischen Vlie und Lauwers stammende Texte (bes. Ostergo), die zeitlich bis ins 15. Jh. reichen.

[61] Algra, Tekstfiliatie, 88 ff. Widerlegt wird von A. vor allem die Übersetzungstheorie von Ph. Heck. Zustimmend Sjölin (Rezension) in: Tijdschrift voor Rechtsgeschiedenis XXXVI (1968), 214—218.

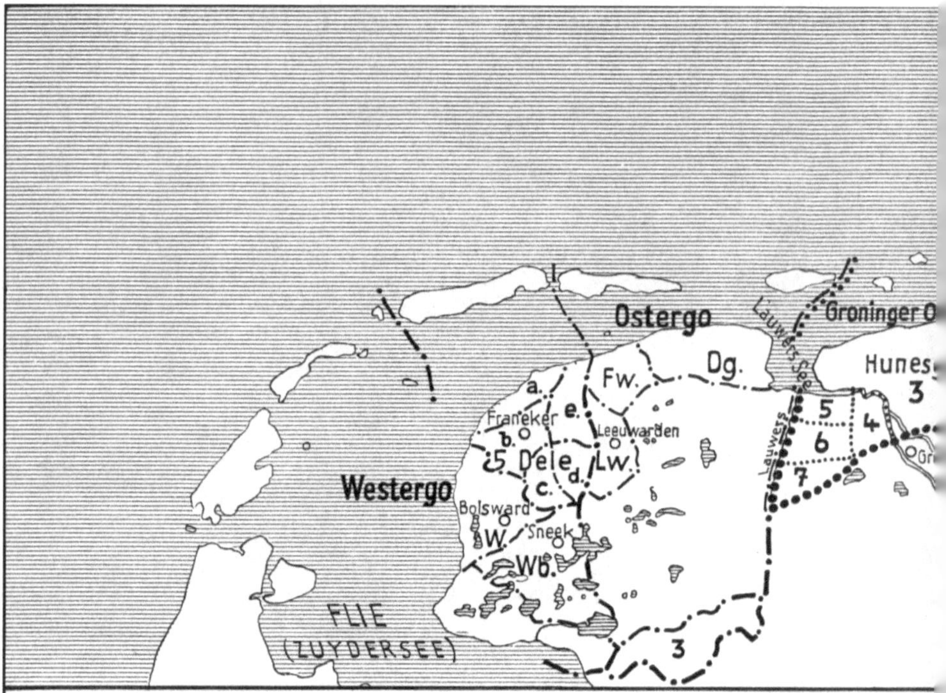

Skizze der friesischen Rechtsgebiete und Landschaften im 13. Jh

Erstes Rechtsgebiet. Rüstringen und die angrenzenden Rechtsgebiete

1. Das Land Rüstringen
2. " " Wursten
3. " " Würden
4. Astringen
5. Wangeraland
6. Harlingen

Zweites Rechtsgebiet. Ostfriesland

1. Brockmerland
2. Emsigo
3. Federgo
4. Norderaland
5. Reideraland
6. Mormonnaland
7. Oberledingerland
8. Sagelteraland

Maßstab 1 : 1350 000

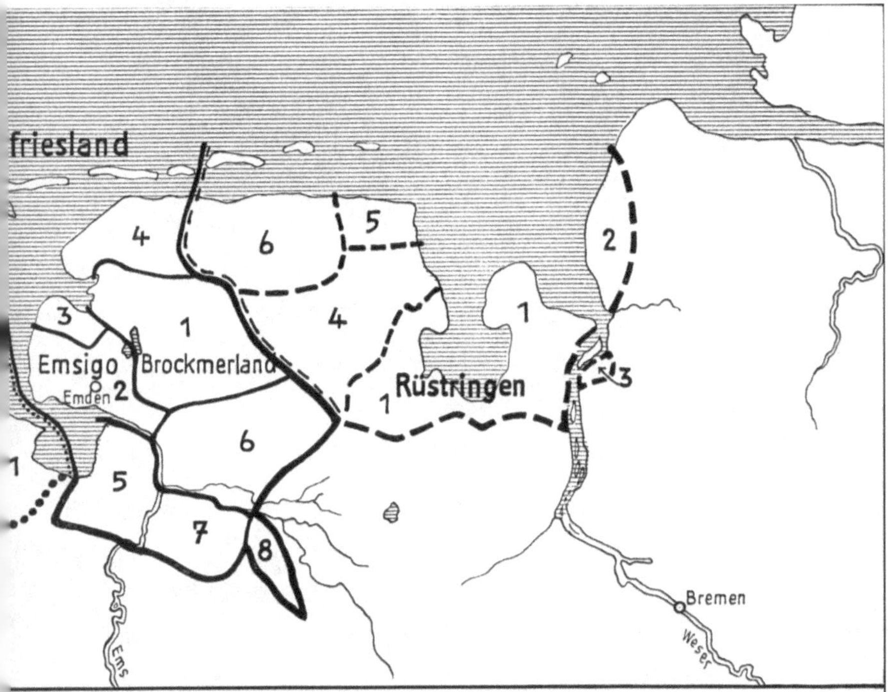

chthofen, Untersuchungen II, Heck, Gerichtsverfassung S. 412 mit
ngen nach Geschiedenis van Friesland, S. 172 (um 1300)

atsgebiet. Die Groninger Ommelande

1. Aldaombecht
2. Fivelgo
3. Hunesgo
4. Middagsterland
5. Humsterland }
6. Langewold } Westerquartier
7. Fredewold }

Viertes Rechtsgebiet Das westerlauwersche Friesland

1. **Ostergo** (Fw: Ferwerderadeel, Dg: Dongeradeel, Lw: Leeuwarderadeel)
2. **Westergo** (5 Dele: a. Barradeel, b. Franekeradeel, c. Hennaarderadeel, d. Baarderadeel, e. Menaldumeradeel, W: Woldenseradeel, Wb: Wymbritzeradeel (jünger).
3. **Stellingawerf.**

Das Ms. wurde von Siebs entdeckt und als W 3 (westerl. Hs. 3) bezeichnet.[62] Die Vorlage von U entstand nach Siebs spätestens Ende des 14. Jh.s, wahrscheinlich im Ostergo. — Die vorläufige Nummerierung durch Gerbenzon für Ms. Junius 109 ist A 1—15 (entsprechend der von D), für Ms. Junius 49 ist B II 1—32 (I enthält Texte anderer Hss.). Im Quellenverzeichnis gebe ich diese Abkürzungen wieder, im Text jedoch nur eine römische Zahl, die sich auf die Abschriften (Ms. Junius 49) bezieht (z. B. Leppa Wilkerren: U B II 32 = U XXXII).
Ausgaben: Keine, nur Teile ediert. In Vorbereitung: J. H. Brouwer, Codex Unia (OTR XV).

A *Codex Aysma,* ca. 1500, enthält zumeist nachklassische Rechtstexte, für uns sind nur die undatierten und unedierten Bußtaxen wichtig.
Ausgaben: Keine (außer Teilen), geplant: P. Gerbenzon, Codex Aysma (OTR XVI).

Fs *Codex Furmerius,* ca. 1600, Abschrift verschiedener älterer Vorlagen (auch lat., mnd. Texte).
Ausgaben: Fryske stikken ut codex Furmerius in rige foarstúdzjes fan Grinser en Uterter frisisten, in: Estrikken XXXIII—XXXIV Grins [Groningen] o. J. (Herausgeber u. a. P. Gerbenzon, W. J. Buma). Geplant: P. Gerbenzon, Codex Furmerius (OTR XVIII).

Von geringerer Bedeutung für diese Untersuchung sind die späten Hss. Ro (*Codex Roorda,* ca. 1480, Ausgabe: M. Hettema, Jurisprudentia Frisica of Friesche regtkennis. I—III, Leeuwarden 1834—35; Neuausgabe in OTR XVII von P. Gerbenzon geplant) und P (*Codex Parisiensis,* ca. 1500, Ausgabe: P. Gerbenzon, Codex Parisiensis [OTR IX] 1954).

Die Quellen II (Texte)

Im folgenden werden nur die größeren und strafrechtlich belangreichen (also häufig zitierten) Texte angeführt. In jeder der afr. Hss. stehen daneben eine Vielzahl kleinerer Stücke, die teils den größeren angehängt, auch eingefügt sind, teils selbständig oder in einer Art Sammelkapitel zusammengefaßt stehen. Einige von ihnen begegnen in mehreren Hss., jedoch in verschiedenen Zusammenhängen.[63] Die Hss.-Ausgaben von Buma—Ebel (1: R_1 R_2, 2: B_1, 3: E_1 E_2 E_3, 4: H_1 H_2) werden unter den Ausgaben nicht erneut aufgeführt, da sie sich im Text an die OTR-Ausgaben anschließen.

Lat. und mnd. Texte, sowie Übersetzungen der afr. sind gleichfalls nicht aufgenommen.

[62] Th. Siebs, Westfriesische Studien, Berlin 1895.
[63] Ihre Zitierung als ein Textstück wird erst möglich sein, wenn sämtliche afr. Hss. mit den beigegebenen Konkordanzen vorliegen und wenn anhand dieser Überschriften eine Titelbezeichnung für die betr. Texte bzw. Textstücke festgelegt ist.

A. ‚gemeinfriesische' Texte

Lex Fris. *Lex Frisionum*
Entwurf (?) des Aachener Reichstags v. J. 802, z. T. aus oberdt. Volksrechten kompiliert. Zunächst für Friesland zwischen Vlie und Lauwers konzipiert, mit Ergänzungen für die Gebiete *trans Laubachi* und *inter Flehi et Sincfalam* und Weisungen von *Vulmarus* und *Saxmundus* (Additiones). Enthält einige fries. u. dt. Rechtswörter im lat. Text.
Ausgaben: B. I. Herold, Originum ac Germanicarum antiquitatum libri, Basilieae 1557, 131—149. (sog. Herold'scher Druck, einziger überlieferter Text.) K. A. Eckhardt, Die Gesetze des Karolingerreiches (714—911) III. Weimar 1934, 62—127 (m. dt. Übersetzung). K. v. Richthofen, Lex Frisionum, MGH Leges III, S. 631—711, 1863. Erneut abgedruckt (hier zitiert): K. v. Richthofen, De Lex Frisionum, Leeuwarden 1866. (Mit Einleitung u. ausführl. [lat.] Kommentar, Sach- und Wörterverzeichnis.) S. dazu § 144!

K. *17 Küren,* um 1080, z. T. früher (Algra).[64]
Enthält öffentl.-rechtl. Bestimmungen, die z. T. auf Kapitularien zurückgehen (Algra S. 12). In: R_1 E_1 F H J U D R_2 (Kommentar) u. Fragmente (beste Texte: lat. H und F).
Ausgaben: J. Hoekstra, Die gemeinfriesischen siebzehn Küren, Assen 1940 (sämtl. Texte, dt. Übers.); OTR: R_1 III, R_2 II, E_1 III, F III, H II, D VI,[65] (J V), (U A 5, B II 5);[66] v. Richthofen, Rqu. (R_1 E_1 H D).

W 16 *Wenden zur 16. Küre,* 12. Jh. (?)
Zusätze (‚Fälle, Änderungen') zur 16. Küre. In: E_1 F H (Ommelande, Emsigo).
Ausgaben: OTR: E_1 VIII, F XVII, H VI; v. Richthofen Rqu. 30 f. (E_1 H_1).

W 17 *Wenden zur 17. Küre,* 11. oder 12. Jh.
Ursprünglich nicht zu den Küren gehörig, den Überküren verwandt. In: R_1 E_1 F H J U D (wie K.).
Ausgaben: OTR: R_1 VII, E_1 VIII, F III, H X, D X, (J X), (U II B 8); v. Richthofen, Rqu. 32—38 (R_1 E_1 H D).

L. (Lr.) *24 Landrechte,* jünger als K., 11.—13. Jh.
Enthalten im wesentlichen zivilrechtliche Bestimmungen,

[64] Algra, Tekstfiliatie, 54 ff.
[65] Entsprechend der Nummerierung des Ms. (Fahnenabzug). Die Angaben in Gerbenzon's ‚lijst' sind demgegenüber um eine Stelle verschoben.
[66] J und U nach Gerbenzon's ‚lijst' nummeriert, deshalb in Klammern.

Hauptvorlage waren die 17 K., ferner ältere Bußbestimmungen.[67]
Eine Urfassung der L. hält Algra für nicht erschließbar, die Sammlung habe sich bis ins 13. Jh. erstreckt, die Zahl von 24 sei zufällig. In: R_1 E_1 F H J U D (= K.).
Ausgaben: OTR: R_1 IV, R_2 III, E_1 IV, V 6—13, VIII 17—20, 27—37, E_2 V, VII, E_3 II 1—6, F IV, H III, D VIII (J VII), (U A 7, B II 6); v. Richthofen, Rqu. 40—81 (R_1 E_1 H D).

Allg. Bußt. (A. B.) — *Allgemeine Bußtaxen*, 11. Jh.
Umfangreiches, nur in osterl. Hss. überliefertes Bußregister (F: systematisierte Fassung), z. T. wörtlich mit regionalen osterl. Bußregistern übereinstimmend; auszugsweise auch in die westerl. Bußt. entlehnt (s. u. § 288), welche sich im übrigen von den A. B. stark unterscheiden. In: R_1 E_1 F H.
Ausgaben: K. Nauta, Die altfriesischen Allgemeinen Bußtaxen, Texte und Untersuchungen, Assen 1941 (fehlt F-Text); OTR: R_1 V, XIV, E_1 VI, F XI, H XI, H XIX (lat.); v. Richthofen, Rqu. 82—97 (R_1 E_1 H).

Überk. — *Überküren* (auch: *Sieben Küren*), 13. Jh.
„Wellicht het oudste statuut van de vergaderingen bij Opstalboom" (Gerbenzon). Stark abweichende Redaktionen, z. T. mit einigen Texten von W 17 übereinstimmend. In: E_1 F H, Wicht'scher Text.
Ausgaben: P. Sipma, De saun fryske sélannen. Assen 1940 (F E_1); OTR: E_1 IX, F XVIII, H VIII; v. Richthofen, Untersuchungen I. S. 236—241 (E_1 H).

B. Osterlauwerssche Texte

Rüstr. B. — *Rüstringer Bußtaxen*, 12. Jh.
Den A. B. folgend, mit diesen bezügl. der Delikte z. T. übereinstimmend, aber mit neuen Strafsätzen, nach His, Strafr. S. 3, offiziellen Ursprungs. In: R_1 R_2.
Ausgaben: OTR: R_1 VI, R_2 I; v. Richthofen, Rqu. 119—121.

[67] Algra, Tekstfiliatie 16 u. ö. Unter K. und L. bestehen folgende Entlehnungsbeziehungen: 1. K. → 22. L., 3. K. → 1. L., 13. K. → 19. L., 14. K. → 3. L., 5. K. → 7. L., 11. K. → 13. L. Größere frühere Untersuchungen: Ph. Heck, Der Ursprung der gemeinfries. Rechtsquellen ... in: Neues Archiv der Gesellschaft f. ältere deutsche Geschichtskunde 17 (1892), 567—598. R. His, Die Überlieferung der fries. Küren u. Landrechte, in: ZRG GA 20 (1899), 39—114. R. His, Untersuchungen zu den älteren Rechtsquellen Ostfrieslands, in: ZRG GA 57 (1937), 58—137.

Rüstr. K. *Rüstringer Küren*

N. Rüstr. K. *Neue Rüstringer Küren*
Jüngere Rechtssatzungen, 13. Jh.?, die N. Rüstr. K. ca. 1300.
In: R_1.
Ausgaben: OTR: R_1 VIII (Rüstr. K.), R_1 IX (N. Rüstr. K.); v. Richthofen, Rqu. 115—118.

Rüstr. Sendr. *Rüstringer Sendrecht*, vor 1230.
In: R_1.
Ausgaben: OTR: R_1 XX; v. Richthofen, Rqu. 127—130.

B. *Brokmerbrief*
Ausführliches Rechtsbuch mit offiziellen Satzungen der friesischen, aus dem Emsigo stammenden Kolonisten des Brokmerlandes. Enthält keine der sog. gemeinfries. Gesetze. Drei Teile: § 1—69 (ca. 1250), § 70—211 ist dem Emsiger Pfennigschuldbuch verwandt (z. T. kurz nach 1276), § 212—220 enthält Nachträge (ca. 1300).
Ausgaben: s. o. unter I (oben S. 95).

Ems. D. *Emsiger Domen*, 1312
Nach His, Strafr. S. 5, eine verkürzte Übersetzung des gleichfalls überlieferten lat. Urtextes. In: E_2 E_3.
Ausgaben: OTR: E_2 VI, E_3 IV; Steller, Gramm. S. 96—100; v. Richthofen, Rqu. 182—193.

Ems. Pf. *Emsiger Pfennigschuldbuch*, 13. Jh.?
Den Ems. D. (2. Teil) und B verwandt, nach Fokkema (OTR) älter als B. In: E_2 E_3.
Ausgaben: OTR: E_2 IX, E_3 V; v. Richthofen, Rqu. 194—211.

Ems. B. *Emsiger Bußtaxen*, 13.—14. Jh.?
Den A. B. verwandt, in drei stark abweichenden Fassungen überliefert. (Untersuchung: J. G. Schomerus, Der Aufbau des Emsinger Bußregisters, Estrikken XXXVI, Grins 1964). In: E_1 E_2 E_3.
Ausgaben: OTR: E_1 VII, X 6—8, E_2 III, E_3 I, II 7—11; v. Richthofen, Rqu. 212—244.

Huns. B. *Hunsingoer Bußregister*, 13. Jh.?
(nach His, Strafr. S. 6 z. T. 11./12. Jh.). Vermischte Bußbestimmungen, den A. B. und Ems. B. verwandt. In: H_2 H_1.
Ausgaben: OTR: H_2 VII IX, H_1 XV XVII; v. Richthofen, Rqu. 331—343.

Huns. K. *Hunsingoer Küren*, 1252
Dieser offizielle Gesetzestext stammt nach Hoekstra (OTR) aus

einer anderen Vorlage als die übrigen Stücke der Hs. In: H_2 H_1 F Fs.
Ausgaben: OTR: H_2 XXIII, H_1 XXIII (Fragm.), F XXII; P. Gerbenzon, De Hunsinger Kerren fan 1252, in: Estrikken XXXIII, S. 3—18 (synoptisch: H_1 H_2 F Fs); D. Simonides, Die Hunsingoer Küren v. J. 1252 und das Ommelander Landrecht v. J. 1448, Assen 1938 (H F); v. Richthofen, Rqu. 328 bis 331.

A. B. (F) Sog. ‚*Fivelgoer Bußtaxen*'
Ausführliche, systematisch gegliederte Fassung der A. B. in Hs. F. Nach Sjölin der Urfassung der A. B. am nächsten stehend, wohingegen die Texte R_1 E_1 H (lat.) H gekürzt seien. Die ältere Auffassung von His und Nauta sah in ihnen „eine freie Bearbeitung der A. B." (Nauta, S. 27).
Ausgaben: OTR: F XI; Hettema, Landregt, 60—100.

Fiv. B. *Fivelgoer Bußregister*
Den Ems. B. und Rüstr. B. verwandte, den Huns. B. z. T. wörtlich gleiche Bußtaxen. In: F.
Ausgaben: OTR: F XII; Hettema, Landregt, 102—108.

K. FivOld. *Küren von Fivelgo und Oldampt*
Interregionale Fragen zwischen Fivelgo und Oldampt betreffende Küren, vor 1271. In: F.
Ausgaben: OTR: F XXI; Hettema, Landregt, 146—154.

C. Westerlauwerssche Texte

Ält. Schulzenr. *Älteres Schulzenrecht,* 11. Jh.
Behandelt vornehmlich die Stellung des Schulzen im Gerichtsverfahren, nach His, Strafr. S. 8 „ein Weistum über geltendes Recht in der Art der nordischen Rechtsvorträge". In: J U D Ro (Fragm.).
Ausgaben: OTR: D III, (J II), (U A 2, B II 2); W. Steller, Das altwestfriesische Schulzenrecht, Breslau 1926 (J U D Ro, krit. Text m. Wörterb.); S. Fairbanks, The Old West Frisian Skeltana Riucht, Cambridge (Mass.) 1939 (Steller im Text folgend, m. engl. Übersetzung u. rechtshist. Kommentar).

Jg. Schulzenr. *Jüngeres Schulzenrecht,* 12. Jh.
Kompilierte Rechtsatzungen, die nur z. T. den Schulzen betreffen. Die Texte weichen im Wortschatz vielfach stark voneinander ab. In: J U D.
Ausgaben: OTR: D XII, (J XII), (U A 11, B II 11); B. W. van Klaarbergen, Das altwestfriesische jüngere Schulzenrecht,

Drachten 1947 (alle Texte, dt. Übersetzung, Glossar zu D, Kommentar); v. Richthofen, Rqu. 410—420 (‚Vom Wergelde', D).

Magn. S. Magn. K. — *Magnussage und Magnusküren,* 11. (12. ?) Jh.
Sage von der Eroberung Roms durch die Friesen und deren Privilegierung mit den Magn. K., den 17. K., 24 L. und 36 Sendrechten durch Karl den Großen. Die Magn. K. decken sich z. T. mit K., L., Über K. In: J (bester Text) U D F.
Ausgaben: OTR: D V (J IV), F V, (U B II 3); Hettema, Landregt 36—42 (F); v. Richthofen, Rqu. 440 f. (D); Hettema, OFW II, 66—69 (J); Sipma, Fon alra Fresena fridome, S. 158 bis 160 (U).

Wl. Sendr. — *Westerlauwerssches Sendrecht,* 11. (9. ?) Jh.
Aus ursprünglich zwei Teilen kompiliertes Sendrecht, das Organisation, Verfahren, Strafen und Beweismittel des Sendgerichts behandelt. Nach Gerbenzon ursprünglich für das fries. Gebiet der Utrechter Diözese (deren Grenze in Friesland die Lauwers war) abgefaßt und später für die Diözese Münster (F-Text) umgearbeitet. In: J U D F Fs (Fragm.).
Ausgaben: OTR: F VI VIII, (J VIII), D XI, (U B II 8); van Buijtenen, De grondslag van de Friese vrijheid, Assen 1953, Anhg. VII (D F J); P. Gerbenzon, It syndrjochtfragmint, in: Estrikken XXXII, 137—139 (Fs); Hettema, Landregt 42—44, 48—58 (F); v. Richthofen, Rqu. 434—438 (D).

Lp W — ‚*Leppa Wilkerran*', vor 1242 (Ostergo)
In: U.
Ausgabe: M. P. van Buijtenen, De Leppa, Dokkum 1944, S. 111 f.; OTR: (U B II 31).

Wyn. W — ‚*Wynyma Wilkerren*', 13. Jh. (Ostergo)
In: Fs.
Ausgabe: Estrikken XXXIV, 73—133; Us Wurk 8 (1959), 88 bis 96 und 9 (1960), 8—29.

W nL — ‚*Wilker thes nija londes*', 1242 (Ostergo)
In: U.
Ausgabe: De Vrije Fries XIV, 433—443; OTR: (U B II 30).

W 5 Dele — *Willküren der fünf Dele,* 13. Jh. (Westergo)
Gerichtsordnung des Landdistrikts Franeker, die sog. fünf Dele sind: Barradeel, Menaldumadeel, Franekeradeel, Baarderadeel, Hennaarderadeel. In: J U D.
Ausgaben: OTR: D XIII, (J XIV), (U B II 4,21: Fragm.); Hettema, OFW II, 149—156 (J); v. Richthofen, Rqu. 474 bis 476 (D).

W Upst. *Willküren von Upstalsbom,* 1323
In Upstalsbom aufgestellte, aber aus dem Westergo stammende Willküren. Die fries. Fassung ist nach v. Richthofen eine Übersetzung (aus Lat.) vom Ende des 14. Jh.s In: D U Fs Ro.
Ausgaben: OTR: D XX, (U B II 22); Steller, Gramm. 125 bis 129 (U); v. Richthofen, Rqu. 102—107 (D), ders., Untersuchungen I, S. 250—269 (lat.); Ausgabe in Estrikken in Vorbereitung.

Marktr. *Marktrecht,* 12. Jh. ?
In: J U D.
Ausgaben: OTR: D XVII, (J XIII), (U B II 12); Hettema, OFW II, 141—144 (J), v. Richthofen, Rqu. 421—423 (D).

Waldd. ‚*Fan Walddethum*' (von den Gewalttaten)
In: J.
Ausgabe: OTR: (J XXV); Hettema, OFW II, 220—222.

SwSw. ‚*Swarta Swingen*' (schwere Missetaten), 13./14. Jh.
In: J U D.
Ausgaben: OTR: D XVIII, (J XIV), (U B II 13); Hettema, OFW II, 145 f. (J); v. Richthofen, Rqu. 423 (D).

Skakr. ‚*Skakraf*' (Schachraub), 14. Jh.
In: J U D.
Ausgaben: OTR: D XIX, (J XV), (U B II 14); Hettema, OFW II, 146 f. (J); v. Richthofen, Rqu. 423 f. (D).

Heg. *Hegungsformular*
In: J U.
Ausgaben: OTR: (J XLII), (U B II 10); Hettema, OFW II, 121, 305.

Dingt. *Dingtaal bij doodslag* (Gerbenzon)
In: J U.
Ausgaben: OTR: (J XIX), (U B II 17); Hettema, OFW II, 178—180 (J).

leedeed ‚*leedeed*' („Eed van de leider van een vetetocht", Gerbenzon)
In: J U.
Ausgaben: OTR: (J XXXIX), (U B II 19); Hettema, OFW II, 304 (J).

freedeed ‚*freedeed*' („Verzoeningseed ter voorkomming van (verdere) vete", Gerbenzon)
In: J.
Ausgaben: OTR: (J XL); Hettema, OFW II, 304 (J); Sipma, Fon alra Fresena fridome, S. 173 f.

Wl. Amtseide *Westerlauwerssche Amtseide*
In: teils J, teils J U, teils U.
Amtseid des *grietman:* OTR: (J XXXIV), (U B II 18); OFW II, 299; des *grandere:* OTR: (J XXXV); OFW II, 301 f.; des *eehera:* OTR: (J XXXVI), (U B II 18); OFW II, 302; des *dyck-atta:* OTR: (J XXXVII), (U B II 18); OFW II, 302 f.; des *fogeth:* OTR: (J XXXVIII), (U B II 20); OFW II, 303 f.; des *rechter:* OTR: (U B II 23). Die U-Texte auch: Steller, Gramm., 129—131.

Westerl. B. *Westerlauwerssche Bußtaxen*

Ostergoer Bußtaxen

FwDg. B. *Bußtaxen von Ferwerderadeel und Dongeradeel*
In: J.
Ausgaben: OTR: (J XXII); Hettema, OFW II, 197—208; v. Richthofen, Rqu. 442—450.

Lw. B. *Bußtaxen von Leeuwarderadeel*
In: J U.
Ausgaben: OTR: (J XXVIII), (U B II 25); Hettema, OFW II, 246—259 (J); v. Richthofen, Rqu. 451—458 (J); Gysbert Japicx, Friesche Rymlerye. Leuward 1681, II, 22—41 (U).

Ay. B. *Bußtaxen aus dem Codex Aysma*
In: A. Unediert.

Gw. B. *„Bußen bei Weisung des Grandschreibers"* (His)
In: J.
Ausgaben: OTR: (J XXIII); Hettema, OFW II, 209—213.

Westergoer Bußtaxen

Dg. B. *‚Dongera bota'*
In: U.
Ausgabe: OTR: (U B II 26).

Wb. B. *Bußtaxen von Wymbritzeradeel*
In: J.
Ausgaben: OTR: (J XX); Hettema, OFW II, 185—220; v. Richthofen, Rqu. 492—495.

B 5 Dele *Bußtaxen von Wonseradeel und der 5 Dele (und Wymbritzeradeel)*
In: D J.
Ausgaben: OTR: D XIV, (J XXVII); Hettema, OFW II, 224—246 (J); v. Richthofen, Rqu. 462—473 (D). Die beiden

Fassungen weichen durch zahlreiche Umstellungen und unterschiedliche Ergänzungen z. T. stark voneinander ab.

Hm. B. *‚Hemstera bota'* (Bußtaxen der Hemmen)
In: J.
Ausgaben: OTR: (J XXIV); Hettema, OFW II, 213—220; v. Richthofen, Rqu. 495—500.

FW. B. *‚Franekera and Woldenzera bota'*
In: U.
Ausgabe: OTR: (U B II 27).

Oth. B. *‚Others Bota'* (1. Teil = Interr. B.)
In: U.
Ausgabe: OTR: (U B II 28).

Interr. B. *Interregionale Bußtaxen* (Ostergo, Westergo, Bordego, Wimbritzeradeel), 1276
In: J U Fs.
Ausgaben: OTR: (J XXVI), (U B II 28); Hettema, OFW II, 222—224 (J); synoptisch in: Estrikken XXXIII, 59—72 (J U Fs mit Wortregister).

Die westerlauwersschen Bußtaxen sind im wesentlichen aus dem an Meer und Zuidersee grenzenden ursprünglichen Hauptsiedelgebiet Westfrieslands überliefert, das noch im 12. Jh. durch einen breiten Meerestrichter, die sog. Middel-Zee in Ostergo und Westergo geschieden war.[68] Entsprechend lassen sich die westerl. B. in zwei Gruppen, die Ostergoer und Westergoer einteilen, wie oben durchgeführt. Hierzu bleibt zu bemerken: Die Ay. B. wurden zu den Ostergoer gestellt, weil sie mit den Lw. B. weitgehend übereinstimmen; Lw. und FwDg. B. zeigen gleichfalls deutliche Übereinstimmungen gegen die übrigen Bußtaxen. Zu den Westergoer B.: Die Dg. B. wurden trotz des Namens, der auf Dongeradeel (Ostergo) weist, mit His, Strafr. S. 10 wegen inhaltlicher und terminologischer Verwandtschaft zu den Westergoer Bußt. gestellt. Private Kompilationen sind die B 5 Dele, einem überregionalen Vertrag v. J. 1276 entsprangen die sog. Interr. B., deren erster Teil unter dem Titel *Others Bota* in U XXVIII überliefert ist. Danach fängt mit *faxfang*, dem typischen Beginn aller afr. Bußtaxen, ein geschlossenes Bußregister an. Offenbar ist hier einem jüngeren Vorspann, worauf u. a. das Vorkommen von *ferdlâs* ‚friedlos' deutet, ein älteres, vielleicht (nach Ausweis des Schlusses) aus Wymbritzeradeel stammendes Bußregister angehängt worden.

His zählte die B 5 Dele, FW. B. und Ay. B. zu einer dritten Gruppe sog. kompilierter westerl. Bußtaxen; doch sehe ich zu solcher Zusammenfassung keinen Grund.

[68] Geschiedenis van Friesland, Drachten 1968, 49 mit Karte. Siehe dazu oben zwischen S. 96 und 97 die Karte über die friesischen Rechtsgebiete und Landschaften im 13. Jh.

Sämtliche westerl. B. stimmen z. T. wörtlich, vor allem jedoch im Aufbau untereinander überein und heben sich unverkennbar als eine eigene Textgruppe von den osterl. Bußtaxen ab (A. B., Rüstr. B., Ems. B., Huns. B., Fiv. B.). Daran können auch die zahlreichen Ergänzungen, Einschübe, Umstellungen und Umrechnungen in neuere Münzsysteme, die die westerl. B. untereinander unterscheiden, nichts ändern.

Ihre Entstehungszeit verlegt His ins 13. Jh. mit Ergänzungen aus dem 14. Jh. Dies mag für die uns vorliegenden, ergänzungsreichen Fassungen richtig sein, doch wäre es falsch, daraus zu schließen, daß die westerl. Bußtaxen überhaupt jüngere Rechtsschöpfungen sind. Nach Ausweis des Wortschatzes und der diesem zugrundeliegenden spezifischen Einteilung und Bewertung der Delikte unterscheiden sich die westerl. B. so weitgehend von den osterl., daß für sie eine eigene weit zurückreichende, kontinuierliche Überlieferung angenommen werden muß. Eine nähere Altersbestimmung kann jedoch nur auf Grund einer durchgreifenden philologischen und rechtshistorischen Untersuchung geschehen.

Anhang über die Lex Frisionum

§ 144 Über den Zeugniswert der volkssprachigen Wörter in der Lex Fris. muß kurz gesondert gehandelt werden. Daß diese Termini teils friesisch teils nicht-friesisch sind, hatte schon von Richthofen in seiner Ausgabe v. J. 1866 festgestellt.[69]

Diese Erkenntnis geriet in der rechtshistorischen Auseinandersetzung um Entstehung und Zeugniswert der Lex Fris. offenbar in Vergessenheit; Brunner, Heck und noch Eckhardt[70] sprechen der Lex jegliche friesischen Termini ab, und auch Baesecke[71] nahm nur wenige aus. Eine neue und wie ich glaube im Prinzip richtige Sicht vermittelt W. Krogmanns Vortrag ‚Zur Entstehung und Eigenart der Lex Frisionum'.[72] Der Hauptteil dieses Beitrags begründet, daß die Lex Fris. eine „im Auftrag des Kaisers geleistete Vorarbeit zu einer geplanten, aber nicht verwirklichten Kodifizierung des friesischen Rechts" sei.[73] Den Vorgang der Entstehung beschreibt Krogmann wie folgt: „Die bei den Friesen von nicht-friesischen legislatores oder ihren Gehilfen aufgenommenen Rechts-

[69] Die volkssprachigen Wörter sind in einem *Index Verborum Frisicorum* seiner Ausgabe zusammengestellt, doch werden im Kommentar (S. 39—125!) u. a. ***notnumft*** (S. 53 Note 75), ***thiubda*** (S. 46 Note 40), ***farlegani*** (S. 54 Note 79) als eindeutig nicht-friesisch erkannt.

[70] Brunner, Rechtsgeschichte I² 476 f.; Heck, Die Entstehung der Lex Frisionum, 1927, 41 ff.; Amira—Eckhardt, Germ. Recht ⁴I, 68.

[71] Baesecke, Die deutschen Wörter der germanischen Gesetze, 68 ff.

[72] In: Philologia Frisica 1962, Grins (Groningen) 1963, 76—103. Dort auch weitere Literatur zum Gegenstand. Zusammenfassend jetzt auch bei Krogmann, Altfriesisch, in: Kurzer Grundriß der Germanischen Philologie bis 1500, hg. von L. E. Schmitt, Berlin 1970, I, 190—210.

[73] a.a.O. 76.

normen sind am Hofe Karls des Großen abgeschrieben und für die dann allerdings nicht erfolgte Beschlußfassung vorbereitet worden."[74]

Die Begründung für diese Annahme gewinnt Krogmann aus den volkssprachigen Wörtern in der Lex. Während sämtliche mit dem Vermerk *quod uocant* bzw. *quod dicunt* versehenen Termini im Text friesisch seien und aus der Abfragung friesischen Rechts stammten, gehen die Überschriften auf Beamte Karls des Großen zurück und böten Termini der fränkischen Rechtssprache.

Diese These wird im letzten Teil, S. 92 ff. philologisch begründet. Für die Überschrift-Termini *notnumft* und *thiubda* ist fries. Herkunft aus lautlichen Gründen ausgeschlossen (s. u. § 372), im Falle von *dolg* und *brand* ist dies kein Kriterium: *brand* ist gemeinwestgerm. Terminus für Brandstiftung; was *dolg* anlangt, so findet sich dies Wort as. und ahd. nur noch spärlich belegt, ist dagegen im Awfr. zentraler Begriff für die Verwundung. Hier kann also durchaus ein ursprünglich fries. Terminus vorliegen, der auch den fränkischen Beamten verständlich war. Wegen der Parallelen in der Lex Alam. und Lex Bai. dürfte auch *mordritus* nichtfriesisch sein. Ein fränkisch latinisiertes Rechtswort ist gleichfalls *faidosus.* Krogmanns Deutung von *forresni* ist nicht befriedigender als frühere (Grimm, Gött. gel. Anz. 1832, S. 1195; v. Richthofen, a.a.O.). Für *notnumft* und *farlegani* kann überdies ein wortgeographisches Kriterium geltend gemacht werden: Die Termini sind ausschließlich oberdt.

Im Gegensatz zu diesen nicht-friesischen bzw. nicht spezifisch friesischen Termini lassen sich fast sämtliche im Text erwähnten volkssprachigen Wörter als spezifisch friesisch erweisen. Nicht ganz überzeugend finde ich lediglich den Nachweis Krogmanns für *sīpido* und *smelido,* woran bereits Sonderegger in der Diskussion des Vortrags Zweifel anmeldete.[75] Doch spricht viel dafür, daß die afr. Termini *inseptha* und *smelinge* Fortbildungen dieser Wörter sind. Diesen Gesichtspunkt halte ich überhaupt für ausschlaggebender als eine rein lautgeschichtliche Interpretation, da die betreffenden Wörter kaum phonetisch genau überliefert sein dürften. In dem Sinne werden unten Erklärungen für *durslegi* und *liduuagi* gegeben, zwei Termini, die nach Ausweis der späteren Überlieferung spezifisch friesisch sind.

1. Allgemeine Bezeichnungen für Missetaten und ihre Verübung

1.1 Missetat

§ 145 Der allgemeinste und häufigst gebrauchte Terminus für die strafbare Tat is *dêde;* er begegnet vor allem in den gemeinfr. Küren und Landrechten,

[74] a.a.O. 90. Zu diesen ‚Vorbereitungen' dürfte allerdings auch eine gewisse Kompilation mit der Lex Alam. und Lex Bai. zu rechnen sein, wie dies zuletzt Baesecke a.a.O. 68 ff. nachgewiesen hat.

[75] Im Anschluß an Krogmanns Vortrag abgedruckter Diskussionsbeitrag, 104 ff.

aber auch in jüngeren ost- und westerl. Texten. Aus dem Begriff ‚Tat, Missetat' hat sich die Bedeutung ‚Wunde, Verwundung' entwickelt, die ausschließlich in osterl. Texten, besonders den Allg. Bußt. und regionalen Bußregistern belegt ist (vgl. § 195).[76]

Erst spät und nur in westerl. Texten begegnen *misdêde* ‚Missetat' (z. B. Rudolfsbuch D XVI.163, Excerpta Legum P VII.2, Leeuwarder Sendr. v. J. 1402),[77] *misdêdoch* ‚verbrecherisch' (Excerpta Legum P VII.357.364, Rüstr. Sendr. R_1 XX.16), *misdêdiga* ‚Missetäter' (Excerpta Legum P VII.367), *misdwâ* ‚ein Verbrechen begehen' (Interr. B. 32 J U, Excerpta Legum P VII. 2.334); vgl. mnl. *misdaet, misdadich, misdoen.*

Auch in Zusammensetzungen hat *dêde* die doppelte Bedeutung ‚Verletzung' (s. § 195) und ‚Tat, Missetat': *nachtdêde* ‚nächtliche Missetat' (W. Upst. D XVI. 198.420); *walddêde* ‚Gewalttat' (Waldd. J XXV), *hâuddêde* ‚Hauptverbrechen' (16. K., alle Texte), gleichbedeutend mit letzterem ist *morthdêde* (16. K. R E F J D, 20. L. E H, 23. L. R), es kann aber auch die ‚Mordtat' bezeichnen. Die erweiterte Bedeutung ‚schweres Verbrechen' hat auch *mordseke* (W 16 F XVII.194) und *hâvedseke* (Rüstr. Sendr. R_2 VIII.50).
hâv(e)ddêde, -seke, morthdêde, -seke könnten Lehnübersetzungen aus lat. *capitalia mala, mortalia mala* sein. His, Strafr. 33 Anm. 4 weist darauf hin, daß *hâv(e)ddêde* und *hâv(e)dseke* in späteren Texten (Processus Judicii, Jurisprudentia Frisica) *capitalia mala* wiedergeben.

§ 146 Vielfach werden die ‚Taten' (und Menschen) durch die Adjektive *erch, evel, quâd* als ‚böse, schlimme' charakterisiert; diese kommen auch substantiviert vor und bezeichnen z. T. im Gegensatz zum Guten das Böse, Üble. Ich gebe einige Beispiele des verstreuten Vorkommens.

erch: erge dede ‚Übeltat' (15. K. R_1 III.121, Westerl. Sendr. 20 f); *tha ergon stiore* ‚den Bösen wehre' (16. K. R_1 III.143, *erga:* H II.111); *nebbe nawet erges eden* ‚nichts Böses getan hat' (23. L. R_1 IV.205); *erges ne dwe* (Ält. Schulzenr. XXXVI); *thet erge* ‚das Böse' (F I.10, D II.9.37).

evel: evela (-e) deda (20. L. F E_1 D); *evel* ‚Übles' (Westerl. Sendr. 4: F D, J hat *quades,* ferner: H VI. 2, XII.4, XXIII.122).

quâd: fehlt den älteren osterl. Texten, später: *quade liude* (Bischofssühne E_2 VII.111); *deverie iefther othere quade detha* (Ems. Pf. E_3 V.250, ähnlich F XVII.186); *fon quader bere* ‚von böswilliger Bedrohung' (F XII.54); häufiger in westerl. Texten, besonders die Wendung *quadelike handelat* ‚ehrenkränkend anfaßt' (Wb. Hm. Oth. B., B 5 Dele), für *evel* in J D, *erch* in F des Westerl.

[76] Im ‚Emsiger Recht' übersetzen Buma-Ebel gelegentlich *dêde* mit ‚Verletzung, Verwundung', wo eigentlich von ‚(Misse)taten' die Rede ist; so E_2 IX. 157 *spildeda and olle becwerda deda* ‚beim Spiel zugefügte Verletzungen und alle die jemand ... hinter dem Rücken anrichtet' (vgl. o. § 166), ferner E_2 IX. 159 *dieres deda* ‚Verletzungen, die Tiere den Menschen zufügen', ebenso E_3 I. 450. Richtiger wird dagegen E_3 V. 74 *alle dumme diares dethe* als ‚jede Tat eines vernunftlosen Tieres' übertragen.

[77] In: Estrikken XXXIV 31 ff. (3.27).

Sendr. 21 (jünger ist *quâdhêd*, s. v. Richthofen, Wb. 882, Ahlsson, Abstraktb. 189).[78]

§ 147 *firne* ‚Verbrechen' ist nur in der 16. Küre (F III.140, Randglosse zu H_2; J U D H haben *frethe*, E_1 R_1 *feithe*) sowie der Wende zur 16. Küre belegt (F XVII.179.185 = F XII.43?, E_1 VIII.101, H VI.1.3), wo es heißt, daß alle Friesen ihre Verbrechen durch Geld und Gut büßen können, ferner in B § 156 unter Bezug auf Falschmünzerei.

Sjölin[79] hält *firne* und *frethe* für jüngere Umdeutungen, *feithe* für die ursprüngliche Lesung. Dann bleibt aber zu erklären, warum in der Wende der allen Texten gemeinsame Terminus *firne* auftritt. Sollte nicht dies die ursprüngliche Lesung auch der 16. Küre gewesen sein, die dann nur in der Wende, die den Text der Küre aufnimmt, durchgängig erhalten ist? Dafür spricht auch der Umstand, daß *fêithe* die Bedeutung ‚Verbrechen' nur an den genannten Stellen der 16. Küre besitzt, sonst aber seine eigentliche Bedeutung ‚Fehde' bewahrt hat (E_1 IV.93.96, E_3 VI.59). Mit der Stelle befaßt sich auch Algra, Tekstfiliatie 50 f. unter Heranziehung mnd. Fassungen, die *fretha* (ursprüngliche R-Fassung?), *veyde* und *misdaet* schreiben. Wenn *firne* die ursprüngliche Lesart ist, wird man diese wohl kaum in den jungen mnd. Texten erwartet haben. So zieht denn auch Algra aus diesen Belegen keine Schlüsse auf die Urfassung, sondern läßt die Frage offen. Immerhin könnte *misdaet* eine Übersetzung von *firne* sein.

§ 148 *wald* ‚Gewalt' begegnet gelegentlich im Sinne von ‚Gewalttat', ‚schwere Missetat', besonders in westerl. Texten: *(eene) walde deth* (W. 5 Dele D XIII.72.78) oder formelhaft *wald iefter onriucht dwe* (120), ebenso westerl. Sendr. 9 (D, J), daneben in B (*wald drifth* § 62, *wald deth* § 148), spätere westerl. Texte nennen die Gewalttaten *wieldelicka secka* (u. a. J XLII).[80]

Okkasionell hat ferner *sinne* den Sinn von Verbrechen (20. L. R_1 VI.176. 181). *skalkhêd* ‚Verbrechen' (Ems. Pf. E_3 V.194) dürfte aus mnd. *schalkheit* entlehnt sein.[81]

§ 149 In einem vielleicht ins 13./14. Jh. gehörigen Stück der westerl. Hss. J U D (D XVIII, J XIV, U XIII) mit dem Titel *Swarta Swingen* wird unter dem Oberbegriff *swarta sweng* eine Gruppe besonders verächtlicher, nur vom Papst zu erlassender Missetaten zusammengefaßt, die His, Strafr. 35 in Anlehnung an nordische Quellen Neidingswerke nennt. Der Terminus begegnet in dem Sinne nur hier und am Ende des Westerl. Sendr. (Nr. 28 D, J), sonst ist *swarta sweng* ein Kränkungsdelikt, die ‚böswillige Begießung' (§ 243). In dieser Bedeutung kommt er gleichfalls in J U D (z. B. 15. Landr. D VIII.405) vor.

78 In späten Texten steht für *quâd* auch *durich* (z. B. in Hvaet is riucht 27 in J D Ro gegen *quâd* in Fs., Estrikken XXXIII. 33).

79 B. Sjölin, Die ‚Fivelgoer' Handschrift, 39.

80 Vgl. His, Strafr. 36 Anm. 1.

81 Spätere Belege bei Ahlsson, Abstraktb. 193.

1.2 Der ‚Missetat' verwandte Begriffe

§ 150 Während das Adj. und Adv. *unriucht* in sämtlichen Texten häufig begegnet, ist das Nomen *unriucht* als zusammenfassender Begriff für Missetaten relativ selten. Es kommt vor allem in späteren Texten (des 13 Jh.s) vor, wie dem Brokmerbrief (4mal), dem Rechtskatechismus in F I, dem Rüstr. Sendr. (R_1 XX, R_2 VIII) und dem Kommentar zu den Küren in R_2, fehlt also z. B. den gemeinfr. Küren und Landrechten.

Häufig in älteren und jüngeren Texten wird die Missetat einfach als *scatha* ‚Schaden' bezeichnet, die Verübung der Tat als *scatha dwâ*. An Formeln ist zu nennen: *scatha and thet laster ... to betande* ‚den Schaden und die Beschädigung zu ersetzen' (R_1 IX.18 ähnl. R_1 XIX.13).

In Westergoer Bußtaxen erscheint der Kernsatz einer Schwurformel, worin beteuert wird, daß eine Kränkungstat *ti leke ni ti lastere* ‚zu Nachteil noch zu Schaden' verübt worden sei (Dg. FW. Oth. Wb. B., B 5 Dele D XIV.397 J XXVII, fehlt FwDg. Lw. Gw. B.!).[82]

§ 151 Nur je einmal sind *breke* (R_1 XIX.10) und *brekma*[83] (E_2 VI.4) im Sinne von ‚Verbrechen' belegt, vgl. die zugrunde liegende Bedeutung des Verbs *breka* (§ 154).

Gleichfalls okkasionell ist die Täterbezeichnung *brekande* ‚Rechtsbrecher' (H VII.273 F XIV.1). Andere allgemeine Täterbezeichnungen gibt es nicht. Allenfalls wäre der spezifisch osterl. Terminus *frêta* ‚Friedloser' hier zu nennen (B § 132 f. E_2 IX.92 f. R_1 IX.61 H VII.298)[84] sowie das Hapaxlegomenon *unfrethmon* (R_1 III.54.76), vgl. ags. *unfrithman*, aschw. *ufriþæ man*.

1.3 Verüben einer Missetat

§ 152 Das Verüben einer Tat wird in sämtlichen älteren und jüngeren Texten am häufigsten durch das bedeutungsmäßig vielseitige *dwâ* ausgedrückt. Der spezifisch technische Sinn wird zumeist durch das Objekt, welches ein Delikt nennt, oder durch einen entsprechenden Bezug im Kontext hervorgerufen. Die Fülle der Belege braucht hier nicht aufgeführt zu werden, man vergleiche dazu v. Richthofen, Wb. 694 f. und die Spezialglossare in OTR. Häufig vorkommende Wendungen sind:

unriucht dwa: R_1 XV.74 f., XX.55, Ält. Sch. I.XXXVI. XXXIX. XLIX, B § 16.173; *(to) scatha dwâ*: R_1 VIII.29, B § 5, 45 a, 58, 61. F XII.115.117.127. XIII.30; *dêde dwâ*: ‚Tat verüben' B § 46, 49, 51. *erga deda*: R_1 III.121. *ewela dêda*: F IV.157 *hâuddêda*: R_1 III.137 = F III.143; *dêde dwâ* ‚Wunde beibringen': R_1 IV.96.107 B § 157 F XVII.57.122 (vgl. § 195); *erge(s) dwâ*:

[82] *lek* ‚Nachteil' (Wb. B., B 5 Dele J: *lethke*, lies: *lechke*) erscheint nur in dieser Wendung, zu nfr. Parallelen s. v. Richthofen, Wb. 890.

[83] Sonst ‚Brüche, Strafe etc.', s. Ahlsson, Abstraktb. 154, ausführlich van Helten, Laofr. 66 f.

[84] Zur Etymologie (ae. *frǣte* ‚stolz') s. Buma, Die Brokmer Rechtshss. 187; van Helten, Laofr. 144 s. v. *fâch*.

R_1 X.1 IV.206. An speziellen Delikten stehen als Objekt von *dwâ* u. a.: *berdwendene, bêre, bleszinge, blôdresne, dâddel, dolch, dûstslêc, faxfang, hôr, hûsfere, lithsmelinge, monslaga, (skâk)râf, swarta sweng, weiwendene.*

§ 153 Einmal begegnet das aus dem Ags. bekannte *fremma* im Sinne von ‚(*morth*) verüben' (20. Landr.: R_1 IV.177); *bigân* ‚(Missetat) begehen' belegt v. Richthofen Wb. 635 erst für das 15. Jh.: *raef bigan* (Bolswarder Sendr. 486,15), *wrhoer bigan* (Leeuwarder Sendr. 460,18);[85] ähnlich aber echt friesisch: F XXI.71 *hondraf gunga* ‚Handraub begehen'.

dera ‚schaden, benachteiligen' ist im 6. Landr. (J D F H) belegt, ferner im weiteren Sinne von ‚verderben' im Prolog zu den Küren u. Landrr., E_1 H_1: *tha israheliske Folke dera,* F: *sina liude urdera,*[86] im Sinne von ‚hindern' steht es im Ält. Schulzenr. XXVII.

§ 154 Verschiedene strafrechtliche Tatbestände werden durch das Verb *breka* bezeichnet: Körperverletzung (s. 6.2), Sachbeschädigung (s. 10.4) und allgemein das Brechen von Recht und Frieden. Diese Bedeutung finden wir in zahlreichen älteren und jüngeren Texten: *riucht breka* z. B. im Prolog zu Küren u. Landrr. (alle Texte), häufiger noch *fretho breka* z. B. in den Küren (F III.14.116. R_1 III.98), ferner R_1 VIII.23. XII.12. XX.96. R_2 VI.24. H XII.5 (*liudfrethe*), F XXI.55; *sethma breka* (F I.32), *ewa breka* (F XIII. 16), häufig im Westerl. Sendr. (Part. *britzen,* F *bretzen*): *Sente Michaelis fira* etc. (J XV), *sacrilegium ende emunitas* (D J F XVII, 23, D J 34), *afte* ‚Ehe' (D J F XXVII), *corpus Domini* (D J F 32), *Godes riucht* (D J 43), auch ohne Objekt im Sinne von ‚verbrechen' F I.22 R_1 X.2 R_2 V.2.

§ 155 Mit dieser Bedeutung von *breka* hängt die häufige Verwendung des Verbs im Sinne von ‚verwirken, büßen' zusammen, die in den Küren (4. K.: R_1 R_2 F, 9. K.: R_1 R_2 F D U E_1, 13. K.: R_1 F) und den Landrechten (2. L.: F E_1 H R_1 D; 3. L.: R_1 F; 14. L.: R_1) ferner in verschiedenen Texten von R_1 F und häufig im Emsiger Bußregister (E_1 VII, E_2 III) vorkommt.

In der 3. Magnusküre steht in gleichem Sinne in F *ûrbreka,* wo die übrigen Texte (J U D) *ûrbera* haben, wie alle in der 4. (J U D F). Das Verb ist ein typischer Terminus westerl. Texte; weitere Stellen sind: Ält. Schulzenr. XL (*overbera*), Jg. Schulzenr. III.43 XVI.4 (U: *ovir-*) XXI.1 (U: *ovir-*), Marktrecht (J XIII) und häufig Willk. v. Upst. (D XX) (vgl. mnl. *verboren,* mnd. *vorbōren* in gleicher Bedeutung).

Nach dem Wortbildungstyp *ûr-/ovirbera* sind auch *ovirstela* ‚durch Stehlen verwirken' (R_1 II.1), *ovir-/ûrgrîpa* ‚sich versündigen' (R_1, R_2: 6. Küre) und *ovirrâvia* ‚durch Rauben verwirken' (R_2 II.2) — ein nur in R geläufiger Ableitungstyp — gebildet; vgl. auch *hine selua overdwa* ‚sich selbst umbringen' (R_1 I.87).

[85] Zitate aus v. Richthofen, Rqu. Afr. *bigân* ist wohl entlehnt aus mnl. *begaen* ‚ten uitvoer brengen, ... goed en qwaad'. (Verdam 63) bzw. mnd. *begân.*

[86] Nach Laofr. 349 < **ūrderva* ‚verderben'.

§ 156 Während *(ûr)breka* und *ûrbera* sich auf Geldsummen beziehen, die der Missetäter verwirkt hat, kommt der Terminus *(un)forwrocht* (zu *forwerka*) ‚(un)verwirkt' in Zusammenhang mit (verwirktem) Gut und Leben vor: Er begegnet in der 1. Küre (R_1 F E_1: *unforwrocht,* D: *naet foerwrocht,* J: *oenforwrocht habbe ief onferlerren,* U: *naut overwrocht,* H: *unforwerkat*), im 22. Landrecht (nur R_1, F, aus 1. Küre) sowie im Westerl. Sendr. 9.38 (D XI. 108.345 *forwrocht,* J: *wrwrocht*) und D II.176 (aus 1. Küre). Eine schwache Neubildung belegt F XVII.10 *Thene hals ... urwirkia* ‚den Hals ... verlieren'.

§ 157 In gleicher Verwendung wie (—)*forwrocht* kommt (—)*forloren* (zu *forliâsa,* nur F und westerl.) bzw. *ûrleren* (zu *ûrliasa,* nur H E) vor: *onforloren* im Westerl. Sendr. 1,2 (D: *onforloren,* J: *o(e)nferler(re)n,* F: *vn(e)forlern*), im Ält. Schulzenr. I (J: *onferlerren*); *urlerren* im Hunsiger (H VII.219. 307.309) und Emsiger Bußregister (E_1 VII.127), ferner E_2 VIII.90 E_3 II.24.

Dies scheint im Vergleich zu *(un)forwrocht* der jüngere Terminus, das zeigt auch die formelhafte Erweiterung in Hs. J der 1. Küre (§ 156).

§ 158 Mit dem Terminus *(un)biwullen, (un)biwollit* (zu *biwella*) wird ausgedrückt, daß ein Mensch (un)bescholten, nicht durch schwere Missetaten befleckt ist. Wir finden den Ausdruck in allen Texten der 6. Küre (ein Mann soll durch Meineide, Totschlag, Hurerei nicht befleckt sein: F, J: *biwllen,* E: *ullen,* H, R_1: *umbewllen,* D, U: *biwollit*), in R_2 *(un)bewllen* (VII.30.51 V.48), und unter Bezug auf den Kirchplatz in R_1 (XIX.1 XX.84: *bewllen* ‚entweiht, entheiligt').

Auf eine Person beziehen sich die westerl. Stellen: Ält. Schulzenr. XVI (J: *onebiwollit,* U: *biwollen,* Ro und D neuern: *onbeclaghet*) und Rudolfsbuch 85 (J: *oenbewolleth,* D: *onbewillet,* U neuert: *onbiflackad*).[87]

Die Westerl. Texte haben (außer U im Ält. Schulzenr.) die wahrscheinlich jüngere, schwach konjugierte Partizipform.[88] In lebendigem Gebrauch blieb der aus der 6. Küre bekannte Terminus offenbar nur in Rüstringen und im westerl. Friesland.

2. Vom verbrecherischen Willen

2.1 Absicht und ungewollte Tat

§ 159 In der 9. Küre sowie im 1. Landr. ist die Rede von demjenigen, der ‚aus Übermut und vermessenem Trotz' drei Volksgerichte versäumt. Technisch heißt es in der Küre: *bi sine dolla stride iefta bi sina urmode* (F III.74) und *bi urmoede iefta bi dolstride* (J, U), im 1. Landr. *bi urmode and dolstride* (R_1 IV.5), *bi urmode and bi dulla stride* (F IV.8). Die beiden Teile der Formel scheinen im wesentlichen das Gleiche auszudrücken: Absichtlichkeit — der Betreffende ist nicht durch eine der drei Nöte verhindert — aus Übermut und Widersetzlichkeit. Beide kommen auch in anderen Zusammenhängen vor.

[87] H. S. E. Bos—van der Heide, Het Rudolfsboek. Assen 1937.
[88] Vgl. unten ahd. *unbewollen* ‚unbefleckt', as. *beuuollen, beuuillid,* ‚besudelt'.

ûrmôd: fon sine urmode ‚(Tötung) aus Jähzorn'[89] (Ems. Domen E_2 VI.29), E_3 hat an gleicher Stelle (IV.29) *fon forbolgen sin ieftha fon uwermod* ‚in zornigem Sinn oder aus Unbesonnenheit'. *uwermôd* ist wohl mnd. Entlehnung (*övermôt*).

Im Huns. Bußreg. (H VII.243) wird eine böswillige Bedrohung *mith ecke and mith orde mith hasta hei and bi ire mode* angeführt; der Stelle entspricht F XII.56 *mith egge ende mith orde mith hasta hey ende jnxta* (?) *mode.*

Häufig begegnet die Wendung *bi îra môde* ‚aus Zorn' in westerl. Bußtaxen: auf Genitalien schlagen: Dg. Hm. Wb. B., B 5 Dele (D XIV.326, J XVII.), Hauseinschlagen: Waldd., W 5 Dele (D XIII.85: *hus instat mith haester hand ande mit ira mode*), Frau verbrennen: *fan ira mode fan haest iefta fan haester hand* (B 5 Dele D XIV.358, J XVII: *fan ira mode fan haester hand iefta fan haeste*).

Eine ähnliche Wendung wie *bi dulla strîde,* die ich im übrigen nur noch in Dingt. (U XVII) belegt fand, scheint *in (da) fulla stride* ‚in heftigem Streit' (?), die in Westerl. Bußtaxen im Zusammenhang mit verschiedenen Körperverletzungen erscheint (Dg. B. 3mal, Oth. B. 2mal, Wb. B. 2mal, Hm. B. 2mal), vgl. u. § 189.

§ 160 Während *bi îra môde* den Zornmut, die feinselige Gesinnung (His 37 f.) ausdrückt, beziehen sich die oben genannten Wendungen *fan haest, fan/ mith haester hand, mit hasta hey* auf die schnelle, affektive Art der tätlichen Handlung;[90] die beiden erstgenannten erscheinen nur westerl. (und westerl. Sendr. F VIII.47 *mith haster hond*); *mith hasta hey* belegen nur das Huns. und Fivelg. Bußr.; eine ähnliche Wendung gleicher Bedeutung bietet B § 59 *mith wald and mith bisette hey* ‚mit Gewalt und mit Vorbedacht'.[91]

Den Zorn einer Handlung drückt auch *fon forbolgen sin* aus (Ems. D. s. § 159), ähnlich *ovirbolgena mode* ‚in zornigem Sinn' (R_1 XVII.2), vgl. (als Vorlage einer Entlehnung?) mnd. *vorbolgen, vorbolgenes môdes, vorbolgenheit* (Mnd. WB. I.785).

§ 161 Okkasionell kommt *wittelike* im Sinne von ‚vorsätzlich' vor: *fiucht ther ac enich mon wittelike ene skatha* ‚richtet ein Mann vorsätzlich durch Fechten einen Schaden an' (R_2 V.35). Westerl. Bußt. enthalten die Bestimmung, daß von Tieren verübte Taten bußlos sind, *jef hia dyn onwilla ende dae wanwytschip dera schaedafticheed biswera willet* ‚wenn er die Absichtslosigkeit und die Unwissentlichkeit des Schadens beschwören will'. (B 5 Dele D XIV.422, ähnlich Lw. FwDg. B., W 5 Dele D XIII.70: ... *suara dat hit ne se dat hyt fan wanwytschip dede iefta fan wanwisinghe* ‚... oder aus mangelhafter Unterweisung'.[92]

[89] Übersetzung: Buma—Ebel, Das Emsiger Recht.
[90] Anders His, Strafr. 38, der sie *bi îra môde* gleichsetzt.
[91] *hey* ‚Sinn' (= *môd*), vgl. ae. *hyge*, as. *hugi*, an. *hugi*; Laofr. 167.
[92] Ursprünglich wohl nur den Ostergoer Bußt. (FwDg. B. und Lw. B.) zugehörig und in B 5 Dele, W 5 Dele übernommen.

§ 162 Von unabsichtlichen Taten wird im 11. Landr. (F IV.102 E_1 IV.114 J VII) bzw. 12. Landr. (R_1 IV.108 H III.71 D VIII.348 J VII) gehandelt. Hier tauchen bereits die meisten diesbezüglichen Termini auf (*ûrbek dwâ, bekward(ich), unweldich, unwilla, unwitend*).

Als absichtslos gilt jede Tat, die ein Mensch *urbec deth* ‚hinter dem Rücken verübt' (E R H D J). Gemeint ist eine Tat, die „hinter seinem [des Täters] Rücken" geschah (Laofr. 349), also ohne daß er sah, was er anrichtete. Van Heltens Übersetzung „hinterrücks" a.a.O. ist deshalb mißdeutig. *ûrbec* begegnet sonst durchweg in der Verbindung *ûrbec binda* ‚jemand die Hände auf den Rücken binden' (Ems. B. E_1 VII.230.266 = E_2, E_3. Huns. B. IX.121, ferner ‚rückwärts' in der Erbfolge D IX.37). Ob sich die Wendung *ûrbec dwâ* daraus entwickelt hat, wie v. Helten a.a.O. annimmt, steht dahin. Der Terminus bezieht sich nicht mehr auf eine bestimmte Handlung, sondern wird rein technisch für die absichtslose Tat gebraucht. Er begegnet ferner im Ems. Pf. (E_3 V.226) in der Aufzählung: *wrwalde dethe, spildethe, wrbecdethe*[93] und in den westerl. B 5 Dele (*hweerso en man deda wrbeck det* D XIV.438, J XXVII). In R_1 IV.108 wird der Terminus erläutert: *urbec eden mith bekwardiga wepne* ... ‚mit rückwärts getragener Waffe', als technischer Terminus erscheint dieser im Ems. Pf. (E_2 IX.157): *olle unwalda deda, spildeda and olle becwarda deda,*[94] ferner in B § 182 (wohl aus Ems. Pf.): *olle urwalda deda dyares deda*[95] *spildeda alle becwarda deda.*[96] *bekward(ich)* ist also nur in R_1 E_2 E_3 belegt, vgl. mnd. *bakwārd(e)s* ‚rückwärts'.[97]

Einmal begegnet statt *ûrbec: ûterbec eden* (E_1 VII.163), das auch in der Wendung *ûterbec binda* (Ems. B. E_2 III.234) vorkommt.

§ 163 Im 11. Landr. (E) und 12. Landr. (H) werden die absichtlosen Taten *unweldega dêda* ‚unfreiwillige Taten' (F IV.102 *unwelde dede*, ebenso F XVII. 66)[98] genannt, ebenso in den Ems. B. (E_1 VII.163 ähnliche Stelle wie im Landr.), ferner im Ems. Pf. (s. § 162); ähnlich D VIII.350 (12. Landr.): *dattet him were onuilla ende onwald* ‚daß es gegen seinen [des Täters] Willen und seine Macht war'.

Im übrigen bezieht sich das Nomen *onwald* stets auf den Geschädigten: Jg. Schulzenr. V.1 *an iwe wald ende oen sines seluis onwald* (ähnl. V.5: *an iuwer wald ende oen iuer onwald*) oder F XVII.171 (vom Binden) *a untwald* ‚bei Hilflosigkeit' (?), H XI.182 *en sine unewald* ‚in machtlosem Zustand'. Häufig

93 Eine typische Reihung gleichbedeutender technischer Ausdrücke in einem späten Text.

94 Siehe vorige Anmerkung.

95 ‚Von Tieren verübte Missetaten' werden auch sonst häufig im Zusammenhang mit absichtslosen Taten erwähnt, vgl. His, Strafr. 44 ff. Zur Übersetzung s. oben § 145.

96 Siehe oben Anm. 93.

97 Im Mnd. Wb. I. 135 mit ° versehen (vereinzelt oder landschaftlich), Schiller-Lübben I 144 nennen nur einen Beleg aus dem ostfries. Landrecht.

98 Von Algra, Tekstfiliatie 123 als kombinierte Wendung aus unterschiedlichen Vorlagen angesehen.

sind solche Wendungen, in denen *wald* und *willa* formelhaft zusammenstehen: *ur (sinne) wald and ur (sinne) willa* (auch in umgekehrter Stellung): Vergewaltigung bzw. Entführung ‚gegen den Willen und die Macht' der betreffenden: Überk. H VIII.17 F XVIII.14 E_1 VIII.25; Rüstr. K. R_1 VIII.34 (*ovir wald and ovir willa*); Fesselung: 20. Landr. H III.108 E_1 IV 168 (*ur sinne willa ief/ and ur sinne wald*) Ems. B. E_1 VII.158 Huns. B. H IX.123; Totschlag: 14. K. H II.88; Hausbruch: R_1 XIX.12 (*ovir ... willa and ovir wald*); Über Land eines anderen fahren: E_1 VII.144.

Gleichbedeutend mit *unweldich*, aber vielleicht eine spätere Bildung aus dem Emsigo ist *ûrwalde* (Ems. Pf. E_3 V.226, ähnlich B § 182).

Das Nomen *ûrwald* hat im übrigen die Bedeutung ‚Gewalttat', z. B. in B § 157 (*mith urwald*) und den Überschriften zu § 59, 106 (alle nur in B_2), im 3. Landr. (H III.7 *sunder willa and mith urwald*) sowie in westerl. Texten: den B 5 Dele (D XIV. 456 *Fan urwalden* ‚von Gewalttaten', 458), Lp W (U XXXI *urwald dua*), Waldd. (J XXV), Wb. B. (J XX am Schluß, aus vorigem).

§ 164 In osterl. Hss. des 11. (F E) bzw. 12. Landrechts (R) werden absichtslose Taten auch als ‚ungewollte' bezeichnet (F: *unwille dede*, E: *thettet wera unwilla and en unweldich dede*, R_1 *urbek eden ... and bi unwilla*). Entsprechend heißt F I 50 *bi willa* ‚mit Absicht'.

In westerl. Texten hat *onwilla* die Bedeutung ‚gegen den Willen des Geschädigten', z. B. W 5 Dele D XIII.7: *iefter een frow nimen wirt mit onwilla* ‚... gegen ihren Willen' oder 82.135: *an sin willa ende an die oderes onwilla*, so auch B 5 Dele D XIV.195, FW. B: dem entspricht osterl. B § 106: *mith wald and mith unwilla*. Die gleiche Bedeutung haben *onwillens* Ält. Schulzenr. XII (D), *onwillum* (J), XXVI *willens dan onwillens* ‚freiwillig oder gegen (ihren) Willen' (D, J), *willem so unwillem* (U), ebenso B 5 Dele D XIV.439 f.

In gleichem Sinne, ‚gegen jemandes Willen', wird im 21. Landr. das Adverb *unthonkes* benutzt: *ief di Noerdman nymt een man ontankes ende hine sines ontankes wta land feert ...* (D VIII.472 f., ähnlich 20. Landr. J VII), ebenso in den A. B.: *Hwersama thene mon en nara end en nede vnthonckes helt* (H XI.183). Die unverneinte Form (vgl. mhd. *dankes*, mnl. *dancs* § 323) ist in den behandelten afr. Quellen nicht belegt.

§ 165 Wo in osterl. Hss. des 11., 12. Landr. der Terminus *unweldich* erscheint, haben D (VIII.349) und J (VII) *onwitenda deda* ‚unbewußte Taten'.

Das von v. Richthofen Wb. 1112 und His, Strafr. 41 als Ausdruck der Fahrlässigkeit genannte *ûrgâmelich(êd)* ist ausschließlich im Franeker Bauernbrief v. J. 1417 und einer Urkunde v. J. 1455 (O II.38) belegt, das zugrunde liegende Adj. *ûrgâmelik* nur im Bolswarder Sendr. v. J. 1404. Ags. *(for)gīemelēas(ian)* § 34 ist nur eine etymologische Parallele, keine in frühe Zeit zurückreichende rechtsterminologische Entsprechung.

§ 166 Nur im Ems. Pf. (E_2 IX.157 E_3 V.226 = B § 182) erscheint neben anderen technischen Termini für absichtslose Missetaten *spildêde*,[99] das ich als ‚beim Spiel verübte (Misse)taten' übersetzen möchte. Buma—Ebel übertragen enger ‚beim Spiel zugefügte Verletzungen' (S. 163, 223), vgl. dazu oben § 145 Anm. 76.

2.2 Heimlichkeit

§ 167 Nur in Zusammensetzungen begegnet *dern-* (vgl. ags. *diern-* § 36), die Belege stammen aus den Hss. B E_1 H F J: *dernfiâ* ‚Verheimlichung beweglichen Gutes, verheimlichtes Gut' (Fia-Eid E_1 I.2 = E_2 I.63. ähnlich Ems. Pf. E_2 IX.49, B § 102, 109); *dernlendinge* ‚heimliche Gabe' (Huns. K. H XXIII. 68); *dern(e)sône* ‚heimliche Sühne' (F XVII.21. XIX.5, Schulzenbann: J XI).[100]
Verbal drücken *(for)hela, bihella, (bi)hûda* Verheimlichung aus, und zwar eines Totschlags (E_3 II.8 ähnlich F XII.24: *andma hine het*[101] *and helit*), Verbergen eines Mörders[102] (Ems. D. E_2 VI.26: *thet thi bona therinne bihut and beheleth se* ... ‚daß der Totschläger drinnen verborgen u. versteckt sei'. E_3 IV.26: *behelith*); sie beziehen sich ferner auf verheimlichtes Gut (Fia-Eid: E_2 I.58: *thet thu nebbe thinis bedda god stelen ne vrhelen*, Ält. Schulzenr. LVIII (J U D): *ne have an tha menbedle helid ner hindrad*, XLVIII: *under skate bihella* ‚bei Haussuchung unterm Schoß verbergen'); auf den Verkäufereid (F XIII.22: *thet hit were vnvrfengen iefta uneforhelin* ‚... unbeschädigt oder (daß der Schaden) unverborgen gewesen sei'.[103] Bezüglich der Offenbarungspflicht vor Gericht heißt es F XIX.10 *thet vnthelande se. ther on tha liude falle. an on thene frana*, ‚daß man nicht verhehle, was das Volk und den Frana angeht'.

§ 168 Offenkundige, gerichtsnotorische Tatbestände werden *epen, epenbêr(lik), epplic* genannt, jedoch erst in späteren Texten: *vmbe epene dadelis* ‚wegen offenkundigen Totschlags' (B § 150), *epenberlika senda* (Westerl. Sendr. 32 J F, D: *openbera sonda*), *sunder epenbere seke* (F XXII.143), ferner F XX. 98 Ems. Pf. E_3 V.163.251, W 5 Dele: *huaso oderne ... openbeerlige daed slacht* und häufig in späteren westerl. Texten (s. v. Richthofen Wb. 710). Nur in der Bischofssühne sind *eplike* (E_2 VIII.71) und *epplic* belegt (VIII.37: *liudcuth and epplic* ‚(Sachen, die) bekannt und offenkundig' sind).[104]

Der Terminus *liûdkûth* erscheint ferner im 17. Landr. (F E_1 R_1), formelhaft verbunden mit *bûrkûth* in E_1 und F. Westerl. Hss. haben die Formel *bûrkûth*

[99] Daher vielleicht lehnübersetzt mnd. *spildât*, vgl. Löfstedt, Nordseegerm.-nord. Beiträge III. 15.

[100] Gemeint ist ‚außergerichtliche Sühne', vgl. auch His, Strafr. 99, 211.

[101] Zu **hêda*, Laofr. 162 Anm. 3.

[102] Begünstigung s. u. § 174.

[103] Dazu Sjölin, Die ‚Fivelgoer' Hs., 221. 339. 400, Anm. 153.

[104] *eppe*, das genau ags. *yppe* (§ 37) entspricht, erscheint nur in eigentlicher Bedeutung: *eppe deda* ‚offene Wunden' (B § 178).

ende gâkûth [buurkuud ende gaekuud u. ä.] ‚dorf- und ortsbekannt' (17. Landr.: D VIII.437, J VII; ferner: Ay. B. B 5 Dele D XIV.64, J XXVII).

§ 169 Ags. *ǣbǣre* entspricht auch in seiner technischen Anwendung afr. *âubêr* ‚offenkundig, offenbar'. In der 17. Küre (nur H E R) heißt es, daß der freie Friese alle Klagen durch Eid zurückweisen kann, *buta dathe and aubere dolge* ‚außer wegen Totschlags und offenbarer Verwundung' (H II.116, E_1 III.133: *abere*[105] *dolge*, R_1 III.150: *aubera dolge*, R_2 II.73 *sunder dathe and sunder aubere dolge*). Darüber hinaus sind nur in R_2 die Wendungen *aubere raf* ‚offenkundiger Raub' (VII.65) und *aubere tionunge*[106] ‚offenbare Schädigung (der 6 Glieder)' (VII.9) belegt. Es ist wortgeographisch interessant, daß in R_1 und R_2 *epen(bêr)* nicht erscheint.

2.3 Notwehr

§ 170 Als Terminus technicus ist *nêdwere* an verschiedenen Stellen der Landrechte belegt (12. Landr. E_1 IV.120 F IV.109, 14. Landr. D VIII.382, 22. Landr. R_1 IV.201), ferner in Rüstringer Texten (R_1 VIII.20.22 R_2 VI.23), in B § 217 und westerl. in Skakraf (D XIX.19). Einmal (B § 157) erscheint in diesem Sinne die Wendung *bire* (= *bi there*) *nede.*

3. Versuch

§ 171 Keinen spezifischen Ausdruck gibt es für den Versuch als solchen, da dieser im fries. (und germ.) Recht nicht strafbar war.[107]

Als Versuchshandlung kann vor allem die ‚unrechtmäßige Bedrohung mit Schwert und Speer' gelten: *thi vnriuchta ber mith edze and mit orde* (Ems. B: E_1 VII.179. E_2 III.254 *iber*[108]), ähnlich Huns. B.: *hvasa otherum enne bere toberth mith ecke and mit orde* (VII.242, ebenso Fiv. B. F XII.54 f. mit Überschrift *fon quader bere*).[109] Umschrieben wird derselbe Sachverhalt E_3 II.44: *hvasa otheren tothiucht eg anda ord and thruth hine.*[110]

105 Verschreibung für *âubêre:* van Helten, Laofr. 24.

106 Buma-Ebel, Das Rüstr. Recht S. 149 übersetzen ‚sichtbare Schädigung', doch ergibt dies m. E. keinen besseren Sinn und widerspricht der sonstigen auch durch ags. *ǣbǣre* gestützten technischen Bedeutung von *âubêr.* In dieser eigentlichen Bedeutung ist das Wort sonst nirgends belegt. Doch vergleicht Schmeller, Bayerisches Wb. I 12 hiermit bair. *âber, äber* ‚offen, unbedeckt (von Schnee)', zu ahd. *āpar* ‚apricus', mhd. *âber* ‚trocken, warm nach der nässe und kälte', *æber* ‚ort, wo der schnee weg(und)geschmolzen ist' (Lexer).

107 Zu den Versuchsdelikten und -handlungen vgl. His, Strafr. 76—80.

108 Vgl. mhd. *gebære* ‚Gebärde', Laofr. 30. Im Afr. jedoch nur technisch an den genannten Stellen erhalten.

109 An beiden Stellen wird im weiteren die Absicht durch oben § 160 ff. erläuterte Termini besonders hervorgehoben.

110 Die Wendung *mith egge and mith orde* verdeutlicht hier mehrfach den Charakter der (beabsichtigten) Kampfhandlung mit scharfer Waffe. Sie ist ferner an verschiedenen Stellen der Wenden zur 17. Küre (E_1 V. 6 = VIII. 68, D X. 30, J X)

Ein Versuch der Brandstiftung ist die ‚Bedrohung mit einem Feuerbecken gegenüber dem Haus eines anderen' (Ems. B.: *ber mith ene crocha to otheres monnes huse* E_1 VII.195. E_2 III.273). Neben anderen kleineren Delikten wird *ber* im Huns. B. (IX.190) genannt.

Von diesen Versuchshandlungen, zu denen auch das erst in späteren Texten (s. His, Strafr. 76) bezeugte Messerzücken zählt, sind die Versuchsdelikte zu unterscheiden, bei denen, wie der Name ausdrücken will, ein (kleineres) Delikt begangen, jedoch ein schwereres versucht wurde. Hierzu sind die Wassertauche (s. 7.12), die Wegwehrung (s. 7.3) und die verschiedenen ehrenkränkenden Handlungen gegenüber Frauen und Mädchen (Notzuchtsversuch, s. 9.4) zu rechnen.

4. Teilnahme[111]

4.1 Anstiftung

§ 172 Die aus anderen germ. Quellen bekannte Gegenüberstellung von ‚Rat und Tat' findet sich nur in jüngeren westerl. Texten: W. Upst. D XX.6 *in rede ende in dede*, grietman-Eid (J XXXIV) *mit rede ende mit dede*, Jur. Fris.[112] II.198 c.3 *dij heller, dij steller, dij reder, dij dedir*, II.164 c.22 *dij reder ende dij deder*. In den W 5 Dele (D XIII.16) und in Dingt. (J XIX U XVII) begegnet (unter Bezug auf Totschlag) die Formel: *bi redena rede ende bi leidera lega* ‚bei beratenem Rat und gelegtem Hinterhalt', die im Leeuwarder Marktrecht v. J. 1453 wiederkehrt (O II.36 S. 47 *by redena reed by leyder legha*).

4.2 Beihilfe

§ 173 Einen im ganzen fries. Rechtsgebiet verbreiteten Terminus gibt es nicht. Westerl. begegnet mehrfach *fulliste* ‚Hilfe' im technischen Sinne von Beihilfe: Ält. Schulzenr. XXI (J U D), XXX (U J: *unriuchte fulleste*); Jg. Schulzenr. (III.XXI).

Untechnisch wird R_1 X.33 der Hauptbeteiligte *thes werkes mastere* genannt, und die Helfer *the him folgiath*. Nur in R_2 heißt der Mittäter *hilpere* (vgl. mnd. *helpêr(e)*): Buße zahlen *alle tha ther mithi to hilperon emacad werthat* ‚alle die zugleich zu Helfern erklärt werden'[113] (VII.39), ferner *Tha rauere ... and sine hilperon* ‚den Räubern ... und seinen Helfershelfern' (VII.67). ‚Helfen'

belegt, überdies in weiteren osterl. Texten (E_2 VI. 87. R_1 X. 58. F XII. 55. H XVIII. 172 *cum gladio vel cum lanceo* im lat. Text erläuternd, aufgelöst H VIII. 23 *mith bruddene sverde iefta mit blodega eggum.*).

111 Dazu His, Strafr. 81—100.

112 Montanus (de Haan) Hettema, Jurisprudentia Frisica of Friesche regtkennis. Leeuwarden 1834—1835. [in Hs. Roorda].

113 Buma—Ebel, das Rüstr. Recht S. 151 übersetzen hier m. E. zu frei ‚alle die zugleich als Mitschuldige ermittelt werden', dagegen technisch genauer in einer verwandten Stelle S. 147: *er thi redieve thene bona emakad heth* ‚bevor der Redjeve den Totschläger öffentlich ausgerufen hat'.

im untechnischen Sinne heißt *hilpa* (u. a. 15. Küre), westerl. begegnet dafür in der 15. Küre *stêpa* (J U D, vgl. ags. *stīepan*).[114]

4.3 Begünstigung

§ 174 Gemeinfries. ist die Formel *hûsia iefta hovia* ‚in Hof und Haus aufnehmen' für die Begünstigung des Friedlosen: Huns. K. (H XXIII.37 F XXII.31), B § 129 (den Auswärtigen), § 130 (den Verurteilten), Jg. Schulzenr. III (den Friedlosen und seine Habe), XXI, Interr. B. 31, Rüstr. K. (VIII.45: *hwasane houi ieftha huse iefta eniga monne urstonde* ‚wer ihn in Haus und Hof aufnimmt oder gegen irgendeinen Menschen beschützt').

Technisch erscheint hier auch *ûrstonda* ‚(Friedlosen) beschützen', ebenso R_1 IX.19: *urstonde ... binna huse ieftha buta* und R_2 VII.27.[115]

4.4 Bandenverbrechen

§ 175 Als Bande ist anzusehen, was in den Landrechten *hâvedlâs here* ‚führerloses Heer' genannt wird (22. Lr. R_1 IV.203 ähnl. X.24 f., 12. Lr. E_1 IV.121 F IV.111., 13. Lr. D VIII.389, ferner E_3 I.383) oder *vnriucht here* ‚gesetzwidriger Heerhaufen' (Ems. B.: E_1 VII.184. E_2 III.259. E_3 I.372).

Hapaxlegomenon ist *gabbath* ‚tumultarische Bande' und das Verb *gabbia* ‚an einem Bandenzug teilnehmen' (B_2 § 159).[116] Mit dem Bandenzug hängt auch das nur osterl. bezeugte Rechtsinstitut der *oflêdene* zusammen, dazu ausführlich His, Strafr. 61—68.

In westerl. Texten wird ein Bandenangriff technisch als *mith samnatha sithum* ‚mit gesammelten Gefolge' ausgeführt bezeichnet: *huaso mit saemnada siden oderis land een walde deth* (W 5 Dele D XIII.72), *huaso oderis huus instaet mit saemnada siden* (89), *hwasoe fareth to en monnis huse liachtis deys*[117] *and liudherlika mith weipender hand and mith samenda sithem andma ther in wald deth*, später: *hwae soe mit sameneda syem in otheres lande wald deth* (Waldd. J XXV), ebenso im Anhang zu den Hm. B. (J XXIV).[118] Daneben begegnet auch nur westerl. die Bestimmung: *mit wepnader hand ende mit landbede* ‚mit gewaffneter Hand und mit Landesaufgebot' (W 5 Dele D XIII.77.94, Waldd., Hm. B.).

Die meisten der hier angeführten Stellen beziehen sich auf die (unerlaubte) Heimsuchung (s. u. 11.).

114 Algra, Tekstfiliatie 114.

115 Das Verb begegnet sonst in der Wendung *wei ûrstonda* ‚Weg versperren'. Eine semantische Deutung hierzu Laofr. 353; O. Bremer PBB 17, 343 weist schon auf ähnliche Bedeutung von ags. *forstandan* hin (s. u. § 234). Diese in den Landrechten bezeugte Bedeutung scheint die ältere zu sein.

116 Als fries. Lehnwort verzeichnen Lasch—Borchling, Mnd. Wb. II, S. 1 *gabbet*. Literaturhinweise: Buma, Die Brokmer Rechtshss., 189 f.

117 Diese Wendung kennen auch die oben gen. Stellen der Landrechte.

118 Weitere, spätere Belege bei His, Strafr. 84 Anm. 10.

Als ein Bandendelikt bezeichnet His, Strafr. 86 ferner die vor allem in den Allg. Bußtaxen erwähnten *herebende*, nach van Helten, Laofr. 173 und Nauta, Bußt. 140 liegt hier eine spätere Umdeutung des ursprünglich ‚einschneidende Bande' (vgl. as. *herubendi*) bezeichnenden Wortes vor (s. u. § 236).

5. Tötung

5.1 Totschlag

§ 176 „Reich ist die altfriesische Rechtssprache an Bezeichnungen des Totschlags, doch sind manche dieser Ausdrücke auf bestimmte Teile des friesischen Gebietes beschränkt."[119] Wir wenden uns zunächst den verbalen, dann den nominalen Bezeichnungen zu, welche z. T. auf jene zurückgehen. Unter den Verben des Tötens sind Zusammensetzungen oder Wendungen mit *slâ* am gebräuchlichsten. Sehr häufig ist zunächst das Simplex *slâ* ‚totschlagen' in Texten sämtlicher Hss., vor allem jedoch den regionalen, besonders osterl. Bußregistern, Küren und kleineren Texten (es fehlt den 17 Küren, Allg. Bußt., Westerl. Bußt.). Zumeist steht *slâ* hier in der Wendung *enne mon sla* ‚einen Mann erschlagen', in den Landrechten auch ohne Artikel (20. Lr.: R_1 IV.170 *wif nedgie and man sle*, ähnlich E_1 IV.175 H III.114, F IV.154 *wif a nede nimth ande monslaith*, 21. Lr. D VIII. 475 *man slacht*, J VII.).

Ferner begegnen die Wendungen *to dâda slâ* (R_1 R_2 F E_2 E_3 Ält. Jg. Schulzenr.) und *dâd slâ* (R_1 R_2 E_2 E_3, häufig in westerl. Texten: W 5 Dele, W Upst., Interr. B., Rudolfsbuch). Zu *a morth slâ* s. u. § 185.

Nur regional verbreitet sind *aslâ* (Ostfriesld. 13. Jh.: E_2 VIII.20 IX.71.90 B § 131.218, vgl. as. *āslahan*, mnd. *erslân*) und *for-*, *ûrslâ* (nur westerl.: Magn. K. *for-*: F V.4 D V.6 *ur-*: J IV, 8 Domen: *for-*: F VII.46 *ur-*: D IX.76 J IX, Ält. Schulzenr. *wrslayn* J D Ro, *forslagen* U).

Weitere gleichfalls nur regional verbreitete Verba des Tötens sind *dêia*[120] (nur westerl.: D IV.29 XIV.431 XVIII.25); *falla*, *fella* eig. ‚fällen' (nur osterl.: Huns. K. H XXIII.3.125 F XXII.4.114, K. Fiv.Old. F XXI.5, N. Rüstr. K.: R_1 IX 7x, R_2 VI.18, Ems.D.: E_2 VI.52)[121] und *wergia*, *wirgia* ‚umbringen, töten' (Ostfriesld.: E_2 VI.32. E_3 II.26 f. B § 181. 217. 220). Nur in R_1, R_2 erscheint die Wendung *sin lif onawinna* ‚(jmd.) seines Lebens berauben' (N. Rüstr. K. 5x, R_2 V.5, ähnlich ‚der 6 Glieder berauben' R_1 X.53).

§ 177 Unter den nominalen Termini für die Tötung, den Totschlag — ein eindeutiger, ausschließlicher Bezug auf Totschlag im technischen Sinne liegt hier wie im Ags. nicht vor — ist *mon-*, *manslachta* der häufigst belegte. Es

119 His, Strafr. 255. Die Beobachtung wird durch einige knappe Angaben illustriert.

120 Aus **dêtha* (aus **dauþjan*: intervok. *th* zu *j*), Bremer, PBB 17 (1893), 308. Vgl. nordhumbr. *dēða(n)*.

121 Einen Beleg für *fella* ‚töten' sieht v. Helten Laofr. 262 in dem „offenbar verderbten Glossen" zur 13. Küre in E_1, H, dazu auch Hoekstra, Küren, 170. 179. Vgl. mnd. *vellen*, ags. *fiellan*. Korrekturnachtrag: Sjölin weist mich darauf hin, daß *fella* auch in westerl. Urkunden vorkomme.

handelt sich um eine Abstraktbildung zur Wendung *enne mon slâ* bzw. zur Zusammenfügung *monslâ* (s. o. § 176).[122] Er ist in zahlreichen westerl. Texten (D II.321 VIII.300 Note, Westerl. Sendr. D XI.33.407 F VI.6, B 5 Dele D XIV.323, Lw. B., 10 Gebote U XVI, 6. Küre J V und spätere) und einigen jüngeren osterl. Texten belegt (F XVII.186. XX.97, Huns. K. F XXII.53 H XXIII.60, Ems. D. E_2 VI.4.6, Bischofssühne E_2 VIII.37.61).

Eine ältere Bildung dürfte *monslaga* sein (vgl. ags. *manslege* § 51), die nur in R_1 (I.27 III.46) bewahrt ist. Doch erscheint in den Lw. B. (J U) *manslicke*. Nur westerl. ist *slachta* ,Totschlag' (SwSw. D XVIII.25 *daeth iefta ane slachta slacht*, u. Rudb.). Von *manslachta* abgeleitet ist das Adj. *mon-, manslachtich*, das nur in der 6. Küre (D J U H F E, R_1 hat hier *monslaga*, s. o.) belegt ist.[123]

§ 178 In der Bedeutung Totschlag erscheint *dâth* (eig. ,Tod', z. B. in *to dâda slâ*) nur in der Wendung *dâth ieftha dolg* oder anderen Verbindungen der beiden Termini, und zwar in der 17. Küre (H E R: *buta dathe and aubere dolge*, dazu auch R_2 II.73) und den Landrechten (8. Lr.: D J H R, 9. Lr.: D J H E, 23. Lr.: D J E R, Ergänzungen zu Lrr.: E_1 V.15 X.1 E_3 II.19.23), ferner in R_2 VII.16, Ems. B. E_3 I.393, W 17 D X.7, Lp. W.: *to daede and toe delle framet*. Für *dâth* in W 17 hat R_1 VII.7 *dâddolg* eig. ,tötliche Wunde', das im übrigen ausschließlich in R vorkommt (R_1 IX.8 XV.33 R_2 VII.13 VIII.3, ,Totschlagsbuße': R_1 VI.110.112 R_2 I.123.125).

§ 179 Eine nicht mehr durchsichtige Zusammensetzung mit *dâth* ist *dâddel* ,Totschlag', die ursprünglich vielleicht wie noch ags. *dēað-gedāl* (poet., Guðlāc) den Tod bezeichnete.[124]

Der Terminus begegnet in den Küren (17 K.: F III.155, W 17: H X.5 E_1 VIII.23) und Landrechten (1. Lr. U, 8. Lr. J U D F E, 9. Lr. F, 11. Lr. D J), häufig in osterl. Texten (Huns. B. H. VII.55, Huns. K. H XXIII.40.54 = F XXII.33.46, ferner F XIII.32. XII.81. XIV.1.2, Ems. D. E_2 VI. E_3 IV je 7mal, Brokmerbr. 24 (B_1) bzw. 30mal (B_2)),[125] sowie in westerl. Texten (Waldd. J. XXV, daher auch B 5 Dele D XIV.459, W nL U XXX, ferner in Ro und zahlreichen Urkunden). Häufig steht *dâddel* in ähnlicher Wendung

[122] Zum Bildungstyp s. Ahlsson, Abstraktb. 147.

[123] Ferner in jüngeren Quellen: Autentica Riocht (ca. 1400), Processus Judicii (14. Jh., Buma—Ebel, Emsiger Recht, 233. 254) sowie in A und U (Hinweis von D. Hofmann).

[124] Die von Buma, Die Brokmer Rechtshss. 170 verzeichneten Parallelen mnd. *dôt-dê(i)l* und mnl. *doot-deel* sind m. E. Lehnübersetzungen aus dem Afries., so auch Löfstedt, Beiträge III. 12.

[125] In E und B auch in der Bedeutung ,Totschlagsbuße, Wergeld', in E_2 VIII. 75 steht dafür *ielddadel*. Im 1. Landr. (D VIII. 83) erscheint auch *needdaedel* in der Aufzählung verschiedener Gewalttaten (neben *an nede nima, needbrand*), was wohl als ,gewaltsamer Totschlag' (Mord?) zu deuten ist. Trotz der ags. Parallele *nȳdgedāl* ,forced dissolution, death' (Clark Hall 253, nur poet., selten) möchte ich hierin eine awfr. Gelegenheitsbildung sehen, eine mehr oder weniger „pleonastische Bildung", wie van Helten, Lawfr. 40 Anm. 1 annimmt.

neben *dolch* wie *dâth* oder ersetzt dies offenbar (17. K.: F III.155 *in dolgum jef in daddelum*, 9. Lr.: F IV.87 *dolch iefta daddel*, W 17: H X.5 *an dolge anda dadele*, E_1 VIII.23 *mith dadelum iefta dolgum*; W nL *jefta dollingha jefta daeddel*). Die Wendung ‚Wunden oder Totschläge' heißt in B stets *deda iefther daddel*, wo also *dolch* durch *dêde* und *dâth* durch *dâddel* ersetzt ist.

§ 180 Aus *dâd slâ* ist ähnlich wie *monslachta* zu *monslâ* der Terminus *dâdslachte* ‚Totschlag' gebildet, der in zumeist jüngeren westerl. Texten (D I.21.181 Register!, VIII.280 Anm., W 5 Dele XIII.16, Ält. Schulzenr. I J Ro u. spätere) sowie mehrfach in E_3 (Ems. D. IV, Ems. Pf. V) vorkommt. Nur westerl. belegt ist *daedslach* (Interr. B. 2, Wyn W 4).

§ 181 In sämtlichen osterl. Hss. außer E_1 und H ist die Bezeichnung *bona* für den ‚Totschläger, Mörder' belegt. Obwohl es sich hier um einen gemeingerm. Terminus handelt, fehlt er den gemeinfr. Küren und Landrechten; *bona* kommt vor allem in jüngeren Texten des 13. Jh.s vor: K. FivOld. (F XXI.51), Huns. K. (F XXII.144), Ems. D. (E_2 VI.15.26.45. = E_3), Ems. Pf. (E_2 IX.146. = E_3), Ergänzung zu den Landrr. (E_2 V.8 *hwersama ana monne slaigt and ne bona halt*,[126] ähnl. E_3 II.32), B § 178—180, R_2 VI.12 f. 16 f. Darüber hinaus erscheint der Terminus als *boyne* in nordfriesischen (mnd. abgefaßten) Rechtsquellen aus Eiderstedt (v. Richthofen, Rqu. 563.26, 570.2). In R findet sich die Zusammensetzung *bonahond*[127] für den Totschläger (R_1 IX.11.28.44, R_2 VI.13.17).

Mehrfach kommt *bona* in den Wendungen *thene bona makia* ‚den Totschläger öffentlich ausrufen', *to bona(hond) makia* ‚(jmd.) zum Totschläger erklären' vor.[128]

Eine Abstraktbildung zu *bona* ist *banethe, benethe* ‚Totschlagsklage, Klage auf Wergeld' (vgl. as. *banethi* ‚Tod'). Der Terminus ist vor allem in den Landrr. häufig (8. Lr. lat. H D J F E, 10. Lr. J H F E, D: *daedbante*, 11. Lr. F, 19. Lr. R), ferner B § 178,[129] F XI.571. Die Zusammensetzung *daedbante* (nur westerl.: D VIII.320. XII.74)[130] macht deutlich, daß *banethe* etymologisch nicht verstanden wurde (*bona* ist westerl. nicht belegt!).

§ 182 Ähnlich wie in ags. Rechtssprache (s. § 55) erscheint in osterl. Texten *lidza* in der spezifischen Bedeutung ‚ungebüßt, straflos [liegen]bleiben': F XI.24 *sa lidze benebreke*, 54: *ende sa schel lidsa thio lesse bote*, B § 69: *althetter skien is . . . thet skel lidsa*, 199: *thia dede skel lidsza*.[131] In B § 189.

[126] van Helten, Laofr. 262 hält die Stelle für eine ungeschickte Änderung der Vorlage.

[127] Auch *hond* kommt R_1 IX. 42 R_2 VIII. 59 in der Bedeutung ‚Täter' (stets im Pl.) vor. Von *bona* abgeleitet ist *bondêdoga* ‚Totschläger' (zu *bondêdoch* R_1 IX. 19. 34) vgl. *misdêdoch* in der gleichen Hs. R_1 XX. 16).

[128] Ähnlich *makath hine to thiaue* R_1 XIV. 49, *to hilperon emacad* R_2 VII. 39.

[129] Dazu die Ableitung *benethia* ‚peinlich klagen' ebda.

[130] Weitere Belege aus J U bei Ahlsson, Abstraktb. 127.

[131] Technisch, aber nicht wörtlich übersetzten Buma—Ebel ‚soll ungesühnt bleiben'.

217. 219 lautet die Wendung erweitert: *lidza gersfelle.*[132] In den Ems. D. heißt es vom erschlagenen Friedlosen: *sa skel hi ieldelas ledza* (E_2 VI.77), *sa scel hi vngulden lidze* (E_3 IV.72), was den genannten ags. Wendungen genau entspricht.

Die Bedeutung ‚bußlos bleiben' für *lidza* liegt auch zwei Stellen der N. Rüstr. K. (R_1 IX.15.44) und R_2 VII.34 zugrunde, wenn hier auch eine dem Zusammenhang entsprechende freiere Übersetzung, wie sie Buma—Ebel geben, angebracht ist.

5.2 Mord

§ 183 In unseren älteren Texten wird mit dem Terminus *morth* vor allem die verheimlichte Tötung eines Menschen,[133] ferner Tötung aus gewinnsüchtiger Absicht, Verbrennen im eigenen Haus (auch *morthbrand*) und Tötung der Leibesfrucht im Mutterleib bezeichnet.

Zuerst begegnet *morth* in der 16. Küre (sämtl. Hss.) in dem Rechtssprichwort *morth motma mith morthe kela* (H E R, F . . . *scelma* . . ., D *moerd schilma mit moerd beta,* U *mord salma mit morde jelda,* J *moerd schelma mei moerde ielda ende beta*[134]). Buma—Ebel übertragen dies sprichwörtlich ‚Mord soll man mit Mord vergelten'.[135] Erklärend überträgt van Helten, Laofr. 239 ‚absichtliche tötung soll man mit zu erleidender absichtlicher tötung büßen'. Damit wird bereits ein spezieller und durchaus nicht der häufigste Fall des Mordes herausgegriffen. Eine solche genaue Übersetzung scheint mir hier nicht möglich, weil die Strafe technisch kaum *morth* heißen konnte. Der Sinn des Sprichworts kann nur sein: wer mordet, hat mit seinem Leben dafür zu büßen.[136] So erübrigt es sich auch, die Belege für *morth* an dieser Stelle im Glossar unter ‚absichtlicher Tötung' zu verzeichnen, wie es z. B. in R_1 geschieht.

Interessant ist das weitere Vorkommen des Sprichwortes. Wiederaufgenommen wird es im 24. Landr. (D H F R), sonst begegnet es nur in den drei Emsiger Hss., und zwar als abschließende Sentenz (wie in der 16. K.) bei der Behandlung verschiedener Mordfälle (E_1 VIII.45.138.143, E_2 V.5.10, E_3 II.6. 10.14) sowie in der jüngeren, gelehrten Jurisprudentia Frisica (Hettema II.176). Daraus mag man schließen, daß das Sprichwort im Emsigo bis ins späte MA lebendig war und vielleicht auch ursprünglich hier beheimatet war. Andererseits ist die Möglichkeit nicht auszuschließen, daß es aus den alten

[132] Dazu van Helten, Laofr. 153 f., 217 f.

[133] Wie schon in der Lex Fris., His, Strafr. 262 (*mordritus*).

[134] Die unterschiedliche Terminologie des Büßens, wie sie hier deutlich zutage tritt, wäre gleichfalls ein wortgeographisch lohnender Untersuchungsgegenstand. Spezifische geographische und zeitliche Unterschiede sind auch in den übrigen germ. Rechtsquellen zu beobachten.

[135] Rüstr., Ems. Recht.

[136] Vgl. dazu S. Kalifa, in: Études Germaniques 24 (1969), 259 f. und die Erwiderung von W. Ebel 583 f. Weiteres, auch zu anderen Rechtsprichwörtern der afr. Rechtsquellen bei Buma, De eerste Riustringer codex, 77 ff.

Texten einfach übernommen wurde. Dies mag am ehesten für die Stelle der Jur. Fris. gelten, wo *moerd schel ma mey moerd kela* schon etwas distanziert als *bijspilwird* bezeichnet wird. Dagegen erscheint das Sprichwort in den Emsiger Texten — wie in K. und L. — als Teil der Rechtssatzung. Wenn dies Vorkommen kein Zufall ist, ließe sich daraus ein Indiz für die Herkunft der Küren und Landrechte ableiten. (Dazu unten § 294.)

Im übrigen wird von *morth* besonders in Texten der osterl. Hss. gehandelt, dem Fiv. Bußr. (F XII.20—39), den Allg. Bußt. (R_1 XIV.7.39—46), den Ergänzungen zu Küren und Landrr. (E_1 VIII.44 f.137—148, E_2 V.5—14, E_3 II.1—12); sachlich ist von Verbrennen im Haus, (Tag und Nacht) verheimlichter Tötung und Tötung der Leibesfrucht die Rede, wobei in letzterem Fall auch das tote Ungeborene *morth* genannt wird. In westerl. Texten wird seltener von Mord gehandelt, der Terminus *moerd* begegnet darum weniger häufig (u. a. D XVIII.23. XVI.109.118).

§ 184 Gleichbedeutend mit *morth* ist *morthdêde* im 23. Landr. (R_1 IV.260. E_1 IV.201, ähnl. E_3 II.1), im 24. Landr. (D) und 25. Landr. (E). In der 16. Küre hat *morthdêde* die weitere Bedeutung ‚Freveltat, schwere Übeltat' (s. o. § 145).[137] Spezifisch wird der ‚mörderische Angriff' auf eine hochschwangere Frau *morthkâse* genannt (H VII.269.272 F XII.11.13).

An einer nur in D (III.452) überlieferten Stelle des Ält. Schulzenr. wird dieser Tatbestand *nomelsmoerd* ‚Mord am Namenlosen'[138] genannt, in einer Anmerkung VIII.515 auch *heydenmord*. Vielleicht ist *nomelsmoerd* als Umdeutung des Ausdrucks *oen(bi)naemt mord* im Westerl. Sendr. anzusehen, der sich auf das gleiche Delikt bezieht (*onnaemd mord*: D J 16, D XVI.41; *oenenaemd moerd* J XVI; *nomadne moerdbrand iefter noemed moerd* bzw. *binaemd moerd iefter binaemd moerdbrand* J 41; *binomat, unebinomad mord* F 16, XVI; ferner B 5 Dele *bitigia tria onbinaemd mord* D XIV.322, *unnameda morth* J XXVII; *thria vnnameda mord* FwDg. B., *unnamad mord* Grietman-Eid U XVIII, *unnomade mort* Lw. B.U XXV).[139] His, Strafr. 264 deutet ihn als „‚der unbenannte Mord', d. h. der Mord, dessen Opfer nicht näher bestimmt ist", und zwar im Gegensatz zum *binomat mord*, womit alle übrigen Mordfälle gemeint seien. Dieser Terminus ist jedoch erst in jüngeren Texten belegt.[140] Nur im Huns. B. begegnet *morthdolch* ‚die Verwundung in mörderischer Absicht'.

Mord ist auch der *morthbrand* ‚das heimliche (meist nächtliche) Verbrennen von Menschen im eigenen Hause' (s. u. § 270).

137 Im 23. Landr. übersetzen Buma—Ebel *morthdêde* mit ‚Freveltat', wo m. E. ‚Mord' besser wäre (gemeint: Tötung des Ungeborenen), ebenso im 25. Landr., wo von Mordbrand die Rede ist. — Im Glossar zu R_1 wird die Stelle im 23. Landr. unrichtig unter ‚Heimelijke doodslag' verzeichnet.

138 Dazu Chr. Stapelkamp, It Beaken, XVI, 22.

139 Stellenzitate zum Westerl. Sendr. nach van Buijtenen, Grondslag 1953.

140 Weitere Stellen zur Verwendung von *binomia* bei v. Richthofen, Wb. 642. ‚Reines Versehen' (His, Strafr. 264, Anm. 1) kann das Fehlen der Verneinung westerl. Sendr. F 16, J 41 wohl nicht sein, diese Termini bedürfen noch näherer Erklärung.

§ 185 Eine Ableitung von *morth* ist *morthia* ‚ermorden‘, das nur in osterl. Hss. belegt ist: W 16 (E_1 VIII.112.115), Überk. (F XVIII.9), Huns. B. (VII.201, ähnl. F XVII.112), Ergänzung zum Landr. (E_1 VIII.135 = E_2 V.3 = E_3 II.3). Daneben steht gleichbedeutend *a morth slâ*, ebenso nur osterl.: Fiv. B. (F XII.15.24), Überk. (E_1 IX.11 *morth sla*, H VIII.8), 25. Landr. (H III.147), Allg. Bußt. (R_1 XIV.1). Die aus *morthia* gebildete Ableitung *morther(e)* ‚Mörder‘ belegt nur F (XII.18 XVII.73).

§ 186 Der wortgeographische Befund des 5. Kapitels läßt sich kurz folgendermaßen zusammenfassen.

Der älteste Terminus für den Totschlag ist vielleicht *monslaga* — vgl. ags. ahd. as. Parallelen —, das nur in R belegt ist; jünger ist *monslachta*, das in westerl. und jüngeren osterl. Hss. überwiegt. Nur in stehenden Verbindungen neben *dolch* erscheint *dâth*, besonders in den Küren und Landrechten, ebenso *dâddel* — teils neben *dolch* wie *dâth*, teils selbständig —, vorwiegend jedoch in osterl. Texten. *dâth* und *dâddel* haben die Bedeutung ‚Totschlag‘ in der genannten Wendung erhalten. Innerhalb des Afr. erscheinen sie als die älteren Bezeichnungen dieses Delikts. Nur westerl. und in E_3 belegt ist *dâdslachte* (zu *dâdslâ*).

Nur in osterl. Texten des 13. Jh.s begegnet *bona* ‚Totschläger‘, in R steht dafür auch *bonahond*. Gemeinfries. ist *banethe, benethe* ‚Totschlagsklage‘, nur westerl. *daedbante*.

Die Termini *morth, morthdêde, morthbrond* sind gemeinfriesisch, Mord am Ungeborenen heißt westerl. *nomelsmord, unbenomat mord*, Hss. der Ommelande (H F) kennen dafür *morthkâse*.

Stärker geographisch differenziert sind die verbalen Ausdrucksmittel. Der häufigst gebrauchte gemeinfr. Terminus ist *slâ* ‚totschlagen‘, verdeutlichend auch *to dâda slâ*, überwiegend westerl. *dâd slâ*. Nur westerl. sind *forslâ, dêia*, nur osterl. *fella, morthia, a morth slâ*, nur ostfries. (E B) *aslâ* und *wergia*, nur R kennt die Wendung *sîn lîf onawinna*.

6. Körperverletzungen

§ 187 In keiner der germ. Rechtsquellen findet sich eine so ausführliche Darstellung der Körperverletzungen wie in den altfriesischen. Die sog. Allg. Bußtaxen und die verschiedenen regionalen westerl. und osterl. Bußregister bieten eine solche Materialfülle und bis ins Kleinste ausgeführte Taxierung der möglichen Verletzungen, daß allein diese darzustellen und philologisch wie rechtshistorisch auszuwerten ein Buch füllen könnte. Eine erste knappe Übersicht bietet His auf 60 Seiten seines Strafrechts, wobei natürlich die Beschreibung der rechtlich relevanten Tatbestände im Vordergrund steht. Um die Materialmenge philologisch einigermaßen bewältigen zu können, werden wir diese von His beschriebenen Verhältnisse weitgehend ausklammern. Und zwar betrifft dies sowohl alle Fragen der bußmäßigen Bewertung wie auch manche kleineren landschaftlichen Unterschiede in der Gliederung und Abstufung der verschiedenen Körperverletzungen. Insgesamt scheint mir His' Darstellung in dieser Hinsicht zuverlässig, zumal auch sämtliche westerl. Bußt. einbezogen wurden. Was die gegenseitigen Abhängigkeitsverhältnisse dieser Bußtaxen selbst betrifft, habe ich allerdings den Eindruck, daß hier aufgrund wortgeographischer Kriterien und auf Grund eines systematischen Textvergleichs eine geeignete Forschungsgrundlage noch zu erarbeiten ist. Diesbezügliche Bemerkungen von His sind noch zu überprüfen. Dieser Fragenkreis kann hier nur gelegentlich behandelt werden. Vorsicht ist gegenüber His' Darstellung auch dort geboten, wo er die Zeugnisse älterer und jüngerer Quellen gleichwertig nebeneinanderstellt. Im übrigen kann jedoch im folgenden zur Erhellung der rechtlichen Tatbestände auf seine Übersicht verwiesen werden.

Hervorgehoben sei hier noch einmal, daß der Ausgangspunkt unserer Darstellung nicht die Rechtsverhältnisse sind, sondern die spezifische Terminologie. Das System der Körperverletzungen wird nur insoweit erfaßt, als es sich in dieser Terminologie ausgeprägt hat. Bei der großen Materialmenge bedeutet dies jedoch keine wesentliche Einschränkung.

In der Darstellung der Terminologie der Körperverletzungen folgen wir dem für das Ags. nach Wilda und Liebermann aufgestellten Schema. Welche Gliederung in den fries. Quellen selbst vorgenommen ist, hat His, Strafr. 209 f. skizziert. Die in Tit. 22 der Lex Fries. vorgenommene Dreiteilung in *mancationes* (Verstümmelungen, Lähmungen), *vulnera* (Wunden) und *percussiones* (Schläge und blutige Verletzungen, die nicht den Charakter meßbarer Wunden haben) kehrt im wesentlichen in den späteren, hier zu behandelnden Rechtsquellen wieder. Aus praktischen Gründen stellen wir hier jedoch die Blutrunst im Zusammenhang der Verwundungen (nicht der Schläge) dar.

Die in unserer Darstellung vorgenommene Scheidung von Körperverletzungen und sog. Ehrenkränkungen (Real- und Verbalinjurien) existiert in den Quellen nicht. Was heute als Realinjurie bezeichnet würde, wie Haarzerren, Wurf, Wassertauche, Kleiderzerren etc. wird meist in einem Zuge neben schweren Körperverletzungen behandelt. Der Unterschied war in den Texten kein eigentlich systematischer, sondern ein gradueller, der durch die Bußhöhe zum Ausdruck gebracht wurde.

6.1 Körperverletzung (allgemein)

§ 188 Wie die ags. Rechtssprache (s. § 59) kennt die fries. für die Zufügung jeglicher blutigen Verletzung, die in Verwundung oder Totschlag bestehen kann, den Terminus *fiuchta.* Er kommt in sämtlichen Hss. häufig und in vielfältiger Anwendung vor, sowohl absolut im Sinne von ‚kämpfen, fechten' wie auch mit Objekt im Sinne von ‚etwas, einen Schaden durch Fechten anrichten', auch speziell unter Bezug auf den Zweikampf (so in der 8. Küre u. ö.).[141]

[141] Buma—Ebel übersetzen *fiuchta* in den drei Ausgaben von B E R recht unterschiedlich, wobei das Bemühen im Vordergrund steht, die jeweilige Stelle möglichst kontextnah wiederzugeben. Dabei wird der technische friesische Terminus durch ‚kämpfen', ‚sich schlagen', ‚kämpfend etwas anrichten', ‚bei Schlägerei etwas anrichten', ‚durch

Das Alter von *fiuchta* bezeugt sein Vorkommen in den 17 Küren und Landrechten, dem Westerl. Sendr. und dem Ält. Schulzenr. Häufige Präfixkomposita sind *bifiuchta* ,jmd. (fechtend) angreifen', ,jmd. durch Fechten schaden' (*bifiuchta jeftha birâvia* ,angreifen oder berauben' in R_1 13. Lr., Ems. B., Hm. B. Fw. B.), *onfiuchta* ,jmd. (fechtend) angreifen' (häufig in der Wendung *sa fir onfiuchta* ,so weit mißhandeln', ,so schwer verletzen'), *ûr-*, *ovirfiuchta* ,durch Fechten verwirken, anrichten'. Nur in jüngeren Rüstringer Texten begegnen die nominalen Ableitungen *fiucht* ,Fechten' (R_1 XX.96 R_2 VIII.37) und *fiuchtere* ,Kämpfer' (R_2 V.29.67 VIII.52), vgl. mnd. *vecht(e), vechtêr(e).*

§ 189 Als qualifiziert wird ein tätlicher Angriff durch die Wendung *mith wîg(e) and mith wêpene* ,mit Kampf und mit Waffe' bezeichnet. Abgeschworen wird solcher Kampfhandlung in der 11. Küre (J U D H F E R). Im übrigen beziehen sich sämtliche Stellen auf die Wegwehrung, die Verhinderung der Spurfolge (1. Landr.: F R, E_2 VII.6 *mith wer and weperne,* ferner F XVII.95, Ält. Sch. XLVIII f., Jg. Sch. VIII.5, Lp W, vgl. u. § 234).

Für den Angriff mit gefährlicher Waffe begegnen die Ausdrücke *mith wêpneder hond* (B § 60 *mit wepnadere hond,* westerl.: W 5 Dele D XIII.77.94, B 5 Dele XIV.365, FW. Hm. B., Waldd., vgl. o. § 175), *mith skerpa wêpen* u. ä. (nur westerl.: 8 Domen J IX, F VII.12 D IX.17; D XIV.379 u. später), *mith skadewâpen* u. ä. (nur osterl.: A. B. R_1 V.142, Huns. K. H XXIII.19 = F XXII.16, Ems. B. E_3 I.367), ferner *mith egge and mith orde* (s. o. § 171).

Westerl. Bußtaxen unterscheiden, ob eine Gliederverstümmelung bei einem Kampf (*in fulla strîde,* s. o. § 159) oder *onwerd(e)lik* ,schmählich' d. h. „in der Absicht, den Gegner zu schänden" (His, Strafr. 271) geschah (Interr. B. 10.13, Oth. B., Dg. B. Hm. B., Wb. B.), besonders unter Bezug auf Ausschlagen des Auges, Abschlagen von Händen und Füßen, Anspeien ins Gesicht. Letzteres auch in Emsiger Bußt. (*vnuuertelike onespien*: E_1 VII.180 = E_2 III.255).

§ 190 ,Schlägerei' im engeren und weiteren Sinne (,blutige Schlägerei' = *fiucht*), ferner ,Streit', ,Kampf' bedeutet der in jüngeren, vornehmlich ostfr.

Schlägerei etwas verbrechen', ,im Kampf verursachen' wiedergegeben. Zweifellos bereitet es Schwierigkeiten, stets den Terminus ,fechten' in die Übersetzung hineinzubringen, doch in den meisten Fällen wäre dies durchaus möglich und wünschenswert gewesen. Besonders die Ausdrücke ,sich schlagen' und ,Schlägerei' wirken mißverständlich, da wir dabei eher an unblutige Händel denken. Vielleicht hat das Vermeiden des deutschen Ausdrucks ,fechten' in den genannten Übersetzungen einen sehr einfachen und verständlichen Grund. Buma, auf den die Übersetzung im wesentlichen zurückgeht, ist Friese und Niederländer, er überträgt das afr. *fiuchta* so, wie er ndl. *vechten* bzw. fries. *fjochtsje* stets durch dt. ,kämpfen', ,sich schlagen' wiedergeben würde. Schmid und Liebermann, die Herausgeber der Ags. Gesetze dagegen empfanden das ags. *feohtan* als einen nach ihrem deutschen Sprachgefühl seltenen, spezifischen Terminus, für den sie das dt. ,fechten', als technische Übersetzung einführten. *feohtan, fiuchta* ist ein zumindest ags. und afr. technischer Rechtsterminus, den man, um die Verwandtschaft deutlich zu machen, möglichst durch e i n entsprechendes deutsches Wort wiedergeben sollte.

und Ommelander Texten belegte Terminus *kâse*[142] (Huns. B. H VII.225. IX.105, W 17: H X.3, F XVII.43.58, B 12x!, E_2 A II.9, E_3 I.266.274. V. 265; westerl.: Jg. Schulzenr. X.1, B 5 Dele D XIV.12, Lp. W, Interr. B.).

Technische Bedeutung haben auch die Zusammensetzungen *morthkâse* ‚mörderischer Angriff (auf eine schwangere Frau)' (H F, s. o. § 124), *wîfkâse* ‚Angriff auf Frauen' (B § 72), *hofkâse* ‚Schlägerei auf dem Kirchhof' (B § 72), *frîkâse* ‚offenbare (?) Schlägerei' (nur westerl.: Lw. FwDg. B.) und *homkâse* ‚Schlägerei auf dem Hof'[143] (nur westerl.: Interr. B.).

§ 191 Andere allgemeine Termini für die Verletzung sind *wemmed* ‚verletzt' (Ält. Schulzenr. XII), *un(e)wemmed* ‚unverletzt' (Ält. Schulzenr. XI, 8 Domen D IX.14 J IX, aber F VII.8 *unewlemmeth*) zu einem nicht belegten Verb **wemma* (ahd. *kawemman*, ae. *wemman*) ‚beschädigen'. Die Basis dieses Verbs ist in *Vuilitiuam* ‚Gesichtsverunstaltung' der Lex Fris. (Add. III.16) erhalten; dieser auch ags. und as. überlieferte Terminus (§ 66 s. auch *wam*) ist in den afr. Quellen zu *wlitiwemmelsa* erweitert oder zu *wlitiwlemmelsa* umgebildet worden.

Eine ähnliche Umbildung findet sich in *unewlemmeth* (in F für sonstiges *unewemmed*); das Verb *vlemma* erscheint im übrigen in der „offenbar sekundär entwickelten Bedeutung"[144] ‚(Urteil) schelten' (Huns. K. H XXIII.81 F XXII. 72), das von van Helten, Laofr. 95 zu mnd. *vlāme* ‚vitium' gestellt wird. Ahlsson nennt ferner mnd. *wlēte* ‚Wunde', mhd. *letzen* ‚verwunden'. Für einfacher halte ich jedoch die Erklärung von Siebs,[145] der angesichts der zweifellos ursprünglichen Form *wlitiwam* der Lex Fries. das *l* in *wlemma* und *-wlemmelsa* als assimilatorischen Einschub (aus dem Kompositum) deutet.[146]

Die Formen dieses kaum mehr etymologisch durchsichtigen technischen Terminus gehen z. T., besonders in den westerl. B., sehr stark auseinander. *wlitewemmelsa* findet sich osterl. (A. B.: R H, Ems. B. E_1 E_3, Huns. B.) und westerl. (B 5 Dele D XIV.133.137, Lw., FW., Gw., Wb. B.), *wlitewlemmelsa* neben *wlitelemmelsa, wlitewlem(e)sa* insges. 21mal in F; E_1 VI.54 hat *wlemmelsa*, E_2 III.30 *luitelamelsa*. In Westerl. B. begegnen die Formen *-wlamesa* (Lw. B., U), *-wlemelsa* (Oth. B.), *-wlemesa* (Ay., Dg. B.), *-wilmsa* (Gw. B.), *-wilmisa* (Hm. B.), *wimensa* (FwDg. B.), *-wlemising* (Dg. B.), die Zeugnis davon ablegen, daß dieser Teil des Wortes hier etymologisch unklar war. Jedoch zeigt

[142] Aus lat. *causa*, Laofr. 198; Buma, Die Brokmer Rechtshss. 214. Die genannte Bedeutung entspricht ags. *cēas(t)*. Entlehnungen aus dem Fries. sind mnl. mnd. *câse*. Dagegen hat das entsprechende Lehnwort ahd. *kōsa*, eine andere (ursprünglichere?) Bedeutung: ‚Rechtssache, Erzählung, Gespräch'.

[143] Dazu Estrikken XXXIII, 69.

[144] Ahlsson, Abstraktbildungen 140. Buma—Ebel, Hunsingoer Recht, 1969, 125 übersetzen ‚anfechten'; anders Sjölin, ‚Fivelgoer' Hs., 1970, 387.

[145] Grundriß ²II, 2 (1901), 1253.

[146] Die Annahme Stapelkamps in Estrikken XVI. 46 ff., daß in *-lamelsa* Komposition mit *lamelsa* ‚Lähmung' vorliege, ist ganz abwegig, da dies eine jüngere Bildung ist. (Ablehnend auch Ahlsson, Abstraktb. 141 Anm. 2).

das häufige Vorkommen in sämtlichen westerl. Bußtaxen, daß dieser alte Rechtsterminus (ähnlich wie *dolg*, s. u. § 192 f.) in diesem Rechtsgebiet am besten erhalten blieb. Inhaltlich bezieht sich der Terminus auf die bleibende Verunstaltung des Gesichts — was als besonders gravierend angesehen wurde —, in F auch auf andere von Haar und Kleidung nicht bedeckte Körperteile, in den Allg. Bußt. nur auf Verunstaltung des Auges (His, Strafr. 319). Vergleicht man hiermit die Bedeutung von ags. *wlitiwam*, so zeigen die Allg. Bußt. gegenüber den übrigen osterl. und westerl. Bußt. eine Einschränkung des Bedeutungsumfangs, die kaum die ursprüngliche sein dürfte.

6.2 Wunden

§ 192 Die afr. Rechtsquellen kennen drei Bezeichnungen für die Wunde im engeren und zugleich die Verwundung im weiteren Sinne: *dolg (dolch, dull(i)ch), wunde, dêde*. Bevor wir ein wortgeographisches Bild für diese Termini entwerfen, wenden wir uns ihnen im einzelnen zu und fragen nach ihrem Vorkommen in Hss. und Texten sowie der Art ihres Auftretens (selbständig oder in Formeln). Dabei werden zunächst auch die Zusammensetzungen mit einbezogen. In welchem Umfang noch andere Termini mit diesen konkurrieren, soll in späterem Zusammenhang behandelt werden.[147]

§ 193 Der Terminus *dolg* begegnet zuerst als Überschrift *De Dolg* in Tit. XXII der Lex Fris., Add. III.44 ferner *kladolg* ‚Kratzwunde'. In afr. Quellen ist *dolg* oster- und westerl. belegt, jedoch nicht gleichermaßen. Osterl. findet sich *dolg* zumeist in formelhafter Verbindung mit *dâth* (Küren, Landrr. s. o. § 178) oder *dâddel* (Küren, Landr. s. o. § 179), selbständig dagegen nur vereinzelt (R_1 IV.162.164 R_2 I.123 E_3 I.315; häufiger nur in F: IV.79 XI 2. Teil 7mal, XVII.54. XXI.48). Dagegen ist *dolch* in westerl. Texten der Hauptterminus für die Wunde, besonders in allen westerl. Bußtaxen, wo er ca. 90mal vorkommt, aber auch in den Landrechten, dem Jg. Schulzenrecht sowie den kleineren Texten von J U D.

Nur westerl. belegt ist die Ableitung *dolginge* ‚Verwundung' (vereinzelt in D J U: W 5 Dele, B 5 Dele, WUpst., WnL) und das Verb *dolgia* (häufig wie *dolg* in westerl. Bußt., vereinzelt auch in anderen Texten, ferner F XI.697!).

Eine je eigene Verbreitung haben die Zusammensetzungen mit *dolg: mêtedolg* ‚Maßwunde', d. h. ‚Wunde, die ein bestimmtes Maß hat'[148] (A. B.: R_1 H E je 2mal, Huns. B. 6mal, Huns. K. 1mal, Rüstr. K. 2mal, F XVII 3mal, B § 194; häufiger in westerl. B.: u. a. B 5 Dele 11mal, Ay. B. 8mal, FW. B. 10mal); *bronddolch* ‚Brandwunde' (A. B.: H XI.169 F XI.651.675, E_3 I.26 F XVII.

[147] Zu den Wunden vgl. His, Strafr. 265—276.

[148] Zur Maßwunde als wesentliche Grundeinheit der Wundschrift vgl. His, Strafr. 301 ff. Neben den nominalen Termini werden auch die Verba *meta, umbemeta, thruchmeta* in osterl. und westerl. Texten gebraucht.

132);[149] *frumdolch* ‚Hauptwunde' (A. B.: H XI.173 F XI.643.669); *môsdolch* ‚Quetschwunde' (A. B.: R_1 H E, F XI 2. Teil 11mal, aus den A. B. entlehnt: Dg., Gw.B., B 5 Dele D XIV.75.85); *breindolg* ‚Gehirnwunde' (B 5 Dele D XIV.75.85). Nur in F XI belegt sind *helpdolch* ‚sekundäre, eiternde Wunde', eig. ‚die Heilung fördernde Wunde'[150] (19mal), *sedendolch* ‚Brühwunde' (XI.675), *swaldolch* ‚Brandwunde' (XI.667).

§ 194 Fast nur osterl. verbreitet ist der Terminus *wunde*, und zwar am häufigsten in den A. B. von F (21mal), daneben in jüngeren Texten (Ems. B. E_{1-3}, Ems. D., Ems. Bischofssühne, Huns. B. R_1 IV.87, XI.39, B § 183, 189; westerl. 1mal Dingt. U XVII, J XIX); das gleiche gilt für *wundunge* (R_1 IX.48) und *wundinge* (E_2 VIII.73) ‚Verwundung' und *wundia* ‚verwunden' (A. B.: F H E R, einige Male in R_1 R_2 F H, häufiger in E_{1-3}, bes. Ems. B., 17mal in B_1, westerl. FwDg. B., Sendr. JVIII: *dae wondeda*, s. Zitat § 226), *unbote* (aus **wundbôte*) ‚Wundbuße' (8mal in Überschr. von B_2), *wundskrifta* ‚Wundtaxe' (F XVII 3mal). Das Verbreitungsbild von *wunde* gilt im wesentlichen auch für weitere Zusammensetzungen: *mêtewunde* ‚Maßwunde' (je 1mal in Rüstr. B. R_1 R_2, 2mal Huns. B., 7mal Ems. B. E_{1-3})[151], *helpwunde* (nur je 1mal Ems. B. E_{2-3}), *bûkwunde* ‚Bauchwunde' (A. B.: H E R F, R_1 VI.86), *brustwunde* ‚Brustwunde' (R_1 VI.49), *hâv(e)dwunde* ‚Kopfwunde' (F XI.542. E_3 I.73.75). Ausschließlich westerl. ist dagegen *breinwonda* ‚Gehirnwunde' (FwDg., Lw. Ay. B., Lp W, Eidesformeln J XXXIV, XXXIX, U XVIII f., XXIII).

§ 195 Der Bedeutungsübergang des Terminius *dêde* von ‚Tat', ‚Missetat' zu ‚Verletzung' ist an verschiedenen Stellen, besonders R_1 IV (12. 23. Landr.) sowie E_3 I.II zu beobachten.[152]

Eindeutig auf eine Verletzung beziehen sich zahlreiche Stellen in den A. B. (R_1 4mal, H, F 41mal!), den Rüstr. und Huns. B. und in B. Westerl. ist diese Bedeutung nicht belegt. Zusammensetzungen sind *frumdêde* ‚Hauptwunde' (A. B.: H 1mal, F 5mal), *hâv(e)ddêde* ‚Kopfwunde' (F XI.58, B § 204, sonst stets in der Bedeutung ‚Kapitalverbrechen', bes. in der 16. Küre, s. o. § 145); nur F kennt *thruchdêde* ‚durchgehende Wunde' (XI.385) und *waldwaxedêde* ‚Rückgratsverletzung' (XI.686).

149 Die Bedeutung ‚Brandwunde' hat auch *brand* (B § 202, häufiger in westerl. Bußt. [FW. Lw. Gw. B.], in der Wendung *brand and byte* ‚Brand und Biß' in Dg. Ay., Hm. B.), sonst verbal durch *berna* ausgedrückt.

150 van Helten, Laofr. 170.

151 Mnl. *matewonde*, mnd. *mâtewunde* sind nur aus friesischem Gebiet belegt.

152 Buma-Ebel ziehen im allgemeinen die engere Übersetzung ‚Verletzung' vor, s. dazu o. § 145 Anm. 76. — Auch im 8. Landr. (R) ist mit Algra, Tekstfiliatie 170 *deda* besser als Missetat (‚feitelijkheden') zu übersetzen (Buma—Ebel, Das Rüstr. Recht, 49: ‚Verwundungen').

§ 196 Nur okkasionell begegnet *sêr* in der Bedeutung ‚Wunde' (sonst ‚Schmerz'[153]) in W 5 Dele (D XIII.29) Lp W (U XXXI), Grietman-Eid (U XVIII) und später (s. v. Richthofen, Wb. 1007).

§ 197 Zu Alter und Verbreitung der allgemeinen Bezeichnungen für die Wunde läßt sich zusammenfassend folgendes feststellen: der ältestbezeugte, vielleicht der ursprüngliche Terminus ist *dolg*. Darauf deuten die Belege in der Lex Fris.[154] und das Vorkommen in stehenden Wendungen in Küren und Landrechten. Mit *dolg* sind ferner die zahlreichsten Zusammensetzungen für spezielle Arten von Wunden gebildet. Für jünger, doch bereits den Allg. Bußt. angehörend, ist *wunde* anzusehen, die jüngste noch in ihrer semantischen Entfaltung begriffene Bezeichnung ist *dêde*.

Die wortgeographische Verbreitung ergibt insofern ein überraschendes Bild, als *dolg*, der älteste Terminus, nur in westerl. Texten, die allgemein für jünger (13. Jh.) gehalten werden, als einzige Bezeichnung für die Wunde erhalten geblieben ist, während in den älteren (?) osterl. Texten *wunde* und *dêde* die Rolle des Hauptbegriffes für die Wunde übernommen haben. Weniger eindeutig entschieden ist die Konkurrenz der drei Wörter in F, besonders den Allg. Bußt. (XI), wo *dêde* 20mal (14/6), *dolch* 8mal (1/7), *wunde* 12mal (5/7) vorkommt. Die Zahlen in den Klammern beziehen sich auf die zwei Teile dieses Textes,[155] die ganz offensichtlich wortschatzmäßig unterschiedlicher Herkunft sind. Im 2. Teil überwiegt der sonst nur westerl. häufige Terminus *dolch*, nur dort belegt sind im übrigen *seden-* und *swaldolch*, nur dort in F *brond-*, *frum-*, *môsdolch* und *dolgia*.[156]

Der geographischen Verteilung von *dolg/wunde* entspricht die der Ableitungen *dolginge*, *dolgia*, die nur westerl., und *wundunge*, *wundinge*, *wundia*, die nur osterl. belegt sind.

Wie fügen sich die Zusammensetzungen in dieses Verbreitungsbild ein? Nur osterl. sind Zusammensetzungen mit *dêde* (bes. häufig in F[157]) und *wunde*, mit Ausnahme von *breinwonda*, das neben *breindolg* (2mal) nur in westerl. Texten vorkommt. Vielleicht ist hier bereits mnl. Einfluß (*breinwonda*) anzunehmen, ebenso für die vereinzelten westerl. Belege von *wonde*, *wondia*.

Im übrigen fällt auf, daß sämtliche Zusammensetzungen mit *dolch* in den Allg. Bußt. erscheinen, nur *mêtedolch* ist auch in osterl. Bußt. und Küren belegt; wohingegen Zusammensetzungen mit *-wunde* (außer *bûkwunde*) nur in jün-

[153] Vgl. die Neubildung in F: *sêrelsa* (XI. 536) nach Laofr. 292 ‚Verwundung', besser ‚Schmerz', *ûrsêrelsa* (XI. 298. 300) ‚Schmerzanfall', auch *sêrlik* ‚schmerzhaft' (XI. 690).

[154] Zu den fries. Wörtern in der Lex Fris. s. o. § 144.

[155] §§ 1—316, 317—408 (F XI. 1—532, 533—736). Vgl. Sjölin, Die ‚Fivelgoer' Hs., 54 ff.

[156] Dies ist nur ein Beispiel für viele andere auffallende terminologische Unterschiede zwischen beiden Teilen dieses Textes, die vielleicht wertvolle Aufschlüsse über Alter, Entstehung und Herkunft dieser Bußtaxen, wenn nicht sogar der ganzen Hs. F zu geben vermögen.

[157] Dies deutet auf ein jüngeres Alter der A. B. in F.

geren osterl. Texten vorkommen: d. h. auch an den Zusammensetzungen ist die Altersschichtung von *dolg* und *wunde* erkennbar, am deutlichsten bei den konkurrierenden Termini *mêtedolg* — *mêtewunde* und *helpdolch* — *helpwunde*.

§ 198 Andere spezifische Verletzungen werden durch Zusammensetzungen mit *-werdene*, *-scrêdene* (und Varianten) *-siâma*, *-breke*, *-kerf* gebildet.

Nur osterl. begegnet *werdene* ‚Verletzung, Schädigung', Abstraktbildung zu *werda* ‚verletzen'[158], zunächst in den A. B. (E R, H hat *werde(n)* ebenso H VII.11) unter Bezug auf die (Schädigung der) fünf Sinne (in R auch Zusammensetzung: *sinwerdene*) sowie die (Verletzung der) Sehnen (R, sonst R H F Zusammensetzung: *sinu(/-e)werdene*). In den Rüstr. B. bezieht sich *werdene* auf die Verschlechterung des Sehvermögens, des Gehörs, des Beines (R_1 VI 26. 29.101). Nur hier begegnen ferner *sprêkwerdene* ‚Sprachverschlechterung' (R_1 VI.40., *sprekwendene* R_2 I.31 ist Umdeutung zu *wenda*, s. u. § 201) *halswerdene* ‚Halsverletzung' (R_1VI.42), *inwerdene* ‚inwendige Verletzung' (R_1 VI.62 R_2 I.78), in F *siâwerdene* ‚Beschädigung der Pupille' (XI.112), in den Ems. und Huns. B. *lithwerdene* ‚Gliedverschlechterung' (E_1 VII.95 = E_2, H VII.29). Die Übersetzung nennt in einigen Fällen mit ‚Verschlechterung' u. ä. die Folgen der Verletzung.

In den A. B. wird die Schädigung der fünf Sinne auch verbal durch *werda* ‚verletzen' ausgedrückt (H F E), ähnlich ferner in B § 188, den Ems. B. (E_1, E_3 mehrfach) und besonders häufig in F XI, wobei hier neben der Verletzung der fünf Sinne und der Sehnen, worauf sich *werdene* und *werda* sonst in den A. B. beziehen, auch verschiedene andere kleinere Körperverletzungen bezeichnet werden.

Die verbale Bezeichnungsweise findet also in F besondere Ausweitung, wohingegen in R Nominalzusammensetzungen (und nur diese) häufig vorkommen. Eine Gelegenheitsbildung scheint *metewerdelsa* ‚Speiseschädigung', d. h. ‚Beeinträchtigung der Verdauung' (F XI.435).

Als Zusammensetzung mit *werdene* ‚Verletzung' (ursprünglich identisch mit salfränkisch *leodardi* der Malbergischen Glossen) ist der gemeinafr. Terminus *liûdwerdene* aufzufassen. Das Wort bezeichnet in älteren Texten die ‚Buße wegen Tötung einer Leibesfrucht', in jüngeren einen bestimmten Bußbetrag (‚Volksgeld').[159]

§ 199 Mehrfach begegnen Zusammensetzungen mit *-skrêdene*, *-skerdene*, *-skêdene*, und zwar überwiegend in den Allg. Bußt. und damit zusammenhängenden osterl. regionalen Bußt. sowie westerl. Bußt.

Das Simplex *skrêdene* bezeichnet das ‚Zerschneiden (von Münzen)'; nur in B 5 Dele (D XIV.78; *screden oenda haud*) heißt es ‚verletzender Schnitt'. Auch in folgenden Zusammensetzungen ist *-scrêdene* als ‚Einschnitt, Zerschnei-

[158] Dazu Ahlsson, Abstraktb. 10, 27.

[159] Sjölin, ‚Fivelgoer' Hs., 206; His, Strafr., 316 f.; anders Ahlsson, Abstraktb. 28 f. (Zusammensetzung mit *werdene* ‚Wert').

dung, Riß' zu übersetzen: *bênskrêdene* ‚Einschnitt in den Knochen' (R_2 I.60);[160] *brêskrêdene* ‚Einschnitt in der Augenbraue'[161] (A. B.: R_1 V.13, *bres skedene*: F XI.122, *brieskerdene*: H XI.36, *breinskerdene* — zu emendieren zu *breskerdene*, Laofr. 66 —: E_1 VI.27; westerl. Bußt.: *brescirdene*: Lw. B., *erd* (lies *bre*) *scredene*: FwDg. B, *brescredene* B 5 Dele J XXVII); *iliskrêdene* ‚Einschnitt in der schwieligen Haut (der Fußsohle)' (A. B.: R_1 V.119, *ileskerdene* H XI.156, ferner *ileskredene* VII.134); *lungenskrêdene* ‚Riß in der Lunge' (A. B.: R_1 V.130, B 5 Dele D XIV.311: *longenscreden*, J *longhenescredene*; Gw. B.: *longhnescrede*; *-skedene* ‚Ausscheidung aus der Lunge' (?): H XI.147 E_1 VI. 136); *miltaskrêdene* ‚Riß in der Milz' (B 5 Dele D XIV.311, Gw. B); *net(ta)-*, *nit(ta)skrêdene* ‚Einreißen der Netzhaut (des Eingeweides)' (A. B.: R_1 V.131 F XI.428.437; *-skedene* ‚Ausfluß aus derNetzhaut' (?): H XI.148 E_1 VI.137; *-skredene* ferner R_1 VI.91.97, B 5 Dele J XXVII); *siniskrêdene* ‚Sehnenzerschneidung' (R_2 I.117); *wêdskerdene* ‚Kleiderzerreißung' (A. B.: H XI.159; *-skedene* H IX.190),[162] ähnlich *wêdskerd* (Jg. Schulzenr. V.10); *hêrscrêdene* ‚Haarabschneiden' (nur westerl.: Dg. B.; *herscred:* B 5 Dele, FW., Dg., Lw. B).

Zum Wechsel von *-skrêdene, -skerdene* und *-skêdene* innerhalb der angeführten Termini läßt sich zunächst feststellen, daß *-skrêdene* überwiegend in R (8mal, 2mal F, 1mal H) und einigen westerl. Bußt. (7mal) vorkommt, wohingegen *-skerdene* und *-skêdene* nur in H, E_1 und 1mal in F belegt sind. Schon diese Übereinstimmung zwischen den östlichsten Hss. (R_1 R_2) und westerl. Bußt. legt es nahe, *-skrêdene* für die ursprüngliche Form zu halten, auch wenn einige der westerl. Belege aus den Allg. Bußt. stammen.[163]
-skêdene wird teils als Verschreibung (*wêd-* und *nitaskêdene,* die aus *skêtha* abgeleitet keinen Sinn ergeben), teils als ‚lautgetreue Schreibung' (*brescedene* in F, Sjölin) gedeutet.[164] Im Fall von *lungenskêdene* kann auch Umdeutung vorliegen (zu *skêtha* ‚scheiden'). *-skerdene* möchte ich eher für eine metathetisierte Nebenform[165] von *scrêdene* halten, die möglicherweise an *skerda* ‚verletzen' (ags. *scierdan, sceard,* ahd. *skerten*) angeschlossen wurde. Doch kann die Möglichkeit zweier ursprünglich völlig verschiedener Ableitungen zu *scrêda* respektive *scerda* natürlich nicht gänzlich ausgeschlossen werden. Im Fall von *wêdskerdene* und *hêrskrêdene* ist überdies Suffixerweiterung aus *wêdskerd, hêrskrêd* denkbar.

Während ein Verb **skerda* (woraus *skerdene* abzuleiten wäre) nicht belegt ist, begegnet das diesen ursprünglich zugrunde liegende Adj. *skerd* gelegentlich (R_2 I.29: Lippe ‚aufgeschlitzt', in H, E_2 *skerde fial* ‚schartiges Rad'), dazu das

160 Buma—Ebel übersetzen ‚Abhauen eines Knochensplitters'.

161 Buma—Ebel übersetzen weniger ansprechend ‚Abschneiden der Augenbraue'.

162 E_1 VII. 178 hat hier *wedskemmene,* E_2 III. 253 *wetskammene* ‚Beschädigung des Kleides'.

163 S. u. § 288. So schon van Helten, Laofr. 393 für *lungenscrêdene.*

164 Dazu van Helten, Laofr. 367, Ahlsson, Abstraktb. 24, Anm. 3 und die betr. Ausgaben in OTR.

165 Zur r-Metathese s. van Helten, Aofr. Gr. § 93, wo dieser Fall jedoch nicht angeführt wird.

Nomen *skerd* ‚Scharte, Einschnitt' (B § 193, F XI.522), auch *hrechskerd* ‚Rückenscharte' (E_1 VI.1).

§ 200 Nur in den Bußbestimmungen der ostfries. und Ommelander Hss. (B, Ems. B., F XI, Huns. B.) begegnet *-siâma* ‚Fisteleiter, Fistelerguß' (zu **siâ* ‚fließen, tröpfeln'),[166] als Simplex nur in H XI.573, häufiger in Zusammensetzungen: *breinsiâma* ‚Fistelerguß aus dem Gehirn' (B § 210, E_1 VII.25 = E_{2-3} F XI.728), *gristelsiâma* ‚Fistelerguß im Knorpel' (E_2 III.37. = E_3), *lithsiâma* ‚Fistelerguß aus einem Körperglied' (E_3 I.38 F XI 4mal) und *lungensiâma* ‚Fistelerguß aus der Lunge' (B § 210 f. E_2 III.212 H VII.4 IX.68. F XI 400. 404.715). Wegen gleicher Bußtaxe für *lungensiâma* in F und *lungenskêdene* in den Allg. Bußt. (s. o. § 199) nimmt His, Strafr. 308 an, daß *lungensiâma* die jüngere, jener entsprechende Bezeichnung sei und deshalb auch in weiterem Sinne als ‚Lungenverletzung' gedeutet werden könne.[167]

§ 201 Ein fast auf die osterl. Hss. beschränkter Terminus[168] ist *wend*, dessen zwei Hauptbedeutungen ‚Ausnahmefall (daraus ‚Strafsache, Delikt')' und ‚Körperverletzung, (zusätzliche) Beschädigung, Nebendelikt' (zumeist im Plural gebraucht) am ehesten aus der Bedeutung ‚verändern' des Verbs *wenda* erklärbar sind.

Die beiden Bedeutungen lassen sich nicht in jedem Fall sicher trennen, wie schon der Vergleich der Darlegungen von Richthofens (Wb. 1133 ff.) und van Heltens (Laofr. 368 f.) sowie der Register bzw. Übersetzungen in OTR und den Afr. Rechtsquellen von Buma—Ebel zeigt. Immerhin ist die Bedeutung ‚Ausnahmefall, Strafsache' die weitaus häufigere in den osterl. Texten, wohingegen *wend* im Sinne von ‚Körperverletzung, Nebendelikt (auch Klage um dieses)' im wesentlichen in F XI (30mal) vorkommt.

Okkasionell begegnet die Abstraktbildung (—)*wendene* im Sinne von ‚Schädigung, Verletzung': *berdwendene* (F XII.6 E_1 VI.172), *bernwendene* ‚Schädigung einer Leibesfrucht' (H VII.258); Umdeutungen aus *-werdene* (s. o. § 198) finden sich in R_2 (*thera fif sina wendena* I.43. *spreckwendene* I.31). Häufiger, doch gleichfalls nur osterl. ist der technische Terminus *weiwendene* ‚Weghinderung' (s. u. § 234).

Das Verb *wenda* ist in einer Bedeutung ‚verletzen' nicht bezeugt, was die Annahme nahelegt, daß *wend* ‚Verletzung' eine jüngere Bedeutungsentwicklung darstellt.[169]

166 Van Helten ZdW 7 (1905/06), 289; Ahlsson, Abstrakb. 158.

167 S. auch van Helten, a.a.O., 290.

168 Westerl. nur in der Überschrift zu W 17 (D X. 1). J hat die Überschrift: *Fan secken sonder witheden.* Im Text selbst erscheint *wend* nicht, dagegen vor jeder Wende in den osterl. Texten. Sonst hat ost- und westerl. *wend* die Bedeutung ‚Rück-, Umkehr'. Zur Frage der Herkunft der Wenden s. u. § 294.

169 Eine Erscheinung, die für viele Wörter in F XI anzunehmen ist.

§ 202 Wortgeographisch interessant ist die Verbreitung und Verwendung des Terminus *breke* in der Bedeutung ‚(Knochen-)bruch, Verletzung'.[170]

Osterl. belegen die Allg. Bußt. die Wendung *thrî(r)a bêna breke* ‚Losbrechen von drei Knochensplittern'[171] (F H E_1 R_1, ferner Ems. B. E_1 VII.19) sowie *gristeles breke* ‚Knorpelbruch' (R_1 E_1 F H), regionale osterl. Bußt. *breze* ‚Bruch' (E_2 VI.14), *bênis breke/breszie* (H VII.32. IX.81), *sinebreke* ‚Sehnenzerreißung' (H XI.143.188), *nestla bresze* ‚Zerreißen des Gürtels (einer Frau ?)' (B § 67), *hlides breze* ‚Zerreißen des Augenlides' (E_1 VII.42).

In ganz anderem Umfang wird der ‚Bruch' in sämtlichen westerl. Bußt. behandelt. Vereinzelt begegnet auch hier *thrira be(ne)na breke* (B 5 Dele D XIV, Gw. Ay. FW. B), auch *thira ribba breke* (FwDg. Lw. Ay. B), *thira kesa breke* (Gw. B),[172] der Hauptterminus (über 130mal) ist jedoch *bênbreke* ‚Knochenbruch'[173] häufig mit Genitivobjekt des betreffenden Körpergliedes (*reggis, ribbis beenbreke* usw.). Daneben belegen alle westerl. Bußt. eine große Zahl von Zusammensetzungen: Überall finden sich *werbreke* ‚Lippenverletzung', *tuskbreke* ‚Zahnausbrechen', *gerstelbreke* ‚Knorpelbruch' (osterl.: *gristeles breke*); in den meisten: *kês(e)breke* ‚Ausbrechen eines Backenzahnes' (außer Gw. Hm. Ay. B.), *berdbreke* ‚Bartverletzung' (außer Lw. FW. B.), *naulabreke* ‚Nabelbruch' (Gw. Ay. B., B 5 Dele J), *filmenebreke* ‚Hautverletzung' (Gw. Hm. FW. B., B 5 Dele J), *snaulbreke* ‚Mundverletzung' (B 5 Dele, Ay. B.),[174] *burstbreke* ‚Bruch des Brustknochens' (Gw. Hm. Oth. B.) neben *burstbênis breke* (B 5 Dele, Ay. FW. B.), *ribbreke* ‚Rippenbruch' (Ay. B., neben *ribbes (benis) breke, ribbis benbreke*), *quembênis breke* ‚Bruch des Hüftbeins' (B 5 Dele, Oth. B.), *reg(gis) bênis breke* ‚Rückgratbruch', *widebênis breke* ‚Schlüsselbeinbruch' (B 5 Dele J, FW. B.).

Wie die Termini zeigen, hat *-breke* durchaus die allgemeine Bedeutung ‚Verletzung', wenn auch der Bezug auf den Bruch von Knochen der häufigere ist.

Die Notierung der Knochenbruchbußen in den Allg. Bußt. und regionalen osterl. Bußt. ist bei weitem nicht so ausführlich und terminologisch kaum aus-

[170] Zu *breke* ‚Verbrechen' s. oben § 151 *hûsbreke* ‚Hausbruch' u. § 274, *brand and breke* ‚Brand und Bruch' u. § 272.

[171] Die Dreizahl als maximale Bußforderung bei verschiedenen kleineren Verletzungen spielt in den afr. Bußtaxen überhaupt eine große Rolle, in osterl. Bußt. auch die Abstufung in eine höchste, mittlere und geringste Verletzung.

[172] In diesen Ausdrücken kann eine ursprüngliche Gemeinsamkeit mit den Allg. Bußt. gesehen werden. Doch ist auch Beeinflussung durch diese denkbar, vgl. u. § 288 zu den offenbaren Entlehnungen aus den Allg. Bußt. in B 5 Dele, Gw. Lw. FwDg. B.

[173] D XIV (B 5 Dele) hat stets *beenbreck* und *-breck* in sämtlichen Zusammensetzungen. *beenbreck* begegnet sonst nur (statt *beenbreke*) in Oth. und FW. B. — *bên(e)brek(e)* ist ein spezifisch afr. Terminus: mnd. *beinbröke* ‚Beinbruch' belegt RWb I. 1472 f. erst 1450 aus Rostock und später, vgl. aber ags. *bānbryce* ‚fracture of a bone' (selten).

[174] Weniger wahrscheinlich ‚Knochenbruch am Mund' (v. Richthofen, Wb. 1038), vgl. die übrigen *breke*-Termini!

geprägt. Häufiger begegnen hier adverbielle und verbale Ausdrucksmittel wie *atwâ* ‚entzwei' (Ems., Rüstr. B: E_2 III.141.151 R_1 VI.47), *atwâ stêta* (R_1 VI.53), *atwâslâ* ‚zerschlagen' (E_2 III.175), bei durchgehenden Knochenverwundungen (wie auch bei Durchwunden an Nase, Ohr, Zunge in H F E R) *thruchstêta* (R_1 VI.21.54), *thruchskiâta* (VI.103).

§ 203 Nur in den Rüstr. Bußt. findet sich in dem Ausdruck *bênes biti* ‚Einschnitt in einen Knochen' (R_1 VI.45.105 = R_2 I.58.119), eine interessante Parallele zu ags. *bānes biti* (Abt. s. o. § 73); hier hat auch *bîta* den Sinn ‚einschneiden, durchdringen' (R_1 VI.55.75. = R_2).[175]

Nur in B § 196.198 findet sich der Terminus *bênfrôtha* ‚Knochenverletzung'.[176]

Wortgeographisch zeigt die Verbreitung der Termini für Knochenverletzungen also eine deutliche Scheidung zwischen westerl. und osterl. Texten, besonders was *bênbreke* und die Zusammensetzungen mit *-breke* anlangt. Charakteristischerweise nimmt F XI, wo *bênbreke* 5mal belegt ist, hierin eine Zwischenstellung ein.

§ 204 In unmittelbarem Zusammenhang mit Knochenbruch und Lähmungen wird in den Allg. Bußt. die Gliederverrenkung, *lithwege*,[177] erwähnt, und zwar stets in der Dreizahl *thrî(r)a lithwega* (R_1 V.15.97 E_1 VI.31.115 H XI.42.124.191 lat. H XIX.15.86 F XI 7mal). Der Terminus begegnet bereits in der Lex Fris. (Tit. XXII.35, Add. III.32) in der Form *liduwagi* und gleichfalls häufig (über 50mal) in sämtlichen westerl. Bußt. (hier als *lithwey*, Pl. *lithwaghen* Ay. B., oft in formelhafter Verbindung *benebreke and lithwey*).

v. Richthofen deutet *lithwege* auf Grund der Stellen in der Lex Fris. als ‚Gliedwasser', was jedoch dem lat. Text der Allg. Bußt. (membrorum mobilitas) widerspricht.[178] His, Strafr. 313 schloß daraus, daß dort ein Mißverständnis, eine Umdeutung vorliegen müsse. Mit Recht weist jedoch van Helten darauf hin, daß die parallele Bildung *sinewege* (s. u.) sowie der Zusammenhang des Vorkommens von *lithwege* in den afr. Texten (nach Heilung einer Wunde zurückgebliebene Verletzung) eine andere Deutung als ‚Gliedlockerung' (= Gliedverrenkung) nicht zulasse.[179]

Dagegen hält van Helten an der ursprünglichen Deutung von *liduwagi* ‚Gliedwasser' fest, das er (wie *thiubda, notnumft*) zu den nicht-friesischen Wörtern in der Lex Fris. zählt und etymologisch zu ahd. *wāg* fluctus, got. *wēgs* ‚Strom' stellt. Trotz der ansprechenden etymologischen Verbindung halte ich diese Deu-

175 Vgl. zu dieser Bedeutung die nord. Parallelen, besonders in der Edda, s. Neckel, Edda, II. 15. Im übrigen hat *biti* afr. die Bedeutung ‚Biß', s. o. § 193.

176 Zur Etymologie: Buma, Die Brokmer Rechtshss. 159.

177 Ansatz der Singularform nach van Helten.

178 v. Richthofen, De Lex Frisionum 1866, 75.

179 van Helten ZWF 7 (1905/6), 287: zu got. *gawigan* ahd. *wegen* movere, ahd. *waga* commotio. — Was den Zusammenhang betrifft, so ist vor allem an die westerl. Belege, die van Helten nicht nennt, zu erinnern.

tung für einen Irrweg. *liduwagi* hat weder in fränk. noch späteren dt. Rechtsquellen eine Parallele. Da es in der Lex Fris. ausdrücklich als ein spezifischer Rechtsterminus bezeichnet wird, muß zunächst versucht werden, einen Anschluß an awfr. *lithwey* (m. n.) bzw. aofr. *lithwege* (f.) zu finden. M. E. ist *liduwagi* (mit erhaltenem Fugenvokal des *u*-Stammes) die Vorstufe von awfr. *lithwey*, zumal im Pl. (Ay. B.) die unkontrahierte Form erhalten ist (die v. Helten offenbar nicht kannte). Da der Schreiber der Lex ein Westfriese war, liegt dieser Anschluß am nächsten. Demnach ist die awfr. belegte Form (m. bzw. n. *i*-Stamm) die ursprüngliche, während aofr. *lithwege* zu den f. *ô*-Stämmen übergegangen ist. Im übrigen scheint mir der etymologische Anschluß an ahd. *waga* auch für awfr. *liduwagi/lithwey* möglich.[180] Es bleibt also nur eine Erklärung für die Umschreibung von *liduwagi* in der Lex zu finden. Diese lautet: Si quis in iunctura membrum cuiuslibet ita percusserit, ut humor ex vulnere decurrat, quem luduwagi dicunt, ter IV solido componat.[181] „Wenn jemand an einem Gelenk so getroffen wird, daß Flüssigkeit aus der Wunde läuft, was *liduwag*i heißt, ...“ Hier kann ein Mißverständnis des Schreibers vorliegen, dem wohl der fries. Fachterminus erklärt wurde. Doch hat er dabei offenbar das Entscheidende (die Verrenkung) verpaßt. Statt der Folgen, wegen derer die Bußzahlung erfolgt, gibt er lediglich die Symptome im Augenblick der Verletzung wieder, *liduwagi* als Bezeichnung dafür haltend.

Gleiche Wortbildung wie *lithwege* zeigt *sinewege* ‚Sehnenlockerung‘ (*thria sinewega* E_1 VI.30 sowie lat. H XIX.14). Zur Sehnenverletzung vgl. oben *sinewerdene* u. ä. § 198. *sinkerf* u. ä. unten § 205.

§ 205 Ähnlich ausführlich behandelt wie die verschiedenen Brüche (*breke*) werden die Schnitte (*kerf*) in den westerl. Bußt.: In allen finden sich Bestimmungen über *t(r)ira wirsena kerf* ‚Zerschneiden dreier (Stirn)runzeln‘, *âgbrê(d)kerf* ‚Zerschneiden des Augenlides‘, *neilkerf* ‚Zerschneiden des Fingernagels‘, *sinkerf* ‚Zerschneiden der Sehne‘ (auch speziell *trira sinena kerf*: FwDg. Ay. Lw. B.), *halssinakerf* (B 5 Dele, Dg. Interr. B.), *hêlsinekerf* ‚Zerschneiden der Fersensehne‘ (Gw. B., Oth. B, B 5 Dele), ferner *hêlakerf* ‚Fersenzerschneiden‘ (Dg. Oth. B.), *ilikerf* ‚Zerschneiden der Schwielen‘ (B 5 Dele, Dg. Interr. B.), *gerstelkerf* ‚Knorpelzerschneiden‘ (B 5 Dele, Interr., Dg. FW. Hm. B.), *brêskerf* ‚Zerschneiden der Augenbraue‘ (Ay. B.), *breinkerf* ‚Gehirnverletzung durch Einschnitt‘ (Lw. B.). Auch in osterl. Bußt. finden sich Bestimmungen über das Zerschneiden (verbal: *kerva*) der Sehnen (R_1 VI.44.104 B § 199 a, E_3 I.54) sowie der Stirnrunzeln (*lesoka:* R_1 VI.20. F XI.6, sonst in H XI. R_1 V. E_1 VII ohne *kerva*).

§ 206 Dem Wortbildungstyp *inwerdene, inlemethe* (§§ 198, 225) entspricht *inskathinge* ‚innere Beschädigung‘, das in den Allg. Bußt. unter Bezug auf die

[180] Krogmann stellt *-wagi* (aus **uaigia*) zu mhd. *weigen* ‚schwanken‘ (Philologia Frisica 1962, 98, s. § 144), was mir keine bessere Lösung scheint. Als Bedeutung nennt er ‚Gliedlockerung‘.

[181] Add. III. 32, ähnlich XXII. 35.

Verletzung des Auges (R_1 V.27) bzw. *ongneiles*, des ‚Augenwinkels' (E_1 VI.43. H XI.67, ebenso B 5 Dele J, D XIV.107, Lw. Gw. B.) erscheint.[182]

Nur in R belegt ist *tionene* ‚Beschädigung'[183] (R_2 I.11: des Sehvermögens, I.15: des Gehörs) und *tioninge*[184] (R_2 VII.9: der sechs Glieder). Westerl. werden diese Verletzungen durch *ergene, er(e)ne* (s. u. § 228) ausgedrückt.

§ 207 Ein Spezifikum der afr. Bußtaxen ist die ausführliche Behandlung der *durchgehenden Wunden* (von Wilda nach nord. Terminus ‚Hohlwunden' genannt) und ihre unterschiedliche Wundschrift, d. h. Messung und Notierung zur Errechnung der Buße, in osterl. und westerl. Bußtaxen.

Der Tatbestand wird zunächst in den Allg. Bußt. sowie den osterl. und westerl. regionalen Bußtaxen verbal ausgedrückt durch: *thruchslâ* ‚durchschlagen' (AB: F H E_1 R, alle westerl. Bußt.), *thruchstêta* ‚durchstoßen' (Rüstr., Ems. B., F XI, westerl. B.), *thruchskiâta* ‚durchschießen' (AB: R H, Rüstr. Huns. Ems. B., westerl. B.), *thruchsteka* ‚durchstoßen' (AB: E_1). Daneben begegnen nominale Termini: *thruchgong* ‚Durchgang' (sämtl. westerl. B, sowie Ems. B. E_{1-3}!, unter Bezug auf Ohr, Lippe, Zunge) *thruchgungande dolch* (sämtl. westerl. B. sowie E_3 I.235!; *thruchgangende unda* wie ndl. *doergande wonde* im Ommelander Landr.,[185] unter Bezug auf Durchbohrung der Gliedmaßen).

Nur osterl. ist *thruchkeme* ‚Durchdringen, Eindringen' (AB: H E_1 R: Durchbohrung der Schädeldecke, dagegen 16mal in F XI unter Bezug auf verschiedene Durchwunden).[186]

In dem systematischen Bußregister F XI.385 findet sich auch die allen Durchwunden vorangestellte Überschrift *thruchdêde*.

Die Art der Wundschrift hat sich ferner in den Termini für die Bezeichnung des Eindringens (einer Waffe) *ingong*, bzw. ihr Heraustreten, *ûtgong*, niedergeschlagen. In den Rüstr. Bußt. findet sich dafür auch *instepi* (R_1 VI.12 = R_2 I.1: *instapi*), vgl. ags. *instæpi* ‚intrance', das aber nicht rechtstechnisch belegt ist. Für *ingong* und *ûtgong* wird in den Allg. Bußt. sowie osterl. Bußt. bei Durchwunden an Ohr und Nase je eine Maßwunde berechnet.[187] *ûtgong* begegnet ferner häufig in der Bestimmung für *thrî(r)a bêna ûtgong* ‚Heraustreten dreier Knochensplitter' (AB: H F E_1, sämtl. westerl. Bußt.).

182 Vgl. mnd. *des ōges inschāde* (Borchling, Die nd. Rechtsquellen Ostfrieslands, 171. 201). — Die westerl. Belege sind den Allg. Bußt. entlehnt, s. u. § 288.

183 Laofr. 334; His, Strafr. 298 Anm. 5; Löfstedt, Nordseegerm. Beitr. III, S. 58; vgl. as. *gitiunian*, ags. *tȳnan*.

184 Aus *rioninge* verbessert, Laofr. 334.

185 His, Strafr. 308. — Zur Beziehung zwischen westerl. und Ems. Bußt. s. u. § 292.

186 Die *thruchkeme* wird bei eindringenden Wunden als Extra-Maßwunde gerechnet. Hinzukommen kann ferner ein Satz für *nettaskrêdene* oder *inrif* ‚Eingeweide(verletzung)' (*inrif* in A. B.: R_1 V. 127. 139, H XI. 141 lat. H XIX. 105, E_1 VI. 134), was ags. *hrifwund*, ahd. *hrewawund* entspricht. Zur Bußberechnung insgesamt vgl. His, Strafr. 315 ff.

187 Die FwDg. B. sprechen hier von *ûtgangande* und *ingangande dolch*.

In westerl. Bußt. wird gesondert für das Heraustreten des ersten, zweiten, dritten Knochen(splitter)s (*thes forma, ora, thredda bênis ûtgong*) oder überhaupt für *bênis ûtgong* (auch häufig in F XI) Buße berechnet. Gemeinafr. *ingong* entspricht ferner osterl. *onkeme* ‚Eindringen (einer Waffe)' (AB: R_1 V.34.42.122. H XI.74.84.136.142. E_1 VI.48.130, Rüstr. B. R_1 VI.88, Ems. B. E_3 I.151), unter Bezug auf tiefer eindringende und zweimündige Wunden (an Auge, Ohr, Bauch, Zwerchfell); in F XI wird *onkeme* häufig (insgs. 27mal) auch in weiterem Sinne von ‚Entstehung (einer Wunde)' gebraucht. Der Terminus ist zweifellos aus dem Gebrauch von *kuma* im Sinne von ‚treffen, entstehen (von Wunden)' erwachsen, der sich in allen osterl. Bußt. findet.

Spezifisch osterl. (AB: F H E_1 R, Rüstr. Huns. Ems. B.) ist die Wundmessung, welche bei durchgehenden Wunden neben Eingang und Ausgang die zwei inneren Öffnungen, *inra mûtha,* extra berechnet.

Einen eigenen häufig belegten Terminus besitzen die westerl. Bußt. für das ‚Eindringen (einer Waffe) in eine Höhlung' (Bauch, Mund, Nase, Hals, Armmark, Leib, Kopf): *inreth(e), inrid(e), inre,* das neben Aus- und Eingang als eigenes Delikt gebüßt wird;[188] adjektivisch wird solche Verwundung auch *inretha dolg*[189] genannt. Ein entsprechender ostfr. Ausdruck ist *inwrêtse dêde* ‚eindringende Wunde'[190] (Ems. B. E_2 III.36.201, B § 204.211, wo E_3 *thruchgangende unda* liest).

In Übertragung dieser Wundschrift verzeichnet man *omma ingong* und *ûtgong* ‚Ein- und Ausgehen des Atems' (F XI.148), ähnlich westerl. *thes audema ûtgong* (Gw. B., B 5 Dele D XIV.143: *adema*; Lw. B, B 5 Dele J: *ondema*).

Rüstr. B. haben *inêthma* und *ûtêthma* (R_1 VI.17.57 = R_2); schon die Lex Fris. erwähnt Tit. XXII.81 *si spiritus per ipsum vulnus exierit* (v. Richthofen, Wb. 721). Auch bei unerlaubter Heimsuchung werden *ingong* und *ûtgong* besonders verzeichnet und berechnet: (R_1 XV.61, ähnlich E_3 I.393; westerl.: Ay. Wb. Hm. Oth. B., B 5 Dele XIV.451).

§ 208 Von den genannten Wunden gesondert wird die Blutrunst, „eine Verletzung, die Blutverlust zur Folge hat, ohne sich als Maßwunde zu kennzeichnen" (His, Strafr. 319). Die ältere gemeinfries. Bezeichnung ist *blôdres(e)ne,* osterl. belegt am Anfang der Allg. Bußt. (R H F E: *blîcande blôdresne* ‚sichtbare Blutrunst') und in den Rüstr. B. (R_1 VI.6.8. R_2 I.128: *blicande blodrisne*)[191] westerl. häufig (insges. 67mal) in sämtl. Bußtaxen (jedoch *blicande*

188 Zum Terminus s. Lawfr. 34 f.; His, Strafr. 316.

189 Im Gegensatz zu *ûtward dolg* (Ay. Wb. FwDg. B.). — In mnl. westerl. Texten: *inridich, inridende wunde:* His, Strafr. 306; in ostfries. mnd. Texten: *inrîtene wunde, inrêdich* (Borchling, Die nd. Rechtsqu. Ostfrieslands, 203. 279 b).

190 Lehnwort im Mnd.: *inwrêtsadêda,* ZdPh. 8, 239 f.

191 Zu *-risne* s. Laofr. 56. — Im Westerl. Sendrecht wird der Fall erwähnt, daß gefochten wird *and ther nout blicandis nis* ‚und nichts Sichtbares [davon zu sehen] ist' (F VIII. 133. Nr. 33, auch J, D; in J, D Nr. 4 ferner: *naet blicandis haet* ‚nichts Sichtbares hat').

bloedrisene nur B 5 Dele J, D XIV.49, Lw. FwDg. B., s. u. § 288), den Landrechten,[192] dem Ält. Schulzenr. (XLIV) und dem Jg. Schulzenr. (V.10).

Nur osterl. belegt ist *blôdelsa*, eig. ‚blutige Wunde', und zwar an Stellen, wo westerl. *bloedresene* steht,[192] ferner in den Allg. Bußt. (E_1 VI.18. R_1 V.4. H XI.6: stets *unblicande blodelsa*), den Ems. B. (E_1 VII.15.135 = E_{2-3}), den Huns. B. (VII.120.214) und B §§ 66, 185, 203.[193] Während an den letztgenannten Stellen *blôdresne* und *blôdelsa* identisch zu sein scheinen, liegt in den Allg. Bußt. eine Trennung von *blôdelsa unblîcande* und *blîcande blôdresne* ‚sichtbare Blutrunst (außerhalb der Kleider)' vor. Westerl. hat *bloedresene* insofern eine weitere Bedeutung, als nicht nur kleinere, von Schlägen herrührende Verwundungen,[194] sondern auch zweimündige Wunden in Hals, Leib, Zunge, Seite mit diesem Terminus bezeichnet werden.

Nur in Hss. der Ommelande und des Emsigo begegnet *blôdrene* eig. ‚Blutfluß' (A. B.: E_1 VI.21 *blicande* neben *blodresne* VI.19, F XI.123; osterl. Bußt.: E_1 VII.131 = E_{2-3}, H VII.57. F XII. 76), offenbar der jüngste der drei Termini mit der Bedeutung ‚Blutrunst'.

Häufig wird das Aus- oder Einfließen von Blut als Folge einer Verletzung besonders hervorgehoben: *blôdes ûtrene* ‚Bluterguß' (A. B.: R_1 V.112 H XI.168 E_1 VI.181, F VIII.126. XII.83. H VII.42.44.50.52), auch verbal *(blôd) ûtrenna* (aus Nase, Mund, Ohr, Geschlechtsteilen: F XI, Ems., Huns. B), (*blôd*) *ûtfliâta* (F XI häufig: *thria ben ebretzen and tha ut(e)fleten*), *blôdes inrene* ‚innerer Bluterguß' (häufig in den A. B. H F E R, Huns. Rüstr. B.; westerl. B.: B 5 Dele D XIV.280.334, Gw. B.), schließlich *blôdrennande dêda* ‚Blutfluß verursachende Taten' (23. Lr. E R J D neben *bloedresne/blodelsa*), unter Bezug auf *unde* H VII. 229 und *mêtedolch* F XVII.53.

Im Gegegensatz zur eigentlichen Blutrunst bezeichnet His, Strafr. 317 solche Blutungen als Folgen von Verwundungen, die „vorübergehender Natur" sind.

Eine rißartige Verwundung bezeichnet *rend* an einigen Stellen der osterl. Bußt.: *bênes rende* (F XI.591), *coppes rend* (E_1 VII.29 = E_{2-3}), ähnlich *renda* (F XI.630, neben *utrendene*), *torenda* (E_1 VII.132 = E_{2-3}) ‚aufreißen (der Haut)'.

Die Huns. und Ems. Bußt. erwähnen neben der Blutrunst noch *râdrond* ‚rote Ritzung' (H IX.130 E_1 VII.16 = E_{2-3}), was Siebs (bei His, Strafr. 322 Anm. 4) zu aisl. *rönd* ‚Streifen' stellt, vgl. auch Laofr. 278.

[192] D VIII. 406 (15. Lr.): *sonendeis bloedresene deth*, wo E_1 und H (14. Lr.) *blodelsa* haben; D VIII. 514 (23. Lr.) *daedlika bloedresen ner bloedrinnenda deda*, ähnlich in J VII, wo R_1 IV. 205 *blodelsa ne blodrunnande deda*, E_1 IV. 197 *blodelsa ni bloderennenda deda* hat.

[193] Blutrunst folgt in den Allg. Bußt. hinter *faxfang* und *dûstslec*, in B findet sich stets die Wendung *wêdlinga iefter blôdelsa* ‚blaue Flecken oder blutige Wunde'.

[194] Siehe vorige Anm.

§ 209 Im Zusammenhang mit den Verwundungen seien hier einige häufig erwähnte Folgen von Körperverletzungen genannt, die im wesentlichen in den Allg. und regionalen osterl. Bußt. belegt sind.[195]

Für Störungen von Sehen, Hören, Sprechen finden sich spezifische Termini: *wonsprêke* ‚Sprachstörung' (A. B.: R_1 V.139. H XI.166. E_1 VI.139. F XI.203. 247.608, osterl. B.: R_1 VI.39. E_3 I.126, westerl. B.: B 5 Dele D XIV.311. Gw. B.); *wonware* ‚Verminderung des Sehvermögens' (A. B.: R_1 V.141. H XI.165);[196] *wonhêre* ‚mangelhaftes Gehör' (F XI.607), *wongapa* ‚defektes Mundöffnen' (F XI.177.231), *wonsiûn* ‚mangelhaftes Sehvermögen' (XI.607), *wongare* ‚Beraubung des Rockes', eig. ‚mangelhafte Kleidung' (E_1 VI.143); verwandte Bildungen sind *wanwerk* ‚fehlerhafte Arbeit' (häufig im Jg. Schulzenr.), *wanwytschip* ‚mangelhafte Kunde' (B 5 Dele, W 5 Dele, Lw. FwDg. B., s. o. § 161), *wanhôd* ‚mangelhafte Aufsicht' (Jurisprudentia Frisica II.168).

In Nachbarschaft obiger Termini steht *spêdelspring* ‚Speichelfluß' (A. B.: H XI.167, R_1 V.140, F XI.189.202.206; osterl. B.: H IX.29, E_2 III.96; westerl. B.: B 5 Dele D XIV.312, Gw. B.).

Nur in den jüngeren Emsiger Bußt. (E_{2-3}) wird das Zucken von Auge, Mund und Nase erwähnt: *âghebreud* (E_2 III.75), *mûthbreud* (III.77), *nosebreud* (III.76), ähnlich *hêrbreud* ‚Haarziehen' (III.1 statt sonstigem *faxfang*).

Osterl. Texte erwähnen die ‚Empfindlichkeit für den Witterungswechsel' *wederwondlinge* (A. B.: R_1 V.39.129 *-onge*, H XI 4mal, lat. H XIX.107, E_1 VI.65.135, F XI. 11mal; osterl. B.: R_2 I.6 E_3 I.307.309.; westerl. B.: Lw. Gw. B.) und Empfindlichkeit für ‚Hitze und Kälte', *hête and kelde* (A. B.: R_1 V.22 H XI.38. E_1 VI.38. F XI.18mal, westerl. B.: B 5 Dele D XIV.313, Gw. B.).

Nur in ostfr. und Ommelander Hss. findet sich *sinkele, sinkale* ‚bleibende Kahlheit' (A. B.: H XI.35 F XI.13.230, osterl. B.: E_1 VII.9 = E_2, E_3: *kale*, H VII.121 IX.189, westerl. B.: Gw. Lw. B.).

Stets in stehender Verbindung begegnet *abêl and inseptha* ‚erhöhte und vertiefte Narbe'[197] (A. B.: mehrfach in R_1 H, E_1, 19mal in F XI; ferner Huns. Ems. B., westerl. B.: B 5 Dele D XIV.313 Gw. Lw. Dg. B.).

Im 1. Landrecht und in osterl. Bußt. wird *swîma* bzw. *dâthswîma* ‚(todesähnliche, schwere) Bewußtlosigkeit' angeführt (*swîma*: 1. Lr. H_1 XI.10, Ems. B.

[195] Zu den westerl. Belegen vgl. unten § 288 die zusammenfassende Behandlung osterl. Einflüsse in westerl. Bußt.

[196] H XIX: *Pro impotentia vendentis scilicet wonwara.* Der Terminus ist hier als ‚mangelhafte Gewährleistung' zu deuten, für E_1 VI. 142 übersetzen Buma—Ebel ‚Buße für Beraubung der Kleider', für F XIII. 17. 49. XVII. 144 Sjölin ‚rechtswidriger Verkauf', dazu v. Richthofen Wb. 1159, van Helten, Laofr. 385 f. Nauta, Bußtaxen 158. Hier mengen sich also offenbar zwei verschiedene Begriffe. Für R_1 und H — und damit auch für die ursprüngliche Fassung der Allg. Bußt. — muß m. E. (gegen Nauta) an der oben angegebenen Bedeutung festgehalten werden. Darauf weist eindeutig der Zusammenhang der Darstellung (*wonsprêke* usw.).

[197] Vgl. *beil* ‚Beule' R_1 VI. 115 E_2 I. 51. *inseptha* ist bereits in *spido* der Lex Fris. Add. III. 34 zu vermuten: v. Richthofen, Wb. 1164 verbessert zu *sipido;* vgl. auch Laofr. 195; Krogmann, Philologia Frisica 1962, 94.

E_1 VII.227 = $E_{2\text{-}3}$, Huns. B. H VII.113 f. IX.115; *dâthswîma*: 1. Lr. E_1 IV.10 D VIII.83, Ems. B. E_1 VII.104.202 = $E_{2\text{-}3}$, B § 104), ähnlich osterl. *hâveddusinge* ‚Schwindelgefühl' (A. B.: R_1 V.20 H XI.47 F XI.36.88 E_1 VI.36; osterl. B.: R_2 I.7 H VII.178 E_3 I.67); vielleicht daraus umgedeutet *dâviddusinge* ‚Betäubung' (Zusammensetzung mit *dâvid* ‚Taubheit': B 5 Dele D XIV.14 J XVII).

Nur in westerl. Bußt. (B 5 Dele D XIV.516, Dg. Wb. Hm. Oth. B.) wird *fraesheed thes liwes* ‚Gefährdung des Lebens (durch eine Verletzung)' gesondert genannt und berechnet; daneben auch *frasa thes liwes* (SwSw. D XVIII.25, W 5 Dele D XIII.27).[198]

§ 210 Nur in den Allg. und regionalen osterl. Bußt. wird die *soldêde* als besonderes Delikt verzeichnet, wobei in E und B drei Grade unterschieden werden. (Allg. Bußt.: R_1 V.144 XIV.30 H XI.150 lat. H XIX.131 E_1 VI.158; regionale Bußt.: H VII.69 ff. F XVII.133 E_1 VII.102 f. E_2 III.152 ff. E_3 I.416 ff. B §§ 63, 207, daneben H IX.210: *sullenge* ‚Besudelung'). Die Definitionen der *soldêde* gehen in den verschiedenen Texten etwas auseinander. In H XIX gilt es als ‚heftiges Hauen eines am Boden liegenden, so daß er nicht aufstehen kann', wobei vielleicht *sol* als ‚Straßenkot' verstanden wird. Dagegen sehen die osterl. Bußt. die *soldêde* als eine „Verletzung [besser: Tat], die ein langes Ohnmachtliegen im eigenen Kot zur Folge hat!"[199] Der Hinweis auf Ohnmacht und Erbrechen (das ja diesem oft folgt) läßt die letztere, in Abwandlungen häufig belegte Erklärung als die richtige erscheinen.[200]

6.3 Schläge

§ 211 Die generelle Bezeichnung für den Schlag ist osterl. und westerl. *slêk*, doch kommt das Simplex relativ selten vor (Rüstr. B. R_1 VI.115 R_2 I.128: *wêdne slêka* ‚blaue Schläge bzw. Flecke', neben *beilar* ‚Beulen' genannt; F XI 17mal, auch in weiterem Sinne von Schlag mit der Waffe, der schwere Verletzungen zur Folge haben kann). In westerl. Bußt. findet sich die Bestimmung, daß mehrere Blutrunste, die von einem Schlag oder Stoß (*it en sleke iefta it een stete* u. ä.) herrühren, nur einfach zu büßen sind (B 5 Dele J XXVII, FW. FwDg. Lw. B.; statt *stet* haben *stek*: Ay. B. B 5 D XIV.60). Die Wendung *slec iefta stet* findet sich daneben nur in F (XI.130.291.541). ‚Blaue Flecke' werden in den Huns. und Ems. B. *wêdne wonnelsa* genannt (H VII.124 E_1 VII.11 E_2 III. 12),[201] B hat die Neubildung *wêdling* (§§ 66, 185, 203) in F werden *lithe* und *môsdolch* danach beurteilt, ob sie *wêden* ‚blau' sind (XI.282.602). Charakteristisch für sämtliche westerl. Bußt. ist die Bestimmung, daß der *dûstslêc* (s. u.)

[198] *frasa* ‚Gefahr' auch R_1 IV. 80, *fraeslik* in der Bischofssühne E_2 VIII. 1. Jüngere westerl. Belege zu *frâshêd* bei Ahlsson, Abstraktb. 177.

[199] His, Strafr. 324. Dazu ferner van Helten, Laofr. 309 und PBB 14 (1889), 258 sowie Holthausen PBB 48 (1924), 466.

[200] Anders Nauta, Bußt. 151.

[201] Zu ags. *won* ‚dunkel, schwarz': Laofr. 385.

bußmäßig unterschiedlich hoch bewertet wird, je nach dem das getroffene Glied 21, 42 oder 63 Nächte *wêden and wanfelle* ‚blau und blutrünstig' war.[202]

Blâw, blâu für ursprüngliches *wêden* findet sich erst in den jüngsten afrs. Hss. (Ems. B.: E_3 I.91: *blau ach* ‚blaues Auge', I.367: *huersa ... him slait blaw iefther blodich*, ähnlich II.22 *hversar en wiff ... sla blaw ieftha blodich*, I.370: *nis hir nauder blaw ne blodelsa* ‚ist da weder ein blauer Fleck noch eine blutende Wunde'.[203] Dem entspricht E_3 I.20 *blâwelsa* ‚blauer Fleck',[204] wo E_1 E_2 *wêdne wonnelsa* haben.

Auch westerl. begegnet die Wendung *blodich iefta blau sleth* (Leeuwarder Sendr. v. J. 1402, in Estrikken XXXIV S. 41: Fs, U), ähnlich Dg. B.: *hwar so en man dulgat jef slayn werdt mit stocke of mit stupa, der se hor blodich ner blau*; in den Ay. B. findet sich über *weden* (in *weden and wanfelle*) *blaw* hinzugeschrieben. Im übrigen begegnet die Wendung erst in Urkunden des 15. Jh.s und später.[205]

Das Vorkommen von *blâu* (für *wêden*) sowie der Wendung *blôdich jefther blâu* u. ä. in den spätesten afr. Texten macht es sehr wahrscheinlich, daß beides nicht ursprünglich friesisch, sondern aus dem Mnd. eingedrungen ist.[206]

§ 212 Bevor wir weitere Termini für verschiedene Arten von Schlägen behandeln, sei darauf hingewiesen, daß diese durchweg (besonders in den westerl. Bußt.) zusammen mit Stößen, Würfen und ähnlichem angeführt sind, die wir zu den ehrenkränkenden Delikten zählen und darum in späterem Zusammenhang (7.12) erläutern.

Unter den Zusammensetzungen mit *slêk* sind zunächst die lautlich verwandten *dudslêc* und *dûstslêc* zu nennen. Van Helten deutet *dudslêc* als ‚schlag, der ein hintaumeln zur folge hat'[207] (A. B.: H XI.2 E_1 VI.17., ferner Huns. Ems. B.: H VII.120 IX.72, E_3 I.296, westerl. Sendr.: F VIII. 136).

202 Zur Erklärung von *wanfelle* verweist v. Richthofen, Wb. 1158 auf die Lesart: *dusslek der is en and twentich nachta vvedin and sward on tha felle* (FwDg. B. J XXII Anfang d. Textes), „woraus ich schließe, daß *wanfel* nicht mit verletzter, entstellter haut, sondern mit schwarzer (blutunterlaufener) haut, bedeutet." Nicht verstanden wurde *wanfelle* offenbar in den Gw. B.: *weden and tha felle*. Die Erweiterung zu *wanfellich* findet sich nur in den Wb. B. Etymologisch stellt v. Richthofen, Wb. 1158 *wanfelle, -fellich* gleichfalls zu ags. *won*, zustimmend van Helten, Lawfr. 14 Anm. 2.

203 Nach Schomerus, Der Aufbau des Emsinger Bußregisters, Grins 1964, sind alle Stellen jüngste Ergänzungen der Ems. Bußregister. N. Århammar hält afr. *blau, blǟw* für Entlehnung aus dem Nd.-Ndl. (Philologia Frisica 1966, Grins 1968, 68).

204 Mnd. *blâwelse* (in ostfr. Texten) ist aus dem Fries. entlehnt (Ahlsson, Abstraktb. 138), weitere Belege bei Dahlberg, Mnd. Suffixabstrakta 77.

205 Nach dem Apparat sämtlicher edierter afr. Urkunden im Fries Instituut, Groningen.

206 Zur weiteren Verbreitung dieser Termini in Nord- und Mitteldeutschland sowie in Skandinavien s. Hyldgaard—Jensen, Rechtswortgeographische Studien I. 95—103.

207 Laofr. 86. Nauta (Bußt.), Sjölin (‚Fivelgoer' Hs.) und Buma—Ebel (Afr. Rechtsqu) geben teils diese Übersetzung wieder, teils verkürzen sie sie zu ‚betäubender Schlag'.

dûstslêc stellt van Helten einleuchtend zu ags. *dynt* (s. o. § 68.75)[208] und folgert aus der westerl., nur in Zusammenhang mit *dûstslêc* vorkommenden Bestimmung *wêden and wanfelle,* daß eine Quetschwunde gemeint sein müsse. Diese Bedeutung, die auch in das Glossar von R_1 eingegangen ist („slag, die inwendige kneuzing veroorzakt") geht wohl etwas zu weit. Denn, halten wir uns an die Verbindung zu ags. *dynt* ‚Schlag', so ist *dûstslêc* nichts anderes als eine tautologische Komposition wie *Lindwurm* (*lind* ahd. ‚Schlange') u. ä.,[209] also die um ein zweites interpretierendes und gleichbedeutendes Glied erweiterte Bezeichnung für den Schlag schlechthin, wobei sich früh die spezifische Bedeutung ‚unblutiger, trockener Schlag' (im Gegensatz zu blutigen Verwundungen) ausgebildet haben muß. In dem Sinne belegen auch mnd. und mnl. Rechtstexte eine große Zahl von Varianten und Umdeutungen, die auf das Vorhandensein eines westgerm. Terminus technicus für den trockenen Schlag schließen lassen. Im Fries. weisen Vorkommen und Verbreitung darauf hin, daß *dûstslêc* bzw. die zugrundeliegende Form ursprünglich der generelle Terminus für den trockenen Schlag war[210] (A. B.: R_1 V.3 F XI.1, Rüstr. B: R_1 VI.2; häufig bes. in sämtlichen westerl. Bußt., ferner: Jg. Schulzenr. V.10 (J U), Ält. Schulzenr. XLIV (U J D), Westerl. Sendr. 33 (D J), W 5 Dele). Gerade die Übereinstimmung zwischen der östlichsten, zumeist sehr zuverlässigen Hs. R_1 und den westerl. Hss., sowie das übereinstimmende Vorkommen in so alten Texten wie dem Ält. Schulzenr. und dem Westerl. Sendr. und schließlich die Häufigkeit in allen westerl. Bußt. sind ein ganz eindeutiges Merkmal für die Ursprünglichkeit des Terminus *dûstslêc*.

Wir kommen jetzt noch einmal auf *dudslêc* zurück. Es vertritt *dûstslêc* in H und E der Allg. Bußt. (daher auch in den Huns. und Ems. Bußt.), ferner in der F-Fassung des Westerl. Sendrechts und ist m. E. als eine Nebenform (aus **dunt-slec*, vgl. mnd. *duntslach* § 352) zu *dûstslêc* mit ursprünglich gleicher Bedeutung anzusehen. Die Umdeutung, an die sich van Heltens Bedeutungsangabe anschließt, ist erst E_3 I.296: *Thi desma thet is thi dudslec* belegt. Die etymologische Deutung kann hier also nichts Ursprüngliches erschließen, sondern allenfalls Hinweise auf Vorbilder der Umdeutung verzeichnen.

§ 213 Neben *dûstslêc* werden in westerl. Bußt. eine Reihe weiterer Zusammensetzungen mit *dûst-* angeführt, und zwar stets in Aufzählung mit gleicher Bußtaxe und ohne nähere Erläuterungen (wie im Falle von *dûstslêc*): einen Wurf bezeichnen *dûstsweng* (sämtl. Bußt.) und *dûstwerp* (Ay. B., westerl. Sendr. 33 D J F), einen Schub bzw. Stoß *dûstscowe* (sämtl. Bußt., aber

208 Lawfr. 13 f.: *dust* < *dunst* < *dunt* + Suffix *-sta/stu*; s. auch van Helten, Aofr. Gr. 44; ferner W. de. Vries in Tijdschrift f. Nederl. Taal-en Letterk. 34 (1915/16), 7. GleicherAnsicht ist Sjölin, ‚Fivelgoer' Hs., 185, wo auch sämtliche anderen Theorien diskutiert werden.

209 Henzen, Deutsche Wortbildung, ²1957, 63.

210 His, Strafr. 321 entscheidet sich für keine Etymologie, stellt aber auf Grund seiner Kenntnis des Vorkommens fest: „*dustslec* ist gerade der einfache, nicht qualifzierte Schlag", was praktisch mit unserer Darstellung übereinstimmt.

dustew Lw. FW. Oth. B., westerl. Sendr. 33 nur J: *dustscewen*), *dûststêt* (sämtl. Bußt., westerl. Sendr. 33 D J) und *dûstswêf* (Dg. B.).[211] Offenbar handelt es sich bei diesen Termini um dem Typ *dûstslêc* nachgebildete Bezeichnungen. Neben ‚trockenen Schlägen' wird vervollständigend auch das Stoßen und Niederwerfen angeführt, das osterl. *erthfal, delefal* heißt (s. o. § 246).

Da einleuchtende etymologische Verbindungen im Fries., die eine Anlehnung an eine bestimmte Bedeutung von *dûst-* zeigten, nicht möglich sind, muß man annehmen, daß *dûst-* hier lediglich (nach dem Vorbild von *dûstslêc*) einen differenzierenden Charakter hat, ohne das mit dem Morphem eine eigenständige Bedeutung verbunden war. *dûst-* ist also hier präfixähnliches Wortbildungselement, das den betr. Bezeichnungen den technischen Sinn von unblutigen Körperverletzungen bzw. Ehrenkränkungen verleiht.

Die etymologische Deutung Grimms (RA 506: ‚Staub' wie in *dûstware*, entsprechend ags. isl. *dūst* ‚pulvis'), der auch v. Richthofen, Wb. 696 zustimmt, ist abzulehnen. Vgl. auch van Helten, Lawfr. 13 f., Laofr. 88 Anm. 1 (‚außerdem aber dürfte „staubschlag' schwerlich einen befriedigenden sinn gewähren').

§ 214 Einer Erläuterung bedürftig ist der Terminus *durslegi* der Lex Fris. Tit. XXII.3: *Si quis alium ita percusserit, quod durslegi vocant.* Die von Grimm, RA 630 hergestellte, aber als ‚gewagt' bezeichnete Verbindung zu *dürr* weist v. Richthofen, Wb. 696 ab, kommt aber in seiner Edition S. 70 Anm. 61 wieder darauf zurück, ebenso Baesecke, Die deutschen Worte der germ. Gesetze, S. 78, der *durslegi* für den einzigen ganz friesischen Terminus der Lex Fris. hält. Die im Wb. gegen die etymologische Verbindung mit *dürr* genannten Gründe — statt *d* müßte afr. *th* stehen — scheinen mir jedoch nach wie vor richtig. (Ausschlaggebend für diese Etymologie war jedoch wohl die bedeutungsmäßige Parallele!). Auch Krogmann hält diesen Gesichtspunkt für maßgebend,[212] glaubt jedoch die friesische Herkunft des Wortes durch die etymologische Verbindung mit nisl. *dūr* ‚Schläfchen' unter Hinweis auf die Bedeutungsverwandtschaft mit *dudslêc* ‚Taubschlag' retten zu können. Doch ist diese Bedeutung, wie wir sahen, sicherlich jung, die Parallele im übrigen zu weit hergeholt.

Übereinstimmung herrscht also nur darin, daß *durslegi* ein friesisches Wort ist, zumal es in der Lex ausdrücklich als volkssprachig bezeichnet wird (*quod vocant*). Deshalb scheint mir nichts naheliegender, als den Terminus mit dem späteren *dûstslêc* in Verbindung zu bringen, das ja auch bedeutungsmäßig zu diesem paßt. So bemerkt auch Grimm a.a.O.: „doch scheint es einerlei mit *dustslec*." Statt mögliche etymologische Anschlüsse zu suchen, die diesen Zusammenhang zerstören, scheint es doch einfacher, eine Verschreibung in dem so mangelhaft überlieferten Text oder schon ein Mißverständnis des Schreibers anzunehmen. Eine Form **dun(t)slegi* erforderte da den geringsten Eingriff.

211 *dustac* der Dg. B. kann ich nicht identifizieren.

212 Philologia Frisica 1962, 92.

§ 215 Zu den weiterverbreiteten spezifizierten Schlägen zählen der *swîmslêc* ‚betäubender Schlag'[213] A. B.: R_1 V.114.116 XIV.31 H XI.19 ff. XIX.144 E_1 VI.134; ferner: Huns. B. H VII.16 IX.110, F XVII.132, sämtliche westerl. Bußt.!) und der *stefslêc* ‚Stabschlag' (nur osterl.: A. B.: R_1 V.132 F XI.3 H XI.4 E_1 VI.138, ferner E_1 VII.13 F XVII.140); nur in einigen jüngeren osterl. Texten finden sich *îsernslêc* ‚Schwertschlag' (E_1 I.22, F XVII.141), *bitzaslêc* ‚Hackenschlag'[214] (E_1 I.455), *muldesslêc* ‚Niederschlag (zu Boden)' (E_1 VI.14), *buldersIêc* ‚schallender Schlag' (H VII.145. XI.130), *festslêc* ‚Faustschlag' (E_1 VII.10 = $E_{2\text{-}3}$, B § 203); Ommelander und westerl. Bußt. gemeinsam ist *halsslêc* ‚Schlag auf den Hals' (H VII.146. IX.131 F XII.84 f. 88, B 5 Dele D XIV.62, Lw. Ay. FW, Gw. B.); nur westerl. *scalslêc* ‚Hoden-Schlag' (B 5 Dele D XIV.326).

Neben *slêc* sind andere Bezeichnungen selten: *drop* ‚Schlag' (R_1 VI.15.52), *blem* ‚schallender Schlag' (B § 203),[215] für den ‚betäubenden Schlag' *dêsene* (H IX.163.165. F XII.99) und *dêsma* (E_1 VII.165 = $E_{2\text{-}3}$).

6.4 Verstümmelung

§ 216 Ein eigentümlicher und spezifischer fries. Terminus für die Verstümmelung, den Verlust eines Körpergliedes (oder eines Teiles) ist *gersfal*, eig. ‚Grasfall'.[216] *gersfal* findet sich in den Allg. Bußt. (R_1 49.59.103, H XI 6mal, E_1 VI 4mal, F XI 11mal) sowie den Rüstr. B. (R_1 VI.23.68, auch R_2 VII.1) und den Huns. B. (H IX.17) unter Bezug auf Abhauen eines Teiles vom Ohr, der Nasenwände, Fingerglieder, Eckzähne, der 6 Glieder (Hände, Füße, Augen); im allg. ist das gänzliche Abschlagen gemeint, in F XI jedoch bezeichnet *gersfal* nur die teilweise Verstümmelung.[217]

Neben dem Nomen erscheint nur in jüngeren osterl. Texten das Adj. *gersfelle* ‚abgeschlagen' (Rüstr. B.: R_1 IX.9.54, Rüstr. Sendr.: R_2 VIII.3, Huns. B.: H VII.2.83.85 IX.37.85, Ems. B.: E_1 VII.84.89, W 17: V.8); in erweiterter Bedeutung begegnet *gersfelle* in B, und zwar in der Wendung *lidze gersfelle* ‚bleibe ungebüßt' (§§ 9, 189, 217, 219: Haus, Wunden, alles, Mann).[218]

In westerl. Texten (sämtl. Bußt., Waldd. leedeed, Eid des rechter, W 5 Dele, W 17: D X.31 J X) gilt ausschließlich das Adj. *gersfallig* als entsprechender technischer Terminus, auch einige Male in etymologisch unverstandener Form *gerstelfallich* (Dg. B.), *gerstallich* (Dg. Hm. B.), unter Bezug auf dieselben oben genannten Verstümmelungen (*lith, finger, tan, tusk, foet* etc.), auch stets

[213] Eig. ‚Schlag, der Bewußtlosigkeit zur Folge hat', zu *swîma* ‚Schwindel', s. o. § 210. Es werden drei Grade dieser bewußtlos machenden Schläge unterschieden.

[214] Dazu van Helten, Laofr. 53.

[215] Zur Deutung s. Buma, die Brokmer Rechtshss. 201.

[216] Auch gelegentlich ohne *r*-Metathese *gresfal*, s. Laofr. 152 f.

[217] Dazu auch His, Strafr. 276 f.

[218] Zur Bedeutungsentwicklung Laofr. 153. — In mnd. (fries.) Hss. findet sich *grasvallende* ‚abgehauen', *grasvellich* ‚abgehauen', übertr. ‚ungebüßt bleiben' Mnd. Wb. II. 150, nach RWb IV 1072 auch in Dithmarschen (1539).

in der Wendung (oder ähnlich): *hweersoma en manna en gersfallich lappa is offslayn* (Dg. B.).[219] Vergleichbare Termini zu *gersfal*, die das Entstehen dieses Begriffes sichtbar machten, gibt es kaum. Nur einmal begegnet *fal* statt *gersfal* (R_1 V.65: Ausschlagen der Eckzähne, eine Verschreibung?); *delefal, flêsfal, erthfal* ‚Fall, Wurf zu Boden, ins Wasser, zur Erde' als Delikt wären allenfalls zu nennen (s. u. §§ 246 f.).

Eigenartig ist die Verwendung von *offalla* in F XI, z. B. XI.656: *Senter lithe ofefallin van tha heta bronde* (ähnlich von der Zunge 677, vom Fuß, der Kniescheibe 698, 703). Hier muß, wie Sjölin, ‚Fivelgoer' Hs. 211 feststellt, eine Verkümmerung der betr. Glieder, also ähnlich der Bedeutung von *gersfal* in F XI eine Art teilweise Verstümmelung (aber nicht durch Abschlagen) gemeint sein.

§ 217 Daneben werden für das Abschlagen des Nagels und eines Hautlappens osterl. *ofslêc, offlech(t), oflethinge* gebraucht. Der ursprüngliche Terminus der Allg. Bußt. scheint *offlech(t)* gewesen zu sein (R_1 V.110 f. F XI.2. 382: *neiles, fellis*~, auch Ems. B. E_2 III.137: *neijles*~) und in Emsiger Ergänzung zu den Allg. Bußt. (E_1 VI.1: *offlegt, thria bena offlech*), dem auch westerl. *oenflecht* nahesteht (*felles*~: B 5 Dele D XIV.143, J XXVIII, Gw. B., beides vielleicht aus den Allg. Bußt.). Dieser offenbar nicht mehr verstandene Terminus wurde im Anschluß an die zahlreichen Bildungen auf *-slêc* (s. o. § 215) osterl. zu *ofslêc(h)* umgebildet[220] (A. B.: H XI.133 f. E_1 VI.127, auch Huns. B. H. VII.31.33. IX.90, Ems. B. E_3 I.204). Daneben bilden die Emsiger Bußt. *oflethinge* (E_1 VII.20: *thrira lappena*~,[221] 94: *neiles*~) und *oflethegenze* (E_2 III.25: *thrira bena*~, E_3 hier: *utgong*).

§ 218 Am häufigsten wird jedoch in den Allg. Bußt., in B, den regionalen osterl. und sämtlichen westerl. Bußt. zu Bezeichnungen des Abschlagens der Glieder (Hand, Fuß, Arm, Finger, Nase, Ohr, Zunge, Zahn(krone)) das Adverb *of, offe* gebraucht,[222] daneben unter den mit *of* zusammengesetzten Verben vor allem *ofslâ* und *ofsnîtha*.

Ähnlich wie *of(fe)* wird das Adverb *ût(e)* gebraucht, um das Ausgeschlagensein des Auges bzw. Augapfels zu bezeichnen (R_2 I.9 F XI.104.560.563, westerl.: Lw. Dg. FW. FwDg. B.), daneben die Verba *ûtstêta* ‚ausstoßen' (H VII.1, Interr. B.), *ûtskiâta* ‚ausschießen' (nur westerl.: Dg. Interr. B. W 5 Dele), für Verstümmelungen an Ohr, Nase, Auge: *ûtbreca* ‚ausbrechen, ausreißen' (R_1 V.46. XX.3 R_2 I.18 E_1 VII.40, westerl.: Hm. Interr. B.), an Nase und Ohr: *ûtrîva* ‚ausreißen' (H VII.116.118. IX.15 XI.87 E_1 VI.63 VII.34.51.).

219 Vgl. osterl. *offlecht*, unten § 217.
220 van Helten, Laofr. 255. Nauta, Bußt. 147. Daneben R_1 VI. 79: *neiles ofgong*.
221 Vgl. westerl. *gersfallich lappa* § 216.
222 Die Form *offe, ove* (van Helten, Aofr. Gr. § 4 γ: *ove* aus **ova*: Kontamination (?) aus *of* und **ava* (= ahd. *aba*), auch in *offeslâ, offekerva* u. a.) findet sich sehr häufig in den westerl. Bußt., osterl. nur in Ommelander Hss. (H XI. 92. F XI. 14 x neben *of*).

§ 219 Gesondert verzeichnet wird in jüngeren osterl. Bußt., ob ein Glied getroffen, aber nicht abgeschlagen wurde, d. h. noch *onstondande* ‚ansitzend' ist (H VII.86. F XI.501.659. E_1 VII.85.114 = E_{2-3}, auch verbal durch *stonda* ausgedrückt: H VII.188. F XI.96.362); in den Rüstr. B. steht hierfür *onfest* ‚festsitzend' (R_1 VI.67), offenbar ein alter Terminus, da er in der 13. Küre in stehender Wendung vorkommt: *bi libbanda liuon and bi onfesta lithum* ‚wenn kein Mensch getötet und kein Glied verletzt ist' (so R_1 XV.63, ähnlich R_2 II.59, H II.82. E_1 III.96).

§ 220 Ferner kommen die Termini *blendene* (H XI.82, *blindene*: W 5 Dele J XXVII, B 5 Dele, nur J) und *blendinge* ‚Blendung' (R_1 V.40 E_1 VI.54)[223] vor. ‚Teilweise Blindheit' wird durch das Subst. *stareblind* bezeichnet (A. B.: E_1 VI.44[224] H XI.69 = XIX.28 R_1 V.28, ferner B § 210, adjektivisch: E_1 VII.39 = E_{2-3} H VII.4 IX.68, B 5 Dele J, D XIV.108). Bei Verletzungen des Auges wird darüber hinaus vermerkt, ob das Auge (bei völliger Blindheit) *onsittande* ‚ansitzend' ist, d. h. nicht ausgeschlagen (A. B.: R_1 V.31 F XI.105 E_1 VI.53. H XI.71, ferner: H VII.4. IX.68 (von Gliedern:) XI.217, daher auch B 5 Dele J), westerl. wird verzeichnet, ob es *stalfestich* ‚unbeweglich (im Kopfe)' ist (B 5 Dele D XIV.110 FW. Gw. B., *feststallig*: Ay. B.).

§ 221 Taubheit des Ohres wird in den Allg. Bußt. verbal durch *dâvia* ‚taub werden' ausgedrückt (R_1 V.75.77. H XI.59.62. E_1 VI.91.93. F XI.56., westerl.: Gw. B., B 5 Dele D XIV.15.94) oder in jüngeren Texten durch *dâf* ‚taub' (Huns., Ems. B.: H VII.46. IX.83. E_1 VII.35 F XI.52.55.91, westerl.: B 5 Dele D XIV.93). Nominalbildungen finden sich nur in westerl. Texten: *dâwense*[225] (B 5 Dele, nur J), *dâwede* aus **dâfhêd(e)*[226] (FwDg. B., *dawethe*: Lw. B., *dawid*: B 5 Dele D XIV.93, Gw. B.: *dawede*).

§ 222 Ein charakteristischer Terminus für die Verstümmelung ist *homelinge, hemelinge*;[227] und zwar bezeichnet er ehrenkränkende Verstümmelungen, besonders an Bart und Haar (*berdes*~: R_1 V.70 XIV.31, H XI.31 E_1 VI.85 (alle A. B.), *berdhomelinge:* F XVII.134 *heres* ~ XVII.133, ferner (A. B.) R_1 V.134 H XI.164 (der Kleider) 194. E_1 VI.141, *scettes*~: ‚Verstümmelung des Viehs'[228] F XVII.145; aus den A. B. entlehnt: B 5 Dele D XIV.312, *hamelinga*: Gw. B.). Westerl. wird entsprechend *hêrskrêd(ene)* ‚Haarabschneiden' verzeichnet (s. o. § 199).

223 Zu *blenda* bzw. *blindia* ‚blenden' (F I. 53. IV. 85. H III. 49. E_1 IV. 90, B § 59), dazu Ahlsson, Abstraktb. 12. 41.

224 In E_1 V. 1 und B § 210 muß wegen der hohen Bußtaxe ‚völlige Blindheit' gemeint sein, Laofr. 312, Nauta, Bußt. 152.

225 Ahlsson, Abstraktb. 171, vgl. mnd. *döfnisse, döven(is)se.*

226 Ahlsson, Abstraktb. 171.

227 Vgl. Ahlsson, Abstraktb. 25, 36, 60, zu *homelia* ‚verstümmeln' (belegt in den Huns. K. H XXIII. 143 F XXII. 132 im Sinne von ‚verwüsten [eines Hauses]'). Vgl. im übrigen ags. *homola* § 82.

228 Vgl. mnd. (ostfr.) *beestes hämelinge dat is waer men een beest affsnydet hoerne ofte oren edder stert* (Borchling, Die Rechtsqu. Ostfrieslands 75). Also auch hier eine mehr verunstaltende als eigentlich beschädigende Verstümmelung.

§ 223 Im Sinne von ‚verstümmeln' erscheint in jüngeren osterl. Bußt. *hamma, hemma* in der Formel: *hemmed*[229] *iefta lemed* ‚verstümmelt (vom Fingerglied) oder gelähmt' (H VII.87, *hammeth iefther lammeth*: E_2 III.129 = E_3 I.191). Die Fassung der Ems. B. in E_1 hat die (ältere?) Variante *hened ieftha lemet* (VII.90) wie auch E_3 IV.52 *lameth ieftha hened*, wo *hêna* mit ‚verwunden' zu übersetzen ist. Diese Bedeutung ist ferner E_3 V.199.290.301 sowie ähnlich (‚mißhandeln') F XVII.176 belegt.[230]

§ 224 Eine teilweise Verstümmelung bezeichnet der Terminus *stemblinge* (zu **stemb(i)lia*, ahd. *stumbilōn*) in den Allg. Bußt. (R_1 V.48. H XI.90. E_1 VI.65. F XI 14mal, ferner H VII.108), der sich dort stets auf die Verstümmelung des Ohres bezieht, in F in weiterem Sinne auch auf andere Glieder.

In den gleichen Texten werden im Zusammenhang mit steifen Gliedern *stebbelith* eig. ‚verstümmelte Glieder' genannt (H XI.121 E_1 VI.113 F XI.336.606, *stembelith*: 284 f., *steblith* R_1 V.96), doch dürfte wie Nauta, Bußt. 144, 152 darlegt, wegen der geringen Bußhöhe eher eine Lähmung auf Grund von Beschädigungen der Muskeln oder Sehnen gemeint sein.[231]

Nur einmal (Ems. D. E_2 VI.14) erscheint *mertla* als allg. Bezeichnung für Verstümmelung: *ief thi afte prester ... findeth ene vnde ief ana bretse ief ana mercla* ... (lies: *mertla*).[232]

6.5 Lähmung

§ 225 Die gebräuchlichsten Termini zur Bezeichnung der Lähmung sind das Adj. *lom*, das Verb *lemma* und das Abstraktum *lemithe/lam(me)the*.[233]

Nach His, Strafr. 269 und van Helten, Laofr. 214 ist *lemithe* zugleich der übergeordnete Begriff für Verstümmelung und Lähmung, technisch als Lähmde übersetzt. Für diese Annahme spricht die Dreiteilung in *mancationes, vulnera, percussiones* der Lex Fris. Tit. XXII, die Übersetzung *lemithe* für *mutilatio* der münsterischen Bischofssühne (v. Richthofen, Rqu. 147) und eine Stelle in den Bußt. der 5 Dele (nur J), wo *lamethe* auf das Abwerfen und Abschlagen von Gliedern bezogen wird.[234] Eindeutiger ist das Zeugnis des Brokmerbriefs,

[229] Vgl. ahd. *ham* ‚lahm'.

[230] Zur Bedeutungsentwicklung von *hêna* ‚höhnen' zu ‚verwunden' s. van Helten PBB 25 (1900), 408. Das Nomen *hâna* m. hat die technische Bedeutung ‚Kläger' bzw. ‚Verklagter' (Richthofen, Wb. 796).

[231] Zur Etymologie vgl. Aofr. Gr. § 29, S. 36.

[232] Wohl Entlehnung, vgl. mnd. *mertelen* ‚martern'; van Helten PBB 14 (1899), 263 denkt an Diminutivbildung mit *-ila* zu **murt* (= mhd. *murt* ‚Stummel'), was ich für unwahrscheinlich halte. Holthausen PBB 48 (1924), 466 ergänzt me. *murten* ‚to break, crush'.

[233] Zum fehlenden *i*-Umlaut s. van Helten, Aofr. Gr. § 27, S. 32, IF 19, 184. *lamethe* ist nur spätostfr. E_3 I. 172 IV. 5 B_2 § 211 und westerl. belegt.

[234] Hält man jedoch die von His, Strafr. 269 Anm. 6 gegebene Parallele zu H VII. 27 (*of werfte lemethe* aus *[h]werflelemethe*, s. auch Ahlsson, Abtraktb. 132) für richtig, so ist dieser Beleg nicht stichhaltig, da in den Huns. Bußt. eine ‚Lähmung der Bewegungsmuskulatur' gemeint ist. Auch der Hinweis auf F XI. 659 ist irrig,

wo mehrfach die Wendung *dêda ieftha dâddel ieftha lemethe* ‚Verwundungen, Totschläge oder Lähmungen' belegt ist (§§ 46 a, 49, 51, 135, 215). Hier dürften die Verstümmelungen mit zur *lemithe* gerechnet worden sein, was zum Zeugnis der Bischofssühne paßt.[235] Beide Zeugnisse gelten jedoch erst für die zweite Hälfte des 13. Jh.s und können durchaus eine jüngere Bedeutungsentwicklung sein, die vielleicht auf fremden Einfluß zurückgeht. Dies muß ja auch stets bei der Lex Fris. eingerechnet werden.

Im übrigen muß man *lemithe* stets als Lähmung im engeren Sinne auffassen, wie dies auch Buma—Ebel in ihren Übersetzungen tun. Der Terminus begegnet in den Allg. Bußt. (R F H), den Rüstr., Huns, Ems. Bußt., in B und verschiedenen jüngeren osterl. Texten. Seltener ist *lam(e)the, lammede* in westerl. Bußt. (B 5 Dele D XIV.235.240.299, Lw. FwDg. Ay. B. Jg. Schulzenr. IV.1).

Spezielle Arten der Lähmung (Zusammensetzungen mit *lemithe*) kennen nur die osterl. Hss.: *hâvedlemithe* ‚Kopflähmung' (R_1 IX.8 H VII.14 IX.82, A. B.: F XI.607 E_1 VI.13). Diese Übersetzung, wie sie auch v. Richthofen, Wb. 800 angibt, scheint mir insgesamt wahrscheinlicher als ‚Kopfverstümmelung', wofür sich van Helten, Laofr. 166 entscheidet; denn was sollte damit gemeint sein? Ohrabschlagen und Gesichtsverletzung werden gesondert behandelt. Eine vergleichbare Parallele liefert dagegen der in den gleichen Hss. überlieferte Terminus *bûklemithe* ‚Körperverletzung (auf Grund einer Rückgratsverletzung)' (H VII.19 F XI.398.427.608.715. E_1 VII.151 = E_2 III.213[236]). Die Annahme der Bedeutung ‚Verstümmelung' beruht auf der Stelle in R_1: *alle dathdolga and alle hauedlemitha, ther send gersfalle,* Buma—Ebel übersetzen: ‚Alle Verwundungen und alle Kopfverstümmelungen, wobei ein Glied vom Körper getrennt wird'. Ahlsson, Abstraktb. 131 verdeutlicht: ‚... Kopfverstümmelungen, die mit *‚gersfal'* d. h. Fall auf die Erde durch einen Schnitt oder Hieb verbunden sind'. Statt dessen könnte man ebensogut von Lähmungen sprechen, die im Zusammenhang mit Schnitten und Hieben (durch Sehnen!) stehen.[237]

Okkasionell begegnen in den Rüstr. Hss. ferner *halslemithe* ‚Lähmung des Halses' (R_2 I.54), *hirthlemithe* ‚Schulterlähmung' (R_2 I.97), *inlemithe* ‚innere Lähmung' (R_1 VI.61), *reglemithe* ‚Rückenlähmung' (R_1 VI.84); in B § 189 *lith-lemethe* ‚Gliederlähmung'; in F XI.313 *hond-lemethe* ‚Handlähmung'; in H

da hier (Landregt 97 folgend) eine falsche Übersetzung angenommen wird. Dort werden verschiedene durch ‚den heißen Brand' verursachte Verkümmerungen als *lemithe* bezeichnet. (*ofefallin* ist mit Sjölin als ‚verkümmert', nicht als ‚abgefallen' zu deuten). His stützt sich in seiner Deutung von *lemithe* nicht zuletzt auf die Bemerkungen Brunners, RG. 2, 635 (bzw. 2. Aufl. 2, 822), wo jedoch ganz allgemein von ‚deutschen' Quellen die Rede ist.

235 Vgl. auch das Rechtssprichwort B § 211: *lif and lemethe skelma mith londe bisetta.*

236 Für *becklamethe* ‚Rückenlähmung' in der entsprechenden Stelle E_3 I. 172 ist wohl mit van Helten, Laofr. 70, Anm. 3, *buclamethe* zu lesen.

237 His, Strafr. 269 deutet *haued-* als ‚Haupt-' wie in *hâuddêde* ‚Kapitalverbrechen' und sieht darin ein Zeugnis für den Verlust der 6 Glieder, was wegen der Parallelstellen abzulehnen ist.

und F wird die zu notierende, ‚zu schreibende' Lähmung *skriftlemethe* genannt (H VII.168. IX.47 ff. F XI.383.539).

Eine jüngere ostfr. Prägung ist *lamelsa* ‚Lähmung' (nur E_3 I.211.224 f. — für *lemithe* in E_1 E_2 — und V.105).

Nur osterl. belegt ist *lemma* ‚lähmen' (R_1 VI.108. XVIII.1 ff. B § 104, F XI.131.339; in E und H in der Wendung *lemed ieftha hemmed* s. o. § 223).

Gemeinafr. ist das Adj. *lom,* das in den Allg. Bußt., sowie den Ems. B. und in B, seltener in westerl. Bußt. belegt ist (westerl. nur Lw. Wb. Oth. Ay. B.). Am häufigsten ist *lom* in F, wo auch die Substantivableitung *lom(m)a* (in: *to lomma scriva* ‚als Lähmung verzeichnen') vorkommt.

§ 226 Neben *lom* ist in den Hss. der Ommelande und Ostfrieslands das Adj. *halt* ‚lahm' in Zusammensetzungen erhalten (als Simplex nur westerl. Sendr. 46: *da halta ende da blynda, da siecka, da dulgeda* (D, ähnlich J) ‚die Lahmen und Blinden, die Kranken und Verwundeten', vgl. Hel. 1213. 1841 *halte endi blinde*); der völlig gelähmte Arm wird *grîphalt* ‚greiflahm' genannt (H IX.68. E_1 VII.85 = E_2 III.124, E_3 I.178: *griplom,* ebenso B 5 Dele J, entstellt in D: *di eermgriip een merck is hi lam*), die Hand *homerhalt* (lat. Küren d. Brokmer u. Emsiger: v. Richthofen, Rqu. 137.12, B § 210 umgedeutet zu *naut homerhaldana* ‚nicht den Hammer haltend'), der Fuß *fôthalt* ‚fußlahm' (H VII.162), *strickhalt* ‚lahm im Gehen (den Fuß nachziehend)' (F XI.469. 484.569. E_1 VI.1 B § 210, westerl. B 5 Dele nur D XIV.269, die Ems. B. haben *striklom*: E_1 VII.114 = E_2 III.165 = E_3 V.220) und *strumphalt* ‚lahm durch Verstümmelung' (E_1 VII.114 = $E_{2\text{-}3}$, H IX.69: *strumphelte* subst.), die ‚Lähmung der Kniekehlen' *hexehalt* (H VII.160).

Der Ersatz von *-halt* durch *-lom* in den Emsiger Texten, die Umdeutung in B und überhaupt das auf Zusammensetzungen beschränkte Vorkommen von *halt* lassen erkennen, daß dieses Wort gegenüber *lom* im Rückzug ist. Die beiden westerl. Belege scheinen nicht-ursprünglich zu sein: die Stelle im westerl. Sendr. klingt sehr nach Entlehnung aus südlichem Vorbild, der Beleg in den Bußt. der 5 Dele dürfte, wie schon His, Strafr. 295 annahm, aus Emsiger Texten übernommen sein.

Die gleiche Textgruppe, in der *-halt* belegt ist, nennt die Lahmheit des Fußes *stefloma* ‚Stocklahmheit, Gehen am Stock' (E_1 VI.1) und *stefgenzia* (H VII.5. IX.69, B § 210), adjektivisch *stefgenze* (E_1 VII.114 = $E_{2\text{-}3}$) oder spricht vom ‚steif werden' eines Gliedes (Allg. Bußt. E H F: *stîvia,* substantivisch *stîwange* mehrfach in F XI, H IX.46 ff.: *stagande*).

Spezifisch für H und E ist auch der Terminus *halskrîga* ‚Steifheit des Halses' (H VII.238. E_1 VII.79 = E_2), für F und E *krâwelcrum* ‚krumm wie ein Haken' (von der Hand: F XI.767 E_1 VII.85 = $E_{2\text{-}3}$, daher wohl B 5 Dele D XIV.265: *craulcruum*),[238] eine ‚Verkrümmung' des Kopfes wird B § 183 *hlenszene* genannt.

[238] Vgl. auch in F XI *upkrawa* (412. 714), *crawelben* (567) ebenso *crauwelbene* in den Ay. B.

§ 227 Eigene Termini für verschiedene Arten und Grade der Lähmung enthalten die Rüstr. Texte. Vollständig gelähmte Glieder werden *stîvande and stak* ‚steif und starr' genannt (R_1 VI.70.76. *stef and stock*: IX.54);[239] vom Bein heißt es: *ben wekande and welande, cortra and crumbra* ‚(ist das) Bein weich und welk, kürzer und krummer' (VI.98). Teilweise Lähmung, bzw. eine gewisse Brauchbarkeit der betr. Glieder bringt die Wendung *helpande and haldande* ‚(noch) helfen und halten könnend' zum Ausdruck (R_1 VI.71.77.100. R_2 71.84.89.113). Sicher geht van Helten, Laofr. 162 nicht fehl, wenn er in *haldande* die Umdeutung eine ursprünglich anderen Wortes vermutet. Doch könnte man außer an ein erschlossenes **haldia* ‚schief stehen' (zu ags. *heald*, aisl. *hallr* ‚schief') auch an *halt* ‚lahm' denken, das ja auch in B § 210 zu *-haldana* (aus *haldande*) umgebildet wurde. Einen dritten (geringsten) Grad von Lähmung sieht His, Strafr. 293 in (-)*werdene* (s. o. § 198).

§ 228 Bestehen bereits innerhalb der osterl. Texte in der Bezeichnung der Lähmung deutliche Unterschiede, die vor allem die Rüstringer (R) von den Ommelander und ostfr. Texten (H F E B) absondern,[240] so ist doch die Eigenart der westerl. Texte in dieser Hinsicht noch weitaus hervorstechender.

Der spezifische Terminus für die Lähmung in sämtlichen westerl. Bußt. ist *ergene, er(e)ne, ergenz(e),*[241] *erginge* eig. ‚Verschlimmerung', zu *ergia* ‚verschlimmern' (gleichfalls nur westerl.: Ay. FW. B., wohingegen das gleichbedeutende *ergeria* nur osterl. R_1 V.81 belegt ist). Die am häufigsten belegten Formen sind *ergene* (B 5 Dele (J), Dg. Ay. Lw. Gw. B.) und (mit Ausfall von spirantischem *g* vor *r*) *er(e)ne* (Ay. FW. Hm. Wb. Oth. B.); *ergenz(e)* erscheint nur in den B 5 Dele (J, D) und den Dg. B., *erginge* nur 1mal in den FW. B. Daneben heißt es oft einfach, daß ein Glied *ergra* (B 5 Dele) oder *erra* (B 5 Dele, FwDg. Gw. Lw. B.) ‚schlimmer' sei.

ergene bezieht sich in den westerl. B. einmal auf die Körperteile Kopf, Arm, Hand, Fuß, Schenkel, Finger und den ganzen Körper wie auch auf Gehör, Gesicht, Sprache. In dieser letztgenannten Verwendung entspricht es etwa osterl. *werdene* und verbal *werda.*[242]

§ 229 Neben *ergene* begegnet in einigen westerl. Bußt. *lamethe,* dem gegenüber *ergene* als die geringere Lähmung bezeichnet wird. Schon His, Strafr. 295 hielt die betr. Stellen für nicht-ursprünglich und wahrscheinlich wie *grîphalt, strickhalt, krâwelcrumb* ostfr. Texten entlehnt. Zumindest ist *lamethe,*

[239] Vgl. den von His, Strafr. 292 Anm. 5 angegebenen Terminus *stocklemithe* aus dem Wurster Vertrag mit Bremen v. J. 1269.

[240] Dazu auch unter Bezug auf die Höhe der Bußtaxen und die unterschiedliche Graduierung ausführlich His, Strafr. 288 ff.

[241] Vgl. mit Ahlsson, Abstraktb. 116 gleichbedeutend mnl. *argenisse*, dagegen mnd. *argenisse*, mhd. *ergerniss* ‚Ärgernis' ae. *eargness* ‚profligacy'.

[242] Aus der Tatsache, daß *ergene* und *werdene* sich sowohl auf Lähmungen im engeren Sinne wie auf die Verschlechterung der fünf Sinne und der Sprachwerkzeuge beziehen, schließt His, Strafr. 297, daß diese letztgenannten Schädigungen auch als ‚Lähmde' aufgefaßt würden.

wie auch das Fehlen jeglicher Zusammensetzungen zeigt, ein westerl. nur okkasionell belegter Terminus.

§ 230 Im Zusammenhang mit Lähmungen und Verstümmelungen werden in den osterl. Texten einige weitere krankhafte Merkmale der Glieder erwähnt:[243] in den Allg. Bußt. *lithsmelinge* ‚Schmalwerden eines Gliedes' (H XI.115 E_1 VI.110 F XI 5mal, in F XI 8mal *smelinge*),[244] entsprechend *grôwinge* ‚Verdickung' (F XI.375 f. 467.606. E_3 I.202.205); *kertinge, kortinge*[245] ‚Kürzung (eines Gliedes)' (F XI.472.507.509); *thriu bilekene lithe* (A. B.: R_1 VI.112 H XI.118 F XI 5mal) wird allgemein als ‚drei zusammengezogene, gekrümmte Glieder' übersetzt, die eigentliche Bedeutung wäre ‚geschlossene Glieder', ähnlich der Bezeichnung des geschlossenen Auges durch *(bi)lûka*.

Ist ein Knochen getroffen worden, aber nicht abgeschlagen, so sprechen die Allg. und sämtliche westerl. Bußt. von *bênes onstal* (H XI.37 = lat. XIX.148 F XI.25.27 E_1 VI.1, westerl. u. a. D XIV.75.86). Welche Art von Knochenverletzungen hiermit gemeint sei, wird jedoch nicht ganz klar. Buma—Ebel übersetzen in E_1 (S. 51) ‚Steifheit des Beines', in H (S. 95) ‚Knochen nicht ganz abgehauen'. Sjölin S. 285 entscheidet sich mit Nauta, Bußt. 147 für ‚Festsitzen des Knochensplitters', was in dem gegebenen Zusammenhang einleuchtend klingt. Ähnlich hatte schon van Helten Laofr. 265 die Stelle interpretiert (‚das nicht abbrechen eines bzw. mehrerer locker gewordener Knochenteile'). Demgegenüber dachte His, Strafr. 310, unter Hinweis auf eine Parallele in der Lex Fris. und die ags. Termini *bānes blice, bānes bite*, an ‚Bloßlegung eines Knochens'. Die häufige Nennung von *bênes onstal* in westerl. Texten paßt jedoch wenig zu solch seltenerer Verletzung.

Im Gegensatz zum Festsitzen eines Knochen(splitter)s drücken einige andere Termini aus, daß die Haut am Knochen festgewachsen ist: *bênsêtich* (F XI.268.483. E_3 I.34), *bênstallich* (westerl.: B 5 Dele D XIV.75.86, Wb. B.), *bênfest* (R_2 I.51); entsprechende Nomina begegnen nur in F: *bênsêta* (XI.379), *bênstal* (15.229), *bênsittan* (325.604) ‚das Festwachsen (der Haut) am Knochen'.[246]

7./8. Ehrenkränkungen

§ 231 Die unter diesem Begriff zusammengefaßten Delikte stellen vom historischen Standpunkt her keine geschlossene Gruppe dar. Für sie gibt es keinen zusammenfassenden Terminus, vergleichbar unserem Real- und Verbalinjurie, der sie von den eigentlichen Körperverletzungen abgrenzt. Die Bußregister haben im allgemeinen eine an Körperteilen orientierte Einteilung, in der Realinjurien neben den Körperverletzungen stehen.

[243] Dazu van Helten, Laofr. 41 f.

[244] Zu *smellia*, ae. *smalia* ‚schmäler machen', weiteres bei Ahlsson, Abstraktb. 92. — Vgl. Lex Fris. Add. III. 35 *smelido*.

[245] Zur Doppelform s. Ahlsson, Abstraktb. 66.

[246] Vgl. auch His, Strafr. 310; van Helten, Laofr. 29 f.

Entsprechend der Kapiteleinteilung oben §§ 76—82 führen wir hier auch die sog. Versuchshandlungen wie Wassertauche, Wegwehrung, Waffenzücken, Hausbruch mit auf und folgen obiger Reihenfolge unter Ergänzung (7.7—7.14) der weiteren im Fries. belegten Injurien. Eine sachliche Einteilung ist in diesem Bereich ohnehin schwer und stets mehr oder weniger willkürlich.

7.1 Waffenzücken

§ 232 Ags. *(ge)bregdan* entspricht afr. *breida, brîda* (aus **bregdan*, Laofr. 68) in der Wendung *mith bruddena swerde and mith blodega* (H X.4, E_1 VIII.23: ... *ieftha mith blodega eggum*) in den Wenden zur 17. Küre.[247] Doch ist hier nicht die Drohung, der Versuch gemeint; ‚mit gezogenem Schwert ...' gilt als qualifizierendes Merkmal bei Verwundungen und Totschlägen, von denen man sich nicht durch Eide freischwören kann. (Vgl. auch oben § 189: *mith wepneder hand, mit skerpa wepen.*)

7.2 Haarzerren

§ 233 Der technische Terminus für den Haargriff ist ost- und westerlauwerssch *faxfang*. Er steht am Beginn der Allg. Bußt. (R_1 V.1 H XI.1 E XI.1 E_1 VI.16), in regionalen osterl. Bußt. (R_1 VI.1 H VII.120. IX.72), in sämtlichen westerl. Bußt., ferner im westerl. Sendr. (20 D F, 33 D J F) im Jg. Schulzenr. (V.10) und den Willk. der 5 Dele. *faxfang* entspricht genau dem ags. (kent.!) *feaxfang* (oben § 77).

In den Ems. Bußt. wird *faxfang* durch *hêrbreud*[248] ersetzt (E_1 VII.1 = E_{1-3}), weniger technisch umschreiben Rüstr. und Huns. Texte den Haargriff: *bi here gripen* (H IX.181), *bi tha here gripi* (R_1 XII.19), *nimth bi here* (R_1 XI.76). Der ursprüngliche Terminus war offenbar osterl. im 13. Jh. im Aussterben, wovon in den westerl. Texten nichts zu spüren ist.[249]

7.3 Wegwehrung

§ 234 Nur osterl. ist in verschiedenen Texten der Terminus *weiwendene* für die Wegsperre, Wegwehrung genannt; dabei werden mehrfach drei Grade der Wegwehrung unterschieden (E_1 VI.166 H IX.193 F XVII.104.132), deren höchste in der Taufhinderung, dem Schlagen eines Kindes vor der Kirche besteht. *weiwendene* wird ferner in Aufzählungen neben *slofbende* ‚schlaffe

[247] In den Paralleltexten R J U D findet sich die Stelle nicht. — Im übrigen hat *brîda* auch die Bedeutung ‚rauben', ‚ziehen, zucken' (am Auge), s. v. Richthofen, Wb. 670; vgl. auch *-breud* in *mûthbreud* § 209.

[248] Vgl. oben § 209 zu *muthbreud*, § 232 zu *brîda*.

[249] Das gemeingerm. Wort *fax* für ‚Haar' ist im übrigen selten. Mir ist nur eine Stelle bekannt (H VII. 264 Überküren), wo die Paralleltexte *her* haben. Es ist charakteristisch, daß sich *fax* vor allem in einem rechtstechnischen Begriff erhalten hat.

Fesselung' (E_1 VII.238.275 = E_2 III.325)[250] und *wapeldêpene* ,Wassertauche' (H VII.111) genannt, wobei hier zwei bzw. drei Versuchshandlungen zusammengefaßt werden. Verbal aufgelöst wird der Terminus in F XVII.102 zu *wei wenda* ,den Weg wehren'.

Eine spezielle Erläuterung gibt E_3 I.366: *Thet is en weiwendene: Huersar en mon aien then otheren gangth mith skathewapen oppa mene wey anda him slait blaw ieftha blodich.* ,Das ist die Wegsperre: wenn ein Mann auf offener Straße einen anderen mit scharfer Waffe angreift und ihn blau oder blutig schlägt'. Einen Hinweis auf blaue Flecke und andere Folgen der *weiwendene* gibt B § 66. Daneben wird im 1. Landr. (R_1 IV.13 E_1 VIII.126 F IV.14 D VIII.58, U VI, ähnlich E_1 V.32) *wey urstonda* ,Weg versperren' technisch gebraucht (in J VII: *wey urschetta*). Als qualifizierendes Merkmal begegnet hier stets (außer in D, J) die Wendung *mith wige and mith wepene,* wie oben (E_3) *mith skadewepen* (s. auch o. § 189). Für *urstonda* schreibt E_2 VII.6: *wei ursteppe,* gleiche Bedeutung hat in F XVII.95 *hwasa otherum underleit... met with ende met wepen.*

ûrstonda hat im übrigen in R_1 und R_2 die Bedeutung ,schützen', und zwar einen Totschläger in Schutz nehmen gegen seine Verfolger bei gleichzeitiger Aufnahme in Haus und Hof (R_1 VIII.45. IX.19 R_2 VII.27). Zur Verwandtschaft der beiden Bedeutungen erklärt van Helten, Laofr. 354: „Den beiden bedeutungen liegt der begriff ,einem etwas oder jemanden durch dazwischentreten fernhalten, unerreichbar machen, einem etwas unmöglich machen' zugrunde." Diese Erklärung gibt einen wichtigen Hinweis für die Bedeutung der Wegsperre, welche ja in den Texten zumeist nicht näher umschrieben wird. Ich möchte annehmen, daß die Wegsperre nicht in erster Linie als ein räuberisches Delikt oder ein Überfall aus niederen Motiven (z. B. Vergewaltigung) galt,[251] sondern als Hinderung eines anderen oder einer anderen Partei an einem bestimmten Vorhaben, der Taufe, wie es die Quellen erwähnen, aber sicher auch, vielleicht vor allem, als Hinderung auf dem Weg zum Gericht oder an einem gerichtlichen Vorhaben. Damit ist dann die Verbindung zum ,Schützen des Totschlägers' gegenüber richterlichem Eingreifen hergestellt. Vgl. dazu auch die Bedeutung von ags. *foresteall* und die anschaulichen Schilderungen solcher ,Wegwehrung' in den isländischen Sagas.

In der 9. Küre wird den fries. Kaufleuten Schutz auf sieben internationalen Straßen zugesagt und unter Strafe gestellt, wer sie auf diesen *birawat ieftha binereth* ,beraubt oder belästigt' (H F, in J U D wird die Formel auseinandergenommen, E hat: *benet*[252] *iefther beneret vr riucht* ,widerrechtlich bedrängt oder belästigt'). *bineria* erscheint daneben in F XIX.15 unter Bezug auf *then alra hagista frethe,* im Sinne von ,vorenthalten (: Gut und Land)' im 9. Landr.

250 Deutung von Sjölin, ,Fivelgoer' Hs. 213.

251 His, Strafr. 78 führt aus jüngeren Quellen verschiedene solcher Tatbestände auf, doch können diese nicht als repräsentativ für das ältere fries. Strafrecht gelten.

252 Zur Bedeutung s. van Helten PBB 14 (1889), 265 Anm. (gegen v. Richthofen, Wb. 641: ,berauben').

(E_1 III.69 H III.10). Westerl. sind nur an zwei Stellen die Termini *weyschettinge* ‚Wegsperrung' (entsprechend *wey urschetta* im 1. Landr. J VII) und *weimêringe* ‚Wegbelästigung' nebeneinander erwähnt (B 5 Dele nur D XIV. 460.462, Ay. B. am Schluß, ferner *weyscheddinghe* Lw. B. Anhang in U XXV).[253]

7.4 Einbruch

§ 235 Einbruch erscheint durchweg im Zusammenhang und als Teil der Heimsuchung (s. o. § 273 ff.). Daneben wird nur der Einbruch ins Gotteshaus erwähnt (*breka, inbreka*: H VI.4 F XVII.196 E_1 VIII.102).

7.5 Fesselung

§ 236 Freiheitsberaubung durch Fesselung wird in den Allg. Bußt. und regionalen osterl. Texten nach verschiedenen Graden unterschieden, wofür folgende Termini belegt sind: *swarta bende* ‚schwarze Fesselung' (A. B.: R_1 XIV.9 H XI.174, F XVII.164), die schwerste aller Fesselungen, da der Betr. unter Verbinden der Augen mit einem schwarzen Tuch als handhafter Dieb behandelt und der Todesstrafe ausgesetzt wird;[254] *hringbende* ‚Fesselung mit Ketten' (H VII.114 IX.122, *hreingbende*: F XVII.167, *rinbende*: H IX.185 E_1 VI.174. VII.234.271, *rimbende*: E_2 III.321), Umdeutungen dazu sind vielleicht *(h)rembende* (H XI.178, E_3 I.355) und *reilbenda* (R_1 XIV.12);[255] *nêdbende* ‚gewaltsame Fesselung' (R_1 XIV.15 F XVII.170 E_1 VI.177 H XI.184); *herebende* ursprüngl. ‚einschneidende Fessel' (vgl. as. *herubendi*[256]), in H ‚Heerfesselung', d. h. als Vergehen mehrerer umgedeutet (A. B.: R_1 XIV.17 H XI.181 E_1 VI.175 F XVII.174; ferner häufig in westerl. Texten, s. u.); *slofbende* ‚schlaffe Fesselung' (H VII.111 IX.180 XI.185 (*slop-*) XIX.158 F XVII.175 R_1 XIV.18 (*slot-*) E_1 VI.176 VII.238.275. E_2 III.325). In Huns. Ems. Bußt. und in B (H VII.17 ff. E_1 VII.229 ff. 265 ff. E_2 III.315 ff. E_3 I.346 ff. B § 143 ff.) wird die Fesselung in eine höchste, mittlere und niedrigste gegliedert, ohne daß auf die obigen Termini direkt Bezug genommen würde.

Im weiteren Sinn von ‚Gefangenschaft' wird *bende* in der 9. Küre (E H) erwähnt, D und U haben an entsprechender Stelle die Wendung *hendene ni heftene ni herebendan*.

§ 237 Diese Wendung entspricht in ihrem zweiten Teil der Formel, mit der in sämtlichen westerl. Bußt. (außer FW. B., ferner Lp. W., Waldd., Jg. Schulzenr. V.5) die Fesselung bezeichnet wird. Der im allgemeinen nur gering abgeänderte Satz lautet: *Hwersoma anne mon onfiocht and halt hine an*

[253] Vgl. Ahlsson, Abstraktb. 89, 101 mit weiteren jüngeren Belegen (*weiskeddinge* U, *weiskettene* A). — *weimêringe* stellt er zu *mêra* ‚hindern'.

[254] His, Strafr. 330 nach der Beschreibung in F und H. Danach scheint *swart* im Sinne von ‚böswillig' wie in *swarta sweng* hier nicht vorzuliegen.

[255] Dazu van Helten, Laofr. 185; Nauta, Bußt. 140, 149.

[256] Van Helten, Laofr. 173; Nauta, Bußt. 140.

heftene and herbendum ‚wer einen Mann angreift und ihn in Haft und Banden hält' (Oth. B.). *hêrbende* ist hier wohl mit van Klaarbergen als ‚Haarseile, Haarfesselung'[257] zu deuten, ein Bezug auf *here* ‚Heer' hat in dieser Formel keinen Sinn.

Nur westerl. (in der genannten Formel) belegt ist *heftene* (zu *hefta* ‚binden'),[258] gleichbedeutend ist *heft* (osterl.: B § 144: *alsamar enne mon nimth and werpth hine a hefte and a helda*) und *heftnese* (osterl. R_1 XIV.51: *brangtherne anda helda and ana heftnese*). Außer an obigen Stellen von B und R_1 begegnet *helde* ‚Fessel' auch in H und F (H IX.122: *on tha helda slein* ‚in Fesseln geschlagen', ähnlich F XVII.167), daneben auch in der Bedeutung ‚Verwahr, Versteck' u. ä. (s. v. Richthofen, Wb. 806; van Helten, Laofr. 168).

Nur in der 9. Küre von D und U (s. o.) wird *hendene* ‚Haft' neben gleichbedeutendem *heftene* genannt; es ist Ableitung zu *henda* ‚fangen' oder Suffixerweiterung (wie *heftene* zu *heft*) zu *hende*, das osterl. in den Formeln *hende and bende* (F III.139 H VI.13), *a hendum and a bendum* (E_2 III.324) belegt ist.

§ 238 Neben diesen nominalen Termini begegnet *binda* ost- und westerl. als geläufiges Verb im Sinne von ‚binden, fesseln', häufig in der Wendung *fâ and binda* ‚fangen und fesseln'.

Nur an einer Stelle, der ersten Not im ersten Landr. erscheint *fiteria* ‚fesseln' (*fensen and fiterat* ‚gefangen und gefesselt' u. ä. F IV.29 E_1 V.37 VIII.81 D VIII.159 J VII U VI).

7.6 Scheren

§ 239 Als im eigentlichen Sinne ehrenkränkendes Delikt gilt in allen Bußt. das Abschneiden oder (völlige) Abscheren des Haupthaars (ost- und westerl. *ofsnîtha*, Ems. B. *ofskera*). Ein technischer Terminus hierfür in westerl. Bußt. ist *hêrskrêd(ene)* (s. o. § 199).[259] Daneben begegnet gleichfalls nur westerl. eine Bestimmung für gewaltsames Scheren: *hwane soma haelt ande bintinne and bischerit* ‚wenn jemand einen festhält und ihn bindet und schert' (Ay. B., ähnlich FW. B. B 5 Dele D XIV.31); als besonders gravierend gilt westerl. ferner das Abschneiden weiblicher Stirnlocken (*frîslan ofkerva, ofsnîtha*: Wb. Hm. Dg. B., B 5 Dele D XIV.32).

Osterl. wird Haarabschneiden als ehrenkränkende Verstümmelung (*hêres*) *homelinge* (s. o. § 222) bezeichnet.

7.7 Bart-Delikte

§ 240 Ausführlicher werden ost- und westerl. verschiedene Verletzungen des Bartes behandelt. Entsprechend *faxfang* (s. o. § 233) wird in den Allg. Bußt.

[257] Van Klaarbergen, Das jüngere westerl. Schulzenr. 98; anders Nauta, Bußt. 140.
[258] Ahlsson, Abstraktb. 15, vgl. ags. *hæften* ‚captivity'.
[259] Wegen gleicher Bußhöhe wie *faxfang* ist wohl nur Abschneiden eines Haarbüschels gemeint (His, Strafr. 326).

(R_1 V.72. E_1 VI.87. H XI.33), den Ems. Bußt. (E_1 VII.76 = $E_{2\text{-}3}$) und sämtlichen westerl. Bußt. (u. a. B 5 Dele D XIV.26) *berdfeng, berdfang* der ‚Bartgriff, das Ziehen am Bart' als besonderes Delikt verzeichnet; daneben das Absengen des Bartes (*berna*: Allg. Bußt. H XI.29, Ems. B. E_1 VII.77 = $E_{2\text{-}3}$; *ofberna*: westerl. Bußt.) sowie das Abscheren des Bartes (*ofskera*: Ems. Bußt. E_1 VII.78 = $E_{2\text{-}3}$, B 5 Dele D XIV.29) aufgeführt.

Für teilweises Ausreißen des Bartes kennen die Allg. Bußt. und andere osterl. Texte *berdhomelinge* bzw. *berdes homelinge* (s. o. § 222),[260] die westerl. Bußt. *berdbreke* (s. o. § 202), und einmal *birdkerf* (FW. B.).

7.8 Ab- und Zerreißen der Kleidung

§ 241 Nur in den Allg. Bußt. erscheint der Terminus *wîfstrewene* für das ‚Abreißen der Kopfhaube (einer Frau)' (R_1 V.135 H XI.153 lat. Text XIX.114 E_1 VI.144, daher entlehnt in B 5 Dele D XIV.312: *wifstrewen*, wohl verschrieben: B 5 Dele J *wiffcrewane* und Gw. B. *wiffscrewene*).

Wie Krogmann Us Wurk IX (1960), 75 darlegt, liegt diesem Kompositum germ. **ųība* ‚Haube' zu Grunde, das auch dän. schwed. erhalten ist. Der Terminus wurde in späteren osterl. Texten teils umgedeutet zu *wîf* ‚Frau' (B § 208: *there wiue strewene*), teils anders umschrieben (E_1 VII.2 f.: *enre frowa hire hneze strewed* u. ä., H VII.80: *enre frowa hawedraf sa hire thet hnetszie ofebreken is* ‚Kopfberaubung einer Frau, wenn ihr die Haube abgerissen wird', ähnlich IX.134).[261]

Nur westerl. wird der *halsrâf* ‚Raub des Halsschmuckes (einer Frau)' als schweres Vergehen verzeichnet (Lw. Ay. Gw. FwDg. Wb. B. B 5 Dele D XIV. 384.388).

Bereits oben § 299 erwähnt sind verschiedene Termini für die Kleiderbeschädigung, wobei nicht die Sachbeschädigung, sondern das Ehrenkränkende im Vordergrund steht: *wêdskerdene, wêdskedene* (H), *wêdskerd* (Jg. Schulzenr.), *wêdskemmene* (Ems. Bußt.).

In zahlreichen westerl. Bußt. begegnet die Bestimmung: *huasoe orem claen toraint* ‚wer einem anderen Kleider zerreißt' (B 5 Dele D XIV.395, ähnlich Dg. FW. Lw. Wb. Hm. B.), auch osterl. bezieht sich *renda* (B § 67, H IX.176), *torenda* (E_1 VII.197, B § 157) auf das Zerreißen der Kleider und *rend* auf den Riß (R_1 VI.90 B § 66).

7.9 Angriffshandlungen

§ 242 Sämtliche westerl. Bußt. verzeichnen *herdafeng*, das ‚Packen an der Schulter' als besonderes Delikt. Ein entsprechendes Wort findet sich sonst nur

[260] *berdwendene* (E_1 VI. 172 F XII. 6) ist mit Buma—Ebel, Das Emsiger Recht, und Sjölin, Die ‚Fivelgoer' Hs. zu *berd* ‚Leibesfrucht' (nicht wie v. Richthofen, Wb. 626 zu *berd* ‚Bart') zu stellen, vgl. oben § 201.

[261] Dagegen hat *haudraf* H IX. 176 E_1 VII. 197 E_2 III. 277 die Bedeutung ‚Hauptraub' (‚große Ehrenkränkung'), wenn Leibbinde oder Hosengürtel des Mannes zerrissen werden.

im lat. Text der Allg. Bußt. (H XIX.160): *Pro raptu precordij id est hertafeng XVI denarii vel unum iuramentum*, und zwar unter den Fesselungsdelikten. v. Richthofen, Wb. 817 übersetzt hier ‚Herzgriff', während Nauta, Bußt. 140 wegen der geringen Buße und des Zusammenhangs ‚derbes Angreifen' für richtiger hält (ohne jedoch auf die westerl. Parallelen hinzuweisen). Eine Entscheidung ist hier nicht zu fällen. Es bleibt die Wahl, in dieser Zeile ein altes Relikt einer sonst nur in westerl. Bußt. erhaltenen Bestimmung oder ein Einsprengsel aus westerl. Texten zu sehen, wenn man die Stelle nicht überhaupt als verderbt außer acht läßt.

Ein ähnliches Delikt wie *herdafeng* bezeichnet wohl *unriucht onfeng* ‚unerlaubtes Anfassen' in ostfr. und Ommelander Bußt. (H VII.172 IX.190 F XII.101 E_1 VII.177 f. = E_2 III.253). Der Zusammenhang der Stellen in E H legt es nicht nahe, an ‚unsittliches Anfassen' zu denken, wofür ja im übrigen in diesen Texten die Bezeichnung *bâsafeng* gilt (s. u. § 254).[262] Die von v. Richthofen, Wb. 963 angeführte Parallele ags. *onfenge* (s. o. § 89: ‚Antasten einer Frau') möchte ich für zufällig halten, zumal der fries. Terminus in den jüngeren osterl. Bußt. steht und der ags. nur in einer später aufgestellten Rubrik.

Nur in Huns. und Ems. Bußt. belegt sind die Termini *fôtsperne* ‚Fußtritt' (H VII.241 IX.130, E_1 VII.12 = E_{2-3}) und *bechlep* ‚Sprung auf den Rücken' (unter Beschimpfungen) (H IX.163.168, E_1 VII.167 = E_2 III.239).[263]

Zum Angriff ist auch *gêlene* ‚Verfolgung' (zu *gêla* ‚verfolgen') zu zählen, das gleichfalls nur in ostfr. und Ommelander Bußt. erscheint (H IX.163.166 F XII.99 E_1 VII.165 E_2 III.237).[264]

7.10 Begießen

§ 243 Den Landrechten sowie osterl. Bußtaxen eignet der Terminus *swarta sweng* ‚böswillige Begießung'[265] als Oberbegriff für verschiedene Begießungsdelikte. Im 14. Landr. (H III.78 = lat. XVIII.108, F IV.122) bzw. 15. Landr. (R_1 IV.130 D VIII.404 J VII E_1 IV.130) wird das Delikt aufzählend neben Wassertauche und Fesselung genannt, in den Allg. Bußt. findet es sich nur in einem Rüstringer Zusatz (R_1 XIV.33); ausführlicher wird *swarta sweng* in den Huns., Fivel. und besonders Ems. Bußt. behandelt und in drei Grade unterteilt, deren geringster wohl das Begießen mit Bier ist (H VII.154 IX.60,

[262] So übersetzt jedoch Sjölin, weil in F als nächstes ein Sittlichkeitsdelikt folgt.

[263] Von His, Strafr. 101 irrtümlich als „‚Rückenlauf', das im Nachlaufen und Ausstoßen von Beschimpfungen besteht" gedeutet. Hier liegt jedoch durchaus ein Angriffsdelikt vor, Beschimpfung ist sekundär. — Abweichend versteht darunter E_1 I. 300: in den Dreck werfen, daß er *wet anda wasich* wird.

[264] Dazu van Helten, Laofr. 152; Ahlsson, Abstraktb. 14.

[265] Die spezifische, im Fries. nur hier belegte Bedeutung von *swart* hat Parallelen im Ags. (*sweart*). — Algra, Tektsfiliatie 78 nimmt an, daß die betr. Bestimmungen aus Bußregistern (bzw. deren Vorform) in die Landrechte übernommen worden seien.

F XII.91 ff. E_1 VII.171 = E_2 III.246 ff. E_3 I.456). Als höchste nennen die Ems. Bußt. die Begießung mit heißer Suppe oder Pfefferbrühe, als mittlere mit Jauche (dies in F die höchste). In Huns. Bußt. wird ferner für die dritte Stufe die Bezeichnung *biârhlem* ‚Bierwurf (ins Gesicht)‘[266] erwähnt (H VII.158), in Huns. und Ems. Bußt. ferner (als gesondertes Delikt) *biârskeppene* ‚Bespritzen mit Bier‘ (H VII.159 E_1 VII.178).

Auch sämtliche westerl. Bußt. verzeichnen das Bierwerfen (im Anschluß an das Anspeien): *Hwasama mit koppe ande mit biare onder da agenene werpt* ... ‚wer einem mit Krug und Bier ins Gesicht wirft ...‘ (Dg. B., B 5 Dele D XIV. 391 unter der Überschrift *bierwerpen*). Dieser Bestimmung folgt das Schwingen des Bierkruges, das als Versuchshandlung gilt.[267]

§ 244 Nur in Ommelander Texten wird der *horewerp* ‚Schlammwurf‘ angeführt (F XII.99 H VII.171 ff. IX.130). Ähnliches bedeutet vielleicht *gerssilenge* (H IX.130), das van Helten, Laofr. 154 zu *gers-sulenge* ‚besudelung mit graserde‘ bessert.

§ 245 Unter den hier angeführten Delikten ist nur das ‚Begießen mit Bier‘ den west- und osterl. Bußt. gemeinsam und kann deshalb als das älteste unter ihnen gelten.

Über Alter und ursprüngliche wortgeographische Stellung des Terminus *swarta sweng* geben die Quellen keine eindeutige Auskunft.

Daß der Terminus in den osterl. Bußt. (nur ostfr. und Ommelander Texte!) ausführlich behandelt wird, in den Allg. Bußt. aber nur einmal in R (Ergänzung ?) erscheint, läßt auf jüngeres Alter schließen. Doch kann er nicht jünger sein als die Landrechte, die ihn durchgehend kennen.

Westerl. erscheint *swarta sweng* in der osterl. bekannten Bedeutung nicht, dagegen in einem jungen Text (13., 14. Jh.) und am Ende des Westerl. Sendrechts (spätere Ergänzung ?) in ganz anderer Bedeutung: als Oberbegriff für verschiedene schwere Vergehen (s. o. § 149). Da man in diesem Fall, schon wegen der nur hier belegten Bedeutung ‚böswillig‘ von *swart* an selbständige Prägung kaum wird denken können, muß eine Bedeutungsentwicklung aus dem Terminus für das Ehrenkränkungsdelikt angenommen werden.[268] So scheint es wahrscheinlich, daß *swarta sweng* ursprünglich eine gemeinfries. Bezeichnung gewesen ist. Vielleicht war der Terminus zu der Zeit, als die Landrechte auch für das westerl. Friesland Geltung besaßen, dort noch verständlich. Im anderen Fall wäre er dort womöglich, wie das sonst häufig geschah, durch einen anderen Ausdruck ersetzt worden.

[266] His, Strafr. 328 Anm. 6 denkt an „Werfen mit dem vollen Krug“. Einen weiteren Beleg — *Biaer laem* — bietet Sello, Studien zur Geschichte von Oestringen und Rüstringen, Varel 1898, 79 (Hinweis von D. Hofmann).

[267] Gesondert wird das Begießen mit Bier auch im Fiv. Bußr. (F XII. 107 ff.) behandelt, und zwar gleichfalls nach dem ‚Anspeien‘.

[268] His, Strafr. 35: „Später wurde der Name für die Neidingswerke verwendet, wohl deswegen, weil durch solche Taten der Verbrecher sich selbst besudelte.“

7.11 Wurf

§ 246 Während in westerl. Bußt. Niederwerfen und Niederstoßen durch Termini, die mit *dûst-* zusammengesetzt sind, ausgedrückt ist (s. o. § 213), findet sich in den Allg. Bußt. häufig die technische Bezeichnung *erthfal, erthfel* ‚Erdwurf' (R_1 V.114 XIV.19 E_1 VI.162 H XI.15 ff.; ferner F XVII.132).

In E und H werden drei Grade des Erdwurfs verzeichnet, in F und R_1 XIV wird nur die höchste genannt (R: Werfen vom Pferd, Wagen, Holzklotz, Steinbock, so daß er mit dem Kopf zuerst auf die Erde kommt).

In R_1 V werden *thre irthfalla* neben *thre swimsleka* und *thria wapeldepena* als bußwürdig aufgeführt; ebenso an drei Stellen der westerl. B. (Lw. Gw. B. B 5 Dele D XIV.23, J XVII), die sich dadurch als Entlehnungen aus einem R_1 V verwandten Text der Allg. Bußt. ausweisen.

In osterl. Bußt. wird das Niederwerfen *delefal, delefel* genannt (E_1 VII.14 = $E_{2\text{-}3}$, B § 206, H VII.123).[269]

§ 247 Werfen ins Wasser wird in osterl. und westerl. Bußt. als Delikt angeführt: westerl. findet sich in allen Bußt. der Terminus *flîwes-, flîuswerp*.[270] Das Delikt wird in drei Grade geteilt: den *flîuswerp*, durch den der betr. *weeth ende wasich* ‚naß und beschmutzt' wird, den *flîuswerp* in einen Sielgraben (*silrode*), und — als höchste mit einer *liûdwerdene* zu büßende Stufe — das Werfen in *onwad wetter* ‚unwatbares Wasser' (B 5 Dele D XIV.404 ff., Dg. Oth. Wb. Hm. B.). In einigen westerl. Bußt. wird nur die erste Stufe (Ostergo: FwDg. Lw. B.) oder nur die erste und zweite (FW. B.) angeführt, in den FwDg. B. wird die dritte als *wapeldrank* (s. u. § 248 f.) bezeichnet; in reiner Aufzählung steht *flîuswerp* in den Ay. B., den W 5 Dele (D XIII.144) und im Jg. Schulzenr. (V.10 J, U).

Der entsprechende osterl. Terminus ist *flêsfal*,[271] teils in Aufzählung verschiedener Realinjurien genannt (H IX.163 F XII.99), teils mit der Bestimmung, daß der betr. *wêt and wasich*[272] werde (H VII.153 E_1 VII.168 E_2 III. 240, ohne *flesfal* E_3 I.301), wie sie ebenso in der ersten Stufe des westerl. *flîuswerp* begegnete. Dies ist also eine sämtl. afr. Bußt. gemeinsame alliterierende und offenbar altertümliche Bestimmung.

7.12 Wassertauche

§ 248 Als Versuchsdelikt (Tötung durch Ertränken) ist die Wassertauche anzusehen, besonders deren höchste Stufe, die mit der *liûdwerdene* bestraft

[269] Z. T. als Bandendelikt verzeichnet: His, Strafr. 86.

[270] Außer Hm. B., wo jedoch die einzelnen Bestimmungen den übrigen Bußt. entsprechen. — Zum Terminus s. van Helten Laofr. 129.

[271] Aus **flēwis-* wie in *flîuswerp*: van Helten, Laofr. 129.

[272] E_2 und E_3 haben statt *wasich*: *wanith*. Dazu van Helten, Laofr. 394. — In R_1 XIV. 37 (Allg. Bußt. — Ergänzung?) steht die Bestimmung: *Hwasa otherne werpth an wetir and an wasa* ‚wenn jemand einen anderen in Wasser und Schlamm wirft'.

wird; dagegen sind die geringeren Grade lediglich Ehrenkränkungen.[273] Schon die Lex Fris. erwähnt das Delikt Tit. XXII.83 und Add. III. 41.66, an letzterer Stelle mit der charakteristischen Definition, daß der Betr. mit den Füßen den Grund nicht berüht (und sich durch Schwimmen retten muß), wie es ähnlich in unseren späteren Quellen begegnet.

In den Landrechten, Allg. und regionalen osterl. Bußt. heißt das Delikt *wapuldêpene, wapeldêpene,* dessen erster Bestandteil im Afr. nur hier (und in dem entsprechenden westerl. *wapeldrank*) belegt ist und als ‚stehendes Wasser, Sumpf, Pfütze, Lache' gedeutet wird.[274] Entsprechend übersetzen Buma—Ebel ‚Eintauchen in ein stehendes Wasser', was mir hier eine zu weit gehende Einschränkung scheint. Denn *wapeldêpene* ist ein technischer Begriff für ein Delikt, das wohl durchaus auch den Wurf ins Meer einschloß.[275] Obwohl die Etymologie sicher richtig ist, dürfte sich *wapul-* hier im weiteren Sinne auf ‚Wasser, Gewässer' beziehen.[276] *-dêpene* (zu *dêpa*) erscheint in dieser Zusammensetzung in seiner ursprünglichen Bedeutung, während ‚Taufe' eine jüngere Lehnbedeutung ist, die auch im Verb *dêpa* vorliegt.[277]

wapul-, wapeldêpene ‚Wassertauche' wird im 14. Landr. in Aufzählung neben *swarta sweng* und ‚unerlaubtem Binden' aufgeführt (lat. H XVIII.108, E_1 IV.130 F IV.121 H III.77: *-depinge*; D VIII.404 verstellt: *Hwersoma uapel tuybeet depene det,* daneben in Randnote: *wapeldrank*!; 15. Landr.: R_1 IV. 130, J VII hat das westerl. *wapeldranc*).

Drei Stufen der *wapuldêpene* unterscheiden die Allg. Bußt. (H XI.23 ff. lat. XIX.140, E_1 VI.150), abweichend davon werden in R_1 *thria wapuldepena* (V.114) nach *thre swimsleka and thre irthfalla* verzeichnet, im zweiten Teil (XIV.34) findet sich eine der Lex Fris. Add. III.66 verwandte Beschreibung: ‚. . . so daß er keinen Grund fühlt'.

Der Aufzählung in R_1 V entsprechen wörtlich drei Stellen in westerl. Bußt. (Lw. Gw. B., B 5 Dele D XIV.24, J XXVII), wo jedoch der Terminus zu *wapelpina* ‚entstellt'[278] bzw. in Anlehnung an *pîne* ‚Strafe, Marter' umgedeutet ist.[279] Hier liegt offenbar Entlehnung[280] vor, wie sie schon oben § 246 für *erthfall* angenommen wurde.

[273] His, Strafr. 77 f. faßt alle als Versuchsdelikte auf und behandelt sie deshalb nicht unter den Ehrenkränkungen.

[274] Buma, die Brokmer Rechtshss. 297 mit weiterer Lit.

[275] So His, Strafr. 78 in Unterscheidung zum *wapeldrank.*

[276] Wohin eine Überbewertung der Etymologie führen kann, zeigt Nautas Deutung Bußt. 156: „Vermutlich ist der Ausdruck eine uralte Bezeichnung eines Versuchsverbrechens. Ein Feind konnte ja leicht beseitigt werden, indem man ihn in den Sumpf drängt."

[277] Weiteres Ahlsson, Abstraktb. 13.

[278] His, Strafr. 77, Anm. 4.

[279] Dabei ist jedoch an einen weiteren Begriff von *pîne* zu denken, denn der Terminus bezeichnet keine Strafe.

[280] So schon His, Strafr. 78, Anm. 1.

Aus den Allg. Bußt. könnten auch weitere Belege für *wapeldêpene* in westerl. Bußt. entlehnt sein (Waldd. Lw. FwDg. B.), jedoch deutet die nähere Bestimmung (*wapeldêpene* innerhalb des Königs Mark) auf Eigenständigkeit. Auch an früheren Stellen fiel auf, daß gerade die Ostergoer Bußt. den Allg. Bußt. gelegentlich terminologisch näher stehen als die übrigen westerl. Bußt. (s. u. § 293).

Im übrigen ist *wapeldêpene* häufig in den regionalen osterl. Bußt. (außer R) bezeugt, wobei in F und H nur die höchste Wassertauche, in den Ems. Bußt. drei Grade im einzelnen beschrieben werden. (H VII.16.111. IX.110.125, E_1 VII.212 E_2 III.293 f., F XVII.127, *waterdepene*: E_2 I.395). Auch hier begegnet u. a. die Bestimmung, daß der ins Wasser geworfene den Grund nicht berührt (und den Himmel nicht sieht).

§ 249 Die westerl. Bußt. haben für die Wassertauche den eigenen Terminus *wapeldranc*[281] (Lw. Ay. FW. FwDg. Wb. B. B 5 Dele D XIV.388), der jedoch hier nur in Aufzählung neben *halsrâf* und *nêdmond* genannt wird, zwei gleichfalls schweren Vergehen, die mit einer *liûdwerdene* zu büßen sind. Hier ist also offenbar die höchste Stufe (Tötungsversuch) gemeint. Nur in den Lw. und FwDg. B. folgt eine nähere Bestimmung, die der in R_1 V., in der Lex Fr. und osterl. Bußt. verwandt ist. In diesen Texten wird auch die *wapeldêpene* auf den Bereich innerhalb der Königsmark (Binnenland ?) beschränkt. His, Strafr. 78 deutet diese, wohl jüngere Unterscheidung zwischen *wapeldrank* und *wapeldêpene* dahingehend, daß *wapeldrank* den Wurf ins Meer, *wapeldêpene* den Wurf ins Binnengewässer bezeichne. *wapeldrank* findet sich im übrigen in J (14. Landr.) für osterl. *wapeldêpene* (an der entsprechenden Stelle hat D am Rande gleichfalls *wapeldranc*: erklärend für nicht mehr geläufiges *wapeldêpene* im Text?) und in der Überschrift zu dem Kap. über Wassertauche in F XVII.17, wo im Text *wapeldêpene* als Terminus technicus erscheint. Darüber hinaus ist aus Nordfriesland (Nordstrander Landrecht)[282] *quabeldrank* belegt.

§ 250 Die Termini für die Wassertauche zeigen im großen und ganzen eine deutliche Scheidung zwischen osterl. *wapeldêpene* und westerl. *wapeldrank*, die inhaltlich im wesentlichen als identisch anzusehen sind. Bezeichnenderweise ersetzt J im 14. Landrecht den osterl. Terminus durch *wapeldrank*, und auch D führt diesen am Rande an. Das einzige osterl. Zeugnis für *wapeldranc* in F (gegenüber *wapeldêpene* im Text) könnte aus dem auch sonst bezeugten osterl.-westerl. Mischcharakter der Hs. zu erklären sein. Doch legt der nordfr. Beleg die Annahme nahe, daß *wapeldrank* ein ursprünglich gemeinfries. Terminus gewesen ist. Ob dies auch für *wapeldêpene* gelten kann, scheint mir zweifelhaft. Die an den zwei Belegstellen aus dem Ostergo (Lw. FwDg. B.) angedeutete

[281] Vgl. mnl. *wapeldrinc*, schon 1190. Vgl. u. § 367.

[282] Beleg nach Johann Carl Heinr. Dreyer, Antiquarische Anmerkungen über einige in dem mittleren Zeitalter in Teutschland und im Norden üblich gewesene Lebens- Leibes- und Ehrenstrafen, Lübeck 1792, 130 f.; vgl. auch v. Richthofen, Wb. 1125.

Unterscheidung zwischen *wapeldranc* und *wapeldêpene* dürfte wohl jung sein. Sie kann keinesfalls generell auf die beiden Termini übertragen werden, wie dies durch His geschieht.

8. Verbalinjurie

§ 251 Die Schelte wird in unseren afr. Quellen nur ganz vereinzelt als besonderes Delikt angeführt: In F XVII.157 *etwitesword* ‚Schimpfwort' und in E_3 (!) II.53 die üble Nachrede: *huasa otherem unriucht biclappeth*, was wohl Entlehnung aus dem Mnd. ist.[283] Erst jüngere Quellen des 15., 16. Jh.s sind in dieser Hinsicht ergiebiger.[284] Als Teil des *bechlep* (s. o. § 220) wird in H und E das Aussprechen ‚ungehöriger Worte' (*uniêwe word*: H E_1 E_2, *unefôge word*: E_1) erwähnt.

Im westerl. Sendr. 4 wird Schelte neben unrechter Tat genannt: *thet ammer him owet eweles spreke jefta dwe* (F D, *quades spreke*: J).

9. Sittlichkeitsdelikte [285]

9.1/2 Unzucht und Ehebruch

§ 252 Unzucht und Ehebruch werden an zwei osterl. Stellen, die beide lat. Vorlagen haben, deutlich unterschieden: *Thu ne skalt nen hor tha nen overhor dua* ‚Du sollst keine Hurerei und auch keinen Ehebruch begehen' (R_1 I.29, 6. Gebot); *hwasa ... ieftha hor deth jefta aftslit makath* ... ‚Wenn jemand ... Unzucht treibt oder Ehebruch begeht' (Bischofssühne E_2 VIII.44[286]). *aftslit* ‚Ehebruch' ist nur hier belegt, doch findet sich im westerl. Sendr. die entsprechende Wendung: *aefte slita* (XXVII J, F), im selben Kapitel *aefte breka* (D, J, F neben *munitas, corpus Domini breka*, s. o. § 154).

Häufiger belegt ist *hôrdôm*, wohl im Sinn von ‚Hurerei',[287] in allen Texten der 6. Küre (R_1 III.46 H II.32 E_1 III.37 F III.48 D VI.98. J V. U V.), daneben nur in westerl. Texten (u. a. D II.321. XI.33. XVI.107). Alle Stellen enthalten Verbote von *hôrdôm* und Meineid (z. T. auch Totschlag).

Zumeist ‚Ehebruch' bezeichnet *ovirhôr* (R), *ûrhôr* (F J D), zunächst an der oben zitierten Stelle (in Unterscheidung von *hôr*), sowie mehrfach im westerl. Sendr. (23 D, U: *to wrhoer habbe*, XXIII D, J, F: *urhor den* ‚Ehebruch verübt'), dagegen hat die Parallelstelle zur 6. Küre in R_2 II.24 *ovirhôr* für *hôrdôm* ‚Unzucht'. Die Bedeutung ‚ehebrechen' hat auch die Ableitung *overhôria*, im

[283] Mnd. *beklappen, beklaffen* ‚anschuldigen, verleumden' (vgl. hd. *bekläffen*). Dazu van Helten, PBB 14 (1889), 257.

[284] Dazu ausführlich His, Strafr. 331—334.

[285] Von His, Strafr. nicht behandelt.

[286] *hôr* übersetzt lat. *adulterium*, v. Richthofen, Wb. 826.

[287] Van Helten, Laofr. 183.

5. (!) Gebot (H XIII.10 U XVI) und im westerl. Sendr. (*wrhoria*: 23 J, F); nur im Westerl. Sendr. (46 D, J) ist die Täterbezeichnung *ûrhuere* ‚Ehebrecher' belegt.

Auf den Ehebruch beziehen sich also *hôr, ovirhôr, overhôria, aftslit*, Unzucht im weiteren Sinne bezeichnet *hôrdôm*, wobei jedoch in diesem Fall wohl Ehebruch mit eingeschlossen war. Nähere Bestimmungen über ‚außereheliches Beilager', der kein Ehebruch ist (wie z. B. in den ags. Gesetzen) finden sich nicht.

Insgesamt fällt auf, daß Unzucht und Ehebruch relativ selten, praktisch nur in kirchlichen Texten bzw. an Stellen, die sich auf die Kirche beziehen, erwähnt werden (10 Gebote, 6. Küre, Bischofssühne, westerl. Sendr.). Die Bußtaxen kennen diese Delikte nicht.

9.3 Blutschande

§ 253 Zwei Termini begegnen okkasionell: *swêsbedd* (zu *swês* ‚nahe verwandt') in der 6. Küre (nur R_1 III.46, R_2 II.24) und *sibbe* eig. ‚Verwandtschaft' im westerl. Sendr. (14, F: *Jef thi ethswora anne wrogat umbe sibbe*, ebenso D J).[288]

9.4 Notzucht

§ 254 Zuerst seien einige ehrenkränkende Delikte angeführt, die als Notzuchtversuche bezeichnet werden können. Nur in ostfr. und Ommelander Hss. (H E F) der Allg. und regionalen Bußt. wird *bâsafeng, bâs(e)feng* ‚unzüchtiger Griff' (wohl zu *bâsa*, entspr. ahd. *bōse*)[289] genannt (H XI.34 VII.60 E_1 VI.170 VII.136 = E_{2-3} F XII.73 f. XVII.134). Wie Nauta, Bußt. 128 aus der Unterschiedlichkeit der Bußbeträge schließt, dürften ursprünglich zwei verschiedene Grade des *bâsafeng* unterschieden worden sein, vielleicht wie in den Ems. Bußt. *binna* bzw. *buta clathem* ‚innerhalb bzw. außerhalb der Kleider'.

Ein ähnliches Delikt ist die *ble(s)zene* ‚Entblößung (einer Frau)', das in drei Grade unterteilt wird (nur Huns., Fiv. Bußt.: H VII.63 f. 174 IX.154, *bleszinge*: F XII.65.70).

Dem entspricht weitgehend die *thruchskîninge*, das ‚Durchscheinen der Blöße einer Frau', die ihrer Kleider bis aufs Hemd beraubt wurde (H IX.141 E_1 VII 201 E_2 III.280); sie ist *thruchskînande* (E_1 VII.142 E_3 I.254) oder *thruchskînich* (E_2 III.200) ‚durchscheinend', wenn ihr die Kleider durchgeschnitten wurden.

Als ein schweres Vergehen galt *dîcrâf* ‚Raub der die Schamgegend bedeckenden Kleider',[290] das in R_2 VIII.4 in Aufzählung erwähnt, in F XII.102 auf

[288] Vgl. ags. *sibleger* § 87, ahd. *siphuor* ‚incestus' (Graff VI. 66).

[289] Van Helten, Laofr. 26.

[290] Van Helten, ZWF 7 (1905/6) 278.

den Mann bezogen und ausführlich in H IX.146 ff. unter Bezug auf Mann und Frau beschrieben wird.

§ 255 Für eigentliche Notzucht gibt es in den älteren sog. gemeinfr. Texten nur verbale Ausdrücke, weniger häufig begegnet der einzige nominale Terminus *nêdmonda* (osterl.), *nêdmond* (westerl.) ,Notzucht'.

Nêdmonda ist osterl. in relativ späten Texten erwähnt (R_1 XV.32, R_2 VIII.3 B § 106 F XIV.9 XVII.60, ferner in einer Randglosse zu F III.126); westerl. *nêdmond* erscheint in den meisten Bußt. zumeist in Aufzählung nach *wapeldrank, halsrâf* (Lw. Ay. FwDg. Wb. B., B 5 Dele D XIV.388), ferner Dg. B. Lp. Wyn. W., in einem Eid-Formular (U: Amtseid des rechter) und im Ält. Schulzenr. (nur D III.224.452). Etymologisch deutet van Helten[291] *nêdmonda* als ,erzwungene Ehegemeinschaft' (entsprechend *aftmonda* ,Ehegemeinschaft'), während er in westerl. *nêdmond* volksetymologischen Anschluß an *mund* ,manus mariti' sieht. v. Richthofen, Wb. 946 erklärt *nêdmond(a)* als ,zwangshand, zwingende hand' (zu *mund* ursprl. ,Hand'), offenbar um einen gemeinsamen Überbegriff für *nêdmond(a)* ,Notzucht' und eine weitere im Rudolfsbuch bezeugte Bedeutung zu finden (Rqu. W 429,1.15 432, wo *nêdmond* sich auf die Weggabe unmündiger Kinder [gegen den Willen der Mutter] bezieht). Dies kann aber durchaus eine jüngere Bedeutungsentwicklung sein, unter Anschluß an *mond* ,Vormundschaft'.

Bisher nicht berücksichtigt wurde die Möglichkeit, *nêdmonda* und *nêdmond* als Lehnbildungen zu mnl. *nootmont* bzw. mnd. *nôtmunde* aufzufassen, wodurch zugleich die unterschiedliche Deklinationsklasse (a/n-Stamm) des jeweils nur osterl. bzw. westerl. belegten Terminus erklärt wäre. Die Voraussetzung hierfür war insofern günstig, als beide Teile der Zusammensetzung sich an afr. Wörter anschließen konnten. Vor allem spricht hierfür jedoch, daß osterl. *nêdmonda* in Texten erscheint, die kaum über das 13. Jh. zurückreichen, und auch die westerl. Belege zum größten Teil den Eindruck von Einfügungen erwecken.

§ 256 Die älteren Ausdrucksmittel für Notzucht, Vergewaltigung einer Frau, einer Witwe, eines Mädchens sind die Verba bzw. verbalen Fügungen (*a/an*) *nêde nima, nêda, nêdgia* ,notzüchtigen'. Die wichtigsten Belegstellen sind die 15. Küre, das 18. und 20. Landr., die Überküren, die Wenden zur 17. Küre, die Huns. Küren und das ältere Schulzenr. Das Vorkommen der einzelnen Termini läßt sich am besten aus einer synoptischen Tabelle ersehen. Die Übersicht zeigt: 1. Alle westerl. Stellen und nur diese kennen die Wendung *an* (*oen*) *nêde nima,* wohingegen *a nêde nima* nur osterl. in E und F belegt ist. 2. Ohne Präposition erscheint *nêde nima* nur osterl. (E H F), überwiegend in H. 3. *nêda* begegnet überwiegend osterl., nur einmal in D. 4. Nur in R und stets dort erscheint die Ableitung *nêdgia.*

[291] Laofr. 245. Weitere Literatur bei Buma, Die Brokmer Rechtshss. 234.

	nêde nima	*a nêde nima*	*an nêde nima*	*nêda*	*nêdgia*
15. Küre	H II. 92 E_1 III. 106		J V. D VI. 270	F III. 126	R_1 III.121
18. Landr.		F IV. 145	J. VII. D VIII. (19. Lr.) 459	E_1 IV. 158 H III. 99	R_1 IV. 155
20. Landr.	H III. 110 E_1 VI. 170	F IV. 154		D VIII. 474	R_1 IV. 170
Überk.	H VIII. 23 F XVIII. 20	F XVIII. 14: *wasa wif vr wald and vr willa nome . . .* E_1 IX. 16: *huuersa hir en mon wif nime to ku and querna*			
W 17	H X. 7	E_1 VIII. 26 E_1 V. 11	D X. 20 J X. F III. 157	*Hwersama ene frowa nimth wepande and ropande . . .*	R_1 VII. 8
Huns. K.	H XXIII. 50	F XXII. 42			
Ält. Schr.			XXI U J D XXXII U J D		

Daneben sind diese Verba an folgenden Stellen belegt: *nêde nima* (E_1 V. 59), *an nêde nima* (J X: Dingtaal), *nêda* (H V. 1 XI. 154, E_1 VI. 145), *nêdgia* (R_1 XIII. 4 = R_2 VII. 37). Nur einmal wird *nêdwîf* ‚genotzüchtigte Frau' erwähnt (W 5 Dele D XIII. 10).

§ 257 Eine Sonderstellung nehmen also wie so oft die Rüstringer Texte einerseits und die westerl. andererseits gegenüber den ostfr. und Ommelander Texten ein.

An drei Stellen, die oben angeführt wurden, haben E und F eine abweichende Lesart bzw. (F XVII.14) eine zusätzliche Bestimmung. Buma—Ebel übersetzen dort *nima* wörtlich mit ‚nehmen', man wird jedoch hier (mit Sjölin für F III.158) an Entführung d. h. Frauenraub denken müssen. Ausführlich zeigt dies die Stelle E_1 IX.16: ‚Wenn hier ein Mann eine Frau nimmt [d. h. entführt] zu Kuh und Mühle und für solche Dienste, wie er sie braucht, und er mit ihr ein Kind zeugt . . .'. Die Bedeutung ‚entführen' für *nima* ist auch an zwei weiteren Stellen in R und B anzunehmen: *Sa hwersa ma en wif nimi ovir wald and ovir willa* (R_1 VIII.34); *hwersama nimth ene frowa mith wald and mith unwilla* (B § 106 im Zusammenhang mit *nêdkest*, s. u. § 258).

Dagegen ist an der F XVIII.14 folgenden Stelle (XVIII.20: *jefther en mon wif nede nome*) nicht Entführung gemeint (so Sjölin), sondern wie in allen anderen Stellen für *nêde nima* Vergewaltigung. Entführung war ja schon XVIII.14 genannt.[292]

[292] Der Zusammenhang, die Verfolgung des Täters in andere Häuser und deren Niederbrennen (zur Strafe) paßt allerdings nicht gut zu dieser, m. E. von der Terminologie her zwingenden Deutung. Liegt vielleicht eine Umstellung im Text vor?

9.5 Frauenraub

§ 258 Oben wurde bereits auf die Bedeutung ‚entführen' von *nima* hingewiesen. Daneben erscheint nur in B (§ 105.220 b) ein nominaler Terminus: *nêdkest* eig. ‚Zwangswahl', vielleicht eine Lehnbildung zu mnd. *nôt-kōre.*[293]

Ein ähnliches Vergehen nennt das Ält. Schulzenr. (X): Wer den Mundschatz nicht zu zahlen bereit ist, also die Ehe nicht gültig geschlossen hat, muß den *halsfeng* büßen; nach v. Helten, Lawfr. 25 ff. eine „verhüllende redensart für ‚leibliche gemeinschaft'".[294]

10. Eigentumsdelikte

10.1/2 Diebstahl

§ 259 „Diebstahl ... ist die heimliche Wegnahme einer beweglichen Sache aus fremdem Gewahrsam",[295] wobei die Heimlichkeit der Wegnahme das den Diebstahl vom Raub (der offenen Wegnahme) unterscheidende Merkmal ist.

Der gemeinfr. Terminus für Diebstahl ist *thiûfthe* (gelegentlich *thiuchte,*[296] in R: *thiuvethe),* das auch in der Bedeutung ‚gestohlenes Gut' belegt ist, besonders in der Wendung *blôdiga thiûfthe* (W 17: R_1 VII.13 H X.21 E_1 VIII.57 F III.166).[297] Die Stelle handelt davon, daß dem Dieb das ‚blutige Diebsgut' vom Rücken und aus dem Busen genommen wird, dem nach His, Strafr. 345 die Sitte zugrunde liegt, dem handhaft gefangenen Dieb das Diebsgut auf den Rücken zu binden. *blôdiga thiûfthe* bezeichnete vielleicht ursprünglich das blutige, gestohlene Stück Vieh.[298]

An anderer Stelle (R_1 VIII.40) bezieht sich der Ausdruck aber auf Leichenraub. Offenbar hat er in unseren Quellen seine ursprüngliche, eigentliche Bedeutung verloren und erscheint hier nur mehr im Sinne von ‚frisch Gestohlenes'.

Im 17. Landr. wird qualifizierend der in der Nacht begangene Diebstahl (neben *nêdbrond, nêdrâf* in R *hâvednêda* genannt) hervorgehoben und als *nachtthiûfthe* bezeichnet (R_1 IV.150 F IV.139 D VIII.437 J VI, ähnlich in der 16. Küre: F III.143 *nednachtethiuchda*). E_1 hat an der betr. Stelle die jüngere Bildung *nachtstelane* (IV.133), entsprechend *stelne* in E_2 III.366.[299]

[293] Literatur zum Wort bei Buma, Die Brokmer Rechtshss. 234.

[294] Vgl. in anderer Bedeutung ags. *healsfang,* Liebermann, Gesetze II. 2, 389 f. Näher steht an. *halsfang* ‚Umarmung'!

[295] His, Strafr. 343. — Im folgenden geht His besonders auf die Bußsätze ein.

[296] Die unterschiedlichen Graphien verzeichnet vollständig Ahlsson, Abstraktb. 134. — *Thiubda* der Lex Fris. Tit. III kann, wie schon v. Richthofen in seiner Ausgabe S. 46 Anm. 40 feststellte, wegen *b* statt *f* nicht friesisch sein, zu anderen Gründen s. o. § 144.

[297] In D und J umgedeutet: *mit blodiga wepen* (D X. 32 J X)!

[298] His, Strafr. 345 Anm. 5.

[299] Für *stelne* (aus *stelene*) und *nachtstelane* verschiedene Bildung anzunehmen — wie Ahlsson, Abstraktb. 20 —, sehe ich keinen Grund, zumal beide nur in E belegt sind; vgl. zur Bildung as. *stulina.*

Ein mnd. Lehnwort ist sicherlich *dêverîe* in der jüngsten Ems. Hs. (E_3 I.344. V.249); daneben begegnet in spätawfr. Urkunden des 15. Jh.s häufig die Form *tiawerîe.*[300]

Die einzige westerl. und osterl. belegte Bezeichnung für den Dieb ist *thiâf* (westerl. *tieff*). Eine jüngere Ableitung zu *thiâf* ist *thiûvig* ‚gestohlen' (Ält. Schulzenr. XLVIII: U) und zu *thiûfthe* ist *thiûftigad* (zu *thiûftigia* ‚stehlen' an gleicher Stelle in J und D, ferner in J VII: 17 Lr.).

§ 260 Eine gewisse wortgeographische Fächerung gilt für die afr. Verba des Stehlens: *stela, ûrstela, ofstela.*

Gemeinfr. ist *stela,* das teils absolut, teils trans. gebraucht wird; nur osterl. belegt ist *ûrstela* (trans.) besonders im 17. Landr. (R_1 IV.151 E_1 IV.155, *vn stellin*: F IV.140[301], D hat: *stela,* J: *ofstela*!, ferner H XII.6 E_1 V.21). Eine okkasionelle Bildung ist *ovirstela* (R_2 II.1 wie *ovirravia* in Anlehnung an *ovirfiuchta*) ‚durch stehlen verwirken'.

Nur in westerl. und Ommelander Hss. erscheint *ofstela* ‚jmd. bestehlen, jmd. etwas wegstehlen' (Ält. Schulzenr. XLVIII U J D, Jg. Schulzenr. XXXV.1, 17. Lr. J VII W 17: F III.178, Huns. K. F XXII.74 H XXIII.83).

Eine technische Bezeichnung für den handhaft gefangenen Dieb kennen die afr. Quellen nicht. Doch wird der Tatbestand mehrfach dargestellt. Fangen, Ergreifen, Ertappen des Diebes werden durch *fâ, henda, bifara, begrîpa* ausgedrückt.[302]

10.3 Raub

§ 261 Raub, die im Gegensatz zum Diebstahl offene Wegnahme beweglichen Gutes (nicht wie in heutiger Bedeutung: gewaltsame Wegnahme) wird in osterl. und westerl. Quellen häufig behandelt, wobei alle auftretenden Termini Ableitungen vom Stamm *râf* sind.

Das Simplex *râf* hat sowohl die Bedeutung ‚Raub' wie ‚Geraubtes'. Die Bedeutung ‚Pfändung' ist nur in jüngeren ostfr. Texten belegt (B §§ 36.40, E_3 I.318: *unriucht raf,*[303] Ems. Pf. E_3 V.283 f. *raff* ‚Pfand'). Entsprechend bedeutet auch *râvia* in B § 57 ‚pfänden', ebenso in den Huns. Küren v. J. 1252 (H XXIII.120 F XXII.109). Sicherlich ist diese Bedeutung eine jüngere, die mit der schärferen Institutionalisierung richterlicher Gewalt entwickelt wurde. Auszugehen hat man hier von einem Begriff *râf,* der sich nicht ausschließlich auf das schwere Verbrechen bezog, wie das u. a. in den Bildungen *râfdelta* etc. (s. u. § 266) und auch in der Wendung *unriucht râf* ‚das unerlaubt Weggenommene' (E_1 IV.127.131) zum Ausdruck kommt. D. h. der Begriff der

[300] Belege bei Ahlsson, Abstraktb. 164 f.

[301] Wohl aus *ûrstellin* zu *untstellin* umgedeutet (wie Sjölin annimmt).

[302] Zur unterschiedlichen Bestrafung handhaften Diebstahls s. His, Strafr. 345 ff.

[303] Gegenüber *raf* an der Parallelstelle E_1 VII. 196. Buma—Ebel übersetzen wohl deshalb ‚unrechte Beraubung'. Doch ist sicher, wie auch Schomerus, Aufbau 71 betont, Pfändung gemeint.

Pfändung ist nicht aus dem des Raubes im engeren Sinne entwickelt, sondern *râf* ‚Wegnahme' erscheint einmal als unerlaubte, eigenmächtige (= Raub), andererseits als richterlich vollzogene oder sanktionierte Wegnahme (= Pfändung).

§ 262 Zahlreich sind Bezeichnungen für qualifizierte Arten des Raubes, auf die höhere Bußen stehen. His, Strafr. 336 ff. ordnet sie in seiner Übersicht nach dem Ort (Hausraub, Kirchenraub, Straßenraub), der Zeit (Nachtraub), dem Gegenstand des Raubes (Schiffs-, Viehraub), der Person des Beraubten (zugleich Ehrenkränkung: Kleider-, Körper-, Hals-, Hauptraub) und der Art des Raubes (Schach- und Handraub). Wir verzeichnen die Termini hier in der Reihenfolge ihrer Verbreitung.

Als ‚gewaltsamer Raub' zu deuten ist *nêdrâf*[304] im 17. Landr. (E_1 R_1 F J D), im Ält. Schulzenr. (LI: U D) und in zwei Eidformeln (leedeed, Eid des rechter, auch *notrawe* J U, mnd. beeinflußt?).[305] Gleiche Bedeutung hat *skâkrâf*, das osterl. nur in B § 70 belegt ist, häufiger westerl., besonders in dem ‚sckaekraf' betitelten Stück, in dem dieser Terminus einen Oberbegriff für verschiedene Arten qualifizierten Raubes[306] darstellt (J XIX.1 f. 8.14, ferner D XVIII.24, im Eid des rechter und mehrfach im Rudolfsbuch). *skâkrâf* ist eine tautologische Komposition, dessen Grundwort *skâk* ‚Raub' afr. nur einmal in der 8. Küre (J V) belegt ist. Es erscheint daneben in der Täterbezeichnung *skâkere* ‚Räuber' (J XIX.5.11.17, D XVI.242, osterl.: Verfahren des geistlichen Sendgerichts).[307]

Ob *hondrâf* ‚Handraub', das nord. Parallelen hat, auch ‚gewaltsamer Raub' (‚aus der Hand reißen') bedeutet, wie His, Strafr. 340 vermutet, ist an Hand der Belegstellen nicht sicher zu bestimmen (H IX.190 F XXI.71, ferner *manus rapina* im lat. Text der Allg. Bußt. H XIX.136, ohne Entsprechung in den fries. Texten).

Weitere Arten des qualifizierten Raubes sind: *sciprâf* ‚Schiffsraub' (leedeed, Eid des rechter), *quicrâf* ‚Viehraub' (leedeed, Eid des rechter), *sketrâf* ‚Viehraub' (B_1 § 62[308]), *nachtrâf* ‚nächtlicher Raub' (Ems. Bußt. E_1 VII.211 E_2 III.

[304] So auch v. Richthofen, Wb. 946. — His' Ansicht (Strafr. 339, Anm. 1), daß *nêdrâf* ebenso wie *nêdbrond* „nur die civilrechtliche Seite des Delikts im Auge hat und den durch den Raub erlittenen Schaden bezeichnet" ist wohl eine Überinterpretation in Anlehnung an die Deutung von *nêdbrond* (s. u. § 270). *nêd-* hat hier die Bedeutung ‚Gewalt', *nêdrâf* muß einen qualifizierten Raub bezeichnen (wie *skâkrâf*). — Im übrigen sind *nêda* die sog. ‚Hauptnöte' (u. a. R_1 XIII. 1 XX. 70). Buma—Ebels Übersetzung ‚Gewalttaten' für *hâvednêda* (17. Lr. R_1) kann ich nicht zustimmen, auch hier sind die Nöte gemeint.

[305] Vgl. as. *nôdrôf*.

[306] His, Strafr. 339.

[307] Buma—Ebel, Das Emsiger Recht S. 254. In einem verwandten Leeuwardener Ms. steht auch *skackdede* (v. Richthofen, Rqu. 251 Anm. 2).

[308] Laofr. 353: „das pfänden (schütten) von auf fremden grund und boden übergetretenem Vieh". B_2 hat *ursketraf*, das in der Bildungsweise *urmethe, urdelfta, urskerande* an derselben Stelle entspricht und den Sinn ‚unberechtigt' dieser Verben analogisch und hier überbestimmend übernimmt.

285.290, ferner D XVI.107.243), *hûsrâf* ‚Hausraub‘ (H IX.144. Jg. Schulzenr. XI.1, leedeed, Eid des rechter), *alterrâf* ‚Altarraub‘ (westerl. Sendr. 18 D J F), *londrâf* ‚Landraub‘ (8.9. Küre: E_1 III.54 H II.45 lat. XV.43, ferner H IX.44. 177 R_1 XV.68). In früheren Zusammenhängen wurden bereits *halsrâf, dîkrâf, hâudrâf* (§§ 241, 254) erwähnt.

Einen Sonderfall bezeichnet *thiâfrâf* ‚Beraubung eines Diebes‘ (H VII.211), d. h. die Wegnahme von Diebesgut durch einen Dritten. Entsprechendes wird auch F XVII.120 ff.[309] und E_3 V.283 ff. behandelt.[310]

§ 263 Ost- und westerl. abweichende Wortbildung zeigt *hrê(s)râf* ‚Leichenberaubung‘: Osterl. Bußt. haben *hreraf* (H VII.74. IX.156) bzw. *reraf* (F XII. 104), ebenso die F-Fassung des westerl. Sendrechts (F VIII.140: *reraf*), während die D- und J-Fassungen *reesraef* schreiben (westerl. Sendr. 17, XVII mehrfach). *hrepass* in F VIII.40 (Sendr. 17) ist, wie Sjölin annimmt, aus *hresraff* der Vorlage entstellt (bzw. aus *hreraf* entsprechend den übrigen Belegen in F). In Huns. und Fiv. Bußt. begegnet der Terminus *lîkrâf*, der zunächst als ‚Körperberaubung‘ zu übersetzen ist (H VII.213), daraus abgeleitet **lîkrâvia*[311] (H VII.75). Den Sinn von ‚Leichenberaubung‘ hat *lîkrâf* dagegen in H IX.157 und F XII.105. Der Zusammenhang dieser Stelle (*wei wenda*) zeigt, daß eine Wegsperrung auf dem Weg zur Bestattung gemeint ist.[312] *lîkrâf* ist hier also als ein Angriffsdelikt, eine jüngere fries. Prägung wie *dîkrâf, hâudrâf, halsrâf* anzusehen, während *rêrâf* ein westgerm. Erbwort für die Beraubung der bestattet oder nicht bestattet liegenden Leiche darstellt. In diesem Sinne heißt es weiter H IX.161: *Is hit hrelic rawad*, was vielleicht als ‚wenn die Leiche im Grabe beraubt ist‘ zu übersetzen ist.[313]

§ 264 Verbale Termini sind *râvia* ‚rauben, jmd. berauben‘, *ofrâvia* ‚jmd. etwas rauben‘, *untrâvia* ‚berauben‘ (nur F), *ovirrâvia* (nur R) ‚durch Rauben verwirken‘ (vgl. § 260), am häufigsten *birâvia* ‚berauben‘. Letzteres begegnet vor allem in der Wendung *bifiuchta ieftha birâvia* ‚jmd. angreifen oder berauben‘ (11. Küre: R_1, 2. Lr. F D J U, 3. Lr. F J, 13. Lr. R_1 H F E_1 D J sowie Huns. Ems. Bußt., vgl. auch o. § 234).

Im technischen Sinne erscheint das Partizipialadjektiv *umbirâvad* in der 3. Küre: ‚Dies ist die 3. Volksküre und König Karls Privileg, daß jedermann sein eigenes Gut unangefochten (*unbirâvad*) innehabe, es sei denn, daß man ihn mit Rede und Gegenrede und in rechtsmäßigem Verfahren überführe‘. Wie hier

309 Hier auch am Rande: *fon thiaffr[aeff]*.

310 Dazu His, Strafr. 340; van Helten, Laofr. 293 (s. v. *sethega*). Sjölin ‚Fivelgoer‘ Hs. 357 deutet den *thiâfrâf* als ‚eigenmächtige Pfändung‘.

311 Van Helten, Laofr. 33 aus *licrawa rawad* verbessert. Oder figura etymologica?

312 Laofr. 218. 370. Buma—Ebel, Hunsingoer Recht 85 übersetzen interpretierend ‚Kleiderraub‘, Sjölin, ‚Fivelgoer‘ Hs. 337 ‚Leichenraub‘.

313 Ähnliches meint die Stelle R_1 VIII. 38, wo der Dieb *bi epena greue* ‚bei offenem Grab‘ ertappt wird. — Dagegen denkt van Helten PBB 14 (1889), 254 an den Raub der Leiche, was mir unwahrscheinlich scheint.

in R_1 erscheint diese Bestimmung mit nur geringen Varianten in sämtl. Hss.; aus der 3. Küre wurde sie ins 1. Landrecht übernommen (sämtl. Hss.), sonst begegnet das Adj. nur in der Bischofssühne in verwandtem Sinne (E_2 VIII.88. 91). Van Heltens Deutung ‚ungepfändet' (Laofr. 339), die auch Hoekstra, Küren 186 übernimmt, ist sicherlich irrig und wurde auch in die Übersetzungen von Buma—Ebel nicht übernommen. Wie oben gezeigt, erscheint *râvia* im Sinne von ‚pfänden' erst in jüngeren Texten. Der Zusammenhang der Stelle legt einwandfrei die Übersetzung ‚unangefochten' nahe.

Auch ‚unberaubt', wie v. Richthofen, Wb. 1100 angibt, zielt auf den richtigen Sinn der Stelle: Jegliche Besitzansprüche sollen in einem ordentlichen gerichtlichen Verfahren geltend gemacht werden. Der Satz garantiert, daß eigenmächtige Inbesitznahme, durch die jemand ‚beraubt' wird, ungültig sei. Dahinter mag man den fremden Gesetzgeber erkennen, der in Friesland eine stabile Rechtsordnung zu befestigen suchte. *unbirâvad* wirkt wie eine gelungene ad-hoc-Bildung (oder Lehnübersetzung?).[314]

An adjektivischen Ableitungen begegnet sonst nur *râflik* ‚widerrechtlich' (R_1 XX.72), und *onrâflik* ‚berechtigterweise' (*riuchtelic ende onraeflic* Jg. Schulzenr. XXXII.1).

§ 265 In der Bedeutung ‚rauben, wegnehmen' sind osterl. und westerl. die Verben *ofnima* (*lif ofnima* ‚des Lebens berauben': 23. Landr. H III.133, F IV. 173 E_1 VIII.70) und *binima* bezeugt. Letzteres bezieht sich in ostfr. Texten auf Beraubung des Sehvermögens (E_1 VI.14, B § 104), von Sinn und Verstand (VII.68), der Sprache (B § 186), der Zeugungskraft (E_1 VI.3 f.) und auf eigentliche Raubdelikte (VII.208, X.11). Eine gewisse Parallele bieten hierzu die westerl. Bußt., wo regelmäßig Beraubung der Sprache (*spreke binima*: FW. FwDg. Lw. B., B 5 Dele D XIV.9.14.151) und der Zeugungskraft (*tilinga binima*: Ay. FW. Dg. Wb. Hm. B., B 5 Dele D XIV.318) angeführt wird.

Die Täterbezeichnung *râvere* begegnet nur in jüngeren osterl. Texten (R_2 VIII.52. E_1 X.11 F XVII.74 XXI.73).

§ 266 Neben den eigentlichen Raubdelikten werden in Emsiger und mehreren westerl. Texten (zumeist in Eidformeln oder Aufzählungen) eine Reihe von unerlaubten Handlungen wie Pflügen, Mähen, Graben etc. auf fremdem Grund und Boden genannt. Ausführlichere Behandlung erfahren diese Delikte nur in den Ems. Bußt., in $E_{2\text{-}3}$ unter dem Oberbegriff *londbrecma* ‚Feldschaden' zusammengefaßt; kurze Aufzählungen finden sich in B § 62 und F XVII.148 f., westerl. im Ält. Schulzenr. (XXXIX), im Jg. Schulzenr. (XXIII ff.), den Willküren d. 5 Dele, dem Hegungsformular (J U), dem Schulzenbann (J XI: *Fan scultena bannen*), sowie den Stücken Waldd. und Eid des eehera. Die auftretenden Termini sind nach zwei Mustern gebildet: Zusammensetzung mit

[314] Der lat. Küren-Text hat *sine rapina*, doch ist dies wohl seinerseits dem Fries. nachgebildet. Der lat. Text der Bischofss. hat *absque contractione* bzw. *sine lite* (Rqu. 149, 27. 36).

râf- und Präfigierung mit *ûr-/over-*; sie erscheinen manchmal als Verba, zumeist als Nomina. Im einzelnen begegnen: *râfdel(f)ta* (eehera-Eid, W 5 Dele, Waldd., Heg. J), *overdelfta* (Ält. Schulzenr., Heg. U, Schulzenb., Jg. Schulzenr.; *ur-*: B; *todel(v)a* (E) ‚übergraben'); *râfmêth* (eehera-Eid, W 5 Dele), *ûrmêth(a)* (B., Waldd.; *over-*: Ält. Schulzenr., Schulzenb., Heg. U) ‚übermähen'; *râfscerd* (eehera-Eid, W 5 Dele), *ûrscer(e)* (Jg. Schulzenr., Heg. J; *over-*: Heg. U, Ält. Schulzenr., W 5 Dele U, Schulzenb.); *ûrskerande* (B) ‚überweiden';[315] *râferd* (eehera-Eid, W 5 Dele, Heg. J), *ûrerd* (W nL; *urerr(e)*: Waldd., Ält. Schulzenr. D, Heg. J; *overerd*: Ält. Schulzenr., J U; *ovirere*: Heg. U, Schulzenb.; *overerid* W 5 Dele U, *urera* E_{2-3}, *ofera*: E_1) ‚überpflügen'; *râfeth* (W 5 Dele D, *rafettene*: F) ‚überweiden'.[316] Nur okkasionell erscheinen *râfrêd* ‚unerlaubtes Reiten (auf fremdem Pferd)' (Jg. Schulzenr.), *ovirrîpan* ‚übermähen' (Heg. U, Schulzenb.), *owerhaeck* ‚überhacken' (Schulzenb.); *râfskettene* ‚unberechtigtes Einsperren fremden Viehs' (F).[317]

râf- erscheint hier im weiteren Sinne von ‚Wegnahme', die Bußen für die genannten Delikte sind nicht so hoch, daß von Raub gesprochen werden könnte.[318]

Welcher von den beiden Bezeichnungstypen der ältere ist, läßt sich aus den fries. Texten nicht eindeutig bestimmen. An den meisten Stellen erscheint jeweils nur ein Typ: *râf-* (eehera-Eid, W 5 Dele) bzw. *ûr-/ovir-* (B, E, Ält., Jg. Schulzenr.), an den übrigen stehen beide nebeneinander. Eine offensichtliche Ergänzung sind *râfettene* und *râfskettene* in F, interessant vor allem als Zeugnisse westerl. Wortgutes (bzw. nur dort belegter Termini) in dieser Hs. Berücksichtigt man jedoch über diese Verteilung hinaus, daß nur der Typ *ûr-/ovir* westgermanische Entsprechungen hat (§ 390), so liegt die Annahme nahe, daß dies der ältere, *râf-* der jüngere ist.

Bemerkenswert bleibt, daß im übrigen in osterl. Hss. nur die Emsiger Bußt. die genannten Delikte kennen.[319] Wie Schomerus, Aufbau S. 89 ff. zeigt, handelt es sich bei den betr. Kapiteln um nachträgliche Einfügungen, wobei versucht wurde, die Delikte wie sonst in diesen Texten in verschiedene Stufen einzuteilen. Da uns schon mehrfach Parallelen zwischen Emsiger und westerl. Texten

[315] His, Strafr. 340 Anm. 5 schwankt zwischen ‚abmähen' und ‚abweiden'. Nur letzteres kann gemeint sein, da ‚abmähen' im Ält. Schulzenr. *owermetha* genannt wird.

[316] In den W 5 Dele (D) stehen nebeneinander *(raf-)sceerd* ... *ieftha* *(raf)eth*, die beiden Wörter müssen demnach Verschiedenes bezeichnen. Obige Übersetzung folgt v. Richthofen, Wb. 984.

[317] Daneben erscheinen nur in F XIX. 33 f. die Termini *misera, misskera, misdomma, misdîka* ‚unberechtigt ackern, mähen, Damm ziehen, graben' (Laofr. 237), die wahrscheinlich jüngere Bildungen sind. Ahlsson, Abstraktb. 21, 57 nennt ferner aus spätawfr. Quellen *râfgersinge* ‚unerlaubtes Weiden' und *râftredene* ‚räuberisches Zertreten'.

[318] Auf eine nord. Parallele weist His, Strafr. 341 Anm. 5 hin: aschwed. *moldran* (eigentl. ‚Erdraub') bedeutet ‚Überpflügen'.

[319] Auch Mähen, Weiden, Abgraben (*mêtha, skera, todel*[*f*]*a*) werden genannt. Für die Bußhöhe ist ausschlaggebend, ob das Gras abgefahren oder liegengelassen wird. (His, a.a.O.).

begegneten, scheint auch hier die Annahme möglich, daß die betr. Kapitel nach dem Vorbild eines westerl. Textes eingefügt wurden. Doch braucht das nicht zu besagen, daß es sich um ausgesprochene Entlehnungen handelt. Eine so ins einzelne gehende Darstellung war sicher nur auf der Grundlage schon geltender Rechtsbestimmungen möglich (s. u. § 291).

10.4 Sachbeschädigung

§ 267 Sachbeschädigung wird in den fries. Quellen nicht als eine besondere Deliktgattung angesehen. In diesen Bereich fallen z. T. jene oben besprochenen Fälle von Gebrauchsanmaßung, die als *londbrecma* ‚Feldschädigung' bezeichnet werden (§ 266), ferner einige Delikte, die zu den Ehrenkränkungen zählen (§ 241). Vor allem gehören hierher die verschiedenen Beschädigungen, die beim Eindringen in fremde Häuser verursacht werden. Auf diese wird im Zusammenhang der Heimsuchung (§ 273 ff.) eingegangen.

10.5 Betrug

§ 268 Betrug als Delikt wird in unseren Quellen nicht durch spezifische Termini belegt. Doch findet sich eine interessante Parallele zu ags. *fācn* (s. § 101), ahd. *feihhan*, as. *fēkan*, an. *feikn* in der afr. Verbalableitung *fêknia* und dem Terminus *fêknian-êth* (aus **fêkniande êth*).[320] Die Termini sind nur an einer Stelle in F XIII.17—26 belegt und lassen zweifelsfrei erkennen, daß *fêknian-êth* den ‚Rüge-Eid' bezeichnet, mit dem gekauftes Gut innerhalb bestimmter Frist als fehlerhaft reklamiert werden kann (*fêknia* ‚reklamieren'). Die Übersetzung ‚Rüge-Eid' (Buma) oder ‚Reklamationseid' (Sjölin) ist technisch, wörtlich hieße es ‚Trug-Eid'; ursprünglich beinhaltete also die Reklamation den Vorwurf des Verkaufsbetrugs. Ob dieser Sinn dem fries. Terminus noch beigelegt wurde, steht dahin, da *fêknia* bereits etymologisch isoliert ist und vielleicht nicht mehr wörtlich verstanden wurde.

Der Zusammenhang mit den entsprechenden Formeln, die ags. *fācn* überliefern, ist kein direkter, da dort der Verkäufer sich von betrügerischer Absicht freischwört, hier der Käufer den Betrugsvorwurf erhebt, den Kauf reklamiert. Trotzdem ist es unverkennbar, daß hier ein gemeinsamer technischer Terminus für den Betrug bei einem Kaufgeschäft zugrunde liegt.

10.6 Münzfälschung

§ 269 Die fries. Quellen bezeichnen Münzfälschung zumeist durch die alliterierende Formel *fâd and/jefther falsk* (16. Küre: R_1 III.136, W 17: R_1 VII.18 f. = XV.34, H X.25, lat. XVI.18: *fad and falsa moneta*, E_1 V.47,

[320] Buma, *Thi feknian eth*, in: It Beaken XXV (1963), 255—264. Der westfries. geschriebene Artikel begründet ausführlich die Parallele zu ags. *fācn*. Vgl. außerdem Sjölin, ‚Fivelgoer' Hs. 187 f.

VIII.61, ferner: B § 156: *fad ieftha falxsc gold*). *fâd* deutet van Helten als ‚prägung von geld mit zu geringer währung‘ bzw. ‚münze von zu geringer währung‘,[321] *falsk* als ‚prägung von beschnittenem, nicht vollwichtigem geld‘ bzw. die ‚nicht vollwichtige münze‘.[322] Die Parallelstellen in F und J (W 17: F III.174 J X) haben *fâd and falschêd*,[323] ebenso mehrfach westerl. Texte (D XVI.206 f. 232, daneben nur *fad*: D XVI.247. XVII.45, nur *falscheed*: D XVI.508.510.537, J X).

Die Parallelstelle zur Wende in D ersetzt das zweite Glied der Formel durch *skrêde* ‚Abschneiden‘ (einer Münze), ‚abgeschnittene Münze‘ (D X.19, ebenso Markrecht D XVII.6.37: *skreed, skredane*); entsprechend wird der Münzfälscher *skrêder* (D XVI.13 XVII.39) und *fâder* (D XVII.38) genannt.

Die Übersicht zeigt: in den ältesten Quellen, der 16. Küre (R_1) und den osterl. Texten der Wende zur 17. Küre sowie in B wird Münzfälschung *fâd and/jefther falsk* genannt, nur westerl. und in F (!) ist *falsk* weitergebildet zur *falschêd*. Ebenso nur westerl. ist der Terminus *skrêde(ne)*. Diese drei Termini dürften dasselbe bezeichnen: die Verschlechterung des Münzwerts durch Beschneiden der Münzen sowie die Prägung nicht vollgewichtiger (als beschnitten anzusehender) Münzen, bzw. die entsprechende Konkretbezeichnung: ‚beschnittene, nicht vollgewichtige Münze‘.

Ursprünglich jedoch wird die Bedeutungsdifferenzierung der beiden Termini in der Wendung nicht sein. Van Helten hält *fâd* für ein Erbwort (aus **faihôduz* zu got. *bi-faihôn ‚betrügen‘*),[324] während *falsk* aus lat. *falsus* entlehnt und wortbildungsmäßig dem fries. eingegliedert wurde. *fâd* und *falsk* bedeuteten also zunächst das gleiche, erst nachträglich wird diese alliterierende Formel entsprechend obiger Bedeutungsdifferenzierung umgedeutet worden sein.[325]

10.7 Brandstiftung

§ 270 Für Brandstiftung begegnen die nominalen Termini *brond, waldbrond, nachtbrond, morth(nacht)brond, hûsbrond,* für das Niederbrennen die Verba *barna, ofberna, ûrberna.*

Das Simplex *brond* hat zumeist konkrete Bedeutung (Feuerbrand, Brand, auch Brandwunde), im abstrakten Sinne von Brandstiftung erscheint es seltener (u. a. B § 152, R_2 VII.87 ff.), formelhaft in *brand and breke* ‚Brand und Bruch‘ zur Bezeichnung der Wüstung.

321 Van Helten, Laofr. 114, J F 19, 189. Gemeint ist die Münze mit zu geringem Edelmetallgehalt.

322 Van Helten, Laofr. 115 f.

323 Die betr. Stelle in U: *mit fade ande mit falischere* (verschrieben?). Weitere westerl. Belege bei Ahlsson, Abstraktb. 174 f.

324 PBB 14 (1889), 242 ff.

325 Doch sei noch einmal darauf hingewiesen, daß diese Bedeutungsdifferenzierung aus den Bezeichnungen selbst nicht ablesbar ist, wie van Helten a.a.O. 243 noch betonte. Es handelt sich hier nur um eine ansprechende Annahme.

Der geläufige Terminus für ‚Brandstiftung' ist *nêdbrond*. Er wird fast ausschließlich in Aufzählung verschiedener schwerer Verbrechen wie Raub, Diebstahl etc. genannt (17. Landr.: R_1 IV.149, E_1 VI.153, J VII: *neednachtbrand*; 18. Landr.: D VIII.436; 7. Landr.: F IV.139; 16. K.: F III.143; 1. Landr.: D VIII.83; E_1 VIII.131, E_2 VII.12 [Ergänzg. z. Lr.], IX.28, E_3 V.44; B § 90 a, 93). Nur in den Hunsingoer Küren (F XXII.50, H XXIII.57) folgt eine weitere Bestimmung. Für die Übersetzung ‚Brandstiftung' entscheidet sich Sjölin (F III.IV)[326], wie schon ähnlich v. Richthofen, Wb. 946 (‚gewaltsamer brandt, mordbrennen'). Dagegen schlug van Helten, Lawfr. 40 Anm. 1 ‚gefährliche Feuersbrunst' vor. Buma—Ebel übersetzen den Terminus durchgängig als ‚verheerender Brand' (B E R H). Dies trägt dem Kontext einiger Stellen Rechnung, wo *nêdbrond* als eine der ‚Nöte', der rechtlich anerkannten Hinderungsgründe aufgezählt wird. Generell scheint mir diese Übertragung jedoch nicht passend, da sie dem Charakter der absichtsvollen Gewalttat (*nêd-*) nicht Rechnung trägt.

Nur in R erscheint in gleicher Bedeutung *waldbrond* (R_1 VIII.9 XV.32, R_2 VII.51 VIII.3 ‚gewaltsame Brandstiftung'), das zu den schweren, gräflicher Justiz unterstellten Verbrechen gezählt wird (R_1 XV, neben Notzucht, Diebstahl, Totschlag, Münzfälschung).[327]

§ 271 Qualifizierte, zu den schwersten Verbrechen zählende Brandstiftung ist der Mordbrand. Den Terminus *morthbrond* wird man interpretierend als ‚nächtliche Brandstiftung mit der Absicht die schlafenden Hausbewohner umzubringen' wiedergeben können.[328] Er begegnet osterl. nur in relativ späten Texten (R_2 VII.86, F XX.97), häufiger westerl. (westerl. Sendr. 41 D, *nomadne* bzw. *binaemd moerdbrand*: J., Ält. Schulzenr. nur D III.452; 24. Lr.: D VIII.542: *moerdnachtbrond*; rechter-Eid, ferner in jüngeren Texten).

Gleichbedeutend ist sicher *nachtbrond* in der 16. Küre (R_1 III.137 H II.108 E_1 III.124 D VI.302 J V, F: *nedbrond*). Doppelt wird der qualifizierende Tatbestand in *moerdnachtbrond* zum Ausdruck gebracht. Einfache Brandstiftung bezeichnet *hûsbrand* (B 5 Dele: D XIV.442, leedeed), eine Nominalbildung zur verbalen Fügung *hûs barna*.

Häufig wird der Sachverhalt der Brandstiftung in Texten aus osterl. und westerl. Hss. durch *barna*, *berna* ‚(nieder)brennen', ‚in Brand stecken (des Hauses, des Besitzes)' dargestellt (besonders 20., 24. Landr.), seltener durch *ûrberna* ‚verbrennen (des Gutes)' (17. Lr.: R_1, E_1, F: *forbarna*; Ält. Schulzenr. XXIX).

326 In den Huns. K. übersetzt Sjölin *nêdbrond* als ‚Mordbrand', m. E. eine vom Kontext her mögliche, aber nicht notwendige Deutung.

327 Vgl. B § 58: *Hwet Brocmonna sare ferth mith wald and bernt enne otherne* ... ‚Welcher Brokmann auch immer mit Gewalt vorgeht und (das Haus) eines anderen ... in Brandt steckt'. Zur rechtlichen Deutung vgl. His, Strafr. 350 f.

328 Vgl. die Darstellung R_1 VI. 222 ff. (24. Lr.), und ferner die diesbezüglichen Schilderungen in den aisl. Sagas.

§ 272 *barna* ist zugleich häufigst gebrauchter Terminus für das Niederbrennen eines Hauses als Strafe, die sog. Wüstung. Der eigentliche technische Ausdruck hierfür ist jedoch die Formel *barna and breka* ‚mit Bruch und Brand überziehen' (R_1 IX.18, R_2 VII.24, B § 28. 148, H VIII.25, D XIII.97, E_2 VIII.22, Hm. B.). Nominal erscheint die Formel im Ält. Schulzenr. (XXI: *brand and breke thelda,* XL: *ti brande iefta ti breke dela*), im Jg. Schulzenr. (III.2: *brand and breke to thildane,* ebenso III.21.26; III.42: *toe brand ende toe breck dwaen,* ähnlich 45.47; XXI.11: *ti breke duan*)[329] und Dingt. (J XIX: *zonder brand ende zonder breke*), ähnlich R_1 IX.7: *sunder husbreke ... jeftha sunder bronde* (s. u. § 274).

Nur okkasionell und spät sind Täterbezeichnungen belegt: *berner* (zu *barna,* B § 28) ‚Brandstifter', *morthbrander* ‚Mordbrenner', *nachtbrander* ‚nächtlicher Mordbrenner' (D XX.15.20).

11. Heimsuchung

§ 273 Unterschiedlich behandelt wird in dem afr. Quellen die Heimsuchung: teils gilt sie als Bandendelikt (Landr., Ems. B., westl. B.) teils als Tat eines einzelnen (osterl. und westerl.); osterl. wird sie in drei bzw. vier Grade unterteilt und im allgemeinen als ein spezifisches Delikt bewertet, wohingegen westerl. B. die verschiedenen Stufen und Grade des Eindringens ins Haus und der Sachbeschädigung gesondert verzeichnen und taxieren.[330] Terminologisch lassen sich gewisse gemeinafr., vor allem jedoch regionale Übereinstimmungen feststellen.

Der technische Terminus *hêmsêke(ne)* und *hêmsêk(n)inge* ist nur in Emsiger und Ommelander Quellen bezeugt (*hemseke*: nur F XII.127, *hemsekene*: F XII.124, H XI.208, E_1 VI.178, *hemsekinge*: H XI.199.202.206, E_2 III.258. E_3 I.371, *hemsekninge*: E_1 VII.183). Während *hêmsêke* mhd. *heimsuoche* am nächsten steht, ist *hêmsêkene* eine afr. Umbildung mit dem im Fries. so produktiven Suffix *-ene.*[331] Jüngste Umbildungen sind *hêmsêkinge* und *hêmsêkninge* (vgl. mhd. *heimsuochunge,* mnd. *heimsȫkinge,* mnl. *heimsoekinge*), die sich bezeichnenderweise ausschließlich in den Emsiger Bußt. finden.

An obigen Stellen der Allg. Bußt. (H XI E_1 VI) und regionalen osterl. Bußt. werden drei bzw. vier Grade der Heimsuchung unterschieden und (außer in E_1 VI) ausführlich beschrieben. Verwandt sind die Darstellungen in F und H, davon abweichend (aber unter sich identisch) die der Ems. B., wo Heimsuchung als Bandendelikt (mit aufgerichteter Fahne und unrechtem Heer) erscheint. Die Darstellung beginnt stets mit der Wendung: *hwasa fart ... to otheris monnis*

329 Zitate nach U, mit geringen Abweichungen auch D und J (teils *breck,* teils *breke,* s. dazu § 202).

330 Dazu ausführlich His, Strafr. 342—358.

331 Dazu Ahlsson, Abstraktb. 10 ff. Sprachlich verwandt ist *sêkene* ‚(Haus)suchung' F XVII. 25. 27, in B dagegen bedeutungsgleich mit *seke* und *sêknese* (Jg. Schulzenr. XXXVIII. 1), das in jüngeren westerl. Texten häufig ist (s. Ahlsson, Abstraktb. 120 f.).

howe and huse (E_2 III.259, ebenso E_1 VII.183 E_3 I.371, ähnlich H XI.196) oder *hwasa ferth in ur otheris hofmar* (H XI.208, ähnlich F XII.114); ein charakteristisches Merkmal der Heimsuchung ist u. a. das Einstoßen (*stêta* H XI F XII) oder Einbrechen (*breka*: E) der Türen und Fenster (*dura ende derna*[332]). Gesondert wird in E_1 VI.184 das Aufbrechen einer Tür (*durebrekma*) verzeichnet, was wohl ein Zusatz aus den Ems. B. (E_1 VII.152) ist.

Die Wendung *fara to hove and to hûse* ist auch charakteristisch für andere Stellen, die die Heimsuchung erwähnen (12. Lr. E_1, 22. Lr. R_1, 14. Lr. D, 24. Lr. J, ferner R_1 XV.58). In den Landrechten gilt sie als Bandenverbrechen, das mit aufgesteckter Fahne, ohne Erlaubnis des Volkes und ohne Gebot des Frana, am hellichten Tage verübt wird, in Rüstringer Texten (wie oben in H und F) als Tat eines einzelnen. Ähnlich den anderen osterl. Stellen werden in R neben dem Angriff auf Haus und Hof das Einstoßen und Einhauen (dies nur hier) des Hauses (*hûs stêta ieftha hâwa*), das Einstoßen der Fenster (*anderna instêta*), ferner — wie sonst nur westerl. — *ingong* und *ûtgong* (R_1 XV.61 s. o. § 207) als Merkmale der Heimsuchung bezeichnet (R_1 XV.58—65, R_2 VII.54 R_1 VIII.16).

Aus der Wendung *fara to hove and to huse* versteht sich die Bildung *husfere* ‚Hausfahrt', ‚Hausangriff', die in B §§ 46 a, 49, 72 als technischer Terminus für die Heimsuchung gebraucht wird.

§ 274 Von den westerl. Texten nennen die Heimsuchung nur einige Bußtaxen aus dem Westergo, ohne jedoch einen technischen Terminus für das gesamte Delikt zu kennen. Hier werden die einzelnen Vorgänge des Eindringens bis zur Zerstörung des ganzen Hauses mit gesonderten steigenden Bußen belegt. Die Heimsuchung ist m. a. W. aufgelöst in eine Vielzahl von Teilhandlungen. Charakteristische Merkmale (und Termini für diese) sind das Stoßen an Haus und Pforte (*stêta an ôthers hûs jefta porta*[333]), das Herausgehen des Rauches und Hineingehen des Windes, das Ein- und Ausgehen des Täters (*ingong, ûtgong* s. o. § 207. 273), das Einstoßen von Tür und Schwelle (*instêta dora jef drompel*), das Einstoßen des ganzen Hauses (*hûs stêta al omme*), daß es sparrenfällig (*speerfallig*) wird (Oth. Ay. Wb. Hm. B., B 5 Dele (D), W 5 Dele). Weitere Bestimmungen enthalten nur Waldd.,[334] W 5 Dele und Hm. B.,[335] wo die Heimsuchung als Bandenverbrechen (*mith samneder sithum and mith landbede* ‚mit gesammelter Schaar und Landesaufgebot') behandelt und die Tat als *mith wêpender hand* ausgeführt (Waldd., W 5 Dele,

[332] H XI. 209 hat bereits das Lehnwort *finestre*, das v. Richthofen nur hier belegt (auch bei van Helten, Laofr. keine Ergänzung). Doch gibt es jüngere westerl. Belege (*finster, fenster*: Hinweis von D. Hofmann).

[333] Das Lehnwort findet sich sonst nur in: *hille porte* ‚Höllenpforte' (R_1 XI. 34) und als Pforte einer Burg (H XIV. 67).

[334] Waldd. erwähnt, daß die Tat *liachtes deys* ‚am hellichten Tage' erfolge, wie oben (§ 273) in den Landrechten.

[335] In den Hm. B. scheinen diese zu den vorigen Bestimmungen hinzugefügt.

s. o. § 189) dargestellt wird. Das zerstörte Haus nennen sie sparren- und balkenfällig (*speerfallich and balkfallich*, so auch Ay. B.).

An zwei Stellen (W 5 Dele D XIII.97, Hm. B.) werden Bruch und Brand (*barna ieftha breka*) als weiteres Merkmal genannt, das sonst im Zusammenhang der Wüstung erscheint (s. u. § 272).

Als zusammenfassende Termini für die Heimsuchung werden in einer Eidesformel (leedeed J U) *hûsstêth* ‚Hauseinstoßen', *hûsslêk* ‚Hauseinschlagen' und *hûsbreke* ‚Hauseinbruch' genannt. *hûsbreke* erscheint auch in den neuen Rüstr. Küren (R_1 IX.17), bezieht sich jedoch hier auf die Wüstung eines Hauses, in dem ein Totschläger aufgenommen wurde. Die Stelle beschreibt den Fall, daß der Totschläger nicht *sunder husbreke ... iefther sunder brande* ‚ohne Bruch und Brand des Hauses' herausgeholt werden kann; verbal wird der Vorgang danach als *breka ieftha barna* wiederaufgenommen. His, Strafr. 358 Anm. 2 f. zitiert spätere Stellen, in denen *hûsbrek(e)* und *hûsbrekinge* sich offenbar auf die Heimsuchung beziehen. Dies scheint also ein allgemeinerer Ausdruck für den Hauseinbruch (vgl. ags. *hūsbryce* § 23. 80) ohne spezifisch technischen Sinn gewesen zu sein.

§ 275 Die terminologische Gemeinsamkeit sämtlicher Stellen, die die Heimsuchung behandeln, ist gering: nur *stêta* ist gemeinafr. für das Einstoßen des Hauses, der Türen etc. Eine bemerkenswerte rüstringisch-westerlauwerssche Parallele ist das Verzeichnen von *in-* und *ûtgong*; auch *hûsbreke* begegnet — wenn auch in abweichender Bedeutung — nur in R und westerl. Da der Terminus gemeinwestgerm. ist, wird man hierin keine Zufälligkeit, sondern eher ein gemeinsames Relikt sehen müssen. Im übrigen ergibt sich eine (auch sonst) vorkommende Gruppierung in 1) Rüstringer, 2) Emsiger, 3) Ommelander und 4) Westerlauwerssche Texte, wobei die osterl. unter sich engere Verwandtschaft zeigen, besonders E F H, und dann F und H. Die meisten osterl. Stellen beschreiben den Angriff, den Beginn der Heimsuchung als *fara to hove and to hûse*. Daß sich hierzu auch die betr. Passagen der Landrechte stellen, kann als Indiz für osterl. Herkunft dieser Texte gelten. Die osterl. Texte beschreiben ferner den Tatbestand der Heimsuchung in ähnlicher Weise und unterscheiden verschiedene Stufen dieses Verbrechens. Jedoch nur F H E kennen den technischen Terminus *hêmsêke(ne)* bzw. *hêmsêk(n)inge*.

Ganz abweichend ist sowohl sachlich als auch terminologisch die Behandlung der Heimsuchung in den westerl. Bußtaxen. Ferner fällt auf, daß nur westergoer Bußt. solche Bestimmungen enthalten, die im übrigen stets am Ende des Bußregisters stehen und offenbar Ergänzungen sind. Darum brauchen sie jedoch keineswegs jung zu sein.

Die unterschiedliche Behandlung der Heimsuchung in osterl. und westerl. Texten weist auf einen nicht unbedeutenden Unterschied in der Entwicklung des germ. Strafrechts in den friesischen Landen.

Dem Umstand, daß Heimsuchung westerl., in E und den Landrechten als Bandenverbrechen angesehen wird, möchte ich keine größere unterscheidende

Bedeutung beimessen. Zweifellos wurde das Delikt zumeist von mehreren begangen, jedoch nur einige Quellen sehen diese als qualifizierendes Merkmal an.

13. Meineid

§ 276 Die Bezeichnung für den Meineid erscheint fries. teils mit teils ohne Kompositionsvokal als *mênêth* oder *mênaêth* (*meneth*: R_1 I.18 X.9 III.45, Ält. Schulzenr. XXIX J D, LVIII. J, Dg. B., D III.374.377, westerl. Sendr. 39 D, 42 J; *menaeth*: Ält. Schulzenr. XXIX U, Westerl. Sendr. 26 D J F, 37 D J, 39 J, 42 D; F VIII.93, Wymb. B. W nL.).[336] Keine der beiden Formen ist als die ältere oder jüngere zu identifizieren, doch haben die osterl. Texte (mit Ausnahme von F!) nur *mênêth*.

In allen Texten der 6. Küre (außer R_1) erscheint die adjektivische Ableitung *mênêthich* (H II.32 F III.47 E_1 III.37, D VI.97.103, J V, U V; R_2 II.32: *menethoch*; ferner D XX.42. P VI.20).

Als adverbialer Genitiv des substantivierten Adj. *mên* ist *mênis* aufzufassen,[337] das vorwiegend in formelhaften Wendungen begegnet: *That tu naut menis ne suore* (10 Gebote U, ähnl. Dingtaal U), *sa thu thinne ethe elle riuchte swere and naut menis* ‚wie du deinen Eid ganz wahr und nicht falsch schwörst' (E_2 I.7.12.46).[338] Auf einen Meineid bezieht sich zweifellos auch F XXI.49: *ther swere hi ... thetter nout menes ne dwe. dwe* steht hier wohl für *swere*, das nicht wiederholt werden sollte. Anders müßte *menes* hier mit ‚Frevel' (entsprechend ahd. *mein*) übersetzt werden, wozu es jedoch im Fries. keine Parallele gibt.

Ähnlich der Formel in E ist die im Ält. Schulzenr.: *so ik thenne eth riuchte swore and unmenes* (XXX U J D, ebenso LVIII U J D). Die Übersetzung Stellers (Gramm, 201) ‚ohne Falsch, ohne Frevel' ist mißverständlich, da *un*- Negationspartikel zum Adverb *mênis* ist.

Nur an einer Stelle erscheint *ûrswera* in der Bedeutung ‚falsch schwören' (sonst ‚abschwören'): H XIII.13: *Thet achtende [bod] thet thu thi nowet ne vrsuere*, vgl. diese Bedeutung von ags. *forswerian* o. § 107.

15. Bestechung

§ 277 Von Bestechung wird zuerst in der 3. Küre gehandelt: der Asega, so heißt es dort, soll keine *unriuchta meida* ‚unrechte Geschenke' annehmen (H II.18, F III.29, E_1 III.21); die übrigen Texte haben die doppelte Bestimmung: *unriuchta mida and tha urlouada panninga* (R_1 III.28, D J U: *onriuchte mede*

[336] Zusammen- bzw. Getrenntschreibung begegnet in beiden Fällen (*men eth, mena eth*).

[337] Van Helten, Laofr. 229.

[338] Dagegen ist die Stelle E_2 I. 44 ... *ief thu mith falleske thanze te winnande* wohl durch Buma—Ebel 105 zu technisch übersetzt („Wenn du sie durch Meineid zu gewinnen gedenkst"). Besser wörtlich: ‚durch betrügerische Absicht'.

ende wrlowade penningen) ‚unrechte Geschenke und unerlaubte Gelder'. Beide Wendungen erscheinen auch in späteren Texten unter Bezug auf Bestechung des Richters: zumeist im Pl. steht *meide* (H IV.18, F XVII.150, W 5 Dele: D XIII.126, Grietmann-Eid, Huns. K.: F XXII.59.63 f. H XXIII.66.70), hier ist die ursprüngliche Bedeutung ‚Geschenke' noch deutlich erkennbar; in B § 3 erscheint der Terminus gleichfalls in diesem Sinne (Annahme eines kleineren oder größeren Geschenks), später jedoch technisch in der Bedeutung ‚Anklage wegen Bestechung', ebenso westerl. in W nL.

Die Parallelstelle zur 3. Küre R_2 II.10 spricht von *unriuchte panninga*. Daneben erscheint *panning* im Sinne von Bestechungsgeld nur in R_2 VIII.44 und B § 2, ferner R_2 VIII.38 die Zusammensetzung *mîdpanning* ‚Bestechungsgeld'.[339]

16. Ungehorsam

§ 278 Für den Ungehorsam gegenüber dem Gericht, besonders einer Ladung, aber auch der Aufforderung zur Bußzahlung kennen die afr. Texte die nominalen Termini *ûrhêrnisse, ûrhêrichnisse, ûrhêrichêd* und die diesen zugrunde liegenden Adjektiva *overhêre, ûrhêrich*. Ein Verb **overhêra*, auf das diese Adj. zurückgehen müssen, ist afr. nicht belegt (vgl. aber ags. *oferhīran*).[340] Nur in R belegt ist *overhêre*, das ags. *oferhīre* entspricht und offenbar der älteste dieser Termini ist. Er erscheint nur in der spezifischen Bedeutung „seiner pflicht einer sühne bez. strafgeld zu zahlen nicht nachkommend",[341] die meisten Stellen beziehen sich auf die versäumte Zahlung von Buße, Wer- und Friedensgeld (R_1 IX.20.56.60. R_2 V.45.49. VI.21).

Aus *overhêre* dürfte *ûrhêrich (over-)* erweitert sein, das in der oben genannten weiteren Bedeutung erscheint (Ält. Schulzenr. XVII, XL, XLII: *ur-* D J, U: *over-*; Huns. K.: H XXIII.129.131, F XXII.118 f.; F XVII.23; W 5 Dele D XIII.39.43, J XVI; E_2 III.336; Jg. Schulzenr. VIII.XIV.XVI (14mal); westerl. Sendr. D J F[342]: 1, 12, 22, 25, 27, J: 7).

Demgegenüber erscheinen die Nomina relativ selten: ost- und westerl. *overhêrnesse* (aus *overhêre*: R_2 III.2, Ält. Schulzenr. XL, XLIV nur U; *ur-*: F XVII.32.40);[343] nur westerl. belegt ist *overhêrichnesse* bzw. *ûrhêrgens*[344] (Jg.

[339] Noch neuwfries. *medpenningh* (Japiks), auch mnl. *miedepenninc*: Löfstedt, Beiträge III, 33; ferner mnd. *mêdegelt*.

[340] His, Strafr. befaßt sich nur beiläufig an verschiedenen Stellen mit diesem Gegenstand, wobei vor allem jüngere (hier nicht berücksichtigte) Quellen des 15. Jh.s herangezogen werden. Seine Bemerkung „weil die verbrecherische That einen Ungehorsam gegen das Gesetz enthält, darum hieß der Verbrecher der Ungehorsame (*ovirhêre, ûrhêrich*, nd. *overhêrich*)" (S. 32) trifft für die älteren Texte nicht zu. Eine solche verallgemeinernde Bedeutung ist ausgesprochen jung. Allgemeine Täterbezeichnungen fehlen den älteren fries. Quellen durchweg.

[341] Van Helten, Laofr. 269.

[342] Van Buijtenen verliest F 27 (VIII. 97 bei Sjölin) *unherich*.

[343] Ferner Urk. v. J. 1473, Ahlsson, Abstraktb. 112.

[344] Das gleiche Suffix, s. Ahlsson, Abstraktb. 109.

Schulzenr. XIV, XXI, Ält. Schulzenr. XL, LXIV: J D).[345] Aus *ûrhêrich* substantiviert ist *ûrhêriga* ‚der Ungehorsame' (E_1 III.128, Westerl. Sendr. 1 D J F, 7 J, 25 J F; D hat hier *wrheringha man*).

ûrhêrichêd scheint eine okkasionelle Ableitung zu *ûrhêrich* (nur in Überschrift Ält. Schulzenr. XLII D und Urk. O III.32 v. J. 1502) oder Entlehnung aus mnl. *overhoricheit*.

An den technischen Termini für Ungehorsam lassen sich Altersschichten erkennen. Der offenbar älteste, *overhêre*, ist nur noch in R und in spezifischer Bedeutung erhalten, er dürfte ursprünglich weiter verbreitet gewesen sein, da aus diesem *overhêrnesse* abgeleitet ist. Beide Termini haben ags. Entsprechungen (*oferhîere, oferhîerness* s. § 110, auch mnl. *overhoornisse*). Die Stelle von *overhêre* hat die Ableitung *overhêrich* (mnl. *overhorich*), der insgesamt häufigst belegte Terminus, eingenommen; das hierzu gebildete Abstraktum *overhêrichnesse* hat seinerseits *overhêrnesse* verdrängt. Von den Hss. U J D, die das Ält. Schulzenr. überliefern, hat nur U die ältere Form *overhêrnesse* bewahrt, daneben nur ein R- und F-Text.

17. Versäumnis

§ 279 Im 1. Landr. wird das Versäumen dreier Volksgerichte (*liôdthing*), in der 9. Küre das Versäumen der Zahlung von Friedensgeld und Haussteuer behandelt (*frethepenning, hûslotha*, in U J D: *riocht* ‚Rechtspflicht' genannt). An beiden Stellen ist *ûrsitta* der technische Terminus (1. Landr.: R_1 R_2 F E_1 H_1 U J D, Küre: F H E U J D).[346] In F und J der 9. Küre sowie in F und R_1 des 1. Landr. wird die Absichtlichkeit dieses Versäumnisses betont (*bi ûrmôde and dolstrîde*, s. o. § 159).

Ein jüngeres Wort ist *ûrsûmia* ‚versäumen', das in E unter Bezug auf Zahlung der Bannbuße (E_1 VIII.57) und (Versäumnis der) Arbeitszeit belegt ist (E_3 V.201). Vereinzelt erscheint in späten westerl. Texten *ûr-, forsûmenisse, ûr-, forsûminge, ûr-, forsûmichêd*.[347] Möglicherweise handelt es sich hier um Entlehnungen aus dem Mnd. bzw. Mnl. (s. § 400).

18. Verrat

§ 280 Von Landesverrat handeln die Wenden zur 16. Küre (F XVII.199 ff., H VI.8 ff., E_1 VIII.117 ff.), doch werden technische Termini nur in E genannt:

[345] Zahlreiche jüngere Belege (besonders aus Urkunden) verzeichnet Ahlsson, Abstraktb. 112.

[346] Kern, Lex Salica 98 (auch Bremer PBB 17, 342 f.) stellt mit Recht *ûrsitta* bedeutungsmäßig neben ndl. *zich verzetten* ‚sich gegen etwas auflehnen, sich widersetzen' (*verzet* ‚Widerstand'). Zweifellos bezeichnet das Verb technisch nicht das fahrlässige, sondern das absichtliche, widersetzliche Versäumen. Insofern ist es eine Form der Rechtsweigerung, wie ja der Zusammenhang zeigt (s. u. § 281).

[347] v. Richthofen, Wb. 1116; Ahlsson, Abstraktb. 98, 123. Nach His, Strafr. 41 bezeichnen diese Termini die ‚Fahrlässigkeit' in Quellen, die unter römischem oder kirchlichem Einfluß stehen.

ûrrêda ‚verraten', *ûrrêdere* ‚Verräter'. Eine jüngere Stelle, Jur. Fris. 2, 36 nennt den Landesverrat *forrêdenisse*.

Herrenverrat erwähnen die Wende zur 16. Küre in E (*hwersa* ... *hir en scalk sinne afta hera vrret*: E_1 VIII.114) und die Willk. von Upst. (D XX.18: *huasa syn hera wrreth*, ähnlich D XVIII.10 f.).

Andere Bedeutung hat *forrêd* F XX.98: *met falsche forrede liues ende godis* ‚durch heimtückischen Anschlag auf Leben oder Gut' (ähnlich im Rudolfsb., v. Richthofen, Rqu. W 429,9: *urrader hiara guedis*). Diese Bedeutung findet sich auch mnd.: *êneme dat lîf vorrâden.*[348]

Insgesamt sind die Termini für Verrat erst in relativ späten Texten bezeugt, in E scheinen es Ergänzungen gegenüber den Parallelstellen in H und F zu sein. Es kann deshalb (und wegen der Bedeutungsparallele in F) die Möglichkeit in Betracht gezogen werden, daß hier Entlehnungen aus mnd. *vorrâden*, *vorrât(e)-nisse* (bzw. *vorrêt(e)nisse*), *vorrâder* oder auch mnl. *verraden*, *verradenisse* (bzw. *verredenisse*), *verrader* vorliegen. Mit Sicherheit dürfte dies für *forrê-derîe*[349] ‚Verrat' zu mnd. *vorrêderî(g)e*, mnl. *verraderie* gelten.

20. Rechtsweigerung

§ 281 Rechtsweigerung wird nur verbal durch *(fori)werna* ausgedrückt. Unsere Quellen erwähnen die Weigerung zur Steuerzahlung (9. Küre: E_1 III.60, F III.73.77, H II.50: *riuchtes werna*; R_1 III.70: *foriwernande*), des Dingbesuchs (1. Landr.: R_1 IV.4, F IV.1.7., J VII), der Haussuchung (Ält. Schulzenr. XXIV U J,[350] Jg. Schulzenr. XXXVIII, E_2 VI.23); weitere Stellen beziehen sich auf die Weigerung gegenüber anderen Rechtspflichten, auch von seiten des Richters (R_1 VIII.35 IX.5, B § 34 f.,[351] Ält. Schulzenr. XLVIII, Jg. Schulzenr. II, VIII). *werna* entspricht ags. *wiernan*, auch anwendungsmäßig (vgl. ags. *rihtes (for)wiernan*), nur R hat jedoch *foriwerna*[352] entsprechend ags. *forwiernan* (§ 113), as. *farwernian* bewahrt.

Zusammenfassende Auswertung

Vorbemerkung

§ 282 Die Anlage der Untersuchung — Darstellung eines speziellen Wortschatzbereichs — bringt es mit sich, daß eine Vielzahl von Fragen zu einzelnen Texten, einzelnen Handschriften, einzelnen Wörtern, zu wortgeographischen und wortchronologischen Zusammenhängen berührt wurden, ohne daß diese primär Gegenstand der Untersuchung gewesen wären. Die diesbezügliche Aus-

[348] Mnd. Wb. I. 901 s. v. *vorrâden*.
[349] Späte Belege, s. Ahlsson, Abstraktb. 163.
[350] D hat *weigeret*, ein junges Lehnwort aus mnl. *weigeren*.
[351] Auch *biwernia* in spezieller Bedeutung: van Helten, Laofr. 54, s. auch die Übersetzung Bumas.
[352] Zur Bedeutung des Präfixes s. van Helten, Laofr. 135.

beute ist deshalb auch ungleich: zu einigen Punkten wurde eine Vielzahl gleicher Beobachtungen gemacht, die genügen, bestimmte Aussagen zu machen, zu anderen nur wenige, die in ihrer Isoliertheit nur Hinweise erlauben, welche hier nicht weiter verfolgt werden können. Die ‚Auswertung' kann nur die zuerst genannten Punkte betreffen.

Die Lauwers als Rechtswortgrenze

§ 283 Die Zweiteilung des Afr. in Aofr. und Awfr. geht zurück auf von Richthofen, der in seinen Untersuchungen bemerkte: „Wie alle vorhandenen Aufzeichnungen zeigen, unterschied sich das Friesisch des östlichen Friesland von der Laubach bis zur Weser, das Karl der Große erst 785 unterwarf, sehr bestimmt von dem Friesisch des mittleren zwischen Fli und Laubach gelegenen, seit 734 fränkischen Frieslands."[353] In die wissenschaftlichen Handbücher ging die Zweiteilung zuerst bei M. Heyne ein und wurde schließlich durch Siebs Allgemeingut.[354] Sie basierte sicherlich auf vielerlei Beobachtungen, auch lexikalischen, wurde durch Siebs aber nur mit lautlichen Kriterien begründet. Diese Beweisgrundlage hat Sjölin, a.a.O. widerlegt und eine ganz andere (chronologische) Gliederung des Afr. vorgeschlagen (s. o. § 137 ff.). Da die Diskussion darum, ob es wesentliche phonologische und morphologische Merkmale gibt, die eine solche Gliederung rechtfertigen, sicher noch nicht als abgeschlossen gelten kann — hierzu vermag erst die Publikation der westerl. Hss. und deren graphematische Untersuchung eine Grundlage liefern —, kommt dem Zeugnis des Wortschatzes in dieser Hinsicht besonders große Bedeutung zu. Die diesbezüglichen Unterschiede sind so ins Auge fallend, daß es Wunder nimmt, warum sie nicht schon längst als wesentliches Kriterium der Gliederung des Afr. herangezogen wurden.[355] Daß sie rein chronologischer Natur seien, mag angenommen worden sein. Tatsächlich ist dies in einigen Fällen nicht abzuweisen bzw. wahrscheinlich, generell gilt es jedoch keineswegs (s. § 295 f.).

Im folgenden gebe ich eine Übersicht der osterlauwerssch-westerlauwersschen Wortschatzdivergenzen, wie sie aus der obigen Darstellung hervorgehen. Wortgeographisch relevant sind in erster Linie solche Fälle, wo die Bezeichnung für ein bestimmtes Delikt osterl. und westerl. unterschiedlich ist. Danach werden die nur westerl. belegten Termini genannt, zu denen es kein direktes osterl. Gegenstück gibt, sei es weil der Tatbestand überhaupt nicht behandelt

[353] v. Richthofen, Untersuchungen I. 95. — Vgl. auch das Zitat aus dem Wb. oben § 137.

[354] M. Heyne, Laut- und Flexionslehre der altgermanischen Dialekte, 1862. — Th. Siebs, Geschichte der friesischen Sprache, in: Grundriß der germ. Philologie ²I, 1901. — Vgl. B. Sjölin, Gliederung 25 ff.

[355] Aus dem Titel der Wortschatzuntersuchungen van Heltens (Zur lexicologie des altostfriesischen bzw. altwestfriesischen) könnte man dies herauslesen. Tatsächlich besagen diese jedoch nur, daß jeweils der Wortschatz der Hss. H F E B R bzw. (ganz knapp!) J U D in Ergänzung und als Berichtigung des v. Richthofenschen Wörterbuchs behandelt wird. Es geht hier ausschließlich um die semantische und etymologische Deutung von Wörtern.

ist, oder weil er in unspezifischer Form umschrieben wird. In diesen Fällen verzeichne ich zunächst nur die spezifisch westerl. Termini, auf die osterl. wird später eingegangen.

Terminologie

	osterlauwersscher Hss.	westerlauwersscher Hss.
§ 155	*ûrbreka*	*ûrbreka* (K., L.), *ûrbera*
§ 157	*ûrlerren*	*(on)forloren, -lern*
§ 158	*(un)biwullen*	*(one)biwollit*
§ 168	*liûdkûth ende bûrkûth*	*bûrkûth ende gâkûth*
§ 177	*fella, falla* u. a. *morthia, a morth slâ*	*ûr-, forslâ, dêia*
§ 181	*banethe*	*banethe, daedbante*
§ 189	*mith skathewêpen*	*mith skerpa wêpen*
§ 193 ff.	*dolg, wunde, wundinge, wundia, dêde*	*dolg, dolgia, dolginge*
§ 204	*lithwege* f.	*lithwey* m. n.
§ 208	*blôdresene, blôdelsa*	*blôdresene*
§ 211	*wêdne wonnelsa, wêden, wêdling, blâwelsa*	*(dûstslêc) wêden and wanfelle*
§ 216	*gersfal, gersfelle*	*gersfallig*
§ 220	*onsittande*	*stalfestig*
§ 198, 225	*werdene, werda, ergeria, lemethe*	*er(g)ene, ergenz(e), erginge, erra* § 228
§ 230	*bênsêtich, bênfest, bênsêta, bênsittan, bênstal* (F)	*bênstallich*
§ 233	*faxfang, hêrbreud* u. Umschreibungen	*faxfang*
§ 234	*weiwendene, wei ûrstonda*	*weischettinge, weimêringe weischettene*
§ 236	*swarta bende, hring-, nêd-, slof-, herebende, heft(nese)*	*halda an heftene and herebendum*
§ 239	*hêres homelinge*	*hêrscrêdene* § 199
§ 240	*berdhomelinge*	*berdbreke* § 202
§ 242	*onriucht onfeng*	*herdafeng*
§ 243	*swarta sweng, biârskeppene, -hlem*	*mit biare werpa (biarwerpen)*
§ 246	*erthfal, delefal*	*dûstsweng, -werp, -scowe, -stêt* § 213
§ 247	*flêsfal (wêt and wasich)*	*flîuswerp (onwad wetter)*
§ 248	*wapuldêpene*	*wapeldranc* § 249
§ 255	*nêdmonda*	*nêdmond*
§ 256	*(a) nêde nima, nêda, nêdgia*	*an nêde nima*
§ 260	*(ûr)stela*	*(of)stela*
§ 263	*(h)rêrâf, lîkrâf*	*rêsrâf*
§ 266	*overdelfta* u. a.	*overdelfta, râfdelta* u. a.
§ 269	*falsk*	*falschêd* (+ F), *skrêdene*
§ 273	*hêmsêke(ne), -inge, fara to hove and to hûse, hûsfere*	*hûsstêt, hûsslêc*
§ 276	*mênêth*	*mên(a)êth*

Nur westerl. belegte Termini: *misdêde, misdêdiga, misdwâ* § 145 (jung); *nachtdêde* § 145 (jung); *walddêde* § 145; *durich* § 145 (jung); *swarta sweng* § 149 (jung); *ti leke ni ti lastere* § 150; *wanwytschip, wanwîsinge*

§ 161 (jung?); *mit rêde ende mit dêde* § 172 (jung); *fulliste* § 173; *stêpa* § 173; *mith samnatha sithum* § 175; *landbede* § 175; *slachta* § 177; *nomelsmord, heydenmord, oen(bi)nomad mord* § 184; *homkâse* § 190; *in fulla strîde* § 189; *(une)wemmed* § 191; *breindolg, breinwonde* § 193 f.; *sêr* § 196; *bênbreke* (+ F) § 202; *-breke* § 202; (-)*kerf* § 205; *inre(th)* § 206; *frâshêd thes lîves* § 210; *dâwense, dâwede* § 211; *berdfeng* § 240; *halsrâf* § 241; *thiûvig, thiuftigia* (jung) § 259; *skâkrâf* § 262; *sperfallich, balkfallich* § 274; *overhêrichnesse, ûrhêrgens* § 278 (jung).

Nicht berücksichtigt sind in diesen Listen einige Termini, welche Entsprechungen in Ommelander (s. u. § 291) und Emsiger Texten (s. u. § 292) haben. Nicht minder lang wäre in der Gegenprobe die Liste ausschließlich osterl. Termini (s. u. § 287, 290 ff.).

Natürlich haben die Entsprechungen und spezifisch westerl. Termini unterschiedlichen Wert als Zeugnis für die Gliederung des Altfr. Eine Anzahl ist sicherlich jung, hier ist gelegentlich jüngerer Wortschatz in ältere Texte eingedrungen bzw. stammt aus Ergänzungen und Einfügungen, hinzukommen Belege aus jungen Texten (wie *misdêde*). In einigen Fällen liegen auch nur morphologische Unterschiede vor *(nêdmond(a), falsk-falschêd)*. Welche Bedeutung den einzelnen Belegen zukommt, soll hier nicht diskutiert werden, dazu kann auf die obige Darstellung verwiesen werden. Ich betone nur, daß jeweils Häufigkeit und Alter der Belege von Wichtigkeit ist. Für ausschlaggebend halte ich bei den komplementären Termini vor allem *dolg — wunde — dêde, werdene — lemithe — ergene* (dahinter steht eine ganz verschiedene Gliederung der Delikte), *weiwendene,* die Fesselungsterminologie, *homelinge,* die Begießungsdelikte, die Notzuchtbezeichnungen, die Bezeichnungen für Münzfälschung und ganz besonders die wesentlich unterschiedliche Auffassung von der Heimsuchung. Unter den spezifisch westerl. Termini sind vor allem die für Beihilfe, ‚*nomelsmord*', Knochenbrüche, Schnitte und Bartdelikte zu nennen.

Die terminologischen Unterschiede sind in vielen Fällen nur der sichtbare Ausdruck einer Verschiedenheit der Gliederung und Beurteilung der Delikte. Dies gilt auch für die jeweils nur westerl. bzw. osterl. bezeugten Termini. Erst mit dem technischen Begriff ist der rechtliche Tatbestand endgültig erfaßt, fixiert und der Rechtsgemeinschaft bewußt gemacht.

§ 284 Was das Alter der spezifisch westerl. Rechtsterminologie betrifft, so verdient besondere Aufmerksamkeit, daß sich in einer Anzahl von Fällen in den westerl. Texten (auch den Bußtaxen!) die ältere Schicht afr. Rechtswörter besser erhalten hat als in osterl. Texten. Das beste Beispiel ist hier *dolg* ‚Wunde', ‚Verwundung', das sich osterl. nur selten selbständig, meist in formelhafter Verbindung mit *dâth(del)* findet und weitgehend durch *wunde, wundinge, dêde* ersetzt wurde (§ 193 ff.), wohingegen es westerl. der Hauptterminus geblieben ist. Ebenso wie bei *dolg* finden sich die Vorstufen von *lithwei, dûstslêc, wlitiwemmelsa* schon in der Lex Fris. (*dolg, liduwagi, durslegi, wlitiwam* §§ 204, 212, 191). Alle drei Termini sind westerl. häufiger belegt und die ersten beiden hier am besten in ihrer ursprünglichen Bedeutung. Osterl. finden sie sich fast nur in den Allg. Bußt. Dies letztere gilt auch für *herebende* (§ 236). *blôdresene* wurde in jüngeren osterl. Texten durch *blôdelsa* ersetzt, bereits in den osterl. Hss. der Landrechte findet sich *blôdelsa*, *blôdresene* nur in den Allg. Bußt. und in R. Ein alter Terminus ist vielleicht auch *herdafeng* (jünger osterl. *onriucht onfeng*), sofern der Beleg im lat. Text der Allg. Bußt. hierher zu stellen ist. Auch der westgerm. weiter verbreitete Terminus *skâkrâf* ist nur westerl. häufig. Zu *dûstslêc* ist zu bemerken, daß dieser offensichtlich alte westgerm. Terminus sich westerl. so gut bewahrt hat, daß er zum Vorbild für eine Reihe anderer *dûst*-Zusammensetzungen wurde. Schließlich sei verwiesen auf den Terminus für Beihilfe, *fulliste* § 173, der afr. nur in westerl. Texten erscheint, darüber hinaus jedoch ae. (*fylst* § 45), as. und ahd. (§ 330) belegt ist.

In all diesen Fällen ist auf Grund der Belege in verschiedenen Texten, für die Datierungen vorliegen, sicher bestimmbar, daß sie der ältesten Schicht der afr. Rechtsterminologie angehören.[356]

§ 285 Für die Beurteilung der westerl. Bußt. sind diese Zeugnisse von großer Wichtigkeit. Bereits einleitend wurde darauf hingewiesen, daß diese Bußt. eine in sich geschlossene Textgruppe darstellen, die offensichtlich auf einer weit zurückreichenden Tradition fußt. Daß sie von den osterl. Bußtaxen unabhängig sind, geht aus der Vielzahl spezifischer Termini hervor.

Was einen möglichen zeitlichen Ansatz betrifft, so scheint mir vom Terminologischen her eine Gleichstellung mit den Allg. Bußt. des 10./11. Jh.s berechtigt.[357] Zur Erläuterung dieser Annahme ist hier zunächst auf einige weitere Termini hinzuweisen, die sich nur in den Allg. Bußt. und in westerl. Bußt. finden, ohne daß an Lehnbeziehungen gedacht werden müßte (s. u. § 288): *thria bêna breka* u. ä. § 202, *thruchslâ* § 207, *in- ûtgong* § 275, *dâvia* § 221, *bênes onstal* § 230, *berdfeng* § 241. Hinzu kommen solche Termini, die nur in westerl. Bußt. und R belegt sind (s. u. § 290), denn diese Übereinstimmungen weisen auf Erhaltung ursprünglich gemeinfries. Wortschatzes.

Auch typologisch ist eine gewisse Ähnlichkeit zwischen westerl. und Allg. Bußtaxen erkennbar. Wie diese bestehen die westerl. Bußt. in ihrem Kern — der letzte Teil enthält zumeist Ergänzungen — aus einer Reihung von Delikten und Strafsätzen. Dagegen bieten die osterl. regionalen Bußt. — je jünger desto stärker — ausführliche Beschreibungen der strafrechtlichen Tatbestände. Die technische Terminologie tritt in den westerl. und Allg. Bußt. viel deutlicher hervor. Hierin ähneln sie den älteren ags. Gesetzen sowie den deutschen Leges.

[356] Vgl. dazu Verf., Die Gliederung des Altfriesischen im Lichte der Rechtswortgeographie. In: Studzjekonferinsje Frysk 1971. Ljouwert 1971, 48—64.
Dort werden die Fragen der Gliederung, der Altersschichtung und der geographischen Zuweisung bestimmter afr. Texte eingehender und unter Einbeziehung der westgermanischen Zeugnisse aus Kap. I. und III. behandelt.

[357] Ein solcher Nachweis müßte sich aber vor allem auf das Münzsystem stützen.

§ 286 Die wortgeographischen Befunde lassen erkennen, daß die Lauwers in afr. Zeit die wichtigste innerfries. Sprachgrenze gewesen ist. Und dies nicht zufällig. Dafür sprechen zahlreiche historische Zeugnisse. Die Landschaft zwischen Vlie und Lauwers gilt als ‚das alte Kernland des friesischen Stammes',[358] als das ‚Stammland der Friesen',[359] von dem die Besiedlung der östlichen Landschaften ausging. Es wurde früher als jene dem fränkischen Staatsverband eingegliedert. Ausdrücklich unterscheidet die Lex Fris. Bestimmungen für die Gebiete ‚inter Laubachi et Flehi' und ‚inter Laubachi et Wiseram' bzw. ‚trans Laubachi'. Möglicherweise hat schon diese Unterscheidung v. Richthofen zu seiner Einteilung veranlaßt (vgl. die Einleitung seiner Ausgabe v. J. 1866!). In seinen ‚Untersuchungen' geht er ausführlich auf die verschiedenen Flußgrenzen ein, die Friesland (im weiteren Sinne) in die sieben Seelande teilen und hebt hervor, daß die Lauwers die weitaus häufigst erwähnte Grenze sei.[360] Auch Heck, Gerichtsverfassung S. 8 betont, daß die Lauwers „von je her eine Rechts- und Stammesgrenze" war. Ihr folgte dann auch die Diözesangrenze zwischen den Diözesen Utrecht und Münster. In neuerer Geschichte hat die Landschaft zwischen Vlie und Lauwers — im Gegensatz zu den späteren Siedlungsgebieten der Friesen — eine besondere kulturelle und sprachliche Beharrsamkeit bewiesen. An der Lauwers endete der Einfluß des Sächsischen; trotz starker nl. Einflüsse hat sich das Friesische westl. der Lauwers bis heute am besten erhalten. Hier erwuchs die ‚Friesische Bewegung', der es gelang, das Westfriesische als moderne Kultursprache zu erhalten bzw. in mancher Hinsicht neu zu schaffen.

Diese Hinweise mögen genügen, den sprachlichen Beobachtungen ein wenig Hintergrund zu geben.[361]

Erwähnt sei in diesem Zusammenhang, daß auch der Vergleich moderner niederländischer, friesischer und deutscher Mundarten sprachgeschichtlich ergiebig ist. Auf Grund diesbezüglicher, vor allem wortgeographischer Befunde schließt Heeroma, daß das westerl. Sprachgebiet sich durch eine besondere Kontinuität der sprachlichen Entwicklung auszeichnet.[362]

Auf Heeromas damit verbundene Ingwäonen-Hypothese wird später einzugehen sein. Dies ist kein spezifisch westgermanisches, sondern ein gesamtgermanisches Problem. Wie stark die Beurteilung von ‚Ingwäonismen' im Wortschatz von der vergleichenden Heranziehung der nordischen Quellen abhängt, haben u. a. Löfstedts Beiträge zur nordseegermanischen und nordseegermanischnordischen Lexikographie[363] wie auch Hyldgaard-Jensens Rechtswortgeographische Studien gezeigt.

[358] Borchling, Die alten Rechtsquellen Ostfrieslands 1906, 8.

[359] Kalma, Westfriesland, in: Borchling—Muuss, Die Friesen, 169.

[360] v. Richthofen, Untersuchungen I. 102.

[361] Zur Geschichte Westfrieslands (ndl. ‚Friesland') sei auf die Encyclopedie van Friesland (Hauptredaktion: J. H. Brouwer), Amsterdam, Brüssel 1958 und Geschiedenis van Friesland (Redaktion: J. J. Kalma, J. J. Spahr van der Hoek, K. de Vries) Drachten 1968 hingewiesen.

[362] K. Heeroma, Friese Dialectologie, in: Philologia Frisica 1959, 79—88.

[363] Nd. Mitt. 19/21 (1963/65), 281—345, 22 (1966), 39—64, 23 (1967), 11—61.

Die allgemeinen Bußtaxen und ihre Beziehungen zu osterl. und westerl. Bußtaxen

§ 287 Bestimmte Aussagen vermag die Wortgeographie über die landschaftliche Zuweisung der Allg. Bußt. zu machen. Zuvor einige forschungsgeschichtliche Bemerkungen.

Den Namen ‚Allgemeine Bußtaxen' gab ihnen v. Richthofen in seinen Rechtsquellen, wo dies Bußregister unter den „allgemeine(n) friesische(n) gesetze(n)" (zwischen Weser und Vlie) aufgeführt wird. Die Ansicht, daß die A. B. gemeinfries. gewesen seien, also östlich und westlich der Lauwers Gültigkeit besessen hätten, vertrat auch His, zuerst Strafr. S. 3 und noch 1937 in seinen ‚Untersuchungen zu den älteren Rechtsquellen Ostfrieslands' (S. 116 ff.), wohingegen Heck die A. B. für einen ausschließlich osterl. Rechtstext hielt.[364] Nauta hielt diese Frage in seinen Untersuchungen zu den A. B. für nicht entscheidbar, solange die westerl. Bußt. nicht vollständig ediert und untersucht seien (S. 120). Leider ist die ausführlichste Abhandlung zu den A. B., Jaekels nachgelassene Schrift über die Geschichte des friesischen Geldwesens, ungedruckt. Nur His setzte sich bisher in seinen Untersuchungen mit ihr auseinander, wobei er Jaekel in wesentlichen Punkten folgt, wie übrigens auch Nauta auf Grund der Zitate bei His. Grundlage der Untersuchung Jaekels sind die in den A. B. erkennbaren Münzsysteme.[365] Er kommt zu dem Schluß, daß in den A. B. ein ostfries. Buldregister (spätestens 10. Jh. mit Ergänzungen aus 11. Jh.) und ein mittelfries.[366] Saigenregister (1. Hälfte 10. Jh.) um 1100 verschmolzen seien. Hinzukommen kleinere Zusätze in anderen Münzwerten. Dieser Annahme stimmt Nauta auch auf Grund seiner eigenen Untersuchungen zu (117). Er nimmt weiter an, die A. B. seien zusammengestellt worden, „um die Bußen der Körperverletzungen im ganzen Friesland zu vereinheitlichen." Möglicherweise hätten diese nur im interregionalen Rechtsverkehr Gültigkeit besessen, da in den osterl. Hss. neben den A. B. stets noch regionale Bußtaxen angeführt werden. Diese letztere Vermutung halte ich in dieser allgemeinen Form für wenig wahrscheinlich; dann sollte man doch die Erwähnung von Orts- und Landschaftsnamen erwarten wie in anderen interregionalen Bußt. (z. B. den westerl. Interr. B. und ags. EGu). Außerdem schließen sich die regionalen osterl. Bußt. häufig an die A. B. an und wirken jünger als diese. Wie sollte man schließlich die erweiterte und systematisierte Fassung der A. B. in F (XI) erklären, die einerseits (nach Sjölin) der Urfassung der A. B. am nächsten steht, andererseits — wie unten § 291 gezeigt wird — zahlreiche Neuerungen aufweist, welche schließen lassen, daß hier ein durchaus regional gültiger Text geschaffen wurde. Leider hat Nauta diese Fassung der A. B. nicht berücksichtigt, was den Wert seiner Untersuchungen in vieler Hinsicht mindert.

[364] Ph. Heck, Altfriesische Gerichtsverfassung 1894, 182. Ders., Übersetzungsprobleme im frühen Mittelalter 1931, 34.

[365] Vgl. Nauta, Bußt. 106 ff. — His, Untersuchungen, 116 ff.

[366] ‚mittelfriesisch' bezieht sich hier auf die Landschaften zwischen Ems und Lauwers, die späteren (Groninger) Ommelande.

Interessant ist die Beobachtung von His, daß die A. B. in Rüstringen besonders lang gegolten hätten, „während sie im Emsigerland und in den Groninger Ommelanden wohl schon früh außer Gebrauch kamen."[367] Vielleicht bedeutet dies, daß jenes ostfries. Buldregister — der Hauptteil, aus dem die A. B. kompiliert wurden — aus Rüstringen stammte. Auf jeden Fall spricht auch dieser Befund gegen Nautas Annahme. Andererseits wären jedoch die Entlehnungen aus den A. B. in westerl. Bußt. (s. u. § 288) gut aus der Annahme einer interregionalen Gültigkeit der A. B. zu erklären.

Dies alles sind jedoch reine Vermutungen. Eine wirkliche Entscheidung über Art und Zeit der Gültigkeit der A. B. kann nur ein systematischer Vergleich mit den regionalen osterl. sowie den westerl. Bußt. erbringen. Kehren wir zurück zur Frage, *wo* die A. B. gegolten haben. Das Hauptzeugnis ist in dieser Hinsicht das Vorkommen der A. B. in den afr. Rechtshss. Da diese Hss. m. E. stark durch landschaftliche Überlieferungstraditionen geprägt sind, halte ich es für ein ganz entscheidendes Zeugnis, daß die A. B. *nur* in osterl. Hss. überliefert sind. Mir ist eigentlich unverständlich, wieso die Möglichkeit, daß die A. B. auch im westerl. Friesland gegolten haben könnten, überhaupt ernsthaft in Betracht gezogen werden konnte. Vielleicht hätte auch v. Richthofen einen anderen Namen gewählt, wenn ihm sämtliche heute bekannten afr. Hss. vorgelegen hätten. Da in den westerl. Hss. so alte Texte wie das Sendrecht und das Schulzenrecht, dazu die gemeinfries. Küren und Landrechte überliefert sind, wären wohl auch die A. B. in ihnen zu erwarten, wenn sie im Ostergo oder Westergo gegolten hätten. Ferner spricht auch der Nachweis von Jaekel über die ursprüngliche Zusammensetzung der A. B. aus ost- und mittelfries. Bußregistern gegen solche Annahme, wenn auch Ursprungs- und Gültigkeitsraum nicht unbedingt identisch zu sein brauchen. (Nimmt man aber Rechtsübertragung an, so muß man wieder fragen, warum die A. B. nicht in die Überlieferungstradition eingegangen sind.)

Zu diesen zwei Punkten kommt ein dritter wortgeographischer. Die Terminologie der A. B. ist osterl., weist engste Beziehungen zu den osterl. Bußt. und anderen osterl. Texten auf. Dagegen unterscheiden sich die westerl. Bußt. terminologisch ganz wesentlich von den A. B., wie oben gezeigt wurde. Hätten die A. B. gleichermaßen westlich wie östlich der Lauwers gegolten, so sollte man hier eine ähnliche Kontinuität erwarten wie zwischen A. B. und osterl. Bußt. Hier wirkt der Name der A. B. irreführend. Es ist nicht so, daß die ‚Allgemeinen Bußtaxen' gleichsam das älteste gemeinfr. Bußregister darstellen, dem dann jüngere osterl. und westerl. gegenüberstehen. Nach meiner bisherigen Kenntnis der Textzusammenhänge ist die Gruppe der westerl. Bußt. ungefähr gleich alt wie die Allg. Bußt. Aus diesen und vielleicht anderen regionalen Bußregistern sind die Hunsigoer, Fivelgoer, Emsiger, Rüstringer Bußt. erwachsen.

Dem Nachweis, daß die westerl. Bußt. eine von den osterl. unabhängige Textgruppe darstellen, ist nun noch der Nachweis der Verwandtschaft von A. B.

[367] His, Untersuchungen 116. — Gegen das letztere spricht allerdings die jüngere F-Fassung.

und osterl. Bußt. sowie anderen osterl. Texten hinzuzufügen. Hierzu verzeichne ich alle jene Termini, die nur in den A. B. (zumeist in allen Texten!) *und* in osterl. Bußt. sowie (seltener)[368] anderen osterl. Texten vorkommen.

mêtedolg § 193, *bronddolg* § 193, *wundia* § 194, *bûkwunde* § 194, *dêde* ‚Wunde, Verwundung' § 195, (-)*werdene, werda* § 198, *netta-sk(r)êdene* § 199, *onkeme* § 207, *inra mûtha* § 207, *blîcande blôdresene* § 208, *blôdelsa (unblîcande)* § 208, *blôdrene* § 208, *blôdes ûtrene* § 208, *wonsprêke* § 209, *spêdelspring* § 209, *wederwondlinge* § 209, *sinkele* § 209, *abêl and insebtha* § 209, *hâveddusinge* § 209, *soldêde* § 210, *swîmslêc* § 215, *stefslêc* § 215, *gersfal* § 216, *offlecht, ofslêc* § 217, *stareblind* § 220, *onsittande* § 220, *stemblinge* § 224, *lemithe* § 225, *hâvedlemithe* § 225, *weiwendene* § 234, *swarta bende* § 236, *(h)ring-, reil-, hrembende* § 236, *slofbende* § 236, *wapuldêpene* § 248, *bâsafeng,* § 254, *hêmsêke(ne) -inge* § 273.

Um einen Vergleich zu ermöglichen, verzeichne ich auch alle nur in den A. B. belegten Termini: *frumdolch* § 193, *môsdolch* § 193, *brêskrêdene, lungenskrêdene* u. ä. § 199, *lithwege* (wl. *lithwey)* § 204, *inscathinga* § 206, *inrif* § 207, *thruchkeme* § 207, *hête and kelde* § 209, *blendene* § 220, *homelinge* (+ F XVII) § 222, *thria bilekne lithe* § 230, *lithsmelinge* § 230, *nêdbende* (+ F XVII) § 236, *wîfstrewene* § 241, *erthfal* (+ F XVII) § 246 (osterl. Bußt.: *delefal*).

§ 288 In der obigen Übersicht wurden einige Termini als ausschließlich osterl. bzw. nur in den A. B. bezeugt angeführt, die gleichfalls in westerl. Bußt., den B 5 Dele, FwDg. Gw. Lw. und Dg. B. belegt sind. Es handelt sich hier, wie im folgenden nachgewiesen wird, um Entlehnungen aus den Allg. Bußt. Ich verzeichne diese Übereinstimmungen in einer Synopse, wie das Vorkommen der betr. Termini in den Texten der A. B., osterl. und westerl. Bußt. veranschaulicht.

Aus der Übersicht geht hervor, daß die Übereinstimmungen primär zwischen den A. B. und den westerl. Bußt. bestehen, während die regionalen osterl. Bußt. nur in einer gewissen Anzahl von Fällen den gleichen Terminus kennen. In 4, 5, 8, 15, 19, 27 ist der betr. Terminus in den jüngeren osterl. Bußt. nicht (mehr) belegt, zumeist erscheint er nur in einigen dieser Texte. Gewißheit darüber, daß die meisten der hier angeführten osterl.-westerl. Übereinstimmungen auf Entlehnung aus den A. B. beruhen, liefert die Anordnung der betr. Termini in den westerl. Bußt. In der Mehrzahl der Fälle erscheinen die Termini gruppenweise in Aufzählungen wie Versatzstücke in den Text eingefügt (bes. B 5 Dele, Gw. Lw. B.). Mehr oder weniger deutlich treten folgende Gruppierungen hervor:[369]

[368] ‚Seltener' deshalb, weil eben die spezifischen Deliktbezeichnungen in der Mehrzahl nur in Bußtaxen belegt sind.

[369] Die Nummern dieser Gruppen (1—11) erscheinen in der Tabelle als hochgestellte Ziffern.

Lfd. Nr.	§§	Terminus	Allg. Bußt. H	F	E	R	osterl. Bußt. H	F	E	R	B 5 Dele D	J	Gw.B.	Lw.	Dg.	FwDg. andere Texte
1	193	*môsdolch*	×	×	×	×					×[1]		×[1]		×[8]	
2	194	*wundia*	×	×	×	×	×	×	×	×						×
3	194	*wunde*		×			×		×	×						Dingt
4	199	*brêskrêdene*	×	×	×	×						×		×[8]		×
5	199	*lungenskrêdene*				×					×[1]	×[1]	×[1]			
		lungenskêdene	×		×											
6	199	*miltaskrêdene*[a]									×[1]		×[1]			
7	199	*nittaskrêdene*[a]		×		×				×		×[1]				
		nittaskêdene	×		×											
8	206	*ongneilis in-skathinga*	×		×	×[c]					×[2]	×[2]	×[5]	×[5]		
9	207	*omma/audema ûtgong*		×						×[d]	×[4]	×[4]	×[4]	×		
10	208	*blîcande*[b] *blôdresene*	×	×	×	×				×	×			×		×
11	209	*blôdes inrene*	×	×	×	×	×			×	×	×	×			
12	209	*wonsprêke*	×	×	×	×			×	×	×[1]	×[1]	×[1]			
13	209	*spêdelspring*	×	×		×	×		×		×[1]	×[1]	×[1]			
14	209	*wederwondlinge*	×	×	×	×							×[5]	×[5]		
15	209	*hête ende kelde*	×	×	×	×					×[1]	×[1]	×[3]			

16	209	*sinkele*	×	×			×		×				×	×[6]		
17	209	*abêl and inseptha*	×	×	×	×	×		×		×[1]	×[1,9]	×[3]	×[7]	×[8]	
18	217	*fellis offlecht* *(ofslêc)*	 (×)	×	× (×)		 (×)		× (×)		×[4]	×[4]	×[4]	×[7] *:oenflecht*		
19	220	*blindene*			(×)	(×)						×[9]			W 5 Dele	
20	220	*stareblind*	×		×	×	×		×		×[2]	×[2]				
21	220	*onsittande*	×	×	×	×	×					×[9]				
22	222	*homelinge*	×		×	×		×			×[1]	×[1]	×[1]			
23	225	*lemithe*	×	×		×	×		×	×	×	×		×		× Ay. B. Jg. Sch.
24	226	*grîplom* *(grîphalt)*					 (×)		× (×)		×[10]	×				
25	226	*strickhalt* *(stricklom)*		×	×				× (×)		×[10]					
26	226	*krâwelcrum* *(crâwelbên)*		× (×)					×		×[10]					(Ay. B.)
27	241	*wîfstrewene*	×		×	×					×[1]	×[1]	×[1]			
28	246	*irthfal/eerdfal*	×		×	×		×			×[11]	×[11]	×[11]	×[11]		
29	248	*wapeldêpene/* *wapelpîna*	×	×		×	× (Landr.)	×	×	×	×[11]	×[11]	×[11]	×[11]		
30	209	*hâveddusinge (dâvid-)*	×	×	×	×	×		×	×	(×)	(×)				

a) *miltaskrêdene* in B 5 Dele D und Gw. B. scheint eine Umdeutung von *nittaskrêdene* zu sein.
b) osterl.: *blîcande blôdresne binna clâthon/bûta clâthon*, D: *bloedresene blicande onder dae claen*, FwDg, LwB.: ... *bina clanem*.
c) *âges inscathinga.*
d) *inêthma, ûtêthma.*

1) in B 5 Dele (J D), Gw. B.: 5, 6 (D Gw.), 7 (J), 12, 22, 27, 13, 17, 15 (17, 15 in Gw. an anderer Stelle), 1 (D, Gw.). Die Gruppe 5—13 (*lungenskrêdene* bis *spêdelspring*) findet sich auch in den A. B. in naher Nachbarschaft.
2) 8 und 20 (D J, ebenso A. B.).
3) 17 und 15 (D J Gw., ebenso in A. B.).
4) 18 und 9 (D J Gw.).
5) 8 und 14 (Gw. Lw.).
6) 4 und 16 (Lw., ähnlich in A. B.).
7) 18 und 17 (Lw.).
8) 17 und 1 (Dg.).
9) 21, 17 und 19 (J, ähnlich in A. B.).
10) 24—26 (ähnlich in Emsiger Bußt.).
11) 28, 29 (D J Gw. Lw. wie in R_1 V. 114!).

Zu diesen Entlehnungen hatte sich His in seinen Untersuchungen wie folgt geäußert: „einige Teile [der A. B.] finden sich auch in Bußtaxen der westlichen Gebiete: In den unter sich verwandten Ostergoer Bußtaxen von Ferwerderadeel und Dongeradeel und Leeuwarderadeel (Rechtsqu. 451 f.) und in kompilierten Bußtaxen.“[370] Dabei zählt er die Gw. B. nach der Ausgabe v. Richthofens zu den FwDg. B. Von den FwDg. und Lw. B. nahm er an, daß sie auf dieselbe Grundlage zurückgingen (S. 124). Was die genauere Herkunft anlangt, glaubte His Anklänge an den R-Text der A. B. zu erkennen. Dies gilt zweifellos für die Termini *eerdfal, wapelpîna* (s. o. §§ 246, 248), die in den B 5 Dele (D J) am Anfang in den Text eingefügt sind, in den Lw. und Gw. B. im Zusammenhang der übrigen Entlehnungen erscheinen (Gw. B.: 18, 9, 28, 29 ... 17,15 ... 8,14 Lw. B.: 18, 28, 29 ... 17 ... 8,14). Für den R-Text spricht ferner, daß nur hier die Form *lungenskrêdene* erhalten ist (entsprechend westerl. *-skrêde(ne)*), auch *nittascrêdene* in R und F der A. B. Doch wiegt dies Zeugnis nicht schwer, weil hier offensichtlich die ursprüngliche Form des Terminus vorliegt. Im übrigen hat der Vergleich der verschiedenen A. B.-Texte mit den oben angeführten Gruppen von Entlehnungen gezeigt, daß keiner dieser überlieferten Texte diesen Stellen (und besonders der Reihenfolge) derart entspricht, daß eine bestimmte Vorlage erkennbar würde. Andererseits hängen zweifellos die Entlehnungen miteinander zusammen, vor allem die Gruppen (1), (2), (3), (4).

Weniger offensichtlich ist die Entlehnung der Termini *wundia, lamethe, blîcande blôdresne, blôdes inrene, dâviddusinga* (2, 23, 10, 11, 30). In diesem Fall spricht für Herkunft aus den A. B. vor allem, daß diese Termini in denselben Texten erscheinen, die die übrigen Entlehnungen enthalten. Nicht den A. B., sondern offensichtlich den Emsiger Bußtaxen entstammen die Termini *grîplom, strickhalt, krâwelcrum* (24—26).

Bemerkenswert ist, daß sich die Termini aus den A. B. nur in den Ostergoer Bußt. (FwDg. Lw. Gw. B.) und den kompilierten B 5 Dele finden. Da die

[370] His, Untersuchungen 116. Später, S. 124, vermerkt His auch die diesbezüglichen §§ bei v. Richthofen und Hettema: FwDg. B. §§ 25.29.31 f.38 (Rqu. 448 f.), Lw. B. §§ 26.29.33—35 (Rqu. 457 ff.), B 5 Dele (J) §§ 42—45 (Hettema, OFW II).

letzteren mancherlei aus den Ostergoer Bußt. übernommen haben, wäre zu vermuten, daß dies auch für die betr. Passagen aus den A. B. gilt. Trotz der ins Auge springenden Verwandtschaft zwischen Stellen in Gw., J und D ist damit jedoch nicht zu rechnen, denn die B 5 Dele enthalten etliche Termini (und Bestimmungen) aus den A. B., welche den Ostergoer Bußt. fehlen (J: 7, 19—21 D: 20, 30), diese wiederum enthalten weitere, in den B 5 Dele nicht belegte (14, 16). Auch die D- und J-Fassung der B 5 Dele weisen in dieser Hinsicht Unterschiede auf. Die Entlehnungsverhältnisse sind also durchaus kompliziert und werden, sofern überhaupt, nur im Zusammengang eines eigentlichen Textvergleichs zu klären sein.

Es ist hier auch mit der Möglichkeit zu rechnen, daß die Entlehnungen nicht zu gleicher Zeit erfolgten. Dafür spricht der Umstand, daß einige Bestimmungen in den sachlichen Zusammenhang der Bußt. eingegliedert sind (bes. 10, 11, 23, 30), andere — vor allem aus den Gruppen (1)—(4) — offensichtlich jüngste Ergänzungen sind, die kaum wesentlich älter als die betr. Textfassung selbst sein dürften. Zu solchen jüngeren Ergänzungen möchte ich auch die Termini 24—26 aus den Ems. Bußt. zählen.

Fragen wir zum Schluß, welche Folgerungen die Lehnbeziehungen zwischen A. B. und westerl. Bußt. erlauben. His zählte die diskutierten Stellen (besonders wohl 1—4, es sind nicht sämtliche genannt) zur Überlieferung der A. B. Doch überschätzt er wohl deren Umfang, wenn er schreibt: „Es ist nicht ganz richtig, wenn Heck Übersetzungsprobleme S. 34 sagt, die A. B. seien ‚in keiner mittelfriesischen Niederschrift überliefert‘.“ (S. 166 Anm. 2).

Zur Überlieferung der A. B. sind diese Passagen und Termini nur insoweit zu rechnen, als sie möglicherweise Rückschlüsse auf eine frühere Fassung der A. B. möglich machen. His sah in ihnen jedoch mehr, nämlich ein Zeugnis für die Gültigkeit der A. B. in Westfriesland. Wenn man darunter versteht, daß die A. B. in gleichem Maße östlich wie westlich der Lauwers gegolten haben, so ist dies aus den schon genannten Gründen abzulehnen. Andererseits muß jedoch eine plausible Erklärung für die Entlehnungen gefunden werden. Die eine Möglichkeit wäre, daß ein Text der A. B. (und zwar keiner der überlieferten) nach Westfriesland gelangte und dort zur Komplettierung der einheimischen Bußt. benutzt wurde. Dafür sprechen vor allem die gruppenweisen Entlehnungen. Doch ist das Warum damit noch nicht beantwortet. Hierfür kann eigentlich nur angeführt werden, daß die A. B. auch westlich der Lauwers im Rechtsverkehr eine gewisse Rolle gespielt haben. Dabei wird man an den interregionalen Rechtsverkehr denken können, d. h. an Rechtsfälle, an denen Personen aus dem Ostergo und dem Franeker Bezirk einerseits und Personen aus Landschaften östlich der Lauwers beteiligt waren. Da der Verkehr sich zwischen diesen Landschaften wohl überwiegend über See abspielte (Küstenschiffahrt), sind es gerade die Bußt. der am Meer gelegenen westlichen Landschaften, welche Entlehnungen aus den A. B. enthalten. Solche Übernahmen brauchten durchaus nicht mit einem Mal, sondern könnten nach und nach erfolgt sein. So ließe sich erklären, warum auf rein textkritischem Wege kein rechter Zusammenhang mit einem bestimmten Text der A. B. und keine Filiation zwischen den Entlehnungen in den westerl. Bußt. herauszufinden ist. Die Übernahme konnte dann ebensogut auf mündlichem Wege, ohne schriftliche Vorlage erfolgt sein. Dafür sprechen ferner die vielerlei Entstellungen der betr. Termini in den westerl. Bußt.

So erscheint es auch natürlich, daß nicht nur aus den A. B., sondern auch aus Ems. Bußt. entlehnt wurde. Und — dies ist ein letzter wichtiger Punkt — bei solcher Annahme ist es ebenso natürlich, daß sich umgekehrt Entlehnungen aus westerl. Bußt. in osterl. Bußt. finden (s. u. § 292).

Wenn man die beiden Möglichkeiten der Entlehnung gegeneinander abwägt, so scheint mir, daß unbedingt beide zur Erklärung der verschiedenartigen Zusammenhänge in Betracht gezogen werden müssen. Wenn ich als eigentliche Ursache einen interregionalen Rechtsverkehr ansehe, so meine ich damit etwas anderes als Nauta. Daß die A. B. speziell für diesen Zweck und gar unter Einschluß Westfrieslands geschaffen worden seien, halte ich für ganz unwahrscheinlich. Dafür sind die A. B. ein zu offensichtlich osterl. Rechtstext. Im übrigen sehen interregionale Rechtsverträge ganz anders aus. Was angenommen wird, ist lediglich der ganz natürliche Fall, daß bei Rechtstreitigkeiten zwischen Personen aus verschiedenen Rechtsgebieten jeder den Anspruch erhob, nach seinem Recht beurteilt zu werden, und daß sich hieraus eine gewisse Bekanntschaft wichtiger Abweichungen und spezifischer Termini ergab, die schließlich — auf mündlichem Wege und/oder über eine schriftliche Vorlage — in die regionalen Rechtstexte Eingang fanden.

Osterlauwerssche Rechtswortgeographie

§ 289 Der Vergleich des in den Hss. H F E R, besonders den Bußtaxen enthaltenen technischen Wortschatzes zeigt eine weitgehende Übereinstimmung zwischen den Texten von H und E (a), Übereinstimmungen zwischen H, F und E (b), denen R in vieler Hinsicht mit eigenen Termini gegenübersteht (c). Eine Sonderstellung nimmt F, besonders F XI (A. B.) ein, wo vor allem Übereinstimmungen mit sonst nur westerl. bezeugten Termini festzustellen sind (d). Auch die ostfries. Hss. ($E_{1\text{-}3}$ $B_{1\text{-}2}$) weisen einige besondere Charakteristika auf (e). Soweit das gleiche Delikt bezeichnende Termini vorliegen, läßt sich die Gegenüberstellung tabellarisch zeigen. Termini, die darüber hinaus für eine bestimmte Hs. bzw. Hss.-Gruppe charakteristisch sind, werden gesondert aufgeführt.

(a) H — E

lithwerdene § 198, *râdrond* § 208, *swîma* § 210, *hemmed (hêned) iefta lemed* § 223, *grîphalt* § 226, *strumphalt/-helte* § 226, *breida* § 232, *fôtsperne* § 242, *bechlep* § 242, *biârskeppene* § 243, *delefal* § 246, *thruchskîninge* § 254, *râf* ‚Pfändung' § 261, *hêmsêkinge* § 273; ferner aus der Tabelle S. 192 f. die Nrr.: 1; 6, 7, 9, 11, 17.

(b) H — F — E

unwelde(ga) dêda § 163, *bêr* § 171, *(—)siâma* § 200, *sinkele* § 209, *wei-*

wendene § 234, *gêlene* § 242, *unriucht onfeng* § 242, *bâsafeng* § 254, *hêmsêke(ne)* § 273; ferner aus der Tabelle die Nrr.: 3, 5, 6, 8, 10, 13, 14, 15, 16, 17.

(c) R

breke ‚Verbrechen' § 151, *fremma* § 153, *ûrstonda* § 174, *lîf onawinna* § 186, *dâddolch* § 178, *sprêk- hals-, inwerdene* § 198, *bênes biti* § 203, *tiônene, tiôninge* § 206, *instepi* § 207, *in-, ûtêthma* § 207, *swêsbedd* § 253, *ovirstela* u. ä. § 260; ferner aus der Tabelle die Nrr. 11, 14, 16.

§ 290 (c) Die Sonderstellung von R wird aus der Tabelle hinreichend ersichtlich. Es sind folgende Gegenüberstellungen: R — HE: 6, 7; R — FE: 4, 12; R — FHE: 3, 5, 6, 8, 10, 11, 13, 15; R — FE, westerl.: 2, 15; R — E, westerl.: 14; R — FHE, westerl.: 18; R + westerl. — FHE: 8, 16, 17. Häufig handelt es sich um Fälle, wo die anderen osterl. Hss. neuere Termini eingeführt haben. Dies gilt besonders für 2, 3, 6, 18. Die Gemeinsamkeit mit westerl. Texten ist besonders aufschlußreich, da sie zeigt, daß im äußersten Osten und Westen Termini erhalten blieben, die sonst ersetzt wurden (8, 16, 17). In welchem Ausmaß auch sachliche Unterschiede vorliegen, zeigen 11 und 17, vgl. die diesbezüglichen Paragraphen. Ähnlich *âubêr* ist auch *biwella* (außer in den Küren) nur in R und westerl. erhalten. Eine weitere westerl. Parallele ist die Berechnung von *in-* und *ûtgong* bei der Heimsuchung (207, 275). Nur in R, F und westerl. ist die ältere Form *overhêrnesse* (gegenüber *overhêrichnesse*) erhalten.

Hieraus ist ersichtlich, daß R_1 und auch z. T. R_2 häufig die ältere Schicht des afr. Wortschatzes erhalten haben. Dies kann nicht allein dadurch erklärt werden, daß eben die verschiedenen Texte in R — soweit es sich um überregionale handelt — der Urfassung besonders nahe stünden und daß (vor allem) R_1 besonders altertümlich sei. Ausschlaggebend ist m. E., daß Rüstringen in afr. Zeit offenbar eine konservative und in vieler Hinsicht selbständige Sprachlandschaft gewesen ist. Dies äußert sich auch im graphematischen System und vielen grammatikalischen Besonderheiten, die Buma in der Ausgabe von R_1 S. 47 ff. im Anschluß an van Helten, Aofr. Gramm. ausführlich zusammengestellt hat. Daß auch in stilistischer Hinsicht zahlreiche Besonderheiten bestehen, ist dort gleichfalls erschöpfend dargelegt.

§ 291 (d) Eine Sonderstellung unter den osterl. Rechtshandschriften nimmt F schon dadurch ein, daß sein erster Teil (I—VIII) mit den Magnusküren (V), dem westerl. Sendrecht (VI, VIII) und den 8 Domen (VII) Texte enthält, die sonst nur in JUD vorliegen, d. h. dieser Teil entspricht im Aufbau den westerl. Hss. JUD. Dagegen enthält der zweite Teil (IX—XXIV) offensichtlich regional beschränkte, z. T. mit H verwandte oder fast identische Texte (Huns. Küren: H XXIII = F XXII). Dies kommt in einer Anzahl nur in H und F belegter Termini zum Ausdruck: *mit haster hey* § 159; *frumdolch, frumdêde* § 193, *dêsene* § 215, *homelia* § 222, *horewerp* § 244, *bletsene/bletsinge* § 254, *lîkrâf* § 263, *hondrâf* § 263.

<table>
<tr><th>Lfd. Nr.</th><th>§§</th><th>F</th><th>H</th><th>E, B</th><th>R</th><th>westerl.</th></tr>
<tr><td>1</td><td>157</td><td>forliâsa</td><td colspan="2">ûrliâsa</td><td></td><td>forliâsa</td></tr>
<tr><td>2</td><td>169</td><td>epenbêr</td><td></td><td>epen(bêr)</td><td></td><td>epenbêr</td></tr>
<tr><td></td><td></td><td></td><td></td><td>epplik</td><td>âubêr (+ K.: H E R)</td><td></td></tr>
<tr><td>3</td><td>177</td><td colspan="2">monslachta</td><td></td><td>monslaga</td><td>monslachta</td></tr>
<tr><td>4</td><td>181</td><td>bona (Huns. K.)</td><td></td><td>bona</td><td>bona(bond)
bondêdoga</td><td></td></tr>
<tr><td>5</td><td>198</td><td colspan="2">(—) werdene, werda</td><td></td><td>(—) werdene</td><td></td></tr>
<tr><td>6</td><td>199</td><td colspan="2">skêdene</td><td></td><td></td><td></td></tr>
<tr><td></td><td></td><td></td><td colspan="2">skerdene</td><td></td><td>skerd</td></tr>
<tr><td></td><td></td><td colspan="3">skrêdene</td><td></td><td>skrêd(ene)</td></tr>
<tr><td>7</td><td>211</td><td>wêden</td><td colspan="2">wêdne wonnelsa</td><td>wêdne slêka</td><td>(dûstslêc) wêden and wanfelle</td></tr>
<tr><td></td><td></td><td></td><td></td><td>wêdling, blâwelsa</td><td></td><td></td></tr>
<tr><td>8</td><td>212</td><td colspan="2">dudslêc</td><td></td><td colspan="2">dûstslêc</td></tr>
<tr><td>9</td><td>217</td><td>offlecht</td><td></td><td>offlecht</td><td>offlecht</td><td>oenflecht</td></tr>
<tr><td></td><td></td><td></td><td colspan="2">ofslêc</td><td></td><td></td></tr>
<tr><td>10</td><td>219</td><td colspan="2">onstondande</td><td></td><td>onfest</td><td></td></tr>
<tr><td>11</td><td>226 f.</td><td colspan="3">-halt</td><td>stak, stock,</td><td></td></tr>
<tr><td></td><td></td><td>crâwelcrum</td><td></td><td>crâwelcrum</td><td>wêkande, welande</td><td></td></tr>
<tr><td></td><td></td><td></td><td colspan="2">halskrîga</td><td>helpande, haldande</td><td></td></tr>
<tr><td>12</td><td>230</td><td>bênsêtich,
bênsêta,
bênstal,
bênsittan</td><td></td><td>bênsêtich</td><td>bênfest</td><td>bênstallich</td></tr>
</table>

13	236	*bring-, rin-, rim-, (h)rembende*			*reilbende*	
14	237	*hende*				*hendene*
				heft	*heftnese*	*heft(ene)*
15	256	*a nêde nima*		*a nêde nima*		*an nêde nima*
			nêda-, nêde nima		*nêdgia*	*nêda* (1× D)
16	277		*unriuchta meida*		*unriuchta mîda and thâ ûrlouada panninga*	
					mîdpanning	
17	273		*hêmsêkene*			
		hêmsêke		*hêmsêkinge*	*hûsbreke*	
18	278		*overhêrich*		*overhêre*	*overhêrich*

Die Zwischenstellung, die F schon in seinem Aufbau aufweist, kommt im übrigen auch im technischen Wortschatz zum Ausdruck. Obwohl F insgesamt eine eindeutig osterl. geprägte Hs. ist, finden sich eine Anzahl von Übereinstimmungen mit Termini, die sonst nur westerl. belegt sind: *forliâsa* (osterl. *ûrliâsa*) § 157, *ûrbera* (4. Magn. K. wie J U D, aber gemeinfr. *ûrbreka* in der 3. gegenüber *ûrbera* in J U D) § 155, *mit haster hey* (+ H, westerl.: *mit haester hand* (auch westerl. Sendr. F), *fan haest*) § 159, *dolg* (bes. F XI) § 193, *dolgia* § 193, *bênbreke* § 202, *slêc iefta stêt* § 211, *halsslêc* (+ H) § 215, *offe, ûte* § 218, *bênstal* (westerl. *bênstallich*) § 230, *wapeldranc* (in Überschrift, im Text osterl. *wapeldêpene*) § 249, *ofstela* (+ H) § 260, *râfettene, -stettene* § 266, *fâd and falschêd* § 269.

Diese Parallelen ließen sich am einfachsten aus der Nähe des Fivelgo zu Westfriesland erklären. Bekanntlich zeichnen sich Wortschatzgrenzen durch eine breite Übergangszone aus. Dem widerspricht jedoch, daß sich in den Texten von H weitaus weniger Übereinstimmungen dieser Art finden, obwohl der Hunsego Westfriesland noch näher gelegen ist.[371] Für H ist vielmehr, wie oben gezeigt, eine nahe Verwandtschaft mit E charakteristisch. So weit die Verhältnisse ohne nähere textgeschichtliche Erörterungen zu überblicken sind, ergeben sich zwei Erklärungsmöglichkeiten.

(1) Bezüglich H ist zu beachten, daß Algra, Tekstfiliatie 9, 149 u. ö. annimmt, der Küren- und Landrechtstext dieser Hss. entstamme dem Emsigo, weil H und E (wie schon His erkannte) nah verwandt sind. Es bleibt zu untersuchen, ob nicht auch andere Texte solche Verwandtschaften aufweisen, wie sie die angeführten Wortschatzparallelen nahelegen. Was die Allg. Bußt. angeht, so bemerkt Nauta, Bußt. 89: „H ist aus der Urfassung (*U) geflossen." Damit würde in diesem Punkt die Kritik Sjölins an der Zuweisung der afr. Hss. zu bestimmten Landschaften bestätigt. Daß zumindest die K- und L-Texte in H nicht in den Ommelanden heimisch waren, bestätigt der Umstand, daß sich unter den zahlreichen mnd. Hss. hier nur F-Texte finden. Was die Herkunft von F betrifft, so schreibt Sjölin in seiner Ausgabe: „Völlig irreführend wäre es, den Inhalt unserer Handschrift als „Fivelgoer Recht" oder gar als „*Das* Fivelgoer Recht" zu bezeichnen." Andererseits weist er jedoch die (mnd.) Texte X, XXII, XXIV eindeutig dem Fivelgo zu. Für eine landschaftliche Tradierung dieser Hs. spricht im übrigen, daß sich in ‚westerl.' Texten des I. Teils osterl. Termini bzw. Formen eingeschlichen haben: *hrêrâf* (westerl. *hrêsrâf*), *dudslêc* (westerl. *dûstslêc*) im Westerl. Sendr., auch gemeinfr. *ûrbreka* (gegen sonstiges westerl. *ûrbera*) in der 3. Magnusküre. Einen Bezug auf den Fivelgo enthält die F-Fassung des westerl. Sendrechts insofern, als hier auf den Bischofssitz Münster, in D J auf Utrecht hingewiesen wird (Nr. 25). Die Diözesangrenze folgte bekanntlich der Lauwers (s. o. § 286). Es spricht neben den schon erwähnten mnd. Hss. manches für eine Zuweisung von F zum Fivelgo oder

371 Außer den unten genannten kommen hinzu: *bi îra môde* § 159, *hûsrâf* § 263, beide aus den Huns. Bußt.

insgesamt zu den Ommelanden. (Interessant ist in der Hinsicht, daß in F die Huns. K. überliefert sind).

Es besteht also die Möglichkeit, wesentliche Stücke aus H nicht dem Hunsego zuzuweisen, andererseits für die Texte in F Gültigkeit in den Ommelanden insgesamt anzunehmen.

(2) Der andere Gesichtspunkt ist ein zeitlicher. F gehört zu den jüngsten afr. Hss. (nach Sjölin im ersten Drittel des 15. Jh.s geschrieben). Es ist zu erwägen, ob sich die terminologischen Übereinstimmungen zwischen F und westerl. Texten nicht zu einem Teil auch aus dem jungen Alter beider Text-Gruppen erklären lassen. Denkbar ist, daß die Beziehungen zwischen dem Fivelgo bzw. den Ommelanden und Westfriesland in späterer Zeit enger waren. So könnte zwischen Texten in H, die dem Hunsego zuzuweisen sind und F-Texten eine zeitliche Schichtung vorliegen.

Daß sich in F viele jüngere Termini nachweisen lassen, deutet gleichfalls in diese Richtung: Das gilt besonders für F XI, wo zahlreiche Termini vorkommen, die sonst nur in den jüngeren osterl. Bußt. belegt sind: *wunde* § 194, *siâma* § 200, *onstonda* § 219, *bênsêtich* (neben *bênstal*!) § 230, *grôwinge* § 230. Hinzu kommen Fälle, in denen die sonst bekannte Bedeutung eines Wortes erweitert wird: *wend* § 201, *onkeme* § 207, *thruchkeme* § 207, *stemblinge* § 224. Charakteristisch ist ferner die Häufigkeit von *werda* § 198, *dêde* ‚Wunde‘ § 195.

Auch eine Reihe von nur in F belegten Termini weist in diese Richtung: *help-, seden-, swaldolch* § 193, *wundskrifta* § 194, *thruch-, waldwaxdêde* § 195, *(ûr)sêrelsa* § 196, *siâwerdene* § 198, *offalla* § 216, *kertinge* § 230, *misera, -skera, -domma, -dîka* § 266.[372]

Die durch die wortgeographischen Befunde aufgeworfenen Fragen lassen sich ohne nähere textkritische Untersuchungen, wie sie hier nicht angestellt werden können, nicht weiterverfolgen. Sicherlich wird jedoch die Erforschung der Hs. F noch manches zur Klärung der afr. Textverhältnisse, der Traditionswege und der geographischen und zeitlichen Gliederung des Afr. beitragen können.

§ 292 (e) Es wurde bereits erwähnt, daß es zwischen Emsiger und westerl. Texten einige auffällige Übereinstimmungen gibt: *dâdslachte* § 180; *mit wêpneder hand* § 189; *onwerd(e)lik* § 189; *thruchgong, thruchgungande dolch* § 207; *blâw iefther blôdich* § 211; *binima* § 265; *ûrera* u. a. (Feldschäden) § 266; *riuchte and naut mênis/unmênis* § 276.

Hier kann Einfluß aus interregionalem Rechtsverkehr vorliegen, daneben ist zu berücksichtigen, daß sowohl die Emsiger wie die westerl. Texte (zumindest in ihrer letzten Fassung) zu den jüngeren zählen, woraus sich wohl am besten die Übereinstimmung §§ 180, 211, 276 erklärt. Gerade in den Emsiger Texten findet sich eine ganze Reihe spezifischer Termini, die in der Mehrzahl jung (und z. T. Entlehnungen, s. u. § 297) sind: *skalkhêd* § 148, *brekma* § 151,

[372] Sicher alt sind dagegen *hêmsêke* § 273, *fêknia(—)* § 268.

ûwermôd § 159, *ûterbec* § 162, *ûrwalde* § 163, *dernfiâ* § 167, *epplik(e)* § 168, *gabbia, gabbath* § 175, *âslâ, wergia* § 176, *wîfkâse, hofkâse* § 190, *bênfrôtha* § 203, *inwrêtse dêde* § 207, *-breud* § 209, *blâw* § 211, *bitza-, muldes-, festslêc* § 215, *hlem* § 215, *dêsma* § 215, *lamelsa* § 225, *waterdêpene* § 248, *biclappa* § 251, *stelane* § 259, *nêdkest* § 258, *londbrecma* § 266, *hêmsêkinge* (gegenüber sonstigem *hêmsêkene*) § 273, *ûrsûmia* u. a. § 279, *dêverîe* § 299.

Westerlauwerssche Rechtswortgeographie

§ 293 Der landschaftlichen Vielfalt und Zersplitterung in der dargestellten Rechtsterminologie der osterl. Texte steht eine bemerkenswerte Einheitlichkeit der westerlauwersschen gegenüber. Dies erklärt sich zunächst daraus, daß die westerl. Hss. viel unmittelbarer miteinander verwandt sind als die osterlauwersschen. Dafür dürfte jedoch die geringere Größe und die siedlungsmäßige Geschlossenheit des westerl. Gebiets ein wesentlicher Grund sein. Gewisse terminologische Unterschiede zwischen Texten des Ostergo und des Westergo lassen sich nur auf Grund der wenigen sicher dem Ostergo entstammenden Bußtaxen feststellen, doch auch dies nicht so eindeutig, da einige Bußtaxen aus beiden Gruppen kompiliert sind und sich eventuell bestehende Gegensätze so verwischt haben.

Das auffallendste unterschiedliche Merkmal zwischen Westergoer und Ostergoer Bußtaxen ist zweifellos, daß nur diese eine Reihe von Entlehnungen aus den Allg. Bußt. enthalten, z. T. übereinstimmend mit den kompilierten Bußt. der fünf Dele (s. Tabelle § 288). Die an sich naheliegende Vermutung, daß diese die diesbezüglichen Bestimmungen aus den Ostergoer Bußt. entlehnt haben, ließ sich nicht nachweisen — doch ist ein Zusammenhang offensichtlich, den die ausschließlich Westergoer Bußt. nicht teilen. Hinzu kommen — was die Sonderstellung der Lw. und FwDg. B. betrifft — wahrscheinlich ältere Entlehnungen von *wapeldêpene* und *wapelpîna* und überhaupt die abweichende Behandlung der Wassertauche und Wurf-Delikte (§ 247—250).

Spezifisch Ostergoer Termini sind ferner: *frîkâse* § 190, vielleicht *wanwytschip* § 161, *breinwonda* § 194, *erra* § 288, spezifisch Westergoer (allgemein verbreitete) sind die Wendungen *ti leke ni ti lastere* § 151, *frâshêd thes lîves* § 210.

Weitere Unterschiede, besonders im Aufbau, wird ein Textvergleich ermitteln können. Dieser hätte vor allem eine endgültige landschaftliche Zuweisung (bes. Dg. Ay. B.) sowie die Klärung der Entstehung der kompilierten Bußt. zu erbringen.

Zur ursprünglich osterl. Herkunft der 17 Küren, 24 Landrechte und Wenden zur 17. Küre

§ 294 In unserer Darstellung wurde mehrfach die Frage der ursprünglichen Herkunft der 17 Küren, 24 Landrechte und Wenden zur 17. Küre berührt, ein Punkt, der m. W. bisher noch nicht näher untersucht worden ist.

Nachdem von Richthofen diese Texte für gemeinfriesisch erklärt hatte und daran im Prinzip auch keine Zweifel möglich waren, schien es wohl müßig, solche Überlegungen überhaupt anzustellen. Die Herkunftsfrage war der älteren Forschung schon deshalb bedeutungslos, da angenommen wurde, daß die Küren und Landrechte Übersetzungen aus dem Lat. seien.[373] Außerdem konnte dieser Punkt durch die Annahme, daß die betr. Texte auf den Upstalsbomer Versammlungen (nahe Aurich, Ostfriesland) für ganz Friesland geschaffen wurden, als geklärt gelten. Nachdem auch diese Hypothese sich als irrig erwiesen hat (Algra a.a.O.),[374] scheint mir die gestellte Frage doch eine gewisse Bedeutung zu erlangen. Daß die Küren und Landrechte als gemeinfriesisch konzipiert wurden, soll nicht bezweifelt werden, auch nicht, daß sie in allen friesischen Landschaften — wenn auch unterschiedlich lange — Geltung besessen haben. Dafür zeugt ihr Vorkommen in allen Hss. Dagegen wollen wir näher ins Auge fassen, welche Beziehungen der Wortschatz dieser Texte zu dem anderer afr. Denkmäler hat und untersuchen, ob die Terminologie der K. und L. vorwiegend osterl. oder westerl. ist, oder ob sich hierzu keine Aussagen machen lassen.

1. In einigen Fällen wird der gleiche Sachverhalt in osterl. bzw. westerl. Hss. der betr. Texte verschieden bezeichnet. Das weitere Vorkommen dieser Termini läßt erkennen, daß jeweils die landschaftlich gültige Bezeichnung in den betr. Hss. erscheint.[375]

L: unwelde, unweldich, unwille (H F E, *unwald* D) — *unwitend* (D J) § 163—165; *L: liûdkûth and bûrkûth* (F E R) — *bûrkûth ende gâkûth* (D J) § 168; *K: hilpa* (H F E R) — *stêpa* (J U D) § 173; *L: blôdelsa* (H E R) — *blôdresene* (D J) § 208; *W 17: gersfelle* (E) — *gersfallig* (D J) § 216; *K: bende* (H E R) — *hendene / heftene* u. a. (D U) § 236; *L: unriuchta mêida* (H F E) — *unriuchta mîda and thâ ûrlouada panninga* (R[376] ähnl. J U D) § 277. *L, W 17: a nêde nima* (F E), *nêde nima* (H F E), *nêdgia* (R) — *an nêde nima* (D J) § 256; *K, W 17: fâd and/jefther falsk* (H E R) — *fâd and/jeftha falschêd* (F J), *mit fâde and mit skrêde* (D) § 269; *L: ûrstela* (F E R) — *(of)stela* (D J) § 260.

2. Während bei diesen Termini zunächst nicht zu entscheiden ist, welche wohl die ursprünglichen gewesen sind und welche im Laufe der Textgeschichte ersetzt wurden, ist eine große Anzahl anderer Fälle in dieser Hinsicht sehr aufschlußreich. Hier ist der in den osterl. und westerl. K-, L- und W 17-Texten belegte Terminus sonst nur in anderen osterl. Texten belegt:

K, L: bi sîne ûrmôde (FR J U) § 159; *W 17: mith egge and mith orde* (E D J) § 171; *L: hâvedlâs here* (F E R D, westerl. andere Terminologie!) § 175; *K, L, W 17: dâth* (H E R D J), überwiegend osterl. § 178; *K L, W 17: dâddel* (H F E J U D), überwiegend osterl. § 179; *L: banethe* (H F E R D J), daneben *daed-*

[373] So vor allem v. Richthofen, Untersuchungen I, 20 ff., der den lat. H-Text für der ursprünglichen Vorlage verwandt hielt. Inzwischen hat Algra diese von Heck unterbaute These endgültig abgewiesen (s. o. Teil II Anm. 61).

[374] Schon widerlegt von Heck, Der Ursprung d. gemeinfries. Rechtsquellen, 1892.

[375] Die vorangestellten Sigel (K, L, W 17) verweisen darauf, daß sich die Termini in den Küren, Landrechten oder Wenden zur 17. Küre finden.

[376] Die Stelle in R entstammt nach Algra, Tekstfiliatie 26 einem W-Text.

bante in D § 181; *K, L: morth motma mith morthe kêla* (H F E R, *beta* und/ oder *ielda* J U D) § 183; *W 17: wend* (H F E R D) § 201; *L: (dâth)swîma* (H E D) § 209; *L: wey ûrstonda* (F E R D) — *wey ûrschetta* (J) § 234; *L: swarta sweng* ‚böswillige Begießung'[377] (F H E R D J) § 243 ff.; *L: wapeldêpene*[377] (F H E R D) — *wapeldranc* (F D J) § 248; *K, L: bifiuchta iefthа birâvia* (F H E R D J) § 264; *L: nêdbrond* (E R D) — *nêdnachtbrond* (J) § 270; *L: fara to hove and to hûse* (E R D J) § 273.

3. Ferner ist eine Reihe von Bestimmungen zu erwähnen, die nur in den osterl. Hss. der betr. Texte erscheinen und wiederum osterl. Parallelen haben: *K: âubêr* (H E R) § 169; *W 17: breida* (H E) § 232; *K: londrâf* (H E) § 262; *W 17: blôdiga thiûfthe* (F H E R D J: *mit blôdiga wêpen!*) § 259.

4. Schließlich enthalten die betr. Texte (fast) nur dort belegte, offenbar später veraltete Termini: *L: ûrbec dwâ* (H E R J U + Ems. Pf., B 5 Dele) § 162; *K, L: dolstrîd* u. ä. (F R J U + Dingt.) § 159; *K: monslachtich* (F H E D J U) § 177; *L: morthdêde* (E R D) § 184; *L: fiteria* (F E D J) § 238; *K: birâvia iefta bineria* (F H E J U D) § 234.

Für die Beurteilung der Herkunftsfrage ist die 2. Gruppe von Wortschatzbeziehungen ausschlaggebend. Die Beobachtung, daß Termini, die mehrfach in verschiedenen osterl. Texten erscheinen, in westerl. Hss. nur in den Küren, Wenden und Landrechten belegt sind, und zwar stets in Entsprechung zu den betr. Textstellen der osterl. Hss., läßt m. E. nur den einen Schluß zu, daß diese Termini westerl. nicht heimisch waren, das bedeutet, daß die betr. Texte ursprünglich osterl. Herkunft sind.[378] Wie aus der Gesamtdarstellung hervorgeht, sind in vielen der angeführten Fälle in anderen westerl. Texten andere Termini oder auch ganz andere Darstellungsformen gebräuchlich, wodurch die Sonderstellung der betr. osterl. Termini in J U D der Küren, Wenden und Landrechte besonders hervortritt. Verschiedene Male erscheint neben dem ursprünglichen Terminus in einer der westerl. Hss. ein spezifisch westerlauwersscher: *daedbante, wey ûrschetta, wapeldranc* (dieser bezeichnenderweise in D in einer erklärenden Randglosse zu *wapeldêpene*). Durchgeführt sind westerl. Neuerungen in der 1. Gruppe, die Termini sind z. T. bereits oben § 283 bei der Gegenüberstellung osterl.-westerl. genannt worden. Die 3. Gruppe enthält Termini (und Bestimmungen), die in den westerl. Hss. gänzlich fehlen — es sind z. T. sicher osterl. Neuerungen.[379] Die 4. Gruppe enthält osterl. und

[377] Die Bestimmungen über Wassertauche und böswillige Begießung stammen nach Algra, Tekstfiliatie 16 aus bereits vorliegenden Bußbestimmungen. Sie finden sich in osterl. Bußtaxen wieder, m. E. ein besonders gewichtiges Zeugnis osterl. Parallelen zu den Landrechten.

[378] Jedoch sind die angeführten Zeugnisse für die einzelnen Texte unterschiedlich beweiskräftig. Die meisten beziehen sich auf die Landrechte und Wenden. Sie wird man schwerlich anders deuten können. Für osterl. Herkunft der Wenden zur 17. Küre spricht schlagend, daß dieser Titelterminus nur osterl. ist. Auch der Umstand, daß die Wenden zur 16. Küre nur osterl. sind, mag als Zeugnis erwähnt werden.

[379] Vgl. Algra, Tekstfiliatie 52, 143.

westerl. veraltete Termini, die nur oder fast nur in den betr. Texten erscheinen.

Im Anschluß an diese ließe sich gegen die vorgebrachte Hypothese einwenden, daß die als charakteristisch osterl. bezeichneten Termini vielleicht ursprünglich gemeinafr. waren und nur westerl. untergegangen seien. Dagegen sprechen jedoch alle oben gemachten Beobachtungen zur Kontinuität der Überlieferung und zur Konservativität gerade der westerl. Landschaften. Umgekehrt sollte man erwarten, daß sich in solchem Fall doch auch einige charakteristische Übereinstimmungen zwischen der westerl. Rechtsterminologie und den K-, W- und L-Texten finden ließen (wo also die betr. Termini osterl. untergegangen seien).

Neben den wortgeographischen Kriterien spricht noch anderes für die aufgestellte Hypothese. In den osterl. Hss. finden sich zahlreiche Bezüge zu Küren, Wenden und Landrechten, besonders Ergänzungen und Kommentare in E_1 und R_2. Diese Zeugnisse sprechen dafür, daß die betr. Texte östlich der Lauwers lange Zeit Gültigkeit besessen haben.[380] Vergleichbares läßt sich für Westfriesland nicht sagen. Es hat den Anschein, daß Küren, Wenden und Landrechte auf dem Wege der Rechtsübertragung nach Westfriesland gelangt sind und hier nie die Bedeutung besessen haben wie östlich der Lauwers. Diese Übertragung mußte zu einem Zeitpunkt erfolgt sein, als die Zahl von 24 Landrechten feststand, denn J U D haben alle einen 24-Kapitel-Text, während in osterl. Hss. weitere Ergänzungen folgen.[381] Zur Klärung dieser Frage ist interessant, was Algra, Tekstfiliatie 147 über die mnl. K- und L-Texte (aus Westfriesland) bemerkt: „Verscheidene van de — in het voorgaande, hoofdstuk V, als jong gekwalificeerde — stukken ontbreken hier.“ Im folgenden (S. 148) kommt er zu dem Schluß, daß die Klasse dieser sog. OW-Texte trotz einiger Fehlinterpretationen des Archetyps „mogelijk dichter bij de oertekst stond, dan welke andere — wel bewaard gebleven — versie.“ Es läßt sich vermuten, daß diese Texte auch zur Herkunftsfrage (im angedeuteten Sinne) etwas beisteuern können. Im übrigen sind wir damit erneut zu den Fragen der Textgeschichte gelangt, denen hier nicht weiter nachgegangen werden kann. Eine endgültige Antwort auf die angeschnittenen Fragen wird nur von dieser Seite möglich sein.

Zur westerl. Herkunft der Magnusküren, 8 Domen und des Sendrechts

§ 295 Nachdem auf Grund wortgeographischer Kriterien die wichtigsten der sog. gemeinfries. Rechtstexte als osterl. bzw. in ihrem Ursprung osterl. bestimmt wurden, bleibt zu fragen, welche Zuweisung sich für die in den westerl. Hss. und F überlieferten 8 Domen, Magnusküren und das Sendrecht

[380] Im übrigen wird auf den Versuch einer näheren Eingrenzung des Ursprungsbereichs, wie oben § 183 angedeutet, verzichtet, da hierfür keine ausreichenden Kriterien vorliegen.

[381] Das bedeutet, daß der Archetyp der W-Texte kein im eigentlichen Sinne ‚westerl.‘ Text war und seine Verwandtschaft mit bestimmten osterl. Texten nicht darauf beruht, daß ein W-Text aus Westfriesland in eine osterl. Landschaft gelangte!

ergibt. Obwohl diese Texte in der bisherigen Darstellung bereits als westerl. eingereiht wurden, da mir ihr Erscheinen in den westerl. Hss. ein ausreichendes Kriterium schien, sollen hier nachträglich auch noch die wortgeographischen Merkmale verzeichnet werden.

Algra, Tekstfiliatie, 10 Anm. 2 bemerkt, daß bei der Qualifizierung dieser Texte (Sendr., Magn. K., Rudolfsbuch[382]) als ‚westerl.' der Zufall eine große Rolle gespielt habe, und erinnert daran, daß v. Richthofen die Hs. F (mit Magn. K., Sendr., 8 Domen) nicht kannte.

Was die Magnusküren und 8 Domen betrifft, so wird der Wortschatz dieser Texte durch die vorliegende Untersuchung nur gelegentlich berührt. Es sind drei Termini, die alle in J D und F und sonst nur westerl. belegt sind, welche dafür sprechen, daß diese Texte westerl. Ursprungs sind: Magn. K., 8 D.: *ûr-, forslâ* § 176, 8 D.: *un(e)w(l)emmed* § 189, *fan skerpa wêpen* § 189. Zahlreicher sind typisch westerl. Termini im Sendrecht: *swarta sweng* (D J) § 149, *on(bi)naemd mord* u. ä. (J D F) § 184, *mith haster hond* (F) § 159, *dûstslêc* (D J), *dûststêt* (D J), *dûstwerp* (D J F), *dûstscewen* (J), § 211 ff. *rêsrâf* (J D) § 263.

Altersschichten und Lehnbeziehungen

§ 296 In einem Corpus von Denkmälern, deren Entstehung bis zu 300 Jahre auseinanderliegt, ist natürlich eine erhebliche Altersschichtung im Wortschatz zu erwarten. Solche Erscheinungen begegneten in unserer Darstellung auf Schritt und Tritt. Zumeist in der Weise, daß bestimmte Termini, Formeln und Wendungen nur oder überwiegend in bestimmten älteren bzw. jüngeren Texten belegt sind wie z. B. die Wendung *dâth jeftha dolg* in Küren und Landrechten (178), *noemelsmoerd* und *un(bi)naemd moerd* im Ält. Schulzenr. und westerl. Sendr. (§ 184), *âubêre dolch* in osterl. Hss. der 17. Küre (169). Ich kann hierzu für die Allg. Bußt. auf § 287, für R, F und E auf § 290 ff., für die Küren und Landrechte auf § 294 verweisen. Daneben seien einige charakteristische Fälle genannt, wo sich ältere und jüngere Termini gegenüberstehen: *dâth ieftha dolch* westerl. Sendr.), *for-, ûrliâsa* (westerl. Sendr., Ält. Schulzenr., E); *biwullen* (überwiegend K, L), *dâddel ieftha dolch* (K, L, osterl. Bußt.), *dêda iefther dâddel* (B); *wei ûrstonda* (L), *weiwendene* (osterl. Bußt.); *forwerka* (K, L, (K), *biwollit* (Ält. Schulzenr. und westerl., zugleich Wortgeographie); *lungenskrêdene, erthfal* (A. B.) — *lungensiâma, delefal* (osterl. Bußt.); *falsk* (K, L, W 17, u. osterl.) — *falschêd* (W 17, westerl.) — *skrêdene* (westerl.), zugleich Wortgeographie.

Zur chronologischen Wortschatzschichtung gehört auch die Verdrängung älterer Suffixe durch jüngere am gleichen Stamm oder in Neubildungen. Mit dieser Erscheinung, besonders der Konkurrenz verschiedener Suffixe, hat sich bereits Ahlsson, Abstraktb. 233 ff. beschäftigt. Mit Recht bezeichnet er das Suffix *-ene* im Afries. als ein ‚charakteristisches Ausdrucksmittel der älteren

[382] Dieser späte, kompilierte Text wurde hier nur gelegentlich herangezogen. Doch weist m. E. der Wortschatz eindeutige (späte) westerl. Züge auf.

Rechtsprosa' (236), das vor allem Deliktbezeichnungen bildet, im jüngeren Awfries. jedoch im Aussterben ist. In dem Zeitraum, den wir erfaßt haben, ist *-ene* ost- und westerl. lebendig und in Neubildungen produktiv. Mit *-ene* konkurriert vor allem *-inge* (Ahlsson 235), das zeigen auch eine Reihe von Deliktbezeichnungen in unserer Darstellung: *blendene* — *blendinge* (beide Bußt.), *bleszene* — *bleszinge* (H, F Bußt.), *tiônene* — *tiôninge* (beide R_2), *wapeldêpene* (L, osterl. Bußt.) — *wapeldêpinge* (L). Eine chronologische Schichtung zeigen: *hêmseke(ne)* (A. B.) — *hêmsêkinge* (H, E Bußt.), *ergene* (die meisten westerl. Bußt.) — *erginge, ergense, ergenisse* (kompil. westerl. Bußt.).

Daneben erscheint *-inge* aber auch in zahlreichen Termini der Allg. Bußt. (*homelinge, hâveddusinge, inskathinge, (—)smelinge, stemblinge, wederwondlinge*).

Jünger sind zweifellos die Suffixe *-nisse/-ense* und *-hêd* (*dâwense, *dâwhêd; forsûmenisse, forsûmichêd; ûrhêr(ich)nesse, ûrhêrichêd*); der Vermutung Ahlssons, daß bei ihnen mnl. bzw. mnd. Einfluß, wenn nicht gar Suffixentlehnung (besonders bei *-hêd*) vorliegt, möchte ich unbedingt zustimmen.

Auf Grund seiner vollständigen Materialsammlung hätte Ahlsson diese und manche andere Frage der afr. Suffixbildung wohl entschiedener beantworten und eingehender behandeln können, wenn er seine Belege nicht allein nach Hss.-Stellen, sondern gleichzeitig mit Angabe der wichtigsten Belegtexte zitiert hätte. So bleiben die Stellenangaben doch leere Formeln, die nur mit großer Mühe und z. T. bei den westerl. Hss. überhaupt nicht zu dechiffrieren sind.

§ 297 Die Auswahl der älteren altfries. Texte für diese Untersuchung geschah unter dem Gesichtspunkt, daß nur diese für die ursprüngliche Rechtssprache repräsentativ sind. ‚Ursprünglich' heißt hier nur: frei von jungen kulturellen und sprachlichen Einflüssen der niederländischen und niederdeutschen Nachbarlandschaften. Wie weit solche Ursprünglichkeit zeitlich zurückreicht und wo sie einmündet in eine nordseegermanische, westgermanische und zuletzt germanische Einheit oder Gemeinsamkeit (oder andere Gruppierungen), blieb dabei zunächst unberücksichtigt. Dies wird Gegenstand eines abschließenden Vergleichs sein.

Die vermutlich große Zahl mnd. und mnl. Entlehnungen, Lehnbildungen oder schlechthin gemeinsamer jüngerer Termini, deren Ursprung nicht eindeutig feststellbar ist, blieb mit Absicht unberücksichtigt, weil sie Art und Umfang der früh- bis hochmittelalterlichen Beziehungen zwischen Recht und Rechtswortschatz der friesischen Stämme einerseits und der fränkischen, sächsischen und angelsächsischen andererseits verwischt und überdeckt. Trotzdem sind wir im Laufe der Darstellung auf eine Reihe von Lehnbeziehungen gestoßen, allerdings zumeist in den jüngeren Texten, die im folgenden anzuführen sind. Ob eine Entlehnung vorliegt, läßt sich auf Grund lautlicher und grammatikalischer Kriterien nur selten feststellen. Wie oben vermutet, ist wohl *-hêd* ein Lehnsuffix, bzw. die diesbezüglichen Wörter sind Entlehnungen. Das gleiche gilt für *-erîe* (*dêverîe*). Im übrigen müssen hier Verbreitung, Ort des Auftretens und die Bedeutung herangezogen werden. Ein nur okkasionell oder in bestimmten Hss. (oder Landschaften) und zudem jung bezeugter Terminus ist stets der Entlehnung verdächtig, wenn sich hierzu ein bedeutungsmäßig, besonders rechtstechnisch gleicher Terminus in einer der Nachbarsprachen findet.

Entlehnungen oder Lehnübersetzungen aus dem Mnd. bzw. Mnl.[383] sind wahrscheinlich: *ûwermôd* § 159 (I_3), *skalkhêd* § 148 (E_3), *bigân* (westerl. spät) § 153, *forbulgen, ovirbulgen* (E_3 R_1) § 162, *aslâ* ? (E_2 B) § 186, *hilpere* (R_2) § 173, *breinwonda* (westerl. Bußt.) § 197, *blâu*[384] (E_3) § 211, *blâw iefther blôdich* (E_3, westerl. spät) § 211, *biclappa* (E_3) § 251, *nêdkest* (B) § 258, *dêverîe* (E_3) § 259, *nôtrâf* (westerl. Eidformeln) § 262, *ûrsûmia, ûr/forsûmenisse, ûr/forsûminge, ûr/forsûmichêd* § 279, *ûrhêrichêd* § 278, *ûrrêda, ûrrêdere* (E_1) § 280.

Die Entlehnungen aus dem Mnd. finden sich fast nur in Emsiger Hss., besonders in der jüngeren E_3, die aus dem Mnl. in westerl. Texten. Diese Entlehnungsrichtung entspricht dem Einfluß des mnd. bzw. mnl. Schreibsystems auf die jüngeren afr. Quellen.

Angelsächsisch-Altfriesische Parallelen

§ 298 Die nicht durch relativ späte Entlehnungsvorgänge bedingten Parallelen zwischen der Rechtsterminologie der Friesen und ihrer Nachbarstämme können jetzt noch nicht behandelt werden. Unter diesen beanspruchen besonders die ags.-afr. Übereinstimmungen Interesse, die der Leser sicherlich bereits mehrfach bemerkt haben wird. Obwohl auch diese erst im Licht einer vergleichenden west- bzw. gesamtgerm. Betrachtung recht zu beurteilen sind, möchte ich einige spezifische landschaftliche Beziehungen schon hier erwähnen, zunächst die häufigen Parallelen zwischen ausschließlich in Rüstringer Hss. und im Ags. bezeugten Rechtstermini:

ags. *feohte* § 59 — afr. *fiucht* § 188, ags. *forstandan* — afr. *ûrstonda* § 174, ags. *bānes biti* § 73 — afr. *bênes biti* § 203, ags. *instæpi* — afr. *instepi* § 207, ags. *oferhiere, overhierness* § 110 — afr. *overhêre, overhêrnesse* § 278, ags. *(for)wiernan* § 114 — afr. *(fori)werna* § 281, ags. *manslege* § 51 — afr. *monslaga* § 177. Der ältesten Wortschatzschicht gehören an: *bênes biti* (ags. Abt!), *overhêre* und *monslaga.*

Im übrigen ist festzustellen, daß neben zahlreichen gemeinfries. — ags. Parallelen (die zumeist weiterreichen in andere germ. Dialekte) die spezifisch osterl. — ags. gegenüber den westerl. — ags. überwiegen.

[383] Mnl. meint hier Ostmittelniederländisch (wie bei Verdam, Mnl. Handwoordenboek), das dem ‚Sächsischen' näher steht als dem ‚Fränkischen'. Vgl. van Loey, Middelnederlandse spraakkunst, I, [5]1966, § 5: „De taal in Gelderland, Overijsel, Drente en Groningen is, strikt genomen, geen mnl. meer: ze vertoont allerlei kenmerken, die nadere verwandtschap met het niet ver oostwaarts gelegen Nederduits duidelijk maken, met, in de schrijftaal, vele westelijke vormen."

[384] Auf Entlehnung deutet auch die Graphie *au* neben üblicherem afr. *aw.*

o s t e r l. - a g s. P a r a l l e l e n : (neben den eben genannten)
ags. *firen* § 19 — afr. *firne* (L. W 16), ags. *yppe* § 37 — afr. *epplik* (E) § 168, ags. *ǣbǣre* § 38 — afr. *âubêr* § 169, ags. *here* § 48 — afr. *hâvedlâs, unriucht here* § 175, ags. *fiellan* § 49 — afr. *fella* § 176, ags. *dēaðgedāl* — afr. *dâddel* § 176 (K L., osterl.), ags. *bana* § 53 — afr. *bona* § 181, ags. *licgan ungilde* ... § 55 — afr. *lidza ungulden* ... § 182, ags. *morthdǣd* § 56 — afr. *morthdêde* (L.) § 184, ags. *(ā)wierdan*, ... § 61 — afr. *werda, -werdene* § 198, ags. *wund, wundian* § 63 — afr. *wunde, wundia* § 194, ags. *hēafodwund* § 63 — afr. *hâvedwunde* § 194, ags. *healt* § 74 — afr. *halt* § 226, ags. *ā-, gebregdan* § 76 — afr. *brîda* § 232, ags. *homola* § 82 — afr. *(—)homelinge* § 222, 240, ags. *forstelan* § 91 — afr. *ûrstela* § 260, ags. *fācn* § 101 — afr. *fêknia(—)* § 268, ags. *forsittan* § 111 — afr. *ûrsitta* (L.) § 279.

w e s t e r l. - a g s. P a r a l l e l e n : (spätwesterl.)
ags. *misdǣd, misdōn* § 15 — afr. *misdêde, misdwâ* § 145, ags. *un(ge)willes* § 32 — afr. *onwillens* § 164, ags. *unwillum* § 32 — afr. *onwillum* § 164, ags. *rǣde/dǣde* § 41 — afr. *rêde/dêde* § 172 (spät), ags. *fylst* § 45 — afr. *fulliste* § 173, ags. *dīedan* § 50 — afr. *dêia* § 176, ags. *gewemman, unwemme* § 66 — afr. *(une)wemmed* § 191.

Die westerl.-ags. Übereinstimmungen sind in ihrer Mehrzahl jung. Im letzten Beispiel ist dagegen wohl ein älterer Terminus erhalten (vgl. die Ableitung *wlitiwam*), dies gilt auch für *fulliste*.

Von den osterl.-ags. Parallelen lassen sich viele weiter in andere germ. Dialekte verfolgen. Das Null-Zeugnis der westerl. Texte mag hier z. T. aus den jungen und andersartigen Texten erklärt werden. Auffällig bleibt jedoch ein Fall wie *fella, bona* und besonders *werda* (westerl. *ergene* u. ä.). Eine gewisse Isolierung und Eigenständigkeit des westerl. Friesisch ist unverkennbar.

Schluß

§ 299 Am Ende dieser zusammenfassenden Übersicht noch kurz einige methodische Bemerkungen. Die Auswertung der Gesamtdarstellung in diesen Paragraphen ist nicht vollständig, nicht erschöpfend. Neben den angeführten landschaftlichen Eigenheiten und interregionalen Übereinstimmungen hätten sich noch manche andere behandeln lassen. Es wäre ein leichtes gewesen, ein viel differenzierteres Bild der Wortschatzbeziehungen auszumalen. Ich habe mich jedoch mit Absicht auf die augenfälligsten Erscheinungen beschränkt, da mir bewußt ist, daß einigermaßen relevante Aussagen mit Hilfe des Wortschatzes nur möglich sind, wenn eine beträchtliche Zahl charakteristischer, gleicher Befunde zur Verfügung stehen. Einzelfällen wurde nicht nachgegangen, da ihr Zeugniswert zunächst gering ist. Sie mögen allenfalls Hinweise geben für weitere Nachforschungen. So hoffe ich die Fehlerquelle, welche durch die Zufälligkeit der Überlieferung bedingt sein kann sowie durch die Beschränkung auf die Deliktbezeichnungen ausgeglichen zu haben. Was den gewählten Ausschnitt aus der Rechtsterminologie angeht, so glaube ich, keine so unglückliche Wahl getroffen zu haben. Es wird sich kaum ein so geschlossener Wortschatzbereich in der Rechtsterminologie finden lassen, der so gut und verhältnismäßig gleichmäßig belegt ist und zugleich — gegenstandsbedingt — so wenig den sozialen Wandlungen in einer Rechtsgemeinschaft unterliegt.[385] Naturgemäß sind jedoch durch diesen Gegenstand die Bußtaxen besonders in den Vordergrund gerückt. Auch ist dies wohl kein Nachteil, da diese offensichtlich in besonderem Maße regional gebunden sind.

Nicht selten stand ich vor der Versuchung, über die wortgeographischen Befunde hinaus auch die textgeschichtlichen Verhältnisse der mehrfach überlieferten Denkmäler zu behandeln. Denn zweifellos haftet dem reinen Wortschatzvergleich zunächst etwas Schematisches, ja Oberflächliches an. Verlockend wäre es gewesen, das Verhältnis aller Bußtaxen untereinander und zu den A. B. zu untersuchen sowie den aufgeworfenen Fragen für Küren und Landrechte weiter nachzugehen. Sicher kann eine endgültige Bestätigung einiger Beobachtungen nur durch eine Wiederaufnahme der textgeschichtlichen Fragen erfolgen. Mit Rücksicht auf den Plan dieser Untersuchung mußte jedoch hierauf zumeist verzichtet werden. Die Behandlung der innerfriesischen Wortgeographie hat ohnehin einen viel breiteren Raum in Anspruch genommen als ursprünglich vorgesehen war.

Hinweisen möchte ich in diesem Zusammenhang besonders auf eine frappante Übereinstimmung von wortgeographischen und textgeschichtlichen Befunden bei den Landrechtstexten. Algra, Tekstfiliatie 63 ff., bes. 87 nimmt für sie eine Einteilung in eine Ommelander (F lat. H), Emsiger (H E), Rüstringer (R) und westerlauwerssche Gruppe (J U D) vor, wie vor ihm im wesentlichen schon His. Eine ganz ähnliche Einteilung ergab unsere wortgeographische Untersuchung. Während His noch glaubte, alle Texte auf einen Urtext zurückführen zu können, hat Algra diesen Standpunkt verlassen, weil ein solcher offensichtlich aus den überlieferten Texten nicht erschließbar ist. Damit eröffnet sich die Möglichkeit, die Unterschiedlichkeit der Landrechtstexte aus regionalen, landschaftlichen Bedingungen zu erklären. Die Filiation Algras erscheint so mehr als eine landschaftlich bedingte als im engeren Sinne textgeschichtliche, d. h. stammbaummäßige.

[385] Ein vergleichbares Gebiet wäre das des Erbrechts (vgl. Fickers diesbezügliche Untersuchungen), das aber sehr entwicklungsgeschichtlichen Bedingungen unterliegt.

DRITTER TEIL

Altdeutsche Rechtsterminologie

Einführung

§ 300 Grundsätzlich anders als bei Friesen und Angelsachsen ist die Quellensituation für eine Untersuchung des Rechtswortschatzes bei Sachsen, Franken, Alemannen, Baiern, Langobarden. Die ältesten Rechtsquellen der ‚deutschen' Stämme sind lateinisch aufgezeichnet und enthalten nur spärliche Reste germanischer Rechtssprache in Form eingefügter volkssprachiger Wörter oder latinisierter Rechtstermini. Ihr Bestand — vor allem die letztgenannte Gruppe — ist noch nicht vollständig erfaßt.

Eine erste Übersicht vermittelte Baesecke in dem Bemühen, die Trümmer des Althochdeutschen für die deutsche Sprach- und Literaturwissenschaft zu bergen;[1] doch stehen im Mittelpunkt seiner Darstellung textkritische Fragen (Alter, Abhängigkeitsverhältnisse, Aufbau der betr. Leges), die ‚deutschen Wörter' werden zunächst nur erfaßt, seltener besprochen.[2] Eine eingehende philologische Untersuchung der deutschen Wörter in der Lex Baiuuariorum bot von Kralik.[3] Nicht zufällig ist gerade der Wortschatz dieser Lex behandelt, denn er stellt neben den Malbergischen Glossen die zahlenmäßig umfangreichste und rechtssprachlich bedeutendste Gruppe ahd. Rechtstermini dar. Im übrigen sind die volkssprachigen Wörter der Leges in speziellen Indices der Monumenta-Ausgaben verzeichnet.[4] Anschaulich und beispielsreich schildert J. Weisweiler die Forschungslage zum Rechtswortschatz der ‚Deutschen Frühzeit' in Maurer—Stroh, Deutsche Wortgeschichte I (1943) 84—99 (= ²I 61—72), dem Betz in der 2. Aufl. 1959, I 107 ff. nur wenig hinzuzufügen brauchte.

[1] G. Baesecke, Die deutschen Wörter der germanischen Gesetze, in: PBB 59 (1935), 1—101. Einleitend schildert Baesecke, in wie sträflicher Weise die dt. Wörter der Leges in der Geschichte der Philologie vernachlässigt wurden. Auf diesem Hintergrund hat sein Beitrag Pioniercharakter. — Die behandelten Wörter sind auch angeführt in Baeseckes Vor- und Frühgeschichte des deutschen Schrifttums II, 1, Halle 1950, S. 52—55.

[2] Berechtigte Kritik an Baeseckes Deutung der volkssprachigen Wörter in der Lex Fris. hat Krogmann in Philologia Frisica 1962, 90 ff. geübt.

[3] v. Kralik, Die deutschen Bestandteile der Lex Baiuvariorum. NA 38 (1913), 13—55, 401—449, 581—624.

[4] K. A. Eckhardt, Pactus legis Salicae I, 1 (1954), I, 2 (1957), II, 1 (1955), II, 2 (1956). — F. Beyerle — R. Buchner, Lex Ribvaria (= MGH Leg. nat. germ. III, 2) mit germ. Glossar von I. Schröbler, Hannover 1954. — K. A. Eckhardt, Leges Alemannorum (Germanenrechte NF) I (1958), II (1960). J. Merkel, Lex Alamannorum (= MGH Leges III, S. 1—182), 1851. K. Lehmann, Leges Alamannorum

Ein indirektes Zeugnis von der dt. Rechtsterminologie legen die lat. Termini in den Rechtsquellen ab, da sie z.T. genaue Entsprechungen oder Lehnübersetzungen volkssprachiger Rechtswörter darstellen.[5] Doch wurde dieser Bereich in unsere Untersuchung nicht einbezogen.

Die Rechtsquellen der fränkischen Zeit stehen — wie schon die älteren langobardischen und die Placita der Merowinger — inhaltlich und typologisch[6] den ags. und afr. Rechtsquellen nahe. „Die innere Sprachform der Leges Barbarorum ist germanisch."[7] Daß sie — mit Ausnahme eines kleinen Bruchstückes der Lex Salica[8] — nicht in die Volkssprache übersetzt bzw. von vornherein in dieser abgefaßt wurden, ist ein großer Verlust für die Rechts- und Sprachforschung. Denn daß im täglichen Rechtsverkehr nicht das Lateinische, sondern die deutschen Dialekte Verhandlungssprache waren, steht außer Frage. Das bezeugen nicht zuletzt die mit *quod dicunt, quod vocant* etc. in den Leges enthaltenen deutschen Rechtstermini. Das Latein war lediglich Gesetzes- und Protokollsprache.

Wegen des Fehlens ahd. und as. Rechtsquellen wurden die literarischen Denkmäler dieser Zeit stärker herangezogen. Ihr Zeugniswert ist zwar in vielen Fällen geringer, da sich oft nicht sicher feststellen läßt, ob die betreffenden Wörter tatsächlich rechtstechnisch gebraucht wurden, doch sind die aus nichtjuristischen Quellen belegten Parallelen zur ags., afr. und späteren dt. Rechtsterminologie in jedem Fall wichtig.[9]

(= MGH leg. nat. germ. V, 1) 1888. — E. v. Schwind, Lex Baiwariorum (= MGH Leg. nat. germ. V, 2) 1926. — Cl. Frh. v. Schwerin, Leges Saxonum und Lex Thuringorum (= MGH Fontes iur. germ. ant.) 1918. — F. Beyerle, Leges Langobardorum, mit einem Glossar von J. Schröbler (= Germanenrechte N. F. Westgerm. Recht Bd. 9). Witzenhausen ²1962. — Weitere Quellenangaben bei Amira—Eckardt, Germanisches Recht ⁴I, 55 f., 60 f. — Erschöpfend: Wattenbach—Levison, Deutschlands Geschichtsquellen im Mittelalter, Vorzeit und Karolinger. Beiheft: Die Rechtsquellen v. R. Buchner, Weimar 1953.

[5] Mit diesem Gegenstand hat sich ausführlich Ph. Heck (besonders: Übersetzungsprobleme des frühen Mittelalters 1931) methodisch geschickt aber im Einzelnen wenig glückvoll befaßt (s. oben Teil II Anm. 61).

[6] Ein Vergleich in Aufbau, Gliederung und Darstellungsweise (Syntax), der zum Ziel hätte festzustellen, in welchem Maße den Leges auch in Deutschland eine volkssprachige Rechtsquellentradition zugrundeliegt, ist m. W. bisher nicht unternommen worden.

[7] J. Weisweiler in: Maurer-Stroh, Dt. Wortgeschichte ²I, 71. — Hierzu besonders W. Merk, Werdegang und Wandlungen der deutschen Rechtssprache (= Marburger Akademische Reden Nr. 54), Marburg 1933, 10.

[8] Text und Untersuchung: St. Sonderegger, Die ahd. Lex-Salica-Übersetzung, in: Festgabe f. W. Jungandreas, Trier 1964, 113—121.

[9] Zugrunde gelegt wurden: Karg-Gasterstädt—Frings, Ahd. Wb.; Graff, Ahd. Sprachschatz; Schützeichel, Ahd. Wb. (Die Aufnahme von Sigeln für die Texte erwies sich für diese Untersuchung als sehr nützlich); Gallée, Vorstudien zu einem And. Wb.; Holthausen, As. Wb.; Sehrt, Vollst. Wb. zum Heliand; Wadstein, Kleinere as. sprachdenkmäler. — Ein nicht unerheblicher Teil des ahd. Rechtswortschatzes ist nur in Glossen belegt. Diese wurden nach den vollständigen Exzerpten des RWbA (aus Steinmeyer/Sievers' Ausgabe) verwertet. Ferner konnte (auf Grund des freundlichen Entgegenkommens von W. Schröder) der lat. ‚Index zu den ahd. Glossen'

§ 301 Das verglichen mit der ags. und afr. Überlieferung dürftige Zeugnis der deutschen Rechtsterminologie in fränkischer Zeit macht es erforderlich, auch die späteren mittelalterlichen Rechtsquellen in diese Untersuchung einzubeziehen, obwohl hiermit weit über den für das ags. und afr. Recht gesteckten zeitlichen Rahmen hinausgegangen wird.

Die volkssprachigen Rechtsquellen des Mittelalters setzen in Deutschland erst im ersten Drittel des 13. Jh.s ein (Sachsenspiegel, Mühlhäuser Reichsrechtsbuch, Mainzer Reichslandfrieden, ndl. Keurboeken);[10] zahlreichere Quellen stammen erst aus dem letzten Drittel des 13. Jh.s (Schwabenspiegel, Deutschenspiegel, mnd. und obd. Stadtrechte), die Hauptmenge der mittelalterlichen volkssprachigen Rechtsdenkmäler ist erst aus dem 14. und 15. Jh. überliefert. Ein Schnitt um 1300 wäre bei dieser Quellenlage willkürlich und in keiner Hinsicht vertretbar. Doch werden bei der Darstellung die Rechtsquellen des 13. Jh.s besonders berücksichtigt.

Zwischen den Rechtsquellen der fränkischen Zeit und des Mittelalters klafft eine Lücke von mehreren Jahrhunderten. Hierzu stellen Schröder-Künßberg fest: „Die Kapitularien und Volksrechte gerieten seit dem 11. Jh. vollständig in Vergessenheit.“[11] „Vom 10. bis 12. Jh. ruhte die Gesetzgebung fast ganz, die Zeit war nicht dazu angetan und die Neubildung aller rechtlichen Beziehungen noch zu sehr im Fluß, als daß eine gesetzliche Feststellung möglich gewesen wäre. Es war die Alleinherrschaft des Gewohnheitsrechts, dessen eigentliche Träger bis zum 13. Jh. die Stämme blieben.“[12] In dieser Zeit wurde nicht nur das Volksrecht zum Landrecht und Stadtrecht,[13] sondern es bahnte sich eine Zersplitterung des Rechts an, die für das ganze Mittelalter — und landschaftlich auch für die Neuzeit bis zum Code Napoléon — charakteristisch ist.[14] Diese Zersplitterung spiegelt sich in der Vielfältigkeit der Rechtsterminologie. Nicht nur das Recht des deutschen Mittelalters ist kein ‚germanisches‘ mehr, auch die

von Steinmeyer (Kopie des handschriftlichen Leipziger Exemplars) benutzt werden. Nicht mehr benutzt werden konnten G. Köbler, Lateinisch-althochdeutsches Wörterbuch. Göttingen 1971 sowie Köblers Wörterbücher zu lat.-ahd./as. Übersetzungsgleichungen in Einzeldenkmälern. Doch zeigten Stichproben, daß hiermit nur der kleinere und bisher lexikographisch schon vom ahd./as. her erschlossene Teil der Glossen- und Übersetzungsliteratur erfaßt wird. Die eigentliche Fundgrube bleibt Steinmeyer-Sievers' Glossen-Ausgabe.

[10] Außerdem enthalten lat. und afrz. Coutumes und Keuren des 12., 13. Jh.s vielfach volkssprachige (mnl.) Termini. Diese sind für unseren Bereich weitgehend bei Warnkönig, Flandrische Staats- und Rechtsgeschichte bis zum Jahr 1305, III, Tübingen 1842 (151—263: Das flandrische Criminalrecht im 12. und 13. Jh.) verzeichnet. Ferner bei Frederiks, Het Oud-Nederlandsch Strafrecht. Haarlem 1918. — Lat. Urkunden aus Deutschland bieten — nach Aufschluß der Sammlungen des RWbA — sehr wenig einschlägiges Wortmaterial.

[11] Schröder—Künßberg, Lehrbuch der dt. Rechtsgeschichte, [7]1932, 707.

[12] a.a.O. 708.

[13] In dem rechtsgeschichtlich so bedeutungsvollen Magdeburger Stadtrecht gelangte „die stadtrechtliche Umbildung des Sachsenspiegels zum reinsten Ausdruck“ (a.a.O. 741).

[14] Siehe J. Weisweiler in: Maurer-Stroh, Deutsche Wortgeschichte [2]I, 70.

Rechtsterminologie hat bedeutende Umbildungen und Neuerungen erfahren, wie im folgenden zu zeigen ist.

§ 302 Schwierigkeiten bereiten bei der Einbeziehung der mittelalterlichen dt. Rechtsquellen in diese Untersuchung auf der einen Seite deren unübersehbar große Zahl und zum anderen deren verwickelte Abhängigkeitsverhältnisse untereinander. Beginnt man als Philologe sich mit den dt. Rechtsdenkmälern zu befassen, den Stadtbüchern und Stadtrechten, den Landrechtsbüchern und reichsrechtlichen, territorialen und bäuerlichen Quellen, so vermißt man als erstes eine Bibliographie der Quellen, welche Entstehungszeit, Bereich und Zeitraum der Gültigkeit, Abhängigkeit von verwandten Quellen und die sprachliche Gestalt behandelt.[15] Daraus ist ersichtlich, daß eine systematische Rechtssprachforschung in Deutschland noch nicht begonnen wurde. Nur für die mnd. Stadtrechte des 13. Jh.s existiert die vorzügliche Darstellung des schwedischen Germanisten Korlén, die der Däne Hyldgaard-Jensen seinen rechtswortgeographischen Studien zu Grunde legen und weiter ausbauen konnte.[16] Im übrigen führen die Rechtshandbücher in die Quellen ein, besonders die Rechtsgeschichte von Schröder—Künßberg, Eckhardts Bearbeitung von Amiras Germanischem Recht, das Strafrecht des MAs von His, sowie noch immer Stobbes ausführliche Quellenkunde.[17] Ein vollständiges Quellenverzeichnis bieten im übrigen die Quellenhefte des Rechtswörterbuchs.[18]

§ 303 Bei der Fülle und Vielfalt der Quellen war für den Bereich der altdeutschen[19] Rechtsterminologie eine andere Darstellungsform als bisher geboten. Hier kam es in erster Linie darauf an, den einschlägigen Wortschatz überhaupt zu erfassen, um einen Vergleich mit der älteren dt., ags. und afr. Rechtsterminologie zu ermöglichen; sodann Gebräuchlichkeit, Zeit des Auftretens und geographische Verbreitung in groben Zügen zu skizzieren. Als Grundlage hierfür dienten einerseits Exzerpte aus einigen älteren Quellen (Sachsenspiegel, Schwa-

[15] In den rechtsgeschichtlichen Quellenkunden wird vielfach nicht einmal vermerkt, ob die betr. Quelle lat. oder volkssprachig überliefert ist, nähere Angaben zur Sprachform fehlen durchweg gänzlich.

[16] G. Korlén, Die mittelniederdeutschen Texte des 13. Jahrhunderts. Beiträge zur Quellenkunde und Grammatik des Frühmittelniederdeutschen. Diss. Lund 1945. — K. Hyldgaard-Jensen, Rechtswortgeographische Studien I, Uppsala 1964. — Ich nenne hier die Nationalität der Forscher, da ihre Untersuchungen offensichtlich auch auf der skandinavischen Tradition der Rechtsphilologie fußen, welche u. a. die vorzüglichen Ausgaben der Svenska Landskapslagar und Danmarks Gamle Landskabslove med Kirkelovene hervorgebracht hat.

[17] Schröder—Künßberg, Lehrbuch der deutschen Rechtsgeschichte 1932, 707—774; Amira—Eckhardt, Germanisches Recht [4]I, 127—185; His, Strafr. MA I, 1—36. O. Stobbe, Geschichte der deutschen Rechtsquellen I. Leipzig 1860 (Nachdruck 1965).

[18] Deutsches Rechtswörterbuch, Quellenheft 1912, Quellenergänzungsheft 1 1930, 2 1935, 3 1970.

[19] Ich wähle diesen an die Frühzeit der Germanistik gemahnenden Ausdruck, weil er als einziger den gesamten, hier behandelten Untersuchungsbereich zeitlich und geographisch erfaßt.

benspiegel, Deutschenspiegel, Mühlhäuser Reichsrechtsbuch, Stadtrechte von Lübeck, Stade, München),[20] die ausführliche Darstellung des mittelalterlichen deutschen Strafrechts von His,[21] Monographien zum Strafrecht einzelner Städte und Landschaften bzw. über bestimmte Bereiche des Strafrechts[22] und vor allem die Materialien des Rechtswörterbucharchivs (RWbA) sowie des gedruckten Teils des Rechtswörterbuchs.[23] Literarische Quellen konnten für diesen Zeitraum nicht ausgewertet werden. Angaben über Verbreitung und erstes Auf-

[20] C. G. Homeyer, Des Sachsenspiegels erster Theil, oder das Sächsische Landrecht, Berlin ^{3}1861. K. A. Eckhardt, Sachsenspiegel ^{2}1955 (Landrecht), ^{2}1956 (Lehnrecht). M. Åsdahl Holmberg, Der Harffer Sachsenspiegel v. J. 1295, Lund 1957. K. A. Eckhardt, Schwabenspiegel (= MGH Font. iur. germ. ant. N. S. IV Pars I) I—II Hannover 1960—1961. R. Grosse, Schwabenspiegel (Kurzform). Die mitteldeutsch-niederdeutschen Handschriften (= MGH Font. iur. germ. ant. N. S. V), Weimar 1964. — K. A. Eckhardt—A. Hübner, Deutschenspiegel mit Augsburger Sachsenspiegel (= MGH Font. iur. germ. ant. N. S. III), Hannover ^{2}1933. — G. Korlén, Norddeutsche Stadtrechte I: Das Stader Stadtrecht v. J. 1279, II Das Mnd. Stadtrecht von Lübeck nach seinen ältesten Formen, Lund Kopenhagen 1950 bis 1951. — Pius Dirr, Denkmäler des Münchener Stadtrechts I: 1158—1403, München 1934. — Die Exzerpierungsarbeit wurde abgebrochen, als sich erwies, daß eine detaillierte Darstellung nicht möglich sein würde.

[21] R. His, Das Strafrecht des deutschen Mittelalters, I 1920, II 1935. Auf dieses durch seinen Reichtum an Quellenbelegen und die eingehende Berücksichtigung der Terminologie bestechende Werk sei bezüglich aller rechtsgeschichtlichen Detailfragen ausdrücklich verwiesen. Eingehend kritisiert hat den 1. Band B. Schmidt (ZRG GA 20, 438—463), wo mit Recht auch auf einige Schattenseiten hingewiesen wird, besonders auf die ungenügende Berücksichtigung der Entwicklung des Rechts (S. 447), was ebenso für His' Strafrecht der Friesen gilt (s. o. § 187). Schmidts Kritik gipfelt in den Worten: „Wir stehen vor Altertümern, deren Vorhandensein wir uns nicht immer zu erklären wissen" (S. 463). In der Tat steht His' Strafr. MA dem ‚Strafrecht der Germanen' des Grimm-Schülers Wilda und Amiras ‚Germanischem Recht' methodisch nahe.

Schmidts Kritik gipfelt in den Worten: „Wir stehen vor Altertümern, deren Vorhandensein wir uns nicht immer zu erklären wissen" (S. 463). In der Tat steht His' Strafr. MA dem ‚Strafrecht der Germanen' des Grimm-Schülers Wilda und Amiras ‚Germanischem Recht' methodisch nahe.

[22] Die Rechtsterminologie berücksichtigen in gebührendem Maße: E. Osenbrüggen, Das Alamannische Strafrecht des Mittelalters, 1860 (und alle anderen Arbeiten von Osenbrüggen!); K. J. Frederiks, Het Oud-Nederlandsch Strafrecht, 1918. — G. Stahm, Das Strafrecht der Stadt Dortmund bis zur Mitte des 16. Jh.s, 1910; M. Th. Wüstendörfer, Das baierische Strafrecht des 13. und 14. Jh.s, 1942; B. Schmidt, Medizinisches aus deutschen Rechtsquellen, 1896; M. J. Noordewier, Neederduitsche Regtsoudheden, 1853. Warnkönig, Flandrische Staats- und Rechtsgeschichte I—III, 1835—1842. — Die meisten Monographien erwiesen sich in der Hinsicht als unergiebig. Alle einschlägigen Untersuchungen bis z. J. 1950 sind verzeichnet bei Planitz-Buyken, Bibliographie zur dt. Rechtsgeschichte 1952, Nrn. 5385—5394, 6854—6872, 16 865—17 039.

[23] Deutsches Rechtswörterbuch (Wörterbuch der älteren deutschen Rechtssprache), 5 Bde., 7 Liefgg. (A-Kante), 1914 ff. Das RWb ist — wie bei dem langen Erscheinen und dem Wechsel der Mitarbeiter unvermeidlich — ungleich in Ausführlichkeit und Darstellungsweise. Die Quellenangaben berücksichtigen stets das erste Auftreten des Wortes, sondern verschiedene Bedeutungen, nehmen aber auf die

treten bestimmter Rechtswörter beziehen sich im folgenden stets auf das Vorkommen in den Rechtsquellen.

§ 304 Die Ausbildung bestimmter Rechtskreise im mittelalterlichen Deutschland ist einerseits durch die Fortwirkung des Gewohnheitsrechts, andererseits sehr stark durch Rechtsübertragung geprägt. Dies gilt in besonderem Maße für die Kolonisationsgebiete, in denen Lübecker und Magdeburger Recht als Mutterrechte fungierten, aber auch für die alten Stammesgebiete, in denen das System der Oberhöfe größere Rechtskreise bildete.[24] Neben der städtischen Rechtsübertragung hat besonders die Verbreitung des Sachsenspiegels in Nord-, Ost- und Oberdeutschland (Swsp., Dsp.) altes Recht überdeckt oder ersetzt. Welche Bedeutung dies für die Rechtssprachforschung besitzt, hat Reincke in seinem Aufsatz über ‚Kölner, Soester, Lübecker und Hamburger Recht in ihren gegenseitigen Beziehungen' am deutlichsten ausgesprochen: „Es wird nicht immer genügend beachtet, daß die räumliche Verbreitung bestimmter Rechtsausdrücke nicht durchaus mit den allgemeinen Sprachlandschaften, sondern mit den Rechtskreisen übereinstimmt. Hier ist trotz und neben dem nicht genug zu rühmenden Deutschen Rechtswörterbuch noch eine breite Möglichkeit für eine fruchtbare Zusammenarbeit zwischen Rechtshistorikern und Sprachwissenschaftlern."[25] Diese Anregung hat als erster Hyldgaard-Jensen für eine Reihe von Rechtswörtern aus den mnd. Stadtrechten aufgegriffen. Die Verhältnisse werden komplizierter und verwickelter — vielfach sind sie noch ungeklärt —, wenn man nicht nur die relativ geschlossene Gruppe der frühen mnd. Stadtrechte, sondern sämtliche deutschen Quellen zum Gegenstand hat. Zur geographischen kommt hier überdies die zeitliche Komponente hinzu. Eine Untersuchung, die diese Faktoren angemessen berücksichtigt, ist nur unter Beschränkung auf wenige Rechtstermini möglich. Bei der Überfülle von Belegmaterial und dem knappen zur Verfügung stehenden Raum kann deshalb hier auf die (rechts)historischen Hintergründe der Verbreitung einzelner Rechtswörter nicht näher eingegangen werden. Doch mag aus den knappen Angaben über Verbreitung und erstes Auftreten hervorgehen, wo eine detaillierte rechtsgeschichtlich-philologische Studie lohnend wäre. In diesem Punkt übernimmt die fol-

geographische Verbreitung nur in der Auswahl der Quellenzitate Rücksicht. Die ags. und afr. Quellenbelege — das RWb ist ein westgermanisches! — stammen zumeist aus der frühesten Exzerpierungsarbeit; sie repräsentieren diese Quellenbereiche weniger vollständig und sind äußerst knapp gehalten. Neben den Rechtsquellen im engeren Sinne sind die deutschen Urkunden für das RWb vollständig ausgewertet. Doch enthalten sie relativ wenig Strafrechtliches für diese Darstellung.

[24] Vgl. die Karte zur Verbreitung der Stadtrechte bei v. Künßberg, Rechtssprachgeographie; erneut abgedruckt bei Hyldgaard-Jensen, Rechtswortgeographische Studien. I. Ergänzungen aus v. Künßbergs Nachlaß fügt ein: R. Schmidt-Wiegand, Aus der Werkstatt Eberhard Freiherr von Künßbergs. Entwürfe und Skizzen zu Rechtssprachkarten im Archiv des Deutschen Rechtswörterbuchs, in: Heidelberger Jahrbücher XII (1968), 93—111.

[25] Hans. Geschichtsblätter 69 (1950), 43.

gende Darstellung zunächst die weniger dankbare Aufgabe einer ersten Vorarbeit.

§ 305 Der Übersichtscharakter dieses Kapitels bedingt ein Abweichen von der bisherigen Darstellungsweise:

1. Die ahd., as., mhd., mnd. und mnl. Wörter werden generell in der normalisierten Form der Wörterbücher zitiert, nur Glossen und selten vorkommende Belege erscheinen in der Schreibweise der Quellen. Bei zusammenfassender Nennung der Termini mehrerer Dialekte werden in Anlehnung an die Stichwörter des RWbs die nhd. Entsprechungen eingesetzt: z. B. *Übeltat* für mhd. *übeltât*, mnd. *ōveldât*, mnl. *eveldaet*.

2. Die Herkunftsangaben sollen nur stichwortartig ein Verbreitungsbild anzeigen. Auf die Zitierung der Quellen wurde — nicht leichten Herzens — aus Raumgründen verzichtet. (Dies hätte eine viel ausführlichere Darstellungsform erfordert).

3. Von den angeführten Wörtern wurden durchweg nur deren rechtstechnische Bedeutungen genannt. Daß diese in vielen Fällen aufs engste mit anderen, meist in literarischen Quellen bezeugten Bedeutungen zusammenhängen, versteht sich. Jedoch war eine Erörterung solcher Zusammenhänge nicht Ziel der Darstellung.

Die zeitlich weniger deutliche Begrenzung in diesem Kapitel hat notgedrungen gewisse Inkongruenzen gegenüber dem Afr. zur Folge, indem Quellen des 14., 15. Jh.s für das Fries. unberücksichtigt blieben, hier jedoch verwertet wurden. Gerade in dieser Zeit ist im kontinentalgermanischen Bereich, vor allem durch die Entwicklung des Städtewesens, ein starker rechtssprachlicher Austausch zu beobachten. So erscheinen manche mnd., mnl. und mhd. Rechtswörter in der folgenden Übersicht, die die afr. Landschaftsrechte noch nicht kennen, jedoch in spätafr. Quellen, besonders Urkunden, belegt sind. In diesen Fällen wurde die afr. Entsprechung mit Ausnahme okkasioneller und ausgesprochen später Belege nach den Exzerpten des RWbA, v. Richthofen Wb., His Strafr., Ahlsson Abstrakb. nachträglich aufgenommen.

Ursprünglich beabsichtigte ich, dem III. Kapitel Rechtswortkarten beizufügen. Doch standen dem erhebliche Schwierigkeiten entgegen. Die wenigen von v. Künßberg publizierten Karten[26] wurden von ihm auf die Grundkarte des Deutschen Sprachatlas (mit Pausblättern) eingetragen. Eine eigene Grundkarte mit den Belegorten (und den entsprechenden Quellenangaben) hat er nicht angefertigt. Für den an jahrzehntelanger Arbeit mit dem RWb geschulten Kenner der deutschen Rechtsquellen war dies nicht erforderlich. Und

[26] E. v. Künßberg, Rechtssprachgeographie, Heidelberg 1926. Ders., Rechtswortkarte I, 1. *Gilde*, 2. *Zunft*, in: ZMF 11 (1935), 242—245. Ders., Rechtswortkarte II. *Dunschlag, Beulschlag* und ihre Verwandten, in: ZMF 13 (1937) 164—167. — Aus v. Künßbergs Nachlaß publizierte R. Schmidt-Wiegand einige Rechtswortkarten in: Heidelberger Jahrbücher XII (1968), 93—111; ferner in ihrem Beitrag, Der ‚Wisch' als Bann- und Verbotszeichen, Historische Rechtssprachkarte und volkskundliche Karte, in: Zs. f. Volkskunde 64 (1968), 203—222.

der Nachprüfbarkeit konnten seine Karten wohl entraten. Inzwischen hat jedoch die kartographische Darstellung von Sprachmaterialien erhebliche Fortschritte gemacht, so daß an v. Künßbergs Wortkarten nicht mehr ohne weiteres angeknüpft werden kann.[27] Heute wären hierfür umfangreiche Vorarbeiten erforderlich, die nicht nur Grundlage für einige erläuternde Karten zu einer wortgeographischen Untersuchung, sondern das Fundament eines Rechtssprachatlas sein könnten. Die Schaffung eines solchen Werkes, für die bereits Merk i. J. 1926 plädierte, halte ich nach wie vor für eine wichtige Forschungsaufgabe.[28]

Angesichts dieser Einschränkungen, die den dritten Teil überwiegend zu einer reinen Materialsammlung machen, welche detailliertere Untersuchungen zur Wortchronologie und -geographie (wie im Afr.) kaum zuläßt, mag gefragt werden, ob nicht weniger mehr, das heißt ein Verzicht auf diesen Bereich besser gewesen wäre. Solchem Zweifel ist vor allem eines entgegenzuhalten: Diese Untersuchung verfolgt das Ziel, einen Ausschnitt der Rechtsterminologie a l l e r germ. Rechtsquellen vergleichend darzustellen. Vor den Schwierigkeiten zu kapitulieren, die die älteren deutschen Quellen bereiten, hieße diese Intention aufgeben und dem ags. und afr. Kapitel einen wesentlichen Teil ihrer Relevanz nehmen. Erst durch eine umfassende, wenn auch in sich wenig gegliederte Beschreibung der älteren deutschen Rechtsterminologie wurde der überregionale Vergleich im Bereich des Westgermanischen möglich (§§ 399 ff.). Erst auf dieser Grundlage ist eine Fortführung der Arbeit in Hinblick auf die nordischen und gotischen Quellen sinnvoll und notwendig.

Darüber hinaus mag es angesichts der Lage der deutschen Rechtssprachforschung nützlich gewesen sein, die Problematik, vor die man im Bereich der deutschen Quellen gestellt ist, überhaupt zu skizzieren.

Über die Malbergischen Glossen

§ 306 Unter den ‚deutschen Wörtern' in den lat. Volksrechten stellen die sogenannten Malbergischen Glossen der Lex Salica die weitaus umfangreichste und die zugleich am schwersten zu deutende Gruppe dar. In der rechtsgeschichtlichen Forschung sind sie ebenso berühmt wie berüchtigt, wohingegen sie unter Philologen nur das Interesse weniger fanden. Dies, obwohl die erste noch heute beachtenswerte Untersuchung von Jakob Grimm stammt[29] und obwohl diese latinisierten, durch das Mißverständnis zahlreicher Schreiber entstellten Wortgebilde als das älteste Denkmal deutscher Sprache angesehen werden können.[30]

[27] Dazu W. H. Veith, Dialektkartographie. In: Germanistische Linguistik 4 (1970), 389—497.

[28] Dazu ausführlicher: Verf., Rechtswortgeographie, in: Wortgeographie und Gesellschaft, hg. von W. Mitzka, Berlin 1968, 360 f.

[29] Vorrede S. III—LXXXVIII in: J. Merkel, Lex Salica, Berlin 1850; auch in: Kleine Schriften VIII, 228 ff.

[30] Über das genaue Alter herrscht keine Einigkeit: Kern und Baesecke datierten 600—800, van Helten dachte an das Ende des 5. Jh.s, Eckhardt gibt ca. 600 an. Strittig ist vor allem, ob die Glossen aus verschiedenen Überlieferungsschichten oder

Unter den sämtliche Glossen behandelnden Untersuchungen scheint mir Kerns (zweite) Abhandlung wegen ihrer übersichtlichen Darstellung und der zahlreichen germ. Wortparallelen nach wie vor die wichtigste.[31] Daneben ist van Heltens eingehende Untersuchung, ein Monument philologischen Könnens aber auch junggrammatischer Einseitigkeit, unentbehrlich, wenn auch schwer zugänglich.[32] Eine sehr dankenswerte Übersicht vermittelt K. A. Eckhardt im Glossar seiner Lex-Salica-Ausgabe, wo sämtliche Stellen bei Grimm, Kern, van Helten und kleineren Untersuchungen von Sohm, Müllenhoff, Goldmann u. a. verzeichnet sind.[33] Jüngst hat J. Balon die Malb. Glossen im Anschluß an Eckhardt erneut verzeichnet und mit gänzlich neuen Interpretationen versehen (dazu unten).[34]

Auseinander gehen die Meinungen nicht nur über die einzelnen Glossen, sondern bereits über ihre sachliche Bewertung. Grimm sah in ihnen rechtstechnische Schlagwörter; diese Ansicht fand besonders unter Juristen Anerkennung (Waitz, Sohm),[35] als maßgeblich galt lange Brunners Deutung, daß die Glossen „den Inhalt des lat. Textes durch technische Ausdrücke erläutern und ergänzen wie sie auf der Gerichtsstätte, in mallobergo, gebraucht wurden".[36] Dem widersprach entschieden van Helten (S. 521 ff.) unter Berufung auf Holtzmann und Kern, die in den Glossen die Reste eines ursprünglichen fränkischen Textes sahen, der dem lat. zugrunde lag. In der Tat erwecken die Glossen häufig den Eindruck, Reste eines ehemals geschlossenen Textes zu sein (Verbformen, Sätze, Satzteile neben Einzelwörtern). Vor allem läßt sich nicht übersehen, daß auch die Einzelglossen viel gänzlich Untechnisches enthalten (Tierbezeichnungen u. ä.). Van Helten glaubte jedoch, keine schriftliche Fassung annehmen zu können, sondern dachte an eine mündliche Vorformung. Wahrscheinlicher scheint mir Eckhardts Annahme (a.a.O. I. S. 185), daß die Glossen Reste einer marginalen (oder noch eher interlinearen) Glossierung des lat. Textes darstellen, welche durch Abschrift in den Text eingedrungen ist (oder auch bewußt aufgenommen wurde).

einer einzigen (sehr alten) stammen; vgl. dazu die Diskussion bei Eckhardt, Lex Salica I. 178 ff. II. 173 ff.

31 H. Kern, Notes of the Frankish Words in the Lex Salica Sp. 431—563 in: J. H. Hessels, Lex Salica, The ten Texts with the Glosses, London 1880. Auf Grund von Hessels Ausgabe und weiteren Forschungen verbesserte Fassung von: H. Kern, Die Glossen der Lex Salica und die Sprache der salischen Franken. Den Haag 1869.

32 W. van Helten, Zu den Malbergischen Glossen und den salfränkischen Formeln und Lehnwörtern in der Lex Salica, in: PBB 25 (1900), 225—542.

33 K. A. Eckhardt, Pactus Leges Salicae II,2 (Germanenrechte NF, Westgerm. Recht) Göttingen 1956, 538—561. — Zu Eckhardts Neuausgabe vergleiche die Kritik von R. Schmidt-Wiegand, Die kritische Ausgabe der Lex Salica — noch immer ein Problem?, in: ZRG GA 76 (1959), 301—319.

34 J. Balon, Jus Medii Aevi 3. Traité de Droit Salique. Étude d'exégèse et de sociologie juridiques. Tomes XIII. Namur 1965.

35 G. Waitz, Das alte Recht der Salischen Franken, Kiel 1846, 24 (darin 271—295: K. Müllenhoff, Die deutschen wörter der lex salica). — R. Sohm, Die Fränkische Reichs- und Gerichtsverfassung, Leipzig 1871, 559 f.

36 Brunner, RG I, 296 f., ²I 432.

Beim Versuch, die Glossen in diese Untersuchung einzubeziehen, bin ich von Eckhardts Aufstellung ausgegangen und habe die einschlägigen Deliktbezeichnungen und verwandte Begriffe durch die wichtigsten Abhandlungen verfolgt. Das Ergebnis war ebenso überraschend wie enttäuschend: unter den fast 100 einschlägigen Termini fanden sich nur ganz vereinzelte, die sich mit einiger Wahrscheinlichkeit zu bekannten germanischen in Parallele setzen ließen: z. B. *liodardi* zu afr. *liûdwerdene*, **inanbina anblice* zu afr. *blîka*, ags. (*bānes*) *blice*, *malchom* zu ahd. *manslagōn* (?), *raubare* zu ahd. *roubōn*. Die große Menge der germanischen Etymologien und Parallelen war dem sonst so reich belegten technischen Wortschatz fremd. Angesichts dieses Befundes schien es mir wenig ersprießlich, sämtliche einschlägigen Glossen in die Darstellung aufzunehmen. Nur bei leidlich eindeutigen Parallelen ist dies geschehen. Den ganzen Bestand erneut zu durchdenken, konnte nicht Aufgabe dieser Darstellung sein,[37] zumal mir der Verdacht kam, daß in den Glossen vielleicht doch mehr lateinisches und auch gallisches Wortgut stecken kann, als gemeinhin angenommen wurde. Jüngst hat in dieser Richtung J. Balon ganz neue Interpretationen vorgelegt, allerdings mit einer Radikalität die germanischen Etymologien und Parallelen abgelehnt, die mir kaum haltbar scheint. Hinzu kommt, daß seine Neudeutungen weder philologisch noch graphematisch ausreichend begründet sind (zu schweigen von der Sorglosigkeit im Umgang mit der deutschen Sprache in den Interpretamenten, die Einblick in Balons Arbeitsweise vermittelt).[38] Trotz alledem ist die Richtung dieses Versuchs interessant, denn die zuweilen an den Haaren herbeigezogenen germanischen Etymologien früherer Interpretationen sprechen der Annahme Hohn, daß die Malb. Glossen germ. rechtstechnische Termini seien. Beim Studium der Abhandlungen von Grimm, Kern und van Helten gewinnt man den Eindruck, daß diese Germanisten vorzüglich nach germanischen Grundlagen dieser Glossen gesucht haben, während weder Keltologen noch Kenner des Mittel- und Vulgärlateins sich an diese ‚verderbten Bastarde‘ (Baesecke) herangewagt haben.[39]

[37] Eine solche Aufgabe hatte schon Baesecke von sich gewiesen. Er wertete das Corpus dieser Sprachzeugnisse gering (die „undankbare und weit überschätzte Malbergische Glossierung der Lex Salica“, a.a.O. 3). Auch die Redaktoren des Rechtswörterbuchs haben vor diesem Corpus zumeist kapituliert, es sind nur wenige Glossen aufgenommen und diese ohne Kommentar. Unter sprachgeographischen Gesichtspunkten haben zuletzt Th. Frings und W. v. Wartburg einige Wörter der Lex Salica untersucht [Zs. f. Rom. Phil. 72 (1956), 283—288, PBB (Halle) 81 (1959), 416—427]; einen eindringlichen Versuch in dieser Richtung unternahm R. Schmidt-Wiegand, Das Fränkische Wortgut der Lex Salica als Gegenstand der Rechtssprachgeographie, in ZRG GA 84 (1967), 275—293. Vgl. auch dies., Zur Geschichte der Malbergischen Glosse, in ZRG GA 74 (1957), 220—231.

[38] S. oben Anm. 34. Von den Malb. Glossen handelt auch J. Balon, Propos sur le Malberg. Les Frances et la Civilisation Latine. Namur 1966.

[39] Für keltischen Ursprungs in ihrer Gesamtheit hielt die Malb. Glossen H. Leo, Die malbergische glosse, ein rest alt-keltischer sprache und rechtsauffassung. Beitrag zu den deutschen rechtsaltertümern, 1. u. 2. H. Halle 1842/45.

Abgesehen von diesen offenen Fragen ist auffällig, daß Kern und van Helten, beide besondere Kenner des Fries. und Niederl., die meisten Parallelen zu diesen Sprachen gezogen haben. Zum Mnl. natürlicherweise, was jedoch das Friesische angeht, so steht dies an sich dem Fränkischen so fern wie das Ags. und As. (abgesehen von ndl. Entlehnungen im Spätaltfriesischen). Falls sich die relativ zahlreichen Beziehungen zwischen altfränk. Malb. Glossen und dem Fries. bestätigen, ist nach dem Grund zu fragen. Hier ist zunächst daran zu denken, daß sich im Fries. als einem sprachlichen Relikt des Westgerm. älteres, früher weiter verbreitetes Wortgut besser erhalten hat als sonst. Daneben ist zu vermuten, daß im Fries. rechttechnische, aus dem Fränkischen entlehnte Termini erhalten blieben, die im Fränkischen selbst untergegangen sind. Ein Kennwort hierfür könnte *liûdwerdene* sein, das offenbar *liodardi* (aus **liodwardi*) fortsetzt.[40]

1. Allgemeine Bezeichnungen für Missetaten und ihre Verübung

§ 307 „Die rechtswidrige Handlung hat in der Terminologie des älteren deutschen Rechts eigentlich nie einen einheitlichen, gleichmäßigen und allgemein anerkannten Namen getragen. Ja, nicht einmal den einzelnen Benennungen gelang es, feste Formen zu gewinnen."[41] Zur Vielfalt der Benennungen und ihren schwankenden Bedeutungen kommen die geographische Verbreitung und das unterschiedliche zeitliche Auftreten der Termini als weitere differenzierende Faktoren hinzu. Ihnen allen kann hier nur im Rahmen des bisher Gesicherten sowie nach Aufschluß der Sammlungen des Rechtswörterbucharchivs (RWbA) Rechnung getragen werden.

Die Bezeichnungen für das Verbrechen, die schlechte Tat in den ahd. und as. literarischen Denkmälern sowie den ahd. Glossen sind sehr zahlreich; welche von ihnen technischen Charakter hatten, läßt sich nur annäherungsweise ermitteln, da die latein. Rechtsquellen dieser Zeit für diesen Bezeichnungsbereich keine Glossen enthalten. Im folgenden werden zuerst die ahd. und as. belegten, dann die nur ahd. bzw. as. und anschließend die erst in den jüngeren Quellen erscheinenden Termini behandelt.

1.1 Missetat

§ 308 Die Missetat im allgemeinen, besonders schwere Verbrechen, bezeichnen die Termini der Sippe *mein* und *firin-*: Ahd. *mein* (auch Gl. für scelus, nefas, facinus), as. *mên* (ags. *mān*); ahd. *meintāt* (auch Gl. für scelus, scelestum, sceleratus, nefas, factio, facinus), as. *mên(gi)dâd* (ags. *māndǣd* u. Ableitun-

[40] Aus semantischen Gründen ablehnend: R. Schmidt-Wiegand, Zur Geschichte der Malbergischen Glosse, ZRG GA 74 (1957), 221 f. — Enge Beziehungen zwischen Franken, Sachsen und Friesen an Niederrhein und Schelde während des 7. Jh.s führt R. Schmidt-Wiegand [ZRG GA 84 (1967), 286] als Grund für die sprachlichen Beziehungen der Malb. Glossen an.

[41] Harster, Strafr. Speier 23.

gen); ahd. *meintētich* ‚scelestus, sceleratus',[42] as. *mêndâdig*; ahd. *meinfol(lig)* ‚nefarius, criminosus', as. *mênful* (ags. *mānful(lic)* und Ableitungen); ahd. *meinlīch* ‚*nefandus*' (ags. *mānlic*); as. *mên(gi)werk* (ags. *mānweorc*); as. *mênskatho* (ags. *mānsceaða*); as. *mênskuld* (ags. *mānscyldig*); as. *mênhwat.* (Zum Ags. vgl. § 18, zu den übrigen Ableitungen s. Meineid § 396.)

In den späteren Rechtsquellen begegnen diese Termini nur noch selten (nur obd. seit 13. Jh. die Wendung *mein unde mort,* vgl. ags. *mān and morðor*), das RWbA belegt vorwiegend aus literarischen Quellen mhd. *meintât, -tæte, -tætec, -tæter*; selten sind mnd. *mêndât, -dêdich, -dêder.*

Ahd. *firina* (auch Gl. für scelus, facinus, crimen), as. *firina* (ags. *firen,* afr. *firne*); ahd. *firintāt* (auch Gl. für ‚scelus, nefarius, facinus, crimen'), as. *firindâd* (ags. *firendǣd*); as. *firinwerk;* as. *firinsundia* u. a. Ableitungen (ags. *firenweorc, firensynn*); ahd. *firinfol, firinōn* (auch Gl. für scelero), *firinlīh, firinlust(īgo)* (ags. *firenful, firenian, firenlic, firenlust*); ahd. *firintātīg, firinhaft* ‚criminosus', *firinari* ‚criminator' (zum Ags. und Afr. vgl. § 19. 147). Diese Termini sind später nicht belegt.[43]

§ 309 Neben diesen beiden gemeingerm., im Mittelalter aus der dt. Rechtssprache gänzlich oder weitgehend verdrängten Bezeichnungsgruppen begegnen as. und ahd. für die schlechte, üble Tat die Bezeichnungen: ahd. *palotāt* ‚maleficum', as. *baludâd, baluwerk* (ags. *bealudǣd*), vgl. okkasionell mnl. *baldadich(eit),* auch mhd. *balheit;*[44] ahd. *ubil* (auch Gl. für nefas, flagitia), *ubilī,* as. *ubil* (ags. *yfel* § 14, afr. *evel* § 146); ahd. *ubiltāt* (auch Gl. für facinus, crimen), *ubiltāto, ubilwurhto* ‚Übeltäter', *ubiltātīg* (vgl. ags. *yfeldǣd, yfeldǣda, yfeldǣde, yfelweorc* § 14 ff., afr. *evela dêda* § 146).

Auch später sind geläufig mhd. *übel, übeltât, übeltæt(ig)er, übeltæte, -ic,* mnd. *ōveldât, ōveldêder, ōveldêdich,* mnl. *evel, eveldaet, eveldadich.* Während *Übel* nie einen spezifisch rechtlichen Sinn innehatte, erscheint ein solcher bei *Übeltat* und *Übeltäter* erst seit dem 15. Jh. häufiger; in einigen frühen obd. Quellen beziehen sie sich auf die schwere Straftat.[45]

Nur mnd. mnl. belegt sind *quât, quaet* ‚Böses', ‚böse', mnd. *quâtdêdiger, quâtdôner,* mnl. *quaetdader* ‚Übeltäter', *quaetdadinge* ‚Übeltat', mnd. *quâtdêdich,* mnl. *quaetdedich* ‚übeltuend' (vgl. afr. *quâd, quâdhêd* § 146. 251; ags. nur *cwēad* ‚Dreck, Kot', aber me. *cwēd* ‚schlimm').

Den Sinn von ‚Verbrechen' hat okkasionell mhd. *bôsheit* mnd. *bōsheit,* mnl. *boosheit,* zuerst im Alem., noch nicht ahd. *bōsheit* (RWb II 420).

§ 310 Von allgemeiner Bedeutung sind auch die Bezeichnungen *Missetat* und *Untat.*

[42] Stehen wie hier die lat. Wörter als Bedeutungsangabe, so sind die ahd. Belege nur als Glossen bezeugt.

[43] Zu germ. **firina-* in den agerm. Dialekten s. J. Weisweiler, Beiträge 29—46.

[44] Zu germ. **balwa-* s. J. Weisweiler, Beiträge 70—77.

[45] Harster, Strafr. Speier 24; Metzger, Strafr. Basel 13; Wüstendörfer, Bair. Strafr. 11.

Ahd. *missitāt* (auch Gl. für iniuria, culpa, delictum), as. *misdâd* (vgl. ags. *misdǣd* § 15, afr. *misdêde* § 145), mhd. *missetât*, mnd. *mis(se)dât*, mnl. *misdaet* begegnet häufig, jedoch nur z. T. in technischem Sinn,[46] vielfach in religiösem,[47] das Wort fehlt den bairischen Rechtsquellen des 13. und 14. Jh.s.[48] Überwiegend nd. und ndrhein. erscheinen seit dem 13. Jh. die Ableitungen mnd. mnl. *misdâdich* (ahd. *missetātīg*, mhd. *missetætic*, vgl. afr. *misdêdoch* § 145) und *misdâder*; obd. und md. ist *mistæter* erst seit dem 15. Jh. häufiger. Vorwiegend alem., md. und nl., seltener nd. erscheint das Verb *mißtun* ‚unrecht handeln': ahd. mhd. *mistuon* (auch Gl. für culpare, peccare, vgl. ags. *misdōn* § 28, afr. *misdwâ* § 145), mnd. *misdôn*, mnl. *misdoen* (dazu die Täterbezeichnung *misdoener*).

Neben der Missetat im allgemeinen bezeichnet *Untat* (wie *Missetat*) vor allem schwere Straftaten: ahd. *untāt* (auch Gl. für macula, flagitiosa), as. *undâd*, mhd. *untât*, *ungetât* (nur obd.), mnd. *undât*, mnl. *ondaet* (vgl. ags. *undǣd* § 15); der Terminus ist allgemein verbreitet, auch die Ableitungen mhd. *untætig*, mnd. *undêdich*, mnl. *ondadich*. Auch mnd. *dâd* kann die Missetat bezeichnen (vgl. ags. *dǣd* § 15, afr. *dêde*, § 192 ff., obd. hat diesen Sinn *getât* (RWb IV 603).[49]

§ 311 Spezifisch ahd. sind *fratāt* ‚Missetat' (auch Gl. für scelus, facinus) und *fratātīg* ‚verbrecherisch' (auch Gl. für scelestus), ferner *firtuon* ‚Verbrechen begehen', *firtān* ‚verbrecherisch' (auch Gl. für scelerosus, sceleratus), mnd. *vordôn*, mnl. *verdoen* haben diese Bedeutung nicht, mhd. *vertuon* nur selten (dagegen — wie ahd. — mhd. *vertân*).

Ein leichteres Vergehen bezeichnet *Übergriff*, das zuerst bei Notker (*ubergrif*) belegt ist und seit dem 14. Jh. alem., wmd. und ndl. in technischem Sinne erscheint (mhd. *übergrif*, mnl. *overgrepe*). Allgemein verbreitet ist *übergreifen* ‚eine Satzung übertreten, eine widerrechtliche Handlung begehen': mhd. *übergrîfen*, mnl. *overgripen*, mnd. *ōvergrîpen* (vgl. afr. *ovirgrîpa* § 155).

§ 312 Eine Reihe spezifischer Bezeichnungen für das Verbrechen, die Übeltat sind nur as. belegt: *farwurht* ‚Übeltat' (ags. *forwyrht*) ist zu *farwirkian*, *farwerkon* ‚sich versündigen' ahd. *firwirken* ‚verwirken' zu stellen (vgl. ags. *forwyrcan* § 29, afr. *forwerka* § 156). Dies Verb (mnd. *vorwerken*, mnl. *verwerken*, mhd. *verwirken*) hat allgemein die Bedeutung ‚(Strafe,[50] Hals, Hand etc.) verwirken', häufig ist auch das zugehörige Verbaladjektiv as. *farworht*, mhd. *verworht*, mnd. *vorwracht* (vgl. ags. *forworht* § 29, afr. *(un)forwracht*

[46] Friese, Strafr. Sachsensp. 29.

[47] Noordewier, Regtsoudheden 273.

[48] Wüstendörfer, Bair. Strafr. 14.

[49] S. auch Metzger, Strafr. Basel 13 — Ags. *undǣd* ist nur in Wulfstan's Homilien belegt!

[50] Dies im Sinne von ‚Strafe erleiden, Strafgeld zahlen müssen'.

§ 156). Zu dieser Sippe gemeingerm. Bezeichnungen gehört auch ahd. *wurhto* ‚Täter' (vgl. häufiger ags. *-wyrhta* in Zusammensetzungen § 29), as. *(harm)giwurht* ‚Übeltat'; den Sinn von ‚verüben' haben as. *giwirkian, giwerkon,* ahd. *(gi)wirken* — im Gegensatz zum Ags. — nur selten.

Eine naheliegende Bedeutungsspezifizierung (aus ‚Rechtssache, Streitfall etc.') zeigt as. *saka* ‚Verbrechen', jedoch nicht afr. *seke,* ags. *sacu,* ahd. *sahha.* Spezifisch ags. und as. im Westgerm. sind *wam, wamdâd* ‚Übles, Verbrechen', *wamskatho* ‚Verbrecher, Teufel' (ags. *wamm, wammdǣd, wammsceaða* § 66); der gemeingerm. bezeugte Stamm ist afr. nur in *wlitiwam* und im Adj. *-wemmed* erhalten, ahd. in *be-, kawemman* ‚beflecken' und *unbi-, ungawemmit* ‚unbefleckt', entsprechend as. *unwam,* ags. *unwemme.*[51] In gleicher Bedeutung ist entsprechend afr. *unbewullen, unbiwollit* (§ 158) ahd. *unbewullen* ‚unbefleckt', *piwellida* ‚Befleckung', mhd. *bewellen* ‚beflecken' (Dsp.), as. *biuuellan* (Galleé, Vorst. 29: Part. *beuuollen, bevullid*) erhalten.

Ags. *wōh* (§ 26) entspricht as. *wâh* ‚Böses', das sonst westgerm. nicht erhalten ist. As. *tiono* ‚Übeltat, Verbrechen' entspricht ags. *tēona* ‚injury, wrong', auch afr. *tiônene, tiôninge* ‚Verletzung' (§ 206). Weitere Termini für die Übeltat sind *harm-, lôs-, lêthwerk, inwid,* für den Verbrecher *warag.*[52]

§ 313 Der häufigst belegte Terminus für die Straftat, den Rechtsbruch im allgemeinen in Norddeutschland und den Niederlanden ist mnd. *brōk(e),* mnl. *broeke* (RWb II 523—527, vgl. ags. *bryce* § 23, andere Bedeutung hat afr. *breke* § 154 ff.). Md. obd. *bruch(e), brüche* erscheint in diesem Sinne erst im 14., 15. Jh. Gleiche Verbreitung wie *brōke* haben mnd. *brōkehaft(ich), brōkich, brōkevellich,* mnl. *brokich, broocachtich, broocvellich* ‚straffällig'. Schwere Verbrechen werden auch als Friedensbruch bezeichnet: mnd. mnl. *vrēdebrāke,* mhd. *vridebreche* (zuerst moselfränk. 1209, vgl. ags. *friðbrec*), der ‚Friedensbrecher' mnd. mnl. *vrēdebrēkêr(e),* mhd. *vridebrecher,* die Handlung mhd. *vridebrechen* mnd. *wrēdebrāken,* mnl. *vredebreken.* Jünger, zuerst 1371 für Köln belegt, häufiger im 15., 16. Jh. — besonders md. obd. — ist *vridebruch* (vgl. zu allen Termini RWb III 916—922).[53]

§ 314 Das Vergehen, die Rechtsverletzung allgemein bezeichnet *Frevel;* diese Bedeutung von mhd. *vrevel* begegnet in den Rechtsquellen zuerst (neben der älteren) im 13. Jh. im alemannischen Raum, später allgemein obd. und md., dagegen hat mnd. *vrēvel* die ursprüngliche Bedeutung ‚Kühnheit, Unbesonnenheit...' bewahrt wie sie auch ahd. *fravali* noch besitzt (Gl. für temeritas, proteruia, proteruitas neben ‚Vergehen, Übel' in literarischen Texten). Regional und zeitlich schwankend bezieht sich *vrevel* teils auf kleinere Ver-

[51] Zu germ. **wamma* s. J. Weisweiler, Beiträge 46—63.

[52] Hierzu zuletzt H. Siuts, Bann und Acht und ihre Grundlagen im Totenglauben. Berlin 1959 (Diss. phil. Kiel 1956). — Das *vargus*-Problem (und das der Friedlosigkeit) bleibt in unserer Untersuchung außer Acht.

[53] Zur Bedeutung im einzelnen s. His, Strafr. MA I 46 ff.

gehen, teils auf schwere Verbrechen.[54] Zuerst alem. im 13. Jh. begegnet auch die Ableitung *vreveln* ‚Unrecht tun‘. Das Adj. ahd. *fravili* (auch Gl. für contuma), as. *fravol*, mhd. *vrevellich*, *-haft*, mnd. *vrēvel(ik)* bezeichnet das absichtlich Rechtswidrige einer Tat (s. u. § 321).

§ 315 Ein obd. md. *vrevel* verwandter Terminus ist mnd. *ōverdât*, mnl. *overdaet* (allg. ndl., nd. außer ostfälisch seit Ende des 13. Jh.s), dessen ursprüngliche Bedeutung ‚übermütiges Benehmen‘ noch erhalten ist, besonders in der Formel *overdât unde hômôt*.[55] Rechtstechnisch bezeichnet er die Missetat im allgemeinen, besonders das schwere Verbrechen.[56] Jüngere Ableitungen sind mnd. *ōverdêdich*, *ōverdâdicheit*, mnl. *overdadich(eit)*, *overdader*.

Weitere vor allem obd., md. bezeugte Termini dieses Sinnbereichs sind *Ungericht* (mhd. mnd. *ungerichte*, ostmnl. *ongerechte*), *Unzucht* (ahd. mhd. *unzuht*, mnd. *untucht*, mnl. *ontucht*), *Unfug* (mhd. *unvuoc*, mnd. *unvôch*) und *Unfuhr* (mhd. *unvuore*).[57] Die drei letztgenannten bezeichnen meist leichtere Vergehen:[58] *Unfug* erscheint zuerst Ende des 13. Jh.s in obd., im 14. Jh. auch in omd. und (seltener) in nd. Quellen; spezifisch omd. ist die Verbalableitung *unfugen* (zuerst 1336 Schweidnitz); *Unfuhr* ist erst im 14. Jh. obd. und omd. in der Bedeutung ‚schlechte Aufführung‘ belegt (vgl. aber ahd. *ungefuare* ‚Unglück‘, auch Gl. für discrimen).

Unzucht bezieht sich vorwiegend auf die Ungebühr vor Gericht (schon ahd. Gl. für inquietudo, indisciplina) sowie auf kleinere Verletzungen und Ehrenkränkungen, steht aber auch für das Delikt allgemein[59] und für schwere Verbrechen.[60] Der Terminus begegnet vorwiegend obd. und omd., aber auch im Ssp.

Ungerichte, ein zentraler Terminus des Ssp. und verwandter Quellen, bezieht sich in erster Linie auf schwere Verbrechen,[61] obd. bezeichnet er seltener[62] und untechnisch auch leichtere Vergehen,[63] mnl. allg. die Missetat.

Spezifisch bair. ist — seit dem 14. Jh. (s. RWb III 806 f.) — *frais* als technische Bezeichnung für schwere Delikte (zu ahd. *freisa*, as. *frêsa* ‚Gefahr‘, vgl. afr. *frâshêd* § 210).

[54] Siehe His, Strafr. MA I 48 f., Osenbrüggen, Alam. Strafr. 135. Zur Bedeutung der Formel *düb(e) und vrevel* eingehend: K. Weitzel, Diebstahl und Frevel und ihre Beziehungen zu Hoch- und Niedergerichtsbarkeit in alemannischen Rechtsquellen des Mittelalters. Diss. phil. Leipzig 1909.

[55] Schiller-Lübben III 255.

[56] Frederiks, Oud-Nederl. Strafr. 6.

[57] Dazu His, Strafr. MA I 38, 46, 50. — Daneben erscheint besonders *unzuht* häufig in nicht-technischer Bedeutung ‚Ungehörigkeit, Betragen gegen die *zuht* etc.‘ in den literarischen Quellen.

[58] Nach Osenbrüggen, Alam. Strafr. 200 z. T. auch schwere Verbrechen.

[59] Osenbrüggen, Alam. Strafr. 199.

[60] Wüstendörfer, Bair. Strafr. 13, auch mnl. *ontucht*.

[61] Homeyer, Ssp. 486.

[62] Nach Wüstendörfer a.a.O. 14 fehlt er den bair. Quellen.

[63] His, Strafr. MA I 46.

1.2 Der ‚Missetat' verwandte Begriffe

§ 316 „Missetat wird begangen durch rechtswidrige Zufügung eines Übels. Der Begriff der Missetat setzt daher einen schädlichen Erfolg voraus."[64] So hat ahd. *harm* auch die Bedeutung ‚Unrecht' (Gl. für iniuria, bei Notker für nefas), as. *harmgiwurht, harmwerk* die Bedeutung ‚Übeltat' (vgl. ags. *hearm* ‚Schaden' § 22, untechnisch mhd. mnd. ostmnl. *harm* ‚Leid, Schmerz' RWb V 213, ferner ahd. *harmscara,* as. *harmskara,* ags. *harmscearu,* spätawfr. *hermschere* (auch *hermskêd*), mnl. *harmschare* ‚Strafe' RWb V 213 ff.).

Häufig und allgemein wird die Missetat als *Schaden* bezeichnet: ahd. *scada, scado,* as. *skatho,* mhd. *schade,* mnd. *schāde* mnl. *schade* (vgl. afr. *skatha* § 150); der ‚Übeltäter' as. *skatho* (auch in *land-, liud-, mên-, regin-, thiod-, wamskatho*; vgl. ags. *sceađa* § 22, auch in *lēod-, mān-, þēod-, wammsceađa!*), das Zufügen von Unrecht als ahd. *(ga)scadōn, scadēn,* mnd. *schāden,* mhd. *schade(ge)n,* mnl. *schaden* (vgl. ags. *(ge)sceađian* § 22, afr. *skâthia*).

Eine seltenere Bezeichnung für den Schaden ist ahd. *tara,* mnd. *dēre,* häufig begegnet das Verb: ahd. *taren, teren,* as. *derian,* mhd. *tar(e)n,* mnd. *dēren,* mnl. *deren* (vgl. ags. *derian* § 22, afr. *dera* § 153).

Häufig in Norddeutschland, in den Niederlanden und am Niederrhein, aber auch west- und ostmd. erscheint *ärgern* ‚an Wert mindern, schädigen' seit dem 13. Jh. (mnd. *arger(e)n, erger(e)n,* mnl. *arge(re)n,* vgl. ahd. *argerōn,* afr. *erg(er)ia* § 228, RWb I 814); erst seit dem 15. Jh. häufiger begegnen mhd. *ergerunge,* mnd. mnl. *argeringe* ‚Beschädigung' (ahd. *argerunga* ‚Verderben'). Eine spezifische Bedeutungsentwicklung zeigt awfr. *ergene* (§ 228).

In zwei Richtungen geht die Bedeutung von ahd. *lastar,* das einerseits blasphemia glossiert (so generell in biblischen Texten), andererseits culpa und crimen; das Gleiche gilt für die Ableitungen *last(e)rōn* ‚schmähen' (aber Gl. für culpare, criminare), und *lasterare* ‚Verleumder' (aber Gl. für criminator). Die Bedeutung ‚Verbrechen' findet sich auch später, u. a. im Bair. Landfrieden v. 1291 und 1300 und in mnl. *lachter.*[65] Auch as. *lastar* hat solche doppelte Bedeutung (‚Tadel, Schuld, Sünde'). Häufig erscheint mhd. mnd. *laster* formelhaft neben *schade,* u. a. Ssp. Landr. *to lastere noch to scaden* (II 34 § 1), wobei *laster* wohl hier den Sinn von ‚Schmach, Schande' hat, d. h. die Formel meint Schädigung in Wort und Tat (vgl. afr. *laster* § 150). Gleiche Bedeutung hat die mhd. ungemein häufige Formel *schande und schade.*

Für Verbrechen steht häufig ahd. *unreht,* auch *sunta* und *skuld.* In jüngeren ostfränk. und schwäbischen Rechtsquellen bezeichnet *Unrecht* technisch eine geringfügige Übertretung.[66]

§ 317 In Norddeutschland und den Niederlanden (einschließlich Frieslands im 15. Jh.) werden eine Reihe von Rechtsverletzungen als *Walt* (mnd. *walt, welde,* mnl. *welde*) oder *Gewalt* (mnd. *gewalt, gewelde,* mnl. *gewelt, gewout*),

[64] Brunner, RG ²I 212.
[65] Noordewier, Regtsoudheden 273.
[66] His, Strafr. MA I 51.

in den Niederlanden und am Mittelrhein (seit Ende des 14. Jh.s) als *Gewaltsachen* (mnl. *geweldichlike zaken*, spätafr. *wieldelicka seeka* § 148, mittelrhein. *geweltliche sachen*) bezeichnet.[67] Dem Obd. und Omd. ist solch technischer Gebrauch von *(ge)walt* fremd. In Ostfalen und Engern[68] heißt die eigenmächtige Selbsthilfe, die Gewalttat seit Beginn des 14. Jh.s *sülfwōlt, sülfwelde* mit den Ableitungen *sülfwōld(en)er, sülfwōldich*, mnl. *selfvuldich(eit)* (vgl. ahd. *selbwalt* ‚Willensfreiheit', *selbwaltigo* ‚selbstherrlich'), im westl. Mnd. gilt hierfür auch *selfgerichte*. Niederländ. und niederrhein. heißt die Gewalttat *cracht*.

In doppelter Bedeutung erscheinen in den dt. Rechtsquellen *Handtat* und *Handtäter:* 1. ‚Gewalttat', ‚Gewalttäter', 2. ‚Frische Tat', ‚handhaft gefaßter Verbrecher'. Letztere Bedeutung dürfte die jüngere sein, die sich aus der ersten im obd. Raum im 13. Jh. entwickelt hat. *Handtat* ‚Gewalttat' gilt allgemein: mhd. *hanttât*, mnd. *hant(ge)dât*, mnl. *hantdaet* (ahd. *han[t]tāt* aber nur opus manum ‚der Hände Werk' bei Notker); häufig ist besonders die Täterbezeichnung mhd. *hanttæt(ig)er*, mnd. *hantdêdiger, hantdâder*, mnl. *hantdadige* (vgl. ags. *handdæda* § 15, entsprechend *handbana* § 41, afr. *bonahond* § 181, RWb V 139 f.), wobei besonders der wirkliche Täter im Gegensatz zum Helfer bezeichnet wird (s. u. § 382).

1.3 Verüben einer Missetat

§ 318 Wie in der ags. und afr. Rechtssprache (§ 28, 150) dient auch ahd. und as., sowie später mhd., mnd. und mnl. das Verb *tun* als generelles Ausdrucksmittel für die Verübung einer Tat und wird stets in Verbindung mit Deliktbezeichnungen wie Diebstahl, Mord, Totschlag, Heimsuchung, Raub, Meineid usw. oder in Wiederaufnahme solcher Wendungen (‚wer das tut ...') gebraucht (ahd. mhd. *tuon*, as. *(gi)dôn*, mnd. *dōn*, mnl. *doen*).[69]

Auf dem Hintergrund dieser Wendungen versteht sich auch die Bildung der Verba *mistuon, firtuon* (oben § 310 f.) für den absoluten Gebrauch.

Daneben gilt ebenso allgemein das Verb *brechen* (ahd. *breh(h)an*, as. *brekan*, mhd. *brechen*, mnd. mnl. *breken* wie ags. *brecan* § 23, afr. *breka* § 154), in den Wendungen ‚Gesetz, Gebot, Frieden, Vertrag usw. brechen', auch in absoluter Verwendung ‚etwas verbrechen, sich vergehen', nur mnd. im Sinne von ‚eine Strafe verwirken' (RWb II 476—481). Alle drei Bedeutungen hat auch *verbrechen* (as. *farbrekan*, mnd. *vorbrēken*, mnl. *verbreken*, mhd. *verbrechen* —vgl. afr. *ûrbreka* § 155 f.), wobei die Bedeutung ‚Strafe verwirken' vorwiegend mnd. ist. Ahd. *firbrehhan* hat nur die erste, eigentliche Bedeutung ‚brechen, zerstören' wie ags. *forbrecan* (§ 73).

Die Täterbezeichnung ‚Verbrecher' erscheint zuerst im Breslauer UB (1280), häufig jedoch erst im 16. Jh., vorwiegend obd. und md. Für *brēken* steht mnd.

[67] His, Strafr. MA I 53 ff.
[68] His, Strafr. MA I 56.
[69] Im heutigen Deutsch hat sich von dieser Verwendungsweise u. a. *Unrecht tun* — über die Bibelsprache — erhalten.

auch *gebrēken*, mhd. *gebrechen*, woraus seit dem 14. Jh. (nd. und omd.) *gebrēk(e)*, *gebrechen* ‚Vergehen, Unrecht' entstand (RWb III 1284 f.).

Unser heutiges *begehen* (mhd. *begân*) erscheint in der Bedeutung ‚(Verbrechen) begehen' seit dem 13. Jh. häufig in obd. und omd. Rechtsquellen, später auch mnd. *begân* (Bremen 1360) selten mnl. *begaen* (RWb I 1410 ff., vgl. spätawfr. *bigân* § 153); ahd. *pegān*, *bigangan* ist in dieser Bedeutung noch nicht bezeugt.

Die Bedeutung ‚verüben' hat auch as. *(gi)fremmian*, *(gi)frummian*[70] (wie ags. *fremman* § 30 f., afr. *fremma* § 153), während für ahd. *fremmen*, *frummen* mhd. *vremen*, *vrumen* diese Bedeutung nicht belegt ist.

(Im Zusammenhang mit den nominalen Termini wurden behandelt *firinōn* § 308, *lasterōn* § 316, *mis(se)tuon*, *firtuon* § 310 f., *verwirken* § 312).

§ 319 In den jüngeren Rechtsquellen begegnen für das Verletzen eines Gebotes die Verba *überfahren* (mhd. *übervarn*, mnd. *övervāren*) und *übertreten* (mhd. *übertreten*, mnd. *övertrēden*, mnl. *overtreden*). *Überfahren* erscheint sehr häufig bair. und alem. im 13., 14. Jh., daneben auch md. (13. Jh.) und nd. (14. Jh.), jünger sind mhd. *übervarunge*, mnd. *övervāringe* ‚Übertretung'. *Übertreten* (und ebenso die Ableitungen mhd. *übertreter*, *übertretunge*, mnd. *övertrēder*, *övertrēdinge*, mnl. *overtreder*, *overtredinge*) begegnen häufiger erst im 14. Jh., allgemein gelten sie erst im 15., 16. Jh.

Das Verwirken einer Strafe wird seit dem 13. Jh. norddt. und ndl. durch mnd. *vorbōren*, mnl. *verboren* (seltener mhd. *verbœren*, vgl. afr. *ûrbera* § 155), mnd. *vorlêsen* eig., ‚verlieren' (vgl. afr. *ûrliâsa* § 157) und mnd. *vorvechten* ‚durch Schlägerei verwirken' (vgl. afr. *ûrfiuchta* § 188) ausgedrückt.

Eine Reihe anderer Termini bezieht sich auf die Beeinträchtigung, Benachteiligung, Schädigung eines Menschen: allgemein gilt seit dem 13., 14. Jh. *mishandeln* (mhd. mnl. mnd. *mis(se)handelen*, dazu mnd. mnl. *mishandlinge*, jünger ist mhd. *missehandel*); vorwiegend nd. und omd. ist seit dem 13., 14. Jh. *kränken* (mhd. mnd. *krenken*, mnl. *cranken*, *crenken*) verbreitet; nur nd. Belege verzeichnet das RWbA für *verärgern* (mnd. *vorerge(re)n*, dazu *vorergeringe*, vgl. mhd. *verergern*, mnl. *verargeren*); überwiegend nd. und omd. begegnet *verunrechten* seit dem 14. Jh. (mnd. *vorunrechten*, mhd. *verunrehten*, mnl. *veronrechten*).

2. Vom verbrecherischen Willen

2.1 Absicht und ungewollte Tat

§ 320 Welche von den zahlreichen im Mittelalter geläufigen Termini für Vorsatz, Vorbedacht, feindliche Absicht, für Fahrlässigkeit und Zufall schon der deutschen Rechtssprache in fränkischer Zeit angehörten, läßt sich sehr schwer feststellen. Daß die später geläufigen Wörter schon ahd. oder as. belegt sind, sagt in diesem Fall wenig, da aus den literarischen und Glossen-Belegen gerade

[70] S. die Objekte (verschiedene Missetaten) in Sehrts Heliand-Wb., 150, 155.

auf diesem Sachgebiet kaum abzulesen ist, ob die Termini bereits einen spezifisch rechtstechnischen Sinn besaßen. Eindeutig ist lediglich ein Fall. Als technischer Terminus wird in der Lex Alam. *haisterahanti* für manu violentia gesetzt, latinisiert erscheint ferner *hasteo* in gleichem Sinne. Gemeint ist die durch Gewalttätigkeit zum Ausdruck kommende feindliche Gesinnung.[71] Mehr die ungestüme, affektive Handlungsweise drückt dagegen langob. *haistan id est irato animo* aus (Ed. Roth). Brunner stellte diesem noch das lang. *asto animo* gleich, doch ist *asto* wohl mit Beyerle als lat. *astus* ‚List' zu identifizieren.[72] *asto animo* bezeichnet die betrügerische rechtswidrige Absicht.

In der obd. und md. Rechtssprache des Mittelalters sind diese Termini untergegangen (vgl. nur ahd. *heistīgo* ‚heftig' bei Otfried, ags. *hæst* ‚violent, violence' ist selten und nicht rechtstechnisch belegt). Dagegen finden sich eindeutige Entsprechungen im Afr. (*fan haest, mith/fan haester hand* § 159 f.) und in der nd. und ndl. Rechtssprache (seit Ende des 13. Jh.s): mnl. *met haestiger hand, in haestigen moede, in haestemoede*; mnd. mit *hâste, mit hâsteme môde, mit hâst(e)môde*. Wie die entsprechenden afr. Termini dienen sie zur Bezeichnung des Affekts,[73] wie besonders Stahm für die Dortmunder Quellen nachgewiesen hat (Gegensatz: *mit vōrsâte*!).[74]

In der Bedeutung dieser Termini sind Unterschiede zwischen den alem. Belegen einerseits und den langob. und nd.-ndl.-fries. andererseits nicht zu verkennen. Diese drücken das Übereilte, Affektive, jene mehr Gewalttätigkeit und feindliche Gesinnung aus. Dennoch möchte ich annehmen, daß hier Relikte *eines* altwestgerm. Rechtswortes vorliegen.[75]

§ 321 Die feindliche Absicht, die Nachstellung bezeichnet die Wortfamilie von ahd. *fāra*, as. *fār* (ahd. *fārāri* ‚Nachsteller', ahd. *fārēn*, as. *fāron* ‚nachstellen', ahd. *fārig* ‚lauernd', auch Gl. für insidiosus, vgl. nicht rechtssprachig ags. *fǣr* ‚calamity, sudden danger'); der geläufigste mhd. Terminus ist *geværde* (neben *geväre*), er erscheint seit Ende des 13. Jh.s, vor allem in alem., später auch in bair. und md. Quellen, und zwar formelhaft in der Wendung *âne geværde* zum Ausdruck des Fehlens feindlicher Absicht, besonders im sog. Gefährdeeid.[76] Daneben ist in gleicher Bedeutung mhd. *gevârlich, geverlich* zu nennen, das jedoch erst im 14., 15. Jh. häufiger erscheint.[77]

[71] Dazu auch Brunner, RG ²II 715 Anm. 5; His, Strafr. MA I 70; Vollständige Zitate RWb V 234 ff.

[72] Beyerle, Gesetze der Langobarden 503.

[73] Anders His, Strafr. d. Friesen 37 f.

[74] Stahm, Strafr. Dortmund 37.

[75] Eingehender befaßt sich mit ‚der deutschen Sippe Hast' E. Öhmann in ZDW 16 (1960), 161—167, ohne allerdings die rechtsprachlichen Wendungen zu berücksichtigen, die seiner Herleitung (germ. **haisti-* > Afrz. > Mnl. > Afr., Mnd., Mhd.) widersprechen. Darauf wies bereits Foerste (Nd. Wort 1, 1960, 94) korrigierend hin und betonte, daß hier mit Sicherheit ‚erbwörtliche Überlieferung' vorliege.

[76] Dazu Brunner, RG ²II 719 ff.

[77] His, Strafr. MA I 72 f.; RWb III 1392.

Verwandte Bedeutung wie *fāra* hatte ahd. *lāga* (Gl. für insidiae), *lāgōn* (Gl. für insidior), *lāgēn* ‚auflauern, nachstellen' und *lāgelīh* (Gl. für insidiosus). Später erscheint *lāge* besonders häufig seit Ende des 13. Jh.s in ndl. Rechtsquellen, vor allem in der Wendung: *met (bi) gelaechder lage* (vgl. awfr. *bi leidera lêga* § 172), daneben in den Quellen des Magdeburger Rechtskreises und im Swsp. Mnd., mnl. und mhd. ist die Wendung *lâge le(g)gen* gebräuchlich. (Vgl. ferner unten § 360 v. *wegelâge*.)

Der häufigst belegte Terminus für die schädliche, böse Absicht ist jedoch *Arglist* bzw. *arge List* (schon ahd. *arglist*, dann seit dem 13. Jh. obd. omd., dem 14. Jh. mnd.); wie *geværde* erscheint er vor allem in formelhaften Gelöbnissen *âne, sunder arg(e)list.* In gleicher Bedeutung begegnet gelegentlich auch mhd. *arc*, mnd. *arch* (RWb I 812 ff.).

Böswillige, rechtswidrige Handlungen werden ferner allgemein als mhd. *vrevellich, vrevenlich*, mnd. *vrēvelik*, mnl. *vrevelich, vrevelijc* bezeichnet (RWb III 887 ff.).[78] Das Adj. hat in diesem Sinne eine vom Nomen *Frevel* abweichende technische Bedeutung (s. o. § 314).

§ 322 Spezifische, besonders dem Nordwesten eigene Termini für den Vorsatz sind mnd. *vōrrât*, mnl. *voreraet* (vgl. afr. *forrêd* § 280); mnd. *vōrsât, vōrsâte*, mnl. *voresat(e)*, md. *vorsaz*, obd. *vürsaz*; mnd. *upsât*, mnl. *opset, opsate*, mhd. *ûfsaz.*

„Vorsatz ... ist die technische Bezeichnung der niedersächsischen Rechtssprache, doch fehlt das Wort dem Sachsenspiegel und den Quellen des Magdeburger Kreises, die überhaupt auf den Vorbedacht keine Rücksicht nehmen."[79] Der lat. propositum nachgebildete Terminus[80] wurde zuerst durch Jordan von Boitzenburg, den Verfasser des Hamburger Ordeelbook technisch fest umschrieben.[81] In ndl. und md. Rechtsquellen erscheint er erst im 14. Jh., noch später im obd. Raum.[82] Doch verweist Hyldgaard-Jensen in Nd. Mitt. 22 (1966), 122 auf österr. literarische Belege (*vürsaz* ‚Absicht') des 13. Jh.s. In dieser eingehenden philologischen und rechtshistorischen Untersuchung (S. 122 bis 131) des Wortes stellt er ursprüngliche semantische Verbindungen zu an. *forsát* ‚Hinterhalt' fest und scheidet obd. *vürsaz* von mnd. *vörsâte.*[83]

Von der Gebräuchlichkeit dieses Begriffs zeugen jüngere Ableitungen: mnd. *vōrsâtich(êit), vōrsâtinge, vōrsâtlik*, mnl. *vorsatich(eit) voresettich(eit)*, nur mnl. ist die Wendung *met voresetten dingen.*

[78] His, Strafr. MA I 69.

[79] His, Strafr. MA I 78.

[80] DWb 11, II 1440.

[81] H. Reincke, Kölner, Soester, Lübecker und Hamburger Recht in ihren gegenseitigen Beziehungen, in: Hans. Geschichtsbll. 69 (1950), 41.

[82] His, Strafr. MA I 79 ff.

[83] Dieser Beitrag zeigt, wie verwickelt die Verhältnisse im Einzelfall sein können und wie vorläufig die in diesem Kap. vorgelegte Übersicht zunächst ist. — Zum Gegenstand vgl. auch W. Ebel, Die Vorsate, in: Forschungen zur Geschichte des lübischen Rechts I (1950), 30 ff.

opset, ûfsaz im Sinne von Vorbedacht — zu den anderen Bedeutungen s. RWb I 933 f. — ist nur in einem westlichen Streifen von den Niederlanden den Rhein entlang bis Basel (dort 1382) belegt, häufig steht er formelhaft mit dem sonst seltenen *vōrrât* zusammen.[84] Vgl. hierzu ferner die Ableitungen mnd. *upsâtelik*, mnl. *opsatich*, mhd. *ûfsetzic* ‚vorsätzlich' und die Täterbezeichnungen mnd. *upsâte(r)*, mnl. *opsater*.

Der vorsätzliche *Mut* wird ferner durch eine Reihe spezifischer Wendungen näher bezeichnet:[85] *mit bedâhtem muote* (vorwiegend omd. und wmd. seit 13. Jh., RWb I 1334), *mit verdâhtem muote* (nur obd., besonders bair. und ostfränk.), *mit vorbedâhtem mute* (vorwiegend wmd.), *mit wolbedâhtem muote* (allg. verbreitet, meist aber in positivem Sinne von ‚wohlüberlegt'), mnd. *mit berâdeme môde, berâdenes môdes*, mhd. *mit berâtenem (gerâtenem) râte* (allg. mnd. seit dem 13. Jh. sowie (besonders letztere) wmd., vgl. auch afr. *bi rêdena rêd* § 172).[86]

§ 323 Ein altes Wort für die Absicht ist *Dank*: ahd. *(gi)thank*, mhd. mnl. *danc*, mnd. *dank*. Allgemein gilt die Wendung *âne mînen dank* ‚gegen meinen Willen', ‚unabsichtlich', vor allem in mnd. mnl. Rechtsquellen seit dem 13. Jh., mhd. sehr häufig in poetischen Denkmälern. In gleicher Bedeutung erscheint das Adverb *undanks*: ahd. *unthankes*, mhd. *undankes*, mnl. *ondankes*, mnd. *undankes* (vgl. ags. *(un)þances* § 33, afr. *unthonkes* § 164), auch in der Wendung *mînes undankes* (woraus das Adverb wohl hervorging), entsprechend mhd. *dankes*, mnl. *dancs* ‚absichtlich'. Häufig erscheinen beide Adverbien formelhaft verbunden. Mit dem Personalpronomen der 3. Pers. (*âne sînen, iren danc*) wird eine gegen den Willen eines anderen erzwungene Handlung bezeichnet (z. B. Notzucht, zu *dank* und *dankes* RWb II 694 f.).

Entsprechend *Dank* wird auch *Wille* gebraucht (ahd. *will(i)o*, as. *willio*, mhd. mnd. mnl. *wille*, vgl. ags. *gewill* u. a. § 32, afr. *unwilla* u. a. 163 f.), besonders mnd. *âne sînen willen*, auch adverbiell *unwillens* oder *mit unwillen* ‚gegen seinen Willen' (vgl. die ähnlichen afr. Wendungen § 163 f.), im Ssp. und verwandten auch *ungērn* ‚ungewollt';[87] mnd. *willens* steht häufig in stabreimender Formel neben *wētens* ‚wissentlich', die absichtslose Tat wird auch als *unwētende, van unwētende, unwētendes*, mhd. *unwizzende, unwizzentlîche* bezeichnet (besonders in der Ssp.-Familie, vgl. afr. *onwitenda dêda* § 165).

Die zornige Gesinnung drücken (seltener) mnd. *an errem môde* und mnl. *met armoede* aus (vgl. afr. *bi îra môde* § 159), ferner mnd. *mit vorbolgen môde, in bolgenem môde, vorbolgenes môdes* (vgl. afr. *ovirbulgen, forbolgen* § 160).

[84] His, Strafr. MA I 77 f.

[85] His, Strafr. MA I 76 f.

[86] Ausführliche Zitate bietet K. Hyldgaard-Jensen, Rechtswortgeographische Studien I, 161 ff.

[87] His, Strafr. MA I 87.

§ 324 Wie schon aus dem Vorigen ersichtlich, wird die Absichtslosigkeit bei einer Handlung häufig durch Negierung der bösen Gesinnung, des Vorsatzes, des Willens, des Wissens zum Ausdruck gebracht.[88] Darüber hinaus wird vorwiegend in mnd. Quellen die Zufälligkeit eines Geschehens und die mangelhafte Aufsicht und Acht zur Verhütung von Schäden an Mensch und Gut — eine Vorstufe der Fahrlässigkeit[89] — näher bezeichnet.

Die nordniedersächs. Rechtssprache (13. Jh.) kennt für den bösen Zufall die Wendung *van ungerâde*, gelegentlich auch *van ungelücke*;[90] weiter verbreitet (mnd. und omd.) ist die Wendung mnd. *van un(ge)geschicht*, mhd. *von ungeschiht* (mhd. häufig untechnisch), auch das daraus abgeleitete Nomen *ungeschiht* ‚unglücklicher Zufall', ‚absichtslose Tat'.

Für die Vernachlässigung der Aufsichtspflicht kennt die ags. Rechtssprache eine Reihe von Termini (*gīemelēas(nes), forgīeman, forgīemelēasian* § 34, vgl. auch spätawfr. *ûrgâmelik* § 165), zu denen die genauen Entsprechungen in einigen bair. Rechtsquellen bezeugt sind: *gâmlôs* (u. a. Münchener StadtR., RWb III 1213, vgl. ahd. *goumilōs* ‚unbeaufsichtigt'), *vergâmlôsen* (Ruprecht v. Freisings Rechtsb., vgl. ahd. *furgoumolōsōn*, as. *fargômelôson*, ferner as. *fargûmon*, mnl. *vergomen*, mhd. *vergoumen*). Zuerst in mnd.-mnl. Rechtsquellen (seit 14. Jh.), später auch md. bezeugt ist mnd. *rôkelôs*, mnl. *roekeloos*, mhd. *ruochelôs* ‚nachlässig', mnd. *rôkelôsen, rôkelôsicheit*, mnl. *roekeloos(ic)heit* (vgl. ahd. *ruahchalōs(o), ruahhalōsī, ruahhalōsōn*, nur in der Benediktinerregel, das Adverb auch in der Lorscher Beichte bezeugt.)[91]

Ein technischer mnd., seit dem 13. Jh. allgemein bezeugter Terminus für die mangelhafte Aufsicht ist *wanhôde* (auch mnl. *wanhoede*, spätafr. *wanhôd* § 209, ferner verbal mnd. *wanhôden*). Gleichfalls allgemein mnd. und mnl. ist *wārlôse* bzw. *waerlose* in derselben Bedeutung (wie *wanhôde* schon im Ssp.,[92] auch in Ableitungen mnd. *wārlôsicheit, wārlôsunge, wārlôs*, mnl. *waerloos, (ver)waerlosen, waerloos(ic)heit* (spätafr. *warlâshêd*); die Ableitungen mnd. *vorwārlôsen, vorwārlôsung(e)* sind im Magdeburger Rechtskreis seit dem 13. Jh., aber auch obd. (mhd. *verwarlôsen*, Augsburg 1276) belegt.[93]

Nur mnd. (besonders in den jüngeren Quellen Dithmarschens und Ostfrieslands) sind *unwāringe* ‚Achtlosigkeit' und die Adverbia *unwār(l)inges, unwārendes, unwārlike* ‚unvorsichtig', ‚unversehends' bezeugt.

[88] His, Strafr. MA I 87 ff.

[89] Der Terminus ‚Fahrlässigkeit' erscheint erst seit dem Ausgang des 15. Jh.s, zuerst in nicht-juristischen Quellen: RWb III 381; His, Strafr. MA I 91.

[90] John, Strafr. in Norddeutschland 23; gleichfalls im Ssp., Dsp., Mühlhäuser StR, aber nicht in ausgeprägt technischer Verwendung.

[91] His, Strafr. MA I 90; Schützeichel. Ahd. Wb. 156.

[92] Zur Bedeutung: Friese, Strafr. Sachsenspiegel 49 Anm. 12: „Im Gebiete der *warlose* wohnen Zufall und Fahrlässigkeit noch friedlich nebeneinander."

[93] Auch genannt bei Metzger, Strafr. Basel 26.

2.2 Heimlichkeit

§ 325 Auch im Mittelalter blieb die Heimlichkeit per se ein verbrecherischer Zug. Am öffentlichen Charakter des ganzen Rechtswesens und am Zwang zur Öffentlichmachung hatte sich zunächst gegenüber früherer Zeit wenig geändert. Doch wird in den Rechtsgeschichten wie auch von His, Strafr. MA die Heimlichkeit nicht mehr als ein Merkmal des verbrecherischen Willens — wie bei Wilda — behandelt, und auch die terminologische Seite nicht mehr geschlossen dargestellt. Die Merkmale heimlich-öffentlich erscheinen nun eingegliedert in ein äußerst differenziertes Gerichtsverfahren. Wir verzeichnen hier nur in aller Kürze die gebräuchlichsten Termini, um einen Anschluß an das ags. und afr. Kapitel herzustellen: Nur as. und ahd. finden sich die ags. *dierne, dearnunga* (§ 36) entsprechenden Adverbien as. *darno, derni, darnungo,* ahd. *tarnigo, tarningun* (letztere in Gll., ags. *(ge)diernan* entspricht as. *(bi)dernian,* ahd. *(ki)tarnan,* mhd. *tarnen*). Diese altwestgerm. Adverbien werden mhd. und mnd. durch *heimlich, hêmelik* abgelöst. (RWb V 617—630: häufige Belege in dieser rechtstechnischen Verwendung erst seit dem 14. Jh.).

Unverborgenheit einer Tat oder Sache wird mnd. als *unhālinge(s), unhālike, unvorhālen,* mhd. *unverholn,* mnl. *onverholen* (ahd. *unfirholan,* afr. *uneforhelen* § 167) bezeichnet (zu as. *farhelan,* ahd. *firhelan,* afr. *forhela* § 167, ags. *forhelan*) bzw. positiv als mnd. *ōpenbār, ōpenbēre,* mhd. *offenbâr, offenbære,* mnl. *openbaer* (afr. *epenbêr* § 168 f.), *offenlîh* (ahd. *offan, offanlīh,* s. u. § 382), ahd. mhd. *kunt* as. *kūth,* mnd. *kunde* (vgl. afr. *-kûth* § 168); daneben gilt mnd. und omd. und besonders am Niederrhein (hier schon im 13. Jh.) *schînbâr* (vgl. ahd. *scīnbāre* ‚offenbar, deutlich' bei Notker). Nur westf. ndl. und niederrhein. ist *blickend* ‚sichtbar, offenbar', besonders in Wendungen wie ‚*blickende daet, blickende schin*' u. ä. (RWb II 369, vgl. afr. *blîcande* § 208).

2.3 Notwehr

§ 326 Der technische Begriff *Notwehr* (mhd. *nôtwer,* mnd. *nôtwēre, nôtwēringe,* mnl. *nootwere, nootweringe,* Adverb: mnl. *nootwers,* mnd. *nôtwērs*) taucht im Laufe des 13. Jh.s überall im Untersuchungsgebiet auf: im Ssp., Swsp., Dsp., im Mainzer Landfrieden (1235), Köln 1287, mnl. 1268, Passau 1299, München 1294; er wurde also offenbar schon im Laufe des 12. Jh.s geprägt, ahd. as. und ags. ist *Notwehr* noch unbekannt. In den Anfang des 13. Jh.s fällt wohl auch afr. *nêdwere* (s. § 170).

3. Versuch

§ 327 „Der Begriff des Versuchs in unserm Sinne tritt erst auf in der städtischen Gesetzgebung und Rechtssprechung des 14. und 15. Jh.s, die in dieser Hinsicht einen bedeutenden Fortschritt darstellen."[94] Im übrigen werden in älteren Quellen zahlreiche sog. Versuchsverbrechen wie Erdwurf, Wasser-

[94] His, Strafr. MA I 192.

tauche, Wegsperre, Vergehen gegen die weibliche Ehre (Notzuchtverbrechen) behandelt, auf die — wie bisher — in späterem Zusammenhang eingegangen wird. Als Versuchshandlung wird allgemein das heimliche Waffentragen angesehen, doch lassen sich hierzu keine hervorhebenswerten Termini anführen. Daneben ist besonders das Schwert- und Messerzücken zu nennen (s. u. § 358). Zum gesamten Bereich vgl. His, Strafr. MA 168—196.

4. Teilnahme

§ 328 Den verschiedenen Formen der Teilnahme im mittelalterlichen deutschen Recht hat His im Strafrecht des Mittelalters S. 111—167 seine ganz besondere Aufmerksamkeit gewidmet. Dies Kapitel hat den Wert einer eigenen Abhandlung; sowohl in der Durcharbeitung des so reichen Quellenmaterials, — in der mittelalterlichen Rechtssprechung hat dieser Bereich viel größere Bedeutung (und Ausdehnung auf zahlreichere Delikte) erlangt als dies in fränkischer Zeit der Fall war —, der eingehenden Untersuchung der einschlägigen Terminologie wie auch der Einarbeitung zahlreicher früherer Abhandlungen zum Gegenstand.[95] Wir wollen unsere Aufmerksamkeit mehr der Frage widmen, wie sich diese Terminologie an die ags. und afr. anschließt und wieweit in ahd. und as. Quellen Vorstufen erkennbar sind. Im übrigen wird nur eine Übersicht über die wichtigsten Termini unter Berücksichtigung des Belegmaterials des RWb gegeben.[96]

4.1 Anstiftung

§ 329 Einen spezifischen Ausdruck für die Anstiftung — dies Wort ist erst im 16. Jh. geläufig[97] — kennt die mittelalterliche Rechtssprache nicht. Allgemein gelten *Rat* und *raten* (ahd. *rāt, rātan,* as. *râd, (gi)râdan,* mhd. *rât, râten,* mnd. *rât, râden,* mnl. *raet, raden,* vgl. ags. *rǣd* § 41, afr. *rêd* § 172), sie beziehen sich jedoch zugleich auf die intellektuelle Beihilfe, ja — wie His darlegt[98] — erscheint *raten* auch synonym neben *helfen* und schließt die eigentliche Mittäterschaft ein. Häufig begegnet seit dem 13. Jh., besonders aber im

[95] Unter den älteren Abhandlungen ist wegen der besonderen Berücksichtigung der Terminologie vor allem zu nennen: Osenbrüggen, Die Teilnahme am Verbrechen nach altdeutschem Recht, in Zs. f. deutsches Recht und deutsche Rechtswissenschaft XVIII, 82 ff.; ders., Die Teilnahme am Verbrechen, in: Studien zur deutschen und schweizerischen Rechtsgeschichte, Schaffhausen 1868, 252 ff. Vgl. ferner: Frederiks, Oud-Nederl. Strafr. 201—217; Schulenburg, Strafr. Riga 26 ff.; Schmülling, Strafr. Köln 14 ff., Caspar, Strafr. Swsp. 8; Friese, Strafr. Sachsensp. 85 ff.; Wüstendörfer, Bair. Strafr. 40 ff.; Frensdorff, Einleitung S. XXXVI f. in: O. Francke, Das Verfestungsbuch der Stadt Stralsund, Halle 1875.

[96] Mit den geläufigsten Termini befaßt sich auch Hyldgaard-Jensen, Rechtswortgeographische Studien I., 146—160, vgl. unten Kap. 4.4.

[97] His, Strafr. MA 115.

[98] His, Strafr. MA 123 Anm. 8.

14. Jh. die formelhafte Gegenüberstellung von *Rat* und *Tat*, daneben die Formel *Rat* und *Hilfe* (RWb V 958).

4.2/3 Beihilfe und Begünstigung

§ 330 Die gemeinwestgerm. Bezeichnung für Hilfe, Beihilfe ist *Volleist*: as. *fullêsti*, ahd. *folleist* (sehr häufig in Glossen), *follust(i)*, mhd. *volleist(e)*, *volleistunge*, mnd. *vulleist(inge)*, mnl. *volleest*; dazu die Täterbezeichnung ahd. *follustāri* ‚adiutor', mhd. *volleister*, mnd. *vulleister*, mnl. *volleester* und das Verb as. *fullêstian*, mnd. *vulleisten*, mnl. *volleesten* (vgl. ags. *fylst*, *fylstan* § 45, awfr. *fulliste* § 173).[99] Der Terminus begegnet in Deutschland zuerst in den älteren mnd. Quellen (ostfäl., 1mal im Ssp., altmärkisch u. ostelbisch), dort in der ursprünglichen Bedeutung von ‚physischer Beihilfe', ferner omd. und — im allgemeinen Sinne von Beihilfe[100] — in jüngeren bair. Quellen. Obwohl in zahlreichen ahd. Glossen verzeichnet, und zwar in vielfältiger Bedeutung, erscheint *volleist* in fränkischen und alem. Rechtsquellen nicht mehr.[101] Die Täterbezeichnung *volleister* erscheint in den Rechtsquellen von allem omnd. und bair. im 14. Jh.

„Die ursprüngliche Bedeutung von *volleist* ist noch zu erkennen, wenn die Ggesamtheit der Gehilfen als *unrechte vullest*, *unreine vullest*, *falsche* oder *böse volleist* zusammengefaßt wird."[102] Dies gilt ausschließlich für omnd. Quellen (vgl. auch awfr. *unriuchte fulliste* § 173). Wortgeographie und zeitliches Vorkommen dieses Rechtswortes sind durchaus bemerkenswert: sein Vorhandensein im Ags. As. Ahd. und Awfr., Bewahrung im Mnd., Mnl. und in bairischen Quellen des hohen und späten Mittelalters. Wie in zahlreichen Fällen (s. u. *diubde* § 378, *überhœre* § 399 und die Zusammenfassung § 403 f.) erweisen sich der Südosten und Nordwesten des deutschen Sprachgebiets als Reliktlandschaften für die ältere westgermanische Rechtsterminologie. Mit dem Aussterben des Terminus *Volleist* im Alem. und Md. ist sein Untergang für die deutsche Rechtssprache besiegelt.

§ 331 Mit *Volleist* konkurrieren *Hilfe* und *Folge* sowie deren Ableitungen: as. *helpa*, ahd. *helfa*, mnd. mnl. *helpe*, *hulpe*, mhd. *helfe*, *hülfe* und die Täterbezeichnungen ahd. *helfāri*, *gehelfo*, mhd. *helfer*, mnd. *helpêr(e)*, *hülpêr(e)*, *helpershelper*, *hülpershülper*, mnl. *helper*, *hulper* (vgl. afr. *hilpere* § 173, ags.

[99] Etymologisch wird man *Volleist* als Rückbildung zu *volleisten*, dies als Komposition aus ahd. *fol* und *leisten* ansehen müssen (vgl. Zur Komposition die zahlreichen ahd. Beispiele bei Henzen, Wortbildung S. 92), so auch schon Graff, Wb. II 252; Osenbrüggen, Studien 257; als Suffixableitung — wegen *follust*, ags. *fylst* — deutete später Graff, Wb. III, 382 das Wort. Die Frage bedarf weiterer Klärung, möglicherweise unter dem Gesichtspunkt, daß *volleist* jüngere, kontinentale Umdeutung ist.

[100] His, Strafr. MA 122.

[101] His, Strafr. MA 122. Volleist des Ssp. ist in den Dsp. übernommen, nicht aber in den Swsp. (Osenbrüggen, Alam. Strafr. 166).

[102] His, Strafr. MA I 122.

help ist nicht rechtstechnisch bezeugt). *Hilfe* ist bereits im Ssp. der übliche technische Terminus für die Beihilfe, ebenso in anderen mnd., mnl., obd. und md. Quellen. Daneben werden die Mittäter mnd. mnl. *medehulper, medehelper*, mhd. *mitehelfer* genannt, mnd. mnl. schon im 13. Jh., häufiger — auch obd. — erst im 15., 16. Jh.

Hauptsächlich mnl. begegnet *medepleger* ‚Teilnehmer' seit dem 14. Jh., aber auch mnd. (Hamburg 1270) und alem. (Straßburg 1323), dazu seltener mnd. *mēdeplichten*, mnl. *medeplechten, medeplichtig*.

Nur der mnl. Rechtssprache eigen ist *meinake* ‚medeplichtigheid aan moord en doodslag' (aus *medemaker*), dazu *meinaker* und *meinaken* (Verdam, Mnl. Handw. 353).

§ 332 Ein in technischem Gebrauch jüngerer Terminus scheint *Folge* gewesen zu sein (mnd. mhd. *volge*, mnl. *volke*[103] RWb III 604 f.); er begegnet zuerst omd. im Rechtsbuch nach Distinctionen, dann auch omnd. im 14., 15. Jh., ebenso mnd. mhd. mnl. *volger* für den Gehilfen bei der Tat (zuerst Dsp., RWb III 611). Afr. *folgere* bezeichnet nur den Eidhelfer, dagegen begegnet *folgia* (§ 173) im Sinne von ‚beistehen'. In südmnd. und omd. Quellen seit dem 14. Jh. ist *volge* in der Formel *in volge und in vērde* (auch mnl. *in volke ende in vaerde*) belegt (zuerst Freiberger Stadtr. 1300). In mnd. und md. Quellen des 14., 15. Jh.s heißt der Helfer auch *mēdevolger, mitevolger* (zuerst Mainz 1300) — dazu *mitvolgen* ‚teilnehmen' —, gelegentlich auch *nâchvolger* (Straßburg 1311).

Brunner RG ²II 745 weist darauf hin, daß die Teilnehmer an einer Tat in den Volksrechten gelegentlich *qui secuti sunt* genannt werden, wozu ahd. *folgāre* paßt. Dies — und das Vorkommen von *volge* in Formel neben *vērde* — läßt Hyldgaard-Jensen, a.a.O. 160 schließen, „daß *volge* als Bezeichnung der „Beihilfe" früher weiter verbreitet gewesen sein mag, als es die spätmittelalterliche Verbreitung des Wortes angibt und ... daß es eine mittelalterliche deutsche Bezeichnung der „Beihilfe" durch *volge* (meistens erhalten in der Formel *volge unde (ge)vērde*) gegeben hat."

Dieser Annahme möchte ich zustimmen, soweit sie sich auf den mnd. mnl. omd. Bereich bezieht. Obd. ist *volge* — wie auch Hyldgaard-Jensen ausführt — als Rechtswort im Sinne von ‚Beihilfe' erst spät bekannt. Hier dürfte *Hilfe* den Platz des veralteten Terminus *Volleist* eingenommen haben. Die genannte Formel ist — wie andere, später zu besprechende — ausschließlich nördlich des Mains bekannt.

§ 333 Häufig wird in den Rechtsquellen der Haupttäter von den Helfern unterschieden; für diesen gilt besonders die Bezeichnung *handdêdige*,[104] auch *misdêdige, undêdige* (s. o. § 310). Daneben heißt der Haupttäter mnd. *hȫvet-*

[103] Die Möglichkeit, daß mnl. mnd. *volk* wegen Konsonantenschwächung mit *volge* identisch sei, erörtert Hyldgaard-Jensen, a.a.O. 155 f.

[104] Vgl. auch as. *handbano*. Der ags. Gegenüberstellung *dǣdbana* — *rǣdbana* entspricht die mnl. Formel *hantdadich ende raetdadich*.

man (RWb V 322), sehr häufig auch mnd. *sākewōlde*, mnl. *saecwoude(r)*, selten omd. *sachwalt*; obd. steht hierfür seit dem 13. Jh. *selpschol* (u. a. Dsp., Swsp.).[105]

§ 334 Die ags. Termini *(ge)feormian, fyrmð* (§ 46) haben in kontinentalen Rechtsquellen keine Parallelen, vgl. aber as. *giformon* ‚helfen', ahd. *formōn* ‚foueo'. Zu ags. *forstandan*, afr. *ûrstonda* (§§ 47, 174) vgl. as. *farstandan* ‚schützen', ahd. *firstān* ‚versperren'; mhd. *verstân*, mnd. *vōrstân*, mnl. *verstaen* haben u. a. die Bedeutung ‚(vor Gericht) schützen, vertreten'.

Für die Aufnahme eines Verbrechers in Haus und Hof gelten eine Reihe von verbalen Formeln: am häufigsten belegt ist mnd. mnl. mhd. *hûsen und/ende hōven*: Ssp., Dsp., Swsp., omnd., mnl. und md. seit 14. Jh., (vgl. afr. *hûsia ende hovia* § 174); *hûsen und herbergen* (zuerst Riga 1294, häufig mnd. mnl. omd. obd., *herbergen* seit 14. Jh., zuerst Ssp., Dsp., Swsp.); *hûsen und heimen* (selten, meist nur obd. omd., *heimen* seit 14. Jh.); *hûsen und hēgen* (seit 14. Jh. mnd. omd.); *hûsen und hōlden* (mnd. seit 14. Jh., als Formel auch *hûsen, hēgen unde hōlden*[106]). ‚Begünstigen' heißt mnl. seit dem 13. Jh. *sterken* (auch spätafr. *sterkia*, His, Strafr. MA 153), der Ssp. (und Dsp. Swsp.) kennt die technische Wendung *mit helpe sterken*.

4.4 Bandenverbrechen

§ 335 Bereits die Terminologie für die Beihilfe ließ erkennen, daß mit der Teilnahme ursprünglich vor allem Bandenvergehen gemeint waren.[107] Auf die Bande speziell beziehen sich im übrigen einige Termini der Volksrechte sowie eine Reihe von Formeln in mnd. mnl. omd. Rechtsquellen. Langobardisch *hariscild* (Gl. des 8. Jh.s) bezeichnet nach Beyerle, Gesetze der Langobarden 503 „ein mit bewaffneter Hand ausgeführtes Bandenverbrechen"; *hērschilt* begegnet noch im Erfurter und Lübecker UB in dieser Bedeutung, sonst im Sinne von ‚Heeresfolge, Lehensfähigkeit' (ausführlich RWb V 530 f.).

Die Bedeutung ‚Heerfahrt' hat ursprünglich auch *heriraita*, das in der Lex Bai. rechtstechnisch „die Heimsuchung, die mit mindestens 42 Mann ausgeführt wird"[108] bezeichnet und in der Lex Rib. auch auf den Heimsuchenden bezogen ist (RWb V 527). Zu *haraido* der ags. Leges Henrici (Hn 80) schreibt Liebermann, Gesetze II.2 S. 505 Sp. 1: „Die juristische Konstruktion der Heimsuchung durch Hn. ist Fränkisch mindestens im Ausdruck beeinflußt und stimmt im Sinne nicht ganz zu Agsä. Quellen." Wie Liebermann, Gesetze III S. 313 ausführt, wurden für die Leges Henrici zahlreiche kontinentale Quellen, u. a.

105 Auch Bezeichnung für den Ankläger: Osenbrüggen, Alam. Strafr. 166.

106 Zu mnd. *hōlden* vgl. ags. *healdan* § 47, aschw. *haldbani, haldbænd*, im Gegensatz zu *rāþbani, rāþbænd*!

107 His, Strafr. MA 118 f.

108 von Kralik, Die deutschen Bestandteile der Lex Baiuvariorum, in: Neues Archiv der Gesellschaft f. ältere deutsche Geschichtskunde 38 (1913), 439.

die Lex Rib. benutzt, woher möglicherweise *haraido* entnommen ist. Das Wort ist ags. isoliert, später in der Hs. als *hāmsōcn* erneut glossiert.

§ 336 Charakteristisch für die mnd. mnl. Rechtssprache sind eine Reihe von Formeln, welche die Teilnahme am Bandenverbrechen bezeichnen: die ältest belegte ist *in(an) vlocke(n) unde in (an) vērde(n) sîn*, die seit Ende des 13. Jh.s in den Rechtsquellen von Hamburg, Riga, Nowgorod, Wisby erscheint; daneben sind belegt in abgewandelter Form: *in vlocke unde in vōrde/vōre* (nordalbingisch und ostelbisch im 14., 15. Jh.), *in vlōt unde vōre* (Riga 1294), *aen velde ende aen vaerde* (mnl. seit 14. Jh.), *in volge und in vērde* (14. Jh. westf., mnl. omd.).[109]

Mit Recht stellt Hyldgaard-Jensen *vērde* zu as. *fard* ‚Fahrt' (wie schon His), vgl. zur rechtstechnischen Bedeutung auch afr. *fara to hove and to hûse* (§ 273). Höchst interessant sind die von Hyldgaard-Jensen angeführten nord. Parallelen aschw. *vara i flokk ok farunöte, vara i flok ok i fylghi medh* (Ende 13. Jh.), adän. *væræ i færþ ok i fylghæ mæþ, væræ i far ok i fylghæ mæþ* (Anfang bzw. Mitte des 13. Jh.s). Doch möchte ich in ihrer Bewertung weitergehen als Hyldgaard-Jensen, der hier einen ‚nordnd.-schwed.-dän. Verband' (S. 158) erkennt. Neben der engen Übereinstimmung der aschw. und nordmnd. Formel scheint mir hervorhebenswert, daß in einem Großraum, der Ostskandinavien, die Niederlande und ganz Norddeutschland umfaßt, die Beteiligung an Bandenverbrechen durch verwandte formelhafte Wendungen ausgedrückt wird, die in wechselnder Kombination die allitterierenden Termini *vlocke, flokkr; volge, volke, fylgi; (ge)vērde, vōre, far, færþ, vlōt* und *velde* enthalten. Viel spricht dafür, die nordmnd.-aschw. Formeln mit *vlocke/flok* für die ursprünglichen zu halten, in der *vlocke/flok* später ersetzt wurde durch mnd. *vlōt*, mnd. omd. *volge*, mnl. *volke, velde*, adän. *far, færþ*; und dies jeweils in engeren Rechtskreisen, die sich erst im späteren Mittelalter ausbildeten.[110]

5. Tötung

5.1 Totschlag

§ 337 Die wichtigsten Verba des Tötens sind *schlagen, abschlagen, (v)erschlagen, totschlagen, zu Tode schlagen, töten, ertöten, leblostun. Schlagen* in der Bedeutung ‚töten' (ahd. *slahan*, as. *(gi)slahan*, mnd. mhd. *slân*, mnl. *slaen*, vgl. ags. *slēan* § 49, afr. *slâ* § 176) ist nur noch vereinzelt, vor allem in ahd. und älteren mnd., obd. und md. Quellen bis ins 14. Jh. belegt, u. a. in der

[109] Sämtliche Belege verzeichnet und untersucht Hyldgaard-Jensen, a.a.O. 147—160, worauf hier ausdrücklich verwiesen sei.

[110] Hierauf wird im II. Teil dieser Untersuchungen näher einzugehen sein. Der Klärung bedarf besonders der terminologische Zusammenhang, in dem die nord. Formeln stehen; denn auch anorw. aisl. *flokkr, fylgi, fylgð* werden technisch auf Bandenvergehen bezogen, doch nicht in entsprechenden Formeln.

ahd. Lex-Salica-Übersetzung, im Ssp. Dsp., in nordalbingischen Stadtrechtsbüchern, in bair.-österr. Quellen erscheint es nicht mehr. Die generelle Bedeutung von *schlagen* ist die heutige.

Das im Ags. gebräuchlichste Verb des Tötens, *ofslēan* (§ 49) ist nur mnd. mnl. ganz vereinzelt in dieser Bedeutung belegt (mnd. *afslân:* Ssp., Dithm. UB 1480, Bremen 1608, mnl. *afslaen*), ahd. mhd. hat es — wie auch afr. und zumeist mnd. mnl. — die heutige Bedeutung.

Eine ahd. Neubildung scheint *irslahan*, das ahd. häufig belegt ist, dazu ahd. *arslahere* ‚interfectores', *irslaginī* ‚Tod'. Mhd. ist *erslân* vor allem im obd. und omd. Raum bezeugt, mnd. schon im Ssp., sonst aber mnd. mnl. erst später. Wegen Verdrängung von *er-* durch *vor-/ver-* gilt allgemein mhd. *verslân*, mnd. *vorslân*, mnl. *verslaen*.

Erst seit dem 13. Jh. belegt ist *totschlagen* (mhd. *tôtslân*, mnd. *dôtslân*, mnl. *dootslaen*, vgl. afr. *dâdslâ* § 176), zuerst mnd. (Ssp., Otton. Stadtr. 1227, Lübecker Stadttr.),[111] später allgemein auch obd. (Swsp.), md. und ndl.

Gleichfalls seit dem 13. Jh. belegt ist die Wendung *zu Tode schlagen* (mhd. *ze tôde slân*, mnd. *to dôde slân*, mnl. *te(r) doot slaen*, vgl. afr. *to dâda slâ* § 176), zuerst im Ssp., Augsburg 1276, Nürnberg 1294, nach den Belegen des RWbA vorwiegend bair.

Allgemein verbreitet ist *töten* (as. *bi-dôthian*, ahd. *(gi)tōten*, mhd. *tœten*, mnd. *dȫden*, mnl. *doden*, vgl. ags. *dīedan* § 50, afr. *dêia* § 176), doch bietet das RWbA relativ wenige frühe Belege des Rechtsworts (außer Ssp., Swsp., Mühlhäuser StR.), alem. war jedoch *töten* der übliche Terminus.[112]

Zuerst alem. (1342) und fränk. belegt ist mhd. *ertœten*, später auch mnd. *erdȫden/vordȫden*, mnl. *verdoden*. Ein ausschließlich alem. Terminus ist *lîblôstuon* ‚töten'[113] (s. Lexer I, 1933).

Zu den Termini ags. *ā-, ge-, offiellan* (§ 50), aofr. *fella* (§ 176) vgl. ahd. *bifellen*, mnd. mhd. mnl. *vellen* ‚töten' (im RWb III 402 keine Belege); zu ags. *(ā)cwellan* (§ 50) vgl. as. *(ā)quellian* ‚martern, töten', mnd. *mörtquellinge* ‚Tötung'; zu afr. *aslâ* (§ 176) vgl. as. *āslahan* ‚erschlagen'.

§ 338 Die nominalen Termini für den Totschlag im Kontinentalwestgerm. stimmen weitgehend mit den ags. und afr. überein und lassen eine einheitliche altwestgerm. Terminologie erkennen. Es sind dies die auf der Bedeutung ‚töten' des Verbs *schlagen* beruhenden Ableitungen und Zusammensetzungen mit *Mann*.[114] (Divergenzen bestehen nur in der unterschiedlichen Eingliederung in

[111] Nur *doitslan* als Verb des Tötens nennt Stahm, Strafr. Dortmund 107.

[112] Osenbrüggen, Alam. Strafr. 209.

[113] Osenbrüggen, Alam. Strafr. 209; Kottmann, Strafr. Bremgarten 65.

[114] Es drängt sich der Gedanke auf, daß diese Termini Lehnprägungen zu lat. *homicida*, *homicidium* sein könnten. Doch schließt m. E. das Alter dieser gemeinwestgerm. Rechtswörter eine solche Möglichkeit aus. Daß die germ. Rechtsterminologie bereits in vorliterarischer Zeit durch das Lat. beeinflußt gewesen sei, scheint mir ganz unwahrscheinlich.

das Genus- und Deklinationssystem). Ags. *manslege* m. (§ 51) und afr. *monslaga* m. (§ 177) entspricht as. *manslag* m., mhd. *manslac* m. (auch *mannslek* Wien 1340).[115] In den mittelalterlichen Rechtsquellen erscheint der Terminus recht selten und nur obd., vor allem in bair.-österr. Denkmälern und mehrfach noch in österr. Weistümern.

Das ags. *slege* ‚Totschlag' entsprechende Simplex ist nur in as. *slegi* (Hel.) bezeugt.

Häufig erscheint dagegen ahd. *manslaht(a)* f., as. *manslahta* f., mhd. *manslaht* f. (selten m.), mnd. *manslaht(inge)* f., mnl. *manslacht(e)* f. n. (vgl. ags. *manslieht* m. § 51, afr. *monslachta* m. § 177) als Bezeichnung des Totschlags, und zwar zahlreich in ahd. Glossen und literarischen Texten, sodann seit dem Einsetzen der volkssprachigen Rechtsquellen im 13. Jh. sehr häufig im ganzen obd. Raum, besonders aber bair., ebenso häufig in ndl. Quellen, seltener md. und mnd. An Zusammensetzungen und Ableitungen sind zu nennen: ahd. *māgslaht* ‚Verwandtenmord' (vgl. ags. *mǣgsliht* § 51); mhd. *manslehtic, manslecke*, mnd. *manslachtich*, mnl. *manslacht(ich)* ‚eines Mordes, Totschlags schuldig' (häufig ndl. und obd., md. mnd. selten seit dem 14. Jh., vgl. afr. *monslachtich* § 177); mhd. *muoterslehtic*, mnl. *moederslacht(ich)* ‚am Tod der Mutter schuldig', mnd. *môderslachtich* subst. Adj. ‚Muttermörder'; mnd. *vāderslachtige, -slachtinge* ‚parricida', mnl. *vaderslachtich(eit), vaderslachter;* mnl. *broederslachtig* (vgl. ags. *brōðorslieht, brōðor-, fæder-, mōðorslaga*). Die Ableitung *manslahter* ‚Totschläger' ist nur in österr. Weistümern belegt. Das Simplex dieser Ableitungen ist mehrfach nur in ahd. *slahta* f. ‚Ermordung' erhalten (vgl. afr. *slahta* m. § 177, ags. *slieht* m. § 51).

Auch die diesen Bildungen entsprechenden ags. Täterbezeichnungen haben auf dem Kontinent ihre Parallelen. Dem Simplex ags. *slaga* (§ 51) entspricht ahd. *slago, slaho, slagio, slecco*; schon ahd. ist die Ableitung *slahāri* ‚interfector', die in mnd. *slēger* fortlebt, hier jedoch zumeist die Bedeutung ‚Raufbold, Schläger' hat. Häufiger belegt ist in ahd. Glossen und lit. Denkmälern *manslago* und *manslekko*, auch as. *manslago*, mhd. *manslege, manslecke* — und mit jüngerem Suffix *mansleger, manslekere* (vgl. ags. *mannslaga* § 52). Der Terminus erscheint noch im Swsp. und in obd. Quellen des 13. Jh.s, sonst nicht in den mittelalterlichen Rechtsquellen. An Zusammensetzungen sind zu nennen: ahd. *bruoder-, kind-, muoterslecco* (vgl. ags. *brōðor-, mōðorslaga* § 52).

§ 339 Konkurrierend mit *manslacht(a)* tritt seit dem 13. Jh. im gesamten Untersuchungsbereich der Terminus *Totschlag* auf (mhd. *tôtslac*; mnd. *dôtslach,*

[115] Schützeichel, Ahd. Wb. 123 versieht *manslaga* ‚Mord' aus dem Sündenverzeichnis des Weißenburger Katechismus mit Fragezeichen. Braune—Ebbinghaus, Ahd. Lesebuch, deuten dies *manslagon* ‚homicidia' offenbar als *manslago* ‚Mörder'. Die ahd. Form entspricht der afr. (sw. M.), wohingegen das Ags. und As. starke Deklination zeigen.

dôtslacht(inge), dôtslânt, selten *dôtslēge*; mnl. *dootslach(te), dootslachtinge, dootslaginge*, vgl. spätafr. *dâdslacht(te)* § 180).[116]

Wo die Verbreitung dieses Terminus, der die bisher genannten verdrängte, ihren Ausgang nahm, ist schwer festzustellen; die ältesten Belege des RWbA sind: Bern 1218, Basel 1286, Augsburg 1276, München 1294, Köln 1287, Breslau 1261, Mühlhauser StR. 1230, Ssp. (auch Swsp. Dsp.), Stade 1279, Nowgorod 1296, Riga 1294, Bergh (Holland) 1284. Offenbar setzte die Ausbreitung nach der ahd. Zeit, aber vor dem 13. Jh. ein.

Erst seit Ende des 14. Jh.s (zuerst Bern 1386), häufig erst seit dem 16. Jh. ist in den Rechtsquellen die Täterbezeichnung *Totschläger* belegt (mhd. *tôtslager, -sleger*, mnd. *dôtslēger*, mnl. *dootslager*).

§ 340 Die altgerm. Bezeichnung für den Totschläger, *bano*, welche im Ags. (*bana* und zahlreiche Zusammensetzungen § 53) und Afr. (*bona, bonahond*, nordfr. *boine* § 181) bewahrt ist, erscheint noch mehrfach im Heliand (*bano, hantbano*), ahd. aber nur im Hildebrandslied sowie in langob. PN (*Bano*) und ist mhd. mnd. mnl. ausgestorben.

Übrige Wörter des Stammes und Ableitungen sind selten und z. T. nicht rechtstechnisch: spätafr. *bonia* ‚für den Mörder erklären', ähnlich mnl. *banen*, mnd. *bānen;* mnl. *baninge* ‚Totschlagsklage', mnd. *bāninge* ‚Verfestigung des Mörders am Sarge des Getöteten durch den *bāner* [den Verfolger des Mörders]' (Mnd. Wb I 141); ahd. *bana* ‚Tod', mhd. *ban(e)* ‚Tod, Verderben', mnd. *bāne* ‚Mordbuße', mnl. *bane* ‚verwonding, dootslag, verderf' (Verdam 53); mnd. *bānebôte* ‚Totschlagsbuße'; *bāneman* ‚Mörder'. Afr. *banethe* ‚Totschlagsklage' (§ 181) entspricht nur formal as. *banethi* ‚Mord, Tod' (dem afr. entlehnt sind wohl mnl. *dootbant, -banede*).

5.2 Mord

§ 341 „Auch zwischen Totschlag und Mord unterscheidet der mittelalterliche Sprachgebrauch nicht scharf, obwohl die beiden Verbrechen fast überall verschieden behandelt werden."[117] Dies bedeutet, daß sowohl die Termini vom Stamm *mord-* sich auf Totschläge, wie die oben (5.1) angeführten sich auf Morde im rechtlichen Sinne beziehen. Zur Charakteristik des Mordes als Delikt schreibt His: „Die ältere Zeit sah das Merkmal des Mordes in der Heimlichkeit, zunächst in dem Verbergen der Leiche, dann auch in der Heimlichkeit der Tötung selbst. Diese Auffassung hat sich im Süden bis ins 14. und 15. Jh., in Norddeutschland sogar noch weit länger erhalten."[118]

116 Ags. *dēaðslege* ‚death-stroke' halte ich für eine Gelegenheitsbildung, die mit den kontinentalen Belegen nicht zusammenhängt. (Nach Clark Hall — Meritt, Anglo-Saxon Dict. ⁴1960, 83 nur in RD The Riddles of the Exeter Book belegt.)

117 His, Strafr. MA II 78. Ähnlich äußern sich Harster, Strafr. Speier 139 und Wüstendörfer, Bair. Strafr. 183 auf Grund der dort verarbeiteten regionalen Quellen.

118 His, Strafr. MA II 90. Zu anderen, jüngeren Merkmalen vgl. die folgende Darstellung bei His.

Der gemeingerm. Terminus *Mord* (as. *morth*, ahd. *mord*, mhd. mnl. mnd. *mort*, vgl. ags. *morð* § 56, afr. *morth* § 183) ist im gesamten Untersuchungsgebiet bewahrt und reich belegt, im Süden noch mit dem ursprünglichen neutr. Genus,[119] nicht selten im allgemeinen Sinne von ‚schwere Missetat' (Swsp.) und in zahlreichen abgeleiteten Bedeutungen, z. B. ‚Todesstrafe' (Ssp.).

In den Leges und Capitularien begegnet der Terminus in verschiedenen latinisierten und erweiterten Formen: *mordrida* (Lex Rib. Bai. Sal., Lex Fris. *mortrit* aus diesen entlehnt; Abstraktbildung zu ahd. *murdrjan* ‚jugulare', auch in *camurdrit* ‚ermordet' der Lex Bai. erhalten, vgl. ags. *āmyrðran*); zum gleichen Verb gehört auch das Part.-Adj. *mordridus* (Lex Bai. Alam. Sal. Rib.); Latinisierungen sind ferner *mordris* (Lex Sal.), *mordrus* ‚Mord' (Lex Cham.). Sie alle gehen auf die erweiterte Bildung ahd. **mordar* (Lex Sal. *morter*) zurück, vgl. ags. *morðor*, got. *maúrþr*.[120]

Wechselnd mit *mortridus* erscheint in der Lex Alam. mehrfach das latinisierte Adj. *mortaudus, mortuatus* u. ä., in der Lex Sax. *mordtotus*, das Gallée Vorstud. 219 als as. *morth-dôth* ‚Totschlag' deutet. Baesecke S. 30 hält die alem. Belege für ‚merowingische Einfuhr'. Gallées Ansatz ermöglicht eine Verbindung zu afr. *dâth* ‚Totschlag'; auch mnd. *dôt* erscheint gelegentlich in dieser Bedeutung.

Unter den Ableitungen von *mort* erscheint mnd. *mortlik*, mnl. *mordlijk*, mhd. *mortlich* seit dem 13. Jh., ebenso mhd. mnd. mnl. *morden* (ahd. *murdjan*; „morden war wol zunächst nieder- und mitteldeutsch, fand aber auch im oberdeutschen wegen der deutlichen beziehung zum subst. *mort* eingang.")[121] Erst seit 14. Jh. begegnet mnd. mhd. *ermorden* (RWb III 253, doch schon Nibelungenlied 1012 *du bîst ermorderôt*); die Täterbezeichnung mhd. *morder*, mnd. *mörder, mördenêre*, mnl. *mordere, mordenare* (vgl. afr. *morther(e)* § 185, aber ahd. *murdreo*) ist allgemein seit 13. Jh. bezeugt.

Regionale Verbreitung zeigen einige Zusammensetzungen: Zu ags. *morðweorc* (§ 56) vgl. as. *morthwerk* (Hel.), zu ags. *mǣgmorðor* vgl. ahd. *māgmord* ‚parricidium'. Ein zunächst spezifisch ndl.-fr.-engl. Terminus war *Mordtat* (mnl. *morddaet* zuerst 1240, häufig im 13., 14. Jh., auch in Ableitungen *morddadelijc, morddadich* seit 13. Jh., vgl. ags. *morðdǣd* § 56, afr. *morthdêde* § 183), als Rechtswort erscheint er in deutschen Quellen erst im 17. Jh., Lübben nennt mnd. *mördât*, auch Lexer mhd. *morttât, morttæte*, doch sind die Belege spärlich.

6. Körperverletzungen

§ 342 „Die Vorschriften über die Körperverletzungen gehen im Mittelalter — abgesehen von den friesischen Quellen — nicht mehr so ins einzelne wie in

[119] His, Strafr. MA II 90; DWb VI 2530; Belege bei Lexer I 2204; mnl. auch f.

[120] Dazu v. Kralik, Die dt. Bestandteile der Lex Baiuvariorum 584; Baesecke, Die dt. Wörter der germanischen Gesetze, 20 u. ö. (Baeseckes irrtümliche Bedeutungsangaben korrigiert Amira-Eckhardt, Germ. Recht ²I 190 ff.); Brunner, RG ²II 813.

[121] DWb VI 2536.

fränkischer Zeit."[122] Dagegen zeigt sich das Bestreben, „bestimmte Wundkategorien zu bilden",[123] wie dies in begrenztem Maße schon im germ. Recht der Fall war.[124] „Der Fortschritt der mittelalterlichen Quellen besteht auf dem Gebiet darin, festere Merkmale aufzustellen, um den Richter in den Stand zu setzen, die einzelne Verletzung einer bestimmten Wundgruppe ohne Schwierigkeit zuzuweisen."[125] Diesem Gesichtspunkt ist der Jurist A. B. Schmidt in der Festgabe für seinen Vater, den Mediziner Benno Schmidt, unter medizinischen Gesichtspunkten nachgegangen. Seine Abhandlung ist sehr aufschlußreich für die mittelalterliche juristische Begriffsbildung — auch die bedeutungsmäßige Verschiebung der einzelnen Termini — und läßt erkennen, in welchem Maße die Versuche zur Systematisierung und Neugruppierung der verschiedenen Körperverletzungen zu einer starken regionalen Aufsplitterung in terminologischer und rechtlicher Hinsicht geführt haben. Auf der Grundlage dieser Arbeit sowie seiner erschöpfenden Quellenkenntnis hat His die ‚Körperverletzungen im Strafrecht des deutschen Mittelalters' nach landschaftlichen Quellen geordnet behandelt, wovon im Strafr. MA II 95—103 eine kurze Zusammenfassung gegeben wird.[126]

Dem Reichtum der mittelalterlichen Überlieferung und den zumeist erst jüngeren Einteilungen können wir hier nicht gerecht werden. Unser Hauptaugenmerk richtet sich vielmehr auf die Erfassung der älteren Terminologie, vor allem der mit der ags. und afr. vergleichbaren, wodurch aus weiterer, westgermanischer Sicht deutlich wird, in welchem Maße die mittelalterliche Rechtssprache sich von ihren Ursprüngen entfernt bzw. Neues entwickelt hat.

6.1 Körperverletzung (allgemein)

§ 343 In der ags. und afr. Rechtssprache erscheinen *feohtan/fiuchta* (und Ableitungen *gefeoht, feohtere, fiucht, fiuchtere* §§ 59, 188, vgl. ahd. as. *fehtan* ‚kämpfen', *fehta*, ahd. *gifeht* ‚Kampf'), in technischem Gebrauch für jegliche blutige Verletzung. In diesem Sinne ist noch mnl. *vechten*, seltener mnd. *vechten* und in österr. Weistümern mhd. *vehten* belegt (RWb III 440), auch mnd. *vechte, vacht(e)*, mnd. mnl. *vechtinge* (Hamburg 1270, mnl. 1324), mnd. *vechtêr(e)*, mnl. *vechter*; zumeist beziehen sich jedoch diese Termini auf den gerichtlichen Zweikampf (so ausschließlich im Ssp.). Die ursprüngliche Be-

[122] His, Strafr. MA II 95.

[123] A. B. Schmidt, Medizinisches aus deutschen Rechtsquellen, in: Festschr. f. Benno Schmidt, Jena 1896, 73.

[124] Hier spielt Schmidt vor allem auf die Einteilung der nordischen Rechtsquellen an, die Wilda seiner Darstellung zugrunde gelegt hatte.

[125] Schmidt a.a.O.

[126] ZRG GA 41 (1920), 75—126. Vgl. auch His, Gesch. Strafr. 125—131. Wenig Neues — das meiste aus Wilda — bietet: L. Günther, Über die Hauptstadien der geschichtlichen Entwicklung des Verbrechens der Körperverletzung und seine Bestrafung. Diss. Erlangen 1884.

deutung ist erhalten in der alle blutige Körperverletzungen umfassenden Wendung mnd. *vechtelike sāken* (westf. 14., 15. Jh., RWb III 441), die auch in spätafr. Ommelander und westerl. Quellen häufig erscheint (*fiuchtlika seka*: His, Strafr. d. Friesen 36). Auch die afr. häufige trans. Ableitung *bifiuchta* (§ 188) ist in mnl. und mnd. *bevechten* ‚bekämpfen, angreifen' (Hamburg 1270, Stade 1279) bewahrt, die mnd. Ableitung *bevechtinge* in der spezifischen Bedeutung ‚Angriff, gewaltsames Eindringen in den Hausfrieden' (Mnd. Wb. I 170, RWb I 1369).

Zu ags. *blōdgēote* (§ 60) finden sich einige jüngere kontinentale Parallelen: mnd. *blôtgêter*, mhd. *bluotgiezer* ‚Blutvergießer', mhd. *bluot(ver)giezen* (obd., Swsp.), mnd. *blôtgêtinge* ‚Blutvergießen' (RWb I 381.388).

Von den ags. und afr. häufigen Termini zum Stamm *wierd-* bzw. *werd-* (§§ 61, 198) zur Bezeichnung der Körperverletzung und Schädigung allgemein finden sich nur im Ahd. — besonders bei Notker — zahlreiche Parallelen: *werten* ‚verletzen, ins Verderben bringen' (noch mhd. *werten* ‚schädigen', vgl. ags. *wierdan*, afr. *werda*), *gewerten* ‚schädigen' (ags. *gewierdan*), *ungewertet* ‚makellos', häufig *irwerten* ‚verletzen, zerstören', *wertisal*, *irwartnissi* ‚Verletzung' u. a. mit besonderen Bedeutungen (s. auch zahlreiche Glossen bei Graff II 957 ff.). Bedeutungsmäßig stehen diese Wörter den ags. näher als den afr., wo bereits eine Einengung auf verschiedene Verletzungen vollzogen ist. As. ist der Stamm nur in *ā-wardian* ‚verderben' erhalten.

Die Bedeutung ‚Körperverletzung' haben auch die Bezeichnungen für Wunde, Verwundung im engeren Sinne (s. u.). Daneben erscheinen landschaftlich in jüngeren Quellen mhd. *leibschade* (österr. seit 14. Jh.), mhd. *letzunge* (ab 15. Jh., aber mnd. mnl. *lettinge* ‚Behinderung'), mhd. *verletzunge*, mnd. *vorlettinge* (15. Jh., zu mhd. *verletzen*, mnd. *vorletten*), mhd. *leidegunge* (Trient 1307, zu *leidigen* ‚schaden, hindern'), mnl. *quetsinge* ‚Verwundung, Kränkung' (seit 15. Jh. häufig, zu *quetsen* ‚verletzen', vgl. auch mhd. *quetzunge* ‚Wunde'), mnl. *smarte*.

§ 344 Als qualifiziert gilt die *mit bewaffneter Hand* ausgeführte Tätlichkeit: die Wendung ist häufig seit dem 13. Jh. obd. (*mit gewâfenter hant*: Swsp., Dsp., Augsburg 1376, Bern 1296), omd. (*mit gewâpenter hant*: Rb. n. Dist., Freiberger StR.) und mnl. (*met gewapender hant*) belegt (vgl. afr. *met wêpneder hond* § 189, RWb IV 633 f. 1559 f.).

Im gesamten mnd. Bereich wird die Verletzung *mit scharfer Waffe* (im Gegensatz zum unblutigen Schlag) durch spezifische Wendungen ausgedrückt: *eggehaft(ig)e wâpen* (westf., ostelbisch, Nowgorod, 13., 14. Jh.) *eggewâpen* (nordalbing. 13., 14. Jh.), *egge unde ōrt* ‚mit Schneide und Spitze' (vereinzelt nordalbing., ostelb. 14.—16. Jh., vgl. afr. *mith ecke and mith orde* § 171). Letztere Wendung findet sich bereits — in umgekehrter Reihenfolge — im Heliand Vers 9696 f. (*leidad thi her manage to ordos endi eggia*) und Beowulf Vers 1549 (*wið ord and wið ecge*), verwandte Formeln enthalten adän., aschwed., anorw. und aisl. Rechtsquellen des 12., 13. Jh.s. Sämtliche Belege hat

Hyldgaard-Jensen vollständig angeführt und behandelt.[127] Das Verbreitungsbild ähnelt — diesmal unter Einschluß des Afr. — dem der Wendung *in vlocke unde in vērde* (s. o. § 336). Aufschlußreich ist, daß as. und ags. Epik diese alliterierende Rechtsformel als erste Quellen überliefern. Man würde sie für rein poetisch halten, wenn die jüngeren Rechtsquellen sie nicht gleichfalls — und in ihrer eigentlichen, rechtstechnischen Bedeutung — bewahrt hätten.

6.2 Wunden

§ 345 Die Allgemeine Bezeichnung für die Wunde, auch die Verwundung, ist as. *wunda*, ahd. *wunta*, mhd. mnd. *wunde*, mnl. *wonde* (vgl. ags. *wund* § 63, afr. *wunde* § 194), dazu das Adj. ahd. mhd. mnd. *wunt*, as. *wund*, mnl. *wont* ‚verwundet' und die Verbalableitung ahd. *wuntōn* ‚vulnerare', mhd. mnd. *wunden*, mnl. *wonden* ‚verwunden' (vgl. ags. *gewundian*, afr. *wundia*); sie sind den Rechtsquellen überall geläufig. Erst seit dem 14. Jh. belegt sind mhd. *verwunden*, mnd. *vorwunden*, mnl. *verwonden* (vgl. ags. *forwundian* § 63), seit dem 15. Jh. mnd. *vorwundinge*. Auch mnd. *wundinge*, mnl. *wondinge* tritt erst im 14., 15. Jh. auf.

Die andere im Afr. als technischer Begriff und im Ags. außerhalb der Rechtsquellen häufig erhaltene Bezeichnung für die Wunde: ags. *dolg*, afr. *dolch* (§§ 64, 192 f.) ist nur mehr in ahd. *tolk* (bei Otfried, in der Benediktinerregel und dem 2. Basler Rezept, sowie einer Glosse für vulnus) erhalten. As. mnd. mhd. ist das Wort ausgestorben, mnd. *dolge(n), dolginge, dollinge* und mnl. *dolch, dolchmate* entstammen Rechtsquellen aus dem ursprünglich friesischen Sprachgebiet.

Besonders im Mnd. hat die reiche Wortsippe von *sêr(e)* ‚Schmerz' den Bedeutungswandel zu ‚Wunde, Verwundung' vollzogen (vgl. afr. *sêr* § 196). Schon as. erscheint *sêrian* in der Bedeutung ‚verletzen', dann mnd. *sêren* in den ältesten Quellen (Ssp., Lübecker StR, Stader StR), daneben *(be)sêrigen* (Lübecker StR), ebenso die Ableitungen *sêricheit* (Lübecker StR), seit 14. Jh. *sêringe*, ferner *sêrede, sêr(e)nisse* ‚Verwundung' und *sêr(e)* ‚verwundet' (Mnd. Wb. III 208 f.). Mnd. *sêr(e)* selbst erscheint selten und spät (Rostock 1426) in der Bedeutung ‚Wunde, Verwundung'. Im Mnl. sind *seren, serigen* ‚verwunden', *seer* ‚verwundet' bezeugt. Ahd. *sēr*, mhd. *sêr* hat den Bedeutungswandel nicht vollzogen, dagegen erscheinen in Glossen die Verben ahd. *(ga)sērigen, sērōn, gasēragōn* ‚vulnero u. a.', entsprechend mhd. *sêren* (Schwyz 1342), *sêrigen* (Wiener Neustadt 14. Jh.), ferner *sêrde, sêrunge* ‚Verwundung' und *sêr* ‚verwundet'. Offensichtlich ging der Bedeutungswandel aus vom Verb (‚Schmerz zufügen' = ‚verwunden'), wozu dann neue Abstrakta gebildet wurden.

§ 346 Bevor wir auf die Wundkategorien der mittelalterlichen Rechtssprache eingehen, seien jene Termini genannt, die in den Leges als einheimische Rechtswörter angeführt werden.

[127] Hyldgaard-Jensen, Rechtswortgeographische Studien I, 85—95.

Ein Charakteristikum germ. Wundeinteilung ist die Hervorhebung der Verunstaltung unbedeckter Körperteile, besonders des Gesichts. Hierfür ist in der ältesten ags. Rechtsquelle der Terminus *wlitewam* belegt (§ 66), der in der Lex Fris. wiederkehrt (§ 191) und in den jüngeren afr. Quellen in der Erweiterung *wlitew(l)emmelsa* bewahrt blieb. Der gleiche Terminus erscheint in der Lex Sax. (und daher entnommen in der Lex Thur.).[128] Obwohl auch die Lex Alam. und Lex Burg.[129] inhaltlich ähnliche Bestimmungen kennen, wird man den Terminus — schon wegen des nur as. afr. ags. erhaltenen *wam* — als ein spezifisch nordseegermanisches Rechtswort ansehen können. Daß nur in den afr. Rechtsquellen diese rechtliche Spezifizierung und dieses Wort erhalten blieb, wirft Licht auf die Altertümlichkeit dieser Quellen und ihren Zeugniswert für sonst untergegangene Rechtsauffassungen.

Vielleicht lebt das Wort fort in mnd. *wlēte*, das His, Körperverletzung 89 in gleicher Bedeutung wie *wlitewam* für Rostock (1550) und aus dem Rügener LR (1. Hälfte 16. Jh.) belegt, Schiller—Lübben V 756 ferner für Wismar (1392).[130] Nur aus der Lex Bai. kennen wir *adarcrati* ‚Aderritzung',[131] *kepolsceini* ‚Das Erscheinen [Sichtbarwerden] der bloßgelegten Schädeldecke'[132] (inhaltlich vergleichbar mit ags. *bānes blice* § 72 f.), *palcprust* ‚Hautverletzung' (daher *balcbrust* in der Lex Alam.),[133] *hreuaunt* ‚verwundet im Inneren der Bauchhöhle' (daher auch in der Lex Alam.),[134] *hreuaunti* ‚Unterleibsverletzung'.[135] Auch dieser in ags. *hrifwund* (§ 63) belegte Terminus weist auf eine ältere Gliederung, welche die ‚Hohl- und Leibwunde'[136] gesondert behandelt.

An gleicher Stelle bei *hreuaunt* erscheint in anderer Hs. der Lex Bai. *ferhuunt* ‚lebensgefährlich verwundet'. Dies auch in ags. *feorhwund* (Beowulf 2385) bezeugte Adj. lebt in der bair. und alem. Rechtssprache in mhd. *verchwunde, verchwunt, verchwunden* fort (u. a. Swsp., Nibelungenlied, RWb III 500).[137] Es bezeichnet hier eine der qualifizierten Wunden. Inhaltlich entspricht dem in jüngeren mnd. Quellen (seit 14. Jh.) *vâr(e)wunde* (RWb III 393).

§ 347 In den mittelalterlichen Rechtsquellen werden einfache und qualifizierte Verwundungen unterschieden. „Im Unterschied von der Blutrunst heißt die eigentliche Wunde in Friesland, Westfalen und den Niederlanden Wunde

[128] Baesecke 67.
[129] v. Schwerin, Leges Saxonum und Lex Thuringorum (MGH Fontes iur. germ. ant.) 1918, 18 Anm. 9.
[130] Lübben, Mnd. Handwb. 590 nennt die Bedeutungen ‚Schmiß', ‚Wunde'.
[131] v. Kralik 405.
[132] v. Kralik 448.
[133] v. Kralik 584 ff.; Baesecke 31 f. erschließt aus *pro cute rupta* der Lex Visigothorum ein got. **balgbrust*.
[134] v. Kralik 445; Baesecke 18.
[135] v. Kralik 446.
[136] Wilda, Strafr. 739.
[137] S. auch Wüstendörfer, Bair. Strafr. 194; Osenbrüggen, Alam. Strafr. 233; Hoops, Reallex. IV.405 (v. Schwerin).

schlechtweg."[138] Im gesamten obd. Raum einschließlich Ostfrankens ist seit dem 13. Jh. die Bezeichnung *vliezende wunde* geläufig, daneben bair. *slechte* oder *chlaine wunde*;[139] mnl. heißt die fließende Wunde *sipende wonde* (zuerst 1366). Die Notwendigkeit ärztlicher Behandlung wird in jüngeren Quellen hervorgehoben, daher heißt die eigentliche Wunde mnl. *wiekewonde, wiekende wonde* (Lüttich, Limburg zuerst 1366), wmd. *meizelwunde* und *bintbare wunde* (seit 15. Jh.).[140] Der Ssp. und andere omnd. Quellen nennen die einfache Wunde *vleischwunde*, ostelbische Quellen *vulkōmene wunde* (Stralsund 1388, Rostock 1430, Lübecker StR).

Die Bezeichnung mnd. *kampwērdige, kampbâre wunde*, meist *kamperwunde*, omd. *kampferwunde* ist seit dem Ende des 13. Jh.s ostfäl. und omd. bezeugt und bezeichnete ursprünglich schwere Verwundungen, die einen Zweikampf zuließen (ausführlich RWb VI 1033 ff. 1051 ff. 1073 f.). Als schwere Verwundung gilt auch die *fridebreche wunde* (alem., rheinfränk., zuerst 1256, u. a. Swsp. Dsp. häufig im 13., 14. Jh.).[141] Nur mnl. ist die Bezeichnung *coorbare wonde* bzw. *coorwonde* ‚eene wond van bij de keuren bepaalde grotte, waarop bijzondere straf is gedeld' (Verdam 306, Belege von 1283 bis ins 16. Jh.).

§ 348 Als qualifizierte Verwundung gelten neben der gesichtsverunstaltenden und lebensgefährdenden besonders die spezifisch bair. *pogwunde* oder *pogende wunde* (besonders 13., 14. Jh.), d. h. „die Wunde, aus der das Blut im Bogen springt".[142]

Die germanische, im Ags. und Afr. erhaltene Unterscheidung der durchgehenden Verwundung ist nur ndl. und bair. erhalten. Ältere mnl. Quellen kennen die *dorgaende wonde* oder *doreginge* (CoutFurnes 1240, CoutWatervliet 1258, CoutYsendike 1266, dazu das Verb *dorewonden*, vgl. afr. *thruchgungande dolch/unda* § 207).[143] Nur im Burghausener StR v. J. 1307 und im Neuöttinger StR v. J. 1321 begegnet der Terminus *durchels wunde* (zu ahd. *durhil*), der mit ags. *þyrel, þurhwund* nahe verwandt ist (§ 67.72).

Als schwere Verletzung gilt ferner *beinschrôt* ‚Knochenverletzung' (vgl. afr. *bênskrêdene* § 199). Der Terminus erscheint zuerst bair. im 14. Jh. (Ruprecht v. Freisings Rb. 1328, Bair. Landr. 1346), häufig in Tirol, auch in Schwaben, Franken, im Oberelsaß, später, im 16. Jh., auch in mittel- und niederdt. Rechtsquellen (mnd. *beinschrȫrdige wunde*, omd. *beinschröttig*).[144]

Speziell genannt wird noch in mnd. und mnl. Quellen des 15. Jh.s die *hȫvetwunde* bzw. *hovetwonde* ‚Kopfverletzung' (vgl. as. *hôvidwunda*, ags. *hēafodwund* § 63, afr. *hâv(e)dwunde* § 194, RWb V 366).

[138] His, Strafr. MA II 98.
[139] Wüstendörfer, Bair. Strafr. 192.
[140] Dazu ausführlich Schmidt, Medizinisches 57 ff.
[141] Dazu ausführlich Osenbrüggen, Alam. Strafr. 234.
[142] Schmidt, Medizinisches 64; s. auch Wüstendörfer, Bair. Strafr. 192.
[143] Warnkönig, Flandrische Staats- und Rechtsgeschichte, III.234; Frederiks, Oud-Nederl. Strafr. 235.
[144] Schmidt, Medizinisches 66 ff.; RWb I 1473 f.

§ 349 Unterschiedlich ist die Bedeutung des Terminus *Blutrunst* in den dt. Quellen. In den afr. Texten lernten wir die *blôdresne* bzw. *blôdelsa* (§ 208) zumeist als kleine, von Schlägen herrührende Verletzung kennen, die von der Maßwunde unterschieden wird. (Daneben hatte *blôdresene* aber bereits in westerl. Texten eine weitere auch zweimündige Wunden einschließende Bedeutung). Zur Verbreitung dieser Unterscheidung schreibt His: „Wir finden diesen Gegensatz vor allem in Norddeutschland, in Friesland, wo er bis in die fränkische Zeit zurückreicht, in den nördlichen Niederlanden, am Niederrhein, in West- und Ostfalen, Thüringen, aber auch in einem Teil der mittelrheinischen, ostfränkischen und oberdeutschen Rechte."[145] Dagegen bezeichnet in obd. Quellen *Blutrunst* häufig schlechthin die blutige Verwundung. In der engeren, wohl ursprünglichen Bedeutung ist *plotruns* ‚Wunde, die keine Lähmung oder Blutverlust zur Folge hat'[146] schon in der Lex Bai. belegt, dann seit dem 13. Jh. als *bluotruns(t)* mit Adj. *bluotrunst(ic)* vor allem in bair. und alem. Quellen, aber auch mnd. als *blôtrunst, blôtrunstich* (Ssp. u. Verwandte, RWb II 385 f.). Mnl. begegnen die Formen *bloetreise, -reist, -reisinge, -rise, -ritse, -rissene* (dazu das Verb *bloetreisen*). Nur ost- und westfäl. sowie mnl. sind belegt mnd. *blôtrenninge* (zuerst 1325), *blôtren, -renne, -run, -rünne* (16. Jh.), mnl. *bloetrenne, -ronninge,* dazu das Adj. *blôtrönnich* (Ssp.). Das Alter dieser Wörter bezeugt afr. *blôdrene, blôdrennande dêda, blôdes ûtrene, blôdes inrene* (§ 208) und ags. *blōdryne* ‚issue of blood', dazu das Adj. *blōdyrnende* (!). Seltener begegnet in gleicher Bedeutung mnd. *blôtval* (Wismar 13. Jh., RWb II 379), dazu *blôtvellich* (Ssp.).

§ 350 Die Bedeutung ‚Blutrunst' hat auch mnd. *blôt* in der Wendung *blôt unde blâ* (s. u. § 353), sowie mnd. *blôtwunde, -wundinge,* mnl. *bloetwonde, -wondinge,* dazu das Verb mnd. *blôtwunden,* mnl. *bloetwonden* (seit 14. Jh. RWb II 389),[147] nach Schmidt, Medizinisches 47 erscheint *bludige wonde* in diesem Sinne häufig in Gebieten westlich des Rheins von der Mosel bis zur Schweiz.

6.3 Schläge

§ 351 Die allgemeine Bezeichnung für den Schlag ist as. *slêk,* ahd. *slag,* mhd. *slac,* mnd. mnl. *slach,* selten mnd. *slech* (vgl. afr. *slêk* §§ 212—215, ags. *slege* nicht in Rechtsqu.).

Zumeist werden körperverletzende Schläge jedoch durch nähere Bestimmungen spezifiziert und dadurch von den tötlichen Schlägen (s. o. § 339) auch terminologisch unterschieden.

In der Lex Bai., Lex Alam. und im Edictus Rothari begegnet als Rechtswort *pulslahi* ‚Schlag, der eine Beule bewirkt',[148] in der Lex Rib. *bunislegi* in gleicher

[145] His. Strafr. MA II 98; dazu auch Schmidt, Medizinisches 43—46.

[146] v. Kralik 589.

[147] Zu verschiedenen mnd. Bezeichnungen der Blutrunst vgl. die Belegzitate bei Hyldgaard-Jensen, Rechtswortgeographische Studien, 95—103, besonders 102 f.

[148] Zu ahd. *puilla, pûlle* ‚papula', v. Kralik 589; ferner Baesecke 23.88; RWb II 238.

Bedeutung.[149] Das Wort ist auch in ahd. Gl. als *bulislego* ‚*suppliciis*', verschiedentlich in älteren bair. Rechtsquellen (Bair. Landfr. 1281, Passau 1299) als *paeulslag* u. ä. und gleichfalls — interessanterweise — in mnl. *buulslach* (Verb *buulslagen*, zu *buul* ‚Beule'), erhalten. Verwandt sind bair. *paudersleg* (Freising 1332),[150] fränk. *bauderling, bauderstreich* (15. Jh.).

Jung sind die Bezeichnungen *trockener Streich, trockener Schlag* für den unblutigen Schlag, zuerst alem. (Frauenfeld/Schweiz 1331), *trucknslag* in einer Glosse des 15. Jh.s zur Lex Bai.,[151] auch mnd. *drȫge slach* (Riga 1424, Rügener LR. 16. Jh.), zahlreichere Belege stammen aus dem 15., 16. Jh. (alem., fränk., nd.).[152]

§ 352 Nur im ursprünglich sächsischen Gebiet und in den Niederlanden und Flandern begegnen für den trockenen Schlag die Termini mnd. *duntslach* (zuerst Braunschweig 1227, Hildesheim 1249), *dumslach* (westf. 1310), *dullslac* (westf., zu *dull* ‚Beule'), mnl. *dontslach* (Brügge 1190), *domslach* (1277), *donslach* (CoutFurnes 1240, dazu *donslagen* 13. Jh., s. RWb II 1150.1153 f.). Diese Termini entsprechen afr. *dûstslêk* und *durslegi* der Lex Fris. (§ 212 ff.), sie stützen gerade durch das Alter ihres Vorkommens — die Umdeutungen *dom-, dullslach* sind jung — die dort vertretene Etymologie und Verwandtschaft mit ags. *dynt* ‚Schlag' (§ 68). Weitere Gelegenheitsbildungen und Synonyme verzeichnet und bespricht in Kürze v. Künßberg, Rechtswortkarten II. ‚Dunschlag', ‚Beulschlag' und ihre Verwandten, worauf hier für Einzelnes verwiesen sei.[153]

Nur alem. seit 13. Jh. begegnet *bluotslac* (zuerst Rheinfelden 1290, RWb II 387).

§ 353 Charakteristisch für den gesamten mnd. Bereich sind Formeln, welche den blauen Schlag bzw. den blauen Fleck (*blâ*) mit der Blutrunst (*blôt*) zusammenstellen und strafrechtlich gleich beurteilen:[154] *blôt eder/unde blâ* ‚Blutrunst und blauer Fleck' bzw. *blôt eder/unde blâ slân* (nordalbing., ostelb. 13., 14. Jh.), *blâ eder/unde blôt* (*slân*) (ostelb. 13. Jh., nordalbing. 14. Jh., Ostseeländer 13.—17. Jh.); *blôdich edder blâw* (nordalbing. und ostelb. 15. Jh.), mnl. *blau ende bloedich* (15. Jh.), *brûn unde blâ* (omd. altmärk., ostelb., zuerst 1261); westfälisch sind *blâ unde blûtrenninge* (zuerst 1299), *blûtwunde efte blâ* (zuerst 1350); vgl. zu diesen Formeln spätafr. *blâw ieftha blôdich* (§ 211), besonders aber aschw. *blât ællær blôþukt* (Västgötalag!), aisl. *blár ok blóðugr*, die Zeugnis davon ablegen, daß diese alliterierende Rechtsformel, ähnlich denen § 336 und § 344 genannten, älter sein muß als die Belege an-

[149] v. Künßbergs Annahme (ZMF 13, 214), *bunislegi* rühre „aus der Vermengung von *dun* [in *dunslach*] und *buli*" her, ist wohl zu phantasievoll, eher ist an Verschreibung zu denken.

[150] Wüstendörfer, Bair. Strafr. 190.

[151] Baesecke 78.

[152] His, Körperverletzungen 105—118; Schmidt, Medizinisches 43.

[153] ZMF 13 (1937), 213—215 mit Wortkarte.

[154] His, Strafr. MA II 98.

zeigen. Wie jene ist auch diese Formel im Wesentlichen auf das nordalbing. Rechtsgebiet beschränkt. Weitere Belege, besonders des Ostens, aber auch des Mnl. und Spätafr. können als Ausstrahlung von hier erklärt werden.[155] Die offenbar engen rechtssprachlichen Beziehungen zwischen dem nordndsächs. Raum und Skandinavien werden von seiten der nordischen Quellen noch näher zu behandeln sein.

Im gesamten mnd. und mnl. Gebiet verbreitet ist auch als Simplex *blâ* ‚blauer Fleck', daneben *blâwunde* (Dortmund 13. Jh.). Bair. ist *blâslac* bekannt (RWb II 362), auch *bliuwât* (Oberpfalz),[156] allgemein as. ahd. *bliuwan*, mhd. *bliuwen*, mnd. *blûwen* ‚schlagen'.

§ 354 Spezielle regionale Bezeichnungen gelten für die Ohrfeige: ahd. *halsslach* ‚colaphus', *halsslagōn* ‚ohrfeigen', mhd. *halsslac* (bair.), mnd. *hal(s)slach* (Ssp. auch Swsp.), *hal(s)slāginge, hal(s)slāgen*, mnl. *halsslach, halsslaen* (vgl. afr. *halsslêk* § 215, RWb IV 1500 f.); mnd. mnl. *backenslach*, auch omd. *backenslac*, dazu mnl. *backenslaen* (zuerst Erfurt 1289, RWb I 1162); as. *ôrslag, ôrslegi* (Gallée 237), mnl. *oorslach*, mnd. *ôrslach*, dazu *ôrslân* (häufig im 13. Jh., vgl. ags. *ēarslege*); mhd. *mûlslac* (nur bair.-österr. häufig seit 13. Jh.),[157] selten *mûlstreich* (zuerst 1378). Nur okkasionell erscheint *Handschlag* im Sinne von Ohrfeige, so ahd. *hantslac* (Tatian), dazu as. *hantslagon*, mnd. mhd. gilt *Handschlag* vorwiegend als ‚Zeichen des Vertragsschlusses' (RWb V 118 ff.).

Speziell genannt werden auch der *Faustschlag*, mnd. *vûstslach*, mnl. *vustenslach* (seit 14. Jh.), mhd. *vûstslac* (vgl. afr. *festslêk* § 215), mhd. *vûst- vauststreich* (wmd. und alem. seit 14. Jh.).

Nur obd. und md. ist mhd. *roufen* in heutigem Sinne belegt (ahd. *roufen* ‚rupfen, zausen, ausreißen'), und zwar seit dem 13. Jh., zumeist in der Wendung *raufen und schlagen*.

6.4/5 Verstümmelung und Lähmung

§ 355 Die mittelalterlichen Rechtsquellen unterscheiden in der Regel terminologisch nicht zwischen Lähmung und Verstümmelung, wie dies in den afr. Rechtsquellen zu beobachten war; auch strafrechtlich werden beide Arten der Körperverletzung zumeist gleich behandelt. Entscheidend war die Unbrauchbarkeit eines Körpergliedes. Die in den Volksrechten bewahrte Differenzierung verschiedener Arten von Verstümmelungen und Lähmungen — kompositionsmäßig nach Gliedern geordnet wie in den ags. und afr. Rechtsquellen — ist weitgehend aufgegeben.[158]

Nur die Gliedverstümmelung bezeichnet der in der Lex Bai. und Lex Alam. erhaltene Terminus *lidiscarti* bzw. *litscardi*, der auch in ahd. Gl. als *lidescart*

[155] Eine ausführliche wortgeographische Darstellung dieser Formeln und verwandter Termini bietet Hyldgaard-Jensen, Rechtswortgeographische Studien I, 95—103.
[156] Wüstendörfer, Bair. Strafr. 190.
[157] Wüstendörfer, Bair. Strafr. 190.
[158] His, Strafr. MA II 100 ff.; Wüstendörfer, Bair. Strafr. 194.

belegt und in einigen obd. Rechtsquellen als *lidschert, lidtschertwunden* (Brünn 1243), *littscherti* (Schaffhausen 1385) bewahrt ist (RWb IV 944). Der Terminus bezieht sich in der Lex Bai. und Lex Alam. auf die Verstümmelung, das Abschlagen des Ohres, in der Lex Alam. steht dafür auch *orscardi* (vgl. ags. *ēaresceard* § 62), *lithscart, lithsaart, scardlithdi,* in beiden Volksrechten *scardi;*[159] as. begegnet *skerd* ‚verwundet', ahd. *scartlidi* ‚Beschnittenheit', *skerten* ‚etwas verkleinern' (beides nur bei Notker), mhd. *schart* ‚verwundet', *schart(e)* ‚Scharte, abgehauenes Stück', *scherten* ‚verletzen', ferner auch mnd. *schārt* ‚Wunde, Riß'. Ags. *sceard, scierdan* (§ 62), afr. *skerd, -skerdene* (§ 199) zeigen, daß dies Relikte einer älteren Terminologie für die Verstümmelung sind.

Zu afr. *homelinge* (§ 222), ags. *homola, hamelian* (§ 82) findet sich in den CoutFurnes v. J. 1266 und 1292 eine direkte Parallele: mnl. *hamelinge*, vgl. dazu auch ahd. *ham* ‚lahm', *hamel* ‚verstümmelt', *hamalōn* ‚mutilare' (RWb IV 1533).

‚Verstümmelung' (eig. ‚Gliedabtrennung') bezeichnet gelegentlich mnd. *afhou* (RWb I 110) zum Verb mnd. *afho(u)wen* ‚abschlagen'.

§ 356 Der ältere in ags. und afr. Rechtsquellen bewahrte Terminus ags. *healt*, afr. *halt* ‚lahm', afr. *-helte*, ags. *hielto* ‚Lahmheit', ags. *healtian* ‚to limp' (§§ 74, 226) ist erhalten in as. *halt* ‚fußlahm', *helti* ‚Lahmheit', *halton* ‚hinken', ahd. *gihelzen* ‚lähmen', *(spuri)halz* ‚lahm', mnd. *halt* ‚lahm', mnd. *halten* ‚hinken', mnl. *hout* ‚lahm', mhd. *halz* ‚lahm, hinkend', *halzen* ‚hinken'; er scheint jedoch als Rechtswort im Mittelalter ganz von *lam* und seiner Sippe verdrängt worden zu sein.[160]

Die gebräuchlichsten mittelalterlichen Bezeichnungen für die sog. ‚Lähmde' (wie die ‚Unbrauchbarmachung von Körpergliedern' in der Rechtsgeschichte genannt wird) sind *Lähm* n. (selten f.), *Lähme* f., *Lähmde* f. und *Lähmnis* f., sämtlich Ableitungen von ahd. as. mnd. mhd. mnl. *lam* ‚lahm' (vgl. ags. *lama* § 74, afr. *lom* § 225), die mit Ausnahme von *Lähme* (ahd. *lemi*) erst in den mittelalterlichen Rechtsquellen begegnen. Nur bair. belegt ist mhd. *lem* (zuerst Bair. Landfr. 1281, München 1294, häufig im 14. Jh.); gleichfalls vorwiegend bair., aber auch alem. ist *leme* (zuerst Babenberger UB 1199, Augsburg 1276, Bozen 1293, Swsp.), schon ahd. *lemi* ‚fragmenta (membrorum pati)' und as. *lemi*, noch mnl. *lame* (Staveren StB. 14. Jh.), auch omd. *leme* (Freiberg 1320, Leipzig 15. Jh.); spezifisch mnd. ist *lēmenisse, lemesse* (Ssp., Stendal 1331, häufig erst im 15., 16. Jh.), ebenso md. *lamelse, lemelse* (Ssp., vgl. afr. *lamelsa* § 225), nur alem. ist *lemtac*.[161] Am weitesten verbreitet und am häufigsten belegt sind mnd. *lēmede, lembte*, mnl. *leemte, leemde*, mhd. *lemede* (vgl. afr. *lemithe, lamethe* § 225); wir finden diesen Terminus in den meisten mnd. mnl. omd. und ostfränk. Rechtsquellen seit dem 13. Jh., er fehlt den obd. und wmd. Quellen.

[159] v. Kralik 449.
[160] Das RWb gibt kein diesbezügliches Stichwort.
[161] Osenbrüggen, Alam. Strafr. 233.

Jünger, zumeist erst seit dem 15. Jh. belegt sind weitere Ableitungen: mnd. *lām(ic)heit, lēminge, lāminge,* mhd. *lemunge, lemnisse.* Alt ist die Verbalableitung zu *lam*: *as. (bi)lemmian,* ahd. *bilemmen,* mnl. *lem(m)en, lam(m)en,* mnd. *(be)lēmen, lāmen,* mhd. *(be)lemen* ‚lähmen' (vgl. ags. *lemian,* afr. *lemma* § 225).

7./8. Ehrenkränkungen

§ 357 Es fehlen für diese Delikte, Real- (7) und Verbalinjurien (8) übergeordnete Termini,[162] verschiedentlich begegnet die Wendung *mishandelen mit worten oder mit werken* (besonders alem. und wmd., zuerst Köln 1341, dort häufig[163]); in dieser allgemeinen Bedeutung erscheint auch alem. *beschalken* (sonst ‚betrügen, schelten').[164]

Unter den sog. Ehrenkränkungen sind die Versuchsverbrechen[165] und die Verbalinjurien[166] die häufigst genannten, während eigentliche Realinjurien — im Vergleich zum Reichtum der diesbezügl. afr. Bestimmungen — relativ selten erwähnt werden.

7.1 Waffenzücken

§ 358 Ags. *ā-, gebregdan* (§ 76), afr. *brîda* (§ 232) findet sich noch in ahd. *brettan* ‚zücken', ist jedoch als Rechtswort später nicht belegt. Spezifische Termini für das Messer- und Schwertzücken finden sich vorwiegend in mnd. und mnl. Quellen: mnd. *messet-, mest-, mestȫge, mes(se)ttrecken*; mnl. *mestoge, mestrec(ken), mestreckinge, swertluuc, swerttoge, -toch, swerttrecken*; daneben moselfränk. *mezzerzug*; man vgl. dazu auch spätafr. *meslûk* (Sipma, Oudfriese Oorkonden III. 23. 32 v. J. 1491 bzw. 1502 ff.).[167] *swert-* und *mezzerzoge* sind auch im Swsp. und Dsp. sowie in österr. Weistümern seit Anfang des 14. Jh.s häufig belegt.[168]

7.2 Haarzerren

§ 359 Dies Delikt wird fast ausschließlich in mnd. und mnl. Quellen erwähnt: mnl. *haerroop* ‚Haarraufen' (CoutFurnes 1240), *haerropen,* haarraufen' (CoutLombardside 1208, Inv. Bruges 1285 bis ins 15. Jh.), auch hd. *haarraufen* (österr. Weist. 1630, Lübeck 1680, RWb IV 1360); ferner mnl. *haerplocken, haerplockinge, haertien.* Mnd. sind *hârtên(t)* (Lübeck StR), *hârtögen, hârtoch* (14. bis 16. Jh. RWb IV 1361); vgl. auch spätafr. *heerplockien, plockherien*

[162] Das Wort *Ehrenkränkung* scheint eine wissenschaftliche Bildung, das RWb belegt es nicht, zu Bedeutung und Vorkommen von *Ehre* s. RWb II 1263 ff. DWb III. 62 gibt zum Stichwort nur *violatio honoris* an (Lehnübersetzung?).

[163] Schmülling, Strafr. Köln 69.

[164] His, Strafr. MA II 104; Osenbrüggen, Alam. Strafr. 247.

[165] His, Strafr. MA I 167—196.

[166] His, Strafr. MA II 107—136.

(Sipma, Oudfriese Oorkonden III. 32)[167] Mnl. *faxvanc* (auch *fax* ‚Haupthaar') stammt aus fries. Gebiet, mnd. ist *fax* ausgestorben, as. nur einmal im Hil. belegt.

7.3 Wegwehrung

§ 360 Im Ed. Roth. erscheint ***uueguuor(in)*** ‚Wegsperre' (vgl. ahd. *wori* ‚clausuera');[169] später mhd. *wegwernde* ‚den Weg wehrend', doch kein vergleichbares Rechtswort.[170] Gleichfalls ‚Wegsperre', eig. ‚heimtückische Stellung' (um jemand auf der Flucht den Weg zu verstellen)[171] bedeutet wohl ***uuancstodal*** der Lex Bai.

Ein der Wegsperre verwandtes Delikt ist das Auflauern am Wege, die Wegelagerei. Schon in der Lex Alam. erscheint mit *De wegalaugē* (obl. casus zu ahd. **wegelāgi*) ein Terminus, der seit dem 13. Jh., besonders im 14., 15. Jh. in nl., nd. und md. Quellen häufig begegnet: mnd. mnl. *wēgelâge* (verbal *wēgelâgen*), auch mnd. *wēgelâginge*, mhd. *wegelâge* (verbal *wegelâgen*), später *wegelâgerunge, wegelâgunge*. Das Wort fehlt den obd. Rechtsquellen.[172]

Zugrunde liegt dem Terminus ahd. *lāga* ‚insidiae', mhd. *lâge*, mnd. *lâge* ‚Hinterhalt, Auflauern' (vgl. afr. *lêge* § 172), das auch zur Bezeichnung der Absichtlichkeit eines Verbrechens diente (s. o. § 321).

Das Delikt des Auflauerns bezeugt Osenbrüggen, Alam. Strafr. 372 ff. für die Schweiz, die Quellen sprechen hier von *warten, verwarten*, auch *wegswarten*.

7.4 Einbruch

§ 361 Nur im Ed. Roth erscheint *(h)oberos* ‚curtis ruptura' (Einbruch in einen Hof, vgl. as. *hof*, ags. *hrēosan*).[173] *Einbruch* und *einbrechen* sind als Rechtswörter erst seit Ende des MAs belegt (RWb II 1366.1371), alt ist dagegen *Hausbruch* ‚Hausfriedensbruch': *huspruch* in der Lex Bai. (dazu ahd. *hūsprehho* ‚Plünderer'), mnl. *huusbrake, huusbrec* (zuerst 1299), mnd. *hûsbrōke* (Dithm. LR 1539), auch bair.-österr. *hauspruch* (1311), vgl. ags. *hūsbryce* § 80, afr. *hûsbreke* § 272 ff. Ags., afr. und z. T. auch mnl. Belege beziehen sich auf die Hauszerstörung (RWb V 386). Mnd. sind ferner *hûsbrēker* ‚fractor domus' und *hûsbrēkinge*.

Unser heutiges Wort *Hausfriedensbruch* ist ein alter mnd. Terminus: *hûsvrēdebrāke* (seit 14. Jh.), dazu *hûsvrēdebrēker* (zuerst Riga 1300), häufiger erscheint *hûsvrēde (dôn, begân)* in diesem Sinne seit Anfang des 14. Jh.s (RWb V 401).

[167] Hinweis von D. Hofmann, s. auch His, Strafr. 76.

[168] His, Strafr. MA I 171 ff.; Osenbrüggen, Alam. Strafr. 146; Wüstendörfer, Bair. Strafr. 50.

[169] Beyerle, Gesetze d. Langobarden 507; Baesecke 87; Osenbrüggen, Lang. Strafr. 79.

[170] Osenbrüggen, Alam. Strafr. 373 belegt *wegwehr* aus Appenzell 1585.

[171] v. Kralik 618.

[172] His, Strafr. MA I 189.

[173] Beyerle, Gesetze d. Langobarden 503.

Erst in Rechtsquellen des 15., 16. Jh.s wird häufig der Einbruch bzw. Raub in einer Kirche erwähnt: mnd. *kerkenbrēken(t)* dazu *kerkenbrēkêre*, mnl. *kerkbreker(e)*, ‚Kirchenräuber', omd. *kirchenbruch, kirchenbrecher* (vgl. ags. *ciricbryce* § 80).

7.5 Fesselung

§ 362 Der allgemeine Terminus ist as. ahd. *(gi)bintan*, mhd. mnd. mnl. *binden* ‚fesseln' (vgl. ags. *bendan* § 81, afr. *binda* § 238 f.), dazu ahd. as. mhd. mnd. mnl. *bant* ‚Fessel' (vgl. ags. *bend* § 81, afr. *(-)bende* § 236 f.). Die ‚gewaltsame Fesselung' bezeichnet *hraopant* in der Lex Bai.;[174] as. *band* erscheint häufig im Pl. in Zusammensetzungen *klûstar-, litho-, herubendi* wie ähnlich im Afr. (vgl. besonders *herebende* § 237).[175]

Ein altes Wort für die Fußfessel ist ahd. *fezzera* ‚vinculum' (dazu *kafezarōn* ‚compedire'), as. *feteros*, mhd. *vezzer*, mnd. *vēter* (nur bei Lübben, Mnd. Hwb. 478 erwähnt, vgl. afr. *fiteria* § 238, ags. *fetor, fōtfeter, feterian*).[176]

Eine Fessel bezeichnet auch ahd. *druoh*, auch erhalten in *fuozthrūh*, ‚Fußfessel', *gedruhōn* ‚fesseln' (noch mhd. *driuhen*), as. *halsthrūh* ‚Halsfessel'; die ursprüngliche Bedeutung war vielleicht auch hier ‚Fußfessel', welche in *treudis* der Lex Alam., *triuta* der Lex Rib., *treuuidio* ‚Fußgefesselter' der Lex Sal. erhalten ist.[177]

Nur mnd. ist *heldene* ‚Fußfessel' (Ssp.), mnd. und mnl. *helde* ‚Eisen zum Festhalten, Fußfessel' belegt (Stade 1279, vgl. afr. *helde* § 327, RWb IV 1505.1524). Die ‚Fessel' bezeichnen ferner ahd. mhd. *haft*, ahd. *haptband*, vgl. ags. *hæft*, afr. *hefte, heftene* § 237.

7.6/12 Verschiedene Realinjurien

§ 363 7.6/7 Das schimpfliche Abscheren des Haupthaares wird als Delikt nur mehr ganz vereinzelt genannt (RWb I 242), das gleiche gilt für die in den fries. Rechtsquellen so häufig erwähnten Bartdelikte.

§ 364 7.8/9 An ehrenkränkenden Delikten, die die Kleider einer Person betreffen, wird in den mittelalterlichen Rechtsquellen nur mehr mhd. *wâtschar*, auch *wâtscharte* ‚Zerreißung der Kleider' (dazu *wâtscherten*), mnd. *wâtschêre* erwähnt; der Terminus erscheint schon als ahd. *wātscāri* ‚forfex', später alem. und bair. (Salem 1273, Görz 1299), md. (Frankfurt 1303), omnd. (Goslar Stat. *wunde unde watsare unde blotrone*, vgl. afr. *wêdskerd, -skerdene* § 241).

174 v. Kralik 441—444.

175 Vgl. ferner zu afr. *nêdbende* § 236 ahd. *nōtbentlg* ‚gefangen', mnd. *nôtbende* ‚gewaltsame Fesselung' (Schiller-Lübben III.199, für Bremen 1485 belegt).

176 Zu diesen und anderen Termini s. W. Foerste, Der römische Einfluß auf die germanische Fesselungs-Terminologie in: Frühmittelalterliche Studien I 1967, 186—199.

177 Baesecke 62.

Nur in der Lex Bai. erscheint *himilzorun* ‚Gewandtzerrung‘ (in unzüchtiger Absicht)[178] und *uualcuurf* ‚Herunterwerfen der Haartracht‘.[179]

§ 365 7.10 Das ‚feindselige Anpacken‘ meint vielleicht *infanc* der Lex Bair.,[180] ähnlich *hantalod,* eig. ‚Handanlegung‘ der Lex Bai. (zu ahd. *hantolōn*).[181]

§ 366 7.11 Dem fries. *erthfall* (§ 246) entspricht in Wort und Bedeutung mhd. *(h)ertval* ‚Schlag, Verwundung, durch den der Betreffende zu Boden geworfen wird‘, dazu *(h)ertvellec machen* ‚zu Boden schlagen‘, auch das Abstraktum *(h)ertvelligi.* Die Termini begegnen seit dem 14. Jh., häufig im 15. 16. Jh., jedoch fast nur alem.; das RWb III 167, Schiller-Lübben I 717 nennen mnd. *ērtval* (Schwerin StR 16. Jh., Wismar 1423). Die Belege zeigen, daß hier das ehrenkränkende Zubodenwerfen gemeint ist, nicht ‚Totschlag, Verwundung, infolge deren der Verwundete niederstürzt‘ (Mnd. Wb. I 609, ähnlich Lexer, TaschenWb. 49). Die Bedeutung des alem. *(h)ertval* bzw. *(h)ervellec machen* reicht vom unblutigen Niederwerfen bis zur schweren Körperverletzung mit scharfer Waffe.[182]

Verwandte Bildungen sind ahd. *firstfalli* ‚Fall, Stoß vom First‘ (Lex Bai.)[183] *marchfalli* ‚Herabstoßen vom Pferde‘ (Lex Bai.)[184] und diesem bedeutungsgleich lang. *marhuorf* (Ed. Roth.).[185]

7.13 Wassertauche

§ 367 Nur ndl.-fries. ist das Delikt der Wassertauche bekannt: afr. *wapuldêpene,* awfr. *wapeldrank* (§ 248 ff.) entspricht mnl. *wapeldrinc,* das früh und häufig bis ins 16. Jh. belegt ist (Brügge 1190, CoutFurnes 1240, 1284), dazu das Verb *wapeldrenken* ‚ins Wasser werfen, mit Wasser begießen‘ (Brügge 1304, Utrecht 1340), daneben begegnen in gleicher Bedeutung *wapeldrenkinge, wapeldopinge* und — wie spätafr. *waterdêpene* — mit Ersatz des ersten Gliedes, das auch ndl. nur in diesem Wort erscheint:[186] *waterdopinge, waterdrenken.* Mnd. *wāpeldȫpen(e), wāterdȫpinge* sind Lehnwörter aus dem Altfriesischen.

8. Verbalinjurie

§ 368 „Die mittelalterliche Rechtssprache ist ungemein reich an Bezeichnungen für die Beleidigung: auf keinem anderen Gebiet begegnet eine solche Fülle

[178] v. Kralik 439; Baesecke 17.
[179] v. Kralik 613; Baesecke 17.
[180] v. Kralik 447; Baesecke 19; RWb II 1380.
[181] Baesecke 20; RWb V 205.
[182] Osenbrüggen, Alam. Strafr. 238 f.
[183] v. Kralik 430; Baesecke 19.
[184] v. Kralik 583; Baesecke 17.
[185] Beyerle, Gesetze d. Langobarden 504; Baesecke 87.
[186] Sonst erscheint *wapel* nur in einem Weistum aus Wetter v. J. 1239 (Grimm, Weist. 3,344.

von Ausdrücken."[187] Die Terminologie dieses affektbeladenen Bereichs ist starkem Wandel unterworfen. Wir verzeichnen nur das Wichtigste. Bemerkenswert ist, daß Verben wie *mishandelen, (be)schalken* sich zugleich auf Realinjurien beziehen können — bei Beleidigung heißt es: *mishandelen, beschalken mit worten.*

Die ags. häufigen Termini *bismor(word), (ge)bismerian, bismer-sprǣc, bismerung* u. a. (§ 83) haben nur mehr im As. und Ahd. Parallelen: ahd. *bismer* (auch Gl. für blasphemia, RWb II. 107), *bismarida, bismarunga* ‚Lästerung', *bismarōn* ‚verhöhnen', as. *bismer-sprāka, -sprāki* ‚Spottrede'.

Zu den alten Termini zählt auch ahd. as. *lastar* mhd. mnd. mnl. *laster* ‚Lästerung', dazu ahd. *lasterōn*, das gleichzeitig in weiterer Bedeutung häufig ist (s. o. § 316). Dies gilt auch für *Hohn*: ahd. *hōna, hōnida, hōnidi* ‚Hohn, Spott, Schande' *(gi)hōnen* ‚verhöhnen', das sich allgemein auf Rechtskränkung, Schädigung u. ä. bezieht (vgl. afr. *hêna, hâna* § 223, RWb V 1402 ff.). Als technische Bezeichnung vor allem des Nordwestens ist mnd. *hônsprâke*, mnl. *hoonsprake* (auch mhd. *hônsprâche*) ‚Beleidigung, Beschimpfung' seit 15. Jh. häufig belegt.

Die gebräuchlichste, seit Ende des 13. Jh.s nd. obd. und md. verbreitete Bezeichnung der Beleidigung ist *Scheltwort(e)*: ahd. *sceltwort*, mhd. *scheltwort*, mnd. mnl. *scheld(e)wōrt* (Ssp., Swsp., München 1284, Augsburg 1276, Mühlh. StR. 1230, Nowgorod 1296, Erfurt 1289, Würzburg 1296). Ahd. *scelta* ist in den Glossen häufig (‚blasphemia, infamatio' u. a.), im Mittelalter wird es die spezifische Bezeichnung der Urteilsschelte. Allgemein gelten dagegen für ‚beleidigen' ahd. *sceltan*, mhd. *schelten*, mnd. mnl. *schelden.*

Nur regional verbreitet sind die Bezeichnungen mnd. *quâde wōrde* (Nowgorod 14. Jh., Dortmund Stat.), mnl. *quaede woerde*, spätafr. *quaede(like)wirden* (Staveren, Bolsward 15. Jh.), mhd. *verbotene wort(e)* (bair.: München 1294, Passau 1299, österr. Weist.),[188] mnd. *verkōren wōrde, vorkōrde wōrde*, mnl. *coorbare woerde.*[189] Alem. gelten *(be)schalken, schalcbære, schalcliche worte, beschalkunge.*[190]

Unterschieden wird von der Beleidigung die Verleumdung, die „ehrverletzende Äußerung gegenüber Dritten". Diese bezeichnen mnd. *bakwōrt*, dazu mnd. *bakwōrdesch*, mnl. *bacwoordich* ‚hinterrücks gesprochen' (seit 13. Jh., RWb I 1165), mhd. *hinderrede* (südalem. seit 13. Jh. RWb V 1052). Häufig wird der Sachverhalt adverbiell ausgedrückt: mhd. *hinderrucke, hinderwert(es)*, mnd. *hinderbackes, -rügge(s), -wārt.*[191]

Eine alte Bezeichnung für die Verleumdung ist ahd. *bisprāha, bisprāhhida*, as. *bisprāki*, mhd. *bisprâche*, mnd. *bīsprōke*, im Mittelalter überwiegen jedoch andere Bedeutungen dieses Wortes (besonders ‚Gleichnis, Sprichwort' wie nur mnl. *bisprake*, RWb I 1481).

[187] His, Strafr. MA II 107.
[188] Wüstendörfer, Bair. Strafr. 197; His, Strafr. MA II 109.
[189] His, Strafr. MA II 109.
[190] Osenbrüggen, Alam. Strafr. 247.
[191] His, Strafr. MA II 129.

9. Sittlichkeitsdelikte

9.1 Außerehelicher Beischlaf

§ 369 Unzucht verschiedener Art (unehelicher Verkehr, Inzest, Ehebruch) bezeichnete ahd. *huor, huora,* das ahd. häufig — auch in Glossen — belegt ist (vgl. ags. *hōr,* afr. *hôr* § 252), später dagegen selten erscheint (mnd. *hôre,* mhd. *huor, huore*). Doch ist für das Fehlen von Belegen dieses Bereichs in den Rechtsquellen zu berücksichtigen, daß die geschlechtlichen Vergehen im Mittelalter zumeist geistlicher Jurisdiktion unterlagen.[192] Jüngere, erst seit dem 15. Jh. belegte Ableitungen gleicher Bedeutung sind mhd. *huorerîe, huorîe,* mnd. *hôrerîe* (RWb VI 113.121). Dem Afr. (*hôrdôm* § 252) entlehnt ist vielleicht mnl. *hoerdom* (Bolsward 1455, RWb VI 121), sicher aber mnd. *hôrdôm,* das nur in ostfr. Texten erscheint. Im übrigen zählen zu den alten Ableitungen: *huren* (ahd. *huorōn,* mhd. *huoren,* mnd. *hôren,* mnl. *hoeren*), *verhuren* ‚durch Hurerei vertun' (ahd. *forhuorōt* ‚ehebrecherisch', mhd. *verhuoren,* mnd. *vorhôren,* mnl. *verhoeren*), *behuren* ‚außerehelich beschlafen, notzüchtigen' (ahd. *pihuoren* ‚violare', mhd. *behuoren,* mnd. *behôren,* mnl. *behoeren*), *Hurer* ‚Ehebrecher' (ahd. *huareri,* mhd. *huorer,* mnd. *hôrêr(e),* mnl. *hoeraere*).

9.2 Ehebruch

§ 370 Eine ältere Bezeichnung für den Ehebruch war *Überhur* (ahd. *ubarhuor* ‚adulterium', mhd. *überhuor,* mnd. *ōverhôr,* mnl. *overhoer,* vgl. afr. *ovir-, ûrhôr* § 252), das ahd. nur in Glossen, später verstreut bair., alem. (Swsp.) omd. (13., 14. Jh.) und omnd. (Ssp.) belegt ist. „*overhure* im Ssp. und Swsp. ist erschwerte Hurerei und eine solche war Ehebruch."[193] Alt sind auch die Ableitungen *überhuren* ‚ehebrechen' (mhd. *überhuoren* Wien 1340, mnl. *overhoeren,* vgl. afr. *ovirhôria*), *Überhurer* (ahd. *ubirhuorare,* mhd. *überhuorer,* mnd. *ōverhôrer* (Ssp.)).

Zu ags. *forlicgan* ‚beischlafen', *forliger* ‚Unzucht' (§ 85), sind as. *farlegarnessi* ‚Ehebruch, Hurerei', ahd. *forligiri* ‚Ehebruch', *furligen* ‚ehebrechen', *legirhuor* ‚Unzucht' zu stellen. Auch die Überschrift *De Farlegani* der Lex Fris. Tit IX gehört in diesem Zusammenhang, das Wort ist sicher fränk. Zutat, wie Krogmann dargelegt hat (s. o. § 144).

Mischbildungen zwischen diesen Termini und *ubarhuor* sind vielleicht ahd. *ubirligiri* ‚Ehebruch', *ubarligida* ‚adulterium' (noch mhd. *überligen* ‚beschlafen, schänden'), vgl. auch *ubarhīwī* ‚Ehebruch'. Zu ags. *midslēapan* (§ 85) vgl. ahd. *mitesłāf* ‚Beischlaf', mhd. *miteslæfel* ‚Beischläfer'.

§ 371 Nur nd. ndl. ndrhein. fries. ist *overspel* im Sinne von ‚Ehebruch' belegt (Ssp., Hamburg 1270, Riga 1294, ndl. ab 1322, Köln 15. Jh., spätafr. *overspil, ûrspil* in Hss. Aysma, Roorda). An Ableitungen begegnen u. a. mnd.

[192] His, Strafr. MA II 145.
[193] Osenbrüggen, Alam. Strafr. 281, Anm. 26.

ōverspēlen, mnl. *overspeln* ‚Ehebruch treiben', mnd. *ōverspēler*, mnl. *overspeler* ‚Ehebrecher'. Schmülling, Strafr. Köln S. 72 bemerkt zum Wort: „Der Begriff ‚overspel', Ehebruch, wird in Anlehnung an die kirchliche Auffassung für die Wiederverheiratung zu Lebzeiten des ersten Ehegatten gebraucht." Ursprünglich bedeutete das Wort soviel wie unerlaubte Doppelehe.

Den Sinn von ‚ehebrechen' haben auch die Wendungen alem. *zur unê sitzen, zu den unêren sitzen* (eig. ‚Konkubinat führen') erhalten (Straßburg 1322).[194]

Seit 13. Jh., häufiger erst im 15., 16. Jh. erscheint der heutige Begriff *Ehebruch* (mnd. *êbrōke*, mnl. *eebroke*, md. *êbruch*, ferner mhd. *êbrechen, êbrechunge, êbrecherî*, mnd. *êbrēkerîe, êbrēkunge*, mnl. *eebrekinge*), *ehebrechen* (mhd. *êbrechen*, mnd. *êbrēken*, mnl. *eebreken*), *Ehebrecher* (mhd. *êbrechære*, mnd. *êbrēker*, mnl. *eebreker*, vgl. ags. *ǣwbryce, ǣwbreca* § 86, afr. *æfte breka* § 252, zu allen RWb II 1211 ff.). Diese Termini sind nicht als altwestgerm. zu bezeichnen, da die Bedeutungsentwicklung von *ēwa, ǣw* ‚Gesetz' zu ‚Ehe' jung ist (vgl. die § 86 angegebene Literatur). Die einheitliche Bildung der Bezeichnung *Ehebruch* erklärt sich vielmehr aus dem Vorhandensein gleicher Wortbildungsmöglichkeiten (Zusammensetzung mit *-bryce, brōke, -bruch*), vielleicht auch aus der übergeordneten Stellung der Kirche und ihrem Einfluß in dem betreffenden Bereich.

9.4 Notzucht

§ 372 Einen Notzuchtversuch (das unzüchtige Angreifen, Anfassen) bezeichnen die Wörter *anagrip, anagrift* der lang. Gesetze[195] und *horcrift* der Lex Bair.[196] Im übrigen findet sich hierfür in den mittelalterlichen Gesetzen keine ausgeprägte Terminologie — wie z. B. in den afr. Quellen. Zahlreich sind dagegen die Termini für Notzucht. Das Delikt gilt als schweres Verbrechen und wird häufig neben Totschlag, Mord, Raub, Diebstahl und anderen Kapitalverbrechen genannt. Mit Ausnahme jüngerer spezifisch ndl. Termini sind alle Bezeichnungen für Notzucht Zusammensetzungen mit *Not* in dessen ursprünglicher Bedeutung ‚Gewalt, Zwang': *Notmund, Notzog, Notzucht, Notnumft, Notzerre, Notzwang*. Die Grundwörter dieser Komposita sind Verbalabstrakta zu *nehmen (-numft), ziehen (-zog, -zucht), zerren (-zerre), zwingen (-zwang)*. (Nur *Notmund* steht außerhalb dieses Bildungstyps, s. o. § 249). G. Wahl sieht in seiner Studie ‚Zur Geschichte des Wortes Notzucht'[197] hierin ein Indiz dafür, „daß beide Worte, *notnumft* wie *notzucht*, in der Bedeutung: gewaltsame Entführung einer weiblichen Person zum Zwecke der Ehe in die Zeit der Raubehe zurückweisen." Diese Ansicht vertrat als erster J. Grimm: „nōti nemen heiszt mit gewalt nehmen, und kann von jedem raub verstanden werden, doch

[194] Osenbrüggen, Alam. Strafr. 277 f. — Vgl. mhd. *zun êren nemen* ‚heiraten' (Wittenwilers Ring).

[195] Beyerle, Gesetze der Langobarden 499.

[196] v. Kralik 440; Baesecke 17.

[197] ZWF 9 (1907), 7—18, Zitat S. 9. Die Abhandlung basiert auf den Belegen des RWbA.

hat man die ausdrücke *nôtnumft, nôtzucht* allmählich auf die an frauen verübte gewalttätigkeit eingeschränkt."[198] Für *nôtnumft* kann dies als gesichert gelten. Das Wort erscheint ahd. noch überwiegend in der Bedeutung ‚Raub, Gewalt', so auch in der Überschrift der Lex Fris. Tit. VIII *De Notnumfti* (‚Über Raub').[199] In Glossen steht *nôtnumft* sowohl für violentia wie für rapina, vgl. auch ahd. *nōtnāma* ‚Raub', *nōtnemare, nōtnumftāri* ‚Räuber' (s. u. § 388). Bei den jüngeren Termini *Notzog, Notzucht* kann man jedoch die Bedeutung ‚Raub' nicht zugrunde legen. *Nehmen* war ein gemeingerm. Wort für rauben, nicht jedoch *ziehen*.

Der Terminus mhd. *nôtnumft* (auch *nôtnunft, nôtnuft, nôtnust*) in der Bedeutung ‚Notzucht' ist seit Anfang des 13. Jh.s in sehr zahlreichen Belegen aus Baiern und Österreich, häufig auch ostfränk. und omd. (Mühlh. StR., Erfurt 1289, Rb. n. Dist.), seltener alem. (Swsp., Augsburg) bezeugt. Dem gesamten Norden und Nordwesten fehlt das Wort, doch ist es in einige ostfäl. Quellen eingedrungen (Ssp., Magdeburg). Die von Grimm genannte Wendung *nōti neman*, die der Abstraktbildung zugrunde lag (vgl. ags. *nīedniman, nēde geniman* § 89, afr. *(a/an) nēde nima* § 256) scheint ahd. mhd. mnd. selten (keine Belege des RWbA).[200]

An Ableitungen erscheinen omd. *nôtnunftig* (in der Wendung *nôtnunftige klage* ‚Notzuchtklage') im Ssp. und verwandten omd. Quellen (ahd. *nōtnumftīg* ‚gewalttätig'), *nôtnünfter* ‚Notzüchter' seit 14. Jh. (ahd. *nōtnumftāri* ‚Räuber, gewalttätiger Mensch'). *Notnunft* als Bezeichnung der Notzucht ist mithin ein spezifisch obd.-omd., nach der Häufigkeit und Belegdichte zu urteilen ursprünglich bair. Rechtswort, das vorwiegend im 13., 14. Jh. galt und regional bis ins 16. Jh. erhalten blieb.

Das nd.-ndl.-fries. Gegenstück hierzu ist mnd. *nôtmunde*, mnl. *nootmont* ‚Notzucht' (vgl. afr. *nedmonda, needmond* § 255), das jedoch nur selten außerhalb des fries. Gebietes erscheint (Ssp., Oldenburg 1342, niederrhein. 1233). Die Ableitungen *nôtmunden* ‚notzüchtigen', *nôtmunder* ‚Notzüchter' sind nur aus nd.-fries. Quellen belegt, mnl. *nootmonden, nootmondigen* werden von Verdam 387 als ostmnl. verzeichnet.

Im Sinne von Notzucht ist gelegentlich auch mnd. mhd. *nôt* belegt (Ssp., Meißen 1350, Berge b. Braunschweig 1221), nur mnd. auch *wîfnôt* (Hamburg 1270, Stade 1279, Riga[201]).

§ 373 Weiteste Verbreitung hatte mhd. *nôtzoc, nôtzoge*, omd. *nôtzoch* ‚Notzucht'; schon eine ahd. Glosse nennt *notzuch* (II. 137.56), der früheste sichere Beleg stammt aus Köln (*noitzoch* 1169), im übrigen begegnet der

[198] Zs. f. dt. recht... 5 (1841), 1—29; auch in: Kleinere Schriften 7 (1884), 27—50 (Zitat S. 27). Der Aufsatz befaßt sich im übrigen vorwiegend mit der rechtlichen Seite des Frauenraubes in den Volksrechten und vergleichbaren Quellen.

[199] Für dies obd. Wort gilt das gleiche wie für *farlegani* (§ 144).

[200] Benecke—Müller—Zarncke II 1, 413 verzeichnen aus Lanzelot: *swer wîp gerne notes nimt, ez ist ein laster und ein mein.*

[201] Schulenburg, Strafr. Riga 67.

Terminus häufig obd., md. sowie ost- und westfälisch. Seit dem 13. Jh. erscheint im gleichen Raum auch das Verb mhd. *nôtzogen*, mnd. *nôttōgen* ‚notzüchtigen' häufig, daneben mhd. *nôtzoger*, mnd. *nôttȏger* (Swsp., Ssp.) ‚Notzüchter' und *nôtzōgunge* (Ssp.).

Unser heutiges Wort *Notzucht* ist, wie G. Wahl — unter Anführung sämtlicher Belege des RWbA — schlüssig dargestellt hat, auf nd. Gebiet als Nebenform *nôttocht* zu *nôttoch* entstanden (Otton. Stadtr. 1227, Wipperfürth 1283, Braunschweig 1279), weitere frühe Belege stammen vom Nieder- und Oberrhein, der erste md. Belege aus Glogau (1386 *notzucht*), weitere Verbreitung fand der Terminus erst durch die Carolina v. J. 1532. Kluges Erklärung (Etym. Wb. 285: Rückbildung aus *nôtzühten*), die noch in der 17. Aufl. (1957) wiedergegeben wird, hat Wahl widerlegt; *nôtzühten* (15. Jh.), *nôtzühtigen* (Saarbrücken 1321) sind natürlich Ableitungen von *nôtzuht*.

Nur in Österreich und Böhmen (seit 14. Jh.) begegnet *nôtzerren* ‚notzüchtigen', selten *nôtzerr, nôtzar* (Brünn 1331) ‚Notzucht'; gleichfalls nur bair., bes. in österr. Weistümern erscheint gelegentlich *nôttwanc, nôttwinger,* (Wien 1340) *nôttwingen* (vgl. ahd. *nōttwenger, nottwings, notwingare* ‚violentus').

§ 374 Die Bedeutung ‚notzüchtigen' haben neben den schon genannten Ableitungen der nominalen Termini: mhd. *nôten, nœten,* mnd. *nȏden* (Breslau 1261, Ssp., Dsp., Görlitz 14. Jh., vgl. afr. *nêda* § 256, aber noch nicht in dieser engeren Bedeutung ahd. *nōten* ‚zwingen, nötigen', ags. *nīedan* ‚to compel, force, urge, press') und mhd. *nôtegen,* mnd. *nȏdigen* (Ssp., Swsp., Berlin 14. Jh., Görlitz 14. Jh., Lüneburg 1401, Magdeburg 1350, vgl. afr. *nêdgia* § 256). Ableitungen hierzu sind mnd. *nȏdunge* ‚Notzucht' (Ssp.) und *nȏder* ‚Notzüchtiger'.

Spezifisch ndl.-ndrhein. sind *vercrachten, vercrachtigen* ‚vergewaltigen' (Brabant, Staveren 1292, Brügge 1304, Köln, Cleve 15. Jh.), *becrachtigen* (Saarbrücken 15. Jh., RWb I 1506), dazu *vercracht(ig)er* ‚Notzüchter', *vercrachtinge, vrouwencracht* ‚Notzucht' (Südholland 1303, Dordrecht 1401, häufig 15. Jh. RWb III 675).[202] Im Ssp. steht zweimal *vercracht* als Variante für *nodeget*;[203] im übrigen hat mnd. *vorkrechten* die allgemeine Bedeutung ‚Gewalt antun'. Spätawfr. *for-, ûrkrefta* (v. Richthofen, Wb. 1113) ist sicher Lehnwort aus dem Mnl. bzw. Mnd.

9.5 Frauenraub

§ 375 „Der Frauenraub scheint im Mittelalter sehr häufig gewesen zu sein. Allerdings lassen die einschlägigen Stellen nicht immer deutlich erkennen, ob sie nur Frauenraub oder auch Notzucht an der Geraubten im Auge hatten."[204] Feste Termini gab es nicht, doch dürfte ahd. *nōtnāma* (mhd. *nôtnâme*), *notnumft* (s. o.

[202] Vgl. L. A. Warnkönig, Flandrische Staats- und Rechtsgeschichte III 211; His, Strafr. MA II 151.
[203] Homeyer, Ssp. I 242 Anm. 21, 193 Anm. 3.
[204] His, Strafr. MA II 158, s. auch 151 f.

§ 372) ‚Raub' auch den Frauenraub gemeint haben (vgl. ags. *niednǣm* ‚Raub' § 98, *niedniman* ‚entführen' § 89). Die Wortsippe ist ahd. reich ausgebildet: *nōtnemare, nōtnumftāri* ‚Räuber' (aber mhd. *nôtnemer* ‚Notzüchtiger'), *nōtnemo, nōtnumeo* ‚raptor', *notnemin* (Gl. I 511,10 *violenti notnemin*). Auch ahd. *nāma* (Isidor: ‚Beute') hatte sicher die Bedeutung ‚Raub' wie mhd. *nâm, nâme*, dazu ahd. *nemāri* ‚raptor'.

Ein spezifischer Terminus für die Entführung ist ndl.-ndrhein. bezeugt: mnl. *ontschak(inge)*, dazu *ontschaker* ‚Entführer', *ontschaken* ‚entführen, vergewaltigen' (13.—16. Jh. RWb II 1590), eine Ableitung zu ahd. *scāh* ‚Raub' (s. u. § 387).

Das dt. *entführen* im Sinne von ‚Mädchen, Frau rauben' ist zuerst mnd. belegt (*entvōren*: Hamburg 1270), *Entführer* und *Entführung* begegnen erst seit Ende des 14. Jh.s (RWb II 1554 f.).

Nur für Lübeck ist *wîfrôf* ‚Frauenraub' bezeugt.[205]

10. Eigentumsdelikte

§ 376 Im letzten Teil seines Strafrechts des deutschen Mittelalters (II 173 bis 362) behandelt His ausführlich die Eigentumsdelikte, beschränkt sich jedoch, was die Terminologie betrifft, im wesentlichen auf die Anführung der gebräuchlichsten Termini, ohne auf ihre regionale und zeitliche Verbreitung näher einzugehen (hierin seiner kurzgefaßten Geschichte des dt. Strafrechts folgend). Um so eingehender widmet er sich der rechtlichen Beschreibung der einzelnen Delikte, der Differenzierung in einfache und qualifizierte Fälle, der wichtigen, regional unterschiedlich verstandenen Unterscheidung von großem und kleinem Diebstahl, der Strafzumessung und ihrer Entwicklung. In der Tat läßt sich für die Rechtsgeschichte in diesem Bereich aus der Terminologie weniger gewinnen als in anderen. Sie besteht im wesentlichen aus Erbwörtern, die in Ableitungen und Zusammensetzungen variiert werden. Von der Entwicklung des Raubs als offener Wegnahme zur gewaltsamen Wegnahme und der daraus folgenden verschiedenen Beurteilung von Raub und Diebstahl — ursprünglich war Raub das leichtere, Stehlen das schwere, todeswürdige Verbrechen — hat sich in der zentralen Terminologie nichts niedergeschlagen. Die ererbten Wörter folgen hier in ihrer Bedeutung der Entwicklung der Rechtsauffassung. In welchem Maße — und ob überhaupt — z. B. der Konkurrenzkampf der Termini ahd. *diub(i)a, diupheit*, mhd. *diepstâle, diefte* auch rechtliche Äquivalente hat, ob die Bewahrung von *dūfde* im Norden und Nordwesten gegenüber den obd. Neubildungen doch kein ausschließlich sprachgeschichtlicher Vorgang ist, läßt sich aus unserer Übersicht nicht ersehen. His ist auf solche Zusammenhänge nicht gestoßen, obwohl er ein Auge für die sprachlich-rechtlichen Beziehungen hatte. Doch soll nicht ausgeschlossen werden, daß eine eingehende philologische, quellenbezogene Untersuchung eines kleinen Bereichs hier noch Entdeckungen machen könnte.

[205] Schiller-Lübben V 755; His, Strafr. MA II 160.

10.1 Diebstahl

§ 377 „Die Merkmale des Diebstahls im engeren Sinne sind noch dieselben, wie in fränkischer Zeit. Diebstahl ist die bewußt-widerrechtliche heimliche Wegnahme einer fremden beweglichen Sache aus fremdem Gewahrsam in der Absicht der Aneignung."[206] „Im weiteren Sinne umfaßt Diebstahl, außer dem eigentlichen Diebstahl, auch andere Vermögensvergehen, insbesondere solche, die das Merkmal der Heimlichkeit tragen, wie Unterschlagen, Münzfälschung und andere Fälschungsvergehen, sowie auch die verschiedenen Fälle des Betruges."[207] Das heißt die Termini für Dieb und Diebstahl wurden auch auf diese Vergehen angewandt, ohne daß jedoch — wie His bemerkt — die eigentliche Diebstahlsstrafe angewandt wurde.[208]

Gemeingerm. ist die Bezeichnung des Diebes: as. *thiof*, ahd. *thiob*, mhd. *diup*, mnd. *dêf*, mnl. *dief* (vgl. ags. *þēof* § 90, afr. *thiâf* § 259),[209] dies ist zugleich der einzige Terminus für den Verüber des Diebstahls, nur ganz selten begegnet mhd. mnd. *steler* ‚Dieb'. Zuerst bei Berth. v. Regensb. erscheinen die Ableitungen mhd. *diupe, diubinne* ‚Diebin'. Die letztgenannte Bezeichnung hat sich durchgesetzt (Augsburg 1276, Frankfurt 1376, obd. omd. 15., 16. Jh.); beide Wörter erscheinen vor allem in der Formel *diep und diupe* bzw. *diup und diubinne*, die ursprünglich ‚der Stehler und das Gestohlene' bedeutete (*diupe* ‚Diebsgut' s. u.), worin später *diupe* als ‚Diebin' gedeutet und schließlich durch *diubinne* ersetzt wurde (Verbreitung der Formel: Rheinpfalz, Rheinhessen, Nahegebiet, 14.—16. Jh., RWb II 804 f.).

§ 378 Die meisten Bezeichnungen des Diebstahls sind Ableitungen der Täterbezeichnung Dieb,[210] sie haben alle — schon in den frühesten Zeugnissen — gleichzeitig die Bedeutung ‚Diebsgut'.

Zu den ältesten zählt *Diebe* (ahd. *thiuba, diubia*, mhd. *dûbe, dûf*, mnd. *dûve*, vgl. ags. *þief(e)* § 94, RWb II 808 ff.), das ahd. häufig erscheint, in den Rechtsquellen des 13. bis 15. Jh.s vorwiegend nord- und ostmnd., omd., rhein- und ostfränk. und bair., es fehlt den alem., wmnd., ndrhein. und ndl. Quellen, auch die ahd. Belege sind vorwiegend rhein- und ostfränkisch. Ausschließlich obd., bes. alem. ist *Diebheit* (ahd. *thiubheit*, mhd. *diepheit*), das besonders bis zum Ausgang des 14. Jh.s, in österr. Weistümern bis ins 16. Jh. belegt ist (RWb II 818 f.). Zuerst obd. belegt ist auch *Diebstahl* (mhd. *diepstâl(e)* Augsburg 1276, Dsp., Trient 1307, Bern 1330); der Terminus gewinnt (gegenüber *thiuba* und *thiubheit*) erst im 14., 15. Jh. an Boden. Anfang des 15. Jh.s erscheint

206 His, Strafr. MA II 175.
207 His, Strafr. MA II 174.
208 Dazu die Beispiele bei His a.a.O. sowie die besonders gelungenen Artikel des RWb II 797—833.
209 Zu den zahlreichen Varianten, die auch im folgenden nicht angeführt werden vgl. die Artikel im RWb.
210 Sonst ist das Verhältnis stets umgekehrt: die Täterbezeichnungen sind (zumeist jüngere) Ableitungen der Termini für das Delikt oder das strafbare Handeln. Vgl. dazu K. von See, Altnordische Rechtswörter, Tübingen 1964, 10.

mnd. *dûvetal*, mnl. *dieftale*. Fürs Alem. vermerkt Osenbrüggen *diepstâl* und *diupheit* als gleich häufige konkurrierende Termini (RWb 827 ff.).[211]

Eine gemeingerm. Bildung ist *Diebte*, doch erscheint der Terminus westgerm. nur im Nordwesten vom 13. bis 15. Jh. als Hauptbezeichnung des Diebstahls (mnd. *dûfte*, *dûvete*, mnl. *diefte*, *duifte*, vgl. ags. *þīefð(e)* § 90, afr. *thiûvethe* § 259). Relikte einer ursprünglich weiteren Verbreitung finden sich jedoch in alem. und bair. Rechtsquellen: Schaffhausen 1291 *tubde*, Basel 1260 *tiubde*, Zürich 1304 *tubde*, bair. *dieft* 1436, österr. *diept* 16. Jh. (RWb II 807) Hierzu ist auch *thiubda* der Lex Fris. zu stellen (s. o. §§ 144, 204). Eine jüngere Ableitung ist *Dieberei* (mnd. *dûverîe*, *dêverîe*, — daher afr. *dêverîe* § 259 —, mnl. *dieverie*, mhd. *dieberîe*), der Terminus begegnet vorwiegend nd., omd. und bair., zuerst Leobschütz 1270, häufiger erst im 15., 16. Jh. (RWb II 814 ff.).

§ 379 In adjektivischen Ableitungen erscheinen häufig und allgemein verbreitet *diebig*, *diebisch* ‚gestohlen, in diebischer Weise' (meist als Attribut zu *Gut* in der Bedeutung ‚Diebsgut': ahd. *diuvigo* ‚furto', mhd. *diubec*, *diubisch*, mnd. *dûvich*, *dêvisch*, vgl. afr. *thiûvig* § 259) und *dieblich* (meist adverbiell mhd. *dieplich*, mnd. *dêfliken*, mnl. *dieflike*, spätafr. *tyeflick*, ahd. *diuplicho* ‚furtim'), nur mnl.-mnd. *diebtlich* (mnd. *dûftlik*, mnl. *dieftelijc*, *dieftich* zu *dûfte*, *diefte*), ferner mnd. *undûflik* ‚ohne zu stehlen' und *dûvet* ‚gestohlen'.

Nur okkasionell begegnet die Verbalableitung *dieben* ‚stehlen' (mhd. *diuben*, mnd. *dûven*, vgl. ahd. *githiuben*, as. *githiovon*, ags. *geþēofian* § 91), in der Bedeutung ‚jmd. einen Dieb nennen' nur alem. im 13., 14. Jh. (RWb II 813). Häufiger ist *verdieben* (mhd. *verdiuben*, mnd. *vordêven*: omnd. (Ssp.) und bair.).

Eine spezifische Bildung des Mühlhäuser StR. ist *diepcameri* ‚Diebshehler' (aber mnd. *dêvekāmer* ‚Gefängnis'), das H. Meyer in seiner Edition[212] als eine *Frauenzimmer* verwandte Bildung deutet.

§ 380 Die häufigsten Verba des Stehlens sind *stehlen*, *verstehlen* (trans. u. intrans.) und *abstehlen* (trans.), reflexiv haben sie die Bedeutung ‚sich heimlich wegbegeben' (vgl. dazu lang. *astalin*, technischer Terminus für die Heeresflucht: ‚das heimliche Sichdavonstehlen im Kampf').[213] Nur mnd. (und afr.) hat *verstehlen* die Bedeutung ‚durch Stehlen verwirken'.

Stehlen (as. ahd. *stelan*, mhd. *steln*, mnd. mnl. *stēlen*, vgl. ags. *stelan* § 91, afr. *stela* § 260) gilt allgemein, erscheint jedoch in mnd. Rechtsquellen seltener als obd. und md.; in älteren Quellen ist *abstehlen* jedoch nur im Norden und Nordwesten belegt (mnd. *afstēlen*, mnl. *afstelen*, vgl. afr. *ofstela* § 260: Ssp. u. Verwandte, Stade 1276), im 16. Jh. auch bair. und alem. (RWb I 290); ein älterer, seit 14. Jh. seltener Terminus ist *verstehlen* (ahd. *firstelan*, as. *farstelan*, mhd. *versteln*, mnl. *verstelen*, mnd. *vorstēlen*, vgl. ags. *forstelan*, *forstalian*

211 Osenbrüggen, Alam. Strafr. 300.

212 H. Meyer, Das Mühlhäuser Reichsrechtsbuch aus dem Anfang des 13. Jh.s, Weimar 1936, 159 Anm. 2

213 Beyerle, Die Gesetze d. Langobarden 500; Baesecke 87.

§ 91, afr. *ûr-, ovirstela* § 260); er erscheint zuerst in der ahd. Lex-Salica-Übersetzung, im Ssp., Swsp., Dsp., dem Mühlh. StR. 1230, Augsburg 1276, Lübeck 1294, Breslau 1261, insgesamt häufiger nd. und bair.

Häufig und allgemein verbreitet ist die Wendung *dieblich (ver)stehlen, dieblich nehmen* (Ssp., Augsburg 1276, RWb II 823), sie gibt Aufschluß über das Zustandekommen der ‚tautologischen Komposition' *Diebstahl.* Diese Bezeichnung (Henzen, Wortbildung S. 77) ist nur etymologisch zutreffend. In statu nascendi wurde Diebstahl natürlich nicht als tautologisch empfunden; vielmehr läßt die verbale Wendung erkennen, daß *(ver)stehlen* hier die unspezifische Bedeutung ‚wegnehmen' hatte, das Bestimmungsglied *Dieb-* gab *Diebstahl* erst den technischen Sinn der heimlichen Wegnahme.

Verbalabstraktum zu ahd. *stelan* ist *stala* ‚Diebstahl', das bei Otfrid, in der Reichenauer Beichte und in Glossen für furtum erscheint, mhd. mnd. ist es nicht, mnl. (*stale*) nur selten belegt. Häufiger ist ags. *(ge)stalu* (§ 91), verglichen mit *þiefðe* jedoch gleichfalls ein selteneres Wort.

§ 381 Als qualifizierten Diebstahl nennt His, Strafr. MA II 192 den nächtlichen Diebstahl; ein spezifischer Terminus findet sich nur friesisch (*nachtthiûvethe, nachtstelane* § 259), bair. (Regensburg: *nahtdeuf*) und in der Weichbildgl. des 14. Jh.s (*nahtdiebe*); *nachtdieb* ‚nächtl. Dieb' belegt das RWbA erst seit 16. Jh. (auch mnl. *nachtdief*). Zu nächtlich verübten Verbrechen vgl. § 386 f.

Als spezifische Bezeichnung für den todeswürdigen ‚großen Diebstahl' kennen die langobard. Gesetze den Terminus *fegang,* für den Täter *fegangi(t).*[214]

‚Aneignung aus Versehen' bezeichnet technisch mnd. *misgrēpe* (Lübeck 1250, 1294, Nowgorod 1296, vgl. ahd. mhd. *missegrīfen* ‚fehlgreifen', mnl. *misgrijp* ‚misdæd', *misgrijpen* ‚misdoen', Stallaert II 209 f.).

In fränkischen Rechtsquellen (Lex Sal. Lex Rib.) und gelegentlich in der Lex Alam. erscheint für Diebstahl und Diebstahlsbuße der Terminus *texaga.* Die Deutung dieses häufig belegten Wortes ist noch umstritten. Am nächstliegenden ist jedoch die schon von Grimm hergestellte Verbindung zu ahd. *(far)zascōn* ‚rapere'.[215] Doch bleibt bemerkenswert, daß dieser zentrale Terminus — wie so viele der deutschen Wörter in der Lex Sal. — in der germanischen Rechtsterminologie isoliert ist (s. o. § 306).

10.2 Handhafter Dieb(stahl)

§ 382 Das Ertappen des handhaften Verbrechers heißt allgemein seit 13. Jh. *begreifen* (mhd. *begrîfen,* mnd. *begrîpen,* mnl. *begripen,* vgl. afr. *bigrîpa* § 260: vor allem mnd. omd., Ssp.-Familie: RWb II 1425 f.), daneben

[214] Beyerle, Die Gesetze der Langobarden 501. — RWb III 445 verzeichnet nur die abgeleitete Bedeutung ‚dem Tode verfallen'.

[215] J. Grimm, Vorrede XXV, LXIX zu J. Merkel, Lex Salica 1850; s. auch Kern, Die Glossen in der Lex Salica u. die Sprache der salischen Franken 1869, 173; ders., Notes of the Frankish Words in the Lex Salica § 63 in: J. H. Hessels, Lex Salica 1880. Anders van Helten, PBB 25 (1900), § 48.

allgemein auch *fangen* (ahd. as. *fāhan*, mhd. *vâhen*, mnd. *vān*, mnl. *vaen*, vgl. afr. *fâ* § 260, ags. *ge-*, *befōn* § 95 f.). Das handhafte Verbrechen, besonders der handhafte Diebstahl, wird in obd. Quellen seit dem 13. Jh. *hantgetât* Dsp., Swsp., Augsburg 1276, München 14. Jh.: RWb V 62, seit 14. Jh. auch *hanttât* (RWb V 139 ff.) genannt. *Handtat* hatte usprünglich die auch obd. noch erhaltene Bedeutung ‚Gewalttat' (s. o. § 317).

Der Terminus *handhaft* erscheint — abgesehen von einer nicht eindeutigen Glossenstelle (I. 284) — zuerst im Ssp. und hier sofort häufig und technisch ausgeprägt in der Wendung *hanthafte dâd* (s. die Definition II. 35). Im wesentlichen nd.-ndl. und omd. ist die Ableitung *hanthaftig* (in gleicher Wendung: Braunschweig 1227, Hamburg 1270), jünger das Nomen *handhaft* ‚frische Tat', ‚der den Verbrecher überführende Gegenstand'. Nach den im RWb V 75 ff. genannten Stellen zu urteilen, scheint das Wort vom Rechtsgebiet des Ssp. ausgegangen und durch dieses Werk verbreitet worden zu sein. An der Definition des Begriffs wird man wohl Eike einen nicht geringen Anteil zuschreiben dürfen.

Omnd. (Ssp.) sowie seit 14. Jh. ost-, westmd. und ndl. begegnet die Wendung *auf frischer Tat* (Mühlh. StR. *an dir vrieschen tait*, mnd. *up*, *mit der verschen dât*, mnl. *metter verscher (mis)daet* RWb III 949).

Ähnlich ags. *open mord*, *þefð* (§ 38) erscheint gelegentlich obd. *offen* im Sinne von ‚handhaft': *offene(r) diupheit*, *diube*, *diepstâl* (u. a. Swsp., Ruprecht v. Freising: RWb II 818, 827).[216]

10.3 Raub

§ 383 Den Raub bezeichnen in den dt. Quellen *Raub*, *Schach*, *Name*, *Notnumft*. Der weitaus häufigste und in zahlreichen Ableitungen belegte Terminus ist ahd. mhd. *roub*, mnd. *rôf*, mnl. *roof* (vgl. ags. *rēaf* § 98, afr. *râf* § 261), seltener sind mhd. *beroup*, mnd. *berôf* (Rückbildung zu *berouben*, *berôven*), sowie mnd. *(be)rôvinge*, mnl. *berovinge*, *roofnisse*. Eine jüngere Ableitung des 14. Jh.s ist mhd. *rouberîe*, mnd. *rôverîe*, mnl. *roverie*. *Raub* hat zugleich die Bedeutung ‚Geraubtes'. ‚Raubgut' bezeichnen im übrigen die ahd. Kollektivbildung *giroubi*, mhd. *geröube* sowie mhd. *roupguot* (zuerst Swsp., Dsp.).

Das räuberische Handeln bezeichnen allgemein ahd. *(bi)roubōn*, as. *(bi)rôvon*, mhd. *(be)rouben*, mnd. *(be)rôven*, mnl. *(be)roven* (vgl. ags. *(be)rēafian* § 98, afr. *(bi)râvia* §§ 261. 264), wozu latinisiert *raubare* (Lex Sal. u. ö.) zu stellen ist. Nur mnd. mndl. erscheint *afrôven* ‚jmd. etwas räuberisch wegnehmen' (Ssp., Dortmund 1355: RWb I 204, vgl. afr. *ofrâvia* § 264).

Eine alte Ableitung ist die Täterbezeichnung *Räuber* (ahd. *roubare*, mhd. *rouber*, mnd. *rôver*, mnl. *(be)rover*, vgl. ags. *rēafere* § 98, afr. *râvere* § 265); häufig belegt sind die Adjektiva mhd. *roubec*, *-isch*, *roubelich*, mnd. *rôvich*, *rôflik*, mnl. *rooflijc* (vgl. afr. *râflik* § 264), besonders in der Wendung *roubic guot* ‚Raubgut' (Mühlh. StR. 1230, Köln 1287, Swsp.), zumeist adverbiell

[216] Vgl. auch His, Strafr. MA II 177 f.

erscheint *roubelich, rôflik* ‚in räuberischer Weise' (besonders nd. omd. wie im Ssp., Mühlh. StR.), nur nd. (Ssp.) ist *unrôflik* (vgl. afr. *unrâflik* § 264).

§ 384 Als häufigster Fall des Raubes gilt der Straßenraub, manche Quellen erwähnen überhaupt nur diesen.[217] Als qualifiziertes Raubdelikt gilt er nur vereinzelt.[218] So stehen *roup, rôf* oft für Straßenraub. Spezielle Bezeichnungen sind mhd. *strâzroup* (häufig alem., bair. seit 13. Jh.), mnd. *strâtenrôf*, mnl. *straetroof* (seit 13. Jh.), dazu die verbalen Ableitungen mhd. *strâzrouben*, mnl. *straetroven*; die Täterbezeichnung mhd. *strâzrouber*, mnl. *straetrover*, mnd. *strât(e)rôver* ist vor allem nd.-ndl., am Rhein (Köln 1287, Basel 1320, Mainz 1297), im Ssp., Swsp., Dsp., nur selten bair. und omd. (Mühlh. StR.) belegt. Der Swsp. erwähnt überdies den *stratmort* und *strazemorder*.

Erst im 14., 15. Jh. sind die Bezeichnungen mhd. mnd. *schinderîe* ‚Straßenraub', *schinder* ‚Straßenräuber', *schinden* ‚rauben, ausplündern' (ahd. *scindan* ‚decorticare') in den Rechtsquellen belegt. Technisch sind besonders mnl. *straetschenden, -schenderie, -schendinge, -schender* und mnd. *strâtenschinnen, -schinner, -schinderîe* seit 15. Jh. Schmülling, Strafr. Köln 82 und Stahm, Strafr. Dortmund 129 erwähnen die *straissenschynder* bzw. *strâtenschender*.[219]

§ 385 Als qualifizierter Raub gilt die Leichenberaubung, der *Reraub* (ahd. *hrēroub*, mhd. *rêroup*, mnd. *rêrôf*, mnl. *reerof* — dazu mhd. *rêrouben*, mnd. *rêrôven, rêrôver*, mnl. *reeroven, reerover*, vgl. afr. *hrê(s)râf* § 263). Der Terminus erscheint im Ed. Rothari als *rairaub* sowie in ahd. Glossen für manubiae. Die ursprüngliche Bedeutung ist lang. (!), fries., ndl. (CoutFurnes 1240 u. ö.) erhalten, vereinzelt auch mnd. (s. Schiller-Lübben III. 466) und obd. (1244 österr. für predatio mortui).[220] Im übrigen hat *Reraub* in obd. omd. und nd. Quellen die weitere Bedeutung ‚Beraubung eines vom Räuber Erschlagenen, insbesondere Raubmord'. In diesem Zusammenhang ist lang. *plōdraub* ‚Blutraub', ‚Beraubung des Erschlagenen durch den Mörder, im Gegensatz zu *rairaub*, der Beraubung einer zufällig gefundenen Leiche',[221] sowie lang. *grapworf* ‚das Hinauswerfen einer Leiche aus dem Grabe', d. h. ‚die Grabschändung' zu erwähnen.[222]

In der Lex Bai. erscheint der gemeingerm. Terminus *uualaraupa* (vgl. ags. *wælrēaf*, an. *valrôf* § 99) in der Bedeutung ‚das den Toten abgeraubte Gut',[223] ähnlich in ahd. Gl.: Tropheum *uuales rouba* (IV 22,29) ‚die dem Gefallenen

[217] His, Strafr. MA II 203.210.

[218] His, Strafr. MA II 210 nennt Friesland, Ingelheim, Schwaben, Rupr. v. Freising.

[219] Diese Bedeutung von *schinden* spricht aus dem wmd. Namen des *Schinderhannes*.

[220] His, Strafr. MA II 212; Wüstendörfer, Bair. Strafr. 230.

[221] W. Bruckner, Die Sprache der Langobarden 1895, 220; RWb II 384 nennt nl. *bloetroven* ‚blutig verletzen', doch scheint mir ein Zusammenhang unwahrscheinlich.

[222] Beierle, Gesetze d. Langobarden 503; Baesecke 87; RWb II 1048.

[223] v. Kralik 615 und Brunner (s. folg. Anm.); dagegen Amira-Eckhardt, Germ. Recht ³I 192: ‚Beraubung eines Erschlagenen' (Brunners Artikel wurde nicht berücksichtigt).

abgenommene Kampfbeute' (wie Beowulf 1207), auch verbal als *walraubare* (IV 242,24). Das Wort begegnet noch im Dsp. in der Bedeutung ‚gewaltsame Wegnahme des Nachlasses eines Getöteten'. Brunner bemerkte in seinem Probeartikel zum RWb zu diesem Terminus: „Ursprünglich wohl die Ausplünderung eines im Kampf Gefallenen, die Wegnahme dessen, was er an und bei sich hat, insbesondere seines Gewandes und seiner Ausrüstung, dann allgemein die Ausplünderung des Toten."[224]

§ 386 Als qualifizierte Arten des Raubes gelten ferner der *Nachtraub* (mhd. *nahtroup*, nur literar. bezeugt, auch mhd. *nahtroubære*, mnl. *nachtrover*, mnd. *nachtrȏver*, vgl. afr. *nachtrâf* § 262); der *Seeraub* (mnd. *sêrôf*, dazu *sêrôven*, *sêrȏver*, *sêrȏverîe*, mnl. *seeroof*, dazu *seerover*, *seeroverie*: erst seit Ende des 14. Jh.s bezeugt); der *Kirchenraub* (s. o. § 361, jüngere Termini des 15. Jh.s sind mnd. *kerk(en)rȏver*, *kerkenrȏverîe*, mnl. *kerkroof*, *kerkrover*); der *Stehlraub* (nur Rupr. v. Freising: *stelraub* ‚heimlicher Raub' im Gegensatz zu offenen Wegnahme, vgl. mnd. *dûfrôf*: Schiller-Lübben I. 608). Nur in literarischen Quellen erscheint mhd. *nôtroup* ‚gewaltsamer Raub' (vgl. as. *nôdrôf*, afr. *nêdrâf* § 262).[225]

§ 387 Ein nur westgerm. Terminus für den ‚Raub mit gewaltsamem Angriff'[226] war ahd. *scāh* (auch Gl. f. latrocinium, preda), mhd. *schâch*, mnd. *schâk* (Schiller-Lübben IV. 39 nennt nur einen ndrhein. Beleg!), mnl. *schaec* (vgl. afr. *skâk* § 262). Der Terminus ist insgesamt selten, vor allem in Rechtsquellen des 9.—13. Jh.s in Oberdeutschland und am Niederrhein (Köln 1169, Bacharach 1350), später (16. Jh.) nur in österr. Weistümern belegt. Alt ist die Täterbezeichnung ahd. *scāhhāri* (auch Gl. f. latro), mhd. *schâcher*, mnd. *schâker*, mnl. *schaker* (vgl. ags. *scēacere* § 98, afr. *skâkere* § 262); das Wort ist nur durch Luthers Bibelübersetzung im Nhd. als Relikt erhalten. Nur mnd.-mnl. ist die Verbalableitung *schâken* ‚berauben' (vgl. afr. *skêka*?)[227]

Der Terminus mhd. *schâch* wurde im 13. Jh. durch tautologische Komposition zu *schâchroup* erweitert, diese Bildung ist nur bair. und afr. bezeugt (*skâkrâf* §262).[228]

Die ursprüngliche Bedeutung von *scâh* hat sich vielleicht in der nur obd., besonders alem. belegten Verbrechensbezeichnung *nahtschâch* ‚gewaltsamer Angriff zur Nachtzeit' erhalten. Das Delikt wird zuerst Ende des 13. Jh.s (Schaff-

224 Sitzungsber. d. Königl.-Preuß. Akad. d. Wiss. z. Berlin, 1906. IV. (hieraus auch die obigen Bedeutungsangaben). Zu *Walraub* und *Reraub* s. auch Brunner, RG ²II 878 ff.

225 Zu diesen Delikten vgl. His, Strafr. MA II, 209 ff.

226 His, Strafr. MA II 208.

227 v. Richthofen, Wb. 1022. Die Stellen sind zweifelhaft.

228 mnl. *schaekroof* ist nur aus fries. Gebiet bezeugt (Verdam 510). — Nur bair. (1218, 1300) wird der *schâchbrant* und *schâchbrenner* (1417) erwähnt. Schmülling, Strafr. Köln 64 nennt den *schaiksmord* ‚Raubmord' (auch mhd. *schâchmordære*).

hausen 1291, München 1294) und häufig bis ins 15. Jh. in den Rechtsquellen behandelt.[229]

§ 388 ‚Raub, Beute, besonders das, was dem Feinde in der Fehde genommen wird, namentlich Vieh'[230] bezeichnen mnd. *nâme*, ostmnl. *name*, mhd. *nâm(e)* (dazu mnd. *nâmen* ‚rauben', *nâmer* ‚Plünderer', *nâminge* ‚Beutemachen', vgl. ags. *nām* (legal) ‚seizure'). Die Abstraktbildung versteht sich aus der Bedeutung ‚rauben' des Verbs ahd. as. *neman*. Ahd. erscheint *nāma* nur im Sinne von ‚Beute', (aber Gl. II 149, 32: *intherounrectunnamu*), der Terminus begegnet überwiegend in nd. und wmd. Rechtsquellen des 14., 15. Jh.s.

Auf die gewaltsame Wegnahme beziehen sich ahd. und ags. Zusammensetzungen mit *nōt-/nīed-*: ahd. *nōtnāma*, mhd. *nôtnâme* ‚Raub' (ags. *nīednǣm* § 98), ahd. *nōtnemo, nōtnumeo* ‚raptor', *nōtnemari* ‚Räuber' (ags. *nīdnima*), ahd. *nōtneman* (Gl. *uiolenti notnemin* I. 54, 16, ags. *nīedniman*).

Eine spezifisch dt. Bildung ist ahd. *nōtnumft*. Das Wort hat ahd. nur die Bedeutung ‚Raub', Gewalt', vgl. auch die Ableitungen *nōtnumftāri* ‚Räuber, gewalttätiger Mensch', *nōtnumftīg* ‚gewalttätig'. In mhd. Zeit überwiegt die spezielle Bedeutung ‚Frauenraub, Notzucht' (s. o. § 372).

§ 389 Ein alter Terminus für ‚Raub' ist in *strudis* ‚richterliche Pfändung' der Lex Rib. und *extrudere* ‚pfänden' der Lex. Sal. zu sehen.[231] Die ursprüngliche Bedeutung ist erhalten in ags. *strūdung, strūdian* (§ 98), auch *strūdend, strūdere* ‚robber', in mhd. *strûtære*, mnd. *strôder* ‚Räuber, Wegelagerer', mhd. *strûterîe*, mnd. *strōderîe* ‚Räuberei', mhd. *strûten*, mnd. *strôden* ‚räubern, plündern' (alle Wörter sind selten und kaum in Rechtsquellen belegt).

10.4 Sachbeschädigung

§ 390 „Sachbeschädigung erscheint in den Rechten des Mittelalters noch nicht als selbständiger Vergehensbegriff."[232] Zu den häufigst erwähnten Delikten dieses Bereichs zählen die Feld-, Garten-, Holz- und Jagdfrevel.[233] Doch werden diese im allgemeinen erst in den Rechtsquellen des 14., 15. Jh.s eingehender behandelt. Wir erwähnen hier nur einige Arten des Feldfrevels.

Zusammenfassende Bezeichnungen sind mnd. mnl. *veltschāde*, mnd. *landbrōke* (vgl. afr. *londbrekma* § 267), mnl. *veltroof, ackerroof*. *-roof* erscheint hier in ähnlicher Bedeutung wie afr. *râf-* in *râfdelta, -erd, -mêth* etc. (§ 266). Die Grenzverletzungen bei der Feldarbeit werden bair.-österr. *übervanc* genannt (schon ahd. *uparuengido* ‚excessus' Gl. II 161, 19), die einzelnen Arten dieses Delikts bezeichnen meist Verba mit den Präfixen *über-* (obd.) und *af-* (vor allem nd. ndl.): mhd. *überziunen* (obd. zuerst Aargau 1313), *überhagen*,

229 Von His, Strafr. MA I 182 als Versuchsdelikt eingestuft. Ausführlich: Osenbrüggen, Alam. Strafr. 366 ff., ders., Der Nachtschach, in: Studien z. dt. u. schweiz. Rechtsgesch. 1868, 241—251.

230 Schiller-Lübben III 156.

231 Dazu Brunner, RG ²II 595; zur Bedeutung ‚Pfändung' von afr. *râf* s. o. § 261.

232 His, Strafr. MA II 261.

233 Ausführlich His, Strafr. MA II 224—271.

mnd. *aftûnen*, mnl. *aftunen* (RWb I 346), *afhāgen* ‚überzäunen'; mhd. *übereren* (bair. 1244, 1281, Erfurt 1435), *überackern, überbûwen*, mnd. *afēren* (RWb. I 51: Ssp.), *afbûwen*, mnl. *afackeren, afbouwen* (RWb I 7) ‚überpflügen'; mhd. *übermæjen*, mnl. *afmaeyen* ‚übermähen' (bair. 1244, 1274); mnd. *afgrāven*, mnl. *afgraven, afdelven* ‚übergraben' (RWb I 98) u. a.[234]

Bemerkenswert ist an diesen Termini die Übereinstimmung von obd. *übereren, übermæjen* mit afr. *ûrerd, ûrera* und *ûrmêth(a)* (§ 266), während nd.-ndl. Verba auf *af-* üblich sind. Doch ist hier — vor allem wegen der späten Belege — auch landschaftlich selbständige Bildung denkbar.

In der Lex Bai. findet sich für ‚Ernteschädigung' der Terminus *aranscarti*,[235] gebildet wie *lidiscarti* (vgl. o. § 355).

10.5/6 Betrug, Münzfälschung

§ 391 „Zu einer festen Ausprägung des Betrugsbegriffes [im mal. dt. Recht] ist es nicht gekommen. Vielfach wird die betrügerische Handlung als *valsch, velscherie* bezeichnet, aber mit Ausdrücken, die auch Fälschung umfassen."[236] Der seit dem 13. Jh. bezeugte Haupttterminus für Fälschung und Betrug jeglicher Art (neben Betrug im engeren Sinne, besonders Münz-, Maß- und Gewichtsvergehen) ist mhd. mnd. mnl. *valsch* (RWb III 410 ff.), jünger sind *valschheit* und *valscherîe* (14. bzw. 15. Jh. RWb III 415 f., vgl. ags. *fals* 11. Jh.! § 103, afr. *falsk, falschêd* § 269).

Die in den ags. Rechtsquellen für Betrugsdelikte vorkommenden Termini *fācn* und *beswic* sind ahd. as. bezeugt, später jedoch durchweg den Rechtsquellen fremd oder ganz untergegangen. Ags. *fācn* (§ 101) entspricht ahd. *feih(h)an*, (auch Gl. für fraus), as. *fêkan*, mhd. *veichen* ‚Arglist'. Das Wort ist schon ahd. selten, später erscheint es noch im Augsburger StR v. J. 1276 (vgl. auch afr. *fêknian* § 268, ahd. *bifeihnōn*, RWb III 432).

Ahd. häufig, mhd. mnd. mnl. selten sind die im Ags. zahlreich bezeugten Termini der Wortsippe *(be)swic* ‚Betrug' (§ 102): ahd. *(bi)swīh* (auch Gl. für fraus, gleichfalls *pisuuihida*), mhd. *(be)swîch*, mnd. *beswîk* (Ssp.), mnl. *beswijk*; ahd. *biswīhhan*, mhd. *(be)swîchen*, mnd. *beswîken*, ‚betrügen', ahd. *piswīhhāre* ‚Betrüger', *piswīcchilīn* ‚betrügerisch' (RWb II 124). Auch diese Wörter begegnen kaum in eigentlich technischer Bedeutung.

„Der Ausdruck Betrug (mhd. *betroc*, mnd. mnl. *bedroch*, mnd. *bedrêch*) begegnet bis zum 16. Jh. fast nur in nichtjuristischen Quellen und meist ohne technische Bedeutung."[237] Das bezeugen auch die Sammlungen des RWbA für *(be)trügen* (ahd. *triugan* ‚fraudari', as. *(bi)driogan*) und zahlreiche andere Glieder dieser Wortsippe.

[234] Die von His, Strafr. MA II 227 angegebenen Termini mnd. *överdelte, överēren, övermêd* sind Lehnübersetzungen aus dem Friesischen. — Neben den genannten Verben gibt es regional noch viele andere des gleichen Typs (s. auch His, a.a.O.).

[235] v. Kralik 415; Baesecke 19.

[236] His, Strafr. MA II 318.

[237] His, Strafr. MA II 319.

Als Münzfälschung gelten neben der Herstellung falscher Münzen und ihrer Verbreitung das Auslesen und Seigen sowie das Beschneiden von Münzen (mhd. *beschrôten*, mnd. *beschrôden*, mnl. *afschroden*; dazu mhd. *âschrôt* ‚von Münze abgeschnittesnes Stück', RWb I 120, II 268, vgl. afr. *skrêde(ne)* § 269).[238]

10.7 Brandstiftung

§ 392 Die allgemeine Bezeichnung für Brandstiftung im Mittelalter war *brant* (ahd. *prant* nur 1mal bei Notker u. in Gll. für incendium, torris, vgl. afr. *brond* § 270, ags. *brand*, nicht in Rechtsquellen). Das auch in vielen anderen Bedeutungen belegte Wort (RWb II 443 ff.) erscheint technisch schon in der Wessobrunner Beichte.[239] Entsprechend gilt allgemein *brennen* im Sinne von ‚brandstiften' (ahd. mhd. *brennen*, mnd. mnl. *bernen*, mnl. *branden* RWb II 486, vgl. afr. *(—)barna* § 270 f.) und *Brenner* ‚Brandstifter' (mhd. *brenner*, mnd. mnl. *berner*, mnl. *brander* RWb II 446.488).

Unser heutiges Wort *Brandstiftung* ist jung und ursprünglich norddeutsch (zuerst in der Formel mnd. mnl. *rôf (roof) unde brant stichten* ‚plündern und sengen' belegt, *brantsticht(inge)* ist nur mnl. bezeugt, ebenso *brantstichten*, *brantstichter*).[240]

Häufig begegnet in den Quellen der Terminus mhd. mnd. mnl. *mortbrant* (u. a. Ssp., Swsp. Mühlh. StR 1230, Stade 1279, vgl. afr. *morthbrond* § 270, ags. nicht belegt!), dazu *Mordbrenner* (mhd. *mortbrenner*, mnd. mnl. *mortberner*) und *mordbrennen* (mhd. *mortbrennen*, mnd. *mörtbernen*, mnl. *mortbranden*).

Ältere Quellen definieren den Mordbrand als heimliche Brandstiftung: *swer tages oder nahtes heimlichen brennet, daz heizzet mortbrant* (Swsp.), häufig ist besonders die nächtliche Brandstiftung gemeint.[241] Doch geriet diese ursprüngliche Bedeutung des Mordbrandes im späteren Mittelalter in Vergessenheit. In vielen Quellen bezeichnet der Terminus ‚jede Brandstiftung an bewohnten Gebäuden'.[242]

Gleichbedeutend mit *mortbrant* im eigentlichen Sinne ist die Bezeichnung *nahtbrant*, die bair. (12., 13. Jh.), ndl. (13. Jh.) und später omd. (14. Jh.) begegnet (vgl. afr. *nachtbrond*, *morthnachbrond* § 270).[243]

[238] Zum ganzen Kapitel ausführlich His, a.a.O. 271—333 (die meisten dort behandelten Delikte fallen nicht in den Rahmen dieser Arbeit), zur Münzfälschung S. 274—283.

[239] Die Bedeutung ‚Wüstung' ist nur afr. bezeugt.

[240] His, Strafr. MA II 348.

[241] Dazu His, a.a.O. 349.

[242] His, a.a.O. 351 verweist auf die Ssp.-Familie, die nur den Terminus *mortbrant* kennt und unterscheidet zwischen *mortbrand* und *brennen sunder mortbrant*.

[243] Belege bei His, a.a.O. 350. Zu den verschiedenen Formen und Termini der Brandstiftung vgl. auch die historische Einleitung S. 1—3 f. von E. Osenbrüggen, Die Brandstiftung in den Strafgesetzbüchern Deutschlands und der Schweiz, Leipzig 1854.

Mhd. *nôtbrant*, mnl. *nootbrand* ‚gewaltsame Verwüstung durch Feuer' (Lexer) ist den Rechtsquellen nicht geläufig. His erwähnt die Termini in seinem Strafrecht der Friesen, 1901, 350 Anm. 7, nicht jedoch im Strafrecht des deutschen Mittelalters II, 1935.

11. Heimsuchung

§ 393 Als Tatbestand der Heimsuchung gilt allgemein „das freveliche, gewaltsame oder bewaffnete Eindringen in das befriedete Gebiet".[244] Ursprünglich war Heimsuchung ein Bandendelikt, wie die älteren Bezeichnungen *harizuht, haritreib, heriraita* zeigen,[245] „im Mittelalter ist dies Erfordernis meist aufgegeben worden".[246]

Als technischer Terminus erscheint mhd. *heimsuoche* häufig in bair., alem. und omd. Rechtsquellen des 13. Jh.s sowie im 14. Jh. am Niederrhein (vgl. afr. *hêmsêke(ne)* § 273 ff., ags. *hāmsōcn* [nord. Lehnwort] § 105). Mnd. *heimsôke* belegen Schiller—Lübben II 228 aus Erfurt und Magdeburg, das RWb V 644 f. nennt *heimsuke* aus dem UB von Berge bei Magdeburg (1221). Die Ableitung mhd. *heimsuochunge* ist zuerst bair. 1172 belegt, dann gleichfalls häufig obd. und omd. im 13. Jh., mnd. *heimsôkinge* erscheint selten (zuerst Stendal 1332; vgl. afr. *hêmsêkinge* § 273 ff., RWb V 647). Nur omd. (14. Jh.) ist die Täterbezeichnung *heimsucher* (RWb V 646 f.). Im 13. Jh. häufig ist obd. omd. *heimsuochen*, auch *einen heime suochen* (Swsp.), mnd. *heimsôken* ist nur ostfries. bezeugt.

Gelegentlich heißt ‚heimsuchen' auch mhd. *suochen* (Dsp., Bern 1300, Ingelheim 1426), mnd. *sûken* (Ssp.), vgl. ahd. *suochāri* ‚executor'. Dies versteht sich — wie die Bildung aller Bezeichnungen der Heimsuchung — aus der Bedeutung ‚gerichtlich, in Fehde verfolgen' von germ. **sōkjan*. Doppelte Bedeutung haben *Haussuche* (mhd. *hûssuoche*, mnd. *hûssôke*, mnl. *huussoeke*) und *Haussuchung* (mhd. *hûssuochunge*, mnd. *hûssôkinge*, nl. *huussoekinge*): (1) ‚rechtlich erlaubte Durchsuchung eines Hauses': so in der Gl. *hussuacha* des 11. Jh.s zu *scrutinium* in der Lex Rib.; *hûssuoche* ist besonders schwäb.-alem. bezeugt, mnd. *hûssôke* nur westf. (Mnd. Wb. II 401); die Ableitung erscheint vornehmlich mnd. (zuerst Lübeck 1290: RWb V 466 ff.); (2) ‚Hausfriedensbruch, Heimsuchung': häufig ndl., besonders in Flandern oft belegt seit Ende des 12. Jh.s, auch frühmnd. (Anhalt 1162, Brandenburg 1211: s. RWb).[247]

§ 394 Verwandte ältere Bildungen aus lat. Quellen sind: *harizuht, heri(s)zupf* ‚Heimsuchung durch ein Heer' (fränk. Kapitularien des 9. Jh.s, RWb V 540, vgl. mhd. *herzuc* ‚Heereszug'); *heimzuht* ‚Heimsuchung (an der weniger

[244] His, Strafr. MA II 336. Zur Heimsuchung insges. S. 333—348. — Zur Heimsuchung mit bewaffneter Hand s. auch afr. § 274.
[245] Brunner, RG ²II, 841.
[246] His, a.a.O. 334.
[247] Zur Verbreitung u. a.: Warnkönig, Flandrische Staats- und Rechtsgesch. III S. 240; Osenbrüggen, Alam. Strafr. 357 ff.; Noordewier, Regsoudheden 286.

als 42 Mann beteiligt sind)' (Lex Bai., RWb V 652);[248] *selisohan* ,Haussuchung' (Lex Bai.);[249] lang. *haritraib* ,Heimsuchung durch ein Heer' (RWb V 530);[250] zu *heriraita* ,(bewaffnete) Menge, bes. zur Heimsuchung durch ein Heer' s. o. § 335.

In ndl. Rechtsquellen des 14., 15. Jh.s wird der Hausfriedensbruch auch *huusstotinge, huusstekinge* eigentl. ,Hausstoßung' genannt (dazu *huusstoter, huussteken*, vgl. awfr. *stêta* § 274).

12. Zauberei und Giftmischerei

§ 395 „Die kirchliche Lehre stellte die Zauberei mit der Ketzerei zusammen, wie auch die volkstümliche Vorstellung schon früh Ketzer und Zauberei zusammenwarf."[251] Als schädliche Zauberei galt im übrigen auch die Tötung oder Gesundheitsschädigung durch Gift. Noch der Ssp. und verwandte Quellen nennen Zauberei und Vergiftung in einem Zuge (Ssp. II 13 § 7).[252]

Ketzerei (mhd. *ketzerîe*, mnd. *ketterîe*, mnl. *ketterie, ketserie*) schließt (vor allem mhd.) Zauberei und die verschiedenen Arten und Äußerungen des Unglaubens ein. Ältere, besonders mnd. mnl. Termini für Zauberei sind mnd. mnl. *wichelîe, wichelinge*,[253] für den Zauberer mhd. mnd. *wicker* (u. a. Salzwedel StR), dazu mnd. *wicken* ,zaubern' (vgl. ags. *wicce, wiccecræft* § 106).[254]

Daneben gelten allgemein ahd. *zoupar*, mhd. *zouber, zouberîe*, mnd. *tōver, tōverîe*, mnl. *tover, toverie* mit zahlreichen Ableitungen. Vergiftung im engeren Sinne bezeichnen mhd. *lüppe, lüpperîe* (Swsp., vgl. ahd. *luppi*, as. *lubbi* ,Gift', as. *lubbian*, mnd. *lübben*, mhd. *lüppen* ,vergiften'). Jünger und allgemein gilt mhd. mnd. mnl. *vergift*, mhd. mnd. *vergiftnisse*, mnl. *vergiffenisse* ,Vergiftung' mit zahlreichen weiteren Ableitungen.

13. Meineid

§ 396 Der Meineid galt ursprünglich nicht als strafbar, weil man in ihm eine bedingte Selbstverfluchung sah, der die Strafe von selbst folgt.[255] „Unter kirchlichem Einfluß verschärft sich die Strafe in der Karolingerzeit." So unterliegt der Meineid vielfach geistlicher Gerichtsbarkeit.[256]

Der allgemeine Terminus ist *Meineid* (ahd. *meineid*, as. *mênêth*, mhd. *meineit, meiner eit*, mnd. *mênêt, mêne êt*, mnl. *meineet(schap), meine eet*, vgl. ags. *mānāð* § 107, afr. *mên(a)êth* § 276). Die Formen mit dekliniertem

[248] v. Kralik 438; Baesecke 19.
[249] v. Kralik 590 (vgl. an. *rannsókn*).
[250] Beierle, Gesetze der Langobarden 503.
[251] His, Strafr. MA II 24. His, Gesch. Strafr. 109 zählt Ketzerei, Zauberei und Vergiften zu den kirchlicher Jurisdiktion unterstehenden Religionsdelikten.
[252] His, Strafr. MA II 29.
[253] So im Ssp. II 13 § 7 für *vorgiftnisse* in verschiedenen Hss. (Homeyer, Ssp. 242).
[254] Die Wortsippe ist nur ndl. bis heute bewahrt.
[255] His, Strafr. MA II 10; Brunner, RG ²II 876.
[256] His, a.a.O.

Adj. begegnen seltener (Lübeck, Riga 1294, Rupr. v. Freisings Rb. 1328). Seit dem 13. Jh. gelten allgemein die Täterbezeichnung mhd. *meineider*, mnd. *mênêder*, mnl. *meineder* (Lübeck 1294, Ssp., Swsp.), die ältere Form des Adj. ist mhd. *meineide*, mnd. *mênêde* (Dsp., Augsburg 1276), die jüngere, häufig erst seit 14. Jh. belegte ist mhd. *meineidec*, mnd. *mênêdich*, mnl. *meinedich* (zuerst Swsp., Würzburg 1287, Stade 1276, vgl. afr. *mênêthich* § 276).

Der rechte Eid wird gelegentlich mhd. mnd. *unmeine*, mnl. *onmeine* genannt (*reyne und unmeyne*: Ssp., Weichbildgl., Freiberger StR, Richtsteig LR, vgl. ahd. *unmeini* ‚rein', ags. *unmǣne* § 107, afr. *unmênis* § 276).

§ 397 Für das Ablegen des Eides gilt allgemein *schwören* (as. *swerian*, ahd. *swer(r)en*, mhd. *swern*, mnd. mnl. *sweren*).[257] Schwören eines Falscheids heißt as. *forswerian*, ahd. *fursweren* (so auch in der Lex Bai.: *farsuuirotos* ‚du hast falsch geschworen',[258] vgl. ags. *forswerian* § 107, afr. *ûrswera* § 276). Diese Bedeutung weicht im Mittelalter der jüngeren ‚(sich) freischwören, etw. abschwören', doch hat mhd. *verswern*, mnd. *vorswēren*, (*sîne sêle* ‚seine Seele durch Falscheid verlieren' Mnd. Wb. I 949), mnl. *versweren* noch gelegentlich diese ältere Bedeutung bewahrt, am besten im Mnl., vgl. die Ableitungen *verswerer* ‚Meineidiger', *versweringe* ‚Meineid'.

Eine ältere gemeingerm., im Ags. wohlbewahrte Bildung für den Meineid ist ahd. *meinsvuoro* ‚periurium', *meinswart* (auch Gl. *meinsuveridi* ‚Periuria'), mhd. *meinswuor*, *meinswern* (subst. Verb, vgl. ags. *mānswaru* § 107), entsprechend ahd. *meinswero*, mhd. *meinswere(r)*, *meinswüere* ‚Meineidiger' (vgl. ags. *mānswara*), mhd. *meinswern* ‚falsch schwören' (vgl. ags. *mānswerian*).[259]

In den mittelalterlichen Rechtsquellen ist nur das Verb häufiger belegt (Bayr. Landfriede 1300, Nürnberg 14. Jh.,[260] St. Gallen 1423), die übrigen Termini sind selten. Zur Verleumdung (14.) s. o. § 368.

15. Bestechung

§ 398 Wie in afr. und ags. Quellen wird Bestechung zumeist im Zusammenhang mit ungerechter Urteilsfindung des Richters, Ratsmannes etc. behandelt.[261]

Als technischer Terminus für Bestechung und Bestechungsgeld dient wie afr. *me(i)de* (§ 277), ahd. *mieta* (auch Gl. für praemium, sportula, corruptela, vgl. as. *mêda* ‚Lohn', ags. *mēd* ‚reward, pay, price ...'), mhd. *miet(e)* (*mietewân*

[257] Als Lehnbildung zu lat. *jusiurandum* bezeichnet Betz (Der Einfluß des Lateinischen auf den Althochdeutschen Sprachschatz, 32) ahd. *eidswart*, doch ist zu bedenken, daß *eid* stets Objekt von *sweren*, die zugrunde liegende Satzfügung also durchaus germanisch war. Im übrigen ist *eidswart* das positive Gegenstück zu *meinswart*.

[258] v. Kralik 599.

[259] Vgl. got. *ufarswaran* ‚falsch schwören', *ufarswara* ‚Meineidiger', aisl. *meinsvari* ‚Meineidiger'. Zum Wortfeld der ‚rechtlichen Gegenrede' s. F. Mezger Zs. f. dt. Wortf. 18 (1962), 81—87.

[260] H. Knapp, Alt-Regensburgs Gerichtsverfassung, Strafverfahren und Strafrecht bis zur Carolina, nach urkundlichen Quellen dargestellt, Berlin 1914, 257.

[261] His, Strafr. MA II 73.

‚Versprechung einer *miete* mit Bestechungsabsicht'), mnd. *mêde, meide* (auch *mêde(l)gelt* ‚Bestechungsgeld'), mnl. *miede.* Der Terminus ist allgemein seit 13. Jh. belegt. Nd.-ndl. heißt ‚Bestechung annehmen' *mêde/miede nemen* (Lübeck *StR*, Stade 1276).

Nur einmal im Tatian ist die Zusammensetzung ahd. *mietscaz* ‚Bestechungsgeld' bezeugt, die genau dem ags. Terminus technicus für Bestechung, *mēdsceat* (§ 109), entspricht.

Jüngere Termini sind mnl. *gifte* (in Eidesformel: *dat en sal ic laten om gifte noch om mede,* Verdam 359) und mhd. *schenke* (15. Jh.). Unser *bestechen* ist erstmals 1470 österr. belegt.[262]

16. Ungehorsam

§ 399 Für Ungehorsam (gegenüber Ladung oder Urteil)[263] bestehen westgermanisch zwei unterschiedlich gebildete Gruppen technischer Bezeichnungen: 1. *un(ge)horsam, Un(ge)horsam,* Lehnübersetzung zu lat. *inoboediens*[264]; 2. *überhör(ich)*: aus dem Verb *überhören* (mhd. *überhœren,* mnd. *ōverhōren,* ags. *oferhīran,* mnl. *overhoren*) in der Bedeutung ‚nicht befolgen, mißachten' gebildet. Zum letztgenannten Typ gehört ags. *oferhīere, oferhīernesse* (§ 110) und afr. *ovirhêre, ovirhêrich, ovirhêr(ich)nisse* (§ 278). Er erscheint in deutschen Rechtsquellen überwiegend mnd. und mnl., daneben seltener alem. und vereinzelt bair.: mhd. *überhœre,* mnd. *ōverhōr(e)* (Hildesheim UB, Goslar 1281, Zürich 1324, Iglau 1368, 1400, bis 16. Jh. belegt); mhd. *überhœric,* mnd. *ōverhōrich,* mnl. *overhorich* (ndl. 1294, Dordrecht 1430, Goslar 1271, Stade 1276, Schaffhausen 1291); mhd. *überhœre,* mnd. *ōverhōre* ‚Ungehorsam' (Goslar 1281 u. ö., Zürich 1324, bis 16. Jh. belegt); mhd. *überhœrer* ‚der Ungehorsame' (Böhmen 1289, 1482, Indersdorf (bair.) 1476, Schweiz 1278). Nur mnl. sind *overhoornisse, overhoricheit* ‚Ungehorsam' bezeugt (vgl. die afr. und ags. Parallelen!).

Schon ahd. und ags. sind die Bildungen des ersten Typs belegt: ahd. *un(gi)hōrsam,* ags. *unhīersum* ‚ungehorsam' (mhd. mnd. *un(ge)hôrsam,* mnl. *on(ge)hoorsam*), ahd. *un(gi)hōrsamī, ungihōrisamida, unhōrsamōnti,* ags. *unhīersumness* ‚Ungehorsam' (mhd. *un(ge)hôrsame,* mnl. *ongehoorsame*); ferner mnd. *unhôrsāmicheit,* mnl. *on(ge)hoorsam(ic)heit.* Gewiß wird man, wie Betz a.a.O. schreibt, nicht annehmen können, „daß eine so charakteristische Fügung wie *hōrsam, hīersum* zweimal unabhängig voneinander gebildet sei." Er hält die ags. Wörter für die älteren. In die Rechtssprache haben die betreffenden (negierten) Bezeichnungen erst spät Eingang gefunden. Die ags. Rechtsquellen erwähnen sie nicht, im Deutschen belegt das RWbA *unhôrsam* nur mnd. (Stade 1276, sonst ab 1400), *ungehorsam* allgemein seit der zweiten Hälfte des 14. Jh.s,

[262] His, Strafr. MA II 72 Anm. 11.

[263] Brunner, RG ²II 604.

[264] W. Betz, Deutsch und Lateinisch, 1949, 140 f. Auch in: Maurer—Stroh, Dt. Wortgeschichte ²I, 142.

häufiger aber erst im 16. Jh.[265] Daraus muß man schließen, daß diese Wörter weniger technischen Charakter hatten; sie haben jedoch später den älteren westgerm. Typ *überhör(ich)* im Deutschen verdrängt.

17. Versäumnis

§ 400 Die häufigst belegten Bezeichnungen für Versäumnis, Vernachlässigung von Terminen, Pflichten, Leistungen sind Ableitungen von *(ver)säumen*: ahd. *sūmheit, sūmigheit, farsūmida*; mhd. *versûme(cheit), versûmheit, (ver)-sûmnisse, (ver)sûmmunge, sûminge*; mnd. *vorsûmenisse, (vor)sûmelheit, (vor)-sûminge, vorsûmelicheit, vorsûmenheit*; mnl. *(ver)sumelheit, versumelijcheit, (ver)sumenisse, versumentheit, versumicheit, versuminge* (vgl. afr. *ûrsûmia* und Ableitungen § 279).

Insgesamt überwiegen die *ver*-Ableitungen. Das zugrunde liegende Verb ist ahd. nur als *firsūmen*, aber mhd. *(ver)sûmen*, mnd. *(vor)sûmen*, mnl. *(ver)-sumen* belegt (häufig in allen Quellen). Die unpraefigierte Form erscheint nur bair.-alem. und am Oberrhein.

Häufig bezeichnet das Versäumen (besonders einer Frist) auch ahd. *fursizzan* (Muspilli 33: *den pan furisizzan* ‚das Aufgebot versäumen'), mhd. *versitzen*, mnd. *vorsitten* (u. a. *tins vorsitten* ‚Zins schuldig bleiben'), mnl. *versitten*. Dies ist der ältere westgerm. Terminus, vgl. ags. *forsittan* (§ 111), afr. *ûrsitta* (§ 279). Seltener ist mhd. *verligen, mnd. vorliggen (sik bî jâre und dage vorliggen* Mnd. Wb. I 866), mnl. *verliggen* (aber ahd. *furligen* ‚Ehebruch betreiben' s. o. § 370).

Einen besonderen Terminus für die Fahnenflucht (Versäumnis der Heerespflicht) kennen fränkische Kapitularien aus dem ausgehenden 8. Jh.: *harislit, herisliz* (RWb V 532). Die Bildung entspricht mnd. *dincslēte* (mit zahlreichen Varianten s. Mnd. Wb. I 432) ‚Störung des Gerichts durch Ungebühr oder frühzeitiges Verlassen' (u. a. Ssp., RWb II 992), entfernter auch aschw. *laghslit*, ags. *lahslit* (§ 25).

18. Verrat

§ 401 Verrat in seinen verschiedenen Formen (Landesverrat, Herrenverrat, Verrat an Privatpersonen)[266] bezeichnen zahlreiche Ableitungen von *verraten* (ahd. *forrāten*, mhd. *verrâten*, mnd. *vorrâden*, mnl. *verraden*,[267] vgl. ags. *forrǣdan* § 22, afr. *ûrrêda* § 280): mhd. *verrâtnisse, verrâtenschaft, verræterîe*; mnd. *vorrât(e)nisse, vorrêdernis, vorrâdinge, vorrêderî(g)e*; mnl. *verrade(r)nisse, verraetschap, verradicheit, verraderie.*

Das heutige *Verrat* (Rückbildung vom Verb) ist im Mittelalter noch nicht belegt. Häufig erscheint schon seit 13. Jh. die Täterbezeichnung mhd. *verrâter, verræter*, mnd. *vorrâder, vorrêder*, mnl. *verrader* (Ssp., Dsp., Stade 1276, vgl. afr. *ûrrêdere* § 280, ags. *forrǣda*? ‚traiter, plotter' Clark Hall 131).

[265] Auch meine eigenen Exzerpte ergaben nicht mehr Belege.

20. Rechtsweigerung

§ 402 Allgemein gilt hier das Verb ahd. *weigerōn*, mhd. *weigern*, mnd. mnl. *weigeren*, dazu die Abstraktbildung mhd. *weigerunge*, mnd. mnl. *weigeringe*. Dem Terminus Rechtsweigerung liegt die mhd. Wendung *rechtes weigern* zugrunde.

Ags. *forwiernan* (§ 113) und afr. *(fori)werna* (§ 281) entsprechende Termini fehlen dem Deutschen, vgl. nur as. *farwernian*.

Zur zeitlichen Schichtung und wortgeographischen Gliederung der westgermanischen und altdeutschen Rechtsterminologie

§ 403 Diese Auswertung verfolgt zunächst das Ziel, die in den drei Hauptteilen in einer sachlichen Gliederung dargestellte und untersuchte Rechtsterminologie einer westgermanisch wortgeographischen Betrachtung zu erschließen und sodann auf Grund dieser Zusammenstellungen auf die zeitliche Schichtung und wortgeographische Gliederung einzugehen. Dabei werden folgende Gruppen von Rechtswörtern herausgestellt: I. gemeinwestgermanische, II. kontinental(west)germanische, III. deutsche und IV. nordseegermanische. Bei der Fülle des Materials und der eingehenden Darstellung in den Hauptteilen mußte und konnte auf eine erneute Anführung aller Parallelen verzichtet werden. Die folgenden Vergleiche gehen vom III. Teil der Darstellung aus und verzeichnen — unter Verweis auf Teil I und II (§§ 14—281) — jeweils nur ein oder zwei deutsche Termini als Stichwörter. Wo in der Klammer ‚ags.' oder ‚afr.' ohne Paragraph-Angabe erscheint, sind die betr. Wörter gleichfalls im Zusammenhang der Altdt. Rechtsterminologie erstmals behandelt. Es sind Wörter aus vorher nicht berücksichtigten (ags.) nicht-juristischen bzw. (afr.) späten Quellen.

I. Gemeinwestgermanische Rechtsterminologie

Verzeichnet werden diejenigen Rechtswörter, welche ags., meist auch afr. sowie ahd. bzw. mhd. (daneben zum Teil auch as. mnd. mnl.) belegt sind. Die Aufstellung folgt in der Numerierung der sachlichen Gliederung in den Hauptteilen.

1. Ahd. *mein(tāt)*, as. *mên(gi)dâd* u. Abll. § 308 (ags. § 18, mhd. mnd. bes. literarisch); ahd. *firina*, *firintāt*, as. *firina*, *firindâd* u. Abll. § 308 (ags. § 19, afr. § 147); ahd. *palotāt*, as. *baludâd* § 309 (ags. *bealudǣd*, mhd. *balheit*); ahd. *ubil(tāt)*, as. *ubil* u. Abll. § 309 (ags. § 14 ff., afr. § 146, mhd. mnd. mnl.); ahd. *missitāt*, as. *misdâd* u. Abll. § 310 (ags. § 15, spätafr. § 145, mhd. mnd. mnl., meist untechnisch, fehlt bair.); ahd. *missetuon* (§ 310 (ags. § 28, spätawfr. § 145, mhd. mnd. mnl.); ahd. *fir-*

[266] His, Strafr. MA II 31—36.

[267] Die Bedeutung ‚verraten', ‚durch falsches Rat schädigen' ist schon im Simplex vorhanden: ahd. *an den līb rātan* ‚nach dem Leben trachten', auch in *anarāten* ‚verraten'.

wirken, as. *farwerkon* § 312 (ags. § 29, afr. § 156, mhd. mnd. mnl.); mnd. *vrēdebrāke* § 313 (ags.); ahd. *harm*, as. *harm-* § 316 (ags. *hearm-* § 22, spätafr. *herm-*, mhd. mnd. ostmnl., untechnisch); ahd. *scada* as. *skatho* u. Abll. § 316 (ags. § 22, afr. § 150, mhd. mnd. mnl.); ahd. *taren*, as. *derian* § 316 (ags. § 22, afr. § 153, mhd. mnd. mnl.); mhd. *hanttât* u. Abll. § 317 (vgl. ags. § 15. 41, afr. § 181 mnd. mnl.); ahd. *tuon*, as. *(gi)dôn* § 318 (ags. § 28, afr. § 150, mhd. mnd. mnl.); ahd. *brehhan*, as. *brekan* u. Abll. § 318 (ags. § 23, afr. § 154, mhd. mnd. mnl.); ahd. *untāt*, as. *undât* § 310 (ags. § 15, mhd. mnd. mnl.).

2. Ahd. *(gi)thank*, *unthankes* u. ä. § 323 (ags. § 33, afr. mhd. mnd. mnl.); ahd. *will(i)o*, as. *willio* § 323 (ags. § 32, afr. § 163 f.); langob. *haistan*, ahd. *hasteo* § 320 (vgl. afr. § 159 f., mnd. mnl.); as. *fargômilôson*, mhd. *vergâmlôsen* § 324 (ags. § 34, afr. § 165, bair. mnl.); ahd. *tarnigo*, as. *darno* § 325 (ags. § 36, afr. *dern-* § 167);

4. Ahd. *rāt*, as. *râd* u. Abll. § 329 (ags. § 41, afr. § 172, mhd. mnd. mnl.); ahd. *folleist*, as. *fullêsti* u. Abll. § 330 (ags. § 45, awfr. § 173, mnd. omd. bair.); ahd. *formōn*, as. *giformon* § 334 (ags. § 46); ahd. *firstān*, as. *farstandan* § 334 (ags. § 47, afr. § 174, mhd. mnd. mnl.).

5. Ahd. as. *slahan* ‚töten' § 337 (ags. § 49, afr. § 176, mhd. mnd. bis 14. Jh.); ahd. *(gi)tōten*, as. *bidôthian* § 337 (ags. § 50, afr. § 176, mhd. mnd. mnl.); ahd. *bifellen* § 337 (ags. § 50, aofr. § 176, mhd. mnd. mnl.); ahd. *manslaga*?, as. *manslag* § 338 (ags. § 51, afr. § 177, obd., bes. bair.); ahd. *manslaht(a)*, as. *manslachta* § 338 (ags. § 51, afr. § 177, mhd. mnd. mnl., bes. ndl. u. bair.); ahd. *māgslaht* u. ä. § 338 (ags. § 51); ahd. *slahta* § 338 (ags. § 51, afr. § 177); ahd. *slag(i)o* § 338 (ags. § 51); ahd. as. *manslago*, ahd. *manslekko* u. ä. § 338 (ags. § 52, nur obd.); ahd. as. *bano* § 340 (ags. § 53, afr. § 181); ahd. *mord*, as. *morth* § 341 (ags. § 56, afr. § 183, mhd. mnd. mnl.); ahd. **mordar*, *murdrjan* § 341 (ags. *morðor-* § 56);

6. Ahd. as. *fehtan* u. Abll. § 343 (ags. § 59, afr. § 188, bes. mnd. mnl. bair.); mhd. (obd.) *bluot(ver)giezen*, mnd. *blôtgêter* § 343 (ags. § 60); ahd. mhd. *werten* § 343 (ags. § 61, afr. § 198); ahd. *wunta*, as. *wunda* u. Abll. § 345 (ags. § 63, aofr. § 194, mhd. mnd. mnl.); mhd. *verwunden* § 345 (ags. § 63, mnd. mnl.); ahd. *tolk* § 345 (ags. untechnisch § 64, afr. § 192 f.); ahd. (bair.) *brewawunt(i)* § 346 (ags. § 63); ahd. (bair.) *ferhwunt* § 346 (ags., mhd.); mhd. (bair.) *durchelswunde*, mnl. *dorgaende wonde* § 348 (ags. § 67, afr. § 207); ahd. *slag* § 351, as. *slêk* (ags. *-slege*, afr. § 112 ff.); ahd. *lidiscarti*, *(ōr)scardi*, as. *skerd* § 355 (ags. § 62, afr. § 199, mhd. mnd.); ahd. *-halz*, as. *halt* § 356 (ags. § 74, afr. § 220, mhd. mnd. mnl.); ahd. as. *lam* u. verbale Abll. § 356 (ags. § 74, afr. § 225, mhd. mnd. mnl.);

7./8. Ahd. *brettan* § 358 (ags. § 76, afr. § 232); ahd. *huspruh* (bair.) § 361 (ags. § 80, afr. § 272 ff., mnd. mnl.), ahd. *fezzera*, as. *feteros* § 362 (ags. afr. § 238, mhd. mnd.); ahd. *bintan*, *band* § 362 (ags. § 81, afr. § 236 ff., mhd. mnd. mnl.); ahd. as. *bismer(-)* u. Abll. § 368 (ags. § 83);

9. Ahd. *huor* § 369 (ags., afr. § 252, mhd. mnd.); ahd. *forligen, forligiri*, as. *farlegarnesse* § 370 (ags. § 85); ahd. *mitesläf* § 370 (ags. § 85, mhd.); ahd. *nōtnāma* u. Abll. § 375 (ags. § 88, mhd.).

10. Ahd. *thiob*, as. *thiof* § 377 (ags. § 90, afr. § 259, mhd. mnd. mnl.); ahd. *thiuba* § 378 (ags. § 94, mnd. mhd.); ahd. *githiuben*, as. *githiovon* § 378 (ags. § 91, mhd. mnd.); mhd. (alem. bair.) *diubde* § 378 (ags. § 90, afr. § 259, mnd. mnl.); ahd. as. *stelan* § 380 (ags. § 91, afr. § 260, mhd. mnd. mnl.); ahd. *firstelan*, as. *farstelan* § 380 (ags. § 91, afr. § 260); ahd. *stala*, mnl. *stale* § 380 (ags. § 91); ahd. as. *fāhan* § 382 (ags. § 95 f., afr. § 260, mhd. mnd. mnl.); mhd. (bair.) *offen* § 382 (ags. § 38); ahd. *roub, roubare, roubōn*, as. *-rôf, rôbon* § 383 (ags. § 98, afr. § 261. 264 f., mhd. mnd. mnl.); ahd. *walaroub* § 385 (ags. § 99, mhd.); ahd. *scāh, scāhhāri* § 387 (ags. § 98, afr. § 262, mhd. mnd. mnl.); ahd. *nāma* § 388 (ags. mhd. mnd.); ahd. *nōtnāma, nōtnemo* u. a. § 388 (ags. § 98); ahd. **strud* § 389 (ags. § 98, mhd. mnd.); ahd. *feih(h)an*, as. *fêkan* § 391 (ags. § 101, afr. § 268, mhd.); ahd. *(bi)-swih* u. Abll. § 391 (ags. § 102, mhd. mnd. mnl.); mhd. *valsch* § 391 (ags. § 103, afr. § 269, mnd. mnl.); ahd. *prant* § 392 (ags., afr. § 270, mhd. mnd. mnl.);

13. ahd. *meineid*, as. *mênêth* § 396 (ags. § 107, afr. § 276, mhd. mnd. mnl.); mhd. mnd. *unmeine* § 396 (ags. § 107, afr. § 276); ahd. *fursweren*, as. *forswerian* § 397 (ags. § 107, afr. § 276, mhd. mnd., bes. mnl.); ahd. *meinswero* u. ä. § 397 (ags. § 107, mhd.).

15. Ahd. *mieta*, as. *mêda* (ags., afr. § 277, mhd. mnd., mnl.); ahd. *mietscaz* § 398 (ags. § 109).

16. Mhd. *überhœre*, mnd. *ōverhōre* u. Abll. § 399 (ags. § 110, afr. § 278, mnd. mnl., selten obd.).

17. Ahd. *fursizzan* § 400 (ags. § 111, afr. § 279, mhd. mnd. mnl.);

18. Ahd. *forrātan* u. Abll. § 401 (ags. § 22, afr. § 280, mhd. mnd. mnl.).

Die Mehrzahl dieser als gemeinwestgermanisch bezeichneten Rechtswörter ist auch nordisch u. z. T. gotisch bezeugt, d. h. es handelt sich hier um im wesentlichen gemeingermanische Wörter.[268]

Zahlreiche der hier angeführten Termini sind, wie in Teil III § 308—402 dargestellt wurde, mhd. mnd. mnl. ausgestorben bzw. nicht mehr (oder nur ganz selten) in rechtstechnischer Verwendung bezeugt. Die ahd. as. Sprachdenkmäler bezeugen hier die ältere germanische bzw. westgermanische Rechtsterminologie, welche in den meisten Fällen in den ags. und besonders den afr. Rechtsquellen besser erhalten und eindeutig in ihrer rechtssprachlichen Funktion belegt sind. Die eingehende Darstellung der ags. und afr. Rechtsterminologie erweist sich insofern bei der Erkennung von ahd. und as. Rechtswörtern in

[268] Darauf wird im 2. Band dieser Untersuchungen einzugehen sein, s. auch unten § 407.

Nicht-Rechtsquellen als nützlich.[269] Zu nennen sind hier vor allem die unter folgenden Stichwörtern angeführten Rechtswörter: *firina, mein(tāt), palotāt, tarnigo/darno, slachta, slahan* ‚töten‘, *bano, werten, tolk, (—)scardi, scerten, halz; brettan, fezzera, bismer, forligen, miteslāf, *strūd, feihhan.* Besonders hervorhebenswert sind solche Termini, welche nur ahd. (und z. T. mhd.) und ags., dagegen nicht as. afr. mnd. mnl. bezeugt sind: *māgslacht, slag(i)o, *mordar, hrewawunt(i), ferhwunt, ōrscardi, stala, walaroub, nōtnāma, notnemo, meinswero, mietscaz.* Hier ist an den Rändern des westgermanischen Gebiets Gemeinsames erhalten geblieben.

Auf den im weiteren Sinne nordseegermanischen Bereich zurückgedrängt sind die ursprünglich gemeinwestgerm. Termini mhd. *vechten* (in rechtstechnischer Verwendung), *diubde, überhœre,* ahd. *hast-.*

Der äußerste Südosten und Nordwesten, Baiern/Österreich und die Niederlande, erweisen sich als Reliktgebiete u. a. für (bair.-ndl.:) *vergâmlôsen, manslahta,* Bezeichnungen der Durchwunde, *hūspruh*; (bair.:) *manslac, manslago, hrewawunt(i), ferhwunt, offen*; (ndl.:) *fursweren.* Damit wird von seiten der historischen Rechtsterminologie bestätigt und ergänzt, was E. Kranzmayer nach dem Zeugnis der Mundarten für die Wochentagsnamen und zahlreiche Wörter aus dem Bereich der Landwirtschaft nachgewiesen hat.[270]

II. Kontinental(west)germanische Rechtsterminologie

§ 404 Unter dieser Bezeichnung fassen wir diejenigen Wörter zusammen, die afr. und ahd. oder mhd. (z. T. auch as. mnd. mnl.), dagegen nicht ags. bezeugt sind.

1. Mhd. *übergrîfen* § 311 (afr. § 155, mnd. mnl.); ahd. as. *(un)bewollen* § 312 (afr. § 158, mhd.); ahd. as. *lastar* ‚crimen‘ § 316 (awfr. § 150, mhd. mnd. mnl.); as. *farbrekan* § 318 (afr. § 155, mhd. mnd. mnl.); ahd. *lāga* u. Abll. § 321 (awfr. § 172, mhd. mnd. mnl.);
2. ahd. *unfirholan* § 325 (afr. § 167, mhd. mnd. mnl.); mhd. *nôtwer* § 326 (afr. § 170, mnd. mnl.); mhd. *offenbâr* § 325 (afr. § 168 f. mnd. mnl.);

[269] Hinweise auf die rechtliche Bedeutung einiger Wörter des Heliand gibt Vilmars Abhandlung ‚Deutsche altertümer im Hêliand als einkleidung der evangelischen geschichte‘, Marburg ²1862. — Für unseren Bereich unergiebig sind die Beiträge von E. Lagenpusch: Walhallklänge im Heliand, in: Festschr. O. Schade, Königsberg 1886, 135—153 (Ergänzungen zu Vilmar), Das germanische Recht im Heliand, Breslau 1894 (nur Verzeichnis der Rechtswörter im Heliand ohne Erörterungen, vgl. Rez. Stutz in ZRG GA 17 (1896), 154).

[270] Besonders E. Kranzmayer, Die bairischen Kennwörter und ihre Geschichte (= Österreichische Akademie der Wissenschaften), Wien 1960. Unter Bezug auf ältere, aus germanischer Zeit stammende Wundkategorien (Durchwunde, Hohlwunde, Unterscheidung von sichtbarer — unsichtbarer Wunde) hatte schon Schmidt, Medizinisches 74 auf solche Reliktgebiete hingewiesen: „Festgehalten wird die Erinnerung hieran überwiegend in den Rechtsaufzeichnungen aus dem Nordwesten auf der einen, aus dem Osten und Südosten des deutschen Gebiets auf der anderen Seite."

4. ahd. *helfa*, as. *helpa* § 331 (afr. § 173, mhd. mnd. mnl.); mhd. *hûsen und hoven* § 334 (afr. § 174, mnd. mnl.); mhd. *tôtslân* § 337 (afr. § 176, mnd. mnl.); mhd. *ze tôde slân* § 337 (afr. § 176, mnd. mnl.); mhd. *manslehtic* § 338 (afr. § 177, mnd. mnl.); mhd. *tôtslac* § 339 (spätawfr. § 180, mnd. mnl.); mhd. *morder* § 341 (spätawfr. § 185, mnd. mnl.);

6. mhd. *mit gewâfenter hant* § 344 (afr. § 189, mnl. omd.); mhd. *beinschrôt* § 348 (aofr. § 199, mnd.); mhd. *bluotruns(t)* § 349 (afr. § 208, mnd. mnl.: abweichende Bildungen); ahd. *halsslach* § 354 (afr. § 215, mhd. mnd.); mhd. *vûstslac* § 354 (afr. § 215, mnd. mnl.);

7./8. mhd. *wâtschar(te)* § 364 (afr. § 241, mnd.); mhd. (alem). *hertval* u. Abll. § 366 (aofr. § 246);

9. ahd. *ubarhuor* u. Abll. § 370 (afr. § 252, mhd. mnd. mnl.); mhd. *nœten, nôtegen* § 374 (afr. § 256, mhd.).

10. mhd. *diubec* § 379 (spätawfr. § 259, mnd.); mhd. *nahtdiebe* § 381 (afr. § 259, mnd. mnl.); mhd. *begrîfen* § 382 (afr. § 260, mnd. mnl.); ahd. *hrēroub* u. Abll. § 385 (afr. § 263, mhd. mnd. mnl.); mhd. *nahtroup* § 386 (afr. § 262, mnd. mnl.); ahd. *scāh* § 387 (afr. § 262, ags. nur *scēacere*, mhd. mnd. mnl.); mhd. (bair.) *schâchroup* § 387 (afr. § 262); mhd. (obd.) *übereren, -mæjen* § 390 (afr. § 266); mhd. *beschrôten* § 391 (vgl. afr. § 269, mnd. mnl.); mhd. *mortbrand* u. Abll. § 392 (afr. § 271, mnd. mnl., gemeingerm.); mhd. (bair.-ndl.) *nahtbrant* § 392 (afr. § 270);

11. mhd. *heimsuoche* u. Abll. § 393 (afr. § 273 ff., mnd. selten, ags. an. andere Wortbildung);

17. ahd. *firsūmen* u. Abll. § 400 (spätafr. § 279, mhd. mnd. mnl.).

Die Aufstellung der kontinentalwestgermanisch belegten Rechtswörter enthält im wesentlichen Neubildungen, die zumeist allgemein verbreitet sind. Sie lassen erkennen, in welch starkem Maße sich nach Abwanderung der Angeln, Sachsen und Jüten (?) die Rechtssprache des Kontinents weiterentwickelt und von der west- bzw. gemeingerm. Grundlage entfernt hat. Doch ist in einigen Fällen (sicher bei *scāh* und *mortbrant*) offensichtlich ein entsprechendes ags. Wort ausgestorben.

Bemerkenswert erscheint mir, wie sehr auch die afr. Rechtssprache an den Neuerungen Anteil hat. Hierzu sind die Ergebnisse Walters zu stellen, der in seinem vom Altfriesischen ausgehenden germanischen Wortschatzvergleich zu dem Ergebnis kam, daß „die summe der frs.-deutschen entsprechungen ... sicher fünfmal so groß [ist] als die der frs.-engl. und frs.-nord."[271] Doch ist hierbei zu berücksichtigen, daß Walter sämtliche altfriesischen Sprachzeugnisse, auch die stark vom Niederdeutschen beeinflußten spätafr. Texte verwertet hat, wodurch die Zahl der friesisch-deutschen Entsprechungen natürlich stark bestimmt ist.

[271] G. Walter, Der Wortschatz des Altfriesischen. Diss. München 1910.

Das Zeugnis der historischen Rechtsterminologie scheint mir deshalb für die Frage der Stellung des Afr. innerhalb des Westgermanischen beweiskräftiger als Walters absoluter Wortvergleich.

Gemeinafr. sind unter den kontinentalwestgerm. Termini: *(un)biwullen, ûrbreka, nêdwere* (bes. osterl.), *epenbêr, hûsia jefta hovia, to dâda slâ, dâd slâ, mit wêpneder hond* (bes. westerl), *blôdresene, halsslêk, wêdskerdene, ûrhôr, bigrîpa, (hrê(s)râf, nachtrâf, skâk(râf), morthbrond, ûrsûmia*. Von ihnen sind *epenbêr* und *ûrsûmia* u. Abll. jüngere Termini. Westerl. sind *ûrera* u. ä. *ûrmêth(a)*, sowie (wahrscheinlich junge Entlehnungen) *laster, lêge, dâdslach, thiûvig*. Zahlreich sind die hierher gehörigen nur osterl. belegten Rechtswörter: *ûrgrîpa* (R), *uneforhelen* (F), *monslachtich* (nur 6. K.), *bênskrêdene* (R), *erthfal, nêda, nêdgia* (R), *nachtthiûfthe* (Lr., K.), *nachtbrond* (K.), *hêmsêke(ne)*; jüngere Entlehnungen sind *hilpere* (R) und *folgia* (R).

Diese Befunde beleuchten noch einmal aus westgermanischer Sicht die Zweigliederung des Altfriesischen und die isolierte Stellung des westerlauwersschen Friesisch. Im Westen des fries. Sprach- und Rechtsgebiets sind so wichtige Termini wie *hêmsêke(ne), nêda, nêdgia* und *erthfal* nicht belegt. Auffällig ist auch, daß unter den osterl.-kontinentalwestgerm. Parallelen einige nur in R belegt sind.

Angesichts der osterl.-westerl. so unterschiedlichen rechtlichen Behandlung der Heimsuchung scheint mir eine Erklärung, die das Fehlen von *hêmsêke(ne)* im Westen (und der anderen genannten Termini) mit der späten Überlieferung der westerlauwersschen Rechtshandschriften begründet, nicht möglich. Eher ist hier an eine engere Verbindung des osterl. Gebiets mit den sächsischen Nachbarlanden zu denken.[272]

III. Deutsche Rechtsterminologie

§ 405 Wir verzeichnen hier aus Teil III der Darstellung jene Termini, die nicht ags. und afr. überliefert sind und nicht im folgenden Paragraphen über spezifisch nordseegermanischen Wortschatz zu nennen sein werden. Eine wortgeographische Erörterung der spätmittelalterlichen deutschen Rechtsterminologie liegt zwar nicht im Plan dieser Untersuchung, doch zeigen die folgenden, meist jungen Termini, wie stark die Veränderungen in der deutschen Rechtssprache des späten Mittelalters gewesen sind und wie weit diese sich von den älteren Grundlagen entfernt hat. Die Aufstellung gibt eine grobe landschaftliche Gliederung, um regionale Besonderheiten hervorzuheben.

a) (Althochdeutsch) — Mittelhochdeutsch —Mittelniederdeutsch — Mittelniederländisch

1. Mhd. *bôsheit* (zuerst alem.) § 309, ahd. *untât*, as. *undâd* u. Abll. § 310, mhd. *vridebreche* u. Abll. § 313, *ungerichte* § 315, ahd. as. *lastar* ‚blasphemia'

[272] Vgl. dazu auch § 407.

§ 316. 368, *hanttât* ‚Gewalttat' u. Abll. § 317, *übertreten* § 319, *mis(se)handelen* § 319; 2. *vrevellich* § 321, *mit berâtenem râte* § 322, ahd. *ruahhalōs* § 324, *verwarlôsen* u. Abll. § 324; 4. *helfe* § 331, *volge* § 332, *hûsen und herbergen* § 334; 5. *tôtslager* § 339, *mortlich* § 341, *(er)morden* § 341; 6. ahd. *pulslahi* (mnl. *buulslach*) § 351, *leme* (bes. obd.) § 356; 7. *swert-, mezzerzoge* § 358, mnl. *haerrop* (hd. *haarraufen*) § 359, *wegelâge* (fehlt obd.) § 360; 8. *hônsprâche* § 368, *scheltwort, schelten* § 368, ahd. *bisprāha* § 368; 9. *(ver-, be-)huoren, huorer* § 369, *nôtzoc, nôtzogen* § 373; 10. *dieplich, verdiuben* § 379, *hanthaft* (zuerst Ssp.) § 382, *rouberîe, roubec* § 383, *strâzroup* § 384, *betroc* § 391; 12. *ketzerîe* § 395, ahd. *zoupar* § 395, *vergift(nisse)* § 395; 16. *un(ge)hôrsam* u. Abll. § 399; 17. *verligen* § 400; 20. ahd. *weigerōn* § 402.

b) Mittelhochdeutsch — Mittelniederdeutsch

1. Mhd. *übervarn* § 319; 5. *ertœten* § 337; 6. *verletzunge* § 343; 7. *huorerîe* § 369; 10. *steler* § 377, *beroup* § 383.

c) Niederdeutsch — (Niederländisch) — Ostmitteldeutsch

1. Mnd. *ergeren* ‚schädigen' § 316, *gebrēk(e)* ‚Vergehen' § 318, *krenken* § 319, *vorunrechten* § 319; 2. *van ungeschicht* § 324, *schînbâr* § 325; 4. *mēdevolger* § 332 (auch wmd.), *in volge und in vērde* § 332, *sākewōlde* (u. mnl.) § 333, *hûsen und hēgen* § 334, *sterken* § 334; 6. *kamperwunde* u. ä. § 347, *backenslach* § 354; 7. *kerkenbrēkêre* § 361; 10. *mit der verschen dât* § 382.

d) Althochdeutsch

1. Ahd. *fratāt(īg)* § 311, *firtuon, firtān* § 311 (auch mhd.); 4. langobard. *hariscild* (noch mnd. omd.) § 335; 6. *hantslac* § 354; 7. *druoh* § 362; 8. *scelta* § 368; 9. *ubirligiri* u. ä. § 370; 10. *nōtnumft* ‚Raub' § 388. (Nicht aufgenommen sind die zahlreichen Hapaxlegomena der Leges, besonders der Lex Bai.)

e) Oberdeutsch

1. Mhd. *(un)getât* § 310, *unvuoc* (später auch mnd. omd.) § 315; 4. *selpschol* § 333, *hûsen und heimen* § 334; 6. *vliezende wunde* § 347; 10. ahd. *thiubheit* (bes. alem.) § 378, *diepstâl(e)* § 378, *hantgetât* § 382.

f) Oberdeutsch — Ostmitteldeutsch

1. Mhd. *unvuore* § 315, *unzuht* (auch Ssp.) § 315, *begân* (später mnd. mnl. afr.); 2. *geværde* (u. wmd.) § 321, ahd. *arglist* (später mnd.) § 321; 6. ahd. *irslahan* (auch Ssp.) § 337, *roufen* § 354; 9. *nôtnumft* ‚Notzucht' (bes. bair.) § 372.

g) Alemannisch

1. Mhd. *vrevel* ‚Vergehen', *vreveln* ‚Unrecht tun' (später allg. obd., md.) § 314; 5. *lîblôs tuon* § 337; 6. *bluotslac* § 352, *lemtac* § 356; 8. *beschalken* § 357, *(ver)warten* § 360, *schalcbære worte* u. ä. § 368, *hinderrede* § 368; 9. *zur unê, zu den unêren sitzen* § 371; 10. *diuben* § 379, *strâtmord* § 384, *nahtschâch* § 387.

h) Alemannisch — Westmitteldeutsch — (Niederländisch)

1. Mhd. *mistuon* § 310 (auch spätawfr.), *übergrif* § 311; 2. *ûfsaz* § 322 (u. mnl.); 6. *fridebreche wunde* § 347, *vûststreich* § 354; 8. *mis(se)handelen mit worten oder mit werken* § 357.

i) Bairisch

1. Mhd. *frais* (vgl. afr.) § 315; 6. *leibschade* § 343, *slechte, chlaine wunde* § 347, *pogwunde* § 348, *blâslac, bliuwât* § 353, *mûlslac* § 354, *lem* § 356; 8. *verbotene wort(e)* § 368; 9. *nôtzerren* § 373, *nôttwanc* § 373; 10. *schâchbrant* § 388.

Unter den mhd.-mnd.-mnl. Neuerungen (a) sind besonders beachtenswert und im wesentlichen in die heutige deutsche Rechtssprache eingegangen: *untât, lastar, helfe, volge, scheltwort, wegelâge, hanthaft, betroc, zoupar, vergift, un(ge)hôrsam,* die zumeist ältere Bezeichnungen verdrängt haben. Von den spezifisch oberdeutschen, besonders alemannischen Termini sind noch heute erhalten: *unvuoc, vrevel, übergrif, mistuon, begân, arglist, irslahan, diepstâl, missehandelen.* Deutlich läßt sich an den Gruppen (c) und (f) die Mischung mnd. und obd. Rechtswörter im ostmitteldeutschen Siedlungsraum beobachten. Kennwörter hierfür sind besonders *kamperwunde, mit der verschen dât* einerseits, *unzuht, nôtnumft, geværde, arglist* andererseits.

Die Zahl spezifisch landschaftlicher Rechtswörter erhöht sich erheblich, wenn man die jüngeren Rechtsquellen des 15. Jh.s hinzunimmt. In dieser Darstellung ist hierauf nur gelegentlich Bezug genommen worden.

Auch die Wechselbeziehungen von deutscher und lateinischer Rechtsterminologie wurden, da sie ein durchaus eigener Gegenstand sind, nicht behandelt. Diesen Bereich berührt W. Betz in seiner Untersuchung ‚Der Einfluß des Lateinischen auf den althochdeutschen Sprachschatz I. Der Abrogans' (1936). Er verzeichnet aus dem Sachbereich der Missetaten keine Enlehnungen oder Lehnbildungen und stellt allgemein fest: „Der einheimische Wortschatz ist beim Rechtswesen stärker als gewöhnlich vertreten" (S. 15), und später: „Mhd. ist von den Lehnübersetzungen und Lehnbildungen nichts mehr erhalten" (S. 16). Auch in seiner späteren Abhandlung ‚Deutsch und Lateinisch. Über die Lehnbildungen der Ahd. Benediktinerregel' (1949) nennt er (außer *gihörsam,* s. o. § 399) keine einschlägigen Lehnbildungen.

Einige der ahd. Rechtswörter sind nur im Tatian belegt: ***bismarōn, bismarida, bismarunga, firinfol, mietscaz, nōtbentlg, ubilwurhto.*** Sie haben sämtlich ags. und/oder afr., as. Parallelen, gehören also der gemeinwestgermanischen Rechtsterminologie an. Hier bestätigt sich in einem kleinen Ausschnitt das Urteil Braunes über die von Gutmacher[273] gesammelten, nur im Tatian belegten ahd. Wörter: „So wird also in der regel der abweichende wortschatz des T als altertümlich zu bezeichnen sein, altes gemeinwestgermanisches wortmaterial festhaltend."[274] In der Behandlung der ahd. Rechtsterminologie haben wir nur einen ersten Schritt getan: die Feststellung, welche gemeinwestgerm., kontinentalgerm. oder nur deutschen Termini belegt sind. Eingehendere Untersuchungen, die — im Sinne der Schrift Brinkmanns v. J. 1931 — ‚Sprachwandel und Sprachbewegungen in ahd. Zeit' im Bereich der Rechtssprache erforschen, dürften gewiß lohnend sein, besonders unter dem Gesichtspunkt, welche Texte Altes bewahrt haben, in welchen Neues auftritt und wo die Ausstrahlungszentren hierfür liegen.[275]

IV. Nordseegermanische Rechtsterminologie

§ 406 Wir verwenden den Begriff Nordseegermanisch im weiteren Sinne und verstehen darunter nur ags.-afr.-as.-(mnd.)-mnl. belegte Gemeinsamkeiten, d. h. ebenso gemeinsame Neubildungen wie erhaltene Relikte. In die folgende Zusammenstellung sind ferner nur regional erhaltene oder neugebildete Rechtswörter aus dem Nordwesten aufgenommen.

a) Altsächsisch — (Altfriesisch) — Angelsächsisch

1. As. ***mên(gi)werk, mênskatho, mênskuld*** § 308 (ags. § 18), ***firinwerk, firinsundia*** § 308 (ags. § 19), ***farwurht*** § 312 (ags. § 29), ***wam(dâd), wamskatho*** § 312 (ags. § 66), ***wâh*** § 312 (ags. § 26), ***tiono*** § 312 (ags., afr. § 206), ***liud-, thiodskatho*** § 316 (ags. § 22), ***(gi)fremmian*** § 318 (ags. § 30 f., afr. § 153); 5. ***(ā)quellian*** § 337 (ags. § 50), ***slegi*** § 338 (ags.), ***morthwerk*** § 341 (ags. § 56); 6. ***ordos endi eggia*** § 344 (ags., afr. § 171), ***wlitiwam*** § 346 (ags. § 66, afr. § 191), ***hôvidwunda*** § 348 (ags. § 63, afr. § 194, mnd. mnl.), ***ôrslag*** § 354 (ags., mnd.); 20. ***farwernian*** § 402 (ags. § 113, afr. § 281).

b) Altsächsisch — Altfriesisch

5. As. ***āslahan*** § 337 (afr. § 176), ***banethi*** § 340 (afr. § 181); 7. ***herubendi*** § 362 (afr. § 237).

[273] E. Gutmacher, Der Wortschatz des Althochdeutschen Tatian in seinem Verhältnis zum Altsächsischen, Angelsächsischen und Altfriesischen, in: PBB 39 (1914), 1—83.

[274] W. Braune, Althochdeutsch und Angelsächsisch, in: PBB 43 (1918), 361—445, Zitat S. 368.

[275] Wie ergebnisreich die ahd. Rechtswortgeographie sein kann, hat die Untersuchung von K. F. Freudenthal, Arnulfingisch-Karolingische Rechtswörter, 1949, zu drei Sinnbezirken aus dem Bereich des Gerichtswesens gezeigt.

c) Mittelniederdeutsch — Mittelniederländisch — (Altfriesisch) — Angelsächsisch

5. Mnd. *afslân* ‚töten' § 337 (ags. § 49); 6. *blôtrenne* u. ä. § 349 (ags., afr. § 208, mnl.); 10. *dûfte* § 378 (ags. § 90, afr. § 259, obd. Relikte); 16. *ōverhōre* u. Abll. § 399 (ags. § 110, afr. § 278, obd. Relikte).

d) Mittelniederdeutsch — Mittelniederländisch — Altfriesisch

1. Mnd. *quât* § 309 (afr. § 146. 251, auch mengl.), *misdâdich, misdâder* § 310 (afr. § 145, überwiegend nordseegerm.), *vorbōren* § 319 (afr. § 155); 2. *vōrrât* § 322 (afr. § 280), *an errem môde* § 323 (afr. § 159), *wanhōde* § 324 (spätafr.); 5. *bānen, bāninge* § 340 (spätafr.); 6. *bevechten* § 343 (afr. § 188), *duntslach* u. ä. § 352 (afr. § 212 ff. ags. *dynt* § 68), *blôdich eder blâw* u. ä. § 353 (afr. § 211), *lēmede* § 356 (afr. § 225, auch omd. ostfränk.); 7. *helde* § 362 (afr. § 237); 9. *nôtmunde* § 372 (afr. § 255; 10. *afstēlen* § 380 (afr. § 260), *afrôven* § 283 (afr. § 204).

e) Mittelniederdeutsch — Altfriesisch

1. Mnd. *vorlêsen* § 319 (afr. § 157), *vorvechten* § 319 (afr. § 188); 2. *mit vorbolgen môde* § 323 (afr. § 160); 6. *vechtelike sāken* § 343, *lamelse* § 356 (afr. § 225); 10. *unrôflik* § 383 (afr. § 264), *lantbrōke* § 390.

f) Mittelniederländisch — Altfriesisch — Angelsächsisch

5. Mnl. *morddaet* § 341 (ags. § 56, afr. § 183, vereinzelt mnd. mhd.); 6. *hamelinge* § 355 (ags. § 82, afr. § 222).

g) Mittelniederländisch — Altfriesisch

2. Mnl. *met haestiger hand* § 320 (afr. § 159 f.), *blickende daet* § 325 (afr. § 208); 7. *wapeldrink* § 367 (afr. § 248 ff.); 11. *huusstotinge* § 394 (afr. § 274).

h) Mittelniederdeutsch — Mittelniederländisch — (Niederrheinisch)

1. Mnd. *brōke* u. Abll. § 313 (vgl. auch ags. *-bryce*), *ōverdât* u. Abll. § 315, *(ge)walt* § 317 (u. ndrhein.); 2. *mit hast(e) môde* § 320, *wārlōse* § 324, *vōrsâte* § 331; 4. mnl. *medepleger* § 331, *in vlocke unde in vērde* § 366; 6. *wundinge* § 345, *sêr(e)* § 345, *blôtwunde* u. ä. § 349 (u. ndrhein.); 7. *messettōge* § 358 (u. moselfränk.), *hârtên(t)* § 359; 8. *quâde, vorkōren wōrde* § 368; 9. *ōverspel* § 371 (u. ndrhein.), *vercrachten* u. Abll. § 374 (u. ndrhein.); 10. *dûftlik* § 379, *(be)rôvinge* § 383, *schinden* u. Abll. § 384 (u. wmnd., wmd., ndrhein.), *veltschāde* § 390, *rôf unde brant stichten* § 392; 11. *hûssōkinge* ‚Hausfriedensbruch' § 393.

i) Mittelniederdeutsch

1. Mnd. *sülfwōlt* (omnd.), *selfgerichte* § 317; 2. *van ungerâde, van ungelücke* § 324, *unwāringe* u. ä. § 324; 4. *hȫvetman* § 333; 6. *eggehaft(ig)e wâpen* § 344, *vâr(e)wunde* § 346, *vleischwunde, vulkōmene wunde* § 347, *blôt unde blâ* (auch nord.) § 353, *afhou* § 355; 7. *hûsvrēdebrāke* § 368; 8. *bakwōrt* § 368; 9. *wîfnôt* § 372, *nôttocht* § 373, *entvȫren* § 375, *wîfrôf* § 375; 10. *misgrēpe* § 381.

k) Mittelniederländisch

1. Mnl. *kracht* § 317 (u. ndrhein.); 4. *meinake* u. Abll. § 331; 6. *sipende, wiekende, coorbare wonde* § 347; 9. *ontschaken* u. Abll. § 375; 10. *velt-, ackerroof* § 390.

Bei der Beurteilung der nordseegermanischen Rechtswörter soll hier nicht ins Detail gegangen werden. Welches Alter die einzelnen Termini besaßen und welchen Rang auf Grund der Häufigkeit des Vorkommens und der rechtlichen Bedeutung der bezeichneten Sache ist aus der Darstellung in den drei vorausgehenden Kapiteln ersichtlich, auf die jeweils verwiesen wird. Hier sei nur Wichtigstes hervorgehoben.

Die as.-ags. Übereinstimmungen (a) sind in der Mehrzahl keine Rechtswörter im engeren Sinne, sie zeigen die engen Beziehungen der Heliand-Sprache zum Ags.; alte Relikte sind jedoch *slegi* und *ôrslag* sowie (gleichfalls afr.) *ordos endi eggia, hôvidwunda, farwernian,* so auch die as.-afr. Parallelen (b). Die Zahl dieser Übereinstimmungen ist gewiß nur wegen der relativ wenigen as. Sprachzeugnisse so gering. Alte nordseegermanische Termini enthalten besonders die Gruppen (c), (d) und (f), wobei das Fehlen ags. Belege (f) nicht zu hoch zu bewerten ist, da im Ags. sicherlich manches ausgestorben oder nicht belegt ist. So ist nur mengl. *cwēd* entsprechend mnd. *quât* bezeugt. Nur im Bestimmungswort (*dynt*) ist die charakteristische Bezeichnung für den unblutigen Schlag (*duntslach*) erhalten; *duntslach* ist also eine spezifisch kontinental-nordseegerm. (tautologische) Weiterbildung. Ein nordseegerm. Kennwort innerhalb der Rechtssprache ist besonders *wlitiwam,* das ags. aus dem 6. Jh., as. und afr. aus dem Beginn des 9. Jh.s (Lex Sax., Lex Fris.) überliefert, jedoch nur afr. (*wlitewemmelsa*) in den mittelalterlichen Rechtsquellen bewahrt ist.

Charakteristisch sind auch die ursprünglich gemeinwestgerm., jedoch im Süden nur in Relikten bewahrten Bezeichnungen für Diebstahl, Ungehorsam und Beihilfe (mnd. *dûfte, overhȫre, vulleist*). Bemerkenswert ist — auch bei Annahme ags. ausgestorbener Rechtswörter — die große Zahl nur kontinental-nordseegerm. belegter Termini (d, e, g, h). Sie zeigen, in welchem Maße der Nordwesten des Kontinents nach Abwanderung der Angelsachsen weiter eine engere Kultur- und Sprachgemeinschaft darstellte. Die spezifisch mnd. und mnl. Rechtswörter (i, k) sind sämtlich jüngere, spätmittelalterliche Bildungen, die

Zeugnis ablegen von der weiteren Ausgliederung einer ursprünglichen Gemeinschaft und der Bildung neuer ausstrahlungskräftiger Kulturzentren.[276]

§ 407 In diesem Zusammenhang können wir erneut auf die § 298 angeführten ags.-afr. Parallelen zurückkommen. Vergleichen wir jene Liste mit den Aufstellungen gemeinwestgerm. und nordseegermanischer Rechtswörter, so wird ersichtlich, daß die überwiegende Mehrzahl der ags.-afr. Übereinstimmungen der altwestgerm. Schicht angehört. Unter den spezifisch nordseegermanischen ags.-afr. Parallelen finden sich einige gemeinafr., zahlreiche osterlauwerssche und einige nur in R belegte — jedoch keine spezifisch westerlauwersschen.

1. gemeinafr.-ags. Parallelen: *unwelde, unweldich* § 163 f.; *dâddel* § 179; *kâse* § 190; *wlitiwam, wlitewemmelsa* § 191; *dûstslêc* § 212 f.; *faxfang* § 223; *thiûfthe* § 259 (ursprüngl. gemeinwestgerm.); *ovirhêre* und Abll. § 278.

2. osterl.-ags. Parallelen: *âubêr* § 169; *epplik* § 118; *lidza ungulden* § 182; *morthdêde* § 184 (vereinzelt mhd.); *blôdrene* § 208; *hâ(v)edwunde* § 194; *homelinge* § 222.

3. rüstringisch-ags. Parallelen: *ûrstonda* § 174; *bênes biti* § 203; *instepi* § 207; *foriwerna* § 281.

Die angeführten Parallelen sind ags. z. T. nur in den ältesten Quellen des 6. bis 9. Jh.s belegt: *yppe* § 37 (Ine), *hēafodwund* § 63 (Af), *dynt* § 68 (Abt), *wlitiwam* § 66 (Abt), *cēas* § 69 (Abt, Af), *bēnes biti* § 72 (Abt), *feaxfang* § 77 (Abt). Vergleicht man für *dynt, wlitiwam, feaxfang* die Häufigkeit des Vorkommens im Afr. (*dûstslêc, wlitewemmelsa, faxfang*), so wird deutlich, wie gut sich in Friesland die alte nordseegermanische Rechtsterminologie erhalten hat. Die betreffenden Termini sind auch rechtsgeschichtlich bedeutsam, da sie die ursprünglich germanische Einteilung der Körperverletzungen bzw. Ehrenkränkungen repräsentieren, die z. T. (Haarzerren, Gesichtsverunstaltung) im Mittelalter aufgegeben wurde.

Die spezifisch nordseegermanischen ags.-afr. Parallelen (keine ahd. mhd. as. mnd. mnl. Belege) beleuchten ganz ähnlich wie im Bereich der gemeinwestgermanischen Rechtsterminologie (s. o. § 404) die Zweigliederung des afr. Sprach- und Rechtsgebiets, die Isolierung der westerlauwersschen Landschaften innerhalb des Nordseegermanischen. Andererseits enthalten die Rüstringer Rechtshandschriften auch hier spezifische terminologische Gemeinsamkeiten mit der ags. Rechtssprache. Die ags.-osterl. und besonders die ags.-rüstringischen Parallelen in der Rechtsterminologie bedürfen näherer Erklärung und Deutung.[277]

[276] Diese Termini sind nicht als nordseegermanisch zu bezeichnen, einige sind spezifisch ost- und/oder westfälisch.

[277] Vgl. dazu Verf., Angelsächsisch-altfriesische Beziehungen in der Rechtsterminologie für Missetaten. In: Festschrift W. J. Buma. 1972, 40—52. (Unter Einbeziehung altnordischer Zeugnisse.)

Vergleichen wir die afr. Rechtsterminologie mit der bisher als altwestgermanisch, kontinentalwestgermanisch und nordseegermanisch bestimmten, so verbleibt eine außerordentlich große Zahl spezifisch altfriesischer Rechtswörter, die zeigt, daß Friesland innerhalb der westgerm. Landschaften über Jahrhunderte ein in sich weitgehend abgeschlossenes Rechtsgebiet und eine relativ isolierte, konservative Sprachlandschaft gewesen ist. Doch müssen vor einer abschließenden Beurteilung der Stellung afr. Sprache und afr. Rechts die nordgermanischen Rechtsquellen untersucht werden.[278]

Die sprachlichen afr.-an. Beziehungen sind zuletzt von E. Schwarz und A. Feitsma behandelt worden,[279] mit den rechtlichen hat sich eingehend und als erster J. Ficker in seinen Untersuchungen zur Erbenfolge der ostgermanischen Rechte befaßt.[280] Er stellt das friesische Recht (neben dem langobardischen und warnischen) unter dem Namen ‚ostgermanisch' zu den skandinavischen und gotischen Rechten, eine These, die methodisch angegriffen aber bislang nicht widerlegt wurde.[281] Die Frage nach der Stellung der afr. Rechtsterminologie innerhalb der westgermanischen ist also erst nach einer Übersicht der germanischen Rechtsterminologie insgesamt zu beantworten.

Das gleiche gilt in noch höherem Maße für die Fragen der Gliederung bzw. Ausgliederung der germanischen Sprachen und der Bedeutung des Nordseegermanischen. Obwohl diese Abhandlung nicht zuletzt mit der Absicht begonnen wurde, die Gliederung der Germania im Spiegel der Rechtsterminologie zu untersuchen und obwohl die bisherige Darstellung, wie ich hoffe, hierzu bereits etwas beigetragen hat, erscheint es mir problematisch, allein auf Grund dieses I. westgerm. Teils zu der seit Wrede weitverzweigten und noch immer

[278] Gewicht ist dabei vor allem auch auf die dänischen Landskabslove zu legen, deren Wortschatz bisher nur in dem kleinen Glossar von G. G. V. Lund (Det ældste danske skriftsprogs ordforråd, København 1877) dargestellt ist, im wesentlichen jedoch noch nicht systematisch erfaßt wurde.

[279] E. Schwarz, Goten, Nordgermanen, Angelsachsen. Bern u. München. 1951, bes. 235 ff. — A. Feitsma, Sproglige berøringer mellem Frisland og Skandinavien, in: Sprog og Kultur 23 (1961), 97 ff. — Der Pionier in der Darstellung der kulturellen und sprachlichen nord.-fries. Beziehungen war E. Wadstein; s. besonders seine zusammenfassende Darstellung ‚On the Relations between Scandinavians and Frisians in Early Times' (Sagabook of the Viking Society for Northern Research, London 1933), und seinen letzten Beitrag ‚Zu den alten Beziehungen zwischen Friesland und Skandinavien' (It Beaken 2, 1940, 172 ff.). Berechtigte Einschränkungen gegenüber Wadstein machte C. Borchling, Die Friesen und der Skandinavische Norden, in: De Jepening fen de Fryske Akademy, Assen 1938, 56 ff. — Vom Wortschatz her hat G. Walter, Der Wortschatz des Altfriesischen S. 74, den Umfang der nord.-fries. Entsprechungen als ebenso hoch wie die engl.-fries. Entsprechungen eingeschätzt.

[280] J. Ficker, Untersuchungen zur Rechtsgeschichte I—VI. Innsbruck 1891—1904. Kritik und weitere Literatur bei Cl. v. Schwerin, Einführung in das Studium der germ. Rechtsgeschichte und ihrer Nebengebiete, Freiburg i. B. 1922, 125 ff. Dazu auch Amira-Eckhardt, Germ. Recht [4]1960, 203 ff.

[281] Am ausführlichsten kritisiert wurde Fickers methodischer Ansatz von Cl. v. Schwerin a.a.O.

kontroversenreichen Diskussion Stellung zu nehmen.[282] Gerade die von Löfstedt und Hyldgaard-Jensen aufgedeckten nordseegermanisch-nordischen[283] und von Maurer und Kolb festgestellten alemannisch-nordischen Wortschatzbeziehungen[284] zeigen, daß eine isolierte Betrachtung des Westgermanischen problematisch ist.

Obwohl sich unsere vorläufigen Ergebnisse zur Sonderstellung des Nordseegermanischen weitgehend mit denen Lerchners (aus anderen Sachbereichen) decken, scheint mir doch die Apodiktik, mit der Lerchner[285] auf der Grundlage seiner Befunde zur Forschung über die Gliederungsfrage Stellung nimmt, nicht berechtigt. Gerade ein Urteil über die von Kuhn vertretenen Anschauungen zu diesen Problemen läßt sich m. E. nur bei gebührender Berücksichtigung der nordischen Sprachen gewinnen.

Der Vergleich der Rechtsterminologie der Angelsachsen, Friesen und deutschen Stämme und der skandinavischen Völker und der Goten wird zu klären haben, ob alte Unterschiede im Bereich des Rechtswortschatzes bestehen, in welchem Umfang in der Germania Gemeinsames erhalten blieb, welches die Reliktgebiete sind, von wo Neuerungen ausgegangen sind und welchen Kreis der germanischen Stämme sie erfaßt haben.

V. Ergebnis

§ 408 Unter den genannten Vorbehalten lassen sich die Ergebnisse der vergleichenden Kapitel I—IV wie folgt zusammenfassen:

1. Die Terminologie der älteren westgermanischen Rechtsquellen in dem untersuchten Sachbereich ist in der Mehrzahl der rechtlich wichtigen Bezeichnungen einheitlich. Diese Gemeinsamkeiten sind jedoch vielfach nur relikthaft erhalten und werden im Laufe des Hoch- und Spätmittelalters von jüngeren Rechtswörtern landschaftlicher Prägung verdrängt. Reliktgebiete innerhalb des Westgermanischen sind der Nordwesten und Süden des Sprachgebiets, wobei dieser Eindruck jedoch auch durch die Überlieferungslage mitbestimmt ist. Gemeinsame Relikte finden sich zwischen ags. und obd. (besonders bairischen), auch zwischen bair. und ndl. Rechtsquellen. Am besten erhalten ist die westgermanische Rechtsterminologie innerhalb des Nordseegermanischen.

282 Die Forschungsgeschichte und den jüngsten Stand der Diskussion referieren ausführlich R. Schützeichel, Die Grundlagen des Westmitteldeutschen, Tübingen 1961, 3 ff. und G. Lerchner, Studien zum nordwestgermanischen Wortschatz, Halle 1965, 294 ff.

283 E. Löfstedt, Beiträge zur nordseegermanisch-nordischen Lexikographie, in: Nd. Mitt. 19/21 (1963/1965), 281—345; 22 (1966), 39—64; 23 (1967), 11—61. — K. Hyldgaard-Jensen, Rechtswortgeographische Studien I, 1964 (s. oben § 336. 344. 353).

284 F. Maurer, Nordgermanen und Alemannen. 1942, ^{2}1952. E. Kolb, Alemannisch-nordgermanisches Wortgut. Frauenfeld 1956.

285 G. Lerchner, Studien zum nordwestgermanischen Wortschatz, 294 ff.

2. Die Ausgliederung der germanischen Sprachen im Bereich der Rechtsterminologie erscheint als ein Vorgang, in dem sich verschiedene Tendenzen überschneiden. Neben der Erhaltung von ursprünglich Gemeinsamem weist das Nordseegermanische starke Eigenheiten auf, die sich nach Abzug der Angelsachsen bis ins hohe Mittelalter weiter ausgeprägt haben (kontinentalnordseegermanisch). Das Ags. hat an diesen keinen Anteil.

3. Neuerungen innerhalb des Kontinentalwestgerm., die vielfach schon ahd. belegt sind, reichen einerseits bis ins Afr., andererseits sondern sie Ober- und Mitteldeutschland vom Norden ab.

4. Mit dem Einsetzen der volkssprachigen Rechtsquellenüberlieferung im 13. Jh. steht die deutsche (bes. obd. und md.) Rechtsterminologie bereits völlig gewandelt und stark zersplittert da. Die sozialen und politischen Veränderungen seit dem 11./12. Jh. haben die (west)germanischen Grundlagen des Rechts und der Rechtsterminologie weitgehend aufgelöst.

5. Den altfriesischen Rechtsquellen des 9. bis 14. Jh.s kommt innerhalb der westgermanischen Rechtssprache zentrale Bedeutung zu. Sie haben einerseits die (west)germanische Grundschicht besonders gut bewahrt, ebenso frühe nordseegermanische Eigenheiten, die bis zur Zeit der Abwanderung der Angelsachsen zurückreichen; andererseits sind hier die jüngeren kontinental-nordseegermanischen Besonderheiten erhalten und darüber hinaus Einflüsse aus dem Süden aufgenommen. Trotz aller Konservativität und Eigenart, für die besonders die zahlreichen spezifisch fries. Termini sprechen, hat sich die Rechtsterminologie der Friesen jüngeren Sprachbewegungen und Einflüssen keineswegs verschlossen. In ihrer durch die Randlage Frieslands im Nordwesten des Kontinents ermöglichten Kontinuität der Entwicklung hat sie Ältestes erhalten und mit Jüngstem in charakteristischer Weise vereinigt.

Zusammenfassung

1. Objektbereich dieser Untersuchung ist der Rechtswortschatz im Bereich der Missetaten in den älteren westgermanischen Rechtsquellen. Unter *Missetaten* werden sämtliche strafrechtlichen Tatbestände verstanden. Die Terminologie dieses Bereichs umfaßt substantivische, attributive, verbale, syntaktische Ausdrucksformen. Als *ältere westgerm. Rechtsquellen* werden 1. die angelsächsischen Rechtsquellen des 7. bis 11. Jh.s, 2. die älteren altfriesischen Rechtsquellen des 9. bis 14. Jh.s, 3. die Leges Barbarorum des 7. bis 9. Jh.s sowie die älteren niederländischen, nieder- und hochdeutschen Rechtsquellen des 12. bis 14. Jh.s verstanden. Für den letztgenannten altdeutschen Bereich, dessen jüngere volkssprachige Rechtsdenkmäler nur sehr bedingt als germanische anzusprechen, jedoch wegen des Fehlens älterer Überlieferungen als Zeugnisse unentbehrlich sind, wurden ergänzend auch andere Quellen ausgewertet.

2.1. Das Untersuchungsziel dieser Abhandlung bestand zunächst darin, am Beispiel eines größeren Wortschatzbereichs die Probleme der Einheit und Ausgliederung der altgermanischen Sprachen zu behandeln. Hierfür wurden die Rechtsdenkmäler als die in komparatistischer Hinsicht geeignetsten Quellen ausgewählt. Damit war die Arbeit auf einen bisher sehr stiefmütterlich behandelten Objektbereich gerichtet, dessen Erforschung vielfältige neue Aufgaben stellte. Erstes Untersuchungsziel mußte die philologische Erfassung der Rechtsterminologie aus den Quellen und ihre Darstellung unter besonderer Berücksichtigung chronologischer und geographischer Gesichtspunkte sein. Daran schloß sich auswertend eine Charakteristik der Rechtssprache der einzelnen Rechts- und Sprachgebiete an, wobei speziellen Problemen nachgegangen werden konnte. Dabei erwies sich die altfriesische Rechtsterminologie als eine außerordentlich ergiebige Fundgrube. Ihr kommt nach meinen Ergebnissen eine Schlüsselposition für die Beurteilung sprachchronologischer und -geographischer Fragen in der Germania zu. Die Arbeit wurde, da sich dieses Kapitel stark ausgeweitet hatte, nach einer Übersicht über die altdeutsche Rechtsterminologie und einer ersten zusammenfassenden Darstellung zur Entwicklung der westgermanischen Rechtssprache vorläufig abgeschlossen. Die Fortführung der Untersuchung (nordgermanische Rechtsquellen und ostgermanische rechtssprachliche Zeugnisse) bleibt dem in Arbeit befindlichen 2. Band vorbehalten.

2.2. Mit der Auswahl eines sehr umfassenden Objektbereichs innerhalb der germanischen Rechtssprache, dessen Untersuchung nicht nur punktuelle, sondern — durch das Gewicht zahlreicher Belege — auch allgemeinere und beweiskräftige Schlüsse zuläßt, war zugleich die Behandlung spezifisch rechtsgeschichtlicher Fragen ausgeschlossen. Für die Rechtsgeschichte kann diese Monographie nur eine Vorarbeit sein; sie wird aber — so hoffe ich — einige langtradierte Irrtümer bezüglich der Quellenlage (bes. § 134 ff.) sowie der Einheit der germanischen Rechtssprache überwinden helfen.

2.3. Ziel der Abhandlung war es nicht zuletzt, die Bedeutung der germanischen Rechtsquellen für die Sprachforschung, insbesondere eine komparatistische, erneut sichtbar zu machen und den Zugang zu ihnen durch Ausführungen zur Quellenlage zu erleichtern.

3.1. Die Darstellungsweise ist insoweit durch die Untersuchungsziele bestimmt, als der chronologische und geographische Aspekt besondere Berücksichtigung fand. Neben dem Alter der Rechtswörter und dem Vorkommen in bestimmten Texten werden Frequenz, Bedeutung und Lehnbeziehungen eingehend behandelt. Um dies zu ermöglichen, wurde von der Darstellungsweise Grimms, Wildas und Amiras abgegangen, die sämtliche Zeugnisse der germanischen Rechtsterminologie unter ausschließlich sachlicher Gliederung zusammenführten. Statt dessen wurden die Hauptgebiete des Westgermanischen gesondert dargestellt. Erst dies Verfahren machte eine differenzierte Auswertung möglich. Zugleich wird damit — unabhängig von meinen Untersuchungszielen — eine auch für anders orientierte Forschungen geeignete Materialvorlage gegeben.

3.2. Das Gerüst der sachlichen Gliederung wurde an Hand des I. ags. Teils aufgestellt und mit wenigen Ergänzungen und Auslassungen auch im II. und III. Teil benutzt, um einen durchgängigen Vergleich zu ermöglichen. Dieser wird im übrigen durch vollständige Verweise im III. Teil (auf den I. und II.) hergestellt.

4. Im folgenden wird der Gang der Untersuchung unter Nennung der wichtigsten Ergebnisse skizziert.

4.1. *Einleitung* (S. 1—9): Einführung in Thematik, Zielsetzung und Methodik der Abhandlung: Aufgabenstellung mit Rücksicht auf die Problematik von Schlußfolgerungen aus vergleichenden lexikalischen Untersuchungen; Wert der germanischen rechtssprachlichen Überlieferung für sprachgeographische Forschung; das Verhältnis von Recht und Sprache; Forschungsstand zur germanischen Rechtssprache, daraus Begründung der Form der Darstellung; zum Verhältnis von Sprachforschung und Rechtshistorie.

4.2. *Angelsächsische Rechtsterminologie* (S. 10—78): Charakterisierung und Kritik von Textausgaben und Übersetzungen (§ 2 f.); Nachweis, daß die älteren ags. Gesetze trotz später Überlieferung und Wiedergabe in jüngerer

Laut- und Schreibform in lexikalischer und syntaktischer Hinsicht nahezu unverändert tradiert wurden (§ 4); Beschreibung der ausgewerteten Quellen (§ 5—11); Form der Darstellung (§ 12); Darstellung der ags. Rechtsterminologie (§ 13—115); Charakteristik der ags. Rechtssprache (§ 116—118), Darstellung der terminologischen Entwicklung durch Auflistung der Rechtstermini nach ihrem ersten Auftreten, zugleich Hinweis auf Entwicklung des Rechts (§ 116—121); Charakteristik einzelner Rechtsquellen (u. a. Unterschiede zwischen kentischer und westsächsischer Terminologie) unter besonderer Berücksichtigung nordischer Lehnwörter (§ 121—125); tabellarische Darstellung von Wortfamilien und isolierten Rechtswörtern (§ 129 f.).

4.3. *Altfriesische Rechtsterminologie* (S. 79—210): Probleme der Einbeziehung des Altfries. und der Quellenauswahl (§ 132 f.); Herausstellung der Bedeutung der afr. Rechtsquellen für die germanische Rechtsgeschichte und Rechtssprachforschung gegenüber früherer Fehleinschätzung (§ 134 f.); Situation der Quellenedition (§ 135); zur Herkunft der afr. Rechtshandschriften: Begründung möglicher landschaftlicher Zuweisung unter Einbeziehung der wortgeographischen Ergebnisse der Untersuchung (§ 136—140); Form der Darstellung (§ 141 f.); ausführliches Verzeichnis der Quellen nach Codices und Texten (§ 143); Wert der volkssprachigen Termini in der Lex Frisionum für die afr. Rechtssprache (§ 144); Darstellung der afr. Rechtsterminologie (§ 145—281); Nachweis einer osterlauwerssch-westerlauwersschen Gliederung des Afr. auf Grund wortgeographischer Kriterien (§ 283); Nachweis, daß wesentliche, besonders häufig belegte westerl. Termini der ältesten Schicht der afr. Rechtsterminologie angehören, die osterl. nur mehr relikthaft belegt ist (§ 284); das Alter der westerl. Bußtaxen ist den Allgemeinen Bußtaxen gleichzusetzen (§ 285); die Lauwers als Rechts- und Kulturgrenze (§ 286); Nachweis, daß die Allgemeinen Bußtaxen als osterl. Text anzusehen sind (§ 287); Darstellung der Entlehnungen aus den Allg. Bußt. in den westerl. Bußtaxen (§ 288); osterl. Rechtswortgeographie: Übereinstimmungen zwischen Hss. H und E, H F und E, Sonderstellung von R, von F, Besonderheiten von E_{1-3}, B (§ 289—292); Westerl. Rechtswortgeographie: Westergoer und Ostergoer Bußtaxen (§ 293); Nachweis, daß die 24 Landrechte, Wenden zur 17. Küre und vielleicht auch 17 Küren ursprünglich osterl. Texte sind (§ 295 f.); Hinweis auf Altersschichtung und Lehnbeziehungen in bestimmten Quellen (§ 296 f.); Ags.-afr. Parallelen: ags.-rüstringische Parallelen, enge Beziehungen zwischen osterl. und ags. Rechtsterminologie, isolierte Stellung der westerl. Rechtssprache (§ 298); Hinweis auf Parallelität zwischen wortgeographischen Beobachtungen und der Filiation der Handschriften (§ 299).

4.4. *Altdeutsche Rechtsterminologie* (S. 211—290): Skizzierung der im Vergleich zum Ags. und Afr. dürftigen Quellenlage und ihrer Erforschung, Quellenauswahl (§ 300—304); Form der Darstellung: Übersicht ohne Belegangabe unter Einbeziehung jüngerer Quellen nach den Sammlungen des Rechtswörterbuch(archiv)s sowie ergänzender Belege aus ahd. und as. Literatur und Glossenwerken (§ 305); zur Rechtsterminologie der Malbergischen Glossen: fast keine mit sonst bezeugter westgerm. Rechtsterminologie übereinstimmende Belege, was bisherige Anschauungen über Wert und Herkunft der Malberg. Glossen fragwürdig macht (§ 306); Darstellung der altdt. Rechtsterminologie mit vollständigem Verweis auf Teil I und II (§ 307—402); Auswertung von Teil I—III unter sprachgeographischem Aspekt: Zuweisung der Rechtswörter zu vier Gruppen: gemeinwestgermanische (§ 403), kontinentalwestgermanische (§ 404), deutsche (§ 405) und nordseegermanische Rechtsterminologie (§ 406) mit anschließender Darstellung der Entwicklung und regionalen Ausgliederung der Rechtssprache im westgerm. Bereich; Wiederaufnahme des Problems ags.-afr. Beziehungen aus westgerm. Sicht (§ 407); kurze Zusammenfassung der in § 402—407 gewonnenen Ergebnisse (§ 408).

Literaturverzeichnis

Ahlsson, Abstraktb. = Ahlsson, L.-E., Altfriesische Abstraktbildungen. Uppsala 1960.

Ahlsson, L.-E., Studien zum ostfriesischen Mittelniederdeutsch (= Acta Universitatis Upsalensis. Studia Germanica Upsaliensia 2). Uppsala 1964.

Algra, Tektsfiliatie = Algra, N. E., De tekstfiliatie van de 17 keuren en de 24 landrechten. Een voorbereidend onderzoek (= Mededelingen van het Rechtshist. Instituut der R.U. te Groningen Nr. 4). In: Estrikken XXXIX, Grins [Groningen] 1966.

Amira, K. von, Grundriß des Germanischen Rechts (= Grundriß der Germ. Philologie 5). 3., verb. u. erw. Aufl. Straßburg 1913.

Amira-Eckhardt, Germ. Recht = Amira, K. von, Germanisches Recht. 4. Aufl. bearb. v. K. A. Eckhardt (= Grundriß d. Germ. Phil. 5/1). I. Rechtsdenkmäler. Berlin 1960. II. Rechtsaltertümer 1967.

Apeldoorn, L. J. van, Inleiding tot de studie van het Nederlandsche recht. Zwolle [4]1939.

Århammar, D., Friesische Dialektologie. In: Festschrift f. W. Mitzka (= ZMF Beihefte N.F. Nr. 5). Wiesbaden 1968, 264—317.

Århammar, N., Nordische Lehnwörter und lexikalische Stützung im Nordfriesischen. In: Verhandlungen des II. Internationalen Dialektologenkongresses. Bd. I Wiesbaden 1967, 31—45.

Åsdahl-Holmberg, M., Der Harffer Sachsenspiegel v. J. 1295. Lund 1957.

Attenborough, F. L., The Laws of the Earliest English Kings (= Laws and Statutes I). Cambridge 1922.

Augsburg StR = Das Stadtrecht von Augsburg, insb. das Stadtrecht von 1276, hg. u. erläutert Chr. Meyer. Augsburg 1872.

Baesecke = Baesecke, G., Die deutschen Worte der germanischen Gesetze: In: PBB 59 (1935), 1—101.

Baesecke, G., Vor- und Frühgeschichte des deutschen Schrifttums. I—II, Halle 1940, 1950.

Balon, J., Jus Medii Aevi 3. Traité de droit salique. Etude d'exégèse et de sociologie juridiques. Tomes XIII. Namur 1965.

Balon, J., Porpos sur le Malberg. Les Frances et la Civilisation Latine. Namur 1966.

Bateson, M., Borough Customs (= Publications of the Selden Society 18,21). 2 vols. London 1904, 1906.

Berge UB = Urkundenbuch des Klosters Berge bei Magdeburg, bearb. H. Holstein (= Geschichtsquellen d. Provinz Sachsen). Halle 1879.

Berth. v. Regensb. = Berthold von Regensburg, Deutsche Predigden, hg. Pfeiffer u. Strobl, 2 Bde. Wien 1862.

Betz, W., Der Einfluß des Lateinischen auf den Althochdeutschen Sprachschatz. 1. Der Abrogans (= Germanische Bibliothek 2. Abtl. Bd. 40). Heidelberg 1936.

Betz, W., Deutsch und Lateinisch. Die Lehnbildungen der althochdeutschen Benediktinerregel. Bonn 1949.

Beyerle, Gesetze der Langobarden = Die Gesetze der Langobarden, übertr. u. bearbeitet v. F. Beyerle, mit einem Glossar v. I. Schröbler. Weimar 1947.

Beyerle, F., Leges Langobardorum, mit einem Glossar v. I. Schröbler (= Germanenrechte N.F. Westgerm. Recht Bd. 9). Witzenhausen [2]1962.

Beyerle, F. und Buchner, R., Lex Ribvaria mit germ. Glossar von I. Schröbler (= MGH Leg. nat. germ. III,2). Hannover 1954.

Bischoff, K., Zur Sprache des Sachsenspiegels von Eike von Repgow. In: ZMF 19 (1943/44), 1—80.

Blesken, H., Das Deutsche Rechtswörterbuch. Historischer Standort, Aufgabe und Probleme. In: Forschungen und Fortschritte 41 (1967), 181—186.

BMZ = Benecke, G. F., Müller, W., Zarncke, F., Mittelhochdeutsches Wörterbuch. 3 Bde. in 4 Teilen. Leipzig 1854—1861 (Nachdruck 1963).

Boeles, P. C. J. A., Friesland tot de 11. eeuw. Zijn oudste beschaving en geschiedenis. Den Haag 1927, [2]1951.

Bolland, J., Hamburger Burspraken (= Veröff. aus dem Staatsarchiv d. Freien u. Hansestadt Hamburg Bd. VI, 1—2). Hamburg 1960.

Borchling, C., Die alten Rechtsquellen Ostfrieslands (= Abhandlungen und Vorträge zur Geschichte Ostfrieslands H. 5). Aurich 1906.

Borchling, C., Die niederdeutschen Rechtsquellen Ostfrieslands. I. Die Rechte der Einzellandschaften (= Quellen zur Geschichte Ostfrieslands I). Aurich 1908.

Borchling, C., Poesie und Humor im friesischen Recht (= Abhandlungen u. Vorträge zur Geschichte Ostfrieslands H. 10). Aurich 1908.

Borchling, C., Wörterverzeichnis zu dem hamburgischen Stadtrecht von 1497. Hamburg 1917.

Borchling, C., Die Friesen und der skandinavische Norden. In: De Jepening fen de Fryske Akademy, Assen 1938, 56—75.

Borchling, C. und Muus, R., Die Friesen. Breslau 1931.

Bos — van der Heide, H., Het Rudolfsboek (= Friesch-Saksische Bibliotheek III). Assen 1937.

Bosworth, J. und Toller, T. N., An Anglosaxon Dictionary. Oxford 1898 (unveränd. Nachdruck 1954). Supplement by T. N. Toller. Oxford 1921 (unveränd. Nachdruck 1955). (Abgekürzt BT und T.)

Braune, W., Althochdeutsch und Angelsächsisch. In: PBB 43 (1918), 361—445.

Bremer, O., Zu v. Richthofens altfriesischem Wörterbuch. In: PBB 17 (1893), 303—146.

Brie, M., Angelsächsische Bezeichnungen für Zauber (= Englische Studien H. 41). Leipzig 1909.

Brinkmann, H., Sprachwandel und Sprachbewegungen in althochdeutscher Zeit. Jena 1931.

Bruckner, W., Die Sprache der Langobarden (= Quellen u. Forschungen Bd. 75). Straßburg 1895.

Brunner, H., Abspaltungen der Friedlosigkeit. In: ZRG GA 11 (1890), 62—100.

Brunner, H., Über absichtslose Missetat im altdeutschen Strafrechte. In: Sitzungsber. der Berliner Akad. d. Wiss. 1890. (Auch in: Forschungen zur Gesch. d. dt. u. frz. Rechts 1894, 487 ff.).

Brunner, H., Geschichte der englischen Rechtsquellen im Grundriß. Leipzig 1909.

Brunner, H., Zum ältesten Strafrecht der Kulturvölker. Germanisch. In: Zum ältesten Strafrecht der Kulturvölker. Fragen zur Rechtsvergleichung, gestellt von Th. Mommsen, beantwortet von H. Brunner, B. Freudentahl u. a. Leipzig 1905, 53 ff. (Auch in: Abhandlungen z. Rechtsgesch., hg. K. Rauch II, 520—533).

Brunner, H., Abhandlungen zur Rechtsgeschichte. Gesammelte Aufsätze, hg. K. Rauch. I—II. Weimar 1931.

Brunner, RG = Brunner, H., Deutsche Rechtsgeschichte, I. Bd. 2. Aufl., Leipzig 1906. II. Bd. 2. Aufl., neubearb. v. Cl. Frh. v. Schwerin. München u. Leipzig 1928.

Buchner, R., Die Rechtsquellen. Beiheft zu Wattenbach-Levison, Deutschlands Geschichtsquellen im Mittelalter. Vorzeit und Karolinger. Weimar 1953.

Buijtenen, M. P. van, De Leppa. Dokkum 1944.

Buijtenen, M. P. van, De grondslag van de Friese vrijheid. Itkeften fan de Fryske Akademy XIV. Assen 1953.

Buma, W. J., Die Brokmer Rechtshandschriften (= Oudfriese Taal- en Rechtsbronnen V). 's-Gravenhage 1949.
Buma, W. J., Het tweede Riustringer handschrift (= Oudfriese Taal- en Rechtsbronnen VIII). 's-Gravenhage 1954.
Buma, W. J., De eerste Riustringer codex (= Oudfriese Taal- en Rechtsbronnen XI). 's-Gravenhage 1961.
Buma, W. J., Aldfryske Houlikstaspraken. Assen 1957.
Buma, W. J., Jus Municipale Frisonum (= Oudfriese Taal- en Rechtsbronnen XIV). (In Vorbereitung.)
Buma, W. J. und Ebel, W., Das Rüstringer Recht (= Altfriesische Rechtsquellen. Texte und Übersetzungen Bd. 1). Göttingen 1961.
Buma, W. J., Ebel, W., Das Brokmer Recht (= Altfriesische Rechtsquellen. Texte und Übersetzungen Bd. 2). Göttingen 1965.
Buma, W. J. und Ebel, W., Das Emsiger Recht (= Altfriesische Rechtsquellen. Texte und Übersetzungen Bd. 3). Göttingen 1967.
Buma, W. J. und Ebel, W., Das Hunsingoer Recht (= Altfriesische Rechtsquellen. Texte und Übersetzungen Bd. 4). Göttingen 1969.

Campbell, A., Old English Grammar. Oxford [2]1962.
Cannaert, J. B., Bijdragen tot de kennis van het oude strafrecht in Vlaenderen, verrykt met vele tot dusverre onuitgegevene stukke. Gent [3]1835.
Caspar, C. J., Darstellung des strafrechtlichen Inhaltes des Schwabenspiegels und des Augsburger Stadtrechts. Diss. Berlin 1892.
Chadwick, H. M., The Origin of the English Nation. New Haven 1917, [2]1920.
Clark Hall, J. R., A Concise Anglo-Saxon Dictionary, with a Supplement by H. D. Meritt. Cambridge [4]1960.
CoutBiervliet = Coutumes des petites villes et seigneuries enclavées I. p.p. Gilliodts van Severen. 6 vols. Bruxelles 1890 ff.
CoutFurnes = Coutumes de la ville et chatellenie de Furne. p.p. L. Gilliodts van Severen. 4 vols. Bruxelles 1896 ff.
CoutLombarside = Coutumes de Lombardside, Loo et Poperinghe, p.p. L. Gilliodts van Severen. Bruxelles 1902.
CoutWatervliet = CoutPetVilles 5.
Cropp, F., Über den Diebstahl nach dem älteren Recht der Freien Hansestädte Hamburg, Lübeck und Bremen. In: Hudtwalkers u. Trummers criminalistische Beiträge II (1825), 1 ff., 233 ff.

Dahlberg, T., Mittelniederdeutsche Suffixabstrakta. Lexikalische und wortgeographische Randbemerkungen (= Göteborger Germanist. Forschungen. 6). Göteborg 1962.
Dirr, P., Denkmäler des Münchener Stadtrechts (= Bayr. Rechtsquellen, hsg. v. d. baiyer. Kommission f. Landesgesch.). Bd. I 1158—1403. München 1934, Register u. Erläuterungen 1936.
Dortmund Stat. = Dortmunder Statuten und Urteile, hg. F. Frensdorff. Halle 1882.
Dreyer, J. C. H., Antiquarische Anmerkungen über einige in dem mittleren Zeitalter in Teutschland und im Norden üblich gewesene Lebens-, Leibes- und Ehrenstrafen. Lübeck 1792.
DWb. = Deutsches Wörterbuch, begr. von J. und W. Grimm. 16 Bde. Leipzig 1854 bis 1954.

Ebel, W., Geschichte der Gesetzgebung in Deutschland. Göttingen [2]1958.
Ebel, W., Die Vorsate. In: Forschungen zur Geschichte des lübischen Rechts I (1950), 30 ff.
Ebel, W., Jacob Grimm und die deutsche Rechtswissenschaft (= Göttinger Universitätsreden Nr. 41). Göttingen 1963.

Eckhardt, K. A., Germanisches Recht s. Amira-Eckhardt.

Eckhardt, K. A., Die Gesetze des Karolingerreiches (714—911). III. Weimar 1934.

Eckhardt, K. A., Lex Salica. 100 Titel-Text (= Germanenrechte N. F. Westgerm. Recht). Weimar 1953.

Eckhardt, K. A., Pactus Legis Salicae (= Germanenrechte N. F. Westgerm. Recht) I Einführung und 80 Titel-Text, II, 1 65 Titel-Text, II, 2 Einführung und 80 Titel-Text. Göttingen 1954, 1955, 1956.

Eckhardt, K. A., Sachsenspiegel. 2 Bde. Landrecht, Lehnrecht. Göttingen ²1955, ²1956.

Eckhardt, K. A., Sachsenspiegel. Die Quedlinburger Handschrift (= MGH Font. ius. Germ. Ant. N. S. VIII). Hannover 1966.

Eckhardt, K. A., Leges Anglo-Saxonum 601—925. (= Germanenrechte N. F. Westgermanisches Recht). Göttingen 1958.

Eckhardt, K. A., Das Dithmarscher Landrecht v. J. 1477, nach der Ausgabe von A. L. J. Michelsen herausgegeben (= Germanenrechte Bd. 16). Witzenhausen 1960.

Eckhardt, K. A., Schwabenspiegel (Kurzform) (= MGH Font. iur. germ. ant. N. S. IV Pars I). I—II. Hannover 1960—1961.

Eckhardt, K. A. Leges Alemanorum (= Germanenrechte NF). I—II. Hannover 1958 bis 1960.

Eckhardt, K. A. und Hübner, A., Deutschenspiegel mit Augsburger Sachsenspiegel und ausgew. Artikeln der obd. Sachsenspiegelübersetzung (= Font. iur. Germ. ant. N. S. III.). Hannover ²1933.

Ed. Rothari = Edictus Rothari, s. Beyerle, Die Gesetze der Langobarden.

Encyclopedie van Friesland, hoofdredactie J. H. Brouwer, redactieraad J. J. Kalma, W. Kok, M. Wiegersma, uitgegeven onder auspiecien van de Fryske Akademy. Amsterdam u. Brüssel 1958.

Fairbanks, S., The Old West Frisian Skeltana Riucht. Cambridge (Mass.) 1939.

Feenstra, R., Römisches Recht und Kaiserrecht. In: Philologia Frisica 1956, 26—35.

Fehr, H., Das Recht in der Dichtung. Bern 1931.

Fehr, H., Die Dichtung des Mittelalters als Quelle des Rechts. In: Festschrift K. Haff 1950, 62—66.

Ficker, Julius, Über nähere Verwandtschaft zwischen gothisch-spanischem und norwegisch-isländischem Recht (= Mitt. des Instituts f. österreich. Geschichtsforschung II Erg.bd.) Innsbruck 1887.

Ficker, J., Untersuchungen zur Erbenfolge der ostgermanischen Rechte (= Untersuchungen zur Rechtsgeschichte) Bd. I—VI. Innsbruck 1891—1904.

Fockema-Andreae, S. J., Overzicht van Oud-Nederlandsche Rechtsbronnen. 2. dr. door A. S. de Blécourt. Haarlem 1923.

Fockema-Andreae, S. J., Über den Ursprung der niederländischen Rechte mit Rücksicht auf ihre Stammeszugehörigkeit. In: ZRG GA 30 (1909), 1—17.

Foerste, W., Der römische Einfluß auf die germanische Fesselungs-Terminologie. In: Frühmittelalterliche Studien I. Berlin 1967, 186—199.

Fokkema, K., De tweede Emsinger codex (= Oudfriese Taal- en Rechtsbronnen VII). s'-Gravenhage 1953.

Fokkema, K., De derde Emsinger codex (= Oudfriese Taal- en Rechtsbronnen X). 's-Gravenhage 1959.

Fokkema, K. und Galama, E., De Oude Druk (= Oudfriese Taal- en Rechtsbronnen XIII). (In Vorbereitung, Text im Druck).

Francke, O., Das Verfestigungsbuch der Stadt Strahlsund, mit einer Einleitung von F. Frensdorff (= Hansische Geschichtsquellen Bd. 1). Halle 1875.

Frederiks, Oud-Nederl. Strafr. = Frederiks, K. S., Het Oud-Nederlandsch Strafrecht. Haarlem 1918.

Freiberger StR = Freiberger Stadtrecht, hg. H. Ermisch. Leipzig 1889.

Freudenthal, K. F., Arnulfingisch-Karolingische Rechtswörter. Eine Studie in der juristischen Terminologie der ältesten germanischen Dialekte. Göteborg 1949.
Friese, Strafr. Sachsensp. = Friese, V., Das Strafrecht des Sachsenspiegels (= Untersuchungen z. Dt. Staats- und Rechtsgesch. 55. H). Breslau 1898.

Gallée, J. H., Vorstudien zu einem altniederdeutschen Wörterbuche. Leiden 1903.
Gengler, H. G. Ph., Deutsche Stadtrechte des Mittelalters, teils verzeichnet, teils vollständig oder in Probeauszügen mitgeteilt. Nürnberg 1866 (Neudruck Aalen 1964).
Gerbenzon, P., Codex Parisiensis (= Oudfriese Taal- en Rechtsbronnen IX). 's-Gravenhage 1954.
Gerbenzon, P., Exzerpta legum. Groningen, Djakarta 1956.
Gerbenzon, P., De Hunsinger Kerren fan 1252. In: Fryske stikken ut codex Furmerius, Estrikken XXXIII (Groningen o. J.), 3—18.
Gerbenzon, P., Friese rechtstaal en vreemde recht. Groningen 1958.
Gerbenzon, P., Zeer voorlopige lijst van de belangrijkste middeleeuwse rechtsbronnen uit het grootfriese gebiet tussen Vlie en Wezer. (Hektographiertes Ex. des Fries Instituut, Groningen).
Gerbenzon, P., Kanonisches Recht in den friesischen Rechtsquellen. In: Philologia Frisica 1956, 35—44.
Gerbenzon, P., Buma, W. J. u. a., Fryske stikken ut codex Furmerius in rige foarstúdzjes fan Grinzer en Uterter frisisten. In: Estrikken XXXIII—XXXIV.
Geschiedenis van Friesland, onder redactie van J. J. Kalma, J. J. Spahr van der Hoek, K. de Vries. Drachten 1968.
Goebel, J., Felony and Misdemeanor. A Study of English criminal procedure. New York 1923.
Goldmann, E., Chrenecruda. Studien zum Titel 58 der Lex Salica (= Deutschrechtliche Beitr. XIII). Heidelberg 1931.
Görnemann, W., Zur Sprache des Textus Roffensis. Diss. Berlin 1900.
Goslar Stat. = Die Goslarischen Statuten, hg. O. Göschen. Berlin 1840.
Graff, E. G., Althochdeutscher Sprachschatz oder Wörterbuch der althochdeutschen Sprache. 6 Bde. Berlin 1834—1846 (in Bd. 6: H. F. Maßmann, Vollständiger Index zu dem ahd. Sprachschatze). Nachdruck 1963.
Grienberger Th. v., Althochdeutsche Texterklärungen IV, 19. Lex Salica. In: PBB 48 (1924), 25—36.
Grimm, RA = Grimm, J., Deutsche Rechtalterthümer, 4. verm. Ausgabe, besorgt d. A. Heusler u. R. Hübner. Leipzig 1899 (Nachdruck Berlin 1956).
Grimm, J., Deutsche Weistümer, ab Bd. IV hg. R. Schröder. 7 Bde. 1840—1878 (Nachdruck Darmstadt 1957).
Grimm, J., Kleinere Schriften. 8 Bde. Berlin 1864—1890.
Grosse, R., Schwabenspiegel (Kurzform). Die mitteldeutsch-niederdeutschen Handschriften (= MGH Font. iur. germ. ant. N. S. 5). Weimar 1964.
Grosse, R., Die mitteldeutsch-niederdeutschen Handschriften des Schwabenspiegel in seiner Kurzform. Sprachgeschichtliche Untersuchung (= Abh. d. Sächs. Akad. d. Wiss. Leipzig, Phil.-Hist. Kl. Bd. 56 H. 4). Berlin 1964.
Grunewald, G., Die mittelniederdeutschen Abstraktsuffixe (= Lunder Germanist. Forschungen 13). Lund 1944.
Günther, L., Über die Hauptstadien der geschichtlichen Entwicklung der Körperverletzung. Diss. Erlangen 1884.
Günther, L., Deutsche Rechtsaltertümer in unserer heutigen deutschen Sprache. Leipzig 1903.
Gutenbrunner, S., Studia Mallobergica. In: ZRG GA 81 (1964), 298—305.
Gutmacher, E., Der Wortschatz des Althochdeutschen Tatian in seinem Verhältnis zum Altsächsischen, Angelsächsischen und Altfriesischen. In: PBB 39 (1914), 1—83.

Hachmann, R., Kossack, G. u. Kuhn, H., Völker zwischen Germanen und Kelten. Neumünster 1962.
Hammerich, L. L., Was ist germanische Rechtsgeschichte? In: Saga och Sed, Kungl. Gustav Adolfs Akademiens Årsbok 1959 (= Annales Academiae Regiae Gustavi Adolphi). Kopenhagen u. Uppsala 1960, 177—199.
Harster, Strafr. Speyer = Harster, Th., Das Strafrecht der freien Reichsstadt Speyer (= Untersuchungen z. Dt. Staats- u. Rechtsgesch. 61. H). Breslau 1900.
Heck, Ph., Der Ursprung der gemeinfriesischen Rechtsquellen (Küren, Landrechte, Überküren) und der friesischen Gottesfrieden. In: Neues Archiv für ältere deutsche Geschichtskunde 17 (1892), 567—596.
Heck, Ph., Die Altfriesische Gerichtsverfassung, mit sprachwissenschaftl. Beiträgen von Th. Siebs. Weimar 1894.
Heck, Ph., Die Entstehung der Lex Frisionum (= Arbeiten zur deutschen Rechts- u. Verfassungsgeschichte H. 6). Stuttgart 1927.
Heck, Ph., Übersetzungsprobleme im frühen Mittelalter. Tübingen 1931.
Heeroma, K., Friese Dialektologie. In: Philologia Frisica 1959, 79—88.
Heeroma, K. u. Naarding, J., De ontfriesing van Groningen. Zuidlaren 1961.
v. Helten, Aofr. Gr. = Helten, W. L. van, Altostfriesische Grammatik. Leeuwarden 1890.
v. Helten, Lawfr. = Helten, W. L. van, Zur lexicologie des altwestfriesischen. In: Verh. d. Kgl. Akad. v. Wetensch. te Amsterdam, Afdeel. Letterkunde N. R. Deel I No 5. 1896.
v. Helten, Laofr. = Helten, W. L. van, Zur lexicologie des altostfriesischen. In: Verh. d. Kgl. Akad. v. Wetensch. te Amsterdam, Afdeel. Letterkunde, N. R. Deel IX. 1907 (Nachdruck 1966).
Helten, W. L. van, Zu den Malbergischen Glossen und den salfränkischen Formeln und Lehnwörtern in der Lex Salica. In: PBB 25 (1900), 225—542.
Henderson, E. F., Verbrechen und Strafen in England während der Zeit Wilhelms I (1066—1087) bis Edward I (1272—1307). Diss. Berlin 1890.
Herold, B. I., Originum ac Germanicarum antiquitatum libri. Basilieae 1557.
Hessels, J. H., Lex Salica: The ten texts with the glosses and Lex emendata. With notes on the Frankish words in the Lex Salica by H. Kern. London 1880.
Hettema, OFW I, II = Hettema, M. de Haan, Oude friesche Wetten (= Oude friesche wetten, uitgegeven door het Friesch Genootschap van Geschied-, Oudheid- en Taalkunde). I—II. Leeuwarden 1846, 1851.
Hettema, Landregt = Hettema, M. de Haan, Het Fivelingoer en Oldampster landregt. Dockum o. J. (1841).
Hettema, M. de Haan, Het Emsinger landregt van 1312. Leeuwarden 1830.
Hettema, M. (de Haan), Jurisprudentia Frisica of Friesche regtkennis. 3 Tle. Leeuwarden 1834—1835.
Heuser, W., Altfriesisches Lesebuch (= Slg. Germ. Elementarbücher III. 1). Heidelberg 1903.
Heusler, Strafrecht = Heusler, A., Das Strafrecht der Isländersagas. Leipzig 1911.
His, R., Untersuchungen zu den älteren Rechtsquellen Ostfrieslands. In: ZRG GA 57 (1937), 58—137.
His, R., Die Überlieferung der friesischen Küren und Landrechte. In: ZRG GA 20 (1899), 39—114.
His, R., Die Körperverletzungen im Strafrecht des deutschen Mittelalters. In: ZRG GA 41 (1920), 75—126.
His, Gesch. Strafr. = His, R., Geschichte des deutschen Strafrechts bis zur Karolina. München u. Berlin 1928 (Nachdruck 1967).
His, Strafr. MA = His, R., Das Strafrecht des deutschen Mittelalters. I. Teil: Die Verbrechen und ihre Folgen im allgemeinen. Leipzig 1920. II. Teil: Die einzelnen Verbrechen. Weimar 1935.

His, R., Das Friesische Recht. In: Die Friesen, hg. von C. Borchling und R. Muuss. Breslau 1931, 108—120.

His, Strafr. = His, R., Das Strafrecht der Friesen im Mittelalter. Leipzig 1901.

Hoekstra, J., Die gemeinfriesischen siebzehn Küren (= Friesch-Saksische Bibliothek VI). Assen 1940.

Hoekstra, J., De overlevering van het Schoutenrecht. In: Frysk Jierboek 1942, 48—61.

Hoekstra, J., De eerste en de tweede Hunsinger codex (Oudfriese Taal- en Rechtsbronnen VI). 's-Gravenhage 1950.

Höfler, M., Deutsches Krankheitsnamenbuch. München 1899.

Hofmann, Lehnbeziehungen = Hofmann, D., Nordisch-englische Lehnbeziehungen der Wikingerzeit (Bibliotheca Arnamagnäana Vol. XIV). Kopenhagen 1955.

Hofmann, D., Die Erschließung des altfriesischen Wortschatzes. In: Philologia Frisica Anno 1969, Grins [Groningen] 1970, 100—114.

Holdsworth, W. S., A History of English law, 12 vols, London [3]1922—1923 (1—3), 1924—1938 (4—12).

Holthausen, Afr. Wb. = Holthausen, F., Altfriesisches Wörterbuch. (= Germ. Bibliothek I. Slg. germ. Elementar- u. Handbücher IV. 5). Heidelberg 1925.

Holthausen, F., Altsächsisches Wörterbuch (= Niederdeutsche Studien 1). Münster, Köln 1954.

Holthausen, F., Altenglisches etymologisches Wörterbuch (= Germ. Bibliothek. Abt. 1, Reihe 4. Bd. 7). Heidelberg 1934.

Homeyer, G., Die Deutschen Rechtsbücher des Mittelalters und ihre Handschriften, ... neubearbeitet v. C. Borchling, K. A. Eckhardt u. J. v. Gierke. Weimar 1931/1934.

Homeyer, Ssp. = Homeyer, C. G., Des Sachsenspiegels erster Teil, oder das Sächsische Landrecht. Berlin [3]1861.

Hoops, J., Reallexikon der germanischen Altertumskunde. 4 Bde. Straßburg 1911 bis 1919.

Hyldgaard-Jensen, K., Rechtswortgeographische Studien I. Zur Verbreitung einiger Termini der westlichen und nördlichen Mittelniederdeutschen Stadtrechte vor 1350 (= Göteborger Germanistische Forschungen 7). Uppsala 1964.

Hyldgaard-Jensen, K., Zur Erforschung der west- und nordmittelniederdeutschen Rechtssprache. In: Nd. Mitt. 22 (1966), 115—131.

Jaekel, H., Forschungen zur altfriesischen Gerichts- und Ständeverfassung. Weimar 1907.

Jaekel, H., Die Freiheit der Friesen, Ms. Germ. qrt. 1732 der Preuss. Staatsbibliothek.

John, R. E., Das Strafrecht in Norddeutschland zur Zeit der Rechtsbücher, Theil 1. Leipzig 1858.

Jordan, R., Eigentümlichkeiten des anglischen Wortschatzes. Eine wortgeographische Untersuchung mit etymologischen Anmerkungen (= Anglistische Forschungen H. 17). Heidelberg 1906.

Kalma, D., Westfriesland. In: Borchling-Muuss, Die Friesen. Breslau 1931. 169—180.

Karaus, A., Die Sprache der Gesetze des Königs Aethelred. Diss. Berlin 1901.

Karg-Gasterstädt, E. und Frings, Th. Althochdeutsches Wörterbuch. Bd. I 1968.

Kemble, J. M., Codex diplomaticus ævi Saxonici. I—VI. London 1839—48.

Kern, H., Die Glossen in der Lex Salica und die Sprache der salischen Franken. Den Haag 1869.

Kern, H., Notes on the Frankish Words in the Lex Salica. In: Hessels, J. H., Lex Salica, The ten Texts with the Glosses. London 1880.

Klaarbergen, B. W., Das altwestfriesische jüngere Schulzenrecht. Drachten 1947.

Knapp, H., Alt-Regensburgs Gerichtsverfassung, Strafverfahren und Strafrecht bis zur Carolina, nach urkundlichen Quellen dargestellt. Berlin 1914.

Köbler, G., Lateinisch-Althochdeutsches Wörterbuch (= Göttinger Studien zur Rechtsgeschichte, Sonderband 12). Göttingen 1971.

Kögel, R., Geschichte der Deutschen Literatur bis zum Ausgange des Mittelalters. I. Bis zur Mitte des 11. Jahrhunderts. Straßburg 1894.

Kolb, E., Alemannisch-nordgermanisches Wortgut. Frauenfeld 1956.

Korlén, G., Die mittelniederdeutschen Texte des 13. Jahrhunderts. Beiträge zur Quellenkunde und Grammatik des Frühmittelniederdeutschen. Diss. Lund 1945.

Korlén, G., Norddeutsche Stadtrechte, I: Das Stader Stadtrecht v. J. 1279, II: Das Mittelniederdeutsche Stadtrecht von Lübeck nach seinen ältesten Formen. Lund u. Kopenhagen 1950—51.

Kottmann, Strafr. Bremgarten = Kottmann, J., Das Strafrecht von Bremgarten (1258 bis 1798). Diss. Freiburg (Schweiz) 1925.

v. Kralik = Kralik, D. von, Die deutschen Bestandteile der Lex Baiuvariorum. In: Neues Archiv d. Gesellsch. f. ält. dt. Geschichtskunde 38 (1913), 13—55, 401 bis 449, 581—624.

Kranzmayer, E., die bairischen Kennwörter und ihre Geschichte (= Österreichische Akademie der Wissenschaften). Wien 1960.

Krogmann, W., Die Friesische Sprache. In: Deutsche Philologie im Aufriß, hg. W. Stammler. Berlin [2]1957, Bd. I, Sp. 1899—1930.

Krogmann, W., Zu den Emsgauer Bußtaxen. In: ZRG GA 69 (1952), 345—349.

Krogmann, W., Die lateinische Vorstufe ostfriesischer Bußregister. In: ZRG GA 75 (1958), 352—367.

Krogmann, W., Zur Entstehung und Eigenart der Lex Frisionum. In: Philologia Frisica 1962, 76—103.

Krogmann, W., Altfriesisch. In: Kurzer Grundriß der Germanischen Philologie bis 1500, hg. v. L. E. Schmitt. Berlin 1970, Bd. I, 190—210.

Künßberg, E. Frh. v., Rechtssprachgeographie (= Sitzungsber. d. Heidelberger Akad. d. Wiss., Phil.-Hist. Kl. Jg. 1926/27. 1. Abh.). Heidelberg 1926.

Künßberg, E. Frh. v., Rechtswortkarte I: 1. Gilde, 2. Zunft. In: ZMF 11 (1935), 242 bis 245.

Künßberg, E. Frh. v., Rechtswortkarte II: Dunschlag, Beulschlag und ihre Verwandten. In: ZMF 13 (1937), 164—167.

Kuhn, H., Kleine Schriften, I. Bd. Sprachgeschichte, Verskunst. Hg. von D. Hofmann in Zusammenarbeit m. W. Lange u. K. v. See. Berlin 1969.

Lagenpusch, E., Das germanische Recht im Heliand. Breslau 1894.

Lagenpusch, E., Walhallklänge im Heliand. In: Festschrift O. Schade, Königsberg 1886, 135—153.

Lappenberg, J. M., Die ältesten Stadt-, Schiff- und Landrechte Hamburgs. Hamburg 1845 (Nachdruck 1966).

Lehmann, K., Leges Alamannorum (= MGH leg. nat. germ. V. 1). Hannover 1888.

Lehmann, W. P., Einführung in die historische Linguistik. Autoris., vom Verf. durchges. Übers. von R. Freudenberg. Heidelberg 1969.

Leo, H., Die malbergische glosse, ein rest altkeltischer sprache und rechtsauffassung. Beitrag zu den deutschen rechtsaltertümern. 1. u. 2. Heft. Halle 1842/45.

Lerchner, G., Studien zum nordwestgermanischen Wortschatz. Ein Beitrag zu den Fragen um Aufbau und Gliederung des Germanischen (= Mitteldeutsche Studien Nr. 28). Halle (Saale) 1965.

Lexer, M., Mittelhochdeutsches Wörterbuch. I—III. Leipzig 1872—1878.

Lexer, M., Mittelhochdeutsches Taschenwörterbuch. Leipzig [28]1956.

Liebermann, F., Die Friedlosigkeit bei den Angelsachsen. In: Festschrift H. Brunner. Weimar 1910, 17 ff.

Liebermann, F., Über die Gesetze Ine's von Wessex. In: Mélange Bémont, Paris 1913, 21—42.

Liebermann, F., Die Gesetze der Angelsachsen. I (1903), II, 1 (1906), II, 2 (1912), III (1916). Halle 1903—16.

Liebermann, Text = Liebermann, F., Die Gesetze der Angelsachsen. Bd. I.

Liebermann, Wb. = Liebermann, F., Die Gesetze der Angelsachsen. Bd. II, 1.

Liebermann, Gl. = Liebermann, F., Die Gesetze der Angelsachsen. Bd. II, 2.

Liebermann, Komm. = Liebermann, F., Die Gesetze der Angelsachsen. Bd. III.

Löfstedt, Beiträge I, II, III = Löfstedt, E., Beiträge zur nordseegermanischen und nordseegermanischnordischen Lexikographie. In: Nd. Mitt. 19/21 (1963/65), 281 bis 345 (I), 22 (1966), 39—64 (II), 23 (1967), 11—61 (III).

Loey, A. van, Middelnederlandse spraakkunst. I. Vormleer. Groningen [5]1966.

Lübben, A., Mittelniederdeutsches Handwörterbuch, nach dem Tode des Verfassers vollendet v. Chr. Walther. Norden u. Leipzig 1888 (Nachdruck 1965).

Lübeck StR = Korlén, Norddt. Stadtrechte II.

Maurer, F. und Stroh, F., Deutsche Wortgeschichte. Bd. I. Berlin 1943, [2]1959.

Maurer, F., Nordgermanen und Alemannen. Berlin [3]1952.

Merk, W., Werdegang und Wandlungen der deutschen Rechtssprache (= Marburger Akademische Reden Nr. 54). Marburg 1933.

Merk, W., Vom Werden und Wesen des deutschen Rechts. Langensalza 1925.

Merk, W., Wege und Ziele der geschichtlichen Rechtsgeographie. In: Festschrift L. Traeger. Berlin 1928, 80—132.

Merkel, J., Lex Salica (mit Vorrede von J. Grimm, S. III—LXXXVIII). Berlin 1850.

Merkel, J., Lex Alamannorum (= MGH Leges III, S. 1—182). Hannover 1851.

Metzger, Strafr. Basel = Metzger, K., Die Verbrechen und ihre Straffolgen im Basler Recht des späten Mittelalters. Basel 1931.

Meyer, H., Das Mühlhäuser Reichsrechtsbuch aus dem Anfang des 13. Jahrhunderts. Weimar [3]1936.

Meyers, E. M., Het Friese en het Drentse erfrecht en huwelijksgoederenrecht (= Akademiedagen II). Amsterdam 1945.

Mezger, F., Zur rechtlichen Gegenrede. In: ZWF 18 (1962), 81—87.

Mnd. Wb. = Lasch, A. und Borchling, C., Mittelniederdeutsches Handwörterbuch, fortgeführt von G. Cordes. I (A-F/V), II (G-kōrlik), III (S-stôten). Neumünster 1956 ff.

Mühlh. StR. = s. H. Meyer.

Müllenhoff, K., Die deutschen wörter der lex salica. In: Waitz, G., Das alte Recht der Salischen Franken. Kiel 1846, 271—295.

Münch, R., Die Handschrift H der Gesetzsammlung König Alfreds des Großen. Diss. Halle 1902.

Münch, R., Die sprachliche Bedeutung der Handschrift H der Gesetzsammlung König Alfreds des Großen. Düsseldorf 1908.

Munske, H. H., Rechtswortgeographie. In: Wortgeographie und Gesellschaft, hg. W. Mitzka. Berlin 1968, 349—370.

Munske, H. H., Ewa. In: Handwörterbuch zur Deutschen Rechtsgeschichte, hg. A. Erler und E. Kaufmann, mitbegr. W. Stammler. Berlin 1964 ff. Bd. I., Sp. 1027—1030.

Munske, H. H., Die Gliederung des Altfriesischen im Lichte der Rechtswortgeographie. In Studzjekonferinsje Frysk 6 en 7 april 1971 to Grins, organisearre fan'e Ynteruniversitaire Stúdzjerie Frysk. Ljouwert 1971, 48—64.

Munske, H. H., Angelsächsisch-altfriesische Beziehungen in der Terminologie für Missetaten. In: Festschrift W. J. Buma. 1972, 40—52.

Nauta, Bußt. = Nauta, K., Die altfriesischen Allgemeinen Bußtaxen. Texte und Untersuchungen (= Friesch-Saksische Bibliothek. Dl. VIII). Assen 1941.

Noordewier, Regtsoudheden = Noordewier, M. J., Neederduitsche Regtsoudheden. Utrecht 1853.

Osenbrüggen, E., Die Brandstiftung in den Strafgesetzbüchern Deutschlands und der Schweiz. Leipzig 1854.

Osenbrüggen, E., Die Teilnahme am Verbrechen nach altdeutschem Recht. In: Zs. f. dt. Recht u. dt. Rechtswissenschaft 18 (1857), 82 ff.

Osenbrüggen, Alam. Strafr. = Osenbrüggen, E., Das Alamannische Strafrecht im deutschen Mittelalter. Schaffhausen 1860.

Osenbrüggen, E., Die Theilnahme am Verbrechen. In: Studien zur deutschen u. schweizerischen Rechtsgeschichte. Schaffhausen 1868, 252—272.

Osenbrüggen, E., Studien zur deutschen und schweizerischen Rechtsgeschichte. Schaffhausen 1868.

Planitz, H. und Eckhardt, K. A., Deutsche Rechtsgeschichte. Graz—Köln ²1961.

Pollock, F. und Maitland, F. M., The History of English Law before the Time of Edward I. 2 vols., Cambridge ²1923 (Nachdruck 1952).

Potter, H., An Historical Introduction to English Law and its Institutions. London 1932.

Priese, P., Die Sprache der Gesetze Aelfreds des Großen und König Ines. Straßburg 1883.

Reincke, H., Kölner, Soester, Lübecker und Hamburger Recht in ihren gegenseitigen Beziehungen. In: Hansische Geschichtsblätter 69 (1950), 14—45.

v. Richthofen, Rqu. = Richthofen, K. Frh. von, Friesische Rechtsquellen. Berlin 1840.

v. Richthofen, Wb. = Richthofen, K. Frh. von, Altfriesisches Wörterbuch. Göttingen 1840 (Nachdruck Aalen 1961).

v. Richthofen, Untersuchungen = Richthofen, K. Frh. von, Untersuchungen über friesische Rechtsgeschichte. I—III, Berlin 1880—1886.

Richthofen, K. Frh. von, Lex Frisionum (= MGH Leges III, 631—711). Hannover 1863.

Richthofen, K. Frh. von, De Lex Frisionum, uitgegeven en toegelicht door ... naar Pertz' Monumenta Germinae, bezorgt door het Friesch Genootschap van Geschied-, Oudheid- en Taalkunde, gevolgd door eene verhandeling over de zamenstelling van de Lex Frisionum van B. J. Lintelo de Geer. Leeuwarden 1866.

Richtsteig LR = Der Richtsteig Landrechts nebst Cautela und Premis, hg. C. G. Homeyer. Berlin 1857.

Robertson, A. J., The Laws of the Kings of England from Edmund to Henry I. Cambridge 1925.

Robertson, A. J., Anglo-Saxon Charters. Ed. with Translation and Notes (= Cambridge Studies in English Legal History). Cambridge 1939, ²1956.

Rupr. v. Freising = Das Stadt- und Landrecht Ruprechts von Freising, hg. G. L. v. Maurer. Stuttgart u. Tübingen 1839.

RWb = Deutsches Rechtswörterbuch (Wörterbuch der älteren deutschen Rechtssprache), hg. von der Preußischen Akademie der Wissenschaften. I—VI 1914 ff. (A-Kante).

Salzwedel StR. = Stadtrecht von Salzwedel, in: H. G. Gengler, Deutsche Stadtrechte des Mittelalters. Nürnberg 1866 (Nachdruck Aalen 1964), Nr. 301.

Saueracker, K., Wortschatz der Peinlichen Gerichtsordnung Karls V. (Carolina-Wörterbuch), mit einer Einleitung v. E. Frh. v. Künßberg (= Heidelberger Rechtswiss. Abh. 2). Heidelberg 1929.

Schiller—Lübben = Mittelniederdeutsches Wörterbuch von K. Schiller u. A. Lübben. 5. Bde., Bremen 1875—1880.

Schlemilch, W., Beiträge zur Sprache und Orthographie spätaltenglischer Sprachdenkmäler der Übergangszeit (1000—1150) (= Studien zur engl. Philologie H. 34). Halle 1914.

Schmid, R., Gesetze der Angelsachsen, in der Ursprache mit Übersetzung, Erläuterungen und einem antiquarischen Glossar. Leipzig ²1858.

Schmidt, Medizinisches = Schmidt, A. B., Medizinisches aus deutschen Rechtsquellen. In: Festschrift f. Benno Schmidt. Jena 1896, 41—95.

Schmidt-Wiegand, R., Aus der Werkstatt Eberhard Freiherr von Künßbergs. Entwürfe und Skizzen zu Rechtssprachkarten im Archiv des Deutschen Rechtswörterbuchs. In: Heidelberger Jahrbücher XII (1968), 93—111.

Schmidt-Wiegand, Ruth, Die kritische Ausgabe der Lex Salica — noch immer ein Problem? In: ZRG GA 76 (1959), 301—319.

Schmidt-Wiegand, R., Das fränkische Wortgut der Lex Salica als Gegenstand der Rechtssprachgeographie. In: ZRG GA 84 (1967), 275—293.

Schmidt-Wiegand, R., Zur Geschichte der Malbergischen Glosse. In: ZRG GA 74 (1957), 220—231.

Schmitt, L. E., Die Stadt Groningen und die Mundarten zwischen Laubach und Weser. In: ZMF 18 (1942), 134—170.

Schmülling, Strafr. Köln = Schmülling, G., Das Strafrecht der Stadt Köln bis zum 16. Jahrhundert. Diss. Münster 1937.

Schomerus, J. G., Der Aufbau des Emsinger Bußregisters. In: Estrikken XXXVI. Grins 1964.

Schotanus, Chr., Beschryvinge van de heerlyckheydt van Frieslandt tusschen 't Flie en de Lauwers met nieuwe caerten van 't Landschap. 1664.

Schröder, R. und Künßberg, E. Frh. von, Lehrbuch der deutschen Rechtsgeschichte. Berlin, Leipzig ⁷1932 (Nachdruck 1968).

Schulenburg, Strafr. Riga = Schulenburg, F., Das mittelalterliche Strafrecht der Stadt Riga. Diss. Marburg 1933.

Schützeichel, R., Die Grundlagen des Westmitteldeutschen. Studien zur historischen Sprachgeographie (= Hermaea. Germanistische Forschungen N. F. 10). Tübingen 1961.

Schützeichel, Ahd. Wb. = Schützeichel, R., Althochdeutsches Wörterbuch. Tübingen 1969.

Schwarz, E., Goten, Nordgermanen, Angelsachsen. Bern u. München 1951.

Schwerin, Cl. Frh. v., Leges Saxonum und Lex Thuringorum (= MGH Fontes iur. germ. ant.). Hannover, Leipzig 1918.

v. Schwerin, Einführung = Schwerin, C. Frh. von, Einführung in das Studium der germanischen Rechtsgeschichte und ihrer Teilgebiete. Freiburg i. B. 1922.

Schwerin, C. Frh. von, Die Formen der Haussuchung in indogermanischen Rechten (= Rechtsgeschichtliche Studien 1). Mannheim, Berlin, Leipzig 1924.

Schwerin, C. Frh. von, Zur Entwicklung der Teilnahme im angelsächsischen Recht. In: Festgabe für F. Liebermann. Halle 1921, 271—300.

Schwind, E. v., Lex Baiwariorum (= MGH Leg. nat. germ. V, 2). Hannover 1926.

Scovazzi, M., Germanisches Recht. In: Bibliographische Einführung in die Rechtsgeschichte u. Rechtsethnologie. Bd. B. Bruxelles 1963.

See, K. von, Altnordische Rechtswörter. Philologische Studien zur Rechtsauffassung und Rechtsgesinnung der Germanen (= Hermaea. Germanistische Forschungen N. F. Bd. 16). Tübingen 1964.

Sehrt, E. H., Vollständiges Wörterbuch zum Heliand und zur altsächsischen Genesis (= Hesperia Nr. 14). Göttingen 1925, ²1966.

Sello, G., Studien zur Geschichte von Oestringen und Rüstringen. Varel 1848.

Siebs, Th., Westfriesische Studien. Abh. d. Königl. Akad. d. Wiss. zu Berlin 1895.

Siebs, Th., Geschichte der friesischen Sprache. In: Grundriß d. germ. Philologie I ²1901, 1152—1462.

Siebs, Th., Geschichte der Friesischen Literatur. In: Grundriß d. Germ. Philologie II. 1 ²1909, 509—536.

Simonides, D., Die Hunsingoer Küren v. J. 1252 und das Ommelander Landrecht v. J. 1448. Assen 1938.
Sipma, P., Oudfriese Oorkonden I—III (= Oudfriese Taal- en Rechtsbronnen I—III). 's-Gravenhage 1927—1941.
Sipma, P., Fon alra Fresena fridome. In ynlieding yn it Aldfrysk. Snits 1947.
Sipma, P., De eerste Emsinger codex (= Oudfriese Taal- en Rechtsbronnen IV). 's-Gravenhage 1943.
Sjölin, B., Zur Gliederung des Altfriesischen. In: Us Wurk XV (1966), 25—38.
Sjölin, Einführung = Sjölin, B., Einführung in das Friesische. Stuttgart 1969.
Sjölin, B., Die ‚Fivelgoer' Handschrift (= Oudfriese Taal- en Rechtsbronnen XII). Den Haag 1970.
Sonderegger, St., Die Althochdeutsche Lex-Salica-Übersetzung. In: Festgabe f. W. Jungandreas, Trier 1964, 113—121.
Stader StR = Korlén, Nordtdt. Stadtrechte I.
Stahm, Strafr. Dortmund = Stahm, G., Das Strafrecht der Stadt Dortmund bis zur Mitte des 16. Jahrhunderts (= Deutschrechtliche Beiträge Bd. IV, H. 3, 195 bis 374). Heidelberg 1910.
Stallaert, K., Glossarium van verouderde rechtstermen, kunstwoorden en andere uitdrukkingen uit vlaamsche, brabantsche en limburgsche oorkonden. Leiden 1890 ff.
Steenstrup, J. C. H. R., Normannerne. 4 Bde. Kopenhagen 1876—1882.
Steenstrup, Danelag = Steenstrup, J. C. H. R., Normannerne. Vol. IV. Kopenhagen 1882.
Steinmeyer, E., Index zu den althochdeutschen Glossen. (Ungedruckt, Kopie des handschriftl. Exemplars).
Steinmeyer, E. und Sievers, E., Die althochdeutschen Glossen. 5 Bde. Berlin 1879—1922.
Steller, W., Das altwestfriesische Schulzenrecht. Breslau 1926.
Steller, Gramm. = Steller, W., Abriß der altfriesischen Grammatik (= Slg. kurzer Grammatiken Germ. Dialekte, C. Nr. 5). Halle 1928.
Stenton, F. M., Anglo-Saxon England. Oxford [2]1947.
Stobbe, O., Geschichte der deutschen Rechtsquellen. 2 Bde. Leipzig 1860 (Nachdruck 1965).

Taranger, A., Den angelsaksiske kirkes indflydelse paa den norske. Christiania 1890.
Thorpe, B., Ancient Laws and Institutes of England. 1840.
Turk, M. H., Legal Code of Aelfred the Great. Diss. Leipzig 1890.

Veith, W. H., Dialektkartographie. In: Germanistische Linguistik 4 (1970), 389—497.
Verdam = Middelnederlandsch Handwoordenboek, bewerkt door J. Verdam. Onveranderde herdruk en van het woord *sterne* af opnieuw bewerkt door C. H. Ebbinge Wubben. 's-Gravenhage 1956.
Verwijs, E. u. Verdam, J. Middelnederlandsch Woordenboek. 11 Bde. 's-Gravenhage 1885—1941.
Vilmar, A. F. C., Deutsche Altertümer im Hêliand als einkleidung der evangelischen geschichte. Beiträge zur erklärung des altsächsischen Hêliand und zur innern geschichte der einführung des christentums in deutschland. Marburg [2]1862.

Wadstein, E., Kleinere altsächsische Sprachdenkmäler. Norden u. Leipzig 1899.
Wahl, G., Zur Geschichte des Wortes Notzucht. In: ZWF 9 (1907), 7—18.
Walter, G., Der Wortschatz des Altfriesischen. Diss. München 1910 (Naumburg o. J.).
Warnkönig, L. A., Flandrische Staats- und Rechtsgeschichte bis zum Jahr 1305. 3 Bde. Tübingen 1835—1842.

Weisweiler, J., Bedeutungsgeschichte, Linguistik und Philologie. Geschichte des ahd. Wortes *euua*. In: Stand und Aufgaben der Sprachwissenschaft. Festschrift W. Streitberg. Heidelberg 1924, 419—462.

Weisweiler, Beiträge = Weisweiler, J., Beiträge zur Bedeutungsentwicklung germanischer Wörter für sittliche Begriffe. In: Indogerm. Forschungen 41 (1923), 13—77.

Weitzel, K., Diebstahl und Frevel und ihre Beziehungen zu Hoch- und Niedergerichtsbarkeit in den alamannischen Rechtsquellen des Mittelalters. Diss. Leipzig 1909.

Wenskus, R., Stammesbildung und Verfassung. Das Werden der frühmittelalterlichen gentes. Köln, Graz 1961.

Wiarda, T. D., Die Willküren der Brokmänner, eines freyen friesischen Volkes. Berlin 1820.

Wierdsma, P. und Prantsma, P., Oude Friesche Wetten, met eene Nederduitsche vertaaling en ophelderende aantekeningen voorzien. Campen en Leeuwarden 1782—1788.

Wilda, Strafrecht = Wilda, W. E., Geschichte des deutschen Strafrechts. I. Bd. Das Strafrecht der Germanen. Halle 1842.

Wroblewski, L., Über die altenglischen Gesetze des Königs Knut. Diss. Berlin 1901.

Wüstendörfer, Bair. Strafr. = Wüstendörfer, M. Th., Das baierische Strafrecht des 13. und 14. Jahrhunderts. München 1942.

Abkürzungsverzeichnis

1. Angelsächsische Quellen[1]

Abt	Aethelberht
Af	Aelfred
Af Rb	Rubrik zu Af
AGu	Aelfred u. Guthrum
As	Aethelstan
As Alm	Almosenverordnung Aethelstan's
Atr	Aethelred
Cn	Cnut
Duns	Dunsæte
ECf	Leges Edwardi Confess.
Eg	Eadgar
EGu	Eadward-Guthrum
Em	Eadmund
Ew	Eadweard
Grið	Grið
Had	Hadbot
Hl	Hlothære u. Eadric
Hn	Leges Henrici
Hu	Hundredgemot
Ine	Ine
Ine Rb	Rubrik zu Ine
Leis Wl	Leis Willelme
Northu	Northumbr. Priestergesetz
Q	Quadripartitus
Swer	Swerian
Wi	Wihtræd
Wl lad	Wilhelm I lad

2. Friesische Texte und Handschriften[2]

A	Codex Aysma
A. B.	Allgemeine Bußtaxen
Allg. Bußt.	Allgemeine Bußtaxen
Ält. Schulzenr.	Älteres Schulzenrecht
Ay. B.	Bußtaxen aus dem Codex Aysma
B.	Brokmerbrief
B_1 B_2	Erste, zweite Brokmer Handschrift
B 5 Dele	Bußtaxen der 5 Dele
D	Alter Druck

[1] Vgl. dazu o. S. 14—24 und Tabelle S. 27.

[2] Vgl. zu diesen Quellen o. S. 128—145.

Dg. B.	‚Dongera bota'
Dingt.	Dingtaal
E_1 E_2 E_3	Erste, zweite, dritte Emsiger Handschrift
Ems. B.	Emsiger Bußtaxen
Ems. D.	Emsiger Domen
Ems. Pf.	Emsiger Pfennigschuldbuch
F	Fivelgoer Handschrift
Fiv. B.	Fivelgoer Bußtaxen
Fs	Codex Furmerius
FW. B.	‚Frankera and Woldenzera bota'
FwDg. B.	Bußtaxen von Ferwerderadeel und Dongeradeel
Gw. B.	Bußen bei Weisung des Grandschreibers
H	H_2
H_1 H_2	Erste, zweite Hunsingoer Handschrift
Heg.	Hegungsformular
Hm. B.	‚Memstera bota'
Huns. B.	Hunsingoer Bußtaxen
Huns. K.	Hunsingoer Küren
Interr. B.	Interregionale Bußtaxen
J	Jus municipale Frisonum
Jg. Schulzenr.	Jüngeres Schulzenrecht
K.	17 Küren (1. K. = 1. Küre etc.)
K. FivOld.	Küren von Fivelgo und Oldampt
L(and)r.	24 Landrechte (1. Lr. = 1. Landrecht etc.)
lat. H	Lateinischer Text in Handschrift H_2
Lex Fris.	Lex Frisionum
Lp W	‚Leppa Wilkerran'
Lw. B.	Bußtaxen von Leeuwarderadeel
Magn. S.	Magnussage
MagnK.	Magnusküren
Marktr.	Marktrecht
N. Rüstr. K.	Neue Rüstringer Küren
Oth. B.	‚Others Bota'
P	Codex Parisiensis
R_1 R_2	Erste, zweite Rüstringer Handschrift
Ro	Codex Roorda
Rudb.	Rudolfsbuch
Rüstr. B.	Rüstringer Bußtaxen
Rüstr. K.	Rüstringer Küren
Rüstr. Sendr.	Rüstringer Sendrecht
Skakr.	‚Skakraf'
SwSw.	‚Swarta Swingen'
Überk.	Überküren
W 16	Wenden zur 16. Küre
W 17	Wenden zur 17. Küre
W 5 Dele	Wilküren der fünf Dele
Waldd.	‚Fan Walddethum'
Wb. B.	Bußtaxen von Wymbritzeradeel
westerl. B.	Westerlauwerssche Bußtaxen
Westerl. Sendr.	Westerlauwerssches Sendrecht
W nL	‚Wilker thes nija londes'
W Upst.	Wilküren von Upstalsbom
Wyn W	‚Wynyma Wilkerren'

3. Deutsche Quellen[3]

Dsp.	Deutschenspiegel
Ssp.	Sachsenspiegel
Swsp.	Schwabenspiegel
Lex Alam.	Lex Alamannorum
Lex Bai.	Lex Baiwariorum
Lex Burg.	Lex Burgundionum
Lex Rib.	Lex Ribvaria
Lex Sal.	Lex Salica
Lex Sax.	Lex Saxonum
Lex Thur.	Lex Thuringorum

4. Übrige Abkürzungen

Abl(l).	Ableitung(en)
adän.	altdänisch
Adj.	Adjektiv
Adv.	Adverb
ae.	altenglisch
afr(ies).	altfriesisch
agerm.	altgermanisch
ags.	angelsächsisch
ahd.	althochdeutsch
aisl.	altisländisch
Akk.	Akkusativ
alem.	alemannisch
allg.	allgemein
altkent.	altkentisch
altmärk.	altmärkisch
an.	altnordisch
anorw.	altnorwegisch
aofr.	altostfriesisch
as.	altsächsisch
aschw.	altschwedisch
awfr.	altwestfriesisch
aws.	altwestsächsisch
bair.	bairisch
bes.	besonders
Dat.	Dativ
dt.	deutsch
engl.	englisch
f.	Femininum
fränk.	fränkisch
fries.	friesisch
gemeinafr.	gemeinaltfriesisch
germ.	germanisch
GGA	Göttinger gelehrte Anzeigen
Gl.	Glosse

[3] Siehe dazu die Quellenangaben o. S. 305 Anm. 1 und o. S. 309 Anm. 4. Weitere abgekürzte Quellenangaben sind ins Literaturverzeichnis aufgenommen.

got.	gotisch
hd.	hochdeutsch
idg.	indogermanisch
Jh.	Jahrhundert
kent.	kentisch
lang.	langobardisch
lat.	lateinisch
Landfr.	Landfriede
LR	Landrecht
m.	Maskulinum
MA	Mittelalter
md.	mitteldeutsch
me.	mittelenglisch
mhd.	mittelhochdeutsch
mnd.	mittelniederdeutsch
mnl.	mittelniederländisch
n.	Neutrum
nd.	niederdeutsch
Nd. Jb.	Niederdeutsches Jahrbuch
Nd. Mitt.	Niederdeutsche Mitteilungen
ndrhein.	niederrheinisch
ne.	neuenglisch
ndl.	niederländisch
nhd.	neuhochdeutsch
nord.	nordisch
nordalb.	nordalbingisch
nordnd.	nordniederdeutsch
obd.	oberdeutsch
OFW	Oude Friesche Wetten
omd.	ostmitteldeutsch
omnd.	ostmittelniederdeutsch
omnl.	ostmittelniederländisch
ostelb.	ostelbisch
osterl.	osterlauwerssch
österr.	österreichisch
ostfäl.	ostfälisch
östl.	östlich
OTR	Oudfriese Taal- en Rechtsbronnen
PBB	Paul und Braunes Beiträge
Pl.	Plural
PN	Personenname
RWbA	Rechtswörterbucharchiv
sächs.	sächsisch
s. o.	siehe oben
spätafr.	spätaltfriesisch
spätaofr.	spätaltostfriesisch
spätawfr.	spätaltwestfriesisch
spätws.	spätwestsächsisch
StB	Stadtbuch
StR	Stadtrecht
s. u.	siehe unten
subst.	substantiviert
u. a.	unter anderem
UB	Urkundenbuch

vgl.	vergleiche
Wb.	Wörterbuch
Weist.	Weistum
westerl.	westerlauwerssch
westf.	westfälisch
westsächs.	westsächsisch
wgerm.	westgermanisch
wmd.	westmitteldeutsch
wmnd.	westmittelniederdeutsch
z. T.	zum Teil
ZdA	Zeitschrift für deutsches Altertum
ZdPh	Zeitschrift für deutsche Philologie
ZMF	Zeitschrift für Mundartforschung
ZWF	Zeitschrift für (deutsche) Wortforschung
ZRG GA	Zeitschrift für Rechtsgeschichte der Savigny-Stiftung, Germanistische Abteilung

Rechtswortregister

Die Zahlen hinter den Stichwörtern beziehen sich auf die Paragraphen.

Altdänisch

Altenglisch

Altfriesisch

Althochdeutsch

p s. *b*, *th* s. *d*, *sk* s. *sc*

Altsächsisch

Altschwedisch

Altwestnordisch

Mittelhochdeutsch

Mittelniederdeutsch

Mittelniederländisch

Latinisierte Rechtswörter

Übrige[1]

[1] Zu Langobardisch s. Althochdeutsch.

Kolibri 360 GmbH
Ferdinand-Jühlke-Straße 7
99095 Erfurt, Deutschland
produktsicherheit@kolibri360.de